统计年鉴

重庆 • 2004

重庆市统计局编 CHONGQING MUNICIPAL BUREAU OF STATISTICS

CHONGQING STATISTICAL YEARBOOK

2004

重庆统计年鉴

CHONGQING STATISTICAL YEARBOOK

2004年（总第15期 NO. 15）

重庆市统计局 编
CHONGQING MUNICIPAL BUREAU OF STATISTICS

中国统计出版社
China Statistics Press

（京）新登字041号

书图在版编目（CIP）数据

重庆统计年鉴. 2004/重庆市统计局编.
—北京：中国统计出版社，2004.6
ISBN 7-5037-4351-4

Ⅰ.重…
Ⅱ.重…
Ⅲ.统计资料—重庆市—2004—年鉴
Ⅳ.C832.719-54

中国版本图书馆CIP数据核字(2004)第032164号

重庆统计年鉴 2004

作　　者：重庆市统计局
责任编辑：蔡启新
E--mail：yearbook@stats.gov.cn
责任校对：周丽娟　　刘隆丽
装帧设计：颐合企业形象设计
出版发行：中国统计出版社
通信地址：北京市西城区三里河月坛南街75号　　中国统计出版社
邮政编码：100826
电　　话：(010) 63262295
印　　刷：金雅迪彩印
开　　本：890×1240毫米　　1/16
字　　数：160万字
印　　张：38
印　　数：1-2500
版　　别：2004年6月第1版
版　　次：2004年6月第1次印刷
书　　号：ISBN 7-5037-4351-4/F .1816
定　　价：260.00 元

本书附同版本CD-ROM一张，光盘内容以书面文字为准。
中国统计版图书，如有印装错误，重庆市统计局负责调换。

努力把重慶建設
成為長江上游的
經濟中心

江澤民 一九九四年十月十三日于重慶

春江水暖
鸭先知

辛巳小雪 王鸿笔

《重庆统计年鉴—2004》
编辑委员会

编　辑　部

CHONGQING STATISTICAL YEARBOOK 2004
EDITORIAL BOARD

EDITORIAL DEPARTMENT

编 者 说 明

一、《重庆统计年鉴—2004》是由重庆市统计局编纂、中国统计出版社公开出版发行的一部全面记录重庆市经济建设和社会发展情况的大型资料性年刊。本书收录了重庆市历史重要年份和2003年经济和社会各方面大量的统计数据、各区县（自治县、市）主要统计资料，以及全国和各省区市的主要统计资料。

二、全书内容由五篇二十二章和附录组成，即Ⅰ.综合篇，包括1.综合2.国民经济核算3.人口与就业 4.固定资产投资 5.能源消费 6.人民生活和物价 7.城镇建设和环境保护 8.各类市场情况；Ⅱ.产业篇，包括9.农业和农村经济 10.工业 11.建筑业 12.运输和邮电 13.国内贸易 14.对外经济贸易和旅游业 15.财政和金融 16.教育、科技和文化业 17. 卫生、社会福利、体育和其他；Ⅲ.区县篇，为18.区县（自治县、市）和开发区资料；Ⅳ.企业篇，为19.各类企业统计资料；V.专题篇，包括20.高新技术产业 21.企业集团、景气调查 22.三峡工程重庆库区移民；附录，收录了全国及各省区市的主要统计资料。每章前设《简要说明》，介绍本章节的主要内容和资料来源，章末附有《主要统计指标解释》。

三、本年鉴GDP核算和社会统计采用GB/T4754-84行业分类标准；其余资料采用新的国民经济行业分类标准（GB/T4754-2002），2002年统计数据按新标准进行了调整。

四、资料中所使用的度量衡单位均采用国际统一标准计量单位。

五、本年鉴的统计资料来源：大部分来自统计年报，部分来自抽样调查；附录中的有关全国及各省区市的统计资料来自中国统计出版社编印的《中国统计摘要》。

六、本年鉴部分数据的合计数或相对数，由于计量单位取舍不同而产生的计算误差未作机械调整。

七、本年鉴各表的部分指标注解位于该表下方或最后一张续表的下方。

八、本年鉴中符号的使用说明：“…”表示数据不足本表最小单位数；“空格”表示该项统计指标数据不详或无该项数据；“＃”表示其中的主要项。

九、本年鉴在编辑翻译过程中得到诸多单位和同志的大力支持，在此深表谢意。限于我们的水平，加之时间仓促，各界人士在使用资料时如发现错误和不足，恳请提出批评指正。

PREFACE

Ⅰ. Chongqing Statistical Yearbook 2004 is a large annual statistical publication compiled by Chongqing Municipal Bureau of Statistics and issued by China Statistics Press openly, which covers not only comprehensive data on Chongqing's social and economic development in 2003 and some selected data series in historically important years, but also the major statistics on all districts (counties), as well as main data of the state, provinces, autonomous regions, municipalities directly under the jurisdiction of central government.

Ⅱ. The yearbook contains 5 chapters of 22 parts and the appendix: 1. GENERAL CHAPTER, including (1) Comprehensive Statistics, (2) National Economic Accounting, (3) Population and Employment, (4) Investment in Fixed Assets, (5) Energy Consumption, (6) Living Standards and Prices, (7) Urban Construction and Environmental Protection, (8) Various Markets; 2. INDUSTRY CHAPTER, including (9) Agriculture and Rural Economy, (10) Industry, (11) Construction, (12) Transportation, Postal and Telecommunication Services, (13) Domestic Trade, (14) Foreign Economic Relations, Trade and Tourism, (15) Public Finance and Financial Statistics, (16) Education, Science, Technology and Culture, (17) Public Health, Social Welfare, Sports and Others; 3. DISTRICT (COUNTY) CHAPTER, that is (18) Districts (Counties) and Development Zones; 4. ENTERPRISE CHAPTER, that is (19) Enterprises; 5. SPECIAL TOPIC CHAPTER, containing (20) High-tech Industry, (21) Enterprises Groups and Business Survey, (22) Resettlement of Chongqing Reservoir Area of Three Gorges Project; and the APPENDIX appends main data of the state, provinces, autonomous regions, municipalities directly under the jurisdiction of central government. Brief Introduction is at the beginning of each chapter, includes main coverage of this chapter and data sources. Explanatory Notes on Main Statistical Indicators are provided at the end of each part.

Ⅲ. Data of GDP and social statistics are on basis of classification of national economic sectors (GB/4754-84). Other data are adopted new classification of economic sectors (GB/T4754-2002) , and data in 2002 are readjusted in accordance with GB/T4754-2002.

Ⅳ. The units of measurement used in this yearbook are international standard measurement units.

Ⅴ. The major data sources of this publication are obtained from annual statistical reports, and some from sample surveys. Statistics in the APPENDIX come from China Statistical Summary complied by China Statistics Press.

Ⅵ. Statistical discrepancies due to rounding are not adjusted in this yearbook.

Ⅶ. The notes concerning individual indicators are placed at the lower part of the table or the last page.

Ⅷ. Notations used in this yearbook: "…" indicates that the figure is not large enough to be measured with the smallest unit in the table; "(blank)" indicates that the data is not available; "#" indicates the major items of total.

Ⅸ. We greatly appreciate enthusiastic assistances from various circles during edition and translation. Due to our limited level and hasty time, faults and shortage are unavoidable. Any criticism or comment is welcomed.

重庆统计年鉴

●

二

四

CHONGQING STATISTICAL YEARBOOK 2004

目 录

CONTENTS

I 综合篇

GENERAL CHAPTER

二、国民经济核算

NATIONAL ECONOMIC ACCOUNTING

三、人口与就业

POPULATION AND EMPLOYMENT

四、固定资产投资

INVESTMENT IN FIXED ASSETS

七、城镇建设和环境保护

URBAN CONSTRUCTION AND ENVIRONMENTAL PROTECTION

八、各类市场情况

VARIOUS MARKETS

II 产业篇

INDUSTRY CHAPTER

九、农业和农村经济

AGRICULTURE AND RURAL ECONOMY

十、工业

INDUSTRY

十一、建筑业
CONSTRUCTION

十二、运输和邮电

TRANSPORTATION, POSTAL AND TELECOMMUNICATION SERVICES

十三、国内贸易

DOMESTIC TRADE

十四、对外经济贸易和旅游业
FOREIGN ECONOMIC RELATIONS, TRADE AND TOURISM

十五、财政和金融

GOVERNMENT FINANCE AND FINANCIAL STATISTICS

十六、教育、科技和文化业
EDUCATION, SCIENCE, TECHNOLOGY AND CULTURE

十七、卫生、社会福利、体育和其他
PUBLIC HEALTH, SOCIAL WELFARE, SPORTS AND OTHERS

III 区县篇

DISTRICT (COUNTY) CHAPTER

十八、区县（自治县、市）和开发区资料
DISTRICTS (COUNTIES) AND DEVELOPMENT ZONES

IV 企业篇
ENTERPRISE CHAPTER

十九、各类企业资料

VARIOUS ENTERPRISES

专 题 篇
SPECIAL TOPIC CHAPTER

二十、高新技术产业
HIGH－TECH INDUSTRY

二十一、企业集团、景气调查
ENTERPRISE GROUPS AND BUSINESS SURVEY

二十二、三峡工程重庆库区移民情况

RESETTLEMENT OF CHONGQING RESERVOIR AREA OF THREE GORGES PROJECT

附　录

APPENDIX

2003 年重庆市国民经济和社会发展情况

2003 年，在市委、市政府的正确领导下，全市人民坚持以“三个代表”重要思想为指导，全面贯彻落实党的十六大精神，抓住机遇,扎实工作,成功抵御非典疫情等不利因素的冲击，顺利实现全面建设小康社会和新一届政府工作的良好开局，国民经济呈现出快速、稳健增长势头，经济运行质量和效益明显改善，各项社会事业全面进步，城乡人民生活水平稳步提高。

一、国民经济快速增长，运行质量稳步提高

全年实现本市生产总值 2250.56 亿元，首次突破 2000 亿元大关。按可比价格计算，比上年增长 11.5%，增幅高于上年 1.2 个百分点，是重庆直辖以来经济增长速度最快的一年。

随着经济增长速度加快，经济运行质量稳步提高。2003 年，全市国有及年销售收入 500 万元以上的非国有工业企业实现利润 85.97 亿元，比上年增长 89.5%，企业亏损面下降到 19.6%，降低了 2.8 个百分点。工业经济效益综合指数达 129.7，比上年提高 19.9 个百分点。财政收入继续保持较快增长，全年实现地方预算内财政收入 206.93 亿元，比上年增长 31.1%，完成地方预算内财政支出 391.37 亿元，增长 13.4%。

市场物价平稳回升，景气指数持续走高，运行环境明显改善。全年城市居民消费价格指数为 100.6，比上年价格总水平提高了 0.6%。全年企业家信心指数和企业景气指数平均值为 118.4 点和 116.2 点，分别比上年提高 8.1 点和 6.8 点，均为直辖以来最高水平。

就业人数继续增加。年内新增城镇就业岗位 17.10 万个， 17.80 万下岗职工和城镇失业人员实现就业和再就业，全年通过各种途径转移农村富余劳动力 43 万人。年末全市就业人员 1726.36 万人，比上年增加 15.86 万人，增长 0.9%。城镇登记失业率为 4.1%。

二、结构调整稳步推进，三次产业竞相发展

农村经济稳步发展。全年实现第一产业增加值 336.36 亿元，比上年增长 4.2%，拉动全市经济增长 0.7 个百分点。种植业结构调整稳步推进，全年粮食播种面积 241.04 万公倾，比上年减少 7.5%；油料播种面积 23.67 万公顷，增长 0.17%；蔬菜播种面积 38.70 万公顷，增长 7.6%。粮经结构达到 77:23。主要农产品产量继续增长，全年粮食总产量 1087.20 万吨，比上年增长 0.5%；油料总产量 38.27 万吨，增长 9.2%；肉类总产量 159.51 万吨，增长 4.7%；水产品总产量 22.5 万吨，增长 6.3%。农业产业化百万工程进展较好，柑橘、草食牲畜、出口创汇瘦肉型猪、天然香料等产业化工程优势产业带逐步形成。

工业生产快速增长。全年实现工业增加值 768.37 亿元，按可比价格计算，比上年增长 16.4%，拉动全市经济增长 5.7 个百分点。其中，规模以上工业企业实现工业增加值 477.85 亿元，比上年增长 20.2%。工业产品产销率达到 97.8%。支柱产业发展加快。以汽车、摩托车制造为主的交通运输设备制造业完成总产值 635.86 亿元，比上年增长 30.9%，占全市规模以上工业企业总产值的比重达 40.0%。工业新产品开发继续加快，全年完成新产品产值 410.94 亿元，比上年增长 32.0%，新产品产值占全市规模以上工业企业总产值的比重为 25.9%。

建筑业快速发展。全年完成建筑业增加值 208.93 亿元，比上年增长 14.1%。全市具有新资质等级的建筑企业单位工程施工 26953 个，建筑施工面积 9754.10 万平方米，比上年增长 12.0%；竣工面积 4939.62 万平方米，增长 4.9%；实现利税 32.96 亿元，增长 25.1%。

第三产业虽受非典冲击但仍保持了平稳增长。全年实现增加值 936.90 亿元，比上年增长 9.4%。其中，交通运输和邮电通信业实现增加值 136.56 亿元，增长 8.0%；旅游业接待国内外游客 4262.80 万人次，比上年减少 7.7%；房地产市场继续保持较快增长，全年商品房竣工 1676.97 万平方米，比上年增长 20.6%，销售 1316.83

万平方米，增长 29.5%；2003 年全市金融机构新增存款 617.57 亿元，比上年增长 17.1%，其中，新增城乡居民储蓄存款 301.55 亿元，增长 8.9%。新增贷款 530.09 亿元，比上年增长 42.2%。年末全市共有上市公司 29 家，股票流通市值达 164.14 亿元。营业性保险分公司 13 家，保费收入 57.93 亿元，比上年增长 25.5%。

三、三大需求同向增长，投资、消费双轮驱动

固定资产投资继续保持较快增长。全社会固定资产投资总量创历史新高，达 1269.35 亿元，比上年增长 27.5%。基本建设投资仍居于主导地位，全年完成投资 665.49 亿元，比上年增长 40.2%，占全市固定资产投资的比重为 52.4%。非国有投资快速增长，全年完成投资 717.63 亿元，比上年增长 34.1%，增速快于国有投资 14.3 个百分点，占全社会投资总量的比重为 56.5%，比上年提高 2.8 个百分点。重点建设项目进展顺利。全年新开工重点建设项目 27 项，续建 53 项，完工或基本完工 25 项，共计完成投资 344.95 亿元，占全社会投资总量的 27.2%。国债项目投资力度有所减弱，全年完成国债项目投资 185.99 亿元，比上年减少 4.31 亿元，下降 2.3%。

市场销售稳步增长。全年实现社会消费品零售总额 835.53 亿元，比上年增长 9.5%，增幅比上年提高 0.4 个百分点。其中，批发和零售业社会消费品零售总额为 719.13 亿元，增长 9.3%；餐饮业 107.32 亿元，增长 11.0%；其他行业 9.07 亿元，增长 7.3%。城乡消费同向增长。全年城市实现社会消费品零售总额 482.31 亿元，比上年增长 9.4%；农村实现社会消费品零售总额 353.22 亿元，增长 9.6%。通讯器材、汽车和家电持续旺销。2003 年，全市限额以上批发和零售企业通讯器材类完成零售额 6.48 亿元，比上年增长 57.7%；汽车类完成 39.93 亿元，增长 62.3%；家用电器及音像器材类完成 33.02 亿元，增长 28.7%。假日、会展经济持续发展，“双十百千工程”加快实施，沃尔玛、欧倍德、北京华联、北京王府井等国内外知名商家纷纷入驻重庆。

外贸出口增长加快，出口多元化战略取得新进展。据海关统计，2003 年全市完成外贸进出口总值 25.95 亿美元，比上年增长 44.6%，其中，进口 10.10 亿美元，增长 43.7%，出口 15.85 亿美元，增长 45.3%。全市产品出口国家和地区达 173 个，比上年增加 13 个。伊朗、缅甸等新兴出口市场增长较快。机电产品出口份额继续扩大，全年完成出口 9.27 亿美元，占出口总值的比重为 58.5%，比上年提高 4.2 个百分点。民营企业出口额占全市的比重增至 37.4%，以力帆、宗申、隆鑫、南川矿产为代表的民营企业逐步成为外贸出口的骨干企业。

四、改革攻坚纵深推进，对外开放成效明显

2003 年，新一轮市级政府机构改革基本完成，事业单位改革进一步深化；国有企业改革继续推进，年内完成股份制改造 23 户，破产终结 10 户，市属大中型国有企业改制面达 73.0%；企业集团继续做大做强，资产和营业收入 5000 万元以上的企业集团为 102 户，其年末资产总额为 1561.70 亿元，全年实现利润 35.20 亿元，分别较上年增长 13.8%和 81.3%。投融资体制改革加快推进，八大建设性投资公司完成投资 180 亿元，资信能力和投融资能力显著增强；金融改革取得突破，外资银行开始经营人民币业务，信用社完成县级联社统一法人和股份制改革；财政体制和农村税费改革不断深化，西部大开发优惠政策措施进一步落实；发展环境整治工作深入推进，年内取消行政审批项目 233 项，减少收费项目 9 项。

对外经济合作进一步加强。2003 年全市对外承包工程、劳务、设计咨询合同额 1.35 亿美元，比上年增长 10.2%；实际完成营业额 0.88 亿美元，增长 10.7%。外派劳务 2608 人，增长 9.6%。利用外资进展顺利。2003 年全市新签利用外资合同项目 218 个，合同外资金额 7.14 亿美元，分别比上年增长 29.0%和 10.1%；实际利用外资 5.67 亿美元，比上年增长 25.8%，其中，外商直接投资 3.11 亿美元，增长 10.8%。利用内资不断扩大。全年实施 100 万元以上国内经济合作项目 541 个，合同金额 263.30 亿元，吸纳从业人员 3.6 万人。实际利用境内市外资金 57.28 亿元，比上年增长 11.2%。

五、基础设施投资力度加大，生态环境继续改善

以交通运输、城市基础设施、电力建设为主的基础设施建设完成投资489.80亿元，比上年增长28.1%，占全社会投资总量的38.6%。道路交通建设取得新进展，年末全市公路通车里程达31407公里，比上年增长1.1%，其中，高速公路580公里，增长45.4%；一、二级公路3792公里，增长7.2%。城市建设全面提速，年内完成危旧房改造120万平方米，新建广场38个，新增城镇日供水能力6.34万立方米，新增城镇公共绿地510.85万平方米，人居环境质量继续改善。

生态建设取得新进展。年内新增国家级森林公园4个、国家级自然保护区1个。成片造林35.20万公顷，落实天然林资源保护任务245.13万公顷，森林资源总量超过1亿立方米，森林覆盖率为27.1%。当年水土流失治理面积1004平方公里。

环保工作力度加大，“五管齐下”净空工程和尘污染控制措施加强，城市环境质量继续改善，主城区空气质量达二级以上频率达65.2%，全年实测大气二氧化硫年日均值0.12毫克/立方米。主城九区区域环境噪声平均值为54.9分贝，交通干线噪声平均值控制在67.5分贝以内。

六、科教兴渝战略稳步推进，各项社会事业蓬勃发展

科技事业健康发展。全年新上国家级科技计划项目330项，市级科技计划项目860项。年内受理专利申请4595件，专利授权2873件，比上年增长45.9%和63.1%。科技市场交易日趋活跃，全年技术合同总金额达55. 51亿元，比上年增长35.6%。高新技术产业蓬勃发展，全市新认定高新技术产品237个、高新技术企业92家，年内完成高新技术产品产值427.01亿元，占全市工业总产值的比重提高到18.9%。

教育事业继续加强。“两基”工作加快推进，累计“两基”人口覆盖率达95.3%，比上年提高6.0个百分点。高等教育继续加强，年内新组建职业技术学院5所，新增博士点55个、硕士点107个。全市学龄儿童入学率达99.9%，普通初中毛入学率达105.0%。普通高校录取率为82.6%，大学毛入学率达18.0%。15岁及其以上人口人均受教育年限提高至7.7年。

文化、新闻、出版和广播电影电视事业取得新成就。川剧《金子》入选国家舞台艺术精品工程十大精品剧目。重庆人民广播电台都市频道、重庆有线数字电视节目建成开通。全市广播人口覆盖率达92.3%，电视人口覆盖率达95.7%。

卫生事业快速发展，卫生基础设施建设进一步加强，新型农村合作医疗试点稳步推进，社区卫生服务发展加快。年末全市卫生机构已达2705个，拥有专业卫生技术人员7.86万人，医疗保障能力进一步提高。突发公共卫生事件应急处理系统初步形成。非典疫情防治工作取得胜利，成功实现非典病人零死亡、医务人员零感染、继发感染零病例的目标。

体育事业蓬勃发展。全年举办或承办全国以上单项比赛10次。参加国际比赛获金牌5块，参加国内比赛获金牌11块。建设摩托围棋队取得全国围甲联赛五连冠。全民健身活动蓬勃开展，新建全民健身工程44个，全市体育人口达1215万人，青少年体育达标率达92.7%。

社会保障制度进一步完善。国有企业下岗职工再就业服务中心的职工生活有所保障，地方国有企业下岗职工基本生活保障与失业保险并轨。年末全市失业保险、养老保险和医疗保险参保人数分别达199.47万人、187.65万人和121.77万人。社会保障工作继续推进，全年共发放城市居民最低生活保障金6.28亿元，年末享受最低生活保障的城镇居民达34.22万户、70.21万人。城镇廉租住房保障试点成功，年内632户“双困家庭”迁入廉租房。

七、城乡居民收入继续增加，人民生活水平不断提高

2003年，城市居民人均可支配收入8094元，比上年增长11.8%。城市居民人均消费性支出7118元，比上年增长 11.9%，其中，交通与通信支出增长 28.5%、居住支出增长 24.7%、衣着支出增长 18.8%。城市居民恩格尔系数为 38.0%。

全年农村居民人均纯收入 2215 元，比上年增长 5.6%。其中，工资性收入 859 元，比上年增长 9.6%；家庭经营性收入 1185 元，增长 1.8%，工资性收入依然是农民纯收入增长的主体。全年农村居民人均生活消费支出 1583 元，比上年增长 5.7%。其中，交通和通讯支出增长 25.9%、医疗保健支出增长 17.1%、居住支出增长 15.8%、家庭设备用品支出增长 15.8%，而其他商品和服务以及食品支出分别比上年下降了 33.3%和 0.4%。农村居民恩格尔系数为 52.5%。

八、移民工作进展顺利，扶贫开发取得成效

移民工作进展顺利。二期移民搬迁安置和库底清理全面通过国家验收。三期移民正式启动，全年完成移民搬迁安置 11.34 万人，复建各类房屋 230.96 万平方米，实施并完成库区淹没工矿企业结构调整 120 户，引进对口支援重点经济合作项目 12 个。全年完成动态移民投资 28.44 亿元。

扶贫开发取得成效。2003 年中央及市级财政性专项扶贫资金达到 4.79 亿元，比上年增长 11.0%。其中，投入产业开发的扶贫资金 2.04 亿元，新解决 25 万人口饮水问题。启动特困村建设项目 750 个，续建 1280 个，完成高山移民迁建和贫困户住房改造 2025 户，又有 13.5 万绝对贫困人口解决温饱问题。

过去的一年，重庆经济和社会发展取得了显著成绩，但也存在着城镇就业形势严峻、农村富余劳动力转移难度加大、农民收入增长缓慢、城乡居民收入差距继续扩大、三峡库区产业“空心化”问题较为突出和区域之间协调发展尚待加强等困难和问题。对此，我们必须进一步把握机遇，深化改革，采取措施，积极推动投资提速，消费升级，着力培育经济增长的内生动力，努力促进产业结构的战略性调整，力争实现经济增长方式的根本转变，才能最终从根本上解决这些问题和困难，推动全市经济和社会的健康可持续发展。

I 综合篇

GENERAL CHAPTER

二零零四

重庆统计年鉴

CHONGQING STATISTICAL YEARBOOK 2004

一 综 合

COMPREHENSIVE STATISTICS

简要说明

本章主要包括重庆市行政区划、自然地理、自然资源、气象、国民经济和社会发展综合资料，由市统计局综合处根据有关部门资料进行整理和编辑。

行政区划资料由市民政局提供；自然资源中土地、矿产资源数据由市国土资源和房屋管理局提供，林木资源数据由市林业局提供，水资源数据由市水利局提供；气象状况由市气象局提供。

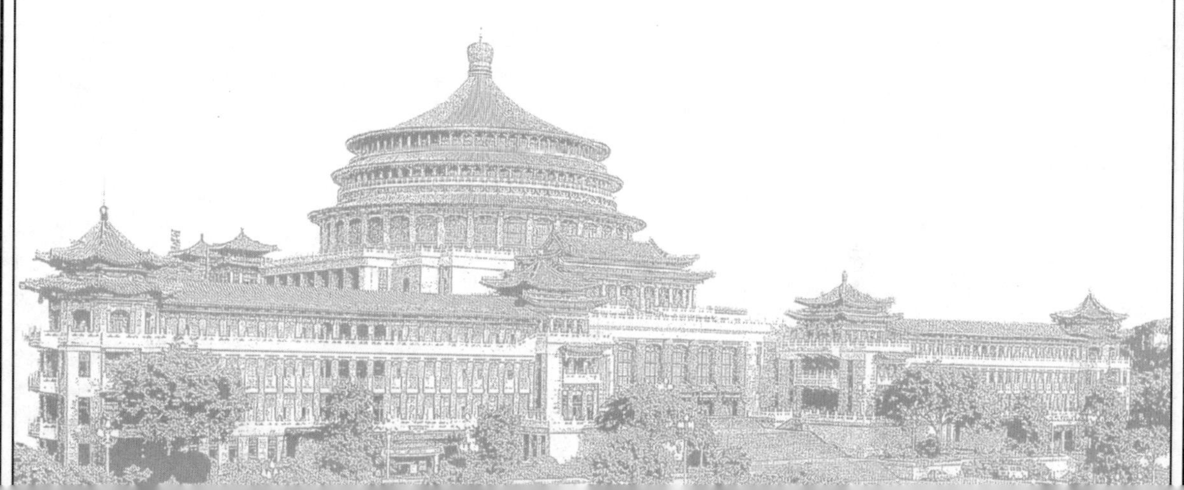

Brief Introduction

This chapter mainly covers the data of Chongqing's administrative divisions, natural environment, natural resources, climate, national economic and social development. Data of this chapter are compiled by Division of Comprehensive Statistics, Municipal Bureau of Statistics using information from relevant bureaus and agencies.

Data of administrative divisions are provided by Municipal Bureau of Civil Affairs; Data of land and mineral resources are provided by Municipal Administration of Land, Resources and Buildings; Data of forest resource are prepared by Municipal Bureau of Forestry; Data of water resource are provided by Municipal Bureau of Water Conservancy; and data of climate are provided by Municipal Meteorological Bureau.

1－1 行政区划（2003年）
ADMINISTRATIVE DIVISIONS (2003)

单位：个　　　　(unit)

地　　区	Region	乡 Townships	镇 Towns	街道办事处 Urban Sub district Offices	居委会 Neighborhood Committees	村委会 Village Committees
全市总计	**Total**	**505**	**648**	**106**	**2038**	**13850**
万州区	Wanzhou District	43	33	16	177	1057
涪陵区	Fuling District	22	18	5	63	356
渝中区	Yuzhong District			13	108	
大渡口区	Dadukou District		3	5	39	32
江北区	Jiangbei District		3	9	64	41
沙坪坝区	Shapingba District		12	13	112	87
九龙坡区	Jiulongpo District		12	6	92	129
南岸区	Nan'an District		9	6	73	103
北碚区	Beibei District		17	2	73	119
万盛区	Wansheng District	1	7	2	24	92
双桥区	Shuangqiao District		2	1	7	14
渝北区	Yubei District		22	6	44	222
巴南区	Ba'nan District		19	2	76	341
黔江区	Qianjiang District	12	15	3	50	172
长寿区	Changshou District		16	2	37	569
綦江县	Qijiang County		19		50	314
潼南县	Tongnan County	9	22		21	283
铜梁县	Tongliang County	8	25		49	571
大足县	Dazu County	2	20	2	50	242
荣昌县	Rongchang County		20		51	209
璧山县	Bishan County	1	10	2	38	453
梁平县	Liangping County	8	25		29	315
城口县	Chengkou County	24	8		15	258
丰都县	Fengdu County	12	19		26	344
垫江县	Dianjiang County	11	14		22	279
武隆县	Wulong County	15	11		21	427
忠　县	Zhongxian County	19	23		30	333
开　县	Kaixian County	27	28		52	1043
云阳县	Yunyang County	40	25		59	826
奉节县	Fengjie County	65	16		19	367
巫山县	Wushan County	30	11		22	567
巫溪县	Wuxi County	47	10		24	348
石柱土家族自治县	Shizhu County	20	12		16	227
秀山土家族苗族自治县	Xiushan County	18	14		32	231
酉阳土家族苗族自治县	Youyang County	25	14		17	727
彭水苗族土家族自治县	Pengshui County	29	10		26	274
江津市	Jiangjin City		35	2	80	379
合川市	Hechuan City		36	3	96	529
永川市	Yongchuan City		19	3	93	631
南川市	Nanchuan City	17	14	3	61	339

注：居委会个数包含社区居委会数。
Note: The number of neighborhood committees includes that of community neighborhood committees.

1－2 行政区划一览表（2003 年）
ADMINISTRATIVE DIVISION TABLE (2003)

地区 Region	街道、镇乡 Urban Sub-districts, Towns and Townships
万州区 Wanzhou District	街道办事处 16 个：沙河、钟鼓楼、周家坝、映水坪、枇杷坪、高笋塘、太白岩、红光、牌楼、万安、双河口、五桥、百安坝、陈家坝、盘龙、龙都。 镇 33 个：天城、熊家、小周、高梁、李河、高升、三正、分水、培文、余家、后山、弹子、高峰、凉风、龙沙、响水、武陵、襄渡、长岭、新田、新乡、龙驹、白土、长滩、走马、罗田、太安、白羊、太龙、董家、大周、孙家、甘宁。 乡 43 个：铁峰、葵花、大碑、黄泥、三元、大兴、桥亭、新袁、铁炉、河口、鹿山、岩口、龙古、国家、鹿井、九池、柱山、瑞池、郭村、石桥、茨竹、盐井、油沙、溪口、马头、梨树、恒合土家族、凤仪、普子、地宝、燕山、长坪、中山、谷雨、双流、赶场、团结、向家、双石、石龙、凉水、大田、黄柏。
涪陵区 Fuling District	街道办事处 5 个：敦仁、崇义、江东、江北、荔枝。 镇 18 个：珍溪、百胜、清溪、南沱、白涛、焦石、李渡、镇安、义和、致韩、马武、龙潭、青羊、新妙、石沱、蔺市、堡子、龙桥。 乡 22 个：仁义、中峰、丛林、山窝、龙塘、卷洞、罗云、酒店、石龙、惠民、明家、同乐、两汇、增福、石和、新村、聚宝、太和、梓里、天台、大木、土地坡。
渝中区 Yuzhong District	街道办事处 13 个：七星岗、较场口、解放碑、朝天门、望龙门、南纪门、菜园坝、两路口、王家坡、上清寺、大溪沟、大坪、化龙桥。
大渡口区 Dadukou District	街道办事处 5 个：新山村、跃进村、九宫庙、茄子溪、春晖路。 镇 3 个：八桥、建胜、跳蹬。
江北区 Jiangbei District	街道办事处 9 个：石马河、大石坝、观音桥、华新街、五里店、江北城、寸滩、郭家沱、唐家沱。 镇 3 个：鱼嘴、复盛、五宝。
沙坪坝区 Shapingba District	街道办事处 13 个：小龙坎、沙坪坝、渝碚路、磁器口、童家桥、石井坡、詹家溪、井口、歌乐山、山洞、新桥、天星桥、土湾。 镇 12 个：覃家岗、歌乐山、井口、陈家桥、曾家、虎溪、西永、土主、青木关、凤凰、回龙坝、中梁。
九龙坡区 Jiulongpo District	街道办事处 6 个：杨家坪、黄桷坪、谢家湾、石坪桥、石桥铺、中梁山。 镇 12 个：九龙、石桥、华岩、西彭、铜罐驿、陶家、巴福、石板、走马、白市驿、金凤、含谷。
南岸区 Nan'an District	街道办事处 6 个：铜元局、南坪、花园路、海棠溪、龙门浩、弹子石。 镇 9 个：南坪、黄桷垭、南山、涂山、鸡冠石、峡口、长生桥、迎龙、广阳。
北碚区 Beibei District	街道办事处 2 个：天生、朝阳。 镇 17 个：东阳、澄江、歇马、蔡家岗、董家溪、天府、龙凤桥、施家梁、北温泉、水土、静观、柳荫、复兴、三圣、偏岩、石坝、金刀峡。
万盛区 Wansheng District	街道办事处 2 个：万盛、东林。 镇 7 个：万东、南桐、青年、关坝、石林、金桥、丛林。 乡 1 个：景星。
双桥区 Shuangqiao District	街道办事处 1 个：龙滩子。 镇 2 个：双路、通桥。
渝北区 Yubei District	街道办事处 6 个：双凤桥、双龙湖、人和、回兴、龙溪、鸳鸯。 镇 22 个：洛碛、石船、龙兴、礼嘉、木耳、兴隆、茨竹、统景、石坪、王家、麻柳沱、大盛、大湾、大竹林、华莹山、张关、古路、玉峰山、高嘴、悦来、御临、明月。
巴南区 Ba'nan District	街道办事处 2 个：李家沱、渔洞。 镇 19 个：花溪、南泉、惠民、木洞、麻柳嘴、双河口、丰盛、东泉、姜家、天星寺、二圣、接龙、石滩、石龙、一品、安澜、跳石、界石、南彭。
黔江区 Qianjiang District	街道办事处 3 个：城东、城南、城西。 镇 15 个：冯家坝、濯水、马喇、两河、小南海、舟白、石会、黑溪、黄溪、黎水、正阳、邻鄂、石家、鹅池、金溪。 乡 12 个：中塘、沙坝、杉岭、白石、蓬东、水市、五里、金洞、新华、水田、太极、白土。

1-2 续表 1 CONTINUED-1

地区 Region	街道、镇乡 Urban Sub-districts, Towns and Townships
长寿区 Changshou District	街道办事处 2 个：晏家、凤城。 镇 16 个：江南、邻封、但渡、云集、长寿湖、双龙、龙河、石堰、云台、海棠、葛兰、新市、渡舟、八颗、洪湖、万顺。
綦江县 Qijiang County	镇 19 个：古南、三江、石角、东溪、赶水、打通、石壕、永新、三角、隆盛、郭扶、篆塘、丁山、安稳、扶欢、永城、新盛、中峰、横山。
潼南县 Tongnan County	镇 22 个：梓潼、双江、花岩、桂林、柏梓、崇龛、古溪、宝龙、飞跃、新华、玉溪、群力、米心、上和、龙形、塘坝、太安、永胜、新胜、小渡、卧佛、五桂。 乡 9 个：田家、龙项、檬子、别口、红花、安兴、文明、永安、寿桥。
铜梁县 Tongliang County	镇 25 个：巴川、土桥、旧县、二坪、水口、安居、平滩、白羊、虎峰、西泉、石鱼、福果、少云、高楼、维新、大庙、围龙、华兴、全德、永嘉、蒲吕、西河、安溪、侣俸、太平。 乡 8 个：永清、双山、小林、中和、庆隆、岚峰、新复、斑竹。
大足县 Dazu County	街道办事处 2 个：龙岗、棠香。 镇 20 个：宝顶、智凤、宝兴、石马、拾万、金山、回龙、国梁、雍溪、珠溪、龙石、铁山、季家、高升场、中敖、三驱、龙水、万古、邮亭、玉龙。 乡 2 个：高坪、古龙。
荣昌县 Rongchang County	镇 20 个：昌元、广顺、峰高、路孔、直升、安富、清江、仁义、河包、古昌、吴家、清流、铜鼓、观胜、盘龙、远觉、双河、清升、荣隆、龙集。
璧山县 Bishan County	街道办事处 2 个：璧城、青杠。 镇 10 个：八塘、七塘、广普、三合、正兴、大路、河边、福禄、大兴、丁家。 乡 1 个：健龙。
梁平县 Liangping County	镇 25 个：梁山、仁贤、金带、礼让、聚奎、明达、云龙、荫平、和林、文化、合兴、福禄、石安、柏家、大观、竹山、屏锦、回龙、袁驿、碧山、虎城、七星、新盛、龙门、蟠龙。 乡 8 个：城北、安胜、铁门、龙胜、复平、城东、曲水、紫照。
城口县 Chengkou County	镇 8 个：葛城、坪坝、明通、修齐、高观、庙坝、棉沙、巴山。 乡 24 个：高燕、龙田、北屏、左岚、高楠、后裕、黄溪、沿河、明月、鸡鸣、咸宜、周溪、蓼子、桃元、明中、岚天、石坊、治平、厚坪、河鱼、渭河、东安、罗江、双河。
丰都县 Fengdu County	镇 19 个：名山、虎威、社坛、三元、许明寺、董家、树人、十直、镇江、高家镇、兴义、双路、江池、龙河、武平、包鸾、湛普、三合、南天湖。 乡 12 个：崇兴、红沙、青龙、双龙场、保合、龙孔、太平坝、都督、暨龙、栗子、三建、三坝。
垫江县 Dianjiang County	镇 14 个：桂溪、新民、沙坪、周嘉、普顺、永安、高安、高峰、五洞、澄溪、太平、鹤游、坪山、砚台。 乡 11 个：曹回、长龙、沙河、杠家、大石、黄沙、包家、白家、永平、三溪、裴兴。
武隆县 Wulong County	镇 11 个：巷口、桐梓、火炉、江口、羊角、土坎、长坝、白马、鸭江、平桥、仙女山。 乡 15 个：土地、接龙、后坪、泡沟、文复、石桥、浩口、双河、黄莺、铁矿、白云、赵家、凤来、庙垭、和顺。
忠　县 Zhongxian County	镇 23 个：忠州、新生、任家、乌杨、洋渡、东溪、复兴、石宝、汝溪、野鹤、官坝、石黄、马灌、金鸡、新立、双桂、拔山、花桥、永丰、三汇、白石、杠（音）井、黄金。 乡 19 个：望水、善广、曹家、石子、磨子、咸隆、涂井、新场、丰收、兴峰、高洞、黄钦、精华、庙垭、泰来、两河、巴营、大岭、金声。
开　县 Kaixian County	镇 28 个：汉丰、镇东、镇安、丰乐、东华、白鹤、温泉、郭家、和谦、河堰、大进、正坝、敦好、高桥、厚坝、九龙山、中和、三合、临江、义和、竹溪、铁桥、南雅、岳溪、长沙、南门、赵家、渠口。 乡 27 个：大慈、大德、金峰、白桥、岩水、锦竹、谭家、红园、关面、白泉、满月、关坪、梓潼、麻柳、紫水、天白、天和、三汇口、太原、中兴、巫山、龙安、五通、跳蹬、花林、兼善、开竹。

1-2 续表 2 CONTINUED-2

地区 Region	街道、镇乡 Urban Sub-districts, Towns and Townships
云阳县 Yunyang County	镇 25 个：云阳、云安、江口、双江、龙角、古陵、高阳、渠马、巴阳、盘石、凤鸣、宝坪、南溪、长洪、双土、桑坪、盛堡、路阳、农坝、关市、黄石、沙市、鱼泉、红狮、人和。 乡 40 个：毛坝、宝塔、院庄、耀灵、新津、龙洞、洞鹿、石门、后叶、养鹿、九龙、水磨、外郎、里市、普安、堰坪、新阳、塔棚、大阳、白龙、建全、双水、帆水、莲花、硐村、栖霞、泥溪、云峰、票草、上坝、富家、凤桥、清水、青山、困坝、千丘、文龙、向阳、龙塘、水口。
奉节县 Fengjie County	镇 16 个：白帝、草堂、汾河、永乐、康乐、大树、竹园、公平、朱衣、甲高、羊市、吐祥、青龙、兴隆、新民、永安。 乡 65 个：新城、江南、梅子、青莲、寂静、黄村、曲龙、平安、建农、新政、金凤、高治、龙池、石岗、明水、青正、红土、万胜、三江、康坪、黄井、黄泗、高雅、安坪、新治、杨坪、上庄、太和、梅魁、马驿、云雾土家族、九里、石罐、荆竹、庙湾、含瑞、龙桥土家族、长安土家族、鹤峰、长函、九树、尖峰、五马、尖角、明堂、冯坪、双潭、奇峰、天池、岩湾、九盘、平皋、槽木、双店、桃树、茅田、大寨、野茶、罗汉、桃李、合营、范家、金子、新贺、前进。
巫山县 Wushan County	镇 11 个：巫峡、双龙、大昌、龙溪、官阳、骡坪、抱龙、官渡、铜鼓、庙宇、福田。 乡 30 个：龙井、两坪、建平、南陵、曲尺、金坪、大溪、龙雾、钱家、白云、白果、起阳、平河、庙堂、当阳、三溪、田家、月池、楚阳、竹贤、石碑、青峰、邓家、笃坪、培石、新花、双庙、新营、平南、红椿。
巫溪县 Wuxi County	镇 10 个：城厢、凤凰、宁厂、上磺、古路、文峰、徐家、白鹿、尖山、下堡。 乡 47 个：长渡、双台、前河、菱角、花栗、大同、胜利、大河、天星、后河、万古、长桂、黄阳、峰灵、红岩、蒲莲、塘坊、兴寨、梓树、金盆、朝阳洞、咸水、建楼、正溪、易溪、中坝、鱼鳞、乌龙、高竹、渔沙、中鹿、皂角、田坝、马坪、龙台、中岗、通城、兰英、花台、双阳、丛树、沈家、中梁、土城、和平、天元、高楼。
石柱土家族自治县 Shizhu County	镇 12 个：临溪、黄水、南宾、西沱、悦崃、龙沙、鱼池、下路、沿溪、沙子、马武、王场。 乡 20 个：大歇、三星、六塘、王家、河嘴、黄鹤、洗新、新乐、木坪、黎场、万朝、金竹、金岭、中益、桥头、三益、冷水、枫木、石家、三河。
秀山土家族苗族自治县 Xiushan County	镇 14 个：中和、平凯、清溪场、石耶、石堤、龙池、溶溪、梅江、洪安、官庄、峨溶、雅江、隘口、兰桥。 乡 18 个：岑溪、中平、官舟、平马、海洋、大溪、保安、里仁、妙泉、宋农、涌洞、干川、膏田、溪口、塘坳、孝溪、钟灵、巴家。
酉阳土家族苗族自治县 Youyang County	镇 14 个：钟多、龙潭、龚滩、麻旺、李溪、丁市、黑水、酉酬、兴隆、大溪、泔溪、后溪、苍岭、小河。 乡 25 个：涂市、板溪、铜鼓、毛坝、花田、木叶、五福、可大、偏柏、腴地、车田、南腰界、楠木、官清、宜居、万木、后坪、天馆、两罾、清泉、双泉、庙溪、浪坪、江丰、板桥。
彭水苗族土家族自治县 Pengshui County	镇 10 个：汉葭、高谷、郁山、保家、黄家、鹿角、桑拓、普子、龙射、连湖。 乡 29 个：岩东、靛水、平安、鹿鸣、乔梓、迁桥、长滩、三义、棣棠、太元、联合、石柳、龙溪、走马、芦塘、小厂、桐楼、诸佛、梅子垭、新田、鞍子、善感、双龙、石盘、万足、龙塘坝、大垭、润溪、朗溪。
江津市 Jiangjin City	街道办事处 2 个：几江、德感。 镇 35 个：油溪、金刚、吴滩、吴市、石门、朱杨、石蟆、羊石、永兴、塘河、龙门滩、罗坝、先锋、夹滩、李市、慈云、蔡家、龙吟、嘉平、中山、柏林、傅家、仁沱、贾嗣、夏坝、西湖、骆来山、杜市、广兴、白沙、珞璜、四面山、鹅公、大桥、双福。
合川市 Hechuan City	街道办事处 3 个：合阳城、南津街、钓鱼城。 镇 36 个：盐井、草街、官渡、双凤、狮滩、云门、高龙、大石、尖山、古楼、铜溪、油桥、渭沱、张桥、太和、隆兴、佛盐、三庙、合隆、燕窝、二郎、龙凤、钱塘、沙鱼、金子、龙市、涞滩、码头、肖家、渭溪、黄土、香龙、小沔、三汇、清平、土场。
永川市 Yongchuan City	街道办事处 3 个：中山路、胜利路、南大街。 镇 19 个：大安、陈食、临江、双竹、何埂、松既、朱沱、仙龙、五间、来苏、宝峰、永荣、红炉、双石、三教、板桥、青峰、金龙、吉安。
南川市 Nanchuan City	街道办事处 3 个：东城、西城、南城。 镇 14 个：南平、水江、兴隆、大观、太平场、白沙、鸣玉、石墙、三泉、神童、大有、合溪、金山、头渡。 乡 17 个：石莲、木凉、福寿、石溪、冷水关、民主、骑龙、鱼泉、庆元、古花、德隆、乾丰、峰岩、河图、土溪、铁村、中桥。

1—3 自然地理（2003 年）

位置： 重庆位于北纬 28 度 10 分-32 度 13 分，东经 105 度 11 分-110 度 11 分之间，地处较为发达的东部地区和资源丰富的西部地区的结合部，东邻湖北、湖南，南靠贵州，西接四川，北连陕西，是长江上游最大的经济中心、西南工商业重镇和水陆交通枢纽。1997 年 3 月 14 日，第八届全国人民代表大会第五次会议通过了设立重庆直辖市的决议，与北京、天津、上海同为四大直辖市。

面积： 重庆幅员面积 8.24 万平方公里，南北长 450 公里，东西宽 470 公里。2003 年全市共辖 15 个区：万州区、涪陵区、渝中区、大渡口区、江北区、沙坪坝区、九龙坡区、南岸区、北碚区、万盛区、双桥区、渝北区、巴南区、黔江区、长寿区；4 个县级市：江津市、合川市、永川市、南川市；21 个县：綦江县、潼南县、铜梁县、大足县、荣昌县、璧山县、开县、忠县、梁平县、云阳县、奉节县、巫山县、巫溪县、城口县、垫江县、武隆县、丰都县、石柱县、彭水县、酉阳县、秀山县。

地势： 重庆地势由南北向长江河谷逐级降低，西北部和中部以丘陵、低山为主，东南部靠大巴山和武陵山两座大山脉。

河流： 主要河流有长江、嘉陵江、乌江、涪江、綦江、大宁河等。

气候： 重庆属中亚热带湿润季风气候区，具有夏热冬暖，光热同季，无霜期长，雨量充沛，湿润多阴等特点。全年平均气温 18.9℃，年总降雨量 1025.0 毫米。

NATURAL ENVIRONMENT (2003)

Location:

Chongqing locates at 28° 10'～32° 13' north latitude and 105° 11'～110° 11' east longitude. Chongqing has a favorable geographical location with a vast hinterland. With Hubei Province and Hu'nan Province to the east, Guizhou Province to the south, Sichuan Province to the west, Shaanxi Province to the north, Chongqing is a large commercial and industrial center, and enjoys convenient communications. Chongqing municipality was established on March 14, 1997.

Area:

Covering an area of 0.0824 million square kilometers, the municipality is 470 kilometers wide from east to west and 450 kilometers long from north to south. There was a total of 15 districts in Chongqing in 2003: Wanzhou, Fuling Yuzhong (center of Chongqing), Dadukou, Jiangbei, Shapingba, Jiulongpo, Nan'an, Beibei, Wansheng, Shuangqiao, Yubei, Ba'nan, Qianjiang, Changshou；4 cities at county level in Chongqing: Jiangjin, Hechuan, Yongchuan, Nanchuan. And 21 counties in Chongqing: Qijiang, Tongnan, Tongliang, Dazu, Rongchang, Bishan, Kaixian, Zhongxian, Liangping, Yunyang, Fengjie, Wushan, Wuxi, Chengkou, Dianjiang, Wulong, Fengdu, Shizhu, Pengshui, Youyang, Xiushan.

Topography:

Chongqing's eastern is lower than the western, lots of hills in the northwest and the middle areas, with Daba Mountain and Wuling Mountain to the southeast.

River:

The main rivers are Yangtze River, Jialing River, Wujiang River, Fujiang River, Qijiang River and Daning River.

Climate:

Chongqing has a subtropical humid monsoon climate with four distinct seasons. Summer of Chongqing is hot and winter is warm, with a long frost-free period. In 2003 Annual average temperature was 18.9℃ and annual precipitation was 1025.0mm.

1—4 自然资源（2002—2003年）
NATURAL RESOURCES (2002-2003)

项　　目	Item	2002	2003
土地资源(万公顷)	**Land Resources (10 000 hectares)**		
#农用地	Agricultural Land	693.42	695.39
#耕地	Cultivated Land	246.58	234.76
园地	Garden Land	18.25	21.00
林地	Forest Land	303.42	319.02
牧草地	Grassland	23.85	23.84
建设用地	Construction Land	51.95	54.00
未利用地	Unused Land	77.32	73.30
林木资源	**Forest Resources**		
活立木总蓄积量(万立方米)	Total Standing Stock Volume (10 000 cu.m)		11999
森林面积(万公顷)	Forest Area (10 000 hectares)		223.73
森林蓄积量(万立方米)	Stock Volume of Forest (10 000 cu.m)		11173
森林覆盖率(%)	Forest-coverage Rate (%)		27.1
水资源（当年量）	**Water Resources (current quantity)**		
降水深（毫米）	Depth of Precipitation (mm)	1183.10	1229.80
地表径流量(亿立方米)	Surface Runoff (100 million cu.m)	545.85	590.74
地下水量（亿立方米）	Shallow Ground Water Volume (100 million cu.m)	101.81	109.88
入境水资源总量(亿立方米)	Water Volume Entry (100 million cu.m)	3863.86	3515.90
水力资源蕴藏量(万千瓦)	Hydropower Resources (10 000 kw)	1388	1388
#可开发量	Developable Resources	760	760
主要矿产资源(基础储量)	**Major Mineral Resources (basic reserves)**		
煤（万吨）	Coal (10 000 tons)	164399	163604
铁（矿石万吨）	Iron Ore (ore, 10 000 tons)	112	112
锰（矿石万吨）	Manganese Ore (ore, 10 000 tons)	1814	1780
锌（金属万吨）	Zinc Ore (metal, 10 000 tons)	15	15
铝（矿石万吨）	Aluminum Ore (ore, 10 000 tons)	3639	3639
锶（天青石万吨）	Strontium Ore (ore, 10 000 tons)	38	25
萤石（矿石万吨）	Fluorite Ore (ore, 10 000 tons)	45	45
熔剂用灰岩（矿石万吨）	Limestone for Flux (ore, 10 000 tons)	10224	10178
冶金用白云岩（矿石万吨）	Dolomite for Metallurgy (ore, 10 000 tons)	4546	4546
冶金用石英砂岩（矿石万吨）	Quartzite for Metallurgy (ore, 10 000 tons)	382	382
耐火粘土（矿石万吨）	Refractory Clay (ore 10 000 tons)	169	169
重晶石（矿石万吨）	Barytes (ore, 10 000 tons)	185	184
毒重石（矿石万吨）	Witherite (ore, 10 000 tons)	295	295
盐矿（万吨）	Salt Mine (10 000 tons)	100582	100562

注：2003年林木资源数据为森林资源二类调查数。

Note: Data of forest resources in 2003 are from Class II survey.

1－5 气象基本情况（2003年）
BASIC STATISTICS ON CLIMATE (2003)

月　份	Month	降雨量（毫米）Precipitation (mm)	平均气温（℃）Average Temperature (℃)	日照时数（时）Sunshine Hours (hour)	平均相对湿度（%）Average Relative Humidity (%)	平均风速（米/秒）Average Wind Speed (m/s)	平均气压（百帕）Average Air Pressure (100 pa)
全年	**Whole Year**	**1025.0**	**18.9**	**875.7**	**80**	**1.6**	**983.2**
1月	January	11.8	8.4	4.0	82	1.1	992.8
2月	February	9.3	12.6	43.2	76	1.6	986.4
3月	March	18.3	14.5	97.6	73	1.8	985.3
4月	April	69.7	19.5	94.1	75	1.9	980.8
5月	May	208.5	22.6	83.4	80	1.7	977.9
6月	June	364.5	24.6	69.2	85	1.5	974.6
7月	July	132.1	28.2	149.4	80	1.9	972.5
8月	August	30.1	29.5	155.0	69	2.0	974.2
9月	September	68.7	24.2	104.5	80	1.7	980.8
10月	October	32.7	17.7	30.1	88	1.3	988.6
11月	November	55.6	14.5	34.3	84	1.5	989.1
12月	December	23.7	9.4	10.9	85	1.4	995.1

注：此表为重庆市区资料。

Note: This table is the data of Chongqing downtown.

1—6 国民经济和社会发展总量与速度指标

指 标	Item	总量指标 Aggregate Indicators 1995	1996
人口与就业	**Population and Employment**		
人口(万人)(抽样调查)	**Population (10 000 persons) (sample survey)**		
年末总人口	Year-end Population		
城镇人口	Urban		
乡村人口	Rural		
男性人口	Male		
女性人口	Female		
就业(万人)	**Employment (10 000 persons)**		
就业人员数	Employment	1709.26	1674.90
#职工人数	Staff and Workers	294.25	294.63
城镇登记失业人数	Registered Urban Unemployment	10.47	10.95
宏观经济	**Macroeconomic Indicators**		
国民经济核算	**National EconomicAccounting**		
本市生产总值(现价)(亿元)	Gross Domestic Product (current prices)(100 million yuan)	1009.47	1179.09
第一产业	Primary Industry	261.52	284.89
第二产业	Secondary Industry	427.19	493.21
#工业	Industry	368.17	423.01
第三产业	Tertiary Industry	320.76	400.99
固定资产投资(亿元)	**Investment in Fixed Assets (100 million yuan)**		
全社会固定资产投资总额	Total Investment in Fixed Assets	270.97	320.73
#基本建设	Capital Construction	69.27	88.40
更新改造	Innovation	68.41	67.16
房地产开发	Real Estate Development	46.88	55.62
财政(亿元)	**Pubic Finance (100 million yuan)**		
地方预算内财政收入	Local Budgetary Financial Revenue	46.01	54.94
地方预算内财政支出	Local Budgetary Financial Expenditures	66.22	79.42
物价总指数(上年=100)	**Price Indices (preceding year=100)**		
居民消费价格总指数	General Consumer Price Index	119.4	109.7
商品零售价格总指数	General Retail Price Index	116.3	106.1
产 业	**Industries**		
农业	**Agriculture**		
年末常用耕地面积(万公顷)	Year-end Common Cultivated Area (10 000 hectares)	162.92	162.21
乡村从业人员(万人)	Rural Employment (10 000 persons)	1349.34	1330.44
农林牧渔业总产值(现价)(亿元)	Gross Output Value of Farming, Forestry, Animal Husbandry and Fishery (current prices) (100 million yuan)	377.83	424.99
#农业	Farming	227.89	271.38
林业	Forestry	10.67	11.55
牧业	Animal Husbandry	130.42	131.17
渔业	Fishery	8.84	10.89
主要农产品产量(万吨)	Output of Major Farm Products (10 000 tons)		
粮食	Grain	1153.68	1172.14

注：1) 本表数据除本市生产总值、农林牧渔业总产值、工业总产值速度指标按可比价计算，财政指标2003年比2002年为同口径指数，其余指标均为自然增长（下表同）。

2) 职工人数2000-2003年数据为在岗职工（下表同）。

3)乡村从业人员是指乡村劳动力从业人员，包括外出务工人员（下表同）。

PRINCIPAL AGGREGATE INDICATORS OF NATIONAL ECONOMIC AND SOCIAL DEVELOPMENT AND THEIR RELATED INDICES AND GROWTH RATES

总量指标 Aggregate Indicators			速度指标（%） Indices and Growth Rate						
2000	2002	2003	指　数（2003为以下各年） Index (2003 as percentage of the following years)				平均增长速度 Average Growth Rate		
			1995	1996	2000	2002	1996-2000	1997-2003	2001-2003
3090.45	3107.00	3115.40			100.8	100.3			0.3
1022.78	1130.95	1186.97			116.1	105.0			5.1
2067.67	1976.05	1928.43			93.3	97.6			-2.3
1604.95	1612.53	1584.71			98.7	98.3			-0.4
1485.50	1494.47	1530.69			103.0	102.4			1.0
1690.00	1710.50	1726.36	101.0	103.1	102.2	100.9	-0.2	0.4	0.7
208.87	199.93	204.99	69.7	69.6	98.1	102.5	-6.6	-5.1	-0.6
10.15	16.18	16.16	154.3	147.6	159.2	99.9	-0.6	5.7	16.8
1589.34	1971.30	2250.56	209.4	188.3	134.1	111.5	9.3	9.5	10.3
283.00	315.78	336.36	125.6	119.6	110.8	104.2	2.5	2.6	3.5
657.51	827.55	977.30	242.7	216.5	147.6	116.0	10.5	11.7	13.8
527.48	651.00	768.37	235.6	210.1	147.3	116.4	9.8	11.2	13.8
648.83	827.97	936.90	232.0	201.9	130.3	109.4	12.2	10.6	9.2
655.81	995.66	1269.35	468.4	395.8	193.6	127.5	19.3	21.7	24.6
262.93	474.76	665.49	960.7	752.8	253.1	140.2	30.6	33.4	36.3
92.03	115.08	122.01	178.4	181.7	132.6	106.0	6.1	8.9	9.9
139.63	245.91	327.89	699.4	589.5	234.8	133.3	24.4	28.8	32.9
104.46	157.87	206.93	449.8	376.6	131.1	198.1	17.8	20.9	25.6
202.46	345.07	391.36	591.0	492.8	193.3	116.9	25.0	25.6	24.6
96.7	99.6	100.6							
95.5	98.9	99.5							
158.32	138.37	135.32	83.1	83.4	85.5	97.8	-0.6	-2.6	-5.1
1352.60	1342.17	1340.25	99.3	100.7	99.1	99.9	...	0.1	-0.3
412.63	460.98	488.57	119.0	115.8	108.6	100.8	1.9	2.1	2.8
244.74	264.08	270.12	116.9	114.8	109.8	103.5	1.3	2.0	3.2
10.82	13.51	14.58	99.9	98.6	134.1	102.0	-5.7	-0.2	10.3
141.99	166.20	177.64	130.3	125.7	113.7	104.8	2.8	3.3	4.4
15.08	17.19	18.33	189.9	163.5	110.8	103.0	11.4	7.3	3.5
1131.21	1082.15	1087.20	94.2	92.8	96.1	100.5	-0.4	-1.1	-1.3

Note: a) Indices and growth rate in this table are natural growth except that of gross domestic product, value of farming, forestry, animal husbandry and fishery, gross output value of industry are at constant prices, and that of public finance are in same terms.

b) Number of staff and worker and wages since 2000 are on-post staff and worker (the same below).

c) Rural employment refers to rural able-bodied laborers, including laborers working outside Chongqing (the same below).

1-6 续表1

指标	Item	总量指标 Aggregate Indicators	
		1995	1996
油料	Oil-bearing Crops	25.12	23.60
烟叶	Tobacco	7.80	13.24
茶叶	Tea	1.75	1.55
水果	Fruit	59.29	56.62
肉类	Meat	127.22	133.22
#猪肉	Pork	112.27	114.18
水产品	Aquatic Products	12.13	14.07
工业（国有及规模以上）	**Industry (State-owned Industrial Enterprises and Non-state-owned Industrial Enterprises above Desingated Size)**		
工业总产值（现价）（亿元）	Gross Output Value of Industry (current prices)(100 million yuan)		
工业增加值（现价）（亿元）	Value-added of Industry (current prices) (100 million yuan)		
主营业务收入（亿元）	Major Sales Value (100 million yuan)		
利税总额（亿元）	Total Pre-tax Profits (100 million yuan)		
经济效益综合指数	Comprehensive index of Economic Efficiency		
产品销售率（%）	Ratio of Sales to Products (%)		
全员劳动生产率（元/人年）	Overall Labor Productivity (yuan/person-year)		
主要工业产品产量	Output of Major Industrial Products		
原煤（万吨）	Coal (10 000 tons)		
天然气（亿立方米）	Natural Gas (100 million cu.m)		
发电量（亿千瓦时）	Electricity (100 million kwh)		
钢材（万吨）	Steel Products (10 000 tons)		
铝（万吨）	Aluminum (10 000 tons)		
水泥（万吨）	Cement (10 000 tons)		
汽车（万辆）	Motor Vehicles (10 000 vehicles)		
摩托车（万辆）	Motorcycles (10 000 vehicles)		
啤酒（万吨）	Beer (10 000 tons)		
卷烟（万箱）	Cigarettes (10 000 cases)		
建筑业（资质等级四级以上）	**Construction (Grade 4 and above)**		
建筑业总产值（亿元）	Gross Output Value of Construction (100 million yuan)		205.30
建筑业增加值（亿元）	Value-added of Construction (100 million yuan)		56.43
房屋施工面积（万平方米）	Floor Space Under Construction (10 000 sq.m)		4065.24
房屋竣工面积（万平方米）	Floor Space Completed (10 000 sq.m)		2276.97
交通运输业	**Transportation**		
客运量（万人）	Passenger Traffic (10 000 persons)	39731	43123
铁路	Railway	1962	1725
公路	Highway	34379	37410
水运	Waterway	3352	3900
民航	Civil Aviation	38	88
货运量（万吨）	Freight Traffic (10 000 tons)	22795.70	25818.20
铁路	Railway	2960	3112
公路	Highway	18253	20214
水运	Waterway	1582	2491
民航	Civil Aviation	0.70	1.20
港口货物吞吐量（万吨）	Freight handled at Ports (10 000 tons)	853.00	1076.00

注：1) 建筑业增加值2003年前按工程结算利润计算，2003年按营业利润计算；2002年房屋建筑施工、竣工面积和2003年所有数据不含劳务分包企业（下表同）。
2) 从2000年起民航货运量按新制度统计，旅客行李不再计入货运（下表同）。

1-6 CONTINUED-1

总量指标 Aggregate Indicators			速度指标（%） Indices and Growth Rate						
2000	2002	2003	指 数（2003为以下各年） Index (2003 as percentage of the following years)				平均增长速度 Average Growth Rate		
			1995	1996	2000	2002	1996-2000	1997-2003	2001-2003
31.06	35.04	38.27	152.3	162.2	123.2	109.2	4.3	7.2	7.2
10.41	8.71	8.60	110.3	65.0	82.6	98.7	5.9	-6.0	-6.2
1.45	1.41	1.43	81.7	92.3	98.6	101.4	-3.7	-1.1	-0.5
81.68	113.41	128.59	216.9	227.1	157.4	113.4	6.6	12.4	16.3
143.91	152.40	159.51	125.4	119.7	110.8	104.7	2.5	2.6	3.5
122.45	127.48	131.82	117.4	115.4	107.7	103.4	1.8	2.1	2.5
20.03	21.16	22.49	185.4	159.8	112.3	106.3	10.6	6.9	3.9
962.32	1228.37	1588.99			175.3	126.7			20.6
287.50	397.44	477.85			166.2	120.2			18.5
959.36	1235.72	1595.07			166.3	129.1			18.5
85.57	132.03	191.09			223.3	144.7			30.7
87.10	109.80	129.73							
99.10	98.07	97.83							
31081	46464	55957			180.0	120.4			21.7
1149.90	1211.73	1484.20			129.1	122.5			8.9
38.98	45.41	47.29			121.3	104.1			6.7
167.90	184.75	188.64			112.4	102.1			4.0
156.98	201.48	235.24			149.9	116.8			14.4
3.27	5.19	6.14			187.8	118.3			23.4
1402.78	1679.52	1927.00			137.4	114.7			11.2
24.59	33.13	40.45			164.5	122.1			18.0
191.07	323.42	441.32			231.0	136.5			32.2
50.92	41.77	45.10			88.6	108.0			-4.0
68.70	68.76	77.50			112.8	112.7			4.1
348.66	501.58	586.21							
94.52	135.31	128.72							
6088.49	8707.39	9754.10				112.0			
3083.72	4711.06	4939.62				104.9			
57852	62853	59170	148.9	137.2	102.3	94.1	7.8	4.6	0.8
2140	2149	1949	99.3	113.0	91.1	90.7	1.8	1.8	-3.1
53170	58512	55673	161.9	148.8	104.7	95.1	9.1	5.8	1.5
2425	2046	1417	42.3	36.3	58.4	69.3	-6.3	-13.5	-16.4
117	146	131	344.7	148.9	112.0	89.7	25.2	5.8	3.8
28022.40	31177.60	34113.20	149.6	132.1	121.7	109.4	4.2	4.1	6.8
2848	3191	3491	117.9	112.2	122.6	109.4	-0.8	1.7	7.0
23646	26076	28406	155.6	140.5	120.1	108.9	5.3	5.0	6.3
1526	1907	2214	139.9	88.9	145.1	116.1	-0.7	-1.7	13.2
2.40	2.60	2.20			91.7	84.6			-2.9
2448.00	3004.00	3243.76	380.3	301.5	132.5	108.0	23.5	17.1	9.8

Note: a) Value-added is calculated in terms of profits of project settled accounts before 2003, whereas in terms of business profits in 2003. Data of floor space under construction and completed in 2002, and all data in 2003 exclude construction enterprises of work subcontractors (the same below).

b) Freight traffic of civil aviation since 2000 exclude the baggages in accordance with new statistical system (the same below).

1-6 续表2

指 标	Item	总量指标 Aggregate Indicators	
		1995	1996
邮电通信业	**Postal and Telecommunication Services**		
邮电业务总量（亿元）	Business Volume (100 million yuan)	10.96	15.99
城市电话用户（万户）	Urban Telephone Subscribers (10 000 subscribers)	32.10	56.33
移动电话用户（万户）	Mobile Telephone Subscribers (10 000 subscribers)	3.62	9.00
国际互联网络用户（万户）	Subscribers of Internet Services (10 000 subscribers)		0.03
国内商业	**Domestic Trade**		
社会消费品零售总额（亿元）	Retail Sales of Consumer Goods (100 million yuan)	371.81	445.48
#国有经济	State-owned	89.72	98.88
集体经济	Collective-owned	67.21	70.76
消费品市场成交额（亿元）	Transaction Value of Consumable Markets (100 million yuan)	216.80	280.05
对外经济贸易	**Foreign Trade**		
进出口总值（亿美元）	Total Imports and Exports (USD 100 million)	14.19	15.85
进口总值	Imports	5.71	9.92
出口总值	Exports	8.47	5.94
利用外资(亿美元)	**Utilization of Foreign Capital (USD 100 million)**		
实际利用外资额	Foreign Capital Actually Utilized	6.16	4.42
#外商直接投资额	Foreign Direct Investment	3.79	2.19
国际旅游	**International Tourism**		
国际旅游人数（万人）	International Tourists (10 000 persons)	14.29	16.18
旅游外汇收入（万美元）	Foreign Exchange Earnings from International Tourism (USD 10 000)	6333	7090
金融（亿元）	**Finance (100 million yuan)**		
金融机构人民币存款年末余额	Deposit Balance in RMB of Financial Institutions	676.70	846.43
金融机构人民币贷款年末余额	Loan Balance of in RMB of Financial Institutions	755.39	913.93
保险公司保费收入	Insurance Premium of Insurance Companies		12.82
保险公司赔款及给付	Indemnity Expenditure and Payment of Insurance Companies		6.48
教育、科技、文化	**Education, Science, Technology and Culture**		
教育	**Education**		
专任教师（人）	Full-time Teachers (person)		
#普通高等学校	Regular Institutions of Higher Education	9409	9400
普通中等专业学校	Specialized Secondary Schools	4542	4505
普通中学	Regular Secondary Schools	67498	69503
小学	Primary Schools	117497	117711
在校学生数（万人）	Student Enrollment (10 000 persons)		
#普通高等学校	Regular Institutions of Higher Education	7.34	7.99
普通中等专业学校	Specialized Secondary Schools	6.27	6.95
普通中学	Regular Secondary Schools	97.71	101.27
小学	Primary Schools	263.86	273.71
科技	**Science and Technology**		
技术市场成交额（万元）	Transaction Value of Technology Exchanges (10 000 yuan)	32466	34344

注：邮电业务总量2000年及以前为1990年不变价，2000年后为2000年不变价口径（下表同）。

1-6 CONTINUED-2

总量指标 Aggregate Indicators			速度指标（%） Indices and Growth Rate						
			指数（2003为以下各年） Index (2003 as percentage of the following years)				平均增长速度 Average Growth Rate		
2000	2002	2003	1995	1996	2000	2002	1996-2000	1997-2003	2001-2003
85.82	86.76	121.29	1106.7	758.5	141.3	139.8	50.9	33.6	12.2
186.93	262.34	343.80	1071.0	610.3	183.9	131.1	42.2	29.5	22.5
160.00	424.70	619.40	17110.5	6882.2	387.1	145.8	113.3	83.0	57.0
10.00	55.60	93.80		312666.7	938.0	168.7		215.7	110.9
643.58	763.05	835.53	224.7	187.6	129.8	109.5	11.6	9.4	9.1
96.17	104.27	99.87	111.3	101.0	103.8	95.8	1.4	0.1	1.3
60.37	48.67	36.38	54.1	51.4	60.3	74.7	-2.1	-9.1	-15.5
493.57	585.66	648.23	299.0	231.5	131.3	110.7	17.9	12.7	9.5
17.85	17.94	25.95	182.9	163.7	145.4	144.6	4.7	7.3	13.3
7.90	7.03	10.10	176.9	101.8	127.8	143.7	6.7	0.3	8.5
9.95	10.91	15.85	187.1	266.8	159.3	145.3	3.3	15.1	16.8
3.45	4.50	5.67	92.0	128.3	164.3	126.0	-10.9	3.6	18.0
2.44	2.81	3.11	82.1	142.0	127.5	110.7	-8.4	5.1	8.4
26.61	46.15	23.45	164.1	144.9	88.1	50.8	13.2	5.4	-4.1
13837	21802	11323	178.8	159.7	81.8	51.9	16.9	6.9	-6.5
1904.71	2821.04	3438.61	508.1	406.2	180.5	121.9	23.0	22.2	21.8
1881.29	2244.72	2774.81	367.3	303.6	147.5	123.6	20.0	17.2	13.8
27.71	46.17	57.93		451.9	209.1	125.5		24.0	27.9
8.27	14.20	14.53		224.2	175.7	102.3		12.2	20.7
10449	13954	16013	170.2	170.4	153.2	114.8	2.1	7.9	15.3
4125	2953	2656	58.5	59.0	64.4	89.9	-1.9	-7.3	-13.6
81766	87427	89560	132.7	128.9	109.5	102.4	3.9	3.7	3.1
119014	117543	115212	98.1	97.9	96.8	98.0	0.3	-0.3	-1.1
13.25	21.12	25.53	347.8	319.5	192.7	120.9	12.5	18.1	24.4
8.45	8.60	9.51	151.7	136.8	112.5	110.6	6.1	4.6	4.0
147.79	157.44	166.37	170.3	164.3	112.6	105.7	8.6	7.3	4.0
276.13	279.76	277.94	105.3	101.5	100.7	99.3	0.9	0.2	0.2
296594	409433	555083	1709.7	1616.2	187.2	135.6	55.6	48.8	23.2

Note: Data on business volume from postal and telecommunication services before 2000 is at 1990 constant prices, since 2000 at 2000 constant price (the same below).

1-6 续表3

指　　标	Item	总量指标 Aggregate Indicators	
		1995	1996
文化	**Culture**		
图书出版数量（万册、万张）	Books Published (10 000 copies)	15219	13023
杂志出版数量（万册）	Magazines Published (10 001 copies)		
报纸出版数量（万份）	Newspaper Published (10 002 copies)		
电视人口覆盖率（%）	Viewer Rating of TV Programs (%)	75.0	78.9
广播人口覆盖率（%）	Listener Rating of Radio Programs (%)	85.0	86.3
家庭、生活	**Family and Living Standards**		
家庭	**Family**		
家庭总户数（万户）（户籍统计）	Households (10 000 households)(registration statistics)	879.35	888.56
城市居民平均每户家庭人口(人)	Population of Per Urban Household (person)	3.01	3.08
农村居民平均每户家庭人口(人)	Population of Per Rural Household (person)	3.90	3.85
婚姻	**Marital Statistics**		
内地居民登记结婚对数（万对）	Marriages of Inland Residents (10 000 couples)		26.44
内地居民登记离婚对数（万对）	Divorces of Inland Residents (10 000 couples)		1.68
居住	**Residence**		
城市居民人均房屋建筑面积（平方米）	Per Capita Residential Space of Urban Households (sq.m)	8.13	8.00
农村居民人均住房面积(平方米)	Per Capita Residential Space of Rural Households (sq.m)	23.50	24.44
工资和收入	**Wages and Income**		
城镇经济单位职工工资总额(亿元)	Total Wages of Staff and Workers (100 million yuan)	130.93	145.49
城镇经济单位职工平均工资(元)	Average Annual Wages of Staff and Workers (yuan)	4508	5010
城市居民人均可支配收入(元)	Per Capita Disposable Income of Urban Households (yuan)	4375.43	5022.96
农村居民人均纯收入(元)	Per Capita Net Income of Rural Households (yuan)	1270.41	1479.05
城乡居民储蓄存款余额(亿元)	Saving Deposits of Urban and Rural Residents (100 million yuan)	401.45	500.71
卫生	**Public Health**		
医院、卫生院（个）	Hospitals (unit)	2505	2567
卫生技术人员（人）	Medical Technical Personnel (person)	86041	87542
#执业（助理）医师	Certified (Assistant) Doctors	31169	30733
床位数（张）	Hospital Beds (bed)	67243	66339
市政建设	**Municipal Engineering**		
供水总量（万立方米）	Water Supply (10 000 cu.m)		84548
天然气供气总量（万立方米）	Natural Gas Supply (10 000 cu.m)		111980
排水管道长度（公里）	Length of Sewer Pipelines (km)		1857
公共汽(电)车总数(辆)	Number of Public Buses and Trolley Buses (vehicles)		3019
道路长度（公里）	Length of Urban Roads (km)		2652
园林绿地面积(公顷)	Parks Gardens and Green Areas (hectare)		9402

注：1）“城市居民人均房屋建筑面积”2002年前数据为“人均房屋居住面积”（下表同）。

2）城镇经济单位职工工资总额和平均工资2000-2003年为在岗职工口径（下表同）。

3）2002年起卫生统计指标名称变更，统计口径变化，不可与往年同比：2002年起卫生技术人员和床位不包括“医学院校”、“卫生学校”和“计生站”；执业（助理）医师2002年以前统计口径为“医生”（下表同）。

1-6 CONTINUED-3

总量指标 Aggregate Indicators			速度指标（%） Indices and Growth Rate						
			指数（2003为以下各年） Index (2003 as percentage of the following years)				平均增长速度 Average Growth Rate		
2000	2002	2003	1995	1996	2000	2002	1996-2000	1997-2003	2001-2003
11198	11730	11156	73.3	85.7	99.6	95.1	-6.0	-2.2	-0.1
3480	4111	4191			120.4	101.9			6.4
48674	49297	47420			97.4	96.2			-0.9
93.7	94.9	95.7							
89.9	91.5	92.3							
938.87	961.69	977.01	111.1	110.0	104.1	101.6	1.3	1.4	1.3
3.05	3.05	2.97	98.7	96.4	97.4	97.4	0.3	-0.5	-0.9
3.70	3.65	3.65	93.6	94.8	98.6	100.0	-1.0	-0.8	-0.5
19.02	17.26	17.88		67.6	94.0	103.6		-5.4	-2.0
2.07	2.57	3.13		186.3	151.2	121.8		9.3	14.8
10.72	19.56	21.29				108.8			
29.58	31.02	31.45	133.8	128.7	6.3	101.4	4.7	3.7	2.1
173.23	219.62	253.51	193.6	174.2	146.3	115.4	5.8	8.3	13.5
8020	10960	12440	276.0	248.3	155.1	113.5	12.2	13.9	15.8
6176.30	7238.07	8093.67	185.0	161.1	131.0	111.8	7.1	7.1	9.4
1892.44	2097.58	2214.55	174.3	149.7	117.0	105.6	8.3	5.9	5.4
1085.36	1595.01	1896.56	472.4	378.8	174.7	118.9	22.0	21.0	20.4
2250	1717	1682				98.0			
88619	79850	78628				98.5			
44940	37873	37122				98.0			
65666	61875	63287				102.3			
70722	69704	79935		94.5	113.0	114.7		-0.8	4.2
75257	122433	124408		111.1	165.3	101.6		1.5	18.2
2806	3456	4373		235.5	155.8	126.5		13.0	15.9
4656	5207	6251		207.1	134.3	120.0		11.0	10.3
3299	3733	4022		151.7	121.9	107.7		6.1	6.8
10386	12329	13953		148.4	134.3	113.2		5.8	10.3

Note: a) Data of "per capita residential space of urban households" refer to "living space" before 2002 (thesame below) .

b) Total wages and average annual wages of staff and workers from 2000 to 2003 refer to on-post staff and workers (the same below) .

c) Indices of health care since 2002 had been changed, and their range were not comparable with previous years. Medical technical personnel and hospital beds since 2002 didn't cover medical colleges & schools and family planning centers. Certified (assistant) doctors before 2002 refer to doctors (the same below) .

1－7 国民经济和社会发展结构指标
STRUCTURAL INDICATORS OF NATIONAL ECONOMIC AND SOCIAL DEVELOPMENT

单位：%　　(%)

指　　标	Item	1995	1996	2000	2002	2003
人口与就业	**Population and Employment**					
人口（抽样调查）	**Population(sample wurvey)**					
城镇乡村人口结构	By Urban and Rural			100.0	100.0	100.0
城镇	Urban			33.1	36.4	38.1
乡村	Rural			66.9	63.6	61.9
性别结构	By Sex			100.0	100.0	100.0
男	Male			51.9	51.9	50.9
女	Female			48.1	48.1	49.1
就业	**Employment**					
产业结构	By Industry	100.0	100.0	100.0	100.0	100.0
第一产业	Primary Industry	59.6	59.5	56.1	53.1	51.7
第二产业	Secondary Industry	18.2	20.3	16.3	16.8	17.3
第三产业	Tertiary Industry	22.2	20.2	27.6	30.1	31.0
登记注册类型结构	By Registration		100.0	100.0	100.0	100.0
国有经济	State-owned		11.8	8.8	7.6	7.3
集体经济	Collective-owned		74.5	68.5	64.5	62.9
私营和个体	Private and Individuals		12.9	21.0	24.8	26.2
其他经济	Others		0.8	1.7	3.1	3.6
宏观经济	**Microeconomic Indicators**					
国民经济核算	**National EconomicAccounting**					
本市生产总值结构	GDP by Industry	100.0	100.0	100.0	100.0	100.0
第一产业	Primary Industry	25.9	24.2	17.8	16.0	15.0
第二产业	Secondary Industry	42.3	41.8	41.4	42.0	43.4
#工业	Industry	36.5	35.9	33.2	33.0	34.1
第三产业	Tertiary Industry	31.8	34.0	40.8	42.0	41.6
固定资产投资	**Investment in Fixed Assets**					
管理渠道结构	By Channel of Management	100.0	100.0	100.0	100.0	100.0
基本建设	Capital Construction	25.6	27.6	40.1	47.7	52.4
更新改造	Innovation	25.2	20.9	14.0	11.6	9.6
房地产开发	Real Estate Development	17.3	17.3	21.3	24.7	25.8
其他投资	Others	31.9	34.2	24.6	16.0	12.2
产业结构	By Industry	100.0	100.0	100.0	100.0	100.0
第一产业	Primary Industry	0.6	0.7	1.4	1.9	2.1
第二产业	Secondary Industry	39.4	36.1	21.7	19.7	23.9
第三产业	Tertiary Industry	60.0	63.2	76.9	78.4	74.0
财政	**Public Finance**					
财政一般预算支出结构	General Budgetary Expenditures	100.0	100.0	100.0	100.0	100.0
#农业	Agriculture	8.3	8.9	11.1	10.0	8.4
科学研究	Science and Research	1.8	1.6	1.5	1.2	1.1
抚恤和社会福利	Pensions and Social Welfare	2.9	2.6	2.9	3.9	3.8

1-7 续表1 CONTINUED-1

单位：%　　(%)

指　标	Item	1995	1996	2000	2002	2003
利用外资	**Utilization of Foreign Capital**					
实际利用外资结构	Actual Utilization of Foreign Capital	100.0	100.0	100.0	100.0	100.0
对外借款	Foreign Loans	33.2	47.0	28.8	37.3	44.8
外商直接投资	Foreign Direct Investment	61.6	49.6	70.8	62.4	54.9
外商其他投资	Other Foreign Investment	5.2	3.4	0.4	0.3	0.3
能源消费	**Energy Consumption**					
能源消费总量结构	Total Energy Consumption	100.0	100.0	100.0	100.0	100.0
煤炭	Coal	69.8	70.4	65.2	64.7	65.3
天然气	Natural Gas	14.5	13.9	13.4	13.1	13.0
油料	Oil	5.8	5.2	8.7	8.4	8.2
电力	Electricity	9.9	10.5	12.7	13.8	13.5
农业	**Agriculture**					
农林牧渔业产值结构	Gross Output Value of Farming, Forestry, Animal Husbandry and Fishery	100.0	100.0	100.0	100.0	100.0
农业	Farming	60.3	63.9	59.3	57.3	55.3
林业	Forestry	2.8	2.7	2.6	2.9	3.0
牧业	Animal Husbandry	34.5	30.9	34.4	36.1	36.4
渔业	Fishery	2.4	2.5	3.7	3.7	3.7
农林牧渔服务业	Agricultural Services					1.6
工业	**Industry**					
规模以上工业总产值结构	Gross Output Value of Industrial Enterprises above Designated Size			100.0	100.0	100.0
轻工业	Light Industry			35.7	39.0	35.7
重工业	Heavy Industry			64.3	61.0	64.3
运输业	**Transportation**					
货运量结构	Freight Traffic	100.0	100.0	100.0	100.0	100.0
铁路	Railway	13.0	12.1	10.2	10.2	10.2
公路	Highway	80.1	78.3	84.4	83.7	83.3
水运	Waterway	6.9	9.6	5.4	6.1	6.5
民用航空	Civil Aviation	…	…	…	…	…
国内商业	**Domestic Trade**					
社会消费品零售总额结构	Retail Sales of Consumer Goods	100.0	100.0	100.0	100.0	100.0
市	City	57.8	58.1	56.2	57.8	57.7
县	County	13.5	12.9	13.8	13.3	13.5
县以下	Below County Level	28.7	29.0	30.0	28.9	28.8
对外经济贸易	**Foreign Trade**					
进出口总值结构	Imports and Exports	100.0	100.0	100.0	100.0	100.0
进口	Imports	40.3	62.6	44.3	39.2	38.9
出口	Exports	59.7	37.4	55.7	60.8	61.1
旅游	**Tourism**					
国际旅游人数结构	International Tourists	100.0	100.0	100.0	100.0	100.0
#外国人	Foreigners	65.5	66.9	72.5	67.4	77.5
港澳台同胞	Compatriots from Hongkong, Macao and Taiwan	34.3	32.9	27.5	32.6	22.5

1-7 续表2 CONTINUED-2

单位：%　　(%)

指　标	Item	1995	1996	2000	2002	2003
教育、科技、文化	**Education, Science,Technology and Culture**					
教育	**Education**					
在校学生结构	Student Enrollment	100.0	100.0	100.0	100.0	100.0
大学生	Colleges and Universities	1.9	2.0	2.9	4.4	5.2
中学生	Secondary Schools	29.2	27.8	36.2	37.0	38.4
小学生	Primary Schools	68.9	70.2	60.9	58.6	56.4
专任教师结构	Full-time Teachers	100.0	100.0	100.0	100.0	100.0
大　学	Colleges and Universities	4.6	4.7	4.7	6.1	6.9
中　学	Secondary Schools	38.1	36.8	41.5	42.4	43.1
小　学	Primary Schools	57.3	58.5	53.8	51.5	50.0
生活、环境	**Living Standards and Environment**					
生活（抽样调查）	**Living Standards (sample survey)**					
城市居民消费结构	Consumption of Urban Households	100.0	100.0	100.0	100.0	100.0
#服务性消费支出	Expenditure for service				29.6	28.4
#食品类	Food	48.7	49.0	40.4	38.0	38.0
衣着类	Clothing	14.0	14.5	10.1	9.8	10.3
居　住	Residence	5.5	5.5	9.0	9.3	10.4
农村居民生活消费结构	Consumption for Living of Rural Households	100.0	100.0	100.0	100.0	100.0
#食品类	Food	64.7	63.2	53.6	55.8	52.5
衣着类	Clothing	5.3	5.5	4.4	4.2	4.5
居　住	Residence	12.7	13.2	14.3	12.2	13.4
卫生	**Public Health**					
卫生技术人员结构	Medical Technical Personnel (person)	100.0	100.0	100.0	100.0	100.0
#执业(助理) 医师	Certified (Assisstant) Doctors	36.2	35.1	50.7	47.4	47.2
注册护士	Registration Nurses	21.7	22.0	23.4	26.0	26.2
卫生机构床位结构	Beds in Health Institutions			100.0	100.0	100.0
#县及县以上医院	At County Level and above			59.0	71.0	94.8
环境	**Environment**					
治理工业污染资金使用结构	Uses of Fund in Industrial Pollution Treatment			100.0	100.0	100.0
治理废水	Waste Water Treatment			48.1	36.7	55.7
治理废气	Waste Gas Treatment			41.9	58.9	43.4
治理固体废物	Solid Waste Treatment			3.8	1.1	0.2
治理噪声	Noise Abatement			0.8	0.9	0.7
其　他	Others			5.4	2.4	…

注：2002年卫生统计指标名称变更，统计口径变化，不可与往年同比。2002年卫生技术人员、床位统计范围均不包括“医学院校”、“卫生学校”和“计生站”。卫生技术人员中，2002年以前统计口径为医生和护师、护士，2002年为执业医师和注册护士。

Note: Indices of health care in 2002 had been changed, and their range were not comparable with previous years. In 2002, indices of institutes, hospital beds and medical technical personnel didn't cover medical colleges, medical schools and family planning centers. The statistical range refers to doctors and junior & senior nurses before 2002, whereas to doctors with authorization and registered nurses in 2002.

1－8 人均主要社会经济活动水平
PER CAPITA MAIN SOCIAL AND ECONOMIC ACTIVITIES

单位：元 (yuan)

指 标	Item	1995	1996	2000	2002	2003
国民经济核算	**National EconomicAccounting**					
本市生产总值(现价)	Gross Domestic Product (current prices)	3372	3914	5157	6347 (7034)	7209 (8077)
主要农产品产量（公斤）	**Output of Major Farm Products (kg)**					
粮食	Grain	385	389	367	348	348
油料	Oil-bearing Crops	8	11	10	11	12
肉类	Meat	42	44	47	49	51
#猪肉	Pork	38	38	40	41	42
水产品	Aquatic Products	4	5	6	7	7
水果	Fruit	20	19	27	37	41
主要工业产品产量（国有及规模以上工业）	**Output of Major Industrial Product (State-owned and Non--state-owned Industrial Enterprises over Designated Size)**					
原煤(公斤)	Coal (kg)			373	390	475
天然气(立方米)	Natural Gas (cu.m)			126	146	151
发电量(千瓦时)	Electricity (kwh)			545	595	604
钢(公斤)	Steel (kg)			58	64	70
钢材(公斤)	Steel Products (kg)			51	65	75
水泥(公斤)	Cement (kg)			455	541	617
国内商业	**Domestic Trade**					
社会消费品零售总额	Retail Sales of Consumer Goods	1242	1479	2088	2457	2676
财政、金融	**Public Finance and Financial Statistics**					
地方预算内财政收入	Local Financial Budgetary Revenue	153	182	339	508	663
城乡居民储蓄存款余额	Saving Deposits of Urban and Rural Residents	1337	1656	3511	5122	6075
职工工资、居民收入	**Wages and Income**					
城镇经济单位职工平均工资	Average Annual Wages of Staff and Workers	4508	5010	8020	10960	12440
城市居民人均可支配收入	Per Capita Disposable Income of Urban Households	4375	5023	6176	7238	8094
农村居民人均纯收入	Per Capita Net Income of Rural Households	1270	1479	1892	2098	2215

注：本表中括号内的人均本市生产总值按常住人口计算，城镇经济单位职工平均工资2000－2003年为在岗职工口径，城市、农村居民收入为抽样调查数，其他人均数按户籍人口计算。

Note: Per capita GDP in brackets is in terms of resident population. Average annual wages of staff and workers from 2000 to 2003 refer to on-post staff and workers. Per capita income of urban and rural households is on basis of sample survey. And other per capita figures in this talbe are in terms of registration statistics.

1—9 平均每天主要社会经济活动
AVERAGE DAILY LEVEL OF MAIN SOCIAL AND ECONOMIC ACTIVITIES

指 标	Item	1995	1996	2000	2002	2003
每天创造的财富	**Daily Production**					
本市生产总值(万元)	Gross Domestic Product (10 000 yuan)	27657	32304	43543	54008	61659
第一产业	Primary Industry	7165	7805	7753	8652	9215
第二产业	Secondary Industry	11704	13513	18014	22673	26775
#工业	Industry	10087	11590	14452	17836	21051
第三产业	Tertiary Industry	8788	10986	17776	22684	25668
地方预算内财政收入(万元)	Local Financial Budgetary Revenue (10 000 yuan)	1254	1500	2862	4325	5669
地方预算内财政支出(万元)	Local Financial Budgetary Expenditures (10 000 yuan)	1814	2176	5547	9454	10722
粮食 (吨)	Grain (ton)	31608	32113	30992	29648	29786
油料 (吨)	Oil-bearing Crops (ton)	688	647	851	960	1048
肉类 (吨)	Meat (ton)	3485	3560	3943	4175	4370
#猪肉	Pork	3076	3128	3355	3493	3612
水产品 (吨)	Aquatic Products (ton)	332	385	549	580	616
原煤 (吨)	Coal (ton)			31504	33198	40663
天然气(万立方米)	Natural Gas (10 000 cu.m)			1068	1244	1296
发电量(万千瓦小时)	Electricity (10 000 kwh)			4600	5062	5168
钢材 (吨)	Steel Products (ton)			4301	5520	6445
水泥 (吨)	Cement (ton)			38432	46014	52795
汽车 (辆)	Motor Vehicles (unit)			674	908	1108
摩托车(辆)	Motorcycles (unit)			5235	8861	12091
每天消费量	**Daily Consumption**					
最终消费 (万元)	Final Consumption Expenditures (10 000 yuan)			27244	33668	38776
居民消费	Household Consumption Expenditure			20822	24133	27517
农村	Agricultural Households			9204	10074	10445
城镇	Non-agricultural Households			11618	14059	17072
政府消费	Government Consumption Expenditure			6422	9535	11258
能源消费量 (万吨标准煤)	Energy Consumption (10 000 tons of SCE)	4.87	5.13	6.39	6.94	7.36
社会消费品零售总额 (万元)	Retail Sales of Consumer Goods (10 000 yuan)	10187	12205	17632	20905	22891
每天其他经济活动	**Other Daily Economic Activities**					
资本形成总额(万元)	Gross Capital Formation (10 000 yuan)			18920	27125	36006
固定资产形成	Fixed Capital Formation			17354	25521	34105
存货增加	Changes in Inventory			1566	1603	1901
客运量(万人)	Passenger Traffic (10 000 persons)	108.85	118.15	157.99	172.20	162.11
货运量(万吨)	Freight Traffic (10 000 tons)	62.45	70.73	76.41	85.42	93.46
港口货物吞吐量(万吨)	Freight Handled at Ports (10 000 tons)	2.34	2.95	6.71	8.23	8.89
邮电业务总量(万元)	Business Volume of Postal and Telecommunication Services (10 000 yuan)	300	438	2351	2377	3323
进出口总额(万美元)	Total Imports and Exports (USD 10 000)	388.77	434.25	489.04	491.51	710.96
进口总额	Imports	156.44	271.78	216.44	192.55	276.71
出口总额	Exports	232.33	162.47	272.60	298.96	434.25
实际利用外资(万美元)	Actual Utilization of Foreign Capital (USD 10 000)	168.77	121.10	94.52	123.38	155.34
国际旅游人数(人)	International Tourists (person)	392	443	729	1264	643
居民新增储蓄额 (万元)	Outstand Amount of Saving Deposits (10 000 yuan)	3179	2719	4829	7612	8261

注：1) 本表价值指标除邮电业务总量按不变价计算外，其余均按当年价格计算。邮电业务总量2000年及以前按1990年不变价格计算，2000年后按2000年不变价格计算。

2) 工业产品产量为国有及规模以上非国有工业企业数。

Note: a) Figures in value terms in this table are at current prices, except that on the business volume of postal and telecommunication services which is at 1990 constant prices before 2000 and at 2000 constant prices since 2000.

b) The output of industrial products is the figures of state-owned industrial enterprises and non-state-owned industrial enterprises above designated size.

1—10 各部门机构数（2002—2003年）
GRASSROOTS UNITS IN VARIOUS SECTORS (2002-2003)

单位：个 (unit)

部 门	Sector	2002	2003
农村基层单位	**Rural Grassroots Units**		
乡政府	Township Governments	563	505
镇政府	Town Governments	683	648
村民委员会	Village Committees	16025	13850
工业（国有及规模以上）	**State-owned Industrial Enterprises and Non-state-owned Industrial Enterprises above Designated Size**	**2072**	**2243**
#国有及国有控股	State-owned and State Holding	633	573
建筑业（资质等级四级以上）	**Construction Enterprises at 4 Grade and above**	**1754**	**1760**
邮政局所	**Postal Offices**	**2202**	**2218**
批发零售贸易业和餐饮业（限额以上）	**Wholesale & Retail and CateringTrade above Designated Size**		
批发贸易企业	Wholesale Trade	246	286
零售贸易企业	Retail Trade	225	243
餐饮企业	Catering Trade	120	152
教育事业	**Education**		
普通高等学校	Regular Institutions of Higher Education	29	33
中等学校	Secondary Schools	1621	1603
#普通中学	Regular Secondary Schools	1574	1564
小学	Primary Schools	12031	10966
幼儿园	Kindergartens	3477	3093
特殊教育	Special Education	38	41
文化事业	**Cultural Institutions**	**1411**	**1384**
#艺术事业	Art Institutions	64	65
文物事业	Cultural Relic Institutins	64	63
图书馆事业	Libraries	44	44
群众文化事业	Mass Cultural Institutions	1202	1193
出版、发行事业	**Publishing and Distribution Establishments**		
出版社	Publishing Houses	3	3
国家定点书刊印刷厂	Printing Houses	2	2
国有书店	State-owned Book Stores	42	43
广播电视事业	**Broadcasting and Television Stations**		
广播电台	Radio Stations	1	1
电视台	Television Stations	1	1
卫生事业	**Health Care**	**5948**	**6285**
#医院、卫生院	Urban and Township Hospitals	1717	1682
社会福利	**Social Welfare Establishments**	**2155**	**2167**
#收养性福利事业单位	Adopting Social Welfare Institutions	1117	1084
社会福利企业单位	Social Welfare Enterprises	801	831

注：1）从2001年起调整区划，乡、镇、村个数比往年减少。
2）建筑企业数不含分包企业。
3）2002年起省级以上的广播电台和电视台填报台数，县级台节目只填套数。

Note: a) Township & town governments and village committees are less than previous years for the administrative adjustment since 2001.
b) Construction enterprises exclude work subcontractors.
c) TV stations at provincal level and above is only counted, whereas the stations at county level is counted as programs since 2002.

主要统计指标解释

行政区划 指国家对行政区域的划分。根据宪法规定，我国的行政区划分如下：（1）全国分为省、自治区、直辖市；（2）省、自治区分为自治州、县、自治县、市；（3）自治州分为县、自治县、市；（4）县、自治县分为乡、民族乡、镇；（5）直辖市和较大的市分为区、县；（6）国家在必要时设立的特别行政区。

国土 指中华人民共和国国家管辖下的领土、领海和领空。

气候 指地球与大气之间长期能量交换与质量交换所形成的一种自然环境状态，它是多种因素综合作用的结果。气候既是人类生活和生产的环境要素之一，又是供给人类生活和生产的重要资源。气温、降水、湿度等气象要素的多年平均值是用来描述一个地区气候状况的主要参数，而各种气象要素某年、某月的平均值（或总量）则可以反映出该时期天气气候状况的重要特征。

自然资源 指人类可以直接从自然界获得，并用于生产和生活的物质资源。自然资源一般可以分成可再生资源和非再生资源两大类。可再生资源指在较短时间内可以再生、可以循环利用的资源，包括土地资源、水资源、气候资源、生物资源和海洋资源等。非再生资源指在使用后不能再生的资源，包括矿产资源和地热能源。

土地资源 土地指陆地的表层部分，它主要由岩石、岩石的风化物和土壤构成。土地资源按利用类型可以分为农用地、建筑用地和未利用地。农用地包括耕地、园地、林地、牧草地和水面。建筑用地包括居民点及工矿用地、交通用地和水利设施用地。未利用地指农用地和建筑用地以外的土地，包括滩涂、荒漠、戈壁、冰川和石山等。

耕地面积 指经过开垦用以种植各种农作物并经常进行耕耘的土地面积，包括有作物的土地面积、休闲地、新开荒地和抛荒未满三年的土地面积。

林业用地面积 指生长乔木、竹类、灌木、沿海红树林等林木的土地面积，包括有林地、灌木林、疏林地、未成林造林地、迹地、苗圃等。

草地面积 指牧区和农区用于放牧牲畜或割草，植被盖度在5%以上的草原、草坡、草山等面积。包括天然的和人工种植或改良的草地面积。

森林资源 指森林、林木、林地以及依托森林、林木、林地自下而上的野生动物、植物和微生物。林木指树木和竹子。森林指以乔木为主体的植物群落，是集生的乔木及与共同作用的植物、动物、微生物和土壤、气候等的总体。

活立木总蓄积量 指一定范围内土地上全部树木蓄积的总量，包括森林蓄积、疏林蓄积、散生木蓄积和四旁（村旁、路旁、水旁、宅旁）树蓄积。

森林面积 指由乔木树种构成，郁闭度0.2以上（含0.2）的林地或冠幅宽度10米以上的林带的面积，即有林地面积。森林面积包括天然起源和人工起源的针叶林面积、阔叶林面积、针阔混交林面积和竹林面积，不包括灌木林地面积和疏林地面积。

森林蓄积量 指一定森林面积上存在着的林木树干部分的总材积。它是反映一个国家或地区森林资源总规模和水平的基本指标之一，也是反映森林资源的丰富程度、衡量森林生态环境优劣的重要依据。

森林覆盖率 指一个国家或地区森林面积占土地面积的百分比。在计算森林覆盖率时，森林面积包括郁闭度0.2以上的乔木林地面积和竹林地面积、国家特别规定的灌木林地面积、农田林网以及四旁林木的覆盖面积。森林覆盖率是反映森林资源的丰富程度和生态平衡状况的重要指标。计算公式为：

森林覆盖率（%）=森林面积/土地总面积×100%

水资源 水在自然界中以固体、液体和气态三种聚集状态存在，分布于海洋、陆地（包括土壤）以及大气之中，通过水循环形成水资源。水资源包括经人类控制并直接可供灌溉、发电、给水、航运、养殖等用途的地表水和地下水，以及江河、湖泊、井、泉、潮汐、港湾和养殖水域等。水资源是发展国民经济不可缺少的重要自然资源。

地表水和地下水 陆地上的水因空间分布不同，可以分为地表水和地下水。地表水指分别存在于河流、湖泊、沼泽、冰川和冰盖等水体中水分的总称，又称陆地水。地下水指储存在地面以下饱和岩土孔隙、裂隙及溶洞中的水。

径流　指大气降水扣除损耗外，从地表和地下向流域出口断面汇集的水流。径流可分为地表径流、地下径流和壤中流。地表径流指沿地表向河流、湖泊、沼泽、海洋等汇集的水流；地下径流指沿潜水层或隔水层间的含水层，向河流、湖泊、沼泽、海洋等汇集的地下水水流。

径流量　指在一定时段内通过河流某一过水断面的水量，用以反映一个国家或地区水资源的丰歉程度。计算公式为：

径流量=降水量－蒸发量

矿产资源　矿产指由地质作用形成，富集于地壳中或出露于地表达到工农业利用要求的有用矿物。矿产是一种重要的自然资源，是社会发展的重要物质基础。

矿产基础储量　基础储量是查明矿产资源的一部分。它能满足现行采矿和生产所需的指标要求，是控制的、探明的并通过可行性或预可行性研究认为属于经济的、边界经济的部分，用未扣除设计、采矿损失的数量表示。。

气温　指空气的温度，我国一般以摄氏度（℃）为单位表示。气象观测的温度表是放在离地面约 1.5 米处通风良好的百叶箱里测量的，因此，通常说的气温指的是离地面 1.5 米处百叶箱的温度。其统计计算方法为：

月平均气温是全月各日的平均气温相加，除以该月的天数而得。

年平均气温是将 12 个月的月平均气温累加后除以 12 而得。

相对湿度　指空气中实际水气压与当时气温下的饱合水气压之比。其统计方法与气温相同。

降水量　指从天空降落到地面的液态或固态（经融化后）水，未经蒸发、渗透、流失而在地面上积聚的深度。其统计计算方法为：

月降水量是将全月各日的降水量累加而得。

年降水量是将 12 个月的月降水量累加而得。

日照时数　指太阳实际照射地面的时间。其统计方法与降水量相同。

可比价格　指计算各种总量指标所采用的扣除了价格变动因素的价格，可进行不同时期总量指标的对比。按可比价格计算总量指标有两种方法：一种是直接用产品产量乘某一年的不变价格计算；另一种是用价格指数进行缩减。

不变价格　指以同类产品某年的平均价格作为固定价格，用于计算各年的产品价值。按不变价格计算的产品价值消除了价格变动因素，不同时期对比可以反映生产的发展速度。新中国成立后，随着工农业产品价格水平的变化，国家统计局先后五次制定了全国统一的工业产品不变价格和农业产品不变价格。从 1952 年到 1957 年使用 1952 年工（农）业产品不变价格，从 1957 年到 1970 年使用 1957 年不变价格，从 1971 年到 1980 年使用 1970 年不变价格，从 1981 年到 1990 年使用 1980 年不变价格，从 1991 年开始使用 1990 年不变价格。

平均增长速度　我国计算平均增长速度有两种方法：一种是习惯上经常使用的“水平法”，又称几何平均法，是以间隔期最后一年的水平同基期水平对比来计算平均每年增长（或下降）速度；另一种是“累计法”，又称代数平均法或方程法，是以间隔期内各年水平的总和同基期水平对比来计算平均每年增长（或下降）速度。在一般正常情况下，两种方法计算的平均每年增长速度比较接近，但在经济发展不平衡、出现大起大落时，两种方法计算的结果差别较大。

本《年鉴》内所列的平均增长速度，除固定资产投资用“累计法”计算外，其余均用“水平法”计算。从某年到某年平均增长速度的年份，均不包括基期年在内。如建国四十三年的平均增长速度是以 1949 年为基期计算的，则写为 1950—1992 年平均增长速度，其余类推。

企业（单位）登记注册类型　是以在工商行政管理机关登记注册的各类企业为划分对象，以工商行政管理部门对企业登记注册的类型为依据，将企业登记注册类型分为内资企业、港澳台商投资企业和外商投资企业三大类。内资企业包括国有企业、集体企业、股份合作企业、联营企业、有限责任公司、股份有限公司、私营公司和其他企业，港澳台商投资企业和外商投资企业分别包括合资经营企业、合作经营企业、独资经营企业和股份有限公司。对不在工商行政管理部门进行登记注册的行政机关、事业单位和社会团体，主要按其经费来源和管理方式进行划分。

国有企业　指企业全部资产归国家所有，并按《中华人民共和国企业法人登记管理条例》规定登记注册的非公司制的经济组织。不包括有限责任公司中的国有独资公司。

集体企业　指企业资产归集体所有，并按《中华人民共和国企业法人登记管理条例》规定登记注册的经济组织。

股份合作企业　指以合作制为基础，由企业职工共同出资入股，吸收一定比例的社会资产投资组建，实行自主经营，自负盈亏，共同劳动，民主管理，按劳分配与按股分红相结合的一种集体经济组织。

联营企业　指两个及两个以上相同或不同所有制性质的企业法人或事业单位法人，按自愿、平等、互利的原则，共同投资组成的经济组织。联营企业包括国有联营企业、集体联营企业、国有与集体联营企业和其他联营企业。

有限责任公司　指根据《中华人民共和国公司登记管理条例》规定登记注册，由两个以上、五十个以下的股东共同出资，每个股东以其所认缴的出资额对公司承担有限责任，公司以其全部资产对其债务承担责任的经济组织。有限责任公司包括国有独资公司以及其他有限责任公司。

股份有限公司　指根据《中华人民共和国公司登记管理条例》规定登记注册，其全部注册资本由等额股份构成并通过发行股票筹集资本，股东以其认购的股份对公司承担有限责任，公司以其全部资产对其债务承担责任的经济组织。

私营企业　指由自然人投资设立或由自然人控股，以雇用劳动为基础的营利性经济组织。包括按照《公司法》、《合伙企业法》、《私营企业暂行条例》规定登记注册的私营有限责任公司、私营股份有限公司、私营合伙企业和私营独资企业。

其他内资企业　指上述企业之外的其他内资经济组织。

与港澳台商合资经营企业　指港澳台地区投资者与内地企业依照《中华人民共和国中外合资经营企业法》及有关法律的规定，按合同规定的比例投资设立、分享利润和分担风险的企业。

与港澳台商合作经营企业　指港澳台地区投资者与内地企业依照《中华人民共和国中外合作经营企业法》及有关法律的规定，依照合作合同的约定进行投资或提供条件设立、分配利润和分担风险的企业。

港澳台商独资经营企业　指依照《中华人民共和国外资企业法》及有关法律的规定，在内地由港澳台地区投资者全额投资设立的企业。

港澳台商投资股份有限公司　指根据国家有关规定，经外经贸部依法批准设立，其中港、澳、台商的股本占公司注册资本的比例达 25%以上的股份有限公司。凡其中港、澳、台商的股本占公司注册资本的比例小于 25%的，属于内资企业中的股份有限公司。

中外合资经营企业　指外国企业或外国人与中国内地企业依照《中华人民共和国中外合资经营企业法》及有关法律的规定，按合同规定的比例投资设立、分配利润和分担风险的企业。

中外合作经营企业　指外国企业或外国人与中国内地企业依照《中华人民共和国中外合作经营企业法》及有关法律的规定，依照合作合同的约定进行投资或提供条件设立、分配利润和分担风险的企业。

外资企业　指依照《中华人民共和国外资企业法》及有关法律的规定，在中国内地由外国投资者全额投资设立的企业。

外商投资股份有限公司　指根据国家有关规定，经外经贸部依法批准设立，其中外资的股本占公司注册资本的比例达25%以上的股份有限公司。凡其中外资股本占公司注册资本的比例小于25%的，属于内资企业中的股份有限公司。

行政机关、事业单位和社会团体　参照企业登记注册类型，主要按其经费来源和管理方式划分。具体规定如下：

（1）行政机关：包括国家机关和政党机关，原则上均列为“国有”。但有特殊规定的，如供销社等，列为“集体”。

（2）事业单位：包括经国家机构编制部门和有关业务主管部门批准成立的各类事业单位，不包括实行企业化管理的事业单位。事业单位的划分办法如下：

①由国家财政预算拨款或列入财政预算外资金管理以及经费主要来源于国有主管部门或国有上级单位的事业单位，列为“国有”。

②经费主要来源于集体单位的事业单位，列为“集体”。

③公民个人（或个人合伙）开办的事业单位，列为“私营”。

④上述以外的其他事业单位，如果其经费来源不明确，按管理方式进行归类。

（3）社会团体：包括经民政部门批准成立以及未纳入社会团体管理条例范围的工会、妇联等各类社会团体。社会团体的划分办法如下：

①未纳入民政部社会团体管理条例范围的工会、妇联、共青团、青联、工商联、科协、侨联等社会团体，国家拨款设立的基金会或基金管理组织以及经费主要来源于国有业务主管部门或国有上级单位的社会团体，列为“国有”。

②经费主要来源于集体单位的社会团体。

③公民个人（或个人合伙）开办的社会团体，划为“私营”。

④上述以外的其他社会团体，如果其经费来源不明确，改按管理方式进行归类。

EXPLANATORY NOTES ON MAIN STATISTICAL INDICATORS

Administrative Division refers to the division of administrative areas by the state. The Constitution of the People's Republic of China stipulates that the administrative areas in China are divided as: 1) The whole country is divided into provinces, autonomous regions and municipalities directly under the central government; 2) Provinces and autonomous regions are divided into autonomous prefectures, counties, autonomous counties and cities; 3) Autonomous prefectures are divided into counties, autonomous counties and cities; 4) Counties and autonomous counties are divided into townships, nationality townships and towns; 5)Municipalities and large cities are divided into districts and counties, 6)The state shall, when necessary, establish special administrative regions.

Territory refers to territorial land, sea and air space under the administration of the People's Republic of China.

Climate refers to the natural environmental status formed by the long-time exchange of energy and mass between the earth and the air, and is the results of interaction of many factors. Climate is both one of the environment factors and the important resources for the living and production activities of the human being. The average values across several years of meteorological factors such as temperature, rainfall and humidity are used as important parameters to describe the climate of a region, while the average values (or total values) of a given year of month of meteorological factors reflect the key characteristics of climate for that period of time.

Natural Resources refer to material resources that could be obtained from the nature by human being and used for production and living. Natural resources in general can be classified as renewable resources and non-renewable resources. Renewable resources refer to resources that could be renewed and recycled during a relatively short period of time, including land resource, water resource, climate resource, biology resource and marine resource. Non-renewable resources include resources that could not be renewed, such as minerals and geothermal resource.

Land Resource Land refers to the surface of the earth, consisting of mainly rocks and its weathering and earth. Land resource can be classified, by its utilization, as land for agriculture, land for construction and unused land. Land for agriculture included cultivated land, plantation land, forestland, grassland and waters. Land for construction included land for residential purpose, for manufacturing and mining, for transportation and for water-conservancy projects. Unused land refers to land other than land for agriculture and construction, including beaches, deserts, Gobi glaciers and rock mountains.

Area of Cultivated Land refers to area of land reclaimed for the regular cultivation of various farm crops, including cropcover land, fallow, newly reclaimed land and land laid idle for less than 3 years.

Area of Afforestated Land refer of Land for trees Bamboo, bushes and mangrove, including forest-cover land, bush-covered land, sparse forest land, land planned for afforestation and nurseries of young trees.

Area of Grassland refers to areas of grassland, grass-slopes and grass-covered hills with a vegetation-covering rate of over 5% that are used for animal husbandry or harvesting of grass. It includes natural, cultivated and improved grassland areas.

Forest Resource refers to forests, trees, forestland and wild animals, plants and microorganism that live on forest and trees. Trees include trees and bamboo. Forest refers to the population of clusters of trees and other plants, animals and microorganism as well as the earth and climate that have interactions with the trees.

Total Standing Stock Volume refers to the total stock volume of trees growing in land, including trees in forest, tress in sparse forest, scattered trees and trees planted by the side of farm houses and along the roads, rivers and fields.

Forest Area refers to the area of forestland where trees and bamboo grow with canopy density above 0.2, including land of natural woods and planted woods, but excluding bush land and thin forestland. It reflects the total areas of afforestation.

Stock Volume of Forest refers to total stock volume of wood growing in forest area, which shows the total size and level of forest resources of a country or a region. It is also an important indicator illustration the richness of forest resource and the status of forest ecological environment.

Forest Coverage Rate refers to the ratio to the ratio of area of afforested land to total land area. This indicator shows the forest resources and afforestation progress of a country or a region. According to regulations of the government, in addition to afforested land, the area of bush forest, the area of forest land inside farm land and the area of trees planted by the side of farm houses and along the roads, rivers and fields should also be included in the area of afforested land in the calculation of the forest coverage-rate. The formula for calculation forest coverage rate is as follows.

Forestry coverage rate (%)= (Area of Afforested Land / Area of Total Land) *100%

Water Resource Water exists in the nature in solid, liquid and gaseous states, is distributed in the ocean, land (including earth) and air, and constitutes the water resource through the circulation of water. Water resource includes the surface water and under-ground water that is controlled by the human being for irrigation, power-generation, water supply, navigation and cultivation. It also includes rivers, Lakes, wells, springs, tides, and gulf and water area for cultivation. Water resource as an important natural resource is indispensable for the development of the national economy.

Surface Water and Underground Water Water on earth can be divided into surface water and underground water according to its distribution. Surface water refers to moisture exists in rivers, lakes, swamps, glaciers, icecaps and so on. It is also called land water. The underground water refers to water deposited under-ground in the cranny and the hole of saturated rock soil and in the water-eroded cave.

Runoff refers to the water gathered at the way out of the cross section of drainage area either from the surface or underground after deducting the wastage of the precipitation. Runoff can be divided into surface runoff, underground runoff and within soil runoff. Surface runoff refers to water flow to the rivers, lakes, swamps, and seas on the surface of the earth. Underground runoff refers to water flow to rivers, swamps, and seas through the water-bearing stratum of confined layer or unconfined layer.

Volume of Runoff refers to the total volume of water running through a certain cross section of a river during a certain period of time, reflecting the water resource condition in a country or a region. The formula for calculating volume or runoff is as follows

Runoff=Precipitation-Evaporation

Mineral Resources refer to useful minerals that can be used for industrial or agricultural purposes enriched in lithosphere or on earth due to the geological process. Minerals are important natural resources, and important material base for social development.

Basic Mineral Reserves are a part of total identified mineral resources, including indicated and measured, economic and marginal economic, by feasibility assessment or prefeasibility study, mineral resources, which are not taken off the loss of designing and mining. Basic reserves can meet the index of present mining and production demand.

Temperature refers to the air temperature. China uses centigrade(° C)as the unit. The thermometry used for weather observation is put in a breezy shutter, which is 1.5 meters high from the ground. Therefore, the commonly used temperature refers to the temperature in the breezy shutter 1.5 meters away from the ground. The calculation method is as follows:

Monthly average temperature is the summation of average daily temperature of one month divided by the actual days of that particular month.

Annual average temperature is the summation of monthly average of a year divided by 12 months.

Relative Humidity refers to the ratio of actual water vapor pressure to the saturation water vapor pressure under the current temperature. The calculation method is the same as that of temperature.

Volume of Precipitation refers to the deepness of liquid state of solid state (thawed) water falling from the sky to the ground that has not been evaporated, infiltrated or run off. The calculation method is as follows:

Monthly precipitation is the summation of daily precipitation of a month.

Annual precipitation is the summation of 12 months' precipitation of a year.

Sunshine Hours refer to the actual hours of sun irradiating the earth. The calculation method is the same as that of the precipitation.

Comparable Prices refer to prices that are used to remove the factors of price change in calculating economic aggregates, so as to facilitate comparison of aggregates over time. Two methods are used for calculating economic aggregates at comparable prices: 1.Multiplying the output of products by their constant prices of certain year; 2.Deflation of data at current prices by relevant price index.

Constant Price refers to the average price of a given product in certain year, which is used for comparison of output value over time. As the output value at constant prices removers the factor of price changes, it reflects the trend of production development over time. Since

1949,with the changes in general price level, the State Statistical Bureau has issued nationally unified constant prices five times: the 1952 constant prices for 1949-1957;the 1957 constant prices for 1957-1971;the 1970 constant prices for 1971-1981;the 1980 constant prices for 1981-1990;and the 1990 constant prices have been used since 1991.

Average annual Growth Rate Two methods for calculating average annual growth rate are applied in China, one is often called "level approach" or the method of calculating geometric average, which is derived by comparing the level of the last year of the interval with that of the beginning year; the other is called "accumulative approach or algebraic average or equation method, which is derived by the summation of the actual figure of each year in the interval divided by the figure in the base year. Usually the results calculated by the two methods are fairly close, but they differed sharply when uneven economic development occurred with striking fluctuations in growth.

The average annual growth rates listed in this statistical yearbook are calculated by "level approach" except for the growth rate of investment in fixed assets. The base years are not listed when the years are listed for average annual growth rates. For instance, the average annual growth rate of 43 years since 1949 is listed as average annual growth rate of 1950-1992 without listing the base year 1949.And the analogy of this is also the same for the rest of the years.

Registration Status of Enterprises is classified into 3 categories, namely domestic-funded enterprises, enterprises with foreign investment, in the light of the registration status of an enterprise in industrial and commercial administration agencies. Domestic-funded enterprises include state-owned enterprises, collective-owned enterprises, cooperative enterprises, joint ownership enterprises, limited liability corporations, share-holding corporations Ltd., private enterprises and other enterprises. Included in the enterprises with investment from Hong Kong, Macao and Taiwan and enterprises with foreign investment are joint-venture enterprises, cooperative enterprises, sole investment enterprises and share-holding corporations Ltd. For government agencies, institutions and social organizations that are not requested to register in industrial and commercial administration agencies, they are classified mainly by their sources of funds and way of management.

State-owned Enterprises refer to non-corporation economic units where the entire assets are owned by the state and which have registered in accordance with the Regulation of the People's Republic of China on the Management of Registration of Corporate Enterprises. Excluded from this category are sole state-funded corporations in the limited liability corporations.

Collective-owned Enterprises refer to economic units where the assets are owned collectively and which have registered in accordance with the Regulation of the People's Republic of China on the Management of Registration of Corporate Enterprises.

Cooperative Enterprises refer to a form of collective economic units (enterprises) where capitals come mainly from employees as their shares, with certain proportion of capital from the outside, where production is organized on the basis of independent operation, independent accounting for profits and losses, joint work, democratic management, and a distribution system that integrates remuneration according to work with dividend according to capital share.

Joint Ownership Enterprises refer to economic units established by two or more corporate enterprises or corporate institutions of the same of different ownership, through joint investment on the basis of equality, voluntary participation and mutual benefits. They include state joint ownership enterprises, collective joint ownership enterprises, joint state-collective enterprises, and other joint ownership enterprises.

Limited Liability Corporations refer to economic units established with investment from 2-50 investors and registered in accordance with the Regulation of the People's Republic of China on the Management of Registration of Corporations, each investor bearing limited liability to the corporation depending on its share of investment, and the corporation bearing liability to its debt to the maximum of its total assets. Limited liability corporations include exclusive state-funded limited liability corporations and other limited liability corporations.

Share-holding Corporations Ltd. refer to economic units registered in accordance with the Regulation of the People's Republic of China on the Management of Registration of Corporations, with total registered capitals divided into equal shares and raised through issuing stocks. Each investor bears limited liability to the corporation depending on the holding of shares, and the corporation bears liability to its debt to the maximum of its total assets.

Private Enterprises refer to profit-making economic units invested and established by natural persons, or controlled by natural persons using employed labor. Included in this category are private limited liability corporations, private share-holding corporations Ltd. private partnership enterprises and private-funded enterprises registered in accordance with the Corporation Law, Partnership Enterprises Law and Interim Regulations on Private Enterprises.

Other Domestic-funded Enterprises refer to domestic-funded economic units other than those mentioned above.

Joint-venture Enterprises with Funds from Hong Kong, Macao and Taiwan refer to enterprises jointly established by invertors from Hong Kong, Macao and Taiwan with enterprises in the mainland of China in accordance with the Law of the People's Republic of China on Sino-foreign Joint Venture Enterprises and other relevant laws, where the share of investment, profits and risks is stipulated in the contract.

Cooperative Enterprises with Founds from Hong Kong, Macao and Taiwan established by investors from Hong Kong, Macao and Taiwan with enterprises in the mainland of China in accordance with the Law of the People's Republic of China on Sino-foreign Cooperative Enterprises and other relevant laws, where the investment or provision of facilities, and the share of profits and risks is stipulated in the cooperative contract.

Enterprises with Sole (exclusive) Investment from Hong Kong, Macao and Taiwan refer to enterprises established in the mainland of China with exclusive investment from investors from Hong Kong, Macao and Taiwan in accordance with the Law of the People's Republic of China on Foreign-Founded Enterprises and other relevant laws.

Share-holding Corporations Ltd. with Investment from Hong Kong, Macao and Taiwan refer to share-holding corporations Ltd. established with the approval from the ministry of Foreign Trade and Economic Relations in line with relevant state regulations, where the share of investment from Hong Kong, Macao or Taiwan businessmen exceeds 25% of the total registered capital of the corporation. In case the share of investment from Hong Kong, Macao or Taiwan is less than 25% of the total registered capital, the enterprises is to be classified as domestic-funded share-holding corporation Ltd.

Joint-venture Enterprises with Foreign Investment refer to enterprises jointly established by foreign enterprises or foreigners with enterprises in the mainland of China in accordance with the Law of the People's Republic of China on Sino-foreign Joint Venture Enterprises and other relevant laws, where the share of investment, profits and risks is stipulated in the contract.

Cooperation Enterprises with Foreign Investment refer to enterprises jointly established by foreign enterprises or foreigners with enterprises in the mainland of China on Sino-foreign Cooperative Enterprises and other relevant laws, where the investment or provision of facilities, and the share of profits and risks is stipulated in the cooperative contract.

Enterprises with Sole (exclusive) Foreign Investment refer to enterprises established in the mainland of China with exclusive investment from foreign investors in accordance with the law of the People's Republic of China on Foreign-funded Enterprises and other relevant laws.

Share-holding Corporations Ltd. Their Foreign Investment refer to share-holding corporations Ltd. established with the approval from the Ministry of Foreign Trade and Economic Relations in line with relevant state regulations, where the share of investment from foreign investors exceeds 25% of the total registered capital of the corporation. In case the share of foreign investment is less than 25% of the total registered capital, the enterprise is to be classified as domestic-funded share-holding corporation Ltd.

Government Agencies, Institutions and Social Organizations are classified into following categories by source of funds and way of management taking reference of the registration status of enterprises:

(1) Government agencies: include state and party agencies, classified in principle as "state-owned". There are exceptions, such as supply and marketing cooperatives, which are classified, as "collective".

(2) Institutions: include institutions of various types established with the approval by organization and staffing departments of the government, but exclude institutions where enterprise management system is introduced. Institutions are further classified as follows:

(a) Institutions whose main budget is listed in the government budget appropriations or extra-budget funds, or allocated from the budget of their competent government agencies. Such institutions are classified as "state-owned".

(b) Institutions whose budget mainly comes from collective units. Such institutions are classified as "collective".

(c) Institutions other than those mentioned above whose source of budget are not clear. Such institutions are classified by way of management.

(3) Social organizations: include social organizations established with the approval from the Ministry of Civil Affairs, and organizations that are not covered by social organization management regulations such as trade unions, women's federations etc. Social organizations are further classified as follows:

(a) Social organizations that are not covered by social organization management regulations of the Ministry of Civil Affairs such as trade unions, women's federations, communist youth leagues, youth associations, industrial and commerce associations, scientists associations, overseas Chinese associations, etc., foundations and fund management organizations established with founds from the state, and social organizations whose funds mainly come from the budget of their competent government agencies. Such institutions are classified as "state-owned".

(b) Social organizations whose budget mainly comes from collective units. Such institutions are classified as "collective".

(c) Social organizations established by individual or a group of citizens, which are classified as "private".

(d) Social organizations other than those mentioned above whose source of budget are not clear. Such organizations are classified by way of management.

二　国民经济核算

NATIONAL ECONOMIC ACCOUNTING

简要说明

本章本市生产总值资料包括各年度本市生产总值的绝对值、构成和指数，以及三大经济区生产总值的绝对值、构成和指数，由市统计局核算处提供。

Brief Introduction

The data of Gross Domestic Product (GDP) in this chapter include absolute figures, composition and indices of not only Chongqing total, but also the three economic zones. All data on this chapter are calculated by Division of National Economic Accounting, Municipal Bureau of Statistics.

2－1 重庆市生产总值（1949－1978年）
GROSS DOMESTIC PRODUCT (1949-1978)

单位：亿元　　(100 million yuan)

年份 Year	本市生产总值 Gross Domestic Product	第一产业 Primary Industry	第二产业 Secondary Industry	工业 Industry	建筑业 Construction	第三产业 Tertiary Industry	#交通运输仓储邮电通信业 Transportation, Postal and Telecommunication Services	#批发和零售贸易及餐饮业 Wholesale & Retail Trade and Catering Trade	人均本市生产总值（元） Per Capita GDP (yuan)
1949	13.89	9.74	2.71	2.50	0.21	1.44	0.61	0.65	87
1950	14.98	10.23	2.96	2.73	0.23	1.79	0.70	0.72	91
1951	15.90	10.72	3.35	3.09	0.26	1.83	0.75	0.79	94
1952	17.85	11.86	3.90	3.55	0.35	2.09	0.85	0.88	102
1953	21.08	13.57	5.55	4.88	0.67	1.96	0.80	0.90	119
1954	22.54	13.89	6.40	5.88	0.52	2.25	0.90	0.97	123
1955	23.02	13.86	6.88	6.45	0.43	2.28	0.92	0.98	123
1956	25.97	15.01	8.11	7.48	0.63	2.85	1.13	1.16	133
1957	26.10	13.12	9.73	9.14	0.59	3.25	1.30	1.32	129
1958	34.13	15.43	14.04	13.02	1.02	4.66	1.86	1.88	167
1959	37.21	12.02	19.64	18.13	1.51	5.55	2.19	2.21	181
1960	37.90	11.10	20.50	19.00	1.50	6.30	2.20	2.23	188
1961	28.21	10.35	11.96	11.32	0.64	5.90	1.98	1.95	150
1962	24.42	9.92	9.20	8.92	0.28	5.30	1.76	1.75	135
1963	27.08	12.08	9.76	9.34	0.42	5.24	1.62	1.66	146
1964	31.53	13.37	12.34	11.72	0.62	5.82	1.89	1.92	164
1965	36.98	16.21	14.85	13.77	1.08	5.92	1.91	1.95	184
1966	38.18	16.18	16.63	15.37	1.26	5.37	1.59	1.72	184
1967	33.37	15.21	12.84	12.01	0.83	5.32	1.53	1.81	158
1968	27.11	15.18	7.26	6.84	0.42	4.67	1.39	1.54	126
1969	31.39	14.75	11.08	10.32	0.76	5.56	1.58	1.78	141
1970	38.18	15.96	16.06	14.74	1.32	6.16	1.64	1.91	164
1971	43.82	16.71	20.38	18.97	1.41	6.73	1.72	2.02	183
1972	43.16	16.67	19.06	17.86	1.20	7.43	1.89	2.23	176
1973	43.96	18.14	17.93	16.49	1.44	7.89	2.09	2.29	174
1974	43.29	18.43	16.35	15.17	1.18	8.51	2.18	2.30	168
1975	50.44	18.81	21.71	20.16	1.55	9.92	2.45	2.54	190
1976	50.39	19.07	21.12	19.64	1.48	10.20	2.35	2.55	188
1977	56.67	21.74	24.22	22.21	2.01	10.71	2.57	2.73	208
1978	67.32	24.81	30.80	27.92	2.88	11.71	2.92	2.96	257

注：本表按当年价格计算，其中人均本市生产总值为按户籍人口计算值。

Note: The data in value terms in this table are calculated at current prices. Per capita GDP is calculated by household registered population.

2—2 重庆市生产总值构成（1949—1978年）
COMPOSITION OF GROSS DOMESTIC PRODUCT (1949-1978)

单位：% (%)

年份 Year	本市生产总值 Gross Domestic Product	第一产业 Primary Industry	第二产业 Secondary Industry	工业 Industry	建筑业 Construction	第三产业 Tertiary Industry	#交通运输仓储邮电通信业 Transportation，Postal and Telecommunication Services	#批发和零售贸易及餐饮业 Wholesale & Retail Trade and Catering Trade
1949	100.0	70.1	19.5	18.0	1.5	10.4	4.4	4.7
1950	100.0	68.3	19.8	18.2	1.6	11.9	4.7	4.8
1951	100.0	67.4	21.1	19.4	1.7	11.5	4.7	5.0
1952	100.0	66.4	21.9	19.9	2.0	11.7	4.8	4.9
1953	100.0	64.4	26.3	23.1	3.2	9.3	3.8	4.3
1954	100.0	61.6	28.4	26.1	2.3	10.0	4.0	4.3
1955	100.0	60.2	29.9	28.0	1.9	9.9	4.0	4.3
1956	100.0	57.8	31.2	28.8	2.4	11.0	4.4	4.5
1957	100.0	50.3	37.3	35.0	2.3	12.4	5.0	5.1
1958	100.0	45.2	41.1	38.1	3.0	13.7	5.4	5.5
1959	100.0	32.3	52.8	48.7	4.1	14.9	5.9	5.9
1960	100.0	29.3	54.1	50.1	4.0	16.6	5.8	5.9
1961	100.0	36.7	42.4	40.1	2.3	20.9	7.0	6.9
1962	100.0	40.6	37.7	36.5	1.2	21.7	7.2	7.2
1963	100.0	44.6	36.0	34.5	1.5	19.4	6.0	6.1
1964	100.0	42.4	39.1	37.2	1.9	18.5	6.0	6.1
1965	100.0	43.8	40.2	37.3	2.9	16.0	5.2	5.3
1966	100.0	42.4	43.6	40.3	3.3	14.0	4.2	4.5
1967	100.0	45.6	38.5	36.0	2.5	15.9	4.6	5.4
1968	100.0	56.0	26.8	25.2	1.6	17.2	5.1	5.7
1969	100.0	47.0	35.3	32.9	2.4	17.7	5.0	5.7
1970	100.0	41.8	42.1	38.6	3.5	16.1	4.3	5.0
1971	100.0	38.1	46.5	43.3	3.2	15.4	3.9	4.6
1972	100.0	38.6	44.2	41.4	2.8	17.2	4.4	5.2
1973	100.0	41.3	40.8	37.5	3.3	17.9	4.8	5.2
1974	100.0	42.6	37.7	35.0	2.7	19.7	5.0	5.3
1975	100.0	37.3	43.0	40.0	3.0	19.7	4.9	5.0
1976	100.0	37.9	41.9	39.0	2.9	20.2	4.7	5.1
1977	100.0	38.4	42.7	39.2	3.5	18.9	4.5	4.8
1978	100.0	36.8	45.8	41.5	4.3	17.4	4.3	4.4

注：本表按当年价格计算。

Note: The data in value terms in this table are calculated at current prices.

2—3 重庆市生产总值指数（1949—1978年）（上年=100）
INDICES OF GROSS DOMESTIC PRODUCT (1949-1978) (preceding year=100)

年份 Year	本市生产总值 Gross Domestic Product	第一产业 Primary Industry	第二产业 Secondary Industry	工业 Industry	建筑业 Construction	第三产业 Tertiary Industry	#交通运输仓储邮电通信业 Transportation, Postal and Telecommunication Services	#批发和零售贸易及餐饮业 Wholesale & Retail Trade and Catering Trade	人均本市生产总值 Per Capita GDP
1949	100.0	100.0	100.0	100.0	100.0	100.0	100.0	100.0	100.0
1950	105.4	103.0	111.0	110.4	118.2	118.6	128.2	105.6	102.2
1951	103.2	104.0	111.7	112.1	107.7	92.4	93.4	98.9	100.5
1952	109.0	107.0	114.9	113.2	135.7	118.8	112.9	116.0	105.3
1953	111.0	107.0	139.4	134.9	184.2	114.3	109.4	124.8	109.7
1954	110.3	107.9	121.7	127.1	82.9	113.5	109.5	106.6	109.1
1955	102.5	101.5	110.5	113.0	82.8	99.7	94.8	99.3	99.9
1956	113.2	107.0	129.2	127.0	162.5	120.3	118.3	113.9	109.2
1957	102.1	100.1	111.1	113.1	87.2	110.2	112.4	104.9	98.3
1958	118.6	106.4	144.6	142.8	173.5	143.9	138.6	137.8	118.3
1959	97.2	76.0	138.6	138.1	145.8	119.2	107.0	103.4	97.7
1960	110.8	84.0	149.5	150.0	143.0	113.9	102.3	102.9	112.9
1961	64.7	77.8	53.8	55.0	39.0	64.1	69.5	61.5	68.2
1962	99.8	122.5	75.2	77.0	43.8	94.1	92.2	92.3	102.5
1963	114.6	121.0	106.3	105.0	147.6	108.6	103.5	112.6	112.2
1964	114.7	109.7	127.9	127.0	148.4	112.5	102.1	98.1	111.2
1965	114.3	112.9	125.0	122.0	182.6	102.7	102.7	110.1	110.4
1966	105.7	105.1	116.4	116.0	121.4	88.6	96.7	106.9	102.8
1967	90.0	95.0	79.0	80.0	67.6	96.6	96.6	102.7	87.6
1968	84.2	96.0	59.6	60.0	53.6	87.5	98.6	84.8	81.8
1969	111.8	99.0	146.5	144.9	173.0	118.3	117.0	114.8	109.0
1970	120.5	110.0	148.1	146.0	176.6	111.5	109.7	108.1	116.5
1971	111.6	102.5	127.2	129.0	107.1	108.5	104.4	105.0	108.2
1972	99.9	100.9	94.4	95.0	86.0	110.4	110.1	110.4	97.1
1973	103.0	108.3	94.8	93.0	121.2	105.7	104.8	102.1	100.5
1974	101.4	101.4	98.1	99.0	88.1	107.8	107.3	100.4	98.9
1975	111.5	95.6	133.9	134.0	132.4	116.2	108.5	110.0	108.6
1976	94.9	97.6	87.9	88.1	86.4	102.8	105.1	100.4	93.9
1977	119.7	113.6	135.8	134.0	160.6	105.1	107.5	107.2	118.5
1978	116.8	111.2	126.9	125.7	140.2	107.6	101.7	103.5	116.7

注：本表按可比价格计算，其中人均本市生产总值为按户籍人口计算值。

Note: The indices in this table are calculated at comparable prices. Per capita GDP is calculated by household registered population.

2—4 重庆市生产总值指数（1949—1978年）（1949年=100）
INDICES OF GROSS DOMESTIC PRODUCT (1949-1978) (1949=100)

年份 Year	本市生产总值 Gross Domestic Product	第一产业 Primary Industry	第二产业 Secondary Industry	工业 Industry	建筑业 Construction	第三产业 Tertiary Industry	#交通运输仓储邮电通信业 Transportation，Postal and Telecommunication Services	#批发和零售贸易及餐饮业 Wholesale & Retail Trade and Catering Trade	人均本市生产总值 Per Capita GDP
1949	100.0	100.0	100.0	100.0	100.0	100.0	100.0	100.0	100.0
1950	105.4	103.0	111.0	110.4	118.2	118.6	128.2	105.6	102.2
1951	108.8	107.1	124.0	123.8	127.3	109.6	119.7	104.4	102.7
1952	118.6	114.6	142.5	140.1	172.7	130.2	135.2	121.1	108.2
1953	131.6	122.6	198.6	189.0	318.2	148.8	147.9	151.2	118.6
1954	145.2	132.3	241.7	240.2	263.8	168.9	161.9	161.2	129.4
1955	148.8	134.3	267.1	271.4	218.4	168.4	153.5	160.0	129.3
1956	168.4	143.7	345.0	344.7	354.9	202.6	181.6	182.3	141.2
1957	172.0	143.9	383.3	389.9	309.5	223.2	204.1	191.2	138.8
1958	204.0	153.1	554.3	556.7	537.0	321.2	282.9	263.5	164.2
1959	198.2	116.3	768.3	768.9	782.9	382.9	302.7	272.5	160.4
1960	219.7	97.7	1148.6	1153.3	1119.6	436.1	309.7	280.4	181.1
1961	142.1	76.0	617.9	634.3	436.6	279.6	215.2	172.4	123.5
1962	141.8	93.1	464.7	488.4	191.2	263.1	198.5	159.1	126.6
1963	162.5	112.7	494.0	512.8	282.3	285.7	205.4	179.2	142.1
1964	186.4	123.6	631.8	651.3	418.9	321.4	209.7	175.8	158.0
1965	213.1	139.6	789.7	794.6	764.9	330.1	215.4	193.6	174.4
1966	225.2	146.7	919.2	921.7	928.6	292.5	208.3	206.9	179.3
1967	202.7	139.3	726.2	737.4	627.7	282.5	201.2	212.5	157.1
1968	170.7	133.8	432.8	442.4	336.5	247.2	198.4	180.2	128.5
1969	190.8	132.4	634.1	641.1	582.1	292.4	232.1	206.9	140.0
1970	229.9	145.7	939.1	936.0	1028.0	326.1	254.6	223.6	163.1
1971	256.6	149.3	1194.5	1207.4	1100.9	353.8	265.8	234.8	176.5
1972	256.4	150.7	1127.6	1147.0	946.8	390.6	292.7	259.2	171.4
1973	264.1	163.2	1069.0	1066.7	1147.5	412.8	306.7	264.7	172.3
1974	267.7	165.5	1048.6	1056.1	1011.0	445.0	329.1	265.7	170.4
1975	298.5	158.2	1404.1	1415.1	1338.5	517.1	357.1	292.3	185.0
1976	283.3	154.4	1234.2	1246.7	1156.5	531.6	375.3	293.5	173.7
1977	339.1	175.4	1676.1	1670.6	1857.3	558.7	403.4	314.6	205.9
1978	396.1	195.0	2127.0	2100.0	2604.0	601.2	410.3	325.6	240.2

注：本表按可比价格计算，其中人均本市生产总值为按户籍人口计算值。

Note: The indices in this table are calculated at comparable prices. Per capita GDP is calculated by household registered population.

2—5 重庆市生产总值（1978—2003年）
GROSS DOMESTIC PRODUCT(1978-2003)

单位：亿元 (100 million yuan)

年份 Year	本市生产总值 Gross Domestic Product	第一产业 Primary Industry	第二产业 Secondary Industry	工业 Industry	建筑业 Construction	第三产业 Tertiary Industry	交通运输仓储邮电通信业 Transportation, Postal and Telecommunication Services	批发和零售贸易餐饮业 Wholesale, Retail Trade & Catering Trade
1978	67.32	24.81	30.80	27.92	2.88	11.71	2.92	2.96
1979	75.84	28.76	34.07	30.89	3.18	13.01	3.24	3.29
1980	84.70	32.50	37.74	34.22	3.52	14.46	3.61	3.65
1981	90.56	36.20	38.79	35.16	3.63	15.57	3.92	3.99
1982	100.44	40.46	41.77	37.85	3.92	18.21	4.59	4.63
1983	111.24	45.23	44.72	40.30	4.42	21.29	6.22	5.31
1984	130.96	50.39	53.52	48.25	5.27	27.05	6.94	6.63
1985	151.54	53.39	64.73	57.35	7.38	33.42	7.40	9.76
1986	169.80	59.64	71.55	62.67	8.88	38.61	7.16	10.97
1987	189.68	62.24	79.70	68.63	11.07	47.74	7.39	13.23
1988	239.11	74.40	103.05	90.06	12.99	61.66	9.32	17.85
1989	277.27	81.32	118.87	106.35	12.52	77.08	12.27	22.22
1990	298.41	99.58	118.53	100.46	18.07	80.30	12.36	19.07
1991	339.81	108.60	134.43	115.26	19.17	96.78	13.97	22.10
1992	417.87	116.35	169.54	145.95	23.59	131.98	22.17	33.73
1993	549.79	140.64	236.71	204.61	32.10	172.44	26.01	48.68
1994	751.21	194.11	326.91	287.56	39.35	230.19	30.67	62.56
1995	1009.47	261.52	427.19	368.17	59.02	320.76	46.02	84.35
1996	1179.09	284.89	493.21	423.01	70.20	400.99	58.71	107.81
1997	1350.10	304.51	563.40	477.13	86.27	482.19	72.43	129.87
1998	1429.26	298.67	585.38	480.88	104.50	545.21	78.93	138.43
1999	1479.71	284.28	604.39	492.39	112.00	591.04	87.22	145.32
2000	1589.34	283.00	657.51	527.48	130.03	648.83	98.19	154.46
2001	1749.77	293.03	727.66	576.58	151.08	729.08	109.48	167.84
2002	1971.30	315.78	827.55	651.00	176.55	827.97	123.97	182.51
2003	2250.56	336.36	977.30	768.37	208.93	936.90	136.56	199.27

注：本表按当年价格计算。

Note: The data in value terms in this table are calculated at current prices.

2-5 续表 CONTINUED

单位：亿元 (100 million yuan)

年 份 Year	金融保险业 Finance and Insurance	房地产业 Real Estate	社会服务业 Social Services	卫生体育和社会福利 Public Health, Sports and Social Welfare	教育文艺和广播电视 Education, Culture, Art, Radio, Film and Television	科研综合技术服务 Scientific Research and Polytechnical Services	国家机关和社会团体 Government Agencies, Party Agencies and Social Organizations	人均本市生产总值（元） Per Capita GDP (yuan)
1978	1.21	0.88	0.76	0.45	1.34	0.34	0.85	257
1979	1.34	0.98	0.85	0.50	1.49	0.38	0.94	287
1980	1.49	1.09	0.94	0.56	1.66	0.42	1.04	319
1981	1.65	1.09	1.03	0.59	1.72	0.46	1.12	337
1982	1.81	1.24	1.36	0.67	2.00	0.59	1.32	371
1983	2.34	1.39	1.39	0.67	1.98	0.57	1.42	407
1984	4.02	1.72	1.72	0.88	2.36	0.70	2.08	477
1985	4.48	1.97	1.79	1.07	3.35	0.78	2.82	549
1986	5.23	2.44	2.41	1.09	4.11	1.40	3.80	609
1987	8.87	3.27	2.49	1.54	5.02	1.74	4.19	671
1988	10.65	4.03	3.15	1.98	6.39	2.62	5.67	836
1989	14.77	4.44	3.53	2.36	7.74	3.19	6.56	961
1990	15.37	5.01	4.78	2.60	8.57	4.58	7.96	1023
1991	18.36	6.20	7.57	3.24	9.87	4.93	10.54	1159
1992	23.72	6.30	12.09	3.74	11.90	4.81	13.52	1416
1993	30.87	7.74	18.13	4.17	14.00	5.29	17.55	1859
1994	43.14	9.16	27.90	8.55	17.62	8.72	21.87	2525
1995	56.72	14.46	44.71	9.84	23.94	13.23	27.49	3372
1996	60.66	20.89	56.80	12.86	30.35	17.24	35.67	3914
1997	68.31	26.86	66.46	16.58	37.22	24.03	40.43	4452
1998	73.84	36.57	79.98	18.42	43.30	26.54	49.20	4684
1999	69.79	40.68	92.39	20.53	48.78	30.94	55.39	4826
2000	68.62	51.92	101.67	23.40	51.09	35.39	64.09	5157
2001	73.36	60.47	114.62	27.91	62.46	40.14	72.80	5654
2002	78.25	70.90	133.89	30.37	83.79	43.87	80.42	6347 (7034)
2003	85.00	87.79	144.84	33.40	91.41	57.26	101.37	7209 (8077)

注：1）本表按当年价格计算。

2）人均本市生产总值指标括号外的数据为按户籍人口计算值，括号内数据为按常住人口计算值。

Note: a) The data in value terms in this table are calculated at current prices.

b) Per capita GDP out of parentheses is calculated by household registered population,whereas in parentheses is by resident population.

2－6 重庆市生产总值构成（1978－2003年）
COMPOSITION OF GROSS DOMESTIC PRODUCT (1978-2003)

单位：%　　(%)

年 份 Year	本市生产总值 Gross Domestic Product	第一产业 Primary Industry	第二产业 Secondary Industry	工 业 Industry	建筑业 Construction	第三产业 Tertiary Industry	交通运输仓储邮电通信业 Transportation, Postal and Telecommunication Services	批发和零售贸易餐饮业 Wholesale, Retail Trade & Catering Trade
1978	100.0	36.8	45.8	41.5	4.3	17.4	4.3	4.4
1979	100.0	37.9	44.9	40.7	4.2	17.2	4.3	4.3
1980	100.0	38.4	44.6	40.4	4.2	17.0	4.2	4.3
1981	100.0	40.0	42.8	38.8	4.0	17.2	4.3	4.4
1982	100.0	40.3	41.6	37.7	3.9	18.1	4.6	4.6
1983	100.0	40.7	40.2	36.2	4.0	19.1	5.6	4.8
1984	100.0	38.5	40.8	36.8	4.0	20.7	5.3	5.1
1985	100.0	35.2	42.7	37.8	4.9	22.1	4.9	6.4
1986	100.0	35.1	42.1	36.9	5.2	22.8	4.2	6.5
1987	100.0	32.8	42.0	36.2	5.8	25.2	3.9	7.0
1988	100.0	31.1	43.1	37.7	5.4	25.8	3.9	7.5
1989	100.0	29.3	42.9	38.4	4.5	27.8	4.4	8.0
1990	100.0	33.4	39.7	33.7	6.0	26.9	4.1	6.4
1991	100.0	32.0	39.5	33.9	5.6	28.5	4.1	6.5
1992	100.0	27.8	40.6	34.9	5.7	31.6	5.3	8.1
1993	100.0	25.6	43.0	37.2	5.8	31.4	4.7	8.9
1994	100.0	25.8	43.5	38.3	5.2	30.7	4.1	8.3
1995	100.0	25.9	42.3	36.5	5.8	31.8	4.6	8.4
1996	100.0	24.2	41.8	35.9	5.9	34.0	5.0	9.1
1997	100.0	22.6	41.7	35.3	6.4	35.7	5.4	9.6
1998	100.0	20.9	41.0	33.7	7.3	38.1	5.5	9.7
1999	100.0	19.2	40.9	33.3	7.6	39.9	5.9	9.8
2000	100.0	17.8	41.4	33.2	8.2	40.8	6.2	9.7
2001	100.0	16.7	41.6	33.0	8.6	41.7	6.3	9.6
2002	100.0	16.0	42.0	33.0	9.0	42.0	6.3	9.3
2003	100.0	15.0	43.4	34.1	9.3	41.6	6.1	8.9

注：本表按当年价格计算。

Note: The data in value terms in this table are calculated at current prices.

2-6 续表 CONTINUED

单位：% (%)

年 份 Year	金融保险业 Finance and Insurance	房地产业 Real Estate	社会服务业 Social Services	卫生体育和社会福利 Public Health, Sports and Social Welfare	教育文艺和广播电视 Education, Culture, Art, Radio, Film and Television	科研综合技术服务 Scientific Research and Polytechnical Services	国家机关和社会团体 Government Agencies, Party Agencies and Social Organizations
1978	1.8	1.3	1.1	0.7	2.0	0.5	1.3
1979	1.8	1.3	1.1	0.7	2.0	0.5	1.2
1980	1.7	1.3	1.1	0.7	2.0	0.5	1.2
1981	1.8	1.2	1.2	0.7	1.9	0.5	1.2
1982	1.8	1.2	1.3	0.7	2.0	0.6	1.3
1983	2.1	1.2	1.2	0.6	1.8	0.5	1.3
1984	3.1	1.3	1.3	0.7	1.8	0.5	1.6
1985	3.0	1.3	1.2	0.7	2.2	0.5	1.9
1986	3.1	1.4	1.4	0.7	2.4	0.8	2.3
1987	4.7	1.7	1.3	0.8	2.7	0.9	2.2
1988	4.5	1.7	1.3	0.8	2.7	1.1	2.3
1989	5.3	1.6	1.3	0.8	2.8	1.2	2.4
1990	5.1	1.7	1.6	0.9	2.9	1.5	2.7
1991	5.4	1.8	2.2	1.0	2.9	1.5	3.1
1992	5.7	1.5	2.9	0.9	2.8	1.2	3.2
1993	5.6	1.4	3.3	0.8	2.5	1.0	3.2
1994	5.8	1.2	3.7	1.1	2.4	1.2	2.9
1995	5.6	1.4	4.4	1.0	2.4	1.3	2.7
1996	5.1	1.8	4.8	1.1	2.6	1.5	3.0
1997	5.1	2.0	4.9	1.2	2.7	1.8	3.0
1998	5.2	2.5	5.6	1.3	3.0	1.9	3.4
1999	4.7	2.8	6.2	1.4	3.3	2.1	3.7
2000	4.3	3.3	6.4	1.5	3.2	2.2	4.0
2001	4.2	3.4	6.5	1.6	3.6	2.3	4.2
2002	4.0	3.6	6.8	1.5	4.3	2.2	4.0
2003	3.8	3.9	6.4	1.5	4.1	2.4	4.5

注：本表按当年价格计算。

Note: The data in value terms in this table are calculated at current prices.

2－7 重庆市生产总值指数（1978－2003年）（上年=100）
INDICES OF GROSS DOMESTIC PRODUCT (1978-2003) (preceding year=100)

年份 Year	本市生产总值 Gross Domestic Product	第一产业 Primary Industry	第二产业 Secondary Industry	工业 Industry	建筑业 Construction	第三产业 Tertiary Industry	交通运输仓储邮电通信业 Transportation, Postal and Telecommunication Services	批发和零售贸易餐饮业 Wholesale, Retail Trade & Catering Trade
1978	100.0	100.0	100.0	100.0	100.0	100.0	100.0	100.0
1979	110.9	108.5	111.2	111.2	111.3	110.5	110.4	110.3
1980	107.5	104.6	108.9	108.7	110.0	109.6	105.2	105.5
1981	106.0	106.1	105.4	103.1	106.8	109.0	107.8	108.5
1982	108.7	107.6	107.2	107.0	108.1	115.2	115.3	114.7
1983	110.1	105.8	108.4	108.2	110.7	114.9	128.9	114.6
1984	115.7	106.5	120.5	120.8	119.5	122.6	107.3	120.4
1985	108.4	109.5	105.4	102.1	120.2	114.1	98.9	136.0
1986	108.4	110.6	106.4	103.8	114.2	110.3	100.7	107.3
1987	105.1	98.1	109.8	108.6	120.1	114.1	108.3	111.4
1988	109.3	102.3	111.5	112.0	105.3	109.2	106.3	120.6
1989	104.7	104.7	102.2	104.4	95.4	109.9	116.2	109.5
1990	106.8	107.2	107.0	104.0	139.3	103.8	101.5	86.5
1991	109.0	106.6	109.0	110.5	102.2	111.7	105.6	108.3
1992	116.2	101.8	121.4	122.1	119.5	125.6	130.1	138.2
1993	115.3	105.0	121.5	122.3	118.8	116.7	104.6	136.6
1994	113.3	105.4	118.8	120.8	111.0	121.1	110.7	108.1
1995	112.1	105.2	114.6	114.4	116.0	116.1	121.3	117.1
1996	111.2	105.0	112.1	112.1	112.1	114.9	117.5	117.5
1997	111.0	103.4	112.4	111.4	119.1	114.5	116.1	116.7
1998	108.4	102.4	107.1	104.8	121.6	114.3	104.8	112.6
1999	107.6	100.4	110.3	110.7	108.3	108.1	106.4	107.1
2000	108.5	101.5	110.5	110.4	111.0	109.5	109.7	110.3
2001	109.0	102.2	111.8	111.2	114.4	109.1	108.8	109.8
2002	110.3	104.1	113.8	113.8	113.9	109.2	107.0	109.8
2003	111.5	104.2	116.0	116.4	114.1	109.4	108.0	109.0

注：本表按可比价格计算。

Note: The indices in this table are calculated at comparable prices.

2-7 续表 CONTINUED

年 份 Year	金融保险业 Finance and Insurance	房地产业 Real Estate	社会服务业 Social Services	卫生体育和社会福利 Public Health, Sports and Social Welfare	教育文艺和广播电视 Education, Culture, Art, Radio, Film and Television	科研综合技术服务 Scientific Research and Polytechnic Services	国家机关和社会团体 Government Agencies, Party Agencies and Social Organizations	人均本市生产总值 Per Capita GDP
1978	100.0	100.0	100.0	100.0	100.0	100.0	100.0	100.0
1979	109.7	110.5	110.4	110.8	112.7	110.4	109.8	110.2
1980	105.4	105.6	105.7	106.0	105.8	105.5	105.2	106.6
1981	109.4	99.3	108.8	104.6	102.9	108.7	106.9	104.8
1982	108.0	112.0	129.8	111.8	114.5	126.3	110.0	107.9
1983	129.0	121.1	100.9	100.0	99.0	96.6	107.6	109.0
1984	165.6	119.3	121.0	126.6	114.9	118.4	141.2	115.2
1985	103.0	105.8	95.7	113.4	131.1	103.0	125.3	107.9
1986	110.9	118.3	129.3	97.3	117.2	158.4	127.9	107.4
1987	156.9	123.7	94.6	118.2	112.7	114.8	101.8	103.7
1988	101.5	104.1	107.4	108.7	107.6	127.3	114.3	108.0
1989	121.9	96.9	97.2	104.8	106.5	107.1	101.8	103.8
1990	104.9	113.7	129.5	108.0	109.6	139.7	119.3	105.8
1991	111.7	115.7	137.3	115.8	107.6	100.6	123.3	108.4
1992	120.1	96.8	148.4	104.8	108.9	96.7	116.5	115.4
1993	108.3	109.1	131.4	102.1	107.5	105.7	118.3	115.0
1994	115.4	103.6	128.1	172.1	120.9	135.4	111.3	112.7
1995	116.6	115.4	145.8	106.2	116.4	144.0	107.8	111.3
1996	103.8	132.1	127.3	110.2	110.9	115.4	108.9	110.6
1997	109.0	124.6	120.8	116.4	112.9	109.5	104.1	110.3
1998	110.0	122.9	124.1	115.6	120.7	113.1	118.9	107.8
1999	88.4	109.3	116.3	116.4	116.7	109.7	120.9	107.1
2000	100.2	110.7	108.7	114.8	106.5	114.8	117.0	107.9
2001	102.3	114.1	107.8	117.0	106.5	110.4	111.7	108.6
2002	107.0	113.6	109.0	109.5	111.0	105.6	110.9	109.9
2003	106.8	115.6	107.8	111.8	108.9	110.2	112.8	110.9 (112.1)

注：1）本表按可比价格计算。

2）人均本市生产总值指标括号外的数据为按户籍人口计算值，括号内数据为按常住人口计算值。

Note: a) The indices in this table are calculated at comparable prices.

b) Per capita GDP out of parentheses is calculated by household registered population,whereas in parentheses is by resident population.

2—8 重庆市生产总值指数（1978—2003年）（1978年=100）
INDICES OF GROSS DOMESTIC PRODUCT (1978-2003) (1978=100)

年份 Year	本市生产总值 Gross Domestic Product	第一产业 Primary Industry	第二产业 Secondary Industry	工业 Industry	建筑业 Construction	第三产业 Tertiary Industry	交通运输仓储邮电通信业 Transportation, Postal and Telecommunication Services	批发和零售贸易餐饮业 Wholesale, Retail Trade & Catering Trade
1978	100.0	100.0	100.0	100.0	100.0	100.0	100.0	100.0
1979	110.9	108.5	111.2	111.2	111.3	110.5	110.4	110.3
1980	119.2	113.5	121.1	120.9	122.4	121.1	116.1	116.4
1981	126.4	120.4	127.6	124.6	130.8	132.0	125.2	126.3
1982	137.4	129.6	136.8	133.3	141.3	152.1	144.4	144.8
1983	151.2	137.1	148.3	144.3	156.5	174.7	186.1	166.0
1984	175.0	146.0	178.7	174.3	187.0	214.2	199.7	199.8
1985	189.7	159.9	188.4	177.9	224.8	244.4	197.5	271.8
1986	205.6	176.8	200.4	184.7	256.7	269.6	198.8	291.6
1987	216.1	173.4	220.1	200.6	308.3	307.6	215.3	324.8
1988	236.2	177.4	245.4	224.7	324.6	335.9	228.9	391.7
1989	247.3	185.8	250.8	234.6	309.7	369.2	266.0	429.0
1990	264.1	199.1	268.3	243.9	431.4	383.2	270.0	371.1
1991	287.9	212.3	292.5	269.5	440.9	428.0	285.1	401.8
1992	334.5	216.1	355.1	329.1	526.8	537.6	370.9	555.4
1993	385.7	226.9	431.4	402.5	625.9	627.4	388.0	758.6
1994	437.0	239.2	512.5	486.2	694.7	759.8	429.5	820.1
1995	489.9	251.6	587.4	556.3	805.9	882.1	521.0	960.3
1996	544.8	264.2	658.4	623.6	903.4	1013.5	612.2	1128.3
1997	604.7	273.2	740.1	694.6	1075.9	1160.5	710.7	1316.8
1998	655.5	279.7	792.6	728.0	1308.3	1326.4	744.8	1482.7
1999	705.3	280.8	874.3	805.9	1416.9	1433.9	792.5	1588.0
2000	765.2	285.1	966.1	889.7	1572.8	1570.1	869.4	1751.5
2001	834.1	291.3	1080.0	989.3	1799.2	1713.0	945.9	1923.2
2002	920.0	303.2	1229.0	1125.8	2049.4	1870.6	1012.1	2111.7
2003	1025.8	315.9	1425.6	1310.4	2338.4	2046.4	1093.1	2301.8

注：本表按可比价格计算。

Note: The indices in this table are calculated at comparable prices.

2-8 续表 CONTINUED

年 份 Year	金融保险业 Finance and Insurance	房地产业 Real Estate	社会服务业 Social Services	卫生体育和社会福利 Public Health, Sports and Social Welfare	教育文艺和广播电视 Education, Culture, Art, Radio, Film and Television	科研综合技术服务 Scientific Research and Polytechnic Services	国家机关和社会团体 Government Agencies, Party Agencies and Social Organizations	人均本市生产总值 Per Capita GDP
1978	100.0	100.0	100.0	100.0	100.0	100.0	100.0	100.0
1979	109.7	110.5	110.4	110.8	112.7	110.4	109.8	110.2
1980	115.6	116.7	116.7	117.4	119.2	116.5	115.5	117.5
1981	126.5	115.9	127.0	122.9	122.7	126.6	123.5	123.1
1982	136.6	129.8	164.8	137.3	140.5	159.9	135.8	132.8
1983	176.2	157.2	166.3	137.3	139.1	154.5	146.2	144.8
1984	291.8	187.5	201.2	173.9	159.8	182.9	206.4	166.8
1985	300.6	198.4	192.5	197.2	209.5	188.4	258.6	180.0
1986	333.4	234.7	249.0	191.9	245.5	298.4	330.7	193.3
1987	523.0	290.3	235.5	226.8	276.7	342.5	336.7	200.4
1988	530.9	302.2	252.9	246.5	297.8	436.1	384.8	216.5
1989	647.1	292.8	245.9	258.3	317.1	467.0	391.7	224.7
1990	678.9	332.9	318.4	279.0	347.5	652.4	467.3	237.7
1991	758.3	385.2	437.2	323.1	374.0	656.3	576.2	257.7
1992	910.7	372.9	648.7	338.6	407.2	634.7	671.3	297.4
1993	986.3	406.8	852.4	345.7	437.8	670.9	794.2	342.0
1994	1138.2	421.5	1092.0	595.0	529.3	908.3	883.9	385.5
1995	1327.1	486.4	1592.1	631.8	616.1	1308.0	952.9	429.0
1996	1377.5	642.5	2026.8	696.3	683.2	1509.4	1037.7	474.5
1997	1501.5	800.5	2448.3	810.5	771.4	1652.8	1080.2	523.4
1998	1651.7	983.8	3038.4	936.9	931.0	1869.4	1284.4	564.2
1999	1460.1	1075.3	3533.6	1090.6	1086.5	2050.7	1552.8	604.2
2000	1463.0	1190.4	3841.0	1252.0	1157.2	2354.2	1816.8	652.0
2001	1496.6	1358.2	4140.6	1464.8	1232.4	2599.0	2029.3	708.0
2002	1604.4	1542.9	4513.3	1604.0	1368.0	2744.5	2250.5	778.1
2003	1713.5	1783.6	4865.3	1793.3	1489.8	3024.4	2538.6	862.9

注：本表按可比价格计算。

Note: The indices in this table are calculated at comparable prices.

2—9 重庆市生产总值构成项目（2003年）
COMPOSITION OF GROSS DOMESTIC PRODUCT (2003)

单位：亿元　　(100 million yuan)

项　　目	Item	增加值 Value-added	劳动者报酬 Compensa-tion of Laborers	生产税净额 Net Value of Production Tax	固定资产折旧 Deprecia-tion of Fixed Assets	营业盈余 Business Surplus
本市生产总值	**Gross Domestic Product**	**2250.56**	**1174.44**	**317.96**	**279.55**	**478.61**
第一产业	Primary Industry	336.36	300.63	11.94	6.15	17.64
第二产业	Secondary Industry	977.30	375.27	216.59	125.88	259.56
工　业	Industry	768.37	232.11	185.40	113.51	237.35
建筑业	Construction	208.93	143.16	31.19	12.37	22.21
第三产业	Tertiary Industry	936.90	498.54	89.43	147.52	201.41
农、林、牧、渔服务业	Services for Farming,Forestry, Animal Husbandry and Fishery	5.51	2.02	0.06	0.75	2.68
地质勘探、水利管理业	Geological Prospecting and Water Conservancy	4.06	3.72	0.04	0.27	0.03
交通运输、仓储、邮电通信业	Transportation, Storage,Postal and Telecommunication Services	136.56	62.62	12.23	45.53	16.18
交通运输业和仓储业	Transportation and Storage	85.04	54.03	9.28	20.03	1.70
邮电通信业	Postal and Telecommunication Services	51.52	8.59	2.95	25.50	14.48
批发和零售贸易、餐饮业	Wholesale & Retail Trade and Catering Trade	199.27	105.94	16.71	10.32	66.30
批发和零售贸易业	Wholesale & Retail Trade	163.17	87.19	15.71	7.18	53.09
餐饮业	Catering Trade	36.10	18.75	1.00	3.14	13.21
金融保险业	Finance and Insurance	85.00	33.32	11.03	9.77	30.88
金融业	Finance	57.34	31.78	10.07	9.33	6.16
保险业	Insurance	2.58	1.54	0.96	0.44	-0.36
其　他	Others	25.08				25.08
房地产业	Real Estate	87.79	12.12	23.64	39.06	12.97
房地产管理业	Real Estate Management	5.94	3.09	0.17	2.68	
房地产开发业	Real Estate Development	49.86	9.03	23.47	4.39	12.97
城镇居民自有住房	Urban Self-owned Buildings	10.20			10.20	
农村居民自有住房	Rural Self-owned Buildings	21.79			21.79	
社会服务业	Social Services	144.84	81.50	11.46	14.58	37.30
卫生、体育、社会福利事业	Public Health Sports and Social Welfare	33.40	24.06	0.02	3.04	6.28
教育、文艺、广播电影电视事业	Education, Culture, Art,Radio, Film and Television	91.41	75.85	0.66	12.09	2.81
科学研究和综合技术服务业	Scientific Research and Polytechnic Services	47.69	14.01	8.26	3.27	22.15
国家政党机关、社会团体	Government Agencies,Party Agencies and Social Organizations	101.37	83.38	5.32	8.84	3.83

注：本表按当年价格计算。
Note: The data in value terms in this table are calculated at current prices.

2－10 按支出法计算的重庆市生产总值（2002－2003年）
GROSS DOMESTIC PRODUCT BY EXPENDITURE APPROACH (2002-2003)

单位：亿元 (100 million yuan)

项 目	Item	2002	2003
本市生产总值	**Gross Domestic Product**	**2020.38**	**2327.08**
最终消费	Final Consumption Expenditure	1228.89	1415.31
居民消费	Household Consumption Expenditure	880.86	1004.38
农村居民	Agricultural Households	367.69	381.26
自给性消费	Self-using	98.72	77.78
商品性消费	Commerce	154.92	180.50
文化生活服务性消费	Culture and Services	68.58	73.36
住房及水电消费	Water, Electricity and Residence	45.47	49.62
#住房消费	Residence	32.37	33.20
城镇居民	Non-agricultural Households	513.17	623.12
商品性消费	Commerce	291.83	369.82
文化生活服务性消费	Culture and Service	169.24	165.22
住房及水电消费	Water, Electricity and Residence	52.10	88.08
#住房消费	Residence	15.77	51.76
政府消费	Government Consumption Expenditure	348.03	410.93
资本形成总额	Gross Capital Formation	990.05	1314.20
固定资本形成总额	Gross Fixed Capital Formation	931.53	1244.83
第一产业	Primary Industry	29.23	37.10
第二产业	Secondary Industry	191.40	297.46
第三产业	Tertiary Industry	710.90	910.27
存货增加	Changes in Inventory	58.52	69.37
第一产业	Primary Industry	4.38	5.82
第二产业	Secondary Industry	16.48	21.24
第三产业	Tertiary Industry	37.66	42.31
货物和服务净出口	Net Export	-198.56	-402.43
出口	Exports	170.85	247.15
进口	Imports	369.41	649.58

注：本表数按当年价格计算。

Note: The figures in this table are calculated at current prices.

2－11 重庆市三大经济区生产总值（2002－2003年）
GROSS DOMESTIC PRODUCT OF THREE ECONOMIC ZONES IN CHONGQING (2002-2003)

单位：亿元 (100 million yuan)

指　　标	Item	2002	2003	指数 上年=100 Index Preceding Year=100
本市生产总值	**Gross Domestic Product**	**1971.30**	**2250.56**	**111.5**
都市发达经济圈	Metropolitan Advanced Economic Sphere	768.10	887.01	112.0
渝西经济走廊	West Chongqing Economic Corridor	605.60	686.84	111.3
三峡库区生态经济区	Ecological Economic Zone in Three Gorges Reservoir Area	597.60	676.71	110.9
第一产业	**Primary Industry**	**315.78**	**336.36**	**104.2**
都市发达经济圈	Metropolitan Advanced Economic Sphere	44.41	45.58	102.4
渝西经济走廊	West Chongqing Economic Corridor	132.53	141.94	104.4
三峡库区生态经济区	Ecological Economic Zone in Three Gorges Reservoir Area	138.84	148.84	104.5
第二产业	**Secondary Industry**	**827.55**	**977.30**	**116.0**
都市发达经济圈	Metropolitan Advanced Economic Sphere	371.08	441.62	114.8
渝西经济走廊	West Chongqing Economic Corridor	226.21	265.93	118.0
三峡库区生态经济区	Ecological Economic Zone in Three Gorges Reservoir Area	230.26	269.75	116.0
第三产业	**Tertiary Industry**	**827.97**	**936.90**	**109.4**
都市发达经济圈	Metropolitan Advanced Economic Sphere	352.61	399.81	110.0
渝西经济走廊	West Chongqing Economic Corridor	246.86	278.97	108.7
三峡库区生态经济区	Ecological Economic Zone in Three Gorges Reservoir Area	228.50	258.12	109.3
人均生产总值（元）	**Per Capita GDP (yuan)**	**7034**	**8077**	**112.1**
都市发达经济圈	Metropolitan Advanced Economic Sphere	12569	14397	111.1
渝西经济走廊	West Chongqing Economic Corridor	7086	8127	112.6
三峡库区生态经济区	Ecological Economic Zone in Three Gorges Reservoir Area	4470	5106	111.9

注：人均生产总值按常住人口计算。

Note: Per capita GDP is calculated by resident population.

主要统计指标解释

国内（地区）生产总值（GDP） 是一个国家（或地区）所有常住单位在一定时期内生产活动的最终成果。国内（地区）生产总值有三种表现形态，即价值形态、收入形态和产品形态。从价值形态看，它是所有常住单位在一定时期内所生产的全部货物和服务价值超过同期中间投入的全部非固定资产货物和服务价值的差额，即所有常住单位的增加值之和；从收入形态看，它是所有常住单位在一定时期内所创造并分配给常住单位和非常住单位的初次分配收入之和；从产品形态看，它是所有常住单位在一定时期内最终使用的货物和服务价值与货物和服务净出口价值之和。在实际核算中，国内（地区）生产总值的三种表现形态表现为三种计算方法，即生产法、收入法和支出法。三种方法分别从不同的方面反映国内（地区）生产总值及其构成。

国民生产总值（GNP） 是一个国家（或地区）所有常住单位在一定时期内收入初次分配的最终成果。一国常住单位从事生产活动所创造的增加值在初次分配过程中主要分配给该国的常住单位，但也有一部分以生产税及进口税（扣除生产和进口补贴）、劳动者报酬和财产收入等形式分配给非常住单位，同时，国外生产所创造的增加值也有一部分以生产税及进口税（扣除生产和进口补贴）、劳动者报酬和财产收入等形式分配给该国的常住单位，从而产生了国民生产总值的概念。它等于国内（地区）生产总值加上来自国外的净要素收入。与国内（地区）生产总值不同，国民生产总值则是个收入概念，而国内（地区）生产总值是一个生产概念。

三次产业 是根据社会生产活动历史发展的顺序对产业结构的划分，产品直接取自自然界的部门称为第一产业，对初级产品进行再加工的部门称为第二产业，为生产和消费提供各种服务的部门称为第三产业。它是世界上通用的产业结构分类，但各国的划分不尽一致。

按照新国民经济行业分类标准（GB/T4754-2002），我国的三次产业划分是：

第一产业：农业（包括农业、林业、畜牧业、渔业和农林牧渔服务业）。

第二产业：工业（包括采矿业，制造业，电力、燃气及水的生产和供应业）和建筑业。

第三产业：除第一、第二产业以外的其他各业。

支出法国内（地区）生产总值 指一个国家（或地区）所有常住单位在一定时期内用于最终消费、资本形成总额，以及货物和服务的净出口总额，它反映本期生产的国内（地区）生产总值的使用构成。

最终消费 指常住单位在一定时期内对于货物和服务的全部最终消费支出，也就是常住单位为满足物质、文化和精神生活的需要，从本国经济领土和国外购买的货物和服务的支出；不包括非常住单位在本国经济领土内的消费支出。最终消费分为居民消费和政府消费。

（一）居民消费：指常住住户对货物和服务的全部最终消费支出。居民消费按市场价格计算，即按居民支付的购买者价格计算。购买者价格是购买者取得货物所支付的价格，包括购买者支付的运输和商业费用。居民支出除了直接以货币形式购买的货物和服务的消费支出之外，还包括以其他方式获得的货物和服务的消费支出，即所谓的虚拟消费支出。居民虚拟消费支出包括如下几种类型：单位以实物报酬及实物转移的形式提供给劳动者的货物和服务；住户生产并由本住户消费了的货物和服务、其中的服务仅指住户的自有住房服务；金融机构提供的金融媒介服务；保险公司提供的保险服务。

（二）政府消费：指政府部门为全社会提供的公共服务的消费支出和免费或以较低的价格向居民住户提供的货物和服务的净支出，前者等于政府服务的产出价值减去政府单位所获得的经营收入的价值，政府服务的产出价值等于它的经常性业务支出加上固定资产折旧；后者等于政府部门向居民住户提供的货物和服务的市场价值减去向居民住户收取的价值。

资本形成总额 指常住单位在一定时期内获得的减去处置的固定资产加存货的变动，包括固定资产形成总额和存货增加。

（一）固定资产形成总额：指常住单位购置、转入和自产自用的固定资产，扣除固定资产的销售和转出后的价值，分为有形固定资产形成总额和无形固定资产形成总额。有形固定资产形成总额包括一定时期内完成的建筑工程、安装工程和设备工器具购置（减处置）价值，以及土地改良、新增役、种、奶、毛、娱乐用牲畜和新增经济林木价值。无形固定资产形成总额包括矿藏的勘探、计算机软件、娱乐和文学艺术品原件等获得减处置。

（二）存货增加：指常住单位存货实物量变动的市场价值，即期末价值减期初价值的差额。存货增加可以是正值，也可以是负值，正值表示存货上升，负值表示存货下降。它包括生产单位购进的原材料、燃料和储备物资等存货，以及生产单位生产的产成品、在制品等存货等。

货物和服务净出口　指货物和服务出口减货物和服务进口的差额。出口包括常住单位向非常住单位出售或无偿转让的各种货物和服务的价值；进口包括常住单位从非常住单位购买或无偿得到的各种货物和服务的价值。由于服务活动的提供与使用同时发生，因此服务的进出口业务并不发生出入境现象，一般把常住单位从国外得到的服务作为进口，非常住单位从本国得到的服务作为出口。货物的出口和进口都按离岸价格计算。

劳动者报酬　是指劳动者因从事生产活动所获得的全部报酬。包括劳动者获得的各种形式的工资、奖金和津贴，既包括货币形式的，也包括实物形式的；还包括劳动者所享受的公费医疗和医药卫生费、上下班交通补贴和单位支付的社会保险费等。对于个体经济来说，其所有者所获得的劳动报酬和经营利润不易区分，这两部分统一作为劳动者报酬处理。

生产税净额　指生产税减生产补贴后的差额。生产税指政府对生产单位生产、销售和从事经营活动以及因从事生产活动使用某些生产要素（如固定资产、土地、劳动力）所征收的各种税、附加费和规费。生产补贴与生产税相反，是政府对生产单位的单方面收入转移，因此视为负生产税，包括政策亏损补贴、粮食系统价格补贴、外贸企业出口退税收入等。

固定资产折旧　指一定时期内为弥补固定资产损耗按照核定的固定资产折旧率提取的固定资产折旧，或按国民经济核算统一规定的折旧率虚拟计算的固定资产折旧。它反映了固定资产在当期生产中的转移价值。各类企业和企业化管理的事业单位的固定资产折旧指实际计提并计入成本费用中的折旧费；不计提折旧的政府机关、非企业化管理的事业单位和居民住房的固定资产折旧则是按照统一规定的折旧率和固定资产原值计算的虚拟折旧。原则上，固定资产折旧应按固定资产的重置价值来计算，但是我国目前尚不具备对全社会固定资产进行重估价的基础，所以暂时只能采用上述方法来计算。

营业盈余　指常住单位创造的增加值扣除劳动者报酬、生产税净额和固定资产折旧后的余额。它相当于企业的营业利润加上生产补贴，但要扣除从利润中开支的工资和福利。

EXPLANATORY NOTES ON MAIN STATISTICAL INDICATORS

Gross Domestic Product (GDP) refers to the final products of all resident unties in a country(or a region) during a certain period of time. Gross domestic product is expressed in three different forms, i.e. value added, income, and products respectively. The form of value added refers to the total value of all products and services produced by all resident units during a certain period of time minus total value of intimidate input of materials and services of the nature of non-fixed assets or the summation of the value added of all resident units; the form of income includes all the income created by all resident units and distributed primarily to all resident and non-resident units; the form of products refers to all final goods and services of final use by all resident units plus the value of net exports of goods and services. In the practice of national accounting, gross domestic product is calculated with three approaches, i.e. product approach, income approach and expenditure approach, which reflect gross domestic product and its composition from different aspects.

Gross National Product (GNP) refers to the final result of the primary distribution of the income created by all the resident units of a country (or a region) during a certain period of time. The value added created by the resident units of a country engaged in production activities is mainly distributed to the resident units of that country while a part of it is distributed to the non-resident units in the form of production tax and import duties (minus subsidies to production and import), remuneration for the laborers and property income. At the meantime, a part of the value-added created abroad is distributed to the resident unties of the country in the form of production tax and import duties (minus subsidies to production and import), remuneration for the laborers and property income. Thus the concept of gross national product is formed, which equals to gross domestic product plus net factor income from abroad. Unlike gross domestic product which is a concept of production, gross national product is a concept of income.

Three Industries Industry structure has been classified according to the historical sequence of development. Primary industry refers to extraction of natural resources; secondary industry involves processing of primary products; and tertiary industry provides services of various kinds for production and consumption. The above classification is universal although it varies to some extent form country to country. Industry in China comprises:

Primary industry: agriculture (including farming, forestry, animal husbandry, fishery and agricultural services).

Secondary industry: industry (including mining and quarrying, manufacturing, electricity, gas & water production and supply) and construction.

Tertiary industry: all other industries not included in primary or secondary industry.

GDP Calculated with Expenditure Approach refers to total expenditure on final consumption, total capital formation and net export of goods and services by resident units of a country in a certain period of time. It reflects the composition of GDP by its use.

Final Consumption refers to the total expenditure of resident units on final consumption of goods and services in a certain period, namely the expenditure of the resident units for purchases of goods and services from domestic economic territory and abroad to meet the requirements of material, cultural and spiritual life. It excludes the expenditure of non-resident units on consumption in the economic territory of the country. The final consumption is classified into resident consumption and government consumption.

(1) Resident consumption refers to the total expenditure of resident households on the final consumption of goods and services. The expenditure of the residents on consumption is calculated at market prices, namely the purchasers' prices that the residents pay; the purchasers' prices of goods are the prices the residents pay when they obtain the goods, including the transport and commercial expenses paid by the residents. In addition to the expenditure on consumption of goods and services bought by the residents directly with money, the expenditure on goods and services obtained by the residents in other ways, i.e. the so-called fictitious expenditure on consumption is also included in the expenditure of the residents on consumption. The fictitious expenditure of the residents on consumption includes the following types:(a) the goods and services provided to the residents by the units in the form of payment in kind and transfer in kind;(b) the goods and services produced and consumed by the households themselves, in which the services refer only to the services provided by the residential buildings owned by the households;(c) the services of financial intermediary provided by the financial institutions; (d) the

insurance services provided by the insurance companies.

(2) Government consumption refers to the expenditure on the consumption of the public services provided by the government to the whole society and the net expenditure on the goods and services provided by the government to the households for free charge or at lower prices. The former equals to the output value of the government services minus the value of operating in come obtained by the government departments. (The output value of the government services equals to its current operating expenditure plus depreciation of fixed assets). The latter equals to the market value of the goods and services provided by the government to the households minus the value received by the government from the households.

Total Capital Formation refers to the net amount of the fixed assets and stock acquired minus those disposed, including the total fixed assets formation and the increase in stock.

(1) Total fixed capital formation refer to the value of fixed assets purchased, transferred in by the resident units and those produced and used by themselves deducting the value of fixed assets sold and transferred out. It can by classified into total tangible assets formation and total intangible assets formation. The total tangible assets formation include the value of the construction projects, installation projects completed and the equipment, apparatus and instruments purchased as well as the value of land improved, the value of draught animals, breeding stock, milk, wool and recreational animals and the newly increased economic forest in a certain period. The total intangible assets formation includes the prospecting of minerals, the acquisition of computer software, the originals of recreational works and works of literature and arts minus the disposal of them.

(2) Increase in stock refers to the market value of the change in stock, i.e., the difference of value between the beginning and the end of the period. The increase in stock can be positive or negative. A positive value indicates the increase in stock while a negative value indicates the decrease in stock, The stock includes the raw materials, fuels and reserve materials purchased by the production units as well as the stock of finished products, semi-finished products, work-in-progress, etc.

Net Export of Goods and Services refers to the difference of the exports of goods and services minus the imports of goods and services. The imports include the value of various goods and services sold or gratuitously transferred by the resident units to the non-resident units. The imports include the value of various goods and services purchased or gratuitously acquired by the resident units from the non-resident units. Because the provision of services and the use of them happen simultaneously, the import and export of services by the resident units from abroad is usually treated as import while the acquisition of services by non-resident units in this country is usually treated as export. The export and import of goods are calculated at FOB.

Laborers' Remuneration refers to the whole payment earned by the laborers from the productive activities they are engaged in. It includes wages, bonuses and allowances the laborers earned in various forms, including monetary form and form in kind. It also includes the free medical services provided to the laborers and the medicine expenses, traffic subsidies and social insurance fee paid by the laborers' working units for them. As the individual economy is concerned, since the laborers' remuneration is not easily distinguished from the operating profit, both are treated as laborers' remuneration.

Net Taxes on Production refers to the difference of the taxes on production minus the subsidies on production. The taxes on production refers to the various taxes, extra charges and fees levied on the production units on their production, sale and business activities as well as on some factors of production, such as fixed assets, land and labor force, used in the production activities they are engaged in. In contrast to the taxes on production, the subsidies on production is the unilateral transfer of part of the government's revenue to the production units and is therefore treated as the negative taxes on production, They include subsidies on the loss due to implementation of government policies, price subsidies to the grain institutions, foreign trade corporations' receipts from drawback, etc.

Depreciation of Fixed Assets refers to the depreciation of fixed assets drawn in accordance with the stipulated depreciation rate for the purpose of compensating the wear loss of the fixed assets or the depreciation of fixed assets calculated in a fictitious way in accordance with the stipulated unified depreciation rate in the national economic accounting system. It reflects the value of transfer of the fixed assets in the production of the current period. The depreciation of fixed assets in various enterprises and institutions managed as enterprises refers to the depreciation expenses actually drawn and calculated as part of the cost. In the units, which do not draw the depreciation expenses, such as government agencies, institutions not managed as enterprises as well as the houses of residents, the depreciation of fixed assets is the fictitious depreciation, which is calculated in accordance with the stipulated unified depreciation rate. In principle, the depreciation of fixed assets should be calculated on the basis of the re-purchased value of the fixed assets. However, there is no actual condition to re-evaluate all the fixed assets in China. Therefore, the above-mentioned methods are temporarily adopted at present.

Operating Surplus refers to the balance of the value added created by the resident units deducting the laborers' remuneration, net taxes on production ant the depreciation of fixed assets. It is equivalent to the business profit of the enterprises plus subsidies on production, but the wages and welfare expenses paid from the profits should be deducted.

三　人口与就业

POPULATION AND EMPLOYMENT

简要说明

本章内容主要包括全市户籍人口、常住人口、抽样调查人口、五次人口普查主要数据，计划生育、婚姻资料，以及就业、工资等情况，由市统计局人口就业处和社会科技处整理编辑。

户籍统计人口资料由市公安局提供；计划生育资料由市计划生育委员会提供；婚姻登记情况由市民政局提供，市统计局社会科技处整理；失业和离退休资料由市社会劳动保障局提供；常住人口、抽样调查人口资料、人口普查主要数据、就业和工资资料由市统计局人口就业处提供。

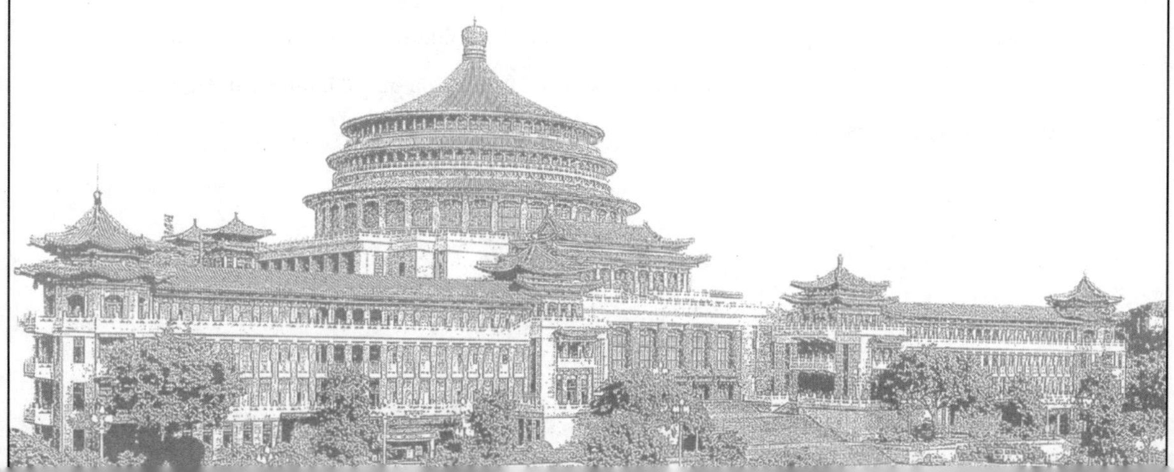

Brief Introduction

The data in this chapter show the basic statistics on household registered population, resident population, sample surveyed population and 5 population censuses, and statistics on family planning and marriage, as well as employment and wages of Chongqing. They are prepared and edited by Division of Population and Employment Statistics and Division of Social and Technology, Municipal Bureau of Statistics.

The data of population are provided by household registration of Municipal Bureau of Public Security. Data of family planning come from Municipal Family Planning Commission. Marriage registration is edited by Division of Social and Technology Statistics, Municipal Bureau of Statistics according to data of Municipal Bureau of Civil Affairs. And Data of unemployment and retired, VCSR & RRSW is provided by Municipal Bureau of Labor and Social Security. Main indicators of resident population, sample surveyed population, population censuses, employment and wages are provided by Division of Population and Employment Statistics, Municipal Bureau of Statistics.

3－1 主要年份总户数、总人口（户籍统计）
TOTAL HOUSEHOLDS AND TOTAL POPULATION IN MAJOR YEARS (HOUSEHOLD REGISTRATION)

单位：万户、万人 (10 000 households, 10 000 persons)

年 份 Year	总户数 Total Households	总人口 Total Population	按性别分 By Sex		按农业、非农业分 By Agriculture and Non-agriculture	
			男 Male	女 Female	农业 Agriculture	非农业 Non-agriculture
1952	401.93	1776.52	927.91	848.61		
1957	434.66	2005.18	1040.82	964.36	1692.77	312.41
1962	442.01	1797.19	916.99	880.20	1528.95	268.24
1965	455.55	1974.89	1010.19	964.70	1685.08	289.81
1970	518.02	2289.64	1173.57	1116.07	1989.66	299.98
1975	579.36	2592.59	1332.89	1259.70	2280.39	312.20
1978	601.07	2635.56	1357.98	1277.58	2304.66	330.90
1980	610.19	2664.79	1376.22	1288.57	2291.51	373.28
1985	684.46	2768.26	1437.35	1330.91	2310.89	457.37
1986	716.53	2807.60	1458.75	1348.85	2343.23	464.37
1987	751.96	2845.14	1478.88	1366.26	2370.06	475.08
1988	784.83	2873.34	1494.20	1379.14	2390.36	482.98
1989	812.65	2897.01	1507.74	1389.27	2405.25	491.76
1990	833.78	2920.90	1520.83	1400.07	2427.92	492.98
1991	844.66	2938.99	1531.11	1407.88	2439.61	499.38
1992	849.77	2950.78	1538.46	1412.32	2438.94	511.84
1993	855.75	2964.92	1546.50	1418.42	2438.27	526.65
1994	870.20	2985.59	1558.05	1427.54	2440.41	545.18
1995	879.35	3001.77	1566.86	1434.91	2442.33	559.44
1996	888.56	3022.77	1577.97	1444.80	2445.65	577.12
1997	897.78	3042.92	1588.10	1454.82	2448.34	594.58
1998	907.17	3059.69	1596.88	1462.81	2445.66	614.03
1999	922.73	3072.34	1602.42	1469.92	2437.18	635.16
2000	938.87	3091.09	1611.68	1479.41	2430.20	660.89
2001	950.56	3097.91	1614.91	1483.00	2408.39	689.52
2002	961.69	3113.83	1623.13	1490.70	2392.38	721.45
2003	977.01	3130.10	1631.66	1498.44	2376.18	753.92

3−2 主要年份人口自然变动（户籍统计）
POPULATION NATURAL CHANGES IN MAJOR YEARS (HOUSEHOLD REGISTRATION)

单位：万人、‰ (10 000 persons, ‰)

年 份 Year	出 生 Birth		死 亡 Mortality		自然增长 Natural Growth	
	人 口 Population	出生率 Birth Rate	人 口 Population	死亡率 Mortality Rate	人 口 Population	自然增长率 Natural Growth Rate
1957	54.20	27.32	21.78	10.98	32.42	16.34
1962	43.72	24.36	27.87	15.53	15.85	8.83
1965	74.01	38.03	21.43	11.01	52.58	27.02
1970	87.78	38.99	22.11	9.82	65.67	29.17
1975	72.03	28.06	21.33	8.31	50.70	19.75
1978	26.09	9.91	17.18	6.52	8.91	3.39
1980	29.68	11.16	17.19	6.46	12.49	4.70
1985	36.13	13.10	18.76	6.80	17.37	6.30
1986	54.47	19.54	18.36	6.59	36.11	12.95
1987	48.72	17.24	18.42	6.52	30.30	10.72
1988	38.58	13.49	19.43	6.79	19.15	6.70
1989	39.79	13.79	19.99	6.93	19.80	6.86
1990	42.53	14.62	19.59	6.73	22.94	7.89
1991	37.61	12.83	19.20	6.55	18.41	6.28
1992	35.62	12.09	20.89	7.09	14.73	5.00
1993	35.75	12.09	20.23	6.84	15.52	5.25
1994	40.05	13.46	19.95	6.70	20.10	6.76
1995	39.39	13.16	21.45	7.17	17.94	5.99
1996	41.06	13.63	21.62	7.18	19.44	6.45
1997	36.99	12.20	20.95	6.91	16.04	5.29
1998	35.51	11.64	21.64	7.09	13.87	4.55
1999	30.68	10.01	20.68	6.74	10.00	3.27
2000	35.22	11.43	24.59	7.98	10.63	3.45
2001	26.26	8.48	18.76	6.06	7.50	2.42
2002	28.65	9.20	18.07	5.80	10.58	3.40
2003	30.00	9.61	18.05	5.78	11.95	3.83

3—3 各区县（自治县、市）常住人口（2000—2003年）
RESIDENT POPULATION BY REGION (2000-2003)

单位：万人 (10 000 persons)

地　区	Region	2000	2001	2002	2003
全　市	**Total**	**2826.30**	**2809.93**	**2795.50**	**2777.47**
万州区	Wanzhou District	155.06	153.95	153.10	151.49
涪陵区	Fuling District	104.36	103.15	102.63	100.88
渝中区	Yuzhong District	66.05	66.96	67.94	68.13
大渡口区	Dadukou District	24.93	25.13	25.20	25.43
江北区	Jiangbei District	61.64	62.42	63.78	62.51
沙坪坝区	Shapingba District	79.63	80.32	81.58	82.95
九龙坡区	Jiulongpo District	88.73	89.34	90.05	90.82
南岸区	Nan'an District	59.90	60.98	63.01	64.14
北碚区	Beibei District	65.20	65.25	65.29	65.37
万盛区	Wansheng District	26.84	25.93	25.23	24.57
双桥区	Shuangqiao District	4.50	4.52	4.56	4.60
渝北区	Yubei District	76.99	77.89	78.33	79.10
巴南区	Ba'nan District	79.95	79.56	79.23	79.38
黔江区	Qianjiang District	43.62	43.60	43.56	43.53
长寿区	Changshou District	76.28	75.77	74.69	74.49
綦江县	Qijiang County	87.36	86.25	84.55	83.55
潼南县	Tongnan County	73.65	72.64	72.13	71.69
铜梁县	Tongliang County	64.73	63.35	62.83	61.65
大足县	Dazu County	79.07	78.35	77.30	76.58
荣昌县	Rongchang County	65.60	65.56	65.54	65.50
璧山县	Bishan County	52.55	52.05	51.68	50.96
梁平县	Liangping County	74.20	73.83	72.88	72.07
城口县	Chengkou County	20.16	19.86	19.71	19.59
丰都县	Fengdu County	66.57	66.40	65.83	65.10
垫江县	Dianjiang County	76.53	75.89	74.82	73.60
武隆县	Wulong County	36.07	35.60	35.36	35.15
忠　县	Zhongxian County	76.68	75.69	75.23	74.97
开　县	Kaixian County	120.80	119.45	117.75	116.14
云阳县	Yunyang County	105.46	104.71	103.97	102.30
奉节县	Fengjie County	86.83	86.80	86.77	86.79
巫山县	Wushan County	52.32	51.45	50.65	50.49
巫溪县	Wuxi County	47.59	46.97	45.53	44.96
石柱县	Shizhu County	45.87	44.98	44.40	43.88
秀山县	Xiushan County	50.34	50.28	50.30	50.32
酉阳县	Youyang County	58.72	58.69	58.50	58.60
彭水县	Pengshui County	56.60	55.81	55.42	55.09
江津市	Jiangjin City	130.88	129.46	128.44	126.68
合川市	Hechuan City	130.66	129.23	127.96	127.65
永川市	Yongchuan City	95.61	94.56	93.77	92.09
南川市	Nanchuan City	57.74	57.31	55.98	54.68

3－4 总人口及人口自然变动（抽样调查）（2002－2003年）
TOTAL POPULATION AND NATURAL CHANGES (SAMPLE SURVEY) (2002-2003)

单位：万人　　(10 000 persons)

项　　目	Item	2002	2003
总人口	Total Population	3107.00	3115.40
城镇	Urban	1130.95	1186.97
乡村	Rural	1976.05	1928.43
出生人口	Birth Population	29.00	30.84
出生率（‰）	Birth Rate (‰)	9.4	9.9
死亡人口	Mortality Population	19.00	22.43
死亡率（‰）	Mortality Rate (‰)	6.1	7.2
自然增长人口	Natural Growing Population	10.00	8.41
自然增长率（‰）	Natural Growth Rate (‰)	3.3	2.7

注：人口抽样调查样本比例为千分之一。
Note: Population sampling fracton is 1‰.

3－5 五次人口普查主要指标
MAIN INDICATORS OF FIVE POPULATION CENSUSES

单位：万人、%　　(10 000 persons, %)

普查时间	Census Time	总人口 Total Population			性别比（女=100） Sex Ratio (female=100)	年平均增长率 Annual Average Growth Rate
		合计 Total	男 Male	女 Female		
第一次人口普查（1953年7月1日）	First Population Census (July 1, 1953)	1766.39	924.56	841.83	109.83	
第二次人口普查（1964年7月1日）	Second Population Census (July 1, 1964)	1889.17	969.02	920.15	105.31	0.61
第三次人口普查（1982年7月1日）	Third Population Census (July 1, 1982)	2705.89	1402.46	1303.43	107.60	2.02
第四次人口普查（1990年7月1日）	Fourth Population Census (July 1, 1990)	2886.62	1499.83	1386.79	108.15	0.81
第五次人口普查（2000年11月1日）	Fifth Population Census (November 1, 2000)	3051.28	1584.15	1467.13	107.98	0.66

3—6 第四次、第五次人口普查基本情况
BASIC STATISTICS ON POPULATION CENSUSES IN 1990 AND 2000

指　　标	Item	1990	2000
总人口（万人）	**Total Population (10 000 persons)**	**2886.62**	**3051.28**
男	Male	1499.83	1584.15
女	Female	1386.79	1467.13
性别比（女=100）	Sex ratio (female=100)	108.15	107.98
家庭户户数（万户）	**Family Households (10 000 houscholds)**	**280.84**	**914.16**
家庭户规模（人/户）	**Average Family Size (person/household)**	**3.56**	**3.23**
各年龄组人口（万人）	**Population by Age Group (10 000 persons)**		
0-14岁	Age 0-14	626.27	666.29
15-64岁	Age 15-64	2092.06	2140.45
65岁及以上	Age 65 and Over	168.29	244.54
民族人口（万人，%）	**Nationality Population (10 000 persons, %)**		
汉族	Han Nationality	2737.58	2853.92
占总人口比重	Percentage as Total Population	94.84	93.53
少数民族	Minority Nationalities	149.04	197.36
占总人口比重	Percentage as Total Population	5.16	6.47
每十万人拥有的各种受教育程度人口（人）	**Population with Various Education Attainment Per 100 000 Population (person)**		
大专及以上	Junior College and Above	1070	2819
高中和中专	Senior Secondary/Secondary Technical School	6235	8600
初中	Junior Secondary School	22857	29474
小学	Primary School	44999	43357
文盲人口及文盲率	**Illiterate Population and Illiterate Rate**		
文盲人口（万人）	Illiterate Population (10 000 persons)	404.54	212.24
文盲率（%）	Illiterate Rate (%)	17.9	8.9
城乡人口（万人）	**Population by Residence (10 000 persons)**		
城镇人口	Urban Population	842.11	1009.55
乡村人口	Rural Population	2044.51	2041.73

3—7 婚姻登记和离婚登记情况（2002—2003年）
MARRIAGES AND DIVORCES (2002-2003)

单位：对 (couple)

项 目	Item	2002	2003
结婚登记数	Registered Marriages	174427	180496
内地居民	Inland Residents	172601	178842
初婚	First Marriages	152099	153866
再婚	Remarriages	20502	24976
涉外及华侨、港澳台居民	Foreign Marriages	1826	1654
离婚登记数	Registered Divorces	25819	31418
#内地居民	Inland Residents	25745	31341
离婚率(‰)	Divorce Rate (‰)	1.7	2.0

3—8 计划生育基本情况（1986—2003年）
BASIC STATISTICS ON FAMILY PLANNING (1986-2003)

单位：万人、% (10 000 persons, %)

年 份 Year	计划生育率 Birth Control Rate	已婚育龄妇女人数 Married Women at Childbearing Age	领独生子女证人数 Women with Only-child Certificates	领证率 Coverage of Only-child Certificates	采取节育措施人数 Women under Contraception	避孕率 Contraception Rate
1986	90.88	481.28	109.56	68.74	424.89	88.28
1987	90.16	503.67	126.44	71.91	451.19	89.58
1988	93.83	523.17	141.28	72.14	480.27	91.80
1989	92.78	540.80	151.72	70.35	491.35	90.86
1990	94.15	560.09	166.56	70.53	512.38	91.48
1991	95.11	577.54	178.27	69.31	527.88	91.40
1992	95.83	589.35	188.00	68.34	538.37	91.35
1993	93.23	599.23	199.97		548.27	91.50
1994	86.58	611.48	206.76		559.62	91.52
1995	89.22	625.71	220.32		573.38	91.64
1996	88.73	637.31	227.59	65.45	587.93	92.25
1997	91.94	644.56	230.99	64.11	588.75	91.34
1998	85.06	644.68	219.05	59.69	589.28	91.40
1999	94.09	640.70	214.79	57.43	587.94	91.77
2000	91.26	639.20	217.43	57.11	589.95	92.29
2001	91.15	632.25	203.30	53.04	583.65	92.31
2002	92.19	620.38	180.36	47.65	571.18	92.07
2003	92.39	622.26	195.38	51.11	571.87	91.90

3－9 就业人员基本情况（1985－2003年）
BASIC STATISTICS ON EMPLOYMENT (1985-2003)

单位：万人 (10 000 persons)

年份 Year	就业人员总计 Total Employment	#城镇 Urban	按经济类型分 By Ownership 国有 State-owned	集体 Collective-owned	私营和个体 Private and Individuals	其他 Others
1985	1432.03	269.37				
1986	1469.13	275.35				
1987	1507.33	282.39				
1988	1512.49	288.70				
1989	1540.03	291.29				
1990	1569.34	296.92				
1991	1620.67	307.87				
1992	1662.58	313.51				
1993	1658.95	310.05				
1994	1729.55	326.75				
1995	1709.26	347.06				
1996	1674.90	424.99	198.16	1248.51	215.80	12.43
1997	1679.91	442.30	189.07	1239.67	236.11	15.06
1998	1686.71	456.90	175.52	1207.66	279.77	23.76
1999	1688.73	473.30	161.15	1190.67	308.02	28.89
2000	1690.00	496.20	149.28	1157.80	354.86	28.06
2001	1697.00	525.00	136.63	1122.39	394.06	43.92
2002	1710.50	540.42	130.66	1102.46	425.07	52.31
2003	1726.36	557.19	125.88	1085.03	452.72	62.73

3-9 续表 CONTINUED

年 份 Year	按产业分 By Industry			分产业比重（%） Compositon By Industry		
	第一产业 Primary Industry	第二产业 Secondary Industry	第三产业 Tertiary Industry	第一产业 Primary Industry	第二产业 Secondary Industry	第三产业 Tertiary Industry
1985	1042.22	223.37	166.44	72.78	15.60	11.62
1986	1048.32	241.66	179.15	71.36	16.45	12.19
1987	1064.06	258.93	184.34	70.59	17.18	12.23
1988	1056.49	262.83	193.17	69.85	17.38	12.77
1989	1082.41	263.81	193.81	70.29	17.13	12.58
1990	1103.04	263.86	202.44	70.29	16.81	12.90
1991	1130.47	275.72	214.48	69.75	17.01	13.24
1992	1118.59	277.77	266.22	67.28	16.71	16.01
1993	1088.70	287.88	282.37	65.63	17.35	17.02
1994	1062.90	301.13	365.52	61.46	17.41	21.13
1995	1018.30	310.88	380.08	59.58	18.19	22.23
1996	996.37	340.89	337.64	59.49	20.35	20.16
1997	995.15	335.29	349.47	59.24	19.96	20.80
1998	987.47	311.92	387.32	58.55	18.49	22.96
1999	981.33	281.24	426.16	58.11	16.65	25.24
2000	948.42	276.04	465.54	56.12	16.33	27.55
2001	924.78	284.71	487.51	54.49	16.78	28.73
2002	908.76	287.62	514.12	53.13	16.81	30.06
2003	892.23	298.42	535.71	51.68	17.29	31.03

3－10 就业人员年末人数（2002－2003年）
TOTAL EMPLOYMENT AT YEAR-END (2002-2003)

单位：万人 (10 000 persons)

指 标	Item	2002	2003
就业人员总计	**Total Employment**	**1710.50**	**1726.36**
城镇	Urban	540.42	557.19
乡村	Rural	1170.08	1169.17
按经济类型分	**By Ownership**		
国有经济	State-owned	130.66	125.88
集体经济	Collective-owned	1102.46	1085.03
私营	Private	79.26	89.09
个体	Individual	345.81	363.63
其他经济	Others	52.31	62.73
#联营	Joint Ownership	4.93	5.78
股份制	Share Holding	15.55	15.72
外商投资	Foreign-funded	2.91	3.23
港澳台投资	Funded by Hongkong, Macao and Taiwan	2.25	2.55
按行业分	**By Sector**		
一产业	Primary Industry	908.76	892.23
二产业	Secondary Industry	287.62	298.42
采矿业	Mining and Quarrying	14.55	13.76
制造业	Manufacturing	156.34	164.81
电力、燃气及水的生产和供应业	Electricity, Gas & Water Production and Supply	5.91	6.25
建筑业	Construction	110.82	113.60
三产业	Tertiary Industry	514.12	535.71
交通运输、仓储及邮政业	Transportation, Storage, Postal Services	41.12	44.98
信息传输、计算机服务和软件业	Data Transmission, Computer Service and Software	5.81	5.88
批发与零售业	Wholesale and Retail Trade	120.98	125.05
住宿和餐饮业	Hotels and Restaurants	68.33	73.11
金融业	Financing	6.37	6.59
房地产业	Real Estate	4.90	5.43
租赁与商务服务业	Renting and Business Activities	18.24	20.80
科学研究、技术服务与地质勘查业	Scientific Research, Technical Services and Geological Prospecting	8.59	8.77
水利、环境和公共设施管理业	Administration of Water Conservancy, Environment and Public Utilities	5.23	5.54
居民服务和其他服务业	Personal Services and Other Services	163.21	167.72
教育	Education	32.91	33.22
卫生、社会保障和社会福利业	Public Health, Social Security and Social Welfare	12.85	13.36
文化、体育与娱乐业	Culture, Sports and Entertainment	2.67	2.87
公共管理与社会组织	Public Administration and Social Organizations	22.91	22.39

3－11 城镇就业人员年末人数（2002－2003年）
TOTAL URBAN EMPLOYMENT AT YEAR-END (2002-2003)

单位：万人 (10 000 persons)

指 标	Item	2002	2003
就业人员总计	**Total Employment**	**540.42**	**557.19**
按经济类型分	**By Ownership**		
国有经济	State-owned	130.66	125.88
集体经济	Collective-owned	153.80	148.98
私营	Private	55.33	62.88
个体	Individual	148.32	156.92
其他经济	Others	52.31	62.53
#联营	Joint Ownership	4.93	5.78
股份制	Share Holding	15.55	15.72
外商投资	Foreign-funded	2.91	3.23
港澳台投资	Funded by Hongkong, Macao and Taiwan	2.25	2.55
按行业分	**By Sector**		
一产业	Primary Industry	103.71	99.48
二产业	Secondary Industry	176.55	188.34
采矿业	Mining and Quarrying	9.75	9.62
制造业	Manufacturing	98.41	107.35
电力、燃气及水的生产和供应业	Electricity, Gas & Water Production and Supply	5.91	6.25
建筑业	Construction	62.48	65.12
三产业	Tertiary Industry	260.16	269.37
交通运输、仓储及邮政业	Transportation, Storage, Postal Services	20.90	22.43
信息传输、计算机服务和软件业	Data Transmission, Computer Service and Software	5.20	5.26
批发与零售业	Wholesale and Retail Trade	76.56	77.55
住宿和餐饮业	Hotels and Restaurants	43.11	47.29
金融业	Financing	6.37	6.59
房地产业	Real Estate	4.90	5.43
租赁与商务服务业	Renting and Business Activities	9.56	9.89
科学研究、技术服务与地质勘查业	Scientific Research, Technical Services and Geological Prospecting	6.63	6.87
水利、环境和公共设施管理业	Administration of Water Conservancy, Environment and Public Utilities	3.48	3.55
居民服务和其他服务业	Personal Services and Other Services	28.92	29.15
教育	Education	21.50	21.12
卫生、社会保障和社会福利业	Public Health, Social Security and Social Welfare	11.25	11.85
文化、体育与娱乐业	Culture, Sports and Entertainment	2.33	2.52
公共管理与社会组织	Public Administration and Social Organizations	19.45	19.87

3－12 主要年份城镇经济单位职工人数
STAFF AND WORKERS OF URBAN ECONOMIC UNITS IN MAJOR YEARS

单位：万人 (10 000 persons)

年 份 Year	合 计 Total	按产业分 By Industry			按经济类型分 By Registration		
		第一产业 Primary Industry	第二产业 Secondary Industry	第三产业 Tertiary Industry	国 有 State-owned	集 体 Collective--owned	其 他 Others
1949	5.34				5.34		
1952	47.62				47.62		
1957	71.19				71.19		
1962	80.79				80.79		
1965	91.96				91.96		
1970	109.98				109.98		
1975	127.99				127.99		
1978	154.44				154.44		
1980	220.06				162.97	57.09	
1985	257.63	4.80	144.90	107.93	186.74	70.81	0.08
1986	264.01	4.79	151.13	108.09	191.47	72.43	0.11
1987	270.46	5.39	153.80	111.27	196.79	73.36	0.31
1988	277.70	5.45	157.28	114.97	201.88	75.42	0.40
1989	280.69	5.66	158.65	116.38	205.98	74.01	0.70
1990	285.68	5.68	159.47	120.53	209.61	75.16	0.91
1991	293.59	5.68	163.94	123.97	215.78	76.58	1.23
1992	297.07	5.46	165.35	126.26	218.41	76.94	1.72
1993	290.02	4.16	164.74	121.12	215.05	70.79	4.18
1994	293.23	4.24	162.90	126.09	212.02	71.03	10.18
1995	294.25	4.35	160.58	129.32	212.34	69.85	12.06
1996	294.63	4.43	159.37	130.83	214.01	67.47	13.15
1997	289.29	4.13	153.73	131.43	211.13	61.64	16.52
1998	236.61	3.83	115.89	116.89	172.24	40.91	23.46
1999	222.34	3.58	106.07	112.69	158.64	35.54	28.16
2000	208.87	3.43	96.01	109.43	146.91	29.74	32.22
2001	201.23	2.94	91.73	106.56	134.79	23.77	42.67
2002	199.93	2.64	92.63	104.66	128.41	20.82	50.70
2003	204.99	2.46	97.56	104.97	121.27	18.94	64.78

注：1998年及以后为在岗职工数（以下各表同）。

Note: Data since 1998 are the figures of on-post staff and workers (the same as in the following tables).

3－13 主要年份城镇经济单位职工工资总额
TOTAL WAGES OF STAFF AND WORKERS OF URBAN ECONOMIC UNITS IN MAJOR YEARS

单位：万元　　(10 000 yuan)

年份 Year	合计 Total Wages	按产业分 By Industry 第一产业 Primary Industry	第二产业 Secondary Industry	第三产业 Tertiary Industry	按经济类型分 By Registration 国有 State-owned	集体 Collective-owned	其他 Others
1949	1368				1368		
1952	18577				18577		
1957	37710				37710		
1962	45532				45532		
1965	51159				51159		
1970	60866				60866		
1975	74645				74645		
1978	91615				91615		
1980	159426				125305	34121	
1985	259688	4528	149468	105692	195684	63939	65
1986	300882	4960	177126	118796	233311	67396	175
1987	349808	5802	206458	137548	271210	78190	408
1988	435140	6771	256248	172121	340494	94048	598
1989	497553	7713	294228	195612	392179	104065	1309
1990	573310	8232	335056	230022	454776	116718	1816
1991	637968	9313	373271	255384	501204	134105	2659
1992	728780	10757	415886	302137	577638	146315	4827
1993	831520	8623	489684	333213	664939	152705	13876
1994	1144546	12990	618503	513053	902585	190980	50981
1995	1309344	15878	715405	578061	1016056	222720	70568
1996	1454905	18116	782060	654729	1132844	237500	84561
1997	1581684	17286	829211	735187	1226641	244245	110798
1998	1540831	18140	769026	753665	1176479	201028	163324
1999	1606804	19304	760591	826909	1207329	184757	214718
2000	1732318	20606	777295	934417	1290215	176693	265410
2001	1941508	21510	833110	1086888	1381940	158228	401340
2002	2196175	21857	921105	1253213	1520518	159655	516002
2003	2535070	22059	1104724	1408287	1661336	160049	713685

注：1998年及以后为在岗职工工资总额（以下各表同）。

Note: Data since 1998 refer to total wages of on-post staff and workers (the same as in the following tables).

3－14 主要年份城镇经济单位职工平均工资
AVERAGE WAGES OF STAFF AND WORKERS OF URBAN ECONOMIC UNITS IN MAJOR YEARS

单位：元 (yuan)

年 份 Year	平均工资 Average Wages	按产业分 By Industry			按经济类型分 By Registration		
		第一产业 Primary Industry	第二产业 Secondary Industry	第三产业 Tertiary Industry	国 有 State-owned	集 体 Collective-owned	其 他 Others
1949	284				284		
1952	330				330		
1957	535				535		
1962	448				448		
1965	588				588		
1970	581				581		
1975	588				588		
1978	632				632		
1980	737				783	606	
1985	1038				1110	930	861
1986	1154	1034	1197	1100	1234	941	1842
1987	1309	1140	1354	1254	1397	1073	1943
1988	1588	1249	1647	1522	1708	1264	1685
1989	1782	1388	1863	1691	1923	1393	2380
1990	2025	1452	2106	1942	2189	1565	2256
1991	2203	1640	2308	2089	2356	1768	2485
1992	2468	1931	2526	2415	2661	1906	3273
1993	2833	1793	2967	2694	3068	2067	4704
1994	3925	3093	3776	4151	4227	2693	7100
1995	4508	3657	423	4527	4789	3162	6346
1996	5010	4127	4889	5033	5352	3603	6607
1997	5502	4188	5412	5649	5828	4016	6845
1998	6433	4713	6529	6394	6732	4891	6907
1999	7182	5296	7184	7240	7541	5200	7641
2000	8020	5884	7704	8372	7431	4534	7450
2001	9523	6521	8925	10053	10035	6614	9503
2002	10960	7587	9905	11905	11745	7601	10339
2003	12440	8877	11425	13462	13616	8552	11316

注：1998年及以后为在岗职工平均工资（以下各表同）。

Note: Data since 1998 refer to average wages of on-post staff and workers (the same as in the following tables).

3－15 城镇经济独立核算单位数（2002－2003年）
URBAN ECONOMIC UNITS WITH INDEPENDENT ACCOUNTING SYSTEM (2002-2003)

单位：个 (unit)

指 标	Item	2002	2003
总 计	**Total**	**28429**	**28012**
按登记注册类型分	**By Registration**		
国有经济	State-owned	19260	18799
集体经济	Urban Collective-owned	5190	4750
其他经济	Other Types of Urban Ownership	3979	4463
按企业、事业、机关分	**By Enterprise Institution and Agency**		
企业	Enterprises	10510	10307
事业	Institutions	13577	13321
机关	Agencies & Organizations	4342	4384
按行业分	**By Sector**		
一产业	Primary Industry	1911	2046
二产业	Secondary Industry	3711	3757
采矿业	Mining and Quarrying	163	161
制造业	Manufacturing	2555	2517
电力、燃气及水的生产和供应业	Electricity, Gas & Water Production and Supply	228	246
建筑业	Construction	765	833
三产业	Tertiary Industry	22807	22209
交通运输、仓储及邮政业	Transportation, Storage, Postal Services	690	682
信息传输、计算机服务和软件业	Data Transmission, Computer Service and Software	169	173
批发与零售业	Wholesale and Retail Trade	2933	2756
住宿和餐饮业	Hotels and Restaurants	293	281
金融业	Financing	943	675
房地产业	Real Estate	652	876
租赁与商务服务业	Renting and Business Activities	364	403
科学研究、技术服务与地质勘查业	Scientific Research, Technical Services and Geological Prospecting	1500	1618
水利、环境和公共设施管理业	Administration of Water Conservancy, Environment and Public Utilities	405	419
居民服务和其他服务业	Personal Services and Other Services	104	105
教育	Education	6552	5822
卫生、社会保障和社会福利业	Public Health, Social Security and Social Welfare	2454	2386
文化、体育与娱乐业	Culture, Sports and Entertainment	657	725
公共管理与社会组织	Public Administration and Social Organizations	5091	5288

3－16 城镇经济单位职工人数（2002－2003年）
STAFF AND WORKERS OF URBAN ECONOMIC UNITS (2002-2003)

单位：万人 (10 000 persons)

指　　标	Item	合　计 Total		#国　有 State-owned		#集　体 Collective-owned	
		2002	2003	2002	2003	2002	2003
总　计	**Total**	**199.93**	**204.99**	**128.41**	**121.27**	**20.82**	**18.94**
按企业、事业、机关分	**By Enterprise, Institution and Agency**						
企业	Enterprises	131.57	137.42	62.64	56.11	18.23	16.53
事业	Institutions	50.94	50.22	48.39	47.84	2.55	2.38
机关	Agencies	17.42	17.35	17.38	17.32	0.04	0.03
按经济类型分	**By Ownership**						
国有经济	State-owned	128.41	121.27				
集体经济	Collective-owned	20.82	18.94				
其他经济	Others	50.70	64.78				
按行业分	**By Sector**						
一产业	Primary Industry	2.64	2.46	2.00	1.81	0.63	0.62
二产业	Secondary Industry	92.63	97.56	40.95	35.29	13.51	12.81
采矿业	Mining and Quarrying	7.49	6.99	6.05	4.37	0.21	0.22
制造业	Manufacturing	53.01	54.09	24.64	21.74	6.79	6.43
电力、燃气及水的生产和供应业	Electricity, Gas & Water Production and Supply	5.85	5.77	3.94	3.67	0.18	0.18
建筑业	Construction	26.28	30.71	6.32	5.51	6.33	5.98
三产业	Tertiary Industry	104.66	104.97	85.46	84.17	6.68	5.51
交通运输、仓储及邮政业	Transportation, Storage, Postal Services	14.83	14.35	11.57	11.27	1.25	1.02
信息传输、计算机服务和软件业	Data Transmission, Computer Service and Softwares	1.71	1.82	1.51	1.44	0.02	0.01
批发与零售业	Wholesale and Retail Trade	10.63	10.09	5.48	4.64	2.14	1.43
住宿和餐饮业	Hotels and Restaurants	2.45	2.47	1.13	1.04	0.12	0.09
金融业	Financing	4.92	5.02	2.92	2.90	0.85	0.83
房地产业	Real Estate	2.38	2.95	0.94	0.93	0.14	0.13
租赁与商务服务业	Renting and Business Activities	1.12	1.60	0.75	0.73	0.13	0.11
科学研究、技术服务与地质勘查业	Scientific Research, Technical Services & Geologic Prospecting	5.68	5.76	2.51	2.55	0.02	0.01
水利、环境和公共设施管理业	Administration of Water Conservancy, Environment and Public Utilities	2.23	2.30	1.96	2.03	0.18	0.16
居民服务和其他服务业	Personal Services and Other Services	0.23	0.38	0.12	0.25	0.05	0.04
教育	Education	30.13	29.64	30.00	29.47	0.04	0.05
卫生、社会保障和社会福利业	Public Health, Social Security and Social Welfare	8.43	8.30	6.79	6.73	1.64	1.56
文化、体育与娱乐业	Culture, Sports and Entertainment	1.59	1.63	1.52	1.57	0.03	0.03
公共管理与社会组织	Public Administration and Social Organizations	18.33	18.66	18.26	18.62	0.07	0.04

3－17 城镇经济单位女职工人数（2002－2003年）
FEMALE STAFF AND WORKERS OF URBAN ECONOMIC UNITS (2002-2003)

单位：万人 (10 000 persons)

指标	Item	合计 Total		#国有 State-owned		#集体 Collective-owned	
		2002	2003	2002	2003	2002	2003
总计	**Total**	**69.08**	**70.52**	**45.35**	**43.42**	**7.31**	**6.54**
按企业、事业、机关分	**By Enterprise, Institution and Agency**						
企业	Enterprises	43.48	44.94	20.75	18.82	6.30	5.57
事业	Institutions	21.25	21.22	20.26	20.24	1.00	0.97
机关	Agencies	4.35	4.36	4.34	4.36	0.01	…
按经济类型分	**By Ownership**						
国有经济	State-owned	45.35	43.42				
集体经济	Collective-owned	7.31	6.55				
其他经济	Others	16.42	20.55				
按行业分	**By Sector**						
一产业	Primary Industry	0.72	0.64	0.59	0.51	0.13	0.12
二产业	Secondary Industry	28.02	28.60	12.56	10.95	4.59	4.17
采矿业	Mining and Quarrying	1.68	1.61	1.25	0.93	0.12	0.12
制造业	Manufacturing	20.47	20.91	8.87	7.77	3.41	3.16
电力、燃气及水的生产和供应业	Electricity, Gas & Water Production and Supply	2.04	2.09	1.38	1.32	0.07	0.07
建筑业	Construction	3.83	3.99	1.06	0.93	0.99	0.82
三产业	Tertiary Industry	40.34	41.28	32.20	31.96	2.59	2.25
交通运输、仓储及邮政业	Transportation, Storage, Postal Services	4.43	4.27	3.48	3.38	0.30	0.25
信息传输、计算机服务和软件业	Data Transmission, Computer Service and Softwares	0.55	0.61	0.49	0.49	…	0.01
批发与零售业	Wholesale and Retail Trade	4.61	4.66	2.17	1.83	0.90	0.62
住宿和餐饮业	Hotels and Restaurants	1.37	1.37	0.63	0.60	0.07	0.05
金融业	Financing	2.85	3.12	1.65	1.69	0.34	0.36
房地产业	Real Estate	0.76	0.97	0.32	0.34	0.03	0.03
租赁与商务服务业	Renting and Business Activities	0.40	0.75	0.22	0.29	0.05	0.05
科学研究、技术服务与地质勘查业	Scientific Research, Technical Services & Geologic Prospecting	1.86	1.90	0.73	0.76	…	…
水利、环境和公共设施管理业	Administration of Water Conservancy, Environment and Public Utilities	0.96	1.01	0.83	0.89	0.10	0.08
居民服务和其他服务业	Personal Services and Other Services	0.09	0.11	0.04	0.05	0.02	0.01
教育	Education	12.72	12.58	12.67	12.50	0.02	0.03
卫生、社会保障和社会福利业	Public Health, Social Security and Social Welfare	4.49	4.53	3.75	3.79	0.74	0.74
文化、体育与娱乐业	Culture, Sports and Entertainment	0.61	0.63	0.59	0.59	0.01	0.01
公共管理与社会组织	Public Administration and Social Organizations	4.64	4.77	4.63	4.76	0.01	0.01

3－18 城镇经济单位就业人员劳动报酬（2002－2003年）
EARNINGS OF EMPLOYMENT OF URBAN ECONOMIC UNITS (2002-2003)

单位：万元 (10 000 yuan)

指标	Item	合计 Total		#国有 State-owned		#集体 Collective-owned	
		2002	2003	2002	2003	2002	2003
总计	**Total**	**2241989**	**2591959**	**1540959**	**1686555**	**162732**	**164245**
按企业、事业、机关分	**By Enterprise, Institution and Agency**						
企业	Enterprises	1413480	1683369	734596	800689	140586	141521
事业	Institutions	606715	658482	585032	636157	21683	22325
机关	Agencies	221794	250108	221331	249709	463	399
按经济类型分	**By Ownership**						
国有经济	State-owned	1540959	1686555				
集体经济	Collective-owned	162732	164245				
其他经济	Others	538298	741159				
按行业分	**By Sector**						
一产业	Primary Industry	21967	22134	17409	16997	4549	4773
二产业	Secondary Industry	936102	1120882	447008	475830	101976	105859
采矿业	Mining and Quarrying	64605	71944	52476	47231	1217	1138
制造业	Manufacturing	555076	654178	274762	297826	48798	52096
电力、燃气及水的生产和供应业	Electricity, Gas & Water Production and Supply	80500	95268	59991	67479	1393	1658
建筑业	Construction	235921	299492	59779	63294	50568	50967
三产业	Tertiary Industry	1283920	1448943	1076542	1193728	56207	53613
交通运输、仓储及邮政业	Transportation, Storage, Postal Services	168348	183798	142392	157913	9285	8146
信息传输、计算机服务和软件业	Data Transmission, Computer Service and Softwares	37831	45714	32570	35019	94	150
批发与零售业	Wholesale and Retail Trade	96221	108371	56976	58869	13281	10066
住宿和餐饮业	Hotels and Restaurants	22584	24060	9680	9638	689	625
金融业	Financing	110366	132931	60707	69602	12288	13860
房地产业	Real Estate	26136	37827	10297	12196	948	794
租赁与商务服务业	Renting and Business Activities	12854	19988	7206	10833	1389	1331
科学研究、技术服务与地质勘查业	Scientific Research, Technical Services & Geologic Prospecting	72484	87168	40952	53201	191	165
水利、环境和公共设施管理业	Administration of Water Conservancy, Environment and Public Utilities	20435	20999	18354	18819	1271	1192
居民服务和其他服务业	Personal Services and Other Services	4109	3867	1895	2262	426	385
教育	Education	350943	380618	350418	378819	236	380
卫生、社会保障和社会福利业	Public Health, Social Security and Social Welfare	106260	113375	91039	97378	15136	15845
文化、体育与娱乐业	Culture, Sports and Entertainment	23660	25911	23061	25274	279	264
公共管理与社会组织	Public Administration and Social Organizations	231689	264316	230995	263905	694	410

3－19 城镇经济单位职工工资总额（2002－2003年）
TOTAL WAGES OF STAFF AND WORKERS OF URBAN ECONOMIC UNITS (2002-2003)

单位：万元 (10 000 yuan)

指标	Item	合计 Total		#国有 State-owned		#集体 Collective-owned	
		2002	2003	2002	2003	2002	2003
总计	**Total**	**2196175**	**2535070**	**1520518**	**1661336**	**159655**	**160049**
按企业、事业、机关分	**By Enterprise, Institution and Agency**						
企业	Enterprises	1375085	1635920	721307	784577	137776	137658
事业	Institutions	600909	650497	579491	628504	21418	21993
机关	Agencies	220181	248653	219720	248255	461	398
按经济类型分	**By Ownership**						
国有经济	State-owned	1520518	1661336				
集体经济	Collective-owned	159655	160049				
其他经济	Others	516002	713685				
按行业分	**By Sector**						
一产业	Primary Industry	21857	22059	17305	16937	4474	4760
二产业	Secondary Industry	921105	1104724	443716	472125	99673	102469
采矿业	Mining and Quarrying	64390	71561	52281	46891	1215	1135
制造业	Manufacturing	546085	643909	272481	295766	47160	50153
电力、燃气及水的生产和供应业	Electricity, Gas & Water Production and Supply	80216	95080	59846	67365	1451	1637
建筑业	Construction	230414	294174	59108	62103	49847	49544
三产业	Tertiary Industry	1253213	1408287	1059497	1172274	55508	52820
交通运输、仓储及邮政业	Transportation, Storage, Postal Services	166286	181524	140498	155801	9169	8026
信息传输、计算机服务和软件业	Data Transmission, Computer Service and Softwares	37106	45035	32031	34477	95	150
批发与零售业	Wholesale and Retail Trade	94703	106795	56171	58192	13140	9920
住宿和餐饮业	Hotels and Restaurants	21695	22925	9508	9349	684	621
金融业	Financing	94281	112095	54100	62828	12221	13745
房地产业	Real Estate	24906	35722	10103	11946	892	749
租赁与商务服务业	Renting and Business Activities	12006	17669	6617	9008	1372	1322
科学研究、技术服务与地质勘查业	Scientific Research, Technical Services & Geologic Prospecting	71291	84040	39841	50214	188	163
水利、环境和公共设施管理业	Administration of Water Conservancy, Environment and Public Utilities	20285	20825	18224	18665	1254	1175
居民服务和其他服务业	Personal Services and Other Services	3373	3636	1893	2213	387	346
教育	Education	348992	377954	348438	376214	228	380
卫生、社会保障和社会福利业	Public Health, Social Security and Social Welfare	105262	111811	90289	96150	14907	15552
文化、体育与娱乐业	Culture, Sports and Entertainment	22703	25643	22112	25013	279	262
公共管理与社会组织	Public Administration and Social Organizations	230324	262613	229672	262204	692	409

3－20 城镇经济单位职工平均工资（2002－2003年）
AVERAGE WAGES OF STAFF AND WORKERS OF URBAN ECONOMIC UNITS (2002-2003)

单位：元 (yuan)

指 标	Item	合 计 Total		#国 有 State-owned		#集 体 Collective-owned	
		2002	2003	2002	2003	2002	2003
总 计	**Total**	**10960**	**12440**	**11745**	**13616**	**7601**	**8552**
按企业、事业、机关分	**By Enterprise, Institution and Agency**						
企业	Enterprises	10388	11977	11260	13705	7489	8457
事业	Institutions	11815	13011	11999	13206	8344	9150
机关	Agencies	12842	14455	12845	14461	11279	11703
按经济类型分	**By Ownership**						
国有经济	State-owned	11745	13616				
集体经济	Collective-owned	7601	8552				
其他经济	Others	10339	11316				
按行业分	**By Sector**						
一产业	Primary Industry	7587	8877	7601	9200	4929	7662
二产业	Secondary Industry	9905	11425	10595	13378	7604	7999
采矿业	Mining and Quarrying	8222	9725	8134	10072	5778	4856
制造业	Manufacturing	10214	11883	10668	13325	6901	7799
电力、燃气及水的生产和供应业	Electricity, Gas & Water Production and Supply	13872	16372	14942	18257	7878	8852
建筑业	Construction	9181	10028	9713	11038	7922	8802
三产业	Tertiary Industry	11905	13462	12337	13927	7596	9586
交通运输、仓储及邮政业	Transportation, Storage, Postal Services	11044	12506	12053	13620	6431	7800
信息传输、计算机服务和软件业	Data Transmission, Computer Service and Softwares	23932	25298	23995	24422	8043	11364
批发与零售业	Wholesale and Retail Trade	8580	10497	9518	12039	9240	6664
住宿和餐饮业	Hotels and Restaurants	8965	9412	8335	9135	5831	7110
金融业	Financing	19166	2230	18341	21427	14675	16467
房地产业	Real Estate	10754	12174	10961	12706	6374	5989
租赁与商务服务业	Renting and Business Activities	12036	10805	11449	11763	10836	11378
科学研究、技术服务与地质勘查业	Scientific Research, Technical Services & Geologic Prospecting	12588	14478	15921	19253	11605	13040
水利、环境和公共设施管理业	Administration of Water Conservancy, Environment and Public Utilities	9189	9359	9428	9575	6819	7366
居民服务和其他服务业	Personal Services and Other Services	14113	1292	15642	14053	7734	8216
教育	Education	11667	12865	11673	12879	7393	7274
卫生、社会保障和社会福利业	Public Health, Social Security and Social Welfare	12348	13472	13154	14344	8994	9795
文化、体育与娱乐业	Culture, Sports and Entertainment	14317	15537	14560	15741	8206	9313
公共管理与社会组织	Public Administration and Social Organizations	12709	14215	12718	14222	10226	10626

3－21 按行业分的专业技术人员年末人数（2002－2003年）
YEAR-END SCIENTIFIC AND TECHNICAL PERSONNEL BY SECTOR (2002-2003)

单位：人 (person)

指　　标	Item	2002	2003
合　计	**Total**	**604019**	**620415**
一产业	Primary Industry	11863	10879
二产业	Secondary Industry	172189	188909
采矿业	Mining and Quarrying	10648	9880
制造业	Manufacturing	97767	97724
电力、燃气及水的生产和供应业	Electricity, Gas & Water Production and Supply	11341	12528
建筑业	Construction	52433	68777
三产业	Tertiary Industry	419967	420627
交通运输、仓储及邮政业	Transportation, Storage, Postal Services	19642	19779
信息传输、计算机服务和软件业	Data Transmission, Computer Service and Software	2562	3227
批发与零售业	Wholesale and Retail Trade	17539	17284
住宿和餐饮业	Hotels and Restaurants	3294	3026
金融业	Financing	23033	23643
房地产业	Real Estate	6607	8772
租赁与商务服务业	Renting and Business Activities	2911	3247
科学研究、技术服务与地质勘查业	Scientific Research, Technical Services and Geological Prospecting	22078	22430
水利、环境和公共设施管理业	Administration of Water Conservancy, Environment and Public Utilities	2258	2013
居民服务和其他服务业	Personal Services and Other Services	236	396
教育	Education	238276	235697
卫生、社会保障和社会福利业	Public Health, Social Security and Social Welfare	62113	60070
文化、体育与娱乐业	Culture, Sports and Entertainment	5575	5895
公共管理与社会组织	Public Administration and Social Organizations	13843	15148

3－22 城镇经济单位新增就业人员及构成（2002－2003年）
NEW EMPLOYMENT IN URBAN ECONOMIC UNITS AND ITS COMPOSITION (2002-2003)

单位:万人、%　　(10 000 persons, %)

项　目	Item	新增就业人员 New Employment 2002	2003	构　成 Composition 2002	2003
总　计	**Total**	**16.81**	**22.06**	**100.0**	**100.0**
按就业人员来源分	**By Source**				
城　镇	Urban	2.40	3.33	14.3	15.1
农　村	Rural	5.92	9.06	35.2	41.1
大中专技校毕业生	Graduates from Universities Specialized Secondary Schools and Technical Training Schools	2.61	3.18	15.5	14.4
其　他	Others	5.88	6.49	35.0	29.4
按就业人员去向分	**By Assignment**				
国有经济单位	State-owned Units	8.30	8.37	49.4	37.9
集体经济单位	Urban Collective-owned Units	2.99	2.76	17.8	12.5
其他经济单位	Other Types of Urban Ownership	5.52	10.93	32.8	49.6

3－23 城镇经济单位离退休人员（1985－2003年）
RETIRED,VCSR AND RRSW OF URBAN ECONOMIC UNITS (1985-2003)

单位：万人　　(10 000 persons)

年　份 Year	合　计 Total	离　休 VCSR	退　休 Retired	退　职 RRSW
1985	51.08	1.08	49.12	0.88
1990	62.24	1.74	59.06	1.44
1991	63.63	1.84	60.44	1.35
1992	66.63	1.78	63.47	1.38
1993	72.95	1.87	69.85	1.23
1994	86.05	2.15	82.36	1.54
1995	85.89	1.93	82.47	1.49
1996	85.55	1.78	82.20	1.57
1997	84.04	1.74	80.64	1.66
1998	83.11	1.54	79.81	1.76
1999	88.57	1.64	85.27	1.66
2000	92.66	1.54	89.22	1.90
2001	108.50	1.51	105.07	1.92
2002	104.03	1.35	100.86	1.82
2003	106.58	1.34	103.23	2.01

3－24 城镇登记失业人员（1985－2003年）

REGISTERED UNEMPLOYMENT IN URBAN AREAS (1985-2003)

单位：万人、%　　(10 000 persons, %)

年 份 Year	登记失业人数 Registered Unemployment	#女 性 Female	按失业时间分 By Unemployment Period 6个月以上 Over 6 Months	6个月以下 Less than 6 Months	登记失业率 Rate of Registered Unemployment
1985	6.46				2.3
1986	6.00				2.1
1987	6.29				2.2
1988	6.25				2.1
1989	8.43				2.8
1990	8.81				2.9
1991	9.42				3.0
1992	10.01				3.1
1993	10.23				3.2
1994	10.80				3.2
1995	10.47				2.9
1996	10.95				3.0
1997	10.85	6.18	6.92	3.93	3.5
1998	10.10	5.71	6.46	3.64	3.5
1999	10.08	5.48	6.15	3.93	3.5
2000	10.15	5.26	5.30	4.85	3.5
2001	13.72	7.24	7.72	6.00	3.9
2002	16.18	7.70	7.79	8.39	4.1
2003	16.16	8.20	8.62	7.54	4.1

主要统计指标解释

人口数 指一定时点、一定地区范围内的有生命的个人的总和。

年度统计的年末人口数是指每年 12 月 31 日 24 时的人口数。

城镇人口和乡村人口 其定义有三种口径：

第一种口径（按行政建制）

城镇人口是指市辖区内和县辖镇的全部人口；

乡村人口是指县辖乡人口。

第二种口径（按常住人口划分）

城镇人口是指设区的市的区人口和不设区的市所辖的街道人口以及不设区的市所辖镇的居民委员会人口和县辖镇的居民委员会人口；

乡村人口是除上述人口以外的全部人口。

第三种口径

城乡人口的划分是按照国家统计局 1999 年发布的《关于统计上划分城乡的规定（试行）》计算的。

1952-1980 年数据为第一种口径的数据，1982-1999 年的数据为第二种口径的数据。2000 年人口普查数据的城乡人口的划分是按照国家统计局 1999 年发布的《关于统计上划分城乡的规定（试行）》计算的。

出生率（又称粗出生率） 指在一定时期内（通常为一年）一定地区内出生人数与同期内平均人数（或期中人数）之比，一般用千分率表示。本资料中的出生率指年出生率。计算公式为：

出生率=年出生人数/年平均人数×1000‰

式中：出生人数是指活产婴儿，即胎儿脱离母体时（不管怀孕月数），有过呼吸或其他生命现象。年平均人数是年初、年底人口数的平均数，也可用年中人口数代替。

死亡率（又称粗死亡率） 指在一定时期内（通常为一年）一定地区的死亡人数与同期平均人数（或期中人数）之比，一般用千分率表示。本资料中的死亡率指年死亡率。计算公式为：

死亡率=年死亡人数/年平均人数×1000‰

人口自然增长率 指在一定时期内（通常为一年）人口自然增加数（出生人数减死亡人数）与该时期内平均人数（或期中人数）之比，一般用千分率表示。计算公式为：

人口自然增长率=(本年出生人数-本年死亡人数)/年平均人数×1000‰

=人口出生率-人口死亡率

就业人员 指从事一定社会劳动并取得劳动报酬或经营收入的人员。包括在岗职工、再就业的离退休人员、私营业主、个体户主、私营和个体就业人员、乡镇企业就业人员、农村就业人员、其他从业人员（包括民办教师、宗教职业者、现役军人等）。这一指标反映了一定时期内全部劳动力资源的实际利用情况，是研究我国基本国情国力的重要指标。

各单位的就业人员 指在各级国家机关、政党机关、社会团体及企业、事业单位中工作，并取得工资或其他形式的劳动报酬的全部人员。包括在岗职工、再就业的离退休人员、民办教师以及在各单位中工作的外方人员和港澳台方人员、兼职人员、借用的外单位人员和第二职业者。不包括离开本单位仍保留劳动关系的职工。各单位的就业人员反映了各单位实际参加生产或工作的全部劳动力。

城镇私营和个体就业人员 城镇私营就业人员指在工商管理部门注册登记，其经营地址设在县城关镇（含城关镇）以上的私营企业从业人员；包括私营企业投资者和雇工。城镇个体就业人员指在工商管理部门注册登记，并持有城镇户口或在城镇长期居住，经批准从事个体工商经营的就业人员；包括个体经营者和在个体工商户劳动的家庭帮工和雇工。

城镇登记失业人员　指有非农业户口，在一定的劳动年龄内，有劳动能力，无业而要求就业，并在当地就业服务机构进行求职登记的人员。

城镇登记失业率　指城镇登记失业人数同城镇单位就业人数、城镇私营企业及个体就业人数和城镇登记失业人数之和的比。计算公式为：

城镇登记失业率=城镇登记失业人数/(城镇单位就业人员+城镇私营企业及个体就业人员+城镇登记失业人数)×100%

职工　指在国有经济、城镇集体经济、联营经济、股份制经济、外商和港、澳、台投资经济、其他经济单位及其附属机构工作，并由其支付工资的各类人员，不包括返聘的离退休人员、民办教师、在国有经济单位工作的外方人员和港澳台人员。

国有单位职工　指在国有经济单位及其附属机构工作，并由其支付工资的各类人员。

城镇集体单位职工　指在城镇集体经济单位及其管理部门工作，并由其支付工资的各类人员。

其他单位职工　指在联营经济、股份制经济、外商投资经济、港、澳、台投资经济单位工作，并由其支付工资的各类人员。

在岗职工　指在本单位工作并由单位支付工资的人员，以及有工作岗位，但由于学习、病伤产假等原因暂未工作，仍由单位支付工资的人员。

职工工资总额　指各单位在一定时期内直接支付给本单位全部职工的劳动报酬总额。工资总额的计算原则应以直接支付给职工的全部劳动报酬为根据。各单位支付给职工的劳动报酬以及其他根据有关规定支付的工资，不论是计入成本的还是不计入成本的，不论是按国家规定列入计征奖金税项目的，还是未列入计征奖金税项目的，不论是以货币形式支付的还是以实物形式支付的，均包括在工资总额内。

职工平均工资　指企业、事业、机关单位的职工在一定时期内平均每人所得的货币工资额。它表明一定时期职工工资收入的高低程度，是反映职工工资水平的主要指标，计算公式为：

职工平均工资=报告期实际支付的全部职工工资总额/报告期全部职工平均人数

离休、退休、退职人员　指正式办理了离休、退休、退职手续，并享受相应的离休、退休、退职待遇的人员。

离休、退休、退职人员保险福利费用　具体包括：

①离休金　指发给离休人员的工资和按1982年国务院发布的“关于老干部离职休养制度的几条规定”，发给符合规定的离休老干部相当于1-2个月标准工资的生活补贴及1988年增发的生活补贴费。

②退休金　指按照国家有关规定发给退休人员的退休费及1988年增发的生活补贴费。

③退职生活费　指按照1978年国务院《关于工人退休、退职的暂行办法》规定，定期发给退职人员的生活费用及1988年增发的生活补贴费。

④其他　指上述费用以外，单位支付给离休、退休、退职人员的保险福利费。

EXPLANATORY NOTES ON MAIN STATISTICAL INDICATORS

Total population refers to the total number of people alive at a certain point of time within a given area.

The annual statistics on total population is taken at midnight, the 3lst of December.

Urban Population and Rural Population There are there definitions.,

The first definition (by the administrative system):

Urban Population refers to total population under the jurisdiction of city and the population of towns under the jurisdiction of counties.

Rural Population refers to total population of townships under the jurisdiction of counties.

The second definition (by the permanent residence):

Urban Population refers to total population of districts under the jurisdiction of a city with district establishment, the population of street committees under the jurisdiction of a city without district establishment, population of resident-committees of towns under the jurisdiction of a city without district establishment, and the of resident-committees of towns under the jurisdiction of a county.

Rural Population refers to total population except urban population.

The third definition (based on the statistical classification)

Urban Population/Rural Population are classified according to *the Regulation of Statistics Classification on Urban and Rural Population (Draft)*, formulated by the National Bureau of Statistics in 1999.

Data from 1952 to 1980 are the figures according to the first definition. Data from 1982 to 1999 are the figures according to the second definition. Urban/rural population in 2000 is the figure according to the third definition.

Birth Rate (or Crude Birth Rate) refers to the ratio of the number of births to the average population during a certain period of time (usually a year), which is often expressed in ‰. Birth rate in the chapter refers to annual birth rate. The following formula is used:

Birth Rate = Number of Births /Average Number of Population * 1000‰

Number of Births refers to live births, i.e. the births when babies had showed any vital phenomena regardless of the length of pregnancy.

Annual Average Number of Population is the average of the number of population at the beginning of the year and that at the end of the year. Sometimes it is substituted for with the mid-year population.

Death Rate (or Crude Death Rate) refers to the ratio of the number of deaths to the average population (or mid-year population) during a certain period of time (usually a year), which is often expressed in ‰. Death rate in the chapter refers to annual death rate. The following formula is used:

Death Rate =Number of Deaths/Annual Average Number of Population * 1000‰

Natural Growth Rate of Population refers to the ratio of natural increase in population (number of births minus number of deaths) in a certain period of time (usually a year) to average population (or mid-year population) of the same period, which is often expressed in ‰. The following formulas are applied:

Natural Growth of Population =Number of Births-Number of Deaths /Average number of Population*1000‰

Natural Growth Rate of Population=Birth Rate - Death Rate

Employees refers to the persons who are engaged in social labor and receive remuneration payment or earn business income, including: total staff and workers, re-employed retirees, employers of private enterprises, self-employed workers, employers in private and individual economy, employees in township, employed persons in the rural areas, and other employed persons (including teachers in the schools run by the local people, people engaged in religious profession and the servicemen, etc.). This indicator reflects the actual utilization of total labor force during a certain period of time and is often used for the research on China's economic affairs and national power.

Persons Employed in Various Units refer to all the persons working in government agencies of various levels, political and party organizations, social organizations, and enterprises and institutions and receiving payment, including staff and workers, reemployed retirees, teachers in schools run by the local people, foreigners, and Chinese compatriots from Hong Kong, Macao, and Taiwan working in various units, part-time employees, employees of other units working temporarily at current posts, and employees holding the second job, but exclude staff and workers who have left their working units while keeping their labor contract (employment relation) unchanged. This indicator reflects the total number of laborers actually engaged in production or other operations in various units.

Persons Employed in Private Enterprises and Self-Employed Individuals in Urban Areas: Persons employed in private enterprises refer to the persons employed in the private enterprises which have been registered at the departments of industrial and commercial administration and are situated at a county town (i.e. a town where the county government is located) for business operation or at urban areas with the level higher than a county town. The self-employed individuals in urban areas refer to persons who hold the certificates of residence in urban areas or have resided in the urban areas for a long time and have been registered at the departments of industrial and commercial administration and approved to be engaged in individual industrial or commercial business, including self - employed persons as well as helpers and hired laborers who work in the individual households engaged in industrial or commercial business.

Registered Urban Unemployed Persons: The registered unemployed persons in urban areas refer to the persons who are registered as permanent residents in the urban areas engaged in non-agricultural activities, aged within the range of working age, capable to labor, unemployed but desirous to be employed and have been registered at the local employment service agencies to apply for a job.

Registered Urban Unemployment Rate: Registered unemployment rate in urban areas refers to the ratio of the number of the registered unemployed persons to the sum of the number of employed persons in various units and in private enterprises in urban areas, urban self-employed individuals and the registered urban unemployed persons. The formula is as follows:

Registered urban unemployment rate =number of the registered urban unemployed persons/(number of persons employed in urban units ＋ number of persons employed in urban private enterprises ＋ self-employed individuals in urban areas ＋ number of registered urban unemployed persons)*100%

Staff and Workers refer to the persons who work in (and receive payment there) from enterprises and institutions of state ownership, collective ownership, joint ownership, share holding, foreign ownership, and ownership by entrepreneurs from Hong Kong, Macao, and Taiwan, and other types of ownership and their affiliated units, excluding the retired persons invited to work in the units again, teachers in the schools run by the local people and foreigners and persons coming from Hong Kong, Macao and Taiwan and working in the state-owned economic units. (Number of staff and workers in this yearbook include only fully employed staff and workers excluding those who have left their working units while keeping their labor contract employment relation unchanged.)

Staff and Workers in State-owned Economic Units refer to the persons who work in the state - owned economic units or their attached units and are listed in their payrolls, excluding the retired persons invited to work in the units again, teachers in the schools run by the local people and foreigners and persons coming from Hong Kong, Macao and Taiwan and working in the state - owned economic units.

Staff and Workers of Collective Owned Units in Urban Areas refer to the persons who work in collective owned units in urban areas and their administration departments and receive payment there.

Staff and Workers in Units of Other Types of Ownership refer to those who work in (and receive payment there) form enterprises and institutions of joint ownership, share holding, foreign ownership, and ownership by entrepreneurs from Hong Kong, Macao, and Taiwan.

Staff and Workers at Post refer to persons who work in, and receive wages from their working units, as well as persons who have their work posts, but are temporarily absent from work for reasons of study or on sick, injury or maternal leave and still receive wages from their working units.

Total Wages of Staff and Workers refer to the total remuneration payment to staff and workers in various units during a certain period of time.

The calculation of total wages is based on the total remuneration payment to the staff and workers. Therefore, all the wages and salaries and other payments to staff and workers are included in the total wages regardless of their sources, category, and forms (in kind or cash)

Average Wage of Staff and Workers refers to the average wage in money terms per person during a certain period of time for staff and workers in enterprises, institutions, and government agencies, which reflects the general level of wage income during a certain period of time and is calculated as follows:

Average Wage of Staff and Workers=Total Wages of Staff and Workers in Reference Period/Average Number of Staff and Workers in Reference Period

Retired or Resigned Personnel refers to the persons who have formally gone through the formalities for their retirement or quitting work and enjoy the corresponding treatments.

Insurance and Welfare Funds for Retired and Resigned Staff and Workers:

① Pensions for Retired Veteran Cadres: They refer to pensions, other subsidies, and additional allowances paid to retired in line with relevant government documents.

② Pensions for Retirement: They refer to living allowance and other subsidies and additional allowance paid to retired staff and workers in line with the relevant government documents.

③ Resignation Allowances for Living Expenses: They refer to living allowance, and additional allowances subsidies paid to resigned staff and workers in line with relevant government instructions.

④ Others: They refer to other expenses, including moving and settlement allowance, allowance for a difficult families, book and newspaper allowance, subsidy for non staple foods, housing subsidy, water and electricity subsidy, special allowance for staff and workers of national minorities, traveling cost for senior retired staff, etc.

四　固定资产投资

INVESTMENT IN FIXED ASSETS

简要说明

本章内容主要包括全社会固定资产投资、基本建设投资、更新改造投资、城乡集体固定资产投资和城乡私人建房投资，以及渝房景气指数、房地产开发和商品房销售情况，由市统计局固定资产投资处整理提供。

Brief Introduction

The statistics on the investment in fixed assets cover total investment in fixed assets, the investment in capital construction, the investment in innovation, the investment in fixed assets by urban and rural collective units, building construction by individuals in urban and rural areas, business survey of real estate development, and sales of commercial buildings. The data in this chapter are prepared and provided by Division of Statistics of Investment in Fixed Assets, Municipal Bureau of Statistics.

4-1 主要年份全社会固定资产投资
TOTAL INVESTMENT IN FIXED ASSETS IN MAJOR YEARS

单位：万元　　(10 000 yuan)

年份 Year	投资额总计 Total Investment	新增固定资产 New Fixed Assets	按构成分 By Use of Funds		
			建筑安装工程 Construction and Installation	设备工具器具构置 Purchase of Equipment and Instruments	其他费用 Others
1949	39	37	39		
1952	9535	7107	7027	1751	757
1957	21330	20591	12563	6636	2131
1962	7769	7650	5853	1654	262
1965	37677	32844	24658	10280	2739
1970	62448	44331	26528	31658	4262
1975	64359	29973	26446	26539	11374
1978	59026	46834	37630	16958	4438
1980	102789	101499	71220	26265	5304
1985	364822	265993	238027	101461	25334
1986	420675	343008	265430	124895	30350
1987	482445	345528	329053	114844	38548
1988	558331	378150	374833	148913	34585
1989	547540	405769	370687	140033	36820
1990	693140	462056	450344	192115	50681
1991	851614	636525	548518	234255	68841
1992	1063852	871892	703962	261333	98557
1993	1550546	1036205	1008107	389367	153072
1994	2029178	1377025	1336181	509362	183635
1995	2709663	1886888	1707448	737819	264396
1996	3207278	2306996	2076949	733537	342156
1997	3709485	3143528	2418273	879477	411735
1998	4981452	3693019	3248271	1083808	649373
1999	5628679	3706704	3860379	1080062	688238
2000	6558116	4364464	4599909	1055220	902987
2001	8018228	4722181	5460064	1435621	1122543
2002	9956645	6868792	6961365	1482391	1512889
2003	12693544	7244753	8608006	1594910	2490628

4-1 续表1 CONTINUED-1

单位：万元 (10 000 yuan)

年 份 Year	按报表种类分 By Type of Forms					
	基本建设 Capital Construction	更新改造 Innovation	房地产开发 Real Estate Development	城乡集体 Urban and Rural Collective-owned	城乡私人 Urban and Rural Individual	其他 Others
1949	39					
1952	9535					
1957	21330					
1962	7769					
1965	37677					
1970	62448					
1975	64359					
1978	57324			1702		
1980	64353	30024		4718	3692	2
1985	131698	105342		66862	51444	9476
1986	137212	150257		60497	56012	16696
1987	153420	164988		58155	75233	30649
1988	164972	219784		56588	88464	28523
1989	207620	169757		46813	92688	30662
1990	276365	201809	17503	49525	110063	37875
1991	343108	239822	19185	69943	136846	42710
1992	345182	315625	33868	137945	185997	45235
1993	417023	425852	123151	276425	231216	76842
1994	579314	513433	279089	353815	278365	25162
1995	692686	684065	468845	392390	425657	46020
1996	884040	671647	556185	462120	598918	34368
1997	1208667	654264	675022	488250	635175	48107
1998	1864898	892886	973014	526638	637275	86741
1999	2114327	917501	1125135	579339	769361	123016
2000	2629302	920341	1396327	648947	829063	134136
2001	3283225	1080419	1966684	640442	942900	104558
2002	4747585	1150785	2459130	679000	779588	140557
2003	6654920	1220100	3278881	651544	750003	138096

注：1）城乡私人包括农村私人投资和城镇工矿区私人建房投资。
2）2003年基本建设和更新改造包括城镇集体和城镇私营个体投资，城乡集体只包括农村集体投资。

Note: a) Urban and rural individual investment includes rural individual investment, housing construction by individuals in cities, towns, industrial and mining areas.
b) Investment in capital construction and innovation in 2003 includes urban collective and individual investment. Data of urban and rural collective-owned in 2003 only refer to investment by rural collective-owned.

4-1 续表2 CONTINUED-2

单位：万元 (10 000 yuan)

年 份 Year	按登记注册类型分 By Registration						
	国 有 State -owned	集 体 Collective -owned	联 营 Joint-owned	股份制 Share Holding	港澳台及外商投资 Foreign-funded	个 体 Individual	其 他 Others
1949	39						
1952	9535						
1957	21330						
1962	7769						
1965	37662	15					
1970	62447	1					
1975	64355	4					
1978	56823	2203					
1980	91150	4718				3692	
1985	243927	66862				44712	9321
1986	301256	60497				48260	10662
1987	345509	58155				67033	11748
1988	410106	56588				78012	13625
1989	405239	46813				82058	13430
1990	528648	49525				92235	22732
1991	639554	69943				120515	21602
1992	739230	137945				165300	21377
1993	979597	276425	2798	32512	25320	206511	27383
1994	1364920	353815	2598	8013	13340	243119	43373
1995	1433244	424399	5834	101846	232079	370479	141782
1996	1597680	513195	6857	100805	278214	598918	111609
1997	1763147	550970	11428	354040	154602	669117	31148
1998	2598535	599304	7963	691371	402084	637275	44920
1999	2839011	664552	9951	612007	353199	1097082	52877
2000	3132534	730555	31555	877503	319730	1381098	85141
2001	3849113	821206	65544	1077977	432826	1715384	56178
2002	4603442	884409	45739	1678915	731767	1989250	23123
2003	5517224	845591	30177	3055216	648829	2514803	81704

4-1 续表3 CONTINUED-3

单位：万元、万平方米 (10 000 yuan, 10 000 sq.m)

年份 Year	按三次产业分 By Industry			本年房屋施工面积 Floor Space Under Construction	#住宅 Residential Buildings	本年房屋竣工面积 Floor Space Completed	#住宅 Residential Buildings
	第一产业 Primary Industry	第二产业 Secondary Industry	第三产业 Tertiary Industry				
1949						0.50	
1952	37	4616	4882			5.05	1.26
1957	203	15421	5706			153.06	84.07
1962	314	6080	1375			17.81	7.29
1965	5130	25482	7065			103.23	42.52
1970	1291	56173	4984			121.46	48.82
1975	2716	54692	6951			95.10	38.60
1978	3790	45516	9720			121.27	39.40
1980	2101	69188	31500			322.56	165.76
1985	4848	184918	175056	2536.18		1340.52	679.97
1986	3359	238569	178747	2595.60		2141.05	1445.41
1987	4794	282515	195136	2752.10		2168.82	1474.41
1988	5490	346847	205994	2631.50		1969.68	1478.48
1989	5919	314655	226966	2400.41		1850.52	706.20
1990	13220	413776	266144	2522.36		2057.35	1620.48
1991	19966	487813	343835	2753.33		2258.20	1756.46
1992	20329	558021	485502	3227.87		2473.16	1947.05
1993	14208	701890	834448	3619.35		2631.21	1993.87
1994	14449	839691	1175038	4045.16		2926.46	2119.02
1995	17117	1066810	1625736	4964.40		3305.92	2503.18
1996	23128	1156837	2027313	6026.39	4163.82	4208.66	3313.32
1997	33820	1309109	2366556	6145.25	4197.97	4301.95	3363.04
1998	44133	1418980	3518339	6587.09	4474.14	4284.85	3267.26
1999	65652	1217277	4345750	7170.15	4798.52	4659.64	3527.28
2000	89657	1423981	5044478	8493.97	5931.11	5337.33	4087.44
2001	108038	1462479	6447711	8812.23	6055.41	4938.55	3664.49
2002	191128	1956665	7808852	10643.21	7305.16	6402.69	4664.91
2003	264249	3033987	9395308	10961.76	7397.58	5958.80	4292.79

4—2 全社会固定资产投资（2002—2003年）
TOTAL INVESTMENT IN FIXED ASSETS (2002-2003)

指　标	Item	投资额 Investment		构成(%) Composition	
		2002	2003	2002	2003
投资总额(万元)	**Total Investment (10 000 yuan)**	**9956645**	**12693544**	**100.0**	**100.0**
按隶属关系分	**By Administrative Relationship**				
中央项目	Central	1449082	1576869	14.6	12.4
地方项目	Local	8507563	11116675	85.4	87.6
(包括无隶属关系的)	(including non-relationship)				
按登记注册类型分	**By Registration**				
内资	Domestic-funded	9224878	12044715	92.7	94.9
国有经济	State-owned	4174288	4598300	41.9	36.2
集体经济	Collective-owned	802676	570173	8.1	4.5
股份合作	Cooperative Share Holding	80030	227687	0.8	1.8
国有联营	State Joint-owned	3334	9154	…	
集体联营	Collective Joint-owned		47731		
国有与集体联营	State & Collective Joint-owned	11719	5000	0.1	
其他联营	Others Joint-owned	34020	25177	0.3	
国有独资公司	State Sole Investment	425820	909770	4.3	7.2
其他有限责任公司	Other Limited Companies	1304879	2334817	13.1	18.4
股份有限公司	Share Holding Limited	374036	720399	3.8	5.7
私营个体	Individual	1989250	2514803	20.0	19.8
其他	Others	23186	81704	0.2	
港澳台投资经济	Funded by Entrepreneurs from Hongkong, Macao and Taiwan	371034	336270	3.7	2.6
合资经营	Joint Venture	223607	212199	2.2	1.7
合作经营	Cooperative Operation	62317	70723	0.6	
独资	Sole Investment	73563	52338	0.7	
股份有限	Share Holding Limited	11547	1010	0.1	
外商投资经济	Foreign-funded	360733	312559	3.6	2.5
合资经营	Joint Venture	182668	161188	1.8	1.3
合作经营	Cooperative Operation	4252	2933	…	
独资	Sole Investment	156217	146848	1.6	1.2
股份有限	Share Holding Limited	17596	1590	0.1	
按报表种类分	**By Report Sort**				
基本建设	Capital Construction	4747585	6654920	47.7	52.4
更新改造	Innovation	1150785	1220100	11.6	9.6
房地产开发	Real Estate Development	2459130	3278881	24.7	25.8
其他投资	Others	1599145	1539643	16.0	12.2
按构成分	**By Use of Funds**				
建筑工程	Construction	6377051	7824230	64.0	61.6
安装工程	Installation	584314	783776	5.9	6.2
设备工具器具购置	Purchase of Equipment and Instruments	1482391	1594910	14.9	12.6
其他费用	Others	1512889	2490628	15.2	19.6
新增固定资产(万元)	**Newly Increased Fixed Assets (10 000 yuan)**	**6868792**	**7244753**		
固定资产交付使用率(%)	**Rate of Fixed Assets Put into Use (%)**	**69.0**	**57.1**		
房屋建筑面积(万平方米)	**Floor Space of Buildings (10 000 sq.m)**				
施工面积	Floor Space under Construction	10643.21	10961.76		
#住宅	Residential Buildings	7305.16	7397.58		
竣工面积	Floor Space Completed	6402.69	5958.80		
#住宅	Residential Buildings	4664.91	4292.79		

4-3 按行业分的全社会固定资产投资（2002-2003年）
TOTAL INVESTMENT IN FIXED ASSETS BY SECTOR (2002-2003)

单位：万元 (10 000 yuan)

行 业	Sector	2002	2003
总 计	**Total**	**9956645**	**12693544**
第一产业	Primary Industry	191128	264249
第二产业	Secondary Industry	1956665	3033987
工业	Industry	1791408	2624388
采矿业	Mining and Quarrying	62682	144014
制造业	Manufacturing	1224360	1632568
电力、燃气及水的生产和供应业	Electricity, Gas & Water Production and Supply	504366	847806
建筑业	Construction	165257	409599
第三产业	Tertiary Industry	7808852	9395308
交通运输、仓储及邮政业	Transportation, Storage, Postal Services	1707090	1822835
信息传输、计算机服务和软件业	Information Transmission, Computer Service and Softwares	471866	415738
批发与零售业	Wholesale and Retail Trade	112141	155448
住宿和餐饮业	Hotels and Restaurants	41994	87855
金融业	Financing	36135	22654
房地产业	Real Estate	3381289	4275942
租赁与商务服务业	Renting and Business Activities	24184	52814
科学研究、技术服务与地质勘查业	Scientific Research, Technology Services and Geological Prospecting	83431	39470
水利、环境和公共设施管理业	Administration of Water Conservancy, Environment and Public Facilities	841594	1487596
居民服务和其他服务业	Household Services and Other Services	18694	17897
教育	Education	299942	335599
卫生、社会保障和社会福利业	Health, Social Security and Social Welfare	72087	90098
文化、体育与娱乐业	Culture, Sports and Entertainment	56926	95700
公共管理与社会组织	Public Administration and Social Organizations	661479	495662

4—4 按资金来源分的全社会固定资产投资（2003年）
TOTAL INVESTMENT IN FIXED ASSETS BY SOURCE OF FUND (2003)

单位：万元 (10 000 yuan)

指 标	Item	总 计 Total	基本建设 Capital Construction	更新改造 Innovation	其他投资 Others
本年资金来源合计	**Total Fund in this Year**	**14353280**	**7387860**	**1365928**	**157356**
上年末结余资金	Surplus Fund of 2000's End	1809148	1087788	137350	8962
本年资金来源小计	Sources of Fund in this Year	12544132	6300072	1228578	148394
国家预算内资金	State Budgetary Appropriation	1314525	1230746	46181	12113
国内贷款	Domestic Loans	3330585	2008171	281759	13716
债券	Bonds	82287	82287		
利用外资	Foreign Investment	256842	194548	18861	290
自筹资金	Fundraising	4758783	2072057	805314	88490
其他资金来源	Others	2801110	712263	76463	33785

指 标	Item	房地产 Real Estate	城镇集体 Urban Collective Units	农村集体 Rural Collective Units
本年资金来源合计	**Total Fund in this Year**	**4793499**		**648637**
上年末结余资金	Surplus Fund of 2000's End	570236		4812
本年资金来源小计	Sources of Fund in this Year	4223263		643825
国家预算内资金	State Budgetary Appropriation	1000		24485
国内贷款	Domestic Loans	949504		77435
债券	Bonds			
利用外资	Foreign Investment	41458		1685
自筹资金	Fundraising	1371847		421075
其他资金来源	Others	1859454		119145

注：本表不含城乡私人投资。
Note: Town and rural private investment is not contained in this table.

4－5 全社会房屋竣工面积（2002－2003年）
TOTAL FLOOR SPACE OF BUILDINGS COMPLETED (2002-2003)

单位：万平方米 (10 000 sq.m)

指 标	Item	房屋竣工面积 Floor Space of Buildings Completed		#住 宅 Residential Buildings	
		2002	2003	2002	2003
全市总计	**Total**	**6402.69**	**5958.80**	**4664.90**	**4292.79**
基本建设	Capital Construction	1241.91	1319.86	652.07	684.47
更新改造	Innovation	78.06	61.44	13.69	5.95
房地产开发	Real Estate Development	1390.73	1676.97	1033.60	1231.75
城镇集体	Urban Collective	66.59		46.54	
农村集体	Rural Collective	773.65	342.02	360.31	89.12
城镇私人	Urban Individual	181.58	181.75	154.41	160.55
农村私人	Rural Individual	2602.03	2342.04	2354.96	2098.43
其 他	Others	68.14	34.72	49.32	22.51

注：城镇私人建房不含城关镇以下的建制镇数据。
Note: Data of housing construction by urban individuals should excludes that at towns with county governments stationed below.

4－6 全社会房屋造价（2002－2003年）
TOTAL COST OF BUILDINGS COMPLETED (2002-2003)

单位：元/平方米 (yuan/sq.m)

指 标	Item	每平方米造价 Per Sq.m Cost of Buildings Completed		#住 宅 Residential Buildings	
		2002	2003	2002	2003
全市总计	**Total**	**533**	**574**	**459**	**491**
基本建设	Capital Construction	680	663	597	566
更新改造	Innovation	703	776	543	520
房地产开发	Real Estate Development	912	937	811	827
城镇集体	Urban Collective	589		474	
农村集体	Rural Collective	500	487	468	460
城镇私人	Urban Individual	389	478	382	443
农村私人	Rural Individual	271	281	267	277
其 他	Others	646	522	548	444

注：城镇私人建房不含城关镇以下的建制镇数据。
Note: Data of housing construction by urban individuals should excludes that at towns with county governments stationed below.

4—7 国有经济单位固定资产投资（2002—2003年）
INVESTMENT IN FIXED ASSETS OF STATE-OWNED UNITS (2002-2003)

指　　标	Item	2002	2003
投资总额(万元)	**Total Investment (10 000 yuan)**	**4432860**	**5365122**
按隶属关系分	**By Administrative Relationship**		
中央项目	Central Government Projects	1356831	1260079
地方项目(包括无隶属关系的)	Local Projects (including non-relationship)	3076029	4105043
按构成分	**By Use of Funds**		
建筑工程	Construction	2987319	3502859
安装工程	Installation	317054	339728
设备工具器具购置	Purchase of Equipment and Instruments	600394	561934
其他费用	Others	528093	960601
按行业分	**By Sector**		
一产业	Primary Industry	82726	153676
二产业	Secondary Industry	650878	1018775
工业	Industry	613577	813245
采矿业	Mining and Quarrying	13155	24654
制造业	Manufacturing	256749	273749
电力、燃气及水的生产和供应业	Electricity, Gas & Water Production and Supply	343673	514842
建筑业	Construction	37301	205530
三产业	Tertiary Industry	3699256	4192671
交通运输、仓储及邮政业	Transportation, Storage, Postal Services	1563634	1685128
信息传输、计算机服务和软件业	Data Transmission, Computer Service and Software	279188	253720
批发与零售业	Wholesale and Retail Trade	20955	35196
住宿和餐饮业	Hotels and Restaurants	13969	29270
金融业	Financing	27495	18392
房地产业	Real Estate	46558	42021
租赁与商务服务业	Renting and Business Activities	5861	15730
科学研究、技术服务与地质勘查业	Scientific Research, Technical Services and Geological Prospecting	35254	37318
水利、环境和公共设施管理业	Administration of Water Conservancy, Environment and Public Utilities	734576	1160556
居民服务和其他服务业	Personal Services and Other Services	2930	3776
教育	Education	274445	298451
卫生、社会保障和社会福利业	Public Health, Social Security and Social Welfare	78604	77494
文化、体育与娱乐业	Culture, Sports and Entertainment	30494	66743
公共管理与社会组织	Public Administration and Social Organizations	585293	468876
新增固定资产(万元)	**New Fixed Assets (10 000 yuan)**	**2678945**	**2669124**
固定资产交付使用率(%)	**Rate of Fixed Assets Put into Use (%)**	**60.4**	**49.7**
房屋建筑面积(万平方米)	**Floor Space of Buildings (10 000 sq.m)**		
施工面积	Floor Space Under Construction	1697.57	1647.14
#住宅	Residential Buildings	908.16	816.34
竣工面积	Floor Space Under Construction	1004.93	928.87
#住宅	Residential Buildings	546.92	482.80

4—8 基本建设投资（2002—2003年）
INVESTMENT IN CAPITAL CONSTRUCTION (2002-2003)

指　　标	Item	2002	2003
投资总额(万元)	**Total Investment (10 000 yuan)**	**4747585**	**6654920**
按隶属关系分	**By Administrative Relationship**		
中央项目	Ministerial Projects	1418032	991089
地方项目	Local Projects	3818209	5663831
按构成分	**By Use of Funds**		
建筑工程	Construction	3379421	4356356
安装工程	Installation	259022	306902
设备、工具、器具购置	Purchase of Equipment and Instrument	436117	650746
其他费用	Others	673025	1340916
按建设性质分	**By Type of Construction**		
#新建	New Construction	2891887	4630391
扩建	Expansion	760173	817706
改建	Reconstruction	535788	686846
#住宅	Residential Buildings	465529	516443
按规模分	**By Project Size**		
大中型项目	Large & Medium-sized Projects	1269084	1413687
小型项目	Small Sized Projects	3429461	5203408
按国民经济行业分	**By Sector**		
第一产业	Primary Industry	118193	190999
第二产业	Secondary Industry	834813	1783885
#工业	Industry	753604	1401412
第三产业	Tertiary Industry	3794579	4680036
新增固定资产(万元)	**New Fixed Assets (10 000 yuan)**	**3043854**	**2950717**
建设项目(个)	**Construction Project (unit)**		
施工项目	Project under Construction	2766	3402
全部建成投产项目	Project Completed and Put into Use	1331	1918
房屋建筑面积(万平方米)	**Floor Space of Buildings (10 000 sq.m)**		
施工面积	Floor Space under Construction	2184.44	2515.49
#住宅	Residential Buildings	1108.45	1196.58
竣工面积	Floor Space Completed	1241.91	1319.86
#住宅	Residential Buildings	652.07	684.47

注：1）此表数据不包括农村集体、城镇工矿区私人建房及农村私人投资；
2）大中型项目包括中央级大中项目和地方级大中项目。

Note: a) Data on this table exclude investment by rural collective-owned units,urban individuals in industrial & mining areas and rural individuals;
b) Large and medium sized projects includes Large and medium sized projects at both central level and local level.

4—9 按行业分的基本建设投资（2003年）
INVESTMENT IN CAPITAL CONSTRUCTION BY SECTOR (2003)

单位：万元　　(10 000 yuan)

行　　业	Sector	施工项目个数(个) Project under Construction (unit)	计划总投资 Planned Total Investment	本年完成投　资 Investment Completed in Current Year
全市总计	**Total**	**3402**	**25474777**	**6654920**
一产业	Primary Industry	225	1168164	190999
二产业	Secondary Industry	884	6327788	1783885
工业	Industry	737	5596090	1401412
采矿业	Mining and Quarrying	68	129472	55353
#石油和天然气开采业	Petroleum and Natural Gas Mining	12	112985	42366
制造业	Manufacturing	518	1890409	691163
#化学原料及化学制品制造业	Raw Chemical Materials and Chemical Products	31	212815	70937
医药制造业	Medical Materials and Medicines	20	76681	31750
通用设备制造业	Ordinary Equipment	29	41968	12310
专用设备制造业	Special Equipment	24	85505	82623
交通设备制造业	Transport Equipment	87	376868	129047
电力、燃气及水的生产和供应业	Electricity, Gas & Water Production and Supply	151	3576209	654896
电力、热力的生产和供应业	Electrity & Hot Power Production and Supply	67	2668890	430924
燃气生产和供应业	Gas Production and Supply	14	106412	18473
水的生产和供应业	Water Production and Supply	70	800907	205499
建筑业	Construction	147	731698	382473
三产业	Tertiary Industry	2293	17978825	4680036
交通运输、仓储及邮政业	Transportation, Storage, Postal Services	299	7952155	1687926
#邮政业	Postal Services	15	11262	8855
信息传输、计算机服务和软件业	Data Transmission, Computer Service and Software	25	251773	75106
#电信和其他信息传输服务业	Telecommunications and Other Information Transmission Services	23	246541	69874
批发与零售业	Wholesale and Retail Trade	148	400289	114545
住宿和餐饮业	Hotels and Restaurants	42	183611	52930
金融业	Financing	30	23540	12808
房地产业	Real Estate	172	721680	248645
租赁与商务服务业	Renting and Business Activities	17	87157	92823
科学研究、技术服务与地质勘查业	Scientific Research, Technical Services and Geological Prospecting	24	116611	47533
水利、环境和公共设施管理业	Administration of Water Conservancy, Environment and Public Utilities	468	5849952	1357279
居民服务和其他服务业	Household Services and Other Services	16	30269	10146
教育	Education	314	634988	311501
卫生、社会保障和社会福利业	Public Health, Social Security and Social Welfare	119	151362	63391
#卫生	Public Health	109	141908	58055
文化、体育与娱乐业	Culture, Sports and Entertainment	95	330430	87866
公共管理与社会组织	Public Administration and Social Organizations	524	1245008	517537

注：此表数据不包括农村集体、城镇工矿区私人建房及农村私人投资。

Note: Data on this table exclude investment by rural collective-owned units,urban individuals in industrial & mining areas and rural individuals.

4－10 更新改造投资（2002－2003年）
INVESTMENT IN INNOVATION (2002-2003)

指 标	Item	2002	2003
投资总额(万元)	**Total Investment (10 000 yuan)**	**1150785**	**1220100**
按隶属关系分	**By Administrative Relationship**		
中央项目	Ministerial Projects	486838	569218
地方项目	Local Projects	663947	650882
按构成分	**By Use of Funds**		
建筑工程	Construction	296254	281748
安装工程	Installation	148801	222758
设备、工具、器具购置	Purchases of Equipment and Instruments	631293	607276
其他费用	Others	74437	108318
按建设性质分	**By Type of Construction**		
#新建	New Construction	200508	34425
扩建	Expansion	660390	834445
改建	Reconstruction	188057	234169
按规模分	**By Project Size**		
大中型项目	Large & Medium-sized Projects	157599	144487
小型项目	Small Sized Projects	993186	1075613
按国民经济行业分	**By Sector**		
第一产业	Primary Industry	3476	616
第二产业	Secondary Industry	631320	775372
#工业	Industry	630186	771366
第三产业	Tertiary Industry	515989	444112
新增固定资产(万元)	**New Fixed Assets (10 000 yuan)**	**820962**	**977482**
建设项目(个)	**Construction Project (unit)**		
施工项目	Project under Construction	950	810
全部建成投产项目	Project Completed and Put into Use	618	537
房屋建筑面积(万平方米)	**Floor Space of Buildings (10 000 sq.m)**		
施工面积	Floor Space under Construction	150.38	115.50
#住宅	Residential Buildings	17.95	8.22
竣工面积	Floor Space Completed	78.06	61.44
#住宅	Residential Buildings	13.69	5.95

注：此表数据不包括农村集体、城镇工矿区私人建房及农村私人投资。

Note: Data on this table exclude investment by rural collective-owned units,urban individuals in industrial & mining areas and rural individuals.

4－11 按行业分的更新改造投资（2003年）
INVESTMENT IN INNOVATION BY SECTOR (2003)

单位：万元 (10 000 yuan)

行业	Sector	施工项目个数(个) Project under Construction (unit)	计划总投资 Planned Total Investment	本年完成投资 Investment Completed in Current Year
全市总计	**Total**	**810**	**3064806**	**1220100**
一产业	Primary Industry	1	1574	616
二产业	Secondary Industry	655	2418422	775372
工业	Industry	649	2414126	771366
采矿业	Mining and Quarrying	93	54777	34587
#石油和天然气开采业	Petroleum and Natural Gas Mining	16	12251	7815
制造业	Manufacturing	480	1930195	575247
#化学原料及化学制品制造业	Raw Chemical Materials and Chemical Products	42	100570	61508
医药制造业	Medical Materials and Medicines	25	197114	30641
通用设备制造业	Ordinary Equipment	24	47567	27849
专用设备制造业	Special Equipment	30	16583	27441
交通设备制造业	Transport Equipment	68	549022	111483
电力、燃气及水的生产和供应业	Electricity, Gas & Water Production and Supply	76	429154	161532
电力、热力的生产和供应业	Electrity & Hot Power Production and Supply	61	409914	155141
燃气生产和供应业	Gas Production and Supply	4	3703	3241
水的生产和供应业	Water Production and Supply	11	15537	3150
建筑业	Construction	6	4296	4006
三产业	Tertiary Industry	154	644810	444112
交通运输、仓储及邮政业	Transportation, Storage, Postal Services	17	49558	37025
#邮政业	Postal Services	1	5536	5536
信息传输、计算机服务和软件业	Data Transmission, Computer Service and Software	65	500287	339398
#电信和其他信息传输服务业	Telecommunications and Other Information Transmission Services	65	500287	339398
批发与零售业	Wholesale and Retail Trade	21	28037	8976
住宿和餐饮业	Hotels and Restaurants	1	700	300
金融业	Financing		8562	8562
房地产业	Real Estate	7	3785	2627
租赁与商务服务业	Renting and Business Activities			
科学研究、技术服务与地质勘查业	Scientific Research, Technical Services and Geological Prospecting	2	2909	2909
水利、环境和公共设施管理业	Administration of Water Conservancy, Environment and Public Utilities	7	2911	2830
居民服务和其他服务业	Household Services and Other Services	1	121	120
教育	Education	13	13918	10654
卫生、社会保障和社会福利业	Public Health, Social Security and Social Welfare	5	21237	20632
#卫生	Public Health	5	21237	20632
文化、体育与娱乐业	Culture, Sports and Entertainment	5	1500	1480
公共管理与社会组织	Public Administration and Social Organizations	10	11285	8599

注：此表数据不包括农村集体、城镇工矿区私人建房及农村私人投资。

Note: Data on this table exclude investment by rural collective-owned units,urban individuals in industrial & mining areas and rural individuals.

4－12 基本建设新增主要产品生产能力（2002－2003年）
NEWLY INCREASED PRODUCTION CAPACITY THROUGH CAPITAL CONSTRUCTION (2002-2003)

能力名称	Production Capacity	2002	2003
原煤开采(万吨/年)	Coal Mining (10 000 tons/year)		8
发电机组容量(万千瓦/年)	Capacity of Power Generating Sets (10 000 kw/year)	1.05	10.68
#水电	Hydropower	1.05	10.68
水泥(万吨/年)	Cement (10 000 tons/year)	30	61
棉纺锭(万锭)	Cotton Spindles (10 000 units)		1
酒(万吨/年)	Liquors (10 000 tons/year)		0.01
机制纸及纸板(万吨/年)	Machine-made Paper and Paperboards (10 000 tons/year)	0.34	6.00
鞣制皮革(万张/年)	Tanning (10 000 pcs/year)		100
皮鞋(万双/年)	Leather Shoes (10 000 pairs/year)		30
新(扩)建港口码头	Newly Built or Expanded Ports		
年吞吐量(万吨)	Annual Handling Capacity (10 000 tons)		50
泊位(个)	Number of Berths (unit)		1
新建公路(公里)	Length of New Highways (km)	1100.90	454.19
改建公路(公里)	Length of Reconstructed Highways (km)	1105	1442
高等院校：学生席位(个)	Students Capacity of Universities and Colleges (unit)	39943	800
医院病床床位(张)	Number of Hospital Beds (unit)	868	2972
城市自来水供水能力(万吨/日)	Tap Water Supply Capacity (10 000 tons/day)	17.66	33.00

4－13 更新改造新增主要产品生产能力（2002－2003年）
NEWLY INCREASED PRODUCTION CAPACITY THROUGH INNOVATION (2002-2003)

能力名称	Production Capacity	2002	2003
原煤开采(万吨/年)	Coal Mining (10 000 tons/year)	44	100
合成氨(万吨/年)	Synthetic Ammonia (10 000 tons/year)		8
发电机组容量(万千瓦/年)	Capacity of Power Generating Sets (10 000 kw/year)		3
#火电	Thermal Power		2
水电	Hydropower		1
汽车制造(辆/年)	Motor Vehicles (unit/year)	55095	800
#载重汽车制造	Trucks	5095	800
水泥(万吨/年)	Cement (10 000 tons/year)	48	231
化学纤维(万吨/年)	Chemical Fiber (10 000 ton/year)	1.80	0.16
棉纺锭(万锭)	Cotton Spindles (10 000 units)		5
棉印染布(万米/年)	Printed and Dyed Cloth (10 000 m/year)		900
卷烟(万箱/年)	Cigarettes (10 000 cases/year)	13.00	0.28
酒(万吨/年)	Liquors (10 000 tons/year)	5.00	0.02
改建公路(公里)	Length of Reconstructed Highways (km)	59.20	7.00
医院病床床位(张)	Number of Hospital Beds (unit)		46
城市自来水供水能力(万吨/日)	Tap Water Supply Capacity (10 000 tons/day)	3.10	4.00

4—14 集体经济单位固定资产投资主要指标（2003年）
MAJOR INDICATORS OF INVESTMENT IN FIXED ASSETS OF COLLECTIVE-OWNED UNITS (2003)

指标	Item	合计 Total	城镇集体经济单位投资 Investment from Urban Collective-owned Units	农村集体经济单位投资 Investment from Rural Collective-owned Units	投资额构成(%) Investment Composition
施工项目(个)	**Projects under Construction (unit)**	**10223**	**259**	**9964**	
#全部投产项目	Projects Fully Put into Use	8651	170	8481	
投产率(%)	Rate of Putting into Use	84.6	65.6	85.1	
投资额(万元)	**Investment (10 000 yuan)**	**776000**	**124456**	**651544**	**100.0**
按构成分	**By Use of Funds**				
建筑工程	Construction	416691	77114	339577	53.7
安装工程	Installation	36896	8991	27905	4.7
设备工具器具购置	Purchase of Equipment and Instruments	227836	27518	200318	29.4
其他费用	Others	94577	10833	83744	12.2
按建设性质分	**By Type of Construction**				
#新建	New Construction	374289	65131	309158	48.2
扩建	Expansion	202412	16819	185593	26.1
改建	Reconstruction	119896	8103	111793	15.5
按行业分	**By Sector**				
一产业	Primary Industry	69380	2176	67204	8.9
二产业	Secondary Industry	483310	62523	420787	62.3
工业	Industry	429008	51059	377949	55.3
建筑业	Construction	54302	11464	42838	7.0
三产业	Tertiary Industry	223310	59757	163553	28.8
交通运输、仓储及邮政业	Transportation, Storage, Postal Services	62790	16157	46633	8.1
信息传输、计算机服务和软件业	Data Transmission, Computer Service and Software	1509	425	1084	
批发与零售业	Wholesale and Retail Trade	39850	13787	26063	5.1
住宿和餐饮业	Hotels and Restaurants	12572	930	11642	1.6
金融业	Financing	4262	3773	489	
房地产业	Real Estate	13148	820	12328	1.7
租赁与商务服务业	Renting and Business Activities	10469	423	10046	1.3
科学研究、技术服务与地质勘查业	Scientific Research, Technical Services and Geological Prospecting	1051	600	451	
水利、环境和公共设施管理业	Administration of Water Conservancy, Environment and Public Utilities	31253	5822	25431	4.0
居民服务和其他服务业	Personal Services and Other Services	6526	315	6211	
教育	Education	8721	2100	6621	1.1
卫生、社会保障和社会福利业	Public Health, Social Security and Social Welfare	8816	6067	2749	1.1
文化、体育与娱乐业	Culture, Sports and Entertainment	7818	1884	5934	1.0
公共管理与社会组织	Public Administration and Social Organizations	14525	6654	7871	1.9
新增固定资产(万元)	**New Fixed Assets (10 000 yuan)**	**644622**	**95357**	**549265**	
固定资产交付使用率(%)	**Rate of Fixed Assets Put into Use (%)**	**83.1**	**76.6**	**84.3**	
房屋建筑面积(万平方米)	**Floor Space of Buildings (10 000 sq.m)**				
施工面积	Floor Space under Construction	508.60	110.33	398.27	
#住宅	Residential Buildings	156.79	56.58	100.21	
竣工面积	Floor Space Completed	406.27	64.25	342.02	
#住宅	Residential Buildings	120.93	31.81	89.12	

4—15 城乡私人建房（2003年）
BUILDING CONSTRUCTION BY INDIVIDUALS IN URBAN AND RURAL AREAS (2003)

指 标	Item	合 计 Total	城镇私人 Urban Individuals	农村私人 Rural Individuals
建房户数(户)	Households with Building Construction (household)	184749	10895	173854
竣工房屋价值(万元)	Value of Buildings Completed (10 000 yuan)	750003	83603	666400
#住宅	Residential Buildings	649956	68522	581434
竣工房屋建筑面积(万平方米)	Floor Space of Buildings Completed (10 000 sq.m)	2516.79	174.75	2342.04
#住宅	Residential Buildings	2252.98	154.55	2098.43
竣工住宅面积造价(元/平方米)	Cost of Buildings Completed (yuan/sq.m)	298	478	286

注：城镇私人建房不含城关镇以下的建制镇数据。
Note: Data of housing construction by urban individuals should exclude that at towns with county governments stationed below.

4—16 渝房景气指数（1996—2003年）
BUSINESS SURVEY OF REAL ESTATE DEVELOPMENT IN CHONGQING (1996-2003)

年 份 Year	1 月 January	2 月 February	3 月 March	4 月 April	5 月 May	6 月 June
1996	100.93	101.69	100.00	99.50	102.31	102.56
1997	105.81	98.29	101.00	104.09	99.74	95.62
1998	102.96	112.03	114.38	108.84	111.86	112.16
1999	109.08	106.38	101.61	105.14	103.02	106.24
2000	108.59	103.50	109.48	109.19	108.63	105.83
2001	102.77	103.11	107.95	110.18	108.35	110.94
2002	102.66	101.42	105.64	103.72	103.82	104.41
2003	113.40	114.57	113.96	115.87	115.42	110.89

年 份 Year	7 月 July	8 月 August	9 月 September	10 月 October	11 月 November	12 月 December
1996	104.88	105.33	102.95	104.14	104.30	101.95
1997	94.64	94.24	96.67	96.63	96.93	103.07
1998	111.36	115.07	116.97	119.31	120.12	112.46
1999	104.78	102.12	100.78	98.81	97.98	97.44
2000	107.76	108.80	109.77	109.25	108.92	107.25
2001	112.12	112.87	113.60	115.05	115.56	110.38
2002	102.64	102.38	102.72	103.51	103.91	106.65
2003	114.06	115.06	114.03	115.04	114.04	110.15

4—17 商品房销售情况和空置面积（2002—2003年）
SALES OF COMMERCIAL BUILDINGS AND VACANT SPACE (2002-2003)

单位：万平方米 (10 000 sq.m)

指　标	Item	2002	2003
实际销售商品房屋面积	Floor Space of Commercial Buildings Actually Sold	1016.58	1316.83
#住宅	Residential Buildings	870.41	1132.95
#别墅、高档公寓	Willas and Good Apartments	35.65	26.12
经济适用房屋	Economical Houses	90.24	126.69
办公楼	Office Buildings	25.60	32.00
个人购买商品住宅面积	Area of Personal Purchases of Commercials Buildings	831.82	1076.78
商品房屋销售额(亿元)	Sales Revenue of Commercial Buildings (100 million yuan)	158.15	210.23
#住宅	Residential Buildings	111.19	150.00
#别墅、高档公寓	Willas and Good Apartments	10.16	8.78
经济适用房屋	Economical Houses	7.97	11.28
办公楼	Office Buildings	6.11	7.93
个人购买商品住宅额（亿元）	Amount of Personal Purchases of Commercials Buildings (100 million yuan)	106.19	143.21
商品房平均销售价格（元）	Average Selling Price of Commercial Buildings (yuan)	1556	1596
#住宅	Residential Buildings	1277	1324
#别墅、高档公寓	Willas and Good Apartments	2849	3361
经济适用房屋	Economical Houses	884	890
办公楼	Office Buildings	2387	2478
商品房空置面积	Vacant Space of Commercial Buildings	559.61	551.28
#住宅	Residential Buildings	280.36	225.62
#别墅、高档公寓	Willas and Good Apartments	12.41	2.59
经济适用房屋	Economical Houses	30.64	8.80
办公楼	Office Buildings	51.39	44.72
其中：空置一年以上	Vacant over 1 Year	266.26	331.34
#住宅	Residential Buildings	96.57	110.85
#别墅、高档公寓	Willas and Good Apartments	8.31	2.30
经济适用房屋	Economical Houses	6.74	4.26
办公楼	Office Buildings	36.76	36.10

4－18 房地产开发基本情况（1990－2003年）
BASIC STATISTICS ON REAL ESTATE DEVELOPMENT (1990-2003)

单位：万平方米 (10 000 sq.m)

年份 Year	企业数（个） Number of Enterprises (unit)	从业人员（人） Employment (person)	本年完成土地开发面积 Land Space Developed in This Year	本年土地购置面积 Land Space Purchased in This Year	本年完成投资总额（万元） Investment Completed in This Year (10 000 yuan)	#商品房屋建设投资 Investment in Commercial Building Construction	#住宅 Residential Buildings	资金来源（万元） Total Funds (10 000 yuan)
1990					17503	16351	10600	17568
1991					19185	18983	14040	18042
1992					33868	33628	21239	33148
1993					123151	121419	66833	107210
1994					279089	277355	196411	377959
1995					468845	457742	252085	612121
1996	635	22512	93.84	588.65	556185	400859	259881	836655
1997	622	24911	183.31	259.49	675022	477218	282592	1060761
1998	991	50088	205.98	521.48	973014	781839	440889	1391253
1999	1073	50526	211.12	624.53	1125135	893899	523357	1504042
2000	1339	63925	384.68	619.21	1396327	1138097	728125	1784950
2001	1474	78961	518.00	870.34	1966684	1630362	1107126	2373982
2002	1559	76582	661.94	1320.26	2459130	2027530	1306998	3148171
2003	1597	54148	842.35	1637.19	3278881	2247433	1774341	4793499

年份 Year	房屋施工面积 Floor Space under Construction	#住宅 Residential Buildings	房屋竣工面积 Floor Space Completed of Commercial Buildings	#住宅 Residential Buildings	商品房销售面积 Floor Spaces Sold of Commercial Buildings	#住宅 Residential Buildings	商品房销售额（万元） Sales Value of Commercial Buildings (10 000 yuan)	#住宅 Residential Buildings
1990	107.80	65.48	46.16	34.16	23.29		17648	
1991	112.57	83.54	37.33	28.61	27.48		20007	
1992	160.91	94.56	45.90	30.48	32.87		29583	
1993	437.73	293.03	81.05	66.01	37.39		42221	
1994	650.71	394.43	141.27	115.05	46.32		55336	
1995	1267.96	810.36	258.25	208.70	114.61		116657	
1996	1424.35	855.64	351.76	275.62	166.21	142.98	189856	145507
1997	1652.32	904.18	459.92	358.36	260.78	215.33	313111	222376
1998	2058.35	1223.66	600.04	422.61	416.82	359.73	554786	417609
1999	2103.76	1285.41	619.56	438.56	429.98	364.56	591992	393569
2000	2833.42	1896.18	849.42	622.08	579.96	491.09	783709	528698
2001	3653.71	2508.30	1020.63	738.41	746.05	635.04	1076534	719196
2002	4414.96	3081.57	1390.73	1033.60	1016.58	870.41	1581505	1111929
2003	5287.80	3747.34	1676.97	1231.75	1316.83	1132.95	2102260	1499915

4－19 房地产开发主要指标（2002－2003年）
MAIN INDICATORS OF REAL ESTATE DEVELOPMENT (2002-2003)

指　　标	Item	2002	2003
企业个数（个）	**Number of Enterprises (unit)**	**1559**	**1597**
内资企业	Domestic Funded	1411	1486
#国有	State-owned	104	81
集体	Collective-owned	50	36
港、澳、台投资企业	Funded by Entrepreneurs from Hong Kong, Macao and Taiwan	112	78
外商投资企业	Foreign Funded	36	33
从业人员（人）	**Employment (person)**	**76582**	**54148**
内资企业	Domestic Funded	70771	49072
#国有	State-owned	5737	2903
集体	Collective-owned	6339	964
港、澳、台投资企业	Funded by Entrepreneurs from Hong Kong, Macao and Taiwan	4497	4075
外商投资企业	Foreign Funded	1314	1001
土地开发及购置（万平方米）	**Land Development and Purchase (10 000 sq.m)**		
本年完成土地开发面积	Land Space Developed in This Year	661.94	842.35
本年土地购置面积	Land Space Purchased in This Year	1320.26	1637.19
本年完成投资总额（万元）	**Investment Completed in This Year (10 000 yuan)**	**2459130**	**3278881**
#土地开发投资	Land Development Investment	197722	341766
商品房屋建设投资	Commercial Building Construction Investment	2027530	2247433
按工程用途分	By Use of Projects		
住宅	Residential Buildings	1306998	1774341
#别墅、高档公寓	Villas and Senior Flats	95204	116952
经济适用房屋	Economical Houses	124857	163154
办公楼	Office Buildings	95679	118569
商业营业用房	Commercial Buildings	420038	508227
其他	Others	636415	877744
资金来源（万元）	**Total Funds by Source (10 000 yuan)**	**3148171**	**4793499**
#国家预算内资金	State Budgetary Appropriation	3675	1000
国内贷款	Domestic Loans	681865	949504
债券	Bonds		
利用外资	Foreign Investment	36514	41458
自筹资金	Fundraising	949051	1371847
其他	Others	1090970	1859454
房屋建筑面积（万平方米）	**Floor Space of Buildings (10 000 sq.m)**		
施工面积	Floor Space under Construction	4414.96	5287.80
#住宅	Residential Buildings	3081.57	3747.34
竣工面积	Floor Space Completed	1390.73	1676.97
#住宅	Residential Buildings	1033.60	1231.75
本年新开工面积	Floor Space Started in This Year	1709.47	2098.24
#住宅	Residential Buildings	1277.55	1580.04
商品房销售	**Sales of Commercial Buildings**		
商品房销售面积（万平方米）	Floor Space of Sales (10 000 sq.m)	1016.58	1316.83
#住宅	Residential Buildings	870.41	1132.95
商品房销售额（万元）	Total Sales of Commercial Buildings (10 000 yuan)	1581505	2102260
#住宅	Residential Buildings	1111929	1499915
商品房平均销售价格（元/平方米）	Average Selling Price of Commercial Buildings (yuan/sq.m)	1556	1596
#住宅	Residential Buildings	1277	1324
实收资本合计（万元）	**Total Capital Hold (10 000 yuan)**	**2575522**	**2895894**
#国家资本金	State Capital	340341	121331
资产负债率（%）	Ratio of Liabilities to Assets (%)	69.9	71.4
房地产开发经营情况（万元）	**Real Estate Development and Management (10 000 yuan)**		
经营总收入	Total Revenue	1797962	2469860
#土地转让收入	Land Transferred	61477	37242

4－20 房地产开发企业资产负债情况（2002－2003年）
ASSET BALANCE OF ENTERPRISES FOR REAL ESTATE DEVELOPMENT (2002-2003)

单位：万元 (10 000 yuan)

指 标	Item	2002	2003
实收资本合计	Total Capital Hold	2575522	2895894
#国家资本金	State Capital	340341	121331
资产总计	Total Assets	10700308	12968949
累计折旧	Total Depreciation	255673	206505
#本年折旧	Depreciation in This Year	33724	42805
负债总计	Total Liabilities	7474343	9257357
所有者权益	Creditors' Equity	3225965	3711592
资产负债率（%）	Ratio of Liabilities to Assets (%)	69.9	71.4

4－21 房地产开发经营情况（2002－2003年）
REAL ESTATE DEVELOPMENT AND MANAGEMENT (2002-2003)

单位：万元 (10 000 yuan)

指 标	Item	2002	2003
经营总收入	Total Revenue	1797962	2469860
土地转让收入	Land Transferred	61477	37242
商品房屋销售收入	Commercial Houses Sold	1393866	1914342
房屋出租收入	Houses Leased	38912	43603
其他收入	Others	303707	474673
经营税金及附加	Business Tax and Extra Charges	97386	128979
利润总额	Total Profits	13352	72736

主要统计指标解释

全社会固定资产投资 是以货币表现的建造和购置固定资产活动的工作量，它是反映固定资产投资规模、速度、比例关系和使用方向的综合性指标。全社会固定资产投资按登记注册类型可分为国有、集体、个体、联营、股份制、外商、港澳台商、其他等。按管理渠道，全社会固定资产投资总额分为基本建设、更新改造、房地产开发投资和其他固定资产投资四个部分。

基本建设投资 基本建设是企业、事业、行政单位以扩大生产能力或工程效益为主要目的的新建、扩建工程及有关活动。其综合范围为总投资50万元以上（含50万元，下同）的基本建设项目。具体包括（1）列入中央和各级地方本年基本建设计划的建设项目，以及虽未列入本年基本建设计划，但使用以前年度基建计划内结转投资（包括利用基建库存设备材料）在本年继续施工的建设项目；（2）本年基本建设计划内投资与更新改造计划内投资结合安排的新建项目和新增生产能力（或工程效益）达到大中型项目标准的扩建项目，以及为改变生产力布局而进行的全厂性迁建项目；（3）国有单位既未列入基建计划，也未列入更新改造计划的总投资50万元以上的新建、扩建、恢复项目和为改变生产力布局而进行的全厂性迁建项目，以及行政、事业单位增建业务用房和行政单位增建生活福利设施的项目。

更新改造投资 更新改造是指企业、事业单位对原有设施进行固定资产更新和技术改造，以及相应配套的工程和有关工作（不包括大修理和维护工程）。其综合范围为总投资50万元以上（含50万元，下同）的更新改造项目。具体包括：（1）列入中央和各级地方本年更新改造计划的项目和虽未列入本年更新改造计划，但使用上年更新改造计划内结转的投资在本年继续施工的项目；（2）本年更新改造计划内投资与基本建设计划内投资结合安排的对企、事业单位原有设施进行技术改造或更新的项目，和增建主要生产车间、分厂等其新增生产能力（或工程效益）未达到大中型项目标准的项目，以及由于城市环境保护和安全生产的需要而进行的迁建工程；（3）国有企、事业单位既未列入基建计划也未列入更新改造计划，总投资50万元以上属于改建或更新改造性质的项目，以及由于城市环境保护和安全生产的需要而进行的迁建工程。

房地产开发投资 指房地产开发公司、商品房建设公司及其他房地产开发法人单位和附属于其他法人单位实际从事房地产开发或经营的活动单位统一开发的包括统代建、拆迁还建的住宅、厂房、仓库、饭店、宾馆、度假村、写字楼、办公楼等房屋建筑物和配套的服务设施，土地开发工程（如道路、给水、排水、供电、供热、通讯、平整场地等基础设施工程）的投资；不包括单纯的土地交易活动。

其他固定资产投资 全社会固定资产投资中未列入基本建设，更新改造和房地产开发投资的建造和购置固定资产的活动。包括：

（1）国有单位未纳入基本建设计划和更新改造计划管理的项目和工程投资：①用油田维护费和石油开发基金进行的油田维护和开发工程；②煤炭、铁矿、森工等采掘采伐业用维简费进行的开拓延伸工程；③交通部门用公路养路费对原有公路、桥梁进行改建的工程；④商业部门用简易建筑费建造的仓库工程。

（2）城镇集体固定资产投资：指所有隶属城市、县城（城关镇）领导的集体单位（乡镇企业局管理的除外）建造和购置固定资产计划总投资（或实际需要总投资）在50万元及50万元以上，未列入基本建设和更新改造计划的单位（项目）投资。

（3）除上述以外的其他各种企业、事业单位、个体建造和购置固定资产总投资在50万元及50万元以上，未列入基本建设和更新改造计划的单位（项目）。

（4）城镇和工矿区私人建房投资：包括市、县城、镇、工矿区所辖范围内的全部私人建房，不论其房主是否系本地的常住户口均应包括。

（5）农村投资：包括农村区域范围内进行固定资产投资活动的企业及农村个人投资。

固定资产投资的资金来源 根据固定资产投资的资金来源不同，分为国家预算内资金、国内贷款、利用外资、自筹资金和其他资金来源。

（1）国家预算内资金　分为财政拨款和财政安排的贷款两部分，包括中央财政的基本建设基金（分经营性基金和非经费性基金两部分），专项支出、收回再贷、贴息资金、财政安排的挖潜改造和新产品试制支出、城建支出、商业部门简易建筑支出，不发达地区发展基金等资金中用于固定资产投资的资金；地方财政中由国家统筹安排的固定资产投资资金等。

（2）国内贷款　指报告期固定资产投资单位向银行及非银行金融机构借入的用于固定资产投资的各种国内借款，包括：银行贷款，上级主管部门拨入的国内贷款、国家专项贷款（包括煤代油贷款、劳改煤矿专项贷款等），地方财政专项资金安排的贷款、国内储备贷款、周转贷款等。

（3）利用外资　指报告期收到的用于固定资产投资的国外资金。包括对外借款（外国政府、国际金融组织贷款、出口信贷、外国银行商业贷款、对外发行债券和股票）外商直接投资，外商其他投资（包括利用外商投资收益在国内进行固定资产再投资活动的资金）。

（4）自筹资金　指固定资产投资单位报告期收到的，由各地区、各部门及企事业单位筹集用于固定资产投资的预算外资金。

（5）其他资金来源　指在报告期收到的除以上各种资金以外其他用于固定资产投资的资金，包括群众集资，个人资金、无偿损赠的资金及其他单位拨入的资金等。

固定资产投资按国民经济行业分　建设项目归哪个行业，按其建成投产后的主要产品或主要用途及社会经济活动性质来确定，基本建设按建设项目划分国民经济行业，更新改造、国有经济单位其他固定资产投资及城镇集体投资根据整个企业、事业单位所属的行业来划分。一般情况下，一个建设项目或一个企业、事业单位只能属于一种国民经济行业。为了更准确地反映国民经济各行业之间的比例关系，联合企业（总厂）所属分厂属于不同行业的，原则上按分厂划分行业。

固定资产投资按建设性质分　建设项目的性质一般分为新建、扩建、改建、迁建、恢复。基本建设按建设项目划分建设性质，更新改造、国有经济单位其他固定资产投资及城镇集体投资按整个企业、事业单位的情况确定建设性质。房地产开发单位、农村投资、城镇工矿区私人建房等投资不划分建设性质。

（1）新建：一般是指从无到有、“平地起家”开始建设的企、事业和行政或独立的工程单位。有的单位原有的基础很小，经过建设后其新增加的固定资产价值超过原有固定资产价值（原值）三倍以上的也算新建。

（2）扩建：是指为扩大原有产品的生产能力、在厂内或其他地点增建主要生产车间（或主要工程）、独立的生产线或总厂之下的分厂的企业；事业单位和行政单位在原单位增建业务用房（如学校增建教学用房、医院增建门诊部或病床用房、行政机关增建办公楼等）也作为扩建。

（3）改建：一般是指现有企业、事业单位为了技术进步，提高产品质量，增加花色品种，促进产品升级换代，降低消耗和成本，加强资源综合利用和三废治理、劳保安全等，采用新技术、新工艺、新设备、新材料等对现有设施、工艺条件进行技术改造或与更新（包括相应配套的辅助性生产、生活福利设施）。有的企业充分发挥现有生产能力，进行填平补齐而增建不增加本单位主要产品生产能力的车间等，也属于改建。

固定资产投资按构成分　固定资产投资活动按其工作内容和实现方式分为建筑安装工程，设备、工具、器具购置，其他费用三个部分。

（1）建筑安装工程（建筑工作量）：指各种房屋、建筑物的建造工程和各种设备、装置的安装工程。包括各种房屋建造工程，各种用途设备基础和各种工业窑炉的砌筑工程；为施工而进行的各种准备工作和临时工程以及完工后的清理工作等；铁路、道路的铺设，矿井的开凿及石油管道的架设等；水利工程；防空地下建筑等特殊工程；以及各种机械设备的安装工程；为测定安装工程质量，对设备进行的试运行工作。在安装工程中，不包括被安装设备本身的价值。

（2）设备、工具、器具购置：指购置或自制达到固定资产标准的设备、工具、器具的价值。新建单位、扩建单位的新建车间按照设计和计划要求购置或自制的全部设备、工具、器具，不论是否达到固定资产标准均计入“设备、工具、器具购置”中。

（3）其他费用：指在固定资产建造和购置过程中发生的，除建筑安装工程和设备、工具、器具购置以外的各种应摊入固定资产的费用。

施工项目 指报告期内曾进行建筑或安装工程施工活动的建设项目。包括报告期内新开工项目、报告期以前开工跨入报告期继续施工的项目以及报告期施过工并在报告期内全部建设投产或停缓建的项目。

全部建成投产项目 工业项目是指设计文件规定形成生产能力的主体工程及其相应配套的辅助设施全部建成，经负荷试运转，证明具备生产设计规定合格产品的条件，并经过验收鉴定合格或达到竣工验收标准，与生产性工程配套的生产福利设施可以满足近期正常生产的需要，正式移交生产的建设项目。非工业项目是指设计文件规定的主体工程和相应的配套工程全部建成，能够发挥设计规定的全部效益，经验收鉴定合格或达到竣工验收标准，正式移交使用的建设项目。

新增生产能力 指通过固定资产投资活动而增加的设计能力或工程效益，它是用实物形态表示的固定资产投资的成果。新增生产能力的计算，是以能独立发挥生产能力或效益的单项工程（或项目）为对象。当单项工程，（或项目）建成，经有关部门鉴定合格，正式移交投入生产，即可计算新增生产能力。

新增生产能力或工程效益有以下几种表现形式：

（1）以建设项目或单位工程建成后的年产能力表示。如煤炭开采、石油开采等。

（2）以建设项目或单项工程建成后处理原料的能力表示。如选矿工程的年处理矿石能力，洗煤厂年洗原煤能力等。

（3）以新增的主要设备数量或容量表示。如棉纺锭枚数，发电机组容量等。

（4）以建筑物容积、容量、面积或长度表示。如水库容量、铁路公路里程等。

新增生产能力的数量一般按设计能力计算。设计能力是指设计文件中规定的在正常情况下能够达到的生产能力，而不论投产后的实际产量如何。以设备数量、建筑物容积、面积、长度等表示的新增生产能力（或效益），则按建成的实际数量计算。

房屋建筑面积 指从房屋外墙线算起的各层平面面积的总和，包括可供使用的有效面积和房屋结构（如柱、墙）占用的面积。多层建筑按各层（包括地下室）面积总和计算。

住宅建筑面积 指施工和竣工房屋建筑面积中供居住用的施工和竣工房屋建筑面积。

房屋施工面积 指报告期内施过工的房屋面积。包括上期跨入本期继续施工的房屋面积、本期新开工的房屋面积以及上期已经停、缓建在本期又恢复施工的房屋面积。本期开工后又停、缓建的房屋面积仍包括在施工面积中，施工房屋面积以每一幢房屋计算，一幢房屋只要正式开工，即计算整幢房屋的施工面积。多层建筑应填各层建筑面积之和。

房屋竣工面积 指报告期内房屋建筑按照设计要求已全部完工，达到入住和使用条件，经验收鉴定合格（或达到竣工验收标准），可正式移交使用的各栋房屋建筑面积的总和。

房屋建筑面积竣工率 指一定时期内房屋竣工面积占同期房屋施工面积的比率。它是从房屋建筑施工速度的角度反映投资效果和建筑业经济效益的指标。

新增固定资产 指通过投资活动所形成的新的固定资产价值。包括已经建成投入生产或交付使用的工程价值和达到固定资产标准的设备、工具、器具的价值及有关应摊人的费用。它是以价值形式表示的固定资产投资成果的综合性指标，可以综合反映不同时期、不同部门、不同地区的固定资产投资成果。

建设项目投产率 指一定时期内全部建成投入生产项目个数占同期正式施工项目个数的比率。它是从项目建设速度的角度反映投资效果的指标。

固定资产交付使用率 指一定时期新增固定资产与同期完成投资额的比率。它是反映各个时期固定资产动用速度，衡量建设过程中投资效果的一个综合性指标。

未完工程占用率 指年末未完工程累计完成投资额占全年实际完成投资额的比率。它反映未完工程的相对规模，并可从资金占用的角度反映固定资产投资效果。由于未完工程是指已经开工，但尚未建成交付使用的工程，有个跨年度问题，因此未完工程占用率会出现大于 1 的情况。

渝房景气指数 是重庆房地产开发景气指数的简称，也就是国房重庆指数。它是综合反映重庆房地产业发展景气状况的总体指数，该指数配合“国房指数”的发布，准确反映重庆房地产发展态势，正确引导重庆房地产业健康有序地发展，为重庆市政府宏观决策提供科学依据，为本市广大房地产开发商和经济建设服务。

实际销售房屋面积 指已签订房屋销售合同并在报告期正式交付购房者使用的商品房屋面积，即报告期现房销售面积。不包括已签订预售合同尚在建设过程中的商品房屋面积，但包括报告期或报告期以前签订了预售合同，在报告期又竣工并交付使用的商品房屋面积。

销售给个人 指实际销售给国内私人的商品房屋面积，不包括外销中销售给个人的部分。

商品房建设投资额 是指房地产开发企业（单位）开发建设的供出售、出租用的住宅、厂房、仓库、饭店、度假村、写字楼、办公楼等房屋工程及其配套的服务设施所完成的投资额。

完成开发土地面积 指报告期内对土地进行开发并已完成七通一平等前期开发工程，具备进行房屋建筑物施工或达到出让条件的土地面积。

本年购置土地面积 指在本年内通过各种方式获得土地使用权的土地面积。

EXPLANATORY NOTES ON MAIN STATISTICAL INDICATORS

Total Investment in Fixed Assets Total investment in fixed assets refers to the volume of activities in construction and purchases of fixed assets in monetary terms. It is a comprehensive indicator which shows the size, pace, proportional relations and use orientation of the investment in fixed assets. Total investment in fixed assets includes, by registration type of ownership, the investment by the state-owned units, collective units, individuals, joint ownership units, share-holding units, as well as investment by businessmen from foreign countries and from Hong Kong, Macao and Taiwan, and by other units. According to China's current management system, the investment in fixed assets is classified into the following four parts: investment in capital construction, investment in innovation, investment in real estates development and other investment in fixed assets.

Investment in Capital Construction Capital construction refers to the new construction projects or extension projects and the related work of the enterprises, institutions or administrative units mainly for the purpose of expanding production capacity or improving project efficiency covering only projects each with a total investment of 500,000 RMB yuan and over. It includes: (1) projects listed in the capital construction plan of the current year of the central government and the local governments at various levels as well as the projects, though not listed in the capital construction plan of the current year, but continued to be constructed in this year, using the investment listed in the plan of capital construction of previous years and carried forward to this year (also using the equipment and materials kept in stock of the capital construction); (2) new construction projects arranged both in the plan of capital construction and the plan of innovation; extension projects with the newly increased production capacity (or project efficiency) up to the standard of a large and medium - sized project; and the projects of moving the whole factory to a new site so as to improve the distribution of productive forces; (3) new construction projects, extension projects or restoration projects with the total investment more than 500,000 RMB yuan by the state - owned units, though listed neither in the plan of capital construction nor in the plan of innovation; the projects in the state - owned units of moving the whole factory to a new site so as to improve the distribution of productive forces; and the projects of building additional business houses by the administrative units and institutions and building welfare facilities by the administrative units.

Investment in Innovation Innovation refers to the renewal of fixed assets and technological innovation of the original facilities by the enterprises and institutions as well as the corresponding supplementary projects and the related work (excluding major overhaul and maintenance projects), It includes: (1) projects listed in the innovation plan of the current year of the central government and the local governments at various levels as well as the projects, though not listed in the innovation plan of the current year, but continued to be constructed in this year, using the investment listed in the plan of innovation of previous years and carried forward to the year; (2) projects of technological innovation or renewal of the original facilities, arranged both in the plan of innovation and in the plan of capital construction; extension projects (main workshops or a branch of the factory) with the newly increased production capacity (or project efficiency) not up to the standard of a large and medium - sized project; and the projects of moving the whole factory to a new site so as to meet the requirements of urban environmental protection or safe production; (3) projects of reconstruction or technological innovation by the state - owned units, though listed neither in the plan of capital construction nor in the plan of innovation; the projects in the state - owned units of moving the whole factory to a new site so as to meet the requirements of urban environmental protection or safe production.

Investment in Real Estate Development It includes the investment by the real estate development companies, commercial buildings construction companies and other real estate development units of various types of ownership in the construction of house buildings, such as residential buildings, factory buildings, warehouses, hotels, guesthouses, holiday villages, office buildings, and the complementary service facilities and land development projects, such roads, water supply, water drainage, power supply, heating, telecommunications, land leveling and other projects of infrastructure. It excludes the activities in simple land transactions.

Other Investment in Fixed Assets refers to the construction and purchases of fixed assets not listed in the investment in capital construction, investment in innovation and investment in real estate development. It includes:

(1) The following projects of the state - owned units, which are not included in the plan of capital construction and the plan of innovation: (a) projects of oil fields maintenance and exploitation with the oil field maintenance funds and petroleum development funds; (b) opening and extending projects with the maintenance funds in coal, ore and other mining enterprises and logging enterprises; (c) project of reconstruction of the original highways and bridges with the highway maintenance funds in the department of communication; (d) projects of construction of warehouses with the funds of simple construction in the commercial department.

(2) The investment in fixed assets by urban collective units: including the projects of construction and purchases of fixed assets over 50

thousand RMB in plan or actually demanded by the urban collective units, excluding the projects not listed in the plan of capital construction and the plan of innovation.

(3) The projects with total investment over 50 thousand RMB by different enterprises, institutions, (excludes the projects above) and not listed in the plan of capital construction and the plan of innovation.

(4) The private house construction in the urban areas and industrial and mining areas includes all the private house construction under the jurisdiction of cities, counties, towns and industrial and mining areas, no matter whether the owner of the house is registered as the permanent resident in the locality or not.

(5) The individual investment in the rural areas includes the investment in house construction and purchase of productive fixed assets by the individuals in the rural areas.

Sources of Funds for Investment in Fixed Assets are classified into: (1) balance of funds brought forward from the previous year, (2) subtotal of the sources of funds in this year and (3) various payable funds. The subtotal of the sources of funds in this year is further divided into six categories, i.e. state budgetary appropriation, domestic loans, bonds, foreign investment, self - raised funds, and others.

(1) **State budgetary appropriation** includes the appropriation for capital construction fund of the central government, which are appropriated to or entrusted the banks to lend to the construction enterprises by state budget, local finance, responsible department and state specialized investment companies; the appropriations for innovation which are appropriated to the enterprises and the special appropriation for capital construction, which is arranged in the finance of central government.

(2) **Domestic loans** refer to various funds borrowed by enterprises and institutions from banks and non-bank financial institutions during the reference period for the purpose of investment in fixed assets. Domestic loans include loans issued by banks from their self-owned funds and deposit, loans appropriated by higher responsible authorities, special loans by government (including loan for replacing petroleum with coal, special loan for reform-through-labor coal mines), loans arranged by local government from special funds, domestic reserve loan, and working loan, etc.

(3) **Foreign Investment** refers to foreign funds borrowed and managed by the government refer to foreign loan borrowed by the government from foreign governments, organizations, or financial institutions under official agreements signed by both parties and the government is responsible for the repayment of both the principal and interests of the foreign loans.

(4) **Self-raised funds** refer to funds received by construction enterprises from their higher responsible authorities, local governments, and raised within enterprises for the purpose of investment in fixed assets during the reference period.

(5) **Others** refer to received during the reference period which are not included in the above - mentioned sources.

Investment in Fixed Assets by Sector The classification of construction projects buy sector is determined by the major products or the purpose of the projects when they are put into production or use, and by the nature of their social economic activities. The investment in capital construction is classified by construction projects, while investment in innovation, other investment by state - owned units and urban collective units are classified according to the sector which the whole enterprise or institution belongs to. In general, one project or one enterprise or institution can only belong to one sector. In order to reflect more accurately the proportions among various sectors, the branch factories of integrated complex are classified into deferent sectors according to their economic activities.

Investment in Fixed Assets by Type of Construction The constructing projects in general can be classified by the type of construction into new construction, expansion, reconstruction and moving away. In capital construction, the type of construction is determined by the condition of the project. In investment in innovation, in other investment by state - owned units and investment by collective - owned units, the type of construction is determined by the condition of the whole enterprise and institutions. Investment by type of construction is not applied to investment by real-estate development units, investment in rural areas and investment in housing by urban individuals.

(1) New construction in general refers to newly constructed units. In the case in which the value of the original fixed assets is quite small, and the value of newly added fixed assets exceed the original ones by three times, the expansion construction is considered as new construction.

(2) Expansion refers to construction of new major production workshop or independent production line within a factory or in other locations, or construction branch of a factory so as to increase the production capacity of the original products. Newly constructed business houses in institutions and administrative organizations (such as the newly constructed teaching buildings in schools, clinic or bed building in hospitals, and office buildings in administrative agencies, etc.) are classified as expansion.

(3) Reconstruction refers to technical innovation and transformation of the existing equipment and technical conditions undertaken by enterprises and institutions for the purposes of technological advancement, improvement in product quality, enlarging variety of products, promoting new generation of products, reducing production consumption and cost, promoting comprehensive utilization of resources, strengthening treatment of waste gas, waste water and solid wastes, and safety in production, etc. through application of new technologies and techniques, use of new equipment and new materials (including accessory facilities for production or for living and welfare purposes). Construction of new workshops for improving existing production capacity rather than increasing production capacity is also considered as reconstruction.

Investment in Fixed Assets by Structure refers to the three major parts of investment activities, i.e. construction and installation, purchase of equipment and instrument, and other expenses.

(1) Construction and installation (work volume of construction) refers to the construction of various houses and buildings and installation of various kinds of equipment and instruments, including construction of various houses, equipment foundations and industrial kilns and stoves, preparation works for project construction, and clearing up works post project construction, pavement of railways and roads, drilling of mines and putting up of oil pipes, construction of projects of water conservancy, underground constructions for air defense and construction of other special projects, installation of various machinery equipment, testing operation for protesting the quality of installation projects. The value of equipment installed is not included in the value of installation projects.

(2) Purchase of equipment and instruments refers to the total value of equipment, tools, and vessels purchased or self - produced. Equipment, tools and vessels purchased or self - produced for new workshops by newly established or expanded units are categorized as "purchase of equipment and instruments" no matter whether they come up to the standards for fixed assets or not.

(3) Other expenses refer to expenses occurring during the construction or purchase of fixed assets other than construction, installation or purchase of equipment and instruments.

Projects Under Construction refer to projects having construction and installation activities undertaken in the reference period, including projects started in the reference period, or continued from the previous period, or completed and put into production or suspended in the reference period.

Projects Completed and Put into Use Industrial projects refer to the major projects and accessory facilities completed which result in forming production capacity and have been checked and accepted while the living and welfare facilities have been completed and can ensure normal production and formally put into production. Non - industrial projects refer to the major projects and accessory facilities completed which possess the designed capacity and have been checked, accepted and formally put into production.

Newly Increased Production Capacity refers to the increase of designed capacity and project efficiency through investment in fixed assets, which reflects the accomplishment of investment in fixed assets in kind. The calculation of newly increased production capacity is based on individual projects, which operate independently. When an individual project is completed and checked and accepted and put into production, it is counted as newly increased production capacity.

The newly increased production capacity and project efficiency are usually expressed in one of the following forms:

(1) Annual production capacity, such as extraction of coal and petroleum;

(2) Raw material processing capacity, such as ore dressing capacity of ore dressing projects, the dressing capacity of a coal washer;

(3) Number or capacity of major equipment increased, such as the number of cotton spindles increased and the capacity of generating sets increased;

(4) Physical measures of construction, such as volume, capacity, area, and length, for instance, the capacity of reservoirs, the length of railways or highways.

Newly increased production capacity in terms of quantity is calculated in designed capacity in general, which refers to the production capacity of a project under normal conditions designed in construction documents regardless of the actual output.

Floor Space of Buildings under Construction and Completed refers to total floor space in each story of buildings calculated from the outside line of building walls, including both usable space and the space occupied by constructions like pillars or walls. The floor space of multi-story buildings includes the total floor space of each story (including basement).

Floor Space of Residential Buildings refers to the floor space of the residential buildings under construction and completed among the total space of buildings under construction and completed.

Floor Space of Buildings Under Construction refers to total floor space in each story of buildings calculated from the outside line of building walls, including the space occupied by constructions like pillars or walls and basements. The floor space of multi - story building includes the total floor space of each story, including area occupied by separating walls, watching rooms, doorways, and pillars, but excluding protruding wall structures, artistic decoration, etc. (for example, flight of steps). The space of recessed veranda and cantilevered balcony is counted by half of the projection area.

Floor Space of Buildings Completed refers to the floor space of buildings completed in the reference period, which have come up to the designed standards and have been put into use.

Completion Rate of Floor Space of Buildings refers to the ratio of the floor space of buildings completed in certain period of time to the floor space of buildings under construction in the same period, which reflects the investment result and economic efficiency of the construction industry from the angle of the speed of project construction.

Newly Increased Fixed Assets refer to the newly increased value of fixed assets through investment, including the value of projects completed and put into production, the value of equipment, tools, and vessels considered as fixed assets, as well as the relevant expenses as investment in fixed assets. This is a comprehensive indicator of investment in fixed assets, reflecting the achievements of investment in fixed assets in different periods, different sectors, and different regions.

Rate of Construction Projects Completed and Put into Use refers to the ratio of the number of construction projects completed and put into use in certain period of time to the number of projects under construction in the same period. This reflects the investment efficiency from the angle of the speed of projects construction.

Rate of Projects of Fixed Assets Completed and Put into Operation refers to the ratio of the newly increased fixed as to the total investment made in the same period. This is a comprehensive indicator, reflecting the speed of the employment of fixed assets and the investment efficiency.

Rate of Investment in Projects Uncompleted refers to the ratio of the accumulated investment in projects uncompleted to the total annual investment in projects; this reflects the relative size of projects uncompleted and the efficiency of investment in fixed assets from the angle of fund utilization. Since projects uncompleted refer to projects started but not completed, they often go beyond one year and therefore, the above ratio could be greater than 1.

Business Survey of Real Estate Development in Chongqing Business survey of real estate development in Chongqing is the general climate index comprehensively reflecting real estate development in Chongqing, indicating the developing trends of real estate.

Floor Space of Buildings Actually Sold refers to the sold floor space of buildings on hand in reporting period.

Sales to Individuals refers to floor space of commercial buildings sold to individuals at home.

Investment in Commercial Buildings refers to the investment in residential buildings, workshops, warehouses, hotels, official buildings and related service establishment for sale or rent by real estate development enterprises.

Developed Land Area Completed refers to the land area of land development and prophase development projects completed, which can carry out construction or remise.

Purchased Land Area in Current Year refers to the land area accessible by various means in current year.

五　能源消费

ENERGY CONSUMPTION

简要说明

本章主要内容包括能源消费及品种构成，能源消费弹性系数，综合能源平衡表，平均每万元GDP能源消费量及日均能源消费量，按工业行业分的能源消费量和工业产值综合能耗。

本章资料由市统计局工业交通处根据有关资料和调查结果编制。

Brief Introduction

The data in this chapter cover mainly the energy consumption and their composition, the elasticity ratio of energy consumption, the overall balance of energy, average per 10,000 yuan GDP energy consumption, and average daily energy consumption, energy consumption by industrial sector, and overall energy consumption of surveyed industrial enterprises.

The data in this chapter is compiled by Division of Industry and Transport Statistics, Municipal Bureau of Statistics on the basis of data from surveys and from input-output tables.

5－1 主要年份能源消费总量
TOTAL CONSUMPTION OF ENERGY IN MAJOR YEARS

单位：万吨标准煤 (10 000 tons of SCE)

年 份 Year	能源消费总量 Total Consumption of Energy	煤 炭 Coal	天然气 Natural Gas	油 料 Oil	电 力 Electricity
1949	91.71	88.97		2.06	0.68
1952	155.47	150.64		3.43	1.40
1957	263.73	247.95	3.41	7.00	5.37
1962	476.37	429.30	18.20	14.21	14.66
1965	342.88	295.00	19.65	9.85	18.38
1970	469.56	379.80	50.13	14.04	25.59
1975	651.21	514.03	78.58	21.99	36.61
1978	889.21	703.87	103.87	32.20	49.26
1980	985.59	752.60	129.08	40.53	63.38
1981	1145.07	766.33	137.82	33.83	207.09
1982	1196.02	794.01	138.62	48.30	215.09
1983	1267.96	838.14	148.22	51.06	230.54
1984	1329.95	872.47	151.97	60.05	245.46
1985	1241.40	938.21	160.83	62.83	79.53
1986	1453.22	938.66	173.38	75.61	265.57
1987	1607.13	1036.28	195.61	76.12	299.12
1988	1750.16	1157.08	183.73	80.37	328.98
1989	1786.11	1194.44	190.36	84.08	317.23
1990	1748.50	1130.76	196.44	88.00	333.30
1995	1776.91	1239.85	258.36	102.87	175.83
1996	1871.09	1317.32	260.86	97.39	195.52
1997	2030.13	1383.98	282.80	145.47	217.88
1998	2119.46	1393.43	291.30	183.62	251.11
1999	2278.42	1495.55	308.19	196.34	278.34
2000	2330.82	1519.80	312.20	202.17	296.65
2001	2463.68	1590.43	322.51	206.20	344.54
2002	2532.66	1638.51	331.87	213.84	348.44
2003	2686.85	1755.37	349.11	220.81	361.56

5—2 能源消费弹性系数（1985—2003年）
ELASTICITY RATIO OF ENERGY CONSUMPTION (1985-2003)

年 份 Year	能源消费比上年增长% Growth Rate of Energy Consumption over Preceding Year (%)	本市生产总值比上年增长% Growth Rate of GDP over Preceding Year (%)	能源消费弹性系数 Elasticity Ratio of Energy Consumption
1985	5.1	8.4	0.61
1986	3.3	8.4	0.39
1987	7.5	5.1	1.47
1988	6.0	9.3	0.65
1989	1.9	4.7	0.40
1990	1.9	6.8	0.28
1991	6.0	9.0	0.67
1992	8.8	16.2	0.54
1993	9.0	15.3	0.59
1994	5.7	13.3	0.43
1995	6.3	12.1	0.52
1996	5.3	11.2	0.47
1997	8.5	11.0	0.77
1998	4.4	8.4	0.52
1999	7.5	7.6	0.99
2000	2.3	8.5	0.27
2001	5.7	9.0	0.63
2002	2.8	10.3	0.27
2003	6.1	11.5	0.53

注：本市生产总值增长速度按可比价格计算。
Note:Growth rate of GDP is calculated at comparable prices.

5—3 平均每万元本市生产总值能源消费量（2002—2003年）
AVERAGE 10 000 YUAN GDP ENERGY CONSUMPTION (2002-2003)

品 种	Type	2002	2003
能源总消费量（吨标煤/万元）	**Total Energy Consumption (SCE/10 000 yuan)**	**1.28**	**1.19**
#煤炭	Coal	0.83	0.78
天然气	Natural Gas	0.17	0.16
油料	Oil	0.11	0.10
电力	Electricity	0.18	0.16

注：各年能源品种均已折合为吨标准煤
Note: Energy types of each year are converted into SCE.

5－4 平均每天主要能源消费量（2002－2003年）
AVERAGE DAILY ENERGY CONSUMPTION (2002-2003)

品　　种	Type	2002	2003
能源总消费量（万吨标煤/天）	**Total Energy Consumption (10 000 tons of SCE/day)**	**6.94**	**7.36**
#煤炭	Coal	4.49	4.81
天然气	Natural Gas	0.91	0.96
油料	Oil	0.59	0.60
电力	Electricity	0.95	0.99

注：各年能源品种均已折合为吨标准煤

Note: Energy types of each year are converted into SCE.

5－5 综合能源平衡表（2002－2003年）
OVERALL ENERGY BALANCE (2002-2003)

单位：万吨标准煤　　(10 000 tons of SCE)

项　　目	Item	2002	2003
可供消费的能源总量	**Total Energy Available for Consumption**	**2532.66**	**2686.85**
一次能源生产量	Output of Primary Energy	2745.49	2964.83
调进量	Transfer in	405.51	435.62
调出量(-)	Transfer out	-615.89	-692.52
能源消费总量	**Total Energy Consumption**	**2532.66**	**2686.85**
终端消费	Final Consumption	2074.52	2208.26
第一产业	Primary Industry	190.86	190.76
第二产业	Secondary Industry	1445.33	1574.03
第三产业	Tertiary Industry	173.42	173.77
生活消费	Residential Consumption	264.91	269.70
城镇	Urban	119.47	120.15
乡村	Rural	145.44	149.55
加工转换投入(-)产出(+)量	Input(-) and Output(+) in Processing and Transformation	-438.72	-448.86
#火力发电	Thermal Power	-360.08	-418.13
洗煤	Coal Washing and Dressing	-31.43	-14.82
损失量	Losses	19.42	29.73

5—6 按工业行业分的能源消费量（2003年）

行 业	Sector	原煤（吨） Coal (ton)	焦炭（吨） Coke (ton)	汽油（吨） Gasoline (ton)	煤油（吨） Kerosene (ton)	柴油（吨） Diesel Oil (ton)	天然气（万立方米） Natural Gas (10 000 cu.m)	电力（万千瓦时） Electricity (10 000 kwh)
工业消费总量	**Total Industry Consumption**	**17765982**	**1581938**	**44252**	**5725**	**59931**	**216636**	**1787528**
采矿业	Mining and Quarrying	4999120	100787	2323	82	6427	2163	99980
#煤炭开采和洗选业	Coal Mining and Dressing	4248097	203	1211	76	2508	1	64741
石油和天然气开采业	Petroleum and Natural Gas Extraction	447697		780	6	125	2101	4605
黑色金属矿采选业	Ferrous Metals Mining and Dressing	104692	100584	269		2228	60	20607
有色金属矿采选业	Nonferrous Metals Mining and Dressing							30
非金属矿采选业	Nonmetal Minerals Mining and Dressing	198634		63		1566	1	9997
制造业	Manufacturing	5894346	1481151	36594	5640	44976	214427	1313153
农副食品加工业	Farm Products and By-food Processing	17428	1	307		339	638	8956
食品制造业	Food Production	35381	8	876	3	1033	2226	5868
饮料制造业	Beverage Production	61669		317	2	396	607	9549
烟草制品业	Tobacco Products	25372		138	1	202	430	5059
纺织业	Textile Industry	230256		620	61	420	1559	40650
纺织服装、鞋、帽制造业	Garments, Shoes and Hats Production	2869		238		104	46	733
皮革、毛皮、羽毛（绒）及其制品业	Leather, Furs, Down and Related Products	1749	5	221	2	44	1	1518
木材加工及木、竹、藤、棕、草制品业	Timber Processing, Bamboo Cane Palm Fiber and Straw Products	9802		77	17	63	8	783
家具制造业	Furniture Manufacturing			74		115		1188
造纸及纸制品业	Papermaking and Paper Products	137240		533	24	836	572	18752
印刷业、记录媒介的复制	Printing and Record Medium Reproduction	53		601	150	119		2875
文教体育用品制造业	Cultural Educational and Sports Goods			5		14	3	15
石油加工、炼焦及核燃料加工业	Petroleum, Coking and Nuclear Fuel Processing	26811		100		80	124	532

ENERGY CONSUMPTION BY INDUSTRIAL SECTOR (2003)

行业	Sector	原煤(吨) Coal (ton)	焦炭(吨) Coke (ton)	汽油(吨) Gaso -line (ton)	煤油(吨) Kero -sene (ton)	柴油(吨) Diesel Oil (ton)	天然气(万立方米) Natural Gas (10 000 cu.m)	电力(万千瓦时) Electricity (10 000 kwh)
化学原料及化学制品制造业	Raw Chemical Materials and Chemical Products	1180663	120371	9498	512	7271	152382	274596
医药制造业	Medical and Pharmaceutical Products	141319	22	1116	28	481	2072	15367
化学纤维制造业	Chemical Fiber						545	1720
橡胶制品业	Rubber Products	12618	10	992		42	663	5631
塑料制品业	Plastic Products	12598		260	60	290	134	12040
非金属矿物制品业	Nonmetal Mineral Products	3490154	129	1636	315	12235	18624	372155
黑色金属冶炼及压延加工业	Smelting and Pressing of Ferrous Metals	277212	1296095	628	12	1768	10701	171424
有色金属冶炼及压延加工业	Smelting and Pressing of Nonferrous Metals	18562	2246	600	7	829	5257	139099
金属制品业	Metal Products	27237	1490	776	74	687	607	10174
通用设备制造业	Ordinary Equipment	35559	13382	1689	983	2570	2714	30870
专用设备制造业	Special Equipment	36617	1192	1648	175	1633	3443	35808
交通运输设备制造业	Transportation Equipment	100421	44475	12180	3125	12454	9814	124070
电气机械及器材制造业	Electric Equipment and Machinery	5881	1403	835	27	411	1090	13487
通信设备、计算机及其他电子设备制造业	Communication Equipment, Computers and Other Electronic Equipment			247	13	105	6	3225
仪器仪表及文化、办公用机械制造业	Instruments, Meters, Cultural and Office Machinery	2779	322	622	49	328	116	5871
工艺品及其他制造业	Handicraft and Other Production	4096		118		71	45	1044
废弃资源和废旧材料回收加工业	Recovery and Processing of Waste Resources and Materials			2		36		94
电力、燃气及水的生产和供应业	Electricpower, Gas & Water Production and Supply	6872516		4975	3	8528	46	374395
电力、热力的生产和供应业	Electricpower and Hot Power Production and Supply	6872516		4472	2	8266	37	337590
燃气生产和供应业	Gas Production and Supply			271		100	9	368
水的生产和供应业	Water Production and Supply			232	1	162		36437

5—7 调查工业企业工业产值综合能耗（2003年）
OVERALL ENERGY CONSUMPTION OF SURVEYED INDUSTRIAL ENTERPRISES (2003)

行　业	Sector	综合能源消费量(吨标准煤) Overall Energy Consump-tion (ton of SCE)	工业总产值(不变价)(万元) Gross Output Value of Industry (constant prices) (10 000 yuan)	产值能耗(吨标准煤/万元) Output Value to Energy Consump-tion (ton of SCE/10 000 yuan)	节能量(吨标准煤) Saving Energy (ton of SCE)	节能率(%) Rate of Saving Energy (%)
工业消费总量	**Total Industry Consumption**	**14691539**	**6897755**	**2.13**	**1034663**	**7.0**
采矿业	Mining and Quarrying	1375825	350700	3.92	-143786	-10.5
#煤炭开采和洗选业	Coal Mining and Dressing	1149027	163953	7.01	95093	8.3
石油和天然气开采业	Petroleum and Natural Gas Extraction	62352	30214	2.06	-3021	-4.8
黑色金属矿采选业	Ferrous Metals Mining and Dressing	48955	132892	0.37	-10631	-21.7
非金属矿采选业	Nonmetal Minerals Mining and Dressing	115491	23640	4.89	-16312	-14.1
制造业	Manufacturing	9707851	6102107	1.59	610211	6.3
#食品制造业	Food Production	53127	142452	0.37	4274	8.0
饮料制造业	Beverage Production	43851	61326	0.72	-4293	-9.8
烟草制品业	Tobacco Products	16607	258982	0.06	5180	31.2
纺织业	Textile Industry	181695	106553	1.71	6393	3.5
造纸及纸制品业	Papermaking and Paper Products	66520	16789	3.96	504	0.8
石油加工、炼焦及核燃料加工业	Petroleum, Coking and Nuclear Fuel Processing	1977	500	3.95	-155	-7.8
化学原料及化学制品制造业	Raw Chemical Materials and Chemical Products	3661205	675777	5.42	101367	2.8
医药制造业	Medical and Pharmaceutical Products	112578	225340	0.50	9014	8.0
橡胶制品业	Rubber Products	5916	4432	1.33	-1507	-25.5
非金属矿物制品业	Nonmetal Mineral Products	3414964	598950	5.70	29948	0.9
黑色金属冶炼及压延加工业	Smelting and Pressing of Ferrous Metals	1214605	763725	1.59	328402	27.0
有色金属冶炼及压延加工业	Smelting and Pressing of Nonferrous Metals	554781	418450	1.33	62767	11.3
金属制品业	Metal Products	8902	13922	0.64	835	9.4
通用设备制造业	Ordinary Equipment	28230	71250	0.40	-712	-2.5
专用设备制造业	Special Equipment	26592	40137	0.66	1605	6.0
交通运输设备制造业	Transportation Equipment	309541	2693434	0.11	107737	34.8
电气机械及器材制造业	Electric Equipment and Machinery	6760	10089	0.67	404	6.0
电力、燃气及水的生产和供应业	Electricpower, Gas & Water Production and Supply	3607863	444949	8.11	262520	7.3
#电力、热力的生产和供应业	Electricpower and Hot Power Production and Supply	3506259	392811	8.93	259255	7.4
水的生产和供应业	Water Production and Supply	101604	52138	1.95	-4171	-4.1

主要统计指标解释

能源生产总量 指一定时期内全国（地区）一次能源生产量的总和。是观察全国（地区）能源生产水平、规模、构成和发展速度的总量指标，一次能源生产量包括原煤，原油，天然气，水电、核能及其他动力能（如风能、地热能等）发电量，不包括低热值燃料生产量、生物质能、太阳能等的利用和由一次能源加工转换而成的二次能源产量。

能源消费总量 指一定时期内全国（地区）物质生产部门、非物质生产部门和生活消费的各种能源的总和，是观察能源消费水平、构成和增长速度的总量指标。能源消费总量包括：煤和原油及其制品、天然气、电力。不包括：低热值燃料、生物质能和太阳能等的利用。能源消费总量分为终端能源消费量、能源加工转换损失量和损失量三部分。

（1）终端能源消费量 指一定时期内全国（地区）生产和生活消费的各种能源在扣除了用于加工转换二次能源消费量和损失量以后的数量。

（2）能源加工转换损失量 指一定时期内全国（地区）投入加工转换的各种能源数量之和与产出各种能源产品之和的差额，是观察能源在加工转换过程中损失量变化的指标。

（3）能源损失量 指一定时期内能源在输送、分配、储存过程中发生的损失和由客观原因造成的各种损失量。不包括各种气体能源放空、放散量。

能源消费弹性系数 是反映能源消费增长速度与国民经济增长速度之间比例关系的指标。计算公式为：

能源消费弹性系数=能源消费量平均增长速度/国民经济年平均增长速度

EXPLANATORY NOTES ON MAIN STATISTICAL INDICATORS

Total Energy Production refers to the total production of primary energy by all energy producing enterprises in the country (region) in a given period of time. It is a comprehensive indicator to show the capacity, scale, composition and development of energy production of the country (region). The production of primary energy includes that of coal, crude oil, natural gas, hydropower and electricity generated by other means such as wind power and geothermal power. However, it excludes the production of fuels of low calorific value, bio-energy, solar energy and the secondary energy converted from the primary energy.

Total Energy Consumption refers to the total consumption of energy of various kinds by material production sectors, non-material production sectors and households in the country (region) in a given period of time. It is a comprehensive indicator to show the scale, composition and development of energy consumption. The total energy consumption includes that of coal, crude oil and their products, natural gas and electricity. However, it excludes the consumption of fuel of low calorific value, bio-energy and solar energy. Total domestic energy consumption can be divided into three parts:

(1) Final Energy Consumption: It refers to the total energy consumption by material production sectors, non-material production sectors and households in the country (region) in a given period of time, but excludes the consumption in conversion of the primary energy into the secondary energy and the loss in the process of energy conversion.

(2) Loss During the Process of Energy Conversion: It refers to the total input of various kinds of energy for conversion, minus the total output of various kinds of energy in the country in a given period of time. It is an indicator to show the loss that occurs during the process of energy conversion.

(3) Loss: It refers to the total of the loss of energy during the course of energy transport, distribution and storage and the loss caused by any objective reason in a given period of time. The loss of various kinds of gas due to gas discharges and stocktaking is excluded.

Elasticity Ratio of Energy Consumption is an indicator to show the relationship between the growth rate of energy consumption and the growth rate of the national economy. The formula is:

Elasticity Ratio of Energy Consumption=Average annual Growth Rate of Energy Consumption/ Average Annual Growth Rate of National Economy.

六　人民生活与物价

LIVING STANDARDS AND PRICES

简要说明

本章资料反映我市人民生活状况，主要内容包括城乡居民家庭基本情况、恩格尔系数、居民储蓄、年收入支出及其构成、主要商品购买数量、耐用消费品的拥有量，以及居民消费价格指数、商品零售价格指数、工业品价格指数和原材料、燃料、动力购进价格指数等。

城市居民生活状况的数据来源于市城市社会经济调查队，农村居民生活的统计资料来源于市农村社会经济调查队。人民物质生活情况和居民储蓄由市统计局综合处整理编辑。居民住户调查资料是抽样调查汇总的结果，价格指数采用分层抽样调查方法取得。

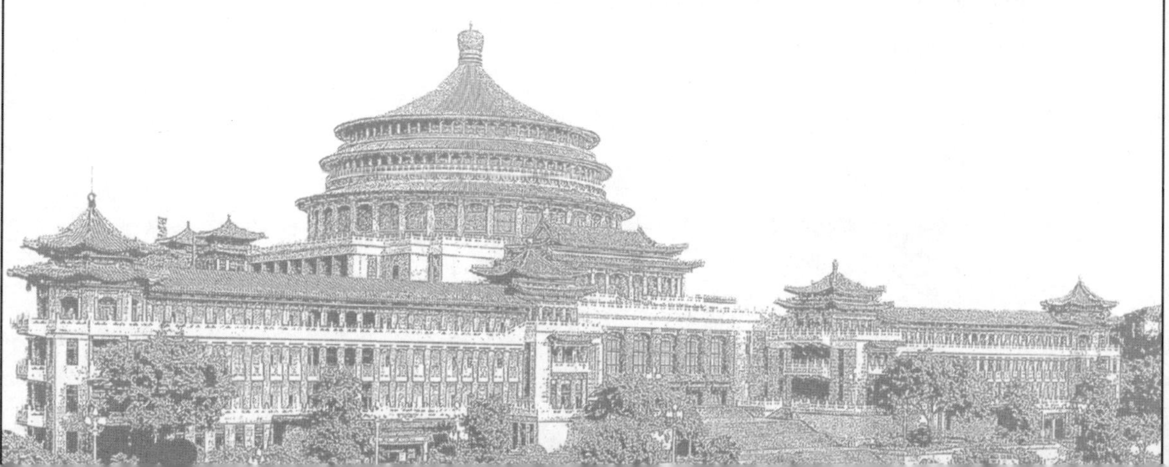

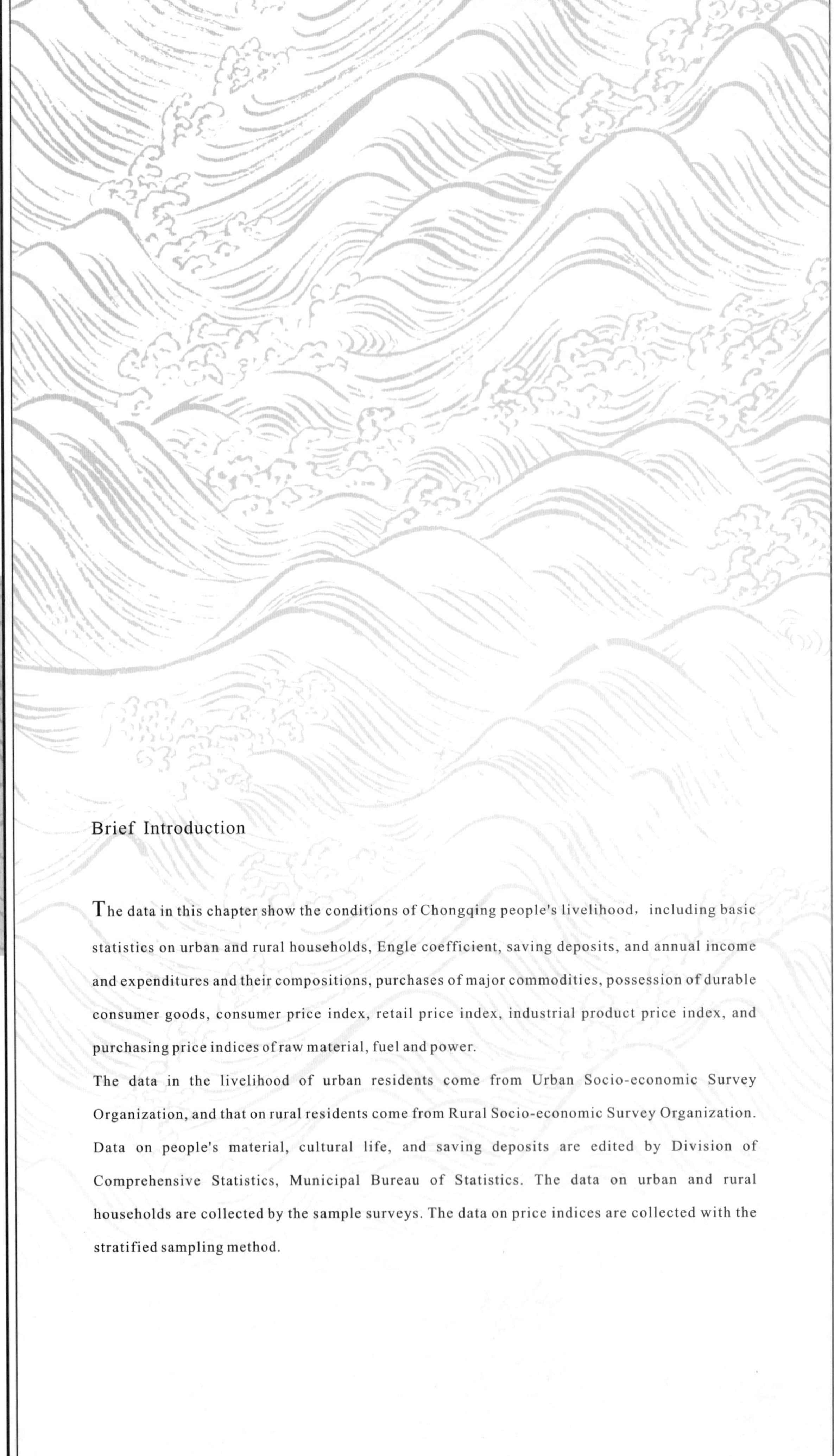

Brief Introduction

The data in this chapter show the conditions of Chongqing people's livelihood, including basic statistics on urban and rural households, Engle coefficient, saving deposits, and annual income and expenditures and their compositions, purchases of major commodities, possession of durable consumer goods, consumer price index, retail price index, industrial product price index, and purchasing price indices of raw material, fuel and power.

The data in the livelihood of urban residents come from Urban Socio-economic Survey Organization, and that on rural residents come from Rural Socio-economic Survey Organization. Data on people's material, cultural life, and saving deposits are edited by Division of Comprehensive Statistics, Municipal Bureau of Statistics. The data on urban and rural households are collected by the sample surveys. The data on price indices are collected with the stratified sampling method.

6—1 人民物质文化生活情况（2002—2003年）
PEOPLE'S MATERIAL AND CULTURAL LIFE (2002-2003)

指 标	Item	2002	2003
就 业	**Employment**		
每一城市就业者负担人数(人)(抽样调查)	Number of Dependents Per Urban Employee (person) (sample survey)	2.03	1.83
每一农村劳动力负担人数(人)(抽样调查)	Number of Dependents Per Rural Labor (person) (sample survey)	1.39	1.36
城镇登记失业率（%）	Urban Registered Unemployment Rate (%)	4.1	4.1
收入和支出	**Income and Expenditure**		
职工平均工资(元)	Annual Average Wages of Staff and Workers (yuan)	10960	12440
城市居民人均可支配收入(元)	Annual Per Capita Disposable Income of Urban Households (yuan)	7238.07	8093.67
农民人均纯收入(元)	Annual Per Capita Net Income of Rural Households (yuan)	2097.58	2214.55
城市居民人均消费性支出（元）	Annual Per Capita Consumption Expenditure of Urban Households (yuan)	6360.20	7118.06
农村居民人均生活消费支出（元）	Annual Per Capita Living Expenditure of Rural Households (yuan)	1497.72	1583.31
城市居民家庭恩格尔系数（%）	Engle Coefficient of Urban Households (%)	38.0	38.0
农村居民家庭恩格尔系数（%）	Engle Coefficient of Rural Households (%)	55.8	52.5
人均储蓄存款余额(元)	Per Capita Balance of Saving Deposits (yuan)	5122	6075
住房(抽样调查)	**Housing (sample survey)**		
城市人均房屋建筑面积(平方米)	Per Capita Residential Floor Space of Urban Residents (sq.m)	19.56	21.29
农村人均住房面积(平方米)	Per Capita Floor Space of Rural Residents (sq.m)	31.02	31.45
交通邮电	**Transportation, Postal and Telecommunication Services**		
城镇每万人拥有公共车辆（标台）	Number of buses Per 10 000 Persons in Cities and Towns (unit)	4.13	5.50
每万人拥有电话(部)	Number of Telephones Per 10 000 Persons (unit)	2999	4151
每人平均交寄函件(件)	Number of Letters Mailed Per Person (unit)	6.45	7.38
城市公用事业	**Public Utilities in Urban Areas**		
用水普及率（%）	Percentage of Population with Access to Tap Water (%)	64.6	76.8
燃气普及率（%）	Percentage of Population with Access to Gas (%)	48.0	60.4
人均公共绿地面积（平方米）	Per Capita Public Green Land (sq.m)	2.30	3.10
教 育	**Education**		
学龄儿童入学率（%）	Enrollment Ratio of School-age Children (%)	99.8	99.9
每万人口中在校大学生(人)	Number of Undergraduates Per 10 000 Persons (person)	68.01	81.76
文 化	**Culture**		
每百户城市家庭拥有彩色电视机(台)	Number of Color TV Sets Per 100 Urban Households (unit)	142.17	150.67
每百户农村家庭拥有电视机(台)	Number of TV Sets Per 100 Rural Households (unit)	104.50	102.39
广播人口覆盖率（%）	Broadcasting Covering Rate of Population (%)	91.5	92.3
电视人口覆盖率（%）	TV Covering Rate of Population (%)	94.9	95.7
卫 生	**Public Health**		
每万人拥有医院、卫生院病床(张)	Number of Hospital Beds Per 10 000 Persons (unit)	19.35	19.22
每万人拥有执业（助理）医师(人)	Number of Certified (Assistant) Doctors Per 10 000 Persons (person)	12.19	11.89

6－2 城乡居民储蓄人民币存款年末余额（1980－2003年）
YEAR-END SAVING DEPOSITS OF RMB OF URBAN AND RURAL HOUSEHOLDS (1980-2003)

年份 Year	城乡居民人民币储蓄年末余额（亿元） Year-end Saving Deposits of RMB of Urban and Rural Households (100 million yuan)	定期 Time	活期 Demand
1980	6.22		
1981	8.35		
1982	10.57		
1983	13.34		
1984	18.40		
1985	25.41		
1986	34.79		
1987	44.46		
1988	50.50	40.65	9.85
1989	68.17	55.75	12.42
1990	92.17	77.63	14.54
1991	121.95	103.36	18.59
1992	154.45	128.64	25.81
1993	198.05	160.51	37.54
1994	285.40	231.23	54.17
1995	401.45	331.09	70.36
1996	500.71	403.84	96.87
1997	580.67	454.04	126.63
1998	724.54	552.72	171.82
1999	909.10	672.96	236.14
2000	1085.36	774.38	310.98
2001	1317.17	929.37	387.80
2002	1595.01	1082.90	512.11
2003	1896.56	1265.52	631.04

6－3 城乡居民家庭恩格尔系数（1978－2003年）
ENGLE COEFFICIENT OF URBAN AND RURAL HOUSEHOLDS (1978-2003)

年 份 Year	农村居民家庭人均纯收入 Per Capital Annual Net Income of Rural Households		城市居民家庭人均可支配收入 Per Capital Annual Disposable Income of Urban Households		农村居民家庭恩格尔系数（%） Engle Coefficient of Rural Households (%)	城市居民家庭恩格尔系数（%） Engle Coefficient of Urban Households (%)
	绝对数（元） Value (yuan)	指数(1978=100) Index	绝对数（元） Value (yuan)	指数(1979=100) Index		
1978	126.01	100.0			74.0	
1979	150.18	119.2	354.54	100.0	72.9	61.9
1980	163.33	129.6	411.47	116.1	68.1	52.8
1985	325.24	258.1	812.40	229.1	63.9	51.8
1986	358.86	284.8	983.99	277.5	63.4	53.1
1987	385.82	306.2	1108.71	312.7	62.2	52.4
1988	457.54	363.1	1277.89	360.4	60.5	51.6
1989	510.09	404.8	1448.98	408.7	61.7	57.4
1990	586.73	465.6	1691.13	477.0	63.6	54.6
1991	628.89	499.1	1891.90	533.6	63.8	52.9
1992	677.46	537.6	2195.33	619.2	62.8	54.3
1993	748.08	593.7	2780.62	784.3	61.3	52.9
1994	1018.24	808.1	3634.33	1025.1	63.5	53.7
1995	1270.41	1008.2	4375.43	1234.1	64.7	50.6
1996	1479.05	1173.8	5022.96	1416.8	63.2	50.2
1997	1692.36	1343.0	5302.05	1495.5	65.8	46.7
1998	1801.17	1429.4	5442.84	1535.2	61.3	45.6
1999	1835.54	1456.7	5828.43	1643.9	60.7	42.8
2000	1892.44	1501.8	6176.30	1742.1	53.6	42.2
2001	1971.18	1564.3	6572.30	1853.8	54.1	40.8
2002	2097.58	1664.6	7238.07	2041.5	55.8	38.0
2003	2214.55	1757.4	8093.67	2282.9	52.5	38.0

注：因统计制度变更，1985-2001年的城市居民家庭可支配收入、消费支出和恩格尔系数等指标按照2002年制度重新调整（下表同）。

Note: For the reason of system changes, disposable income,consumption expenditures and Engle coefficient of urban households were readjusted in accordance with system of 2002 (the same below).

6—4 城市居民家庭基本情况（1985—2003年）
BASIC STATISTICS ON URBAN HOUSEHOLDS (1985-2003)

年 份 Year	平均每户家庭人口(人) Population Per Household (person)	平均每户就业人口(人) Average Number of Employees Per Household (person)	平均每一就业者负担人数(人) Number of Persons Supported by Each Employee (person)	平均每人可支配收入(元) Per Capita Disposable Income (yuan)	平均每人消费性支出(元) Per Capita Living Expenditures for Consumption (yuan)	平均每人房屋建筑面积（平方米） Per Capita Residential Floor Space of Buildings (sq.m)
1985	3.49	2.01	1.73	812.40	711.13	6.58
1986	3.41	2.01	1.70	983.99	893.84	6.68
1987	3.40	2.00	1.70	1108.71	1043.86	7.28
1988	3.31	1.87	1.77	1277.89	1323.17	7.64
1989	3.18	1.71	1.86	1448.98	1382.66	8.40
1990	3.12	1.73	1.81	1691.13	1569.97	8.90
1991	3.10	1.88	1.65	1891.90	1754.20	7.06
1992	3.16	2.04	1.55	2195.33	1928.63	6.75
1993	3.11	1.94	1.61	2780.62	2397.08	6.98
1994	3.03	1.89	1.61	3634.33	3126.56	7.30
1995	3.01	1.87	1.61	4375.43	4051.53	8.13
1996	3.08	2.00	1.54	5022.96	4467.12	8.00
1997	3.06	1.92	1.60	5302.05	4919.63	8.65
1998	3.01	1.86	1.62	5442.84	4956.80	9.21
1999	3.03	1.77	1.71	5828.43	5376.69	9.51
2000	3.05	1.72	1.78	6176.30	5471.70	10.72
2001	3.05	1.69	1.80	6572.30	5724.90	11.47
2002	3.05	1.50	2.03	7238.07	6360.20	19.56
2003	2.97	1.62	1.83	8093.67	7118.06	21.29

注：因统计制度变更，“平均每人房屋建筑面积”2002年前为“平均每人房屋居住面积”。

Note: For the reason of system changes, data of "per capita residential floor space of buildings" refers to "living floor space" before 2002.

6—5 农村居民家庭基本情况（1985—2003年）
BASIC STATISTICS ON RURAL HOUSEHOLDS (1985-2003)

年 份 Year	平均每户常住人口(人) Average Permanent Population Per Household (person)	平均每户整半劳力(人) Average Able-bodied and Semi-Ablebodied Laborers Per Household (person)	平均每个劳动力负担人口(人) Average Number of Persons Supported By Each Laborer (person)	平均每人纯收入(元) Per Capita Average Net Income (yuan)	平均每人生活消费支出(元) Per Capita Living Expenditures for Consumption (yuan)	平均每人住房面积(平方米) Per Capita Floor Space of Residential Buildings (sq.m)
1985	4.63	2.81	1.65	325.24	275.81	18.04
1986	4.58	2.85	1.61	358.86	312.34	18.06
1987	4.51	2.87	1.57	385.82	346.40	18.23
1988	4.40	2.89	1.53	457.54	427.19	19.03
1989	4.31	2.92	1.47	510.09	463.47	19.29
1990	4.21	2.93	1.44	586.73	519.26	19.37
1991	4.20	2.88	1.46	628.89	558.44	21.52
1992	4.12	2.88	1.43	677.46	573.65	21.94
1993	4.05	2.90	1.39	748.08	694.60	22.01
1994	3.98	2.88	1.38	1018.24	879.26	22.55
1995	3.90	2.83	1.38	1270.41	1097.52	23.50
1996	3.85	2.70	1.43	1479.05	1328.18	24.44
1997	3.82	2.69	1.42	1692.36	1389.99	24.74
1998	3.71	2.61	1.42	1801.17	1417.08	26.50
1999	3.68	2.59	1.42	1835.54	1388.64	26.67
2000	3.70	2.63	1.41	1892.44	1395.53	29.58
2001	3.66	2.56	1.43	1971.18	1475.16	31.00
2002	3.65	2.62	1.39	2097.58	1497.72	31.02
2003	3.65	2.69	1.36	2214.55	1583.31	31.45

6—6 城市居民家庭基本情况（2002—2003年）
BASIC STATISTICS ON URBAN HOUSEHOLDS (2002-2003)

指　标	Item	2002	2003
调查户数(户)	**Surveyed Households (household)**	**300**	**300**
平均每户就业人数(人)	**Average Number of Employees Per Household (person)**	**1.50**	**1.62**
#国有经济单位	State-owned	1.01	1.10
城镇集体经济单位	Urban Collective-owned	0.11	0.12
城镇个体私营经济	Urban Individual and Private	0.20	0.18
平均每人全年总收入(元)	**Per Capita Total Annual Income (yuan)**	**7663.32**	**8671.91**
#可支配收入	Disposable Income	7238.07	8093.67
工薪收入	Income from Wages	5190.98	6288.55
#工资及补贴收入	Wage and Subsidies	5018.17	6147.90
经营净收入	Net Business Income	188.48	114.13
财产性收入	Property Income	44.90	80.80
转移性收入	Transfer Income	2238.96	2188.43
平均每人全年消费支出(元)	**Per Capita Annual Living Expenditures for Consumption (yuan)**	**6360.20**	**7118.06**
其中：服务性消费支出	Of Which: Expenditure for Services	1883.88	2019.74
食品	Food	2418.95	2702.34
#粮食	Grain	164.58	168.39
衣着	Clothing	618.61	735.01
#服装	Garments	443.73	526.98
家庭设备用品及服务	Household Appliances & Articles and Services	454.18	475.36
医疗保健	Medicine and Medical Services	429.62	459.69
交通和通讯	Transportation and Communications	615.01	790.26
教育娱乐文化服务	Educational, Recreational and Cultural Services	1065.06	1025.99
#教育	Eduction	632.98	565.07
居住	Residence	594.50	741.60
#住房	Housing	217.73	249.19
杂项商品与服务	Miscellaneous Commodities and Services	164.27	187.81

6－7 按可支配收入分组的城市居民家庭情况（2003年）
STATISTICS ON URBAN HOUSEHOLDS BY DISPOSABLE INCOME (2003)

项　目	Item	合计 Total	按平均每人每月可支配收入分组 By Per Capita Monthly Disposable Income		
			200元以下 Below 200 yuan	200-400元 200-400 yuan	400-600元 400-600 yuan
调查户数(户)	Survey Households (household)	300	2.92	45.74	80.17
比重(%)	Composition (%)	100.0	1.0	15.3	26.7
平均每户家庭人口数(人)	Population Per Household (person)	2.97	3.33	3.39	3.10
平均每户就业人口数(人)	Average Number of Employees Per Household (person)	1.62	1.00	1.50	1.67
平均每户就业面(%)	Percentage of Employed Persons Per Household (%)	54.6	30.0	44.3	53.9
平均每一就业者负担人数(人)	Number of Persons Supported by Each Employee (person)	1.83	3.33	2.26	1.86
平均每人每月总收入(元)	Per Capita Monthly Total Income (yuan)	722.66	196.79	365.44	529.34
#可支配收入	Disposable Income	674.47	167.17	340.24	497.66
平均每人每月消费性支出(元)	Per Capita Monthly Living Expenditures for Consumption (yuan)	593.17	153.40	339.17	451.94
#服务性消费支出	Expenditure for Services	168.31	18.03	94.25	116.80

项　目	Item	按平均每人每月可支配收入分组 By Per Capita Monthly Disposable Income			
		600-800元 600-800 yuan	800-1000元 800-1000 yuan	1000-1500元 1000-1500 yuan	1500元以上 Over 1500 yuan
调查户数(户)	Survey Households (household)	73.50	57.00	33.17	7.50
比重(%)	Composition (%)	24.5	19.0	11.1	2.5
平均每户家庭人口数(人)	Population Per Household (person)	2.88	2.75	2.70	2.43
平均每户就业人口数(人)	Average Number of Employees Per Household (person)	1.49	1.63	1.93	1.97
平均每户就业面(%)	Percentage of Employed Persons Per Household (%)	51.7	59.3	71.5	81.1
平均每一就业者负担人数(人)	Number of Persons Supported by Each Employee (person)	1.93	1.69	1.40	1.23
平均每人每月总收入(元)	Per Capita Monthly Total Income (yuan)	736.70	947.17	1276.82	1823.77
#可支配收入	Disposable Income	689.35	883.33	1184.93	1687.10
平均每人每月消费性支出(元)	Per Capita Monthly Living Expenditures for Consumption (yuan)	645.92	708.61	1009.96	1234.59
#服务性消费支出	Expenditure for Services	175.55	218.33	299.00	416.23

注：1）2002年统计制度变更后，“可支配收入”为家庭总收入扣除各种社会保障金，因此按月分组、全年计算各组平均户数，部分分组的调查户数为小数。
2）本表资料按全年平均每人每月可支配收入分组汇总。

Note:a) For the reason of system changes, "disposable income" refers to total income minus various social security revenue in accordance with the system of 2002. So data of some groups of surveyed households by monthly and by yearly average household was decimal.
b) Data in 2003 were classified by average monthly disposable income.

6－8 城市居民家庭平均每人全年收入及构成（2003年）
PER CAPITA ANNUAL INCOME OF URBAN HOUSEHOLDS AND ITS COMPOSITION (2003)

项 目	Item	总平均 Overall Average	最低收入户 Lowest Income Households	#困难户 Difficult Households	低收入户 Low Income Households	中等偏下户 Medium Income by Lower Households
全年总收入(元)	**Annual Total Income (yuan)**	**8671.91**	**3848.61**	**3142.18**	**4927.27**	**6268.20**
#可支配收入	Disposable Income	8093.67	3508.79	2844.73	4663.95	5879.77
工薪收入	Income from Wages	6288.55	2370.82	2023.79	2959.97	4574.28
#工资及补贴收入	Wage and Subsidies	6147.90	2277.98	1984.72	2861.61	4510.01
经营净收入	Net Business Income	114.13	251.36	337.05	38.24	125.63
财产性收入	Property Income	80.80	0.59		31.69	6.08
转移性收入	Transfer Income	2188.43	1225.83	781.34	1897.38	1562.21
全年总收入构成(%)	**Composition of Annual Total Income (%)**	**100.0**	**100.0**	**100.0**	**100.0**	**100.0**
工薪收入	Income From Wages	72.5	61.6	64.4	60.1	73.0
#工资及补贴收入	Wage and Subsidies	70.9	59.2	63.2	58.1	72.0
非工薪收入	Income From Non-wages	27.5	38.4	35.6	39.0	27.0

项 目	Item	中等收入户 Medium Income Households	中等偏上户 Medium Income by Upper Households	高收入户 High Income Households	最高收入户 Highest Income Households
全年总收入(元)	**Annual Total Income (yuan)**	**8105.44**	**10521.81**	**12689.52**	**17349.35**
#可支配收入	Disposable Income	7654.09	9743.29	11794.43	16168.21
工薪收入	Income from Wages	5597.32	7795.22	9389.14	13800.69
#工资及补贴收入	Wage and Subsidies	5511.24	7530.66	9120.49	13662.85
经营净收入	Net Business Income	197.38	89.26		
财产性收入	Property Income	34.44	63.04	204.51	422.35
转移性收入	Transfer Income	2276.31	2574.29	3095.86	3126.31
全年总收入构成(%)	**Composition of Annual Total Income (%)**	**100.0**	**100.0**	**100.0**	**100.0**
工薪收入	Income From Wages	69.1	74.1	74.0	79.6
#工资及补贴收入	Wage and Subsidies	68.0	71.6	71.9	78.8
非工薪收入	Income From Non-wages	30.9	25.9	26.0	20.5

6—9 城市居民家庭平均每人全年消费支出及构成（2003年）
PER CAPITA ANNUAL EXPENDITURES OF URBAN HOUSEHOLDS AND ITS COMPOSITION (2003)

项 目	Item	总平均 Overall Average	最低收入户 Lowest Income Households	#困难户 Difficult Households	低收入户 Low Income Households	中等偏下户 Medium Income by Lower Households
消费支出(元)	**Expenditures for Consumption (yuan)**	**7118.06**	**3454.96**	**2610.05**	**4757.07**	**5293.24**
其中：服务性消费支出	Of Which: Expenditure for Services	2019.74	860.59	487.84	1397.57	1353.80
食品	Food	2702.34	1814.20	1594.05	2080.83	2466.90
#粮油类	Grain and Oils	324.59	291.00	275.71	338.19	326.11
#粮食	Grain	168.39	151.97	147.93	164.99	160.58
肉禽蛋水产品类	Meat, Poultry, Eggs and Aquatic Products	798.85	550.42	495.33	692.80	763.13
#肉类	Meat	410.74	310.63	291.83	360.55	394.03
蔬菜类	Vegetable	255.26	219.01	199.53	243.94	235.09
糖烟酒饮料类	Sugar, Cigarettes, Alcohol and Drinks	299.89	224.10	200.93	203.78	227.53
糕点、奶及奶制品	Cakes, Milk and Dairy Products	228.93	99.76	63.66	155.46	221.48
衣着	Clothing	735.01	181.45	137.42	365.62	565.10
#服装	Garments	526.98	123.51	91.29	244.81	400.85
家庭设备用品及服务	Household Appliances & Articles and Services	475.36	113.39	65.59	143.33	221.75
医疗保健	Medicine and Medical Services	459.69	254.13	121.34	458.15	317.00
交通和通讯	Transportation and Communications	790.26	236.16	162.43	403.06	482.58
教育娱乐文化服务	Educational, Recreational and Cultural Services	1025.99	428.12	187.19	692.45	639.47
#教育	Eduction	565.07	352.29	160.87	572.42	421.55
居住	Residence	741.60	387.98	315.10	508.13	487.96
#住房	Housing	249.19	56.46	20.87	104.52	74.52
杂项商品与服务	Miscellaneous Commodities and Services	187.81	39.53	26.92	105.51	112.48
消费支出构成(%)	**Composition of Living Expenditures for Consumption (%)**	**100.0**	**100.0**	**100.0**	**100.0**	**100.0**
其中：服务性消费支出	Of Which: Expenditure for Services	28.4	24.9	18.7	29.4	25.6
食品	Food	38.0	52.5	61.1	43.7	46.6
衣着	Clothing	10.3	5.3	5.3	7.7	10.7
家庭设备用品及服务	Household Appliances & Articles and Services	6.7	3.3	2.5	3.0	4.2
医疗保健	Medicine and Medical Services	6.5	7.4	4.6	9.6	6.0
交通和通讯	Transportation and Communications	11.1	6.8	6.2	8.5	9.1
教育娱乐文化服务	Educational, Recreational and Cultural Services	14.4	12.4	7.2	14.6	12.1
居住	Residence	10.4	11.2	12.1	10.7	9.2
杂项商品与服务	Miscellaneous Commodities and Services	2.6	1.1	1.0	2.2	2.1

6-9 续表 CONTINUED

项　目	Item	中等收入户 Medium Income Households	中等偏上户 Medium Income by Upper Households	高收入户 High Income Households	最高收入户 Highest Income Households
消费支出(元)	**Expenditures for Consumption (yuan)**	**7137.38**	**8394.15**	**9446.50**	**13213.66**
其中：服务性消费支出	Of Which: Expenditure for Services	1974.79	2364.80	3093.80	3885.27
食品	Food	2886.27	3046.74	3183.21	3342.36
#粮油类	Grain and Oils	332.50	324.87	332.16	318.66
#粮食	Grain	174.70	172.54	184.52	169.25
肉禽蛋水产品类	Meat, Poultry, Eggs and Aquatic Products	863.67	903.92	857.40	861.87
#肉类	Meat	448.82	446.18	432.92	439.80
蔬菜类	Vegetable	276.54	266.88	251.91	290.20
糖烟酒饮料类	Sugar, Cigarettes, Alcohol and Drinks	335.87	389.23	338.69	353.13
糕点、奶及奶制品	Cakes, Milk and Dairy Products	245.59	261.21	303.17	295.63
衣着	Clothing	608.05	884.22	1137.08	1754.42
#服装	Garments	413.84	619.16	853.89	1336.60
家庭设备用品及服务	Household Appliances & Articles and Services	485.11	581.93	632.05	1477.18
医疗保健	Medicine and Medical Services	432.10	563.03	512.60	829.90
交通和通讯	Transportation and Communications	716.36	1130.96	1268.71	1529.49
教育娱乐文化服务	Educational, Recreational and Cultural Services	1044.34	1366.86	1657.80	1561.28
#教育	Eduction	616.93	686.99	673.90	648.81
居住	Residence	813.82	613.88	735.04	2180.22
#住房	Housing	308.51	69.51	185.94	1407.55
杂项商品与服务	Miscellaneous Commodities and Services	151.33	206.52	320.00	538.81
消费支出构成(%)	**Composition of Living Expenditures for Consumption (%)**	**100.0**	**100.0**	**100.0**	**100.0**
其中：服务性消费支出	Of Which: Expenditure for Services	27.7	28.2	32.8	29.4
食品	Food	40.4	36.3	33.7	25.3
衣着	Clothing	8.5	10.5	12.0	13.3
家庭设备用品及服务	Household Appliances & Articles and Services	6.8	6.9	6.7	11.2
医疗保健	Medicine and Medical Services	6.1	6.7	5.4	6.3
交通和通讯	Transportation and Communications	10.1	13.5	13.4	11.5
教育娱乐文化服务	Educational, Recreational and Cultural Services	14.6	16.3	17.6	11.8
居住	Residence	11.4	7.3	7.8	16.5
杂项商品与服务	Miscellaneous Commodities and Services	2.1	2.5	3.4	4.1

6－10 城市居民家庭平均每人全年购买的主要商品数量（2002－2003年）
PER CAPITA PURCHASES OF MAJOR COMMODITIES IN URBAN HOUSEHOLDS (2002-2003)

指　　标	Item	2002	2003
粮食（公斤）	Grain (kg)	69.04	64.35
鲜菜（公斤）	Fresh Vegetable (kg)	127.70	119.85
食用植物油（公斤）	Edible Plant Oil (kg)	11.28	8.09
猪肉（公斤）	Pork (kg)	30.93	30.49
牛羊肉（公斤）	Beef and Mutton (kg)	2.41	2.77
家禽（公斤）	Poultry (kg)	14.16	15.28
鲜蛋（公斤）	Fresh Eggs (kg)	9.49	10.02
鱼虾（公斤）	Fish and Shrimp (kg)	8.50	9.00
鲜乳品（公斤）	Fresh Dairy Products (kg)	18.16	23.36
酒类（公斤）	Wine (kg)	8.20	9.37
鲜瓜果（公斤）	Fresh Melons and Fruits (kg)	42.53	47.10
男士服装（件）	Men's Clothing (piece)	2.60	2.57
女士服装（件）	Women's Clothing (piece)	4.33	4.07
各式童装（件）	Children's Clothing (piece)	0.52	0.74

6－11 城市居民家庭平均每百户年末耐用消费品拥有量（2002－2003年）
MAJOR DURABLE CONSUMER GOODS OWNED PER 100 URBAN HOUSEHOLDS AT YEAR-END (2002-2003)

指　　标	Item	2002	2003
摩托车（辆）	Motorcycles (vehicle)	2.06	2.00
电风扇（台）	Electric Fans (unit)	209.28	194.33
电冰箱(台)	Refrigerators (unit)	98.92	98.00
洗衣机（台）	Washing Machines(unit)	98.19	97.67
彩色电视机(台)	Color TV Sets (unit)	142.17	150.67
组合音响(套)	Hi-Fi Stereo Component System (set)	31.25	35.33
影碟机(台)	Radio Cassette Players (unit)	67.08	70.67
摄像机（架）	Pickup Cameras (unit)	1.53	3.67
照像机(架)	Cameras (unit)	46.22	48.33
钢琴（架）	Pianos (unit)	1.39	1.33
中高档乐器(件)	Medium and High Grade Musical Instruments (piece)	2.94	3.00
微波炉（台）	Micro-wave Ovens (unit)	52.11	58.67
空调器(台)	Air Conditioners (unit)	106.89	126.67
淋浴热水器（台）	Showers (unit)	92.14	92.00
排油烟机（台）	Smoke Absorbers (unit)	32.72	41.00
健身器材（套）	Health Equipments (set)	3.28	4.67
家用电脑(台)	Personal Computers (unit)	25.33	34.67
移动电话(部)	Mobile Telephones (unit)	53.94	95.67
普通电话(部)	Honsehold Telephones (unit)	94.64	97.67
成套家具（套）	Furnitures (set)	88.33	92.00

6—12 主要年份价格总指数
GENERAL PRICE INDICES IN MAJOR YEARS

年 份 Year	以1950年为100 1950=100		以1978年为100 1978=100	
	居民消费价格总指数 General Consumer Price Index	商品零售价格总指数 General Retail Price Index	居民消费价格总指数 General Consumer Price Index	商品零售价格总指数 General Retail Price Index
1952	106.1	108.7		
1957	114.0	116.5		
1962	145.8	158.1		
1965	125.1	133.1		
1970	129.2	137.9		
1975	131.2	140.2		
1978	135.4	145.1	100.0	100.0
1980	148.3	160.1	109.5	110.3
1985	179.4	191.7	132.4	132.0
1986	186.9	199.8	138.0	137.5
1987	205.2	220.8	151.5	151.9
1988	251.8	272.2	185.9	187.3
1989	294.9	317.1	217.7	218.2
1990	299.0	317.4	220.7	218.4
1991	319.9	336.8	236.1	231.7
1992	355.7	369.8	262.5	254.4
1993	422.2	430.1	311.6	295.9
1994	547.6	544.1	404.1	374.3
1995	653.8	632.8	482.5	435.3
1996	717.2	671.4	529.3	461.9
1997	741.2	682.6	546.8	470.4
1998	714.5	645.1	527.1	444.5
1999	709.5	622.5	523.4	428.9
2000	686.1	594.5	506.1	409.6
2001	697.8	588.6	514.7	405.5
2002	695.0	582.1	512.6	401.0
2003	699.2	579.2	515.7	399.0

6－13 居民消费价格分类指数（2002－2003年）
CONSUMER PRICE INDICES BY CATEGORY (2002-2003)

（上年=100） (preceding year=100)

项 目	Item	2002	2003
居民消费价格总指数	**General Consumer Price Index**	**99.6**	**100.6**
食品	Food	98.7	104.3
#粮食	Grain	103.0	100.5
油脂	Oils and Fats	99.3	114.2
肉禽及其制品	Meat Poultry and Related Products	103.8	99.2
蛋	Eggs	104.2	98.3
水产品	Aquatic Products	97.8	104.7
菜	Vegetables	88.9	120.6
#鲜菜	Fresh Vegetables	88.3	122.8
茶及饮料	Tea and Beveages	99.3	98.5
干鲜瓜果	Dried and Fresh Melons and Fruits	89.7	122.6
#鲜果	Fresh Fruits	86.8	130.5
奶及奶制品	Milk and Dairy Products	97.9	100.5
在外用膳食品	Outward Dinner	98.0	101.3
其它食品及加工服务费	Other Foods and Manufacturing Services	100.5	102.5
烟酒及用品	Cigarettes, Alcohol and Relative Products	98.4	98.2
#烟草	Tobacco	98.0	97.0
酒	Liquor	99.2	101.1
衣着	Clothing	93.5	94.2
#服装	Garments	92.3	93.9
家庭设备用品及维修服务费	Household Appliances & Articles and Service Fees	96.8	95.5
#耐用消费品	Durable Consumer Goods	93.8	94.2
家庭服务及加工维修服务费	Other Household Service and Manufacturing Upkeep	105.3	99.8
医疗保健和个人用品	Medicine, Medical Articles & Services and Personal Articles	95.6	99.3
医疗保健	Medicine, Medical Articles & Services	94.4	99.2
个人用品及服务	Personal Articles and Services	99.1	99.8
交通和通信	Transportation and Communications	99.4	98.7
交通	Transportation	100.7	100.2
通信	Telecommunication	98.4	97.7
娱乐教育文化用品及服务	Recreational, Educational & Cultural Articles and Services	105.5	99.6
#教育	Education	111.8	102.2
旅游及外出	Tourism and Outing	94.3	98.7
居住	Residence	104.1	102.2

6－14 商品零售价格分类指数（2002－2003年）
RETAIL PRICE INDICES BY CATEGORY OF COMMODITIES (2002-2003)

（上年=100）　　(preceding year=100)

项　　目	Item	2002	2003
商品零售价格总指数	**General Retail Price Index**	**98.9**	**99.5**
食品	Food	100.5	104.4
饮料、烟酒	Beverages ,Tobacco and Liquor	99.1	98.6
服装、鞋帽	Garments ,Shoes and Hats	100.2	94.0
纺织品	Textiles	99.1	100.5
家用电器及音像器材	Household Appliances and Vedio Materials	92.2	93.5
文化办公用品	Cultural and Office Articles	100.4	98.2
日用品	Articles for Daily Use	97.2	94.9
体育娱乐用品	Sports and Amusement Articles	99.4	98.9
交通、通信用品	Transport and Telecommunication Articles	95.0	90.8
家具	Furniture	98.0	98.2
化妆品	Cosmetics	96.8	97.1
金银珠宝	Gold, Silver and Jewelery	109.7	110.5
中西药品及医疗保健用品	Traditional Chinese & Western Medicines and Medical Articles	97.9	97.8
书报杂志及电子出版物	Newspaper, Magazines and Electronic Publications	98.9	100.2
燃料	Fuels	100.3	105.3
建筑材料及五金电料	Building Materials and Hardware & Electric Materials	102.9	100.1

6－15　工业品价格指数（2002－2003年）
PRICE INDICES OF INDUSTRIAL PRODUCTS (2002-2003)

（上年=100）　(preceding year=100)

指　　标	Item	2002	2003
工业品出厂价格总指数	**Ex-factory Price Indices of Industrial Products**	**97.6**	**100.6**
#轻工业	Light Industry	97.6	99.9
以农产品为原料	Farm Products as Raw Materials	97.5	102.0
以非农产品为原料	Non-farm Products as Raw Materials	97.8	98.6
重工业	Heavy Industry	97.5	101.1
采掘工业	Minming and Quarrying	103.6	103.4
原材料工业	Raw Material Industry	99.7	103.6
加工工业	Manufacturing Industry	96.1	101.6
#生产资料	Means of Production	98.6	101.9
采掘工业	Minming and Quarrying	104.3	102.7
原材料工业	Raw Material Industry	99.2	103.0
加工工业	Manufacturing Industry	97.8	101.6
生活资料	Consumer Goods	95.2	97.7
食品	Food	99.6	102.0
衣着	Clothing	96.3	96.9
一般日用品	Articles for Daily Use	97.3	99.6
耐用消费品	Durable Consumer Goods	92.7	93.9

6－16 原材料、燃料、动力购进价格指数（2002－2003年）
PURCHASING PRICE INDICES OF RAW MATERIAL, FUEL AND POWER (2002-2003)

（上年=100）　(preceding year=100)

指　　标	Item	2002	2003
原材料、燃料、动力购进价格指数	**Purchasing Price Indices of Raw Material, Fuel and Power**	**98.1**	**104.9**
燃料、动力类	Fuel and Power	102.1	103.6
黑色金属材料类	Ferrous Metals	95.9	109.3
有色金属材料类	Nonferrous Metals	94.9	106.8
化工原料类	Raw Chemical Materials	95.4	104.5
木材及纸浆类	Timber and Paper Pulp	100.2	100.5
建筑材料及非金属矿类	Building Materials and Non-metal Minerals	97.6	101.2
其他工业原材料及半成品类	Other Industrial Raw Material and Semi-products	99.0	102.0
农副产品类	Agricultural Products	94.4	108.1
纺织原料类	Textile Metarials	91.7	100.7

6－17 农村居民家庭基本情况（2002－2003年）
BASIC STATISTICS ON RURAL HOUSEHOLDS (2002-2003)

指　标	Item	2002	2003
调查户数(户)	**Surveyed Households (household)**	**1800**	**1800**
调查户人口(人)	**Surveyed Population (person)**	**6569**	**6566**
常住人口	Residents Population	6569	6566
整半劳动力	Able-bodied and Semi-able-bodied Laborers	4722	4833
平均每户常住人口	Average Population Residents Per Household	3.65	3.65
平均每户整半劳力	Average Able-bodied and Semiable-bodied Laborers Per Household	2.62	2.69
平均每个劳动力负担人口（含本人）	Average Number of Persons Supported By Each Laborer (including the laborer himself or herself)	1.39	1.36
平均每人年收入(元)	**Per Capita Annual Income (yuan)**	**2828.69**	**2922.12**
总收入	Total Income	2828.69	2922.12
纯收入	Net Income	2097.58	2214.55
现金收入	Cash Income	1858.50	2019.62
按纯收入分组户数占调查户比重(%)	**Percentage of Households By Per Capita Annual Net Income (%)**	**100.0**	**100.0**
600元以下	Below 600 Yuan	0.6	1.2
600-800元	600-800 Yuan	2.0	1.8
800-1000元	800-1000 Yuan	5.3	4.8
1000-1200元	1000-1200 Yuan	7.6	6.2
1200-1500元	1200-1500 Yuan	14.8	12.2
1500-2000元	1500-2000 Yuan	23.1	22.2
2000-2500元	2000-2500 Yuan	18.1	17.9
2500-3000元	2500-3000 Yuan	9.7	12.2
3000-4000元	3000-4000 Yuan	11.3	12.6
4000元以上	4000 Yuan and Over	7.5	8.9
平均每人经营耕地面积(亩)	**Per Capita Management Cultivated Area (mu)**	**1.00**	**0.95**
平均每人生产性固定资产原值(元)	**Per Capita Original Value of Productive Fixed Assets (yuan)**	**650.96**	**694.04**
第一产业	Primary Industry	515.58	558.19
#役畜、产品畜	Draught Animals and Commodity Animals	106.97	107.25
大中型铁木农具	Large and Medium Wood and Iron Farm Tools	48.18	54.84
农林牧渔机械	Machinery of Farming Forestry Animal Husbandry and Fishery	23.96	25.33
第二产业	Secondary Industry	31.22	10.99
第三产业	Tertiary Industry	104.16	124.86

6－18 农村居民家庭平均每人总收入、纯收入和总支出（2002－2003年）
PER CAPITA ANNUAL TOTAL INCOME, NET INCOME AND TOTAL EXPENDITURES OF RURAL HOUSEHOLDS (2002-2003)

单位：元 (yuan)

指　标	Item	2002	2003
总收入	**Annual Total Income**	**2828.69**	**2922.12**
工资性收入	Wages	783.12	858.50
非企业组织中劳动得到	Form Non-enterprises	89.80	80.54
在本地劳动得到	From Local Enterprises	253.34	290.68
常住人口外出从业得到的收入	From Outwork of Permanent Population	439.98	487.28
家庭经营收入	Total Income from Household Business Operation	1812.91	1821.44
第一产业	Primary Industry	1645.28	1652.87
第二产业	Secondary Industry	31.32	26.51
第三产业	Tertiary Industry	136.31	142.06
财产性收入	Property Income	17.17	34.17
转移性收入	Transfer Income	215.49	208.01
纯收入	**Net Income**	**2097.58**	**2214.55**
工资性收入	Income from Wages	783.12	858.50
家庭经营收入	Family Business Income	1164.79	1185.12
财产性收入	Property Income	17.17	34.17
转移性收入	Transfer Income	132.50	136.76
总支出	**Annual Total Expenditure**	**2282.28**	**2333.87**
家庭经营费用支出	Expenditure for Household Business Cost	561.28	550.56
第一产业	Primary Industry	512.01	515.16
第二产业	Secondary Industry	5.24	3.20
第三产业	Tertiary Industry	44.03	32.20
购置生产性固定资产支出	Expenditure for Purchasing Productive Fixed Assets	23.60	19.02
税费支出	Taxes and Fees	43.44	39.48
生活消费支出	Living Expenditures for Consumption	1497.72	1583.31
食品	Food	835.52	831.63
衣着	Clothing	63.56	70.49
居住	Residence	183.11	212.38
家庭设备、用品及服务	Household Appliances, Articles and Services	66.22	76.68
医疗保健	Medicines and Medical Services	75.92	89.42
交通和通讯	Transportation and Communications	80.76	102.40
文教娱乐用品及服务	Cultural Educational and Recreational Articles and Services	162.58	180.28
其他商品和服务	Other Commodities and Services	30.05	20.03
财产性支出	Property Expenditure	5.60	6.73
转移性支出	Transfer Expenditure	150.64	134.77

6－19 农村居民家庭平均每人主要消费品消费量（2002－2003年）
PER CAPITA CONSUMPTION OF MAJOR CONSUMER GOODS IN RURAL HOUSEHOLDS (2002-2003)

指　　标	Item	2002	2003
粮食(原粮)(公斤)	Grain (unprocessed) (kg)	228.79	216.51
#细粮(公斤)	Wheat and Rice (kg)	189.66	186.98
蔬菜(公斤)	Fresh Vegetable (kg)	157.28	154.70
食用植物油(公斤)	Edible Plant Oil (kg)	2.66	2.17
肉类(公斤)	Meat (kg)	25.81	28.06
#猪肉	Pork	25.67	27.91
牛羊肉	Beef and Mutton	0.14	0.15
家禽(公斤)	Poultry (kg)	2.33	2.21
鲜蛋(公斤)	Eggs (kg)	4.58	3.98
鱼虾(公斤)	Fish and Shrimp (kg)	1.70	1.84
鲜奶（公斤）	Milk and Dairy Products (kg)	0.04	0.06
卷烟（盒）	Cigarettes (pack)	30.61	29.83
酒类(公斤)	Alcohol (kg)	7.93	7.98

6－20 农村居民家庭平均每百户年末耐用消费品拥有量（2002－2003年）
NUMBER OF DURABLE CONSUMER GOODS OWNED PER 100 RURAL HOUSEHOLDS AT YEAR-END (2002-2003)

指　　标	Item	2002	2003
洗衣机(台)	Washing Machines (unit)	11.28	15.89
电风扇(台)	Electric Fans (unit)	131.94	141.61
电冰箱(台)	Refrigerators (unit)	8.39	8.89
空调机（台）	Air Conditioners (unit)	0.22	0.39
微波炉（台）	Micro-wave Ovens (unit)	0.28	0.39
热水器（台）	Showers (unit)	4.44	4.44
自行车(辆)	Bicycles (vehicle)	17.50	16.94
摩托车(辆)	Motorcycles (vehicle)	6.33	7.78
汽车（生活用）（辆）	Motor Vehicles for living (vehicle)	0.28	0.39
电话机（部）	Household Telephone (unit)	31.17	43.72
移动电话（部）	Mobile Telephones (unit)	8.33	20.06
寻呼机（台）	BB Pagers (unit)	2.67	3.17
彩色电视机(台)	Color TV Sets (unit)	47.89	53.33
黑白电视机(台)	Black and White TV Sets (unit)	56.61	49.06
影碟机(台)	Radio Cassette Players (unit)	20.22	25.00
收录机(台)	Radio Cassette Players (unit)	7.61	5.89
照相机(架)	Cameras (unit)	1.33	1.50

主要统计指标解释

城乡居民储蓄存款余额 指某一时点城乡居民存入银行及农村信用社的储蓄金额，包括城镇居民储蓄存款和农民个人储蓄存款，不包括居民的手存现金和工矿企业、部队、机关、团体等单位存款。

城市居民家庭就业人口 指城市居民从事社会劳动并取得劳动报酬或经营收入的人口。就业人口包括通过国家统筹规划和指导由劳动部门介绍就业，自愿组织起来就业和自谋职业等方式，在国有、集体所有制、中外合资、中外合作、外资在华独资的企事业单位和私营企业单位工作或从事个体劳动的有固定性职业或临时性职业的人口。被聘用和留用的离退休人员也计入就业人口。本指标可以反映城市居民的就业情况，是计算就业面，负担系数的重要资料。

城市居民家庭总收入 指被调查的城市居民家庭中生活在一起的所有家庭成员在调查期得到的工薪收入、经营净收入、财产性收入、转移性收入的总和，不包括出售财物和借贷收入。

城市居民可支配收入 指被调查的城市居民家庭可用于最终消费支出和其它非义务性支出以及储蓄的总和，即居民家庭可以用来自由支配的收入。它是家庭总收入扣除交纳的所得税、个人交纳的社会保障费以及调查户的记账补贴后的收入。

城市居民消费支出 指被调查的城市居民家庭用于满足家庭日常生活消费需要的全部支出，包括食品、衣着、家庭设备用品及服务、医疗保健、交通和通讯、娱乐教育文化服务、居住、杂项商品和服务等八大类。

城市居民服务性消费支出 指被调查的城市居民家庭用于本家庭支付社会提供的各种文化和生活方面的非商品性服务费用。不包括为别人付款的服务。服务消费与商品消费不同，其特点在于其劳动过程和消费过程在时间与空间上的统一。

农村居民家庭纯收入 指农村常住居民家庭总收入中，扣除从事生产和非生产经营费用支出，缴纳税款和上交承包集体任务金额以后剩余的，可直接用于进行生产性、非生产性建设投资、生活消费和积蓄的那一部分收入。农民家庭纯收入包括从事生产性和非生产性的经营收入，在外人口寄回带回和国家财政救济、各种补贴等非经营性收入；既包括货币收入，又包括自产自用的实物收入。但不包括向银行、信用社和向亲友借款等属于借贷性的收入。

农村居民家庭整半劳动力 指农村常住居民家庭成员中有劳动能力并经常参加实际劳动的人员。是生产的基本要素指标之一，是发展生产增加农民家庭收入的重要源泉。按规定，农村男18周岁至50周岁、女18周岁至45周岁为整劳动力；男16周岁到17周岁、51周岁到60周岁，女16周岁到17周岁、46周岁至55周岁为半劳动力。农民家庭整半劳动力，既包括在上述规定劳动年龄内和在劳动年龄以外有劳动能力并经常参加实际劳动的男女整半劳动力；也包括农民家庭常住人员中属于职工的劳动力。但不包括在劳动年龄内已丧失劳动能力的人员。

农村居民家庭生活消费支出 指农村常住居民家庭年内用于日常生活的全部开支。它是用来反映和研究农民家庭实际生活消费水平高低的重要指标。农民家庭生活消费支出，包括用于吃、穿、住、烧、用等生活消费品开支和文化、生活服务费用开支两大部分。

居民消费价格指数 居民消费价格指数是度量一组代表性消费商品及服务项目价格水平随着时间而变动的相对数，反映居民家庭购买的消费品及服务价格水平的变动情况。它是宏观经济分析和决策、价格总水平监测和调控以及国民经济核算的重要指标。其按年度计算的变动率通常被用来作为反映通货膨胀（或紧缩）程度的指标。

商品零售价格指数 商品的零售价格是商品在流通过程中最后一个环节的价格，是工业、商业、餐饮业和其他零售企业向城乡居民、机关团体出售生活消费品和办公用品的价格。通过系统地调查、搜集和整理市场商品零售价格资料，编制商品零售价格指数，以此反映市场商品零售价格的变动趋势和变动程度。其目的在于掌握商品价格的变动趋势，为国家宏观调控和国民经济核算提供参考依据。同时，还可在此基础上编制出其他各种派生价格指数。

工业品出厂价格指数 是反映全部工业产品出厂价格总水平的变动趋势和程度的相对数，包括工业企业售给本企业以外所有单位的各种产品和直接售给居民用于生活消费的产品。通过工业品出厂价格指数能观察出厂价格变动对工业总产值的影响。

EXPLANATORY NOTES ON MAIN STATISTICAL INDICATORS

Saving Deposits of Urban and Rural Residents refer to the total value of savings deposits of urban and rural households in banks and rural credit cooperatives at a given point of time, including the saving deposits of urban residents and the saving deposits of rural residents. The cash in hand by residents and the deposits of organizations such as enterprises, military units, government agencies, institutions, etc. are not included.

Employed Population in Urban Households refers to urban residents engaged in certain work and receiving payment for their labor or income from their business operation, including those who work in state-owned or collective units, joint ventures, foreign-owned units and private units with permanent or temporary jobs. The self - employed individuals and reemployed retirees are also basic data for calculating employment rate and dependency ratio.

Total Income of Urban Households refers to the total income from all members of the urban sample households in the surveying period, including wage income, net income from family business, property income and transfer income, but excluding income from selling properties and from loans.

Disposable Income of Urban Households refers to the income of the urban sample households used as final expenses, other non-obliged expenses and savings, i.e. the income can be used freely. It is total income of household minus income tax, personal expenses for social security and sample household subsidy.

Consumption Expenditure of Urban Households refers to total expenditure of the sample households for consumption in daily life. It can be classified into such 8 items as food, clothing, household facilities & articles and services, medicine and medical services, transport and postal & telecommunication services, recreation & education and cultural services, residence, miscellaneous commodities and services.

Services Expenditure of Urban Households refers to the non-commodity expenses of the sample households for various cultural and living services for own household members, excluding service expenditures for other persons. Service expenditure is difference from consumption expenditure for its specialty of consistency in time and in space during laboring and consumption.

Net Income of Rural Households refers to the total income of the permanent residents of the rural households during a year after the deduction of the expenses for productive and non - productive business operation, the payment for taxes and the payment for collective units for their contracted tasks, which can then be spent for investments in productive and non-productive construction, for consumption in daily life and for saving deposits. It is a comprehensive indicator to show the actual level of the income of the peasants' household. The net income of the rural households includes not only the income from the productive and non-productive business operation, such as the money remitted or brought back by the members of the household who are in other places, the government relief payment and various subsidies. It includes not only the money income, but also the income, but also the income in kind. But the income from borrowing from banks, friends and relatives is excluded.

Able - bodied and Semi - able-bodied Laborers of Rural Households refer to permanent residents of rural households who are able to work and actually engaged in social labor, which are one factor of production and sources of rural household income. According to the relevant regulations, male aged 18-50, female aged 18-45 is considered as able-bodied laborers; male aged 16-17 and 51-60, female aged 16-17 and 46-55 are considered as semi - able-bodied laborers. Those who are nor in the above age range but able to work and actually engaged in social labor are also considered as able - bodied or semi - able-bodied laborers, while those who are within the above age range but unable to work are not counted as able - bodied or semi - able-bodied laborers.

Expenditure of Rural Households for Consumption refers to total expenses of rural households on daily life, including expenses on food, clothing, housing, fuel, articles for daily use, and expenses on cultural life and services. This indicator is used to show the actual consumption level of peasants.

Retail Price Index refers to the prices at which industrial, commercial, catering and other retail enterprises sell daily consumer goods and products for office use to urban and rural residents and institutions and social organizations. It reflects the general change in prices of retail commodities in a certain period of time. Formation of retail price index aims to keep abreast of price fluctuation of retail commodities and provide the reference basis for the central government in working out economic policies. Other derivative indexes can been formulate based on retail price index, providing the scientific bases for studying market circulation and the new accounting system of national economy.

Consumer Price Index reflects the relative change in prices of consumer goods and services in a certain period of time, Formation of consumer price index aims to study the impact of consumer price changes on the actual living cost of urban and rural residents and to provide scientific basis for central government and relevant departments in drawing up consumer up consumer policy, price policy, wage policy and monetary policy and in accounting the nation economy. It is also a key index reflecting the fluctuation of inflation.

Ex-factory Price Index of Industrial Products reflects the trend and degree of changes in general ex-factory prices of all industrial products, including sales of industrial products by an industrial enterprise to all units outside the enterprise, as well as sales of consumer goods to residents. It can be used to analyze the impact of ex-factory prices on gross industrial output value.

七　城镇建设和环境保护

URBAN CONSTRUCTION AND ENVIRONMENTAL PROTECTION

简要说明

本章资料反映我市城镇建设和环境保护的基本情况。

城镇建设资料主要包括城镇建设用地、市政设施、基础设施水平、园林绿化、供水供气、公共交通、房屋、基础设施建设投资等，由市统计局固定资产投资处根据市建设委员会和市国土资源和房屋管理局资料整理提供。环境保护主要包括工业废水、废气、固体废物的排放处理和利用，工业污染治理投资，生活污染物排放，以及环境污染与破坏事故情况等，由市统计局社会科技处根据市环境保护局的资料整理提供。

Brief Introduction

Data in this chapter show the basic conditions of urban construction and environmental protection in Chongqing.

The statistics on urban construction cover land for urban construction, civil engineering, level of public facilities, afforestation, water and gas supply, public traffic, buildings and housing, and investment in infrastructure construction. The data of urban construction are provided by Division of Statistics of Investment in Fixed Assets, Municipal Bureau of Statistics according to information of Municipal Construction Commission and Municipal Administration of Land, Resources and Buildings. Environmental protection mainly includes discharge, treatment and utilization of industrial waste water, waste gas and solid wastes, investment in anti-industrial pollution projects, discharge of pollutants from daily life, and population accidents. The Data on environmental protection are prepared by Division of Social and Technology Statistics, Municipal Bureau of Statistics on basis of data from Municipal Environmental Protection Bureau.

7－1 城镇建设用地（2002－2003年）
LAND FOR URBAN CONSTRUCTION (2002-2003)

单位：平方公里 (sq.km)

项　目	Item	全　市 Total		#区市合计 Total of Districts (cities)	
		2002	2003	2002	2003
建成区面积合计	**Developed Area**	**559.89**	**654.95**	**437.90**	**523.71**
建设用地面积合计	**Area of Land for Urban Construction**	**491.89**	**550.61**	**385.94**	**433.63**
居住用地	Land for Residence	169.78	188.53	134.02	149.87
公共设施用地	Land for Public Utilities	75.37	79.04	61.76	62.26
工业用地	Land for Industry	86.24	107.20	73.90	93.09
仓储用地	Land for Storage	22.35	22.96	18.18	18.43
对外交通用地	Land for External Transportation	29.08	33.11	22.58	26.02
道路广场用地	Land for Roads and Squares	41.17	45.87	25.25	28.94
市政公用设施用地	Land for Municipal Public Utilities	15.30	16.49	9.84	10.22
绿地	Land for Afforestation	35.95	39.20	26.57	29.26
特殊用地	Land for Special Purpose	16.65	18.21	13.84	15.54

注：表7-1至7-7中的“区市合计”，2002年前为14个市辖区和4个县级市合计，2002年起为15个市辖区（含长寿区）和4个县级市合计。

Note: "Total of Districts(cities)" in tables from 7-1 to 7-7, refers to total data of 14 districts and 4 cities at county level before 2002 whereas total data of 15 districts (including Changshou District) and 4 cities at county level since 2002.

7－2 城镇市政设施（2002－2003年）
URBAN CIVIL ENGINEERING (2002-2003)

项　目	Item	全　市 Total		#区市合计 Total of Districts (cities)	
		2002	2003	2002	2003
道路长度（公里）	Length of Roads (km)	3733.76	4021.82	3057.26	3278.79
道路面积（万平方米）	Area of Roads (10 000 sq.m)	5324.10	6028.50	4263.00	4784.10
#人行道	Sidewalk	1417.80	1682.50	1167.50	1353.90
桥梁数（座）	Number of Bridges (unit)	814	840	590	618
#立交桥	Stereoscopic Traffic Bridges	88	103	81	97
路灯盏数（盏）	Number of Street Lights (unit)	186589	233182	127527	165155
排水管道长度（公里）	Length of Drainpipes (km)	3455.72	4372.60	2671.06	3267.50
#污水管道	Waste Pipes	735.83	1590.79	513.83	1100.71
污水年排放量（万立方米）	Discharged Volume of Polluted Water (10 000 cu.m)	46559	62859	40071	56057
污水处理总量（万立方米）	Treated Volume of Polluted Water (10 000 cu.m)	13641	15099	13536	14680
防洪堤长度（公里）	Length of Flood Protecting Embankment (km)	391.04	407.04	292.43	297.76

注：1）自2001年起，道路面积为车行道与人行道面积之和。

2）2002年起桥梁范围调整为规划区范围内。

Note: a) Since 2001, the area of roads is the summed area of carriageway and sidewalk

b) The statistical range of bridges has refered to planned area since 2002.

7－3 城镇基础设施水平（2002－2003年）
LEVEL OF PUBLIC FACILITIES IN URBAN AREAS (2002-2003)

项　目	Item	全　市 Total		# 区市合计 Total of Districts (cities)	
		2002	2003	2002	2003
人均日生活用水量（升）	Per Capita Daily Water Consumption for Living (liter)	151.34	147.50	158.95	155.24
用水普及率（%）	Percentage of Population with Access to Tap Water (%)	64.6	76.8	62.6	76.5
燃气普及率（%）	Percentage of Population with Access to Gas (%)	48.0	60.4	46.6	59.5
每万人拥有公共交通车辆（标台）	Public Transport Vehicles Owned Per 10 000 Persons (vehicle)	4.13	5.50	4.40	6.20
人均道路面积（平方米）	Per Capita Area of Paved Roads (sq.m)	4.62	6.00	4.40	5.90
污水处理率（%）	Treatment Rate of Polluted Water (%)	23.6	24.0	33.8	26.2
人均公共绿地面积（平方米）	Per Capita Public Green Land (sq.m)	2.30	3.10	2.16	3.10
建成区绿地率（%）	Rate of Green Area to Developed Area (%)	14.3	14.7	15.7	15.6
建成区绿化覆盖率（%）	Rate of Afforestation Covered Area to Developed Area (%)	16.5	16.6	17.4	17.0

注：人均数为户籍人口口径。
Note: Data of average population refer to registration statistics.

7－4 城镇园林绿化（2002－2003年）
PARKS, GARDENS AND GREEN AREAS IN URBAN AREA (2002-2003)

指　标	Item	全　市 Total		#区市合计 Total of Districts (cities)	
		2002	2003	2002	2003
绿化覆盖面积（公顷）	Coverage Area of Afforestation (hectare)	13691	15403	11531	12904
#建成区	Developed Area	9233	10851	7622	8884
园林绿地面积（公顷）	Area of Gardens and Green Area (hectare)	12329	13953	10807	12125
#建成区	Developed Area	8017	9614	6872	8190
公共绿地面积（公顷）	Area of Public Green Area (hectare)	2644	3155	2098	2523
动物园、公园个数（个）	Number of Parks and Zoos (unit)	95	100	69	71
动物园、公园面积（公顷）	Area of Parks and Zoos (hectare)	1387	1511	1186	1249

7－5 城镇供水及供气情况（2002－2003年）
WATER AND GAS SUPPLY IN URBAN AREA (2002-2003)

指　　标	Item	全　市 Total		#区市合计 Total of Districts (cities)	
		2002	2003	2002	2003
城镇供水	**Water Supply in Urban Area**				
年末供水综合生产能力（万立方米/日）	Year-end Comprehensive Productive Capacity of Water Supply (10 000 cu.m/day)	448.98	455.32	384.91	388.98
年末供水管道长度（公里）	Year-end Length of Water Supply Pipelines (km)	7763.78	7948.36	6033.18	6082.66
供水总量（万立方米）	Total Volume of Water Supply (10 000 cu.m)	69704	79935	61079	71077
生产运营用水	Production and Operation	21952	30028	19759	28311
公共服务用水	Public Services	7266	7148	6241	6020
居民家庭用水	Households	33835	34664	29118	29370
消防及其他用水	Fires and Other Purposes	6651	8095	5961	7376
用水户数（户）	Households with Access to Tap Water (household)	1337669	1469602	1023758	1096688
#家庭用户	Residential Households	1167300	1268706	889057	934630
用水人口（万人）	Number of Residents with Access to Tap Water (10 000 persons)	744.08	776.63	609.45	624.56
城镇供气	**Gas Supply in Urban Area**				
#天然气供气总量（万立方米）	Total Natural Gas Supply (10 000 cu.m)	122433	124408	110702	110438
#家庭用量	Used by Residential Households	61164	64697	55057	56666
天然气用气户数（户）	Households with Access to Natural Gas (household)	1551936	1696669	1361505	1457252
#家庭用户	Residential Households	1522435	1672089	1345256	1446439
天然气用气人口（万人）	Population with Access to Natural Gas (10 000 persons)	458.97	512.80	395.38	437.98
液化石油气供气总量（吨）	Total Liquefied Petroleum Gas Supply (ton)	99161	88995	82698	62519
#家庭用量	Used by Residential Households	46440	45433	32439	24024
液化石油气用气户数（户）	Households with Access to Liquefied Petroleum Gas (household)	345259	359594	242314	199321
#家庭用户	Residential Households	249345	273030	152319	142730
液化石油气用气人口（万人）	Population with Access to Liquefied Petroleum Gas (10 000 persons)	88.06	96.84	57.18	46.07

7－6 城镇公共交通情况（2002－2003年）
PUBLIC TRAFFIC IN URBAN AREA (2002-2003)

指标	Item	全市 Total		#区市合计 Total of Districts (cities)	
		2002	2003	2002	2003
营运客车	**Operating Public Vehicles**				
公共汽车、无轨电车运营车数（辆）	Year-end Operating Public Buses and Trolley Buses (vehicle)	5207	6251	4598	5333
公共汽车	Public Buses	5032	6168	4423	5250
#小公共汽车	Mini Public Buses	1380	1324	874	540
天然气燃料车	Vehicles of Natural Gas	283	3882	273	3846
液化石油气燃料车	Vehicles of Liquid Petrol Gas	36	324	36	324
无轨电车	Trolley Buses	175	83	175	83
年末营运线路网长度（公里）	Year-end Length of Public Transportation Routes (km)	2404	2326	2125	2063
客运总量（万人次）	Total Passenger Traffic (10 000 person-times)	86263	95564	82593	90407
公共汽车	Public Buses	76699	89290	73029	84133
#小公共汽车	Mini Public Buses	8869	6504	6566	3277
无轨电车	Trolley Buses	9564	6274	9564	6274
缆车	**Cable Cars**				
缆车道条数（条）	Number of Cable Car Line (line)	2	2	2	2
车辆数（辆）	Number of Vehicles (vehicle)	4	4	4	4
客运量（万人次）	Passengers Traffic (10 000 person-times)	430	382	430	382
客运架空索道	**Ropeway of Building on Stilts**				
索道条数（条）	Number of Ropeway (line)	2	2	2	2
客车数（辆）	Number of Vehicles (vehicle)	4	4	4	4
客运量（万人次）	Passengers Traffic (10 000 person-times)	292	234	292	234
轮渡	**Ferries**				
年末实有轮渡总数（艘）	Year-end Total Ferries (vessel)	67	36	50	23
出租汽车	**Taxis**				
车辆数（辆）	Number of Vehicles (vehicle)	18157	19647	15663	17233

注：2003年天然气、液化气燃料车新增或改造较多。

Note: In 2003, vehicles of natural gas or liquid Petrol gas were greatly increased or innovated.

7—7 城镇房屋及居住情况（2002—2003年）
STATISTICS ON BUILDINGS AND HOUSING IN URBAN AREA (2002-2003)

指　标	Item	全　市 Total		#区市合计 Total of Districts (cities)	
		2002	2003	2002	2003
房屋状况（万平方米）	**Conditions of Buildings (10 000 sq.m)**				
年末实有房屋建筑面积	Year-end Total Available Floor Space of Building Construction	24843.18	26778.53	18325.26	20568.78
#住宅	Residential Buildings	14815.90	16879.37	11237.43	12632.85
#自有（私有）住宅	Self-owned (private)	9733.71	11623.83	7172.59	8289.19
年末实有住宅使用面积	Year-end Total Available Living Space of Residential Buildings	10371.13	11815.56	7866.20	9048.11
#自有（私有）住宅	Self-owned (private)	6813.59	8136.19	5020.81	6230.43
年末实有住宅套数（套）	Year-end Total Number of Available Apartment Buildings (set)	2046972	1973956	1615949	1510172
#自有（私有）住宅	Self-owned (private)	1420404	1359266	1109933	1039904
年末成套住宅建筑面积	Year-end Total Floor Space of Apartment Buildings	11545.37	13176.00	8740.92	9850.00
年末危险房屋建筑面积	Year-end Total Floor Space of Dangerous Building Construction	850.55	694.30	797.12	637.73
#住宅	Residential Buildings	581.37	462.77	541.74	424.81
居住状况	**Conditions of Housing**				
居住户数（万户）	Households of Housing (10 000 households)	230.79	219.97	179.79	165.23
人均住宅建筑面积（平方米/人）	Per Capita Floor Space of Residential Buildings (sq.m/person)	23.86	25.72	22.89	25.69
人均住宅使用面积（平方米/人）	Per Capita Living Space of Residential Buildings (sq.m/person)	18.37	18.00	17.63	18.41
户均住宅套数（套/户）	Average Number of Apartments Per Household (set/household)	0.89	0.90	0.90	0.91
住宅成套率（%）	Rate of Apartments to Residential Buildings (%)	77.93	78.06	77.78	77.97
住宅自有率（%）	Rate of Self-owned Residential Buildings to Total (%)	65.70	68.86	63.83	65.62

7—8 基础设施建设投资额（2002—2003年）
INVESTMENT IN INFRASTRUCTURE CONSTRUCTION (2002-2003)

单位：万元 (10 000 yuan)

指 标	Item	2002	2003
合 计	**Total**	**3823984**	**4897984**
水利管理业	Water Conservancy Management	160100	154173
电力、蒸汽、热水生产和供应业	Electricity, Steam and Hot Water Production and Supply	434464	585068
交通运输邮电业	Transportation, Postal and Telecommunication Services	2111182	2182668
#交通运输	Transportation	1625277	1758855
邮电通信	Postal and Telecommunication Services	485905	423813
教育文化艺术及广播电影电视	Education, Culture, Art, Broadcasting, Film and Television	321499	418744
城市基础设施	Urban Infrastructure	796739	1557331

7—9 公用事业和市政建设投资额（2002—2003年）
INVESTMENT IN PUBLIC UTILITIES AND MUNICIPAL CONSTRUCTION (2002-2003)

单位：万元 (10 000 yuan)

指 标	Item	2002	2003
公用事业	**Public Utilities**	**142693**	**156052**
供 水	Water Supply	32122	41552
燃 气	Gas Supply	18622	20460
公共交通	Public Traffic	91949	94040
市政建设	**Municipal Construction**	**574283**	**1058200**
园林绿化	Parks, Gardens and Green Areas	35470	71861
环境卫生	Environmental Sanitation	45597	77210
市政工程	Municipal Engineering	493216	909129

7－10 环境保护情况（2002－2003年）
ENVIRONMENTAL PROTECTION (2002-2003)

项　　目	Item	2002	2003
环保投资（亿元）	Investment in Environmental Protection (100 million yuan)	36.77	44.72
自然保护区数（个）	Number of Nature Reserves (unit)	42	44
自然保护区面积（万公顷）	Are of Nature Reserves (10 000 ha)	85.31	80.17
保护区面积占国土面积比重（%）	Percentage of Nature Reserves in the Land Area (%)	10.37	9.74
生态示范区数（个）	Number of Demonstration Zone of Ecology (unit)	2	3
生态示范区面积（万公顷）	Area of Demonstration Zone of Ecology (10 000 ha)	43.56	72.60
工业污染治理施工项目数（个）	On-going Projects of Industrial Pollution Treatment (unit)	146	183
工业污染治理项目完成投资（万元）	Completed Investment in Projects of Industrial Pollution Treatment (10 000 yuan)	16287	14192
工业污染治理竣工项目数（个）	Completed Projects of Industrial Pollution Treatment (unit)	128	172
工业废水排放达标率（%）	Rate of Waste Water up to Discharge Standard (%)	89.4	89.9
工业固体废物综合利用率（%）	Rate of Industrial Solid Wastes Comprehensively Utilized (%)	68.2	68.4
生活污水排放量（万吨）	Discharged Volume of Sanitary Sewage (10 000 tons)	46394	51988
生活污水中COD排放量（万吨）	Discharged Volume of COD in Sanitary Sewage (10 000 tons)	14.92	15.06
生活二氧化硫排放量（万吨）	Discharged Volume of SO2 from Living (10 000 tons)	14.75	13.53
生活烟尘排放量（万吨）	Discharged Volume of Dusts from Living (10 000 tons)	7.70	7.40
烟尘控制区数（个/平方公里）	Number of Districts Where Dusts are under Control (unit/sq.km)	47/329.10	54/344.00
环境噪声达标区数（个/平方公里）	Number of Districts Where Noises are up to Standards (unit/sq.km)	37/173.40	37/173.40
主城区区域环境躁声平均值（分贝）	Average Nosies in Downtown (db)	55.9	54.9
主城区道路交通噪声（分贝）	Traffic Noises in Downtown (db)	67.6	67.5
主城区大气可吸入颗粒年日均值（毫克/立方米）	Annual Average Daily Inhalable Motes in Atmosphere in Downtown (mg/cu.m)	0.152	0.147
主城区二氧化硫年日均值（毫克/立方米）	Annual Average Daily SO_2 Concentration in Downtown (mg/cu.m)	0.091	0.115
主城区二氧化氮年日均值（毫克/立方米）	Annual Average Daily NO_2 Concentration in Downtown (mg/cu.m)	0.038	0.046
饮用水源水质达标率（%）	Rate of Quality of Drinking Water Sources up to Standards (%)	96.2	96.1
地面水水质达标率（%）	Rate of Quality of Ground Water up to Standards (%)	100.0	100.0
汽车尾气达标率（%）	Rate of Motor Vehicle Exhaust up to Standards (%)	84.9	85.9

7－11 工业“三废”排放处理及综合利用情况（1995－2003年）
DISCHARGE, TREATMENT AND UTILIZATION OF WASTE GAS, WASTE WATER AND SOLID WASTES BY INDUSTRY (1995-2003)

年份 Year	工业废水（万吨） Industrial Waste Water (10 000 tons)			工业废气 Industrial Waste Gas			
	排放总量 Discharged Volume	排放达标量 Up to Discharge Standards	排放达标率（%） Rate up to Discharge Standard	工业废气排放总量（亿标立方米） Total Volume of Industrial Waste Gas Discharged (100 million cu.m)	工业二氧化硫排放量（万吨） Discharged Volume of SO_2 (10 000 tons)	工业粉尘排放量（万吨） Discharged Volume of Industrial Dusts (10 000 tons)	工业粉尘去除量（万吨） Removed Volume of Industrial Dusts (10 000 tons)
1995	95590	57000	55.4	1979	71.45	22.39	25.30
1996	93889	46879	62.4	1697	72.16	22.36	23.43
1997	101324	67766	80.2	1794	71.43	33.18	22.60
1998	93997	58396	77.8	1712.76	73.64	28.65	28.92
1999	90220	58380	82.3	1839.33	75.88	26.44	33.33
2000	84344	63612	82.6	1907.90	66.42	22.01	44.61
2001	81214	66920	91.0	1856.24	56.94	21.41	37.42
2002	79872	71372	89.4	1978.89	55.18	20.31	40.18
2003	81973	73663	89.9	2276.94	59.97	22.23	33.49

年份 Year	工业废气 Industrial Waste Gas	工业固体废物（万吨） Industrial Solid Wastes (10 000 tons)					“三废”综合利用产品产值（万元） Output Value of Products Made from Comprehensive Utilization of Waste Water, Waste Gas and Solid Wastes (10 000 yuan)
	工业烟尘排放量（万吨） Discharged Volume of Industrial Soot (10 000 tons)	产生量 Produced Volume	排放量 Discharged Volume	处置量 Treated Volume	综合利用量 Utilized Volume	综合利用率（%） Rate of Utilization	
1995	16.12	1092	230	68.34	467.79	50.37	31138
1996	15.76	1174	229	61.06	510.06	58.10	52037
1997	14.90	1279	273	49.16	623.00	54.27	44737
1998	14.42	1368	229	43.75	597.00	61.78	48945
1999	14.07	1512	291	42.40	655.47	64.32	80554
2000	12.18	1305	238	37.64	626.01	71.00	59593
2001	11.01	1300	168	87.85	881.64	65.30	74642
2002	11.08	1348	160	68.78	960.95	68.20	72459
2003	11.98	1336	142	73.54	967.98	68.43	71512

7－12 工业污染治理项目及投资情况（2002－2003年）
INVESTMENT IN ANTI-INDUSTRIAL POLLUTION PROJECTS (2002-2003)

项　　目	Item	2002	2003
汇总工业企业数（个）	**Number of Industrial Enterprises (unit)**	**118**	**140**
施工项目数（个）	**Projects under Construction (unit)**	**146**	**183**
治理废水	Treatment of Waste Water	66	95
治理废气	Treatment of Waste Gas	56	75
治理固体废物	Treatment of Solid Wastes	4	3
治理噪声	Treatment of Noise Pollution	9	7
治理其他	Treatment of Other Pollution	11	3
资金来源合计（万元）	**Total Funds (10 000 yuan)**	**16287**	**14192**
国家预算内资金	National Budgetary Assets	3634	40
环境保护补助资金	Subsidies for Environmental Protection	427	1395
环保贷款	Loans for Environmental Protection	999	354
其他	Others	11227	12403
资金使用合计（万元）	**Total Expenditures (10 000 yuan)**	**16287**	**14192**
治理废水	Treatment of Waste Water	5984	7908
治理废气	Treatment of Waste Gas	9598	6154
治理固体废物	Treatment of Solid Wastes	185	21
治理噪声	Treatment of Noise Pollution	140	97
治理其他	Treatment of Other Pollution	380	12
本年竣工项目数（个）	**Number of Projects Completed (unit)**	**128**	**172**
当年竣工项目新增设计处理利用“三废”能力	**Newly Desinged Treatment and Utilization Capacity of Waste Water, Waste Gas & Solid Wastes of Completed Projects in the Year**		
废水(吨/日)	Waste Water (ton/day)	47655	33988
废气(万标立方米/时)	Waste Gas (10 000 cu.m/hour)	56.83	35.02
固体废物(吨/日)	Solid Wastes (ton/day)	291	118

7—13 重点调查工业分行业废气排放及处理情况（2003年）

行 业	Sector	汇总工业企业数（个） Number of Industrial Enterprises (unit)	废气治理设施数（套） Number of Facilities for Treatment of Waste Gas (set)	工业废气排放总量（亿标立方米） Total Discharged Volume of Industrial Waste Gas (100 million cu.m)
总 计	**Total**	**1406**	**2045**	**2276.94**
采矿业	Mining and Quarrying	118	114	47.67
煤炭开采和洗选业	Coal Mining and Dressing	95	50	33.56
石油和天然气开采业	Petroleum and Natural Gas Extraction	4	4	2.80
黑色金属矿采选业	Ferrous Metals Mining and Dressing	8	54	9.40
有色金属矿采选业	Nonferrous Metals Mining and Dressing	3	2	0.96
非金属矿采选业	Nonmetal Minerals Mining and Dressing	8	4	0.95
其他采矿业	Other Minerals Mining			
制造业	Manufacturing	1175	1742	1426.07
农副食品加工业	Farm Products and By-food Processing	62	30	3.25
食品制造业	Food Production	49	25	13.24
饮料制造业	Beverage Production	26	25	7.92
烟草制品业	Tobacco Products	6	5	5.43
纺织业	Textile Industry	59	44	26.71
纺织服装、鞋、帽制造业	Garments, Shoes and Hats Production	3	2	0.09
皮革毛皮羽毛（绒）及其制品业	Leather, Furs, Down and Related Products	4	2	0.36
木材加工及木竹藤棕草制品业	Timber Processing,Bamboo,Cane,Palm,Straw Products	1	1	0.93
家具制造业	Furniture Manufacturing	2		0.36
造纸及纸制品业	Papermaking and Paper Products	44	40	10.85
印刷业、记录媒介的复制	Printing and Record Medium Reproduction	16	2	0.14
文教体育用品制造业	Cultural Educational and Sports Goods	4		…
石油加工、炼焦及核燃料加工业	Petroleum, Coking and Nuclear Fuel Processing	5	3	1.37
化学原料及化学制品制造业	Raw Chemical Materials and Chemical Products	133	221	287.15
医药制造业	Medical and Pharmaceutical Products	42	28	14.26
化学纤维制造业	Chemical Fiber	4	10	63.87
橡胶制品业	Rubber Products	18	7	1.81
塑料制品业	Plastic Products	18	12	13.49
非金属矿物制品业	Nonmetal Mineral Products	336	925	768.19
黑色金属冶炼及压延加工业	Smelting and Pressing of Ferrous Metals	22	45	52.82
有色金属冶炼及压延加工业	Smelting and Pressing of Nonferrous Metals	25	28	70.15
金属制品业	Metal Products	54	25	3.78
通用设备制造业	Ordinary Equipment	65	59	8.04
专用设备制造业	Special Equipment	32	20	1.99
交通运输设备制造业	Transportation Equipment	78	163	67.07
电气机械及器材制造业	Electric Equipment and Machinery	15	9	1.50
通信设备、计算机及其他电子设备制造业	Communication, Computers and Other Electronic Equipment	12	2	0.52
仪器仪表及文化、办公用机械制造业	Instruments, Meters,Cultural and Office Machinery	31	6	0.70
工艺品及其他制造业	Handicraft and Other Production	5	2	0.02
废弃资源和废旧材料回收加工业	Recovery and Processing of Waste Resources and Materials	4	1	0.06
电力、燃气及水的生产和供应业	Electricpower, Gas & Water Production and Supply	33	77	502.74
电力、热力的生产和供应业	Electricpower and Hot Power Production and Supply	30	77	502.74
燃气生产和供应业	Gas Production and Supply			
水的生产和供应业	Water Production and Supply	3		
其他	Others	80	112	300.47

DISCHARGE AND TREATMENT OF WASTE GAS OF MAJOR SURVEYED INDUSTRIAL ENTERPRISES BY SECTOR (2003)

燃料燃烧过程中废气排放量 Volume of Waste Gas in the Process of Fuel Burning	生产工艺过程中废气排放量 Volume of Waste Gas in the Process of Production	工业二氧化硫排放量(吨) Volume of Sulphur Dioxide Discharged (ton)	工业二氧化硫去除量(吨) Removed Volume of Sulphur Dioxide of Industry (ton)	工业烟尘排放量(吨) Volume of Soot Discharged (ton)	工业烟尘去除量(吨) Volume of Soot Removed (ton)	工业粉尘排放量(吨) Volume of Dust Discharged (ton)	工业粉尘去除量(吨) Volume of Dust Removed (ton)
1341.27	**935.67**	**528361.45**	**251862.93**	**112160.87**	**1569948.37**	**215836.62**	**334915.72**
29.64	18.03	11374.49	18961.57	2278.68	12082.30	132.80	2034.00
16.29	17.27	9526.70	2890.61	703.56	407.21	36.80	554.00
2.04	0.76	264.19	16056.10				
9.40		912.72	0.60	1237.30	11600.00	84.00	1480.00
0.96		409.20		256.88	40.00	12.00	
0.95		261.68	14.26	80.94	35.09		
720.82	705.25	197356.82	78673.81	44176.12	220059.08	213329.35	270149.30
3.25		702.20	6.43	192.34	329.83	151.45	
13.24		3117.71	1362.29	1080.36	4396.41	16.21	0.10
7.92		933.60	609.75	487.60	713.59		
5.43		388.61	443.61	338.65	1236.60		
26.69	0.02	6222.56	4253.04	1777.53	11342.74	60.38	21.26
0.09		16.00	25.00	5.90	5.00		
0.36		35.53	98.38	44.41	122.13		
0.93		153.60		102.72	582.72	0.02	
0.03	0.33	2.40				5.62	3.27
10.85		2947.16	532.28	724.89	2256.27		
0.06	0.08	15.60		3.14	16.66		
…		0.02		0.02			
0.39	0.98	6276.46	150.00	250.73	1098.80	5.00	
107.23	179.92	30675.85	19787.89	4365.14	29210.01	1229.62	53905.58
14.24	0.02	3209.67	2806.33	1062.34	5371.52	1.06	2.45
58.47	5.40	27127.84	22.03	1404.75	112592.65	10.00	20.00
1.52	0.29	525.86	72.01	60.11	107.41		
0.71	12.78	61.52		5.81	16.20	4.30	5.14
426.12	342.07	105355.80	46139.33	30920.82	44467.00	210422.40	212638.86
16.96	35.86	6458.04	816.32	317.59	3347.22	553.77	1717.24
6.55	63.60	374.43	272.89	42.00	275.52	658.45	1200.77
2.13	1.65	1073.21	20.40	177.44	187.21	3.65	35.56
5.68	2.36	579.47	213.25	476.16	438.02	67.46	35.86
0.54	1.45	69.83	1.84	9.50	29.76	92.64	8.48
9.88	57.19	911.63	1038.48	259.22	1853.95	47.28	554.73
0.80	0.70	48.47		14.08	28.13	0.04	
0.52		16.55		12.82			
0.15	0.55	27.57		14.13	26.53		
0.02		1.17	2.26	1.82	7.20		
0.06		28.46		24.10			
502.60	0.14	254035.95	150317.26	64391.98	1337704.19	180.05	3.80
502.60	0.14	254035.95	150317.26	64391.98	1337704.19	180.05	3.80
88.22	212.25	65594.19	3910.29	1314.09	102.80	2194.42	62728.62

7－14 重点调查工业分行业固体废物产生及处理利用情况（2003年）

行业	Sector	汇总工业企业数（个） Number of Industrial Enterprises (unit)	工业固体废物产生量(万吨) Volume of Industrial Solid Waste Produced (10 000 tons)
总 计	**Total**	**1406**	**1064.97**
采矿业	Mining and Quarrying	118	265.37
煤炭开采和洗选业	Coal Mining and Dressing	95	256.62
石油和天然气开采业	Petroleum and Natural Gas Extraction	4	
黑色金属矿采选业	Ferrous Metals Mining and Dressing	8	8.08
有色金属矿采选业	Nonferrous Metals Mining and Dressing	3	0.08
非金属矿采选业	Nonmetal Minerals Mining and Dressing	8	0.59
其他采矿业	Other Minerals Mining		
制造业	Manufacturing	1175	352.44
农副食品加工业	Farm Products and By-food Processing	62	0.72
食品制造业	Food Production	49	5.54
饮料制造业	Beverage Production	26	5.74
烟草制品业	Tobacco Products	6	2.64
纺织业	Textile Industry	59	4.96
纺织服装、鞋、帽制造业	Garments, Shoes and Hats Production	3	0.02
皮革毛皮羽毛（绒）及其制品业	Leather, Furs, Down and Related Products	4	0.06
木材加工及木竹藤棕草制品业	Timber Processing,Bamboo,Cane,Palm,Straw Products	1	0.24
家具制造业	Furniture Manufacturing	2	0.01
造纸及纸制品业	Papermaking and Paper Products	44	2.63
印刷业、记录媒介的复制	Printing and Record Medium Reproduction	16	0.03
文教体育用品制造业	Cultural Educational and Sports Goods	4	
石油加工、炼焦及核燃料加工业	Petroleum, Coking and Nuclear Fuel Processing	5	0.02
化学原料及化学制品制造业	Raw Chemical Materials and Chemical Products	133	172.98
医药制造业	Medical and Pharmaceutical Products	42	3.71
化学纤维制造业	Chemical Fiber	4	13.04
橡胶制品业	Rubber Products	18	0.14
塑料制品业	Plastic Products	18	0.02
非金属矿物制品业	Nonmetal Mineral Products	336	59.10
黑色金属冶炼及压延加工业	Smelting and Pressing of Ferrous Metals	22	32.95
有色金属冶炼及压延加工业	Smelting and Pressing of Nonferrous Metals	25	33.45
金属制品业	Metal Products	54	0.59
通用设备制造业	Ordinary Equipment	65	6.96
专用设备制造业	Special Equipment	32	0.42
交通运输设备制造业	Transportation Equipment	78	5.80
电气机械及器材制造业	Electric Equipment and Machinery	15	0.39
通信设备、计算机及其他电子设备制造业	Communication, Computers and Other Electronic Equipment	12	0.11
仪器仪表及文化、办公用机械制造业	Instruments, Meters,Cultural and Office Machinery	31	0.15
工艺品及其他制造业	Handicraft and Other Production	5	0.01
废弃资源和废旧材料回收加工业	Recovery and Processing of Waste Resources and Materials	4	0.01
电力、燃气及水的生产和供应业	Electricpower, Gas & Water Production and Supply	33	301.50
电力、热力的生产和供应业	Electricpower and Hot Power Production and Supply	30	301.50
燃气生产和供应业	Gas Production and Supply		
水的生产和供应业	Water Production and Supply	3	
其他	Others	80	145.66

DISCHARGE, TREATMENT AND UTILIZATION OF SOLID WASTES OF MAJOR SURVEYED INDUSTRIAL ENTERPRISES BY SECTOR (2003)

#危险废物产生量 Dangerous Wastes	工业固体废物综合利用量(万吨) Volume of Industrial Solid Wastes Utilized (10 000 tons)	工业固体废物贮存量(万吨) Volume of Industrial Solid Wastes Accumulated (10 000 tons)	工业固体废物处置量(万吨) Volume of Industrial Solid Wastes Treated (10 000 tons)	工业固体废物排放量(万吨) Volume of Industrial Solid Wastes Discharged (10 000 tons)	"三废"综合利用产品产值(万元) Output Value of Products Made from Comprehensive Utilization of Waste Water, Waste Gas and of Solid Wastes (10 000 yuan)
45.67	**823.03**	**184.98**	**46.79**	**90.17**	**71512**
0.02	229.20	34.31	16.71	34.21	8982
…	228.49	34.31	11.03	31.83	8655
					118
	0.07		5.68	2.33	205
0.02	0.08			0.01	
	0.56			0.04	5
45.59	230.12	71.46	24.36	33.07	49315
	0.43		0.05	0.23	20
	5.21		0.22	0.10	360
	4.50		0.17	1.07	597
	2.51			0.13	110
	3.76	0.01	0.39	0.81	301
	0.02				
	0.04	0.02			3
	0.24				40
	0.01				2
	2.61		0.01	0.01	285
	0.02		0.01		2
…			0.01		11
44.25	98.11	37.94	16.69	20.24	16772
…	2.62		0.48	0.61	90
1.07	12.78		0.16	0.10	152
	0.10	0.03			278
…	0.01		0.01		46
…	61.44	0.03	0.17	3.96	23610
…	22.09	5.71	1.81	3.34	1475
…	1.96	27.18	2.21	2.10	765
0.08	0.41	0.08	0.11		321
…	6.08	0.07	0.61	0.19	1115
…	0.09	0.18	0.16		79
0.18	4.52	0.20	1.09	0.09	2497
0.01	0.30	0.01		0.08	176
…	0.11				204
…	0.13			0.01	8
	0.01				
	0.01				
0.02	232.64	77.17	0.20	15.85	9373
0.02	232.64	77.17	0.20	15.85	9373
0.04	131.07	2.04	5.52	7.04	3842

7—15 重点调查工业分行业废水排放及处理情况（2003年）
DISCHARGE AND TREATMENT OF WASTE WATER OF MAJOR SURVEYED INDUSTRIAL ENTERPRISES BY SECTOR (2003)

单位：万吨 (10 000 tons)

行业	Sector	汇总工业企业数（个） Number of Industrial Enterprises (unit)	工业废水排放总量 Total Discharged Volume of Industrial Waste Water	#工业废水排放达标量 Up to Discharge Standards	废水治理设施数（套） Number of Facilities for Treatment of Waste Water (set)
总 计	**Total**	**1406**	**63969.28**	**60187.99**	**1167**
采矿业	Mining and Quarrying	118	5916.91	5791.15	101
煤炭开采和洗选业	Coal Mining and Dressing	95	5470.83	5347.08	87
石油和天然气开采业	Petroleum and Natural Gas Extraction	4	15.53	15.53	4
黑色金属矿采选业	Ferrous Metals Mining and Dressing	8	428.33	428.33	4
有色金属矿采选业	Nonferrous Metals Mining and Dressing	3	2.22	0.21	1
非金属矿采选业	Nonmetal Minerals Mining and Dressing	8			5
其他采矿业	Other Minerals Mining				
制造业	Manufacturing	1175	37484.64	34347.09	923
农副食品加工业	Farm Products and By-food Processing	62	138.88	114.71	32
食品制造业	Food Production	49	1498.95	1080.96	38
饮料制造业	Beverage Production	26	406.62	361.53	17
烟草制品业	Tobacco Products	6	88.91	88.91	6
纺织业	Textile Industry	59	2196.17	2003.67	45
纺织服装、鞋、帽制造业	Garments, Shoes and Hats Production	3	12.43	1.23	2
皮革毛皮羽毛（绒）及其制品业	Leather, Furs, Down and Related Products	4	172.18	2.50	4
木材加工及木竹藤棕草制品业	Timber Processing,Bamboo,Cane,Palm,Straw Products	1	7.35	7.35	2
家具制造业	Furniture Manufacturing	2	0.68	0.23	
造纸及纸制品业	Papermaking and Paper Products	44	1618.02	1239.99	45
印刷业、记录媒介的复制	Printing and Record Medium Reproduction	16	10.14	9.18	1
文教体育用品制造业	Cultural Educational and Sports Goods	4	7.16	5.34	3
石油加工、炼焦及核燃料加工业	Petroleum, Coking and Nuclear Fuel Processing	5	32.55	32.55	8
化学原料及化学制品制造业	Raw Chemical Materials and Chemical Products	133	11321.57	10814.81	186
医药制造业	Medical and Pharmaceutical Products	42	3114.15	3082.27	69
化学纤维制造业	Chemical Fiber	4	2351.00	2315.00	9
橡胶制品业	Rubber Products	18	387.69	366.56	1
塑料制品业	Plastic Products	18	19.36	18.70	13
非金属矿物制品业	Nonmetal Mineral Products	336	3974.93	3808.22	117
黑色金属冶炼及压延加工业	Smelting and Pressing of Ferrous Metals	22	1169.05	978.44	22
有色金属冶炼及压延加工业	Smelting and Pressing of Nonferrous Metals	25	1183.71	926.95	25
金属制品业	Metal Products	54	889.44	887.11	40
通用设备制造业	Ordinary Equipment	65	1338.89	1150.04	50
专用设备制造业	Special Equipment	32	98.90	98.17	37
交通运输设备制造业	Transportation Equipment	78	4543.21	4051.95	98
电气机械及器材制造业	Electric Equipment and Machinery	15	614.64	613.62	15
通信设备、计算机及其他电子设备制造业	Communication, Computers and Other Electronic Equipment	12	52.78	51.85	3
仪器仪表及文化、办公用机械制造业	Instruments, Meters,Cultural and Office Machinery	31	209.56	209.53	26
工艺品及其他制造业	Handicraft and Other Production	5	24.05	24.05	5
废弃资源和废旧材料回收加工业	Recovery and Processing of Waste Resources and Materials	4	1.67	1.67	4
电力、燃气及水的生产和供应业	Electricpower, Gas & Water Production and Supply	33	15072.84	14811.24	44
电力、热力的生产和供应业	Electricpower and Hot Power Production and Supply	30	14385.68	14136.18	42
燃气生产和供应业	Gas Production and Supply				
水的生产和供应业	Water Production and Supply	3	687.16	675.06	2
其他	Others	80	5494.91	5238.52	99

7－16 生活污染物排放情况（2002－2003年）
DISCHARGE OF POLLUTANTS FROM DAILY LIFE (2002-2003)

项 目	Item	2002	2003
生活污水排放量（万吨）	Volume of Waste Water Discharged from Daily Life (10 000 tons)	46394	51988
生活污水中化学需氧量排放量（吨）	Absorption of Oxygen by Waste Water from Daily Life (ton)	149191	150590
生活二氧化硫排放量（吨）	Discharge of Sulfur Dioxide from Daily Life (ton)	147539	135339
生活烟尘排放量（吨）	Discharge of Dust from Daily Life (ton)	76965	73806

7－17 环境污染与破坏事故情况（2002－2003年）
POPULLATION ACCIDENTS (2002-2003)

项 目	Item	2002	2003
环境污染与破坏事故次数（次）	**Number of Pollution Accidents (time)**	**22**	**6**
按事故类型分（次）	**Pollution Accidents by Type (time)**		
水污染	Water Pollution	13	4
大气污染	Air Pollution	6	2
固体废物污染	Solid Waste Pollution		
噪声与振动危害	Noises and Vibration Pollution	3	
其他	Others		
污染直接经济损失（万元）	**Losses Coverted into Cash (10 000 yuan)**	**29.4**	**18.6**
污染事故赔、罚款总额（万元）	**Amount of Reparations and Fines (10 000 yuan)**	**28.7**	**1.3**

主要统计指标解释

年末供水综合生产能力 指自来水厂和自备水源的社会单位取水、净化、送水、出厂输水干管等环节的综合实际生产能力。

供水管道长度 指从送水泵到用户水表之间所有管道的长度。

供水总量 指城市供水设施供出厂外的全部水量，包括有效供水量及损失水量。

生活用水量 指居民日常生活与行政、事业单位、部队营区、商业及服务等行业的用水量。包括饮食店、旅馆、理发店、浴室、洗衣店、游泳池、商店、学校、机关、部队等单位，以及生产单位和基本建设单位装有专用水表计量的生活用水量（不能分开者，可计入生产用水量内）。

城市人口用水普及率 指城市用水人口数与城市人口总数之比。计算公式为：

用水普及率=（城市用水人口数/城市人口数）×100%

输气管道长度 指煤气、天然气由压缩机、鼓风机、储气罐的出口到用户气表之间的全部管道长度。

全年供气总量 指全年售给各类用户的全部煤气（天然气、液化石油气）量。包括工业用量、家庭用量和其他用量。

城市用气普及率 指使用煤气（包括人工煤气、液化石油气、天然气）的城市人口数与城市人口总数之比。计算公式为：

用气普及率=（城市用气人口数/城市人口数）×100%

城市道路 指有交通功能额的各种铺装道路和土路。包括主、次干道、工业区道路（不包括厂区内部道路）、住宅区道路、胡同、里弄和广场、停车场。在统计时只统计路面宽度在3.5米（含3.5米）以上的各种铺装道路，包括高级、次高级道路和普通道路。

城市桥梁 指城市范围内，修建在河道上的桥梁和道路与道路立交、道路跨越铁路的立交桥，以及人行天桥。包括永久性桥和半永久性桥，不包括临时性桥、铁路桥、涵洞。

城市下水道总长度 指所有排水总管、干管、支管及暗渠、检查井、连接井进出水口等长度之和。

城市污水日处理能力 指污水处理厂每昼夜处理污水量的设计能力。

年末实有公共汽（电）车 指年底可参加营运的全部车辆数，包括营运车辆数和库存查封未参加营运的车辆，不包括非营运车辆，如架线车、油罐车、工程车、货车及其他专用车辆和借人的客运车辆。

营运线路网长度 指全部固定营运线路所经过的道路长度，即：运营线路长度总和和扣除重复线段长度后的部分。

城市园林绿地面积 指用作园林和绿化的各种绿地面积，包括：公共绿地、单位附属绿地、居住区绿地、生产绿地、防护绿地和风景林地等的面积总和。

公共绿地面积 指向公众开放的各级各类公园、小游园、街头绿地等，包括其范围内的水域面积。

工业废水排放量 指经过企业厂区所有排放口排到企业外部的工业废水量。包括生产废水、外排的直接冷却水、超标排放的矿井地下水和与工业废水混排的厂区生活污水，不包括外排的间接冷却水（清污不分流的间接冷却水应计算在内）。

工业废水排放达标量 指各项指标都达到国家或地方排放标准的外排工业废水量，包括未经处理外排达标的和经过处理后外排达标的和两部分。

工业废水处理量 指报告期内各种水治理设施实际处理的工业废水量，包括处理后外排的和处理后回用的工业废水量和虽经处理但未达到国家或地方排放标准的废水量。车间和厂排放口均有治理设施，并对同一废水分级处理时，不应重复计算工业废水处理量。

工业废气排放量 指企业厂区内燃料燃烧和生产工艺过程中产生的各种排入空气的含有污染物的气体的总量，按标准状态（273K，101325Pa）计算。

工业二氧化硫排放量 指企业在燃料燃烧工艺过程中排入大气的二氧化硫数量。

工业烟尘排放量 指企业厂区内的燃料燃烧产主的烟气中夹带的颗粒物数量。

工业粉尘排放量 指企业在生产工艺过程中排放的颗粒物重量，如钢铁企业的耐火材料粉尘、焦化企业的筛焦系统粉尘、烧结机的粉尘、石灰窑的粉尘、建材企业的水泥粉尘等，不包括电厂排入大气的烟尘。

工业固体废物产生量 指企业在生产过程中产生的固体状、半固体状和高浓度液体状废弃物的总量，包括危险废物、冶炼废渣、粉煤灰、炉渣、煤矸石、尾矿、放射性废物和其他废物等；不包括矿山开采的剥离废石和掘进废石（煤矸石和呈酸性或碱性的废石除外）。酸性或碱性废石是指采掘的废石其流经水、雨淋水的ＰＨ值小于 4 或ＰＨ值大于 10.5 者。

危险废物 指列入国家危险废物名录或根据国家规定的危险废物鉴别标准和鉴别方法认定的，具有爆炸性、易燃性、易氧化性、毒性、腐蚀性、易传染疾病等危险特性之一的废物。

工业固体废物综合利用量 指通过回收、加工、循环、交换等方式，从固体废物中提取或者使其转化为可以利用的资源、能源和其他原材料的固体废物量（包括当年利用往年的工业固体废物累计贮存量），如用作农业肥料、生产建筑材料、筑路等。综合利用量由原产生固体废物的单位统计。

工业固体废物贮存量 指以综合利用或处置为目的，将固体废物暂时贮存或堆存在专设的贮存设施或专设的集中堆存场所内的数量。专设的固体废物贮存场所或贮存设施必须有防扩散、防流失、防渗漏、防止污染大气、水体的措施。

工业固体废物处置量 指将固体废物焚烧或者最终置于符合环境保护规定要求的场所，并不再回取的工业固体废物量（包括当年处置往年的工业固体废物累计贮存量）。处置方法有填埋（其中危险废物应安全填埋）、焚烧、专业贮存场（库）封场处理、深层灌注、回填矿井等。

工业固体废物排放量 指将所产生的固体废物排到固体废物污染防治设施、场所以外的数量，不包括矿山开采的剥离废石和掘进废石（煤矸石和呈酸性或碱性的废石除外）。

“三废”综合利用产品产值 指利用“三废”（废液、废气、废渣）作为主要原料生产的产品产值（现行价），已经销售或准备销售的应计算产品产值，留作生产上自用的不应计算产品产值。

“三废”综合利用产品利润 指利用“三废”（废液、废气、废渣）生产的产品，销售后所得到的利润。

环境污染与破坏事故 指由于违反环境保护法规的经济、社会活动与行为，以及意外艺术的影响或不可抗拒的自然灾害等原因，致使环境受到污染，国家重点保护的野生动物、植物、自然保护区受到破坏，人体健康受到危害，社会经济和人民财产受到损失，造成不良社会影响的突发性事件。

EXPLANATORY NOTES ON MAIN STATISTICAL INDICATORS

Comprehensive Production Capacity of Water Supply at the Year-end refers to the actual comprehensive production capacity of the waterworks administered by the urban construction department and those owned by enterprises or institutions, taking the capacity of the main links, such as water inflow, purification, conveyance and outflow of the trunk pipelines into account.

Length of Water Supply Pipelines refers to the total length of all the pipelines between the water pumps and the users' water meters.

Annual Volume of Water Supply refers to the total water volume supplied by water facilities in urban areas, including both the effective water supply and loss during the water supply.

Consumption of Water for Residential Use refers to the water consumption of households for daily life and the water consumption of public welfare facilities, including the consumption of restaurants, hotels, hospitals, barber shops, public bathhouses, laundries, swimming pools, shops, schools, institutions, army units and other units.

Percentage of Urban Population with Access to Tap Water refers to the ratio of the urban population with access to tap water to the total urban population. The formula is:

Percentage of Population with access to Tap Water = (Urban Population with Access to Tap Water) / (Urban Population) * 100%

Length of Gas Pipelines refers to the total pipeline length between the outlet of the compressor, blower or gas tank and the gas meters of users.

Volume of Gas Supply refers to the total volume of gas sold to users in a year, including the volume for industrial use, residential use and other uses.

Percentage of Urban Population with Access to Gas refers to the ratio of the urban non-agricultural population with access to gas (including gas, liquefied petroleum gas and natural gas) to the urban population. The formula is:

Percentage of Population with access to Gas = (Urban Population with Access to Gas) / (Urban Population) * 100%

Urban Roads refers to various paved roads with traffic function, including primary and secondary trunk roads, roads in industrial estates (excluding roads in factories), roads in flats, bystreets, lanes, squares and parking lots. Only the roads with a paved surface, and with a width of more than 3.5 meters are counted, including high-quality, medium-quality and ordinary roads.

Urban Bridges refer to bridges over river courses; great separated junctions and overpasses in urban areas. Permanent bridges and semi-permanent bridges are included. Temporary bridges, railway bridges and culverts are excluded.

Length of Urban Sewage Pipes refers to the total length of general drainage, trunks, branch and blind drainage, inspection wells, connection wells, inlets and outlets, etc.

Daily Disposal Capacity of Urban Sewage refers to the designed 24-hour capacity of sewage disposal at the sewage treatment works.

Number of Public Vehicles (Buses and Trolley-Buses) at the Year-end refers to the total number of operational buses available at the year-end, including the year-end operational vehicles and vehicles in stock. Non-operational vehicles such as stringing cars, tank cars, machine-shop cars, trucks and other special vehicles and the borrowed passenger vehicles are excluded.

Length of Route Net in Operation refers to the length of total designated regularly routes in operation, i.e. the total length of routes in operation minus the repeated routes.

Area of Urban Gardens and Green Areas refers to various gardens and green areas, including public green land, affiliated green land of various units, green land in flats, production green land, protection green land and forests in scenic spots.

Public Green Areas refers to open green areas of various parks, tree-flanked boulevards, green-land squares, etc., and the water area inside are included.

Volume of Industrial Waste Water Discharged refers to the volume of industrial waste water discharged, through all outlets, to the outside of industrial enterprises, including waste water produced, direct - cooling water, underground water from mines that does not meet the standard of discharge, and the domestic sewage mixed up with industrial waste water when discharged, but excluding discharged indirect - cooling water.

Volume of Waste Water up to the Standard for Discharge refers to the volume of discharged industrial wastewater that, with or without treatment, has come up to the national or local standards for discharge.

Volume of Treated Industrial Waste Water refers to the volume of industrial wastewater after being treated and purified through various water treatment facilities in the reference period, including the volume discharged or recovered after being treated. The volume of wastewater that fails to meet the national or local standards after treatment is also included. If there are treatment facilities both at the outlets of workshops and at the outlets of the factory, and the same volume of wastewater has been treated twice, duplication should be avoided in the calculation of the volume of treated industrial wastewater.

Volume of Industrial Waste Gas Emission refers to waste gas emitted from burning of fuels and from production process in the area of the factory, and is measured by 10000 standard cubic meters each year under normal condition.

Volume of Industrial Sulphur Dioxide Discharged refers to the volume of sulphur dioxide to the air in the process of fuel burning or in the production process.

Volume of Industrial Soot Discharged refers to the volume of solid soot in the smoke discharged in the process of fuel burning in the area of the factory.

Industrial Dust Discharged refers to the total weight of solid dust discharged by industrial enterprises in the production process, such as dust of refractory materials from iron plants, dust from coke-screening system or from sintering machines of coking plants, dust from lime kilns, cement dust from building material enterprises, etc., but excluding smoke and dust discharged by power plants.

Volume of Industrial Solid Wastes Produced refers to the total volume of solid, semi-solid or high-concentration liquid residue produced by industrial enterprises in their production process, including dangerous wastes, residues from melting, slag, powdered coal ash, gangue, chemical residues, tailings, radioactive residues and other residues, but excluding stripped or dug stones in mining (except gangue and acid or alkali stones which are stones washed or soaked by water with a PH value smaller than 4 or larger than 10.5.)

Dangerous Wastes refers to the wastes which are listed by the government as the dangerous wastes or the wastes which are explosive, inflammable, oxidizable, poisonous, corrosive or liable to cause infectious diseases or have other dangerous characteristic specified in accordance with the standards or methods stipulated by the government for identifying the dangerous wastes.

Volume of Industrial Solid Wastes Utilized in a Comprehensive Way refers to the volume of solid wastes from which useful materials can be extracted or which can be changed to be utilizable resources, energy or other materials, including the volume of industrial solid wastes stored up in the previous years and utilized in the current year, such as the solid wastes utilized as fertilizers, building materials, for making roads or for other purpose. Statistical date on utilization of industrial solid wastes is collected by solid wastes producing units.

Volume of Industrial Solid Wastes Stored up refers to the volume of industrial solid wastes temporarily stored up or piled with special facilities or piled in the special sites for the purpose of utilization or treatment in future. The special facilities or special sites for storing up solid wastes should have the measures against spreading or being washed away to other places, permeating the soil or causing air pollution or water contamination.

Volume of Industrial Solid Wastes Treated refers to solid wastes disposed of in a non-recoverable place that meet the requirement of environmental protection, such as burying (The dangerous wastes should be buried safely), burning, piling in designated sites, pouring water into the deep strata, filling of old mines, etc. (including treatment of solid wastes piled up in the previous years).

Volume of Industrial Solid Wastes Discharged refers to the volume of industrial solid wastes produced and discharged at the places outside the special facilities or special sites for preventing against pollution, excluding stripped or dug stones in mining (except gangue and acid or alkali waste stones).

Output Value of Products Made from Utilization of Waste Gas, Waste Water and Industrial Solid Wastes refers to the value of products (calculated at current prices) made by industrial enterprises using recovered waste water, waste gas or solid wastes as main raw materials. Only the value of the products, which have been sold or are ready, to be sold should be included. The value of the products, which will be used in the production of the enterprises, should not be included.

Profit Obtained from Utilization of Waste Gas, Waste Water and Industrial Solid Wastes refers to profit obtained from selling or own-consumption of products made by industrial enterprises using recovered wastewater waste gas or solid wastes as main raw materials.

Accidents of Environment Pollution and Destruction refer to sudden accidents, due to economic and social behavior or activities in contrast with environment protection legislation, unexpected factors or irresistible natural disasters, that cause the pollution of environment, the destruction of natural protection zones, wild plants and animals, the danger to the health of people, and the loss in the property of the society and people.

八　各类市场情况

VARIOUS MARKETS

简要说明

本章中房产市场由市统计局固定资产投资处根据市国土资源和房屋管理局资料整理提供，消费品市场由市统计局贸易外经处根据市工商行政管理局资料整理提供，亿元以上商品市场由市统计局贸易外经处提供，技术市场由市统计局社会科技处根据市科学技术委员会资料整理提供，人才市场和劳动力市场情况由市统计局综合处根据市人才交流管理中心和市就业服务管理局资料整理编辑。

货币、证券和保险市场资料详见第十五章财政和金融。

Brief Introduction

Data on real estate markets are provided by Division of Statistics of Investment in Fixed Assets, Municipal Bureau of Statistics according to data of Municipal Administration of Land, Resources and Buildings. Data on consumable markets in urban and rural areas come from Division of Trade and External Economic Relations Statistics, Municipal Bureau of Statistics with data from Municipal Administration for Industry and Commerce. Commodity markets with transaction value over 100 million yuan are provided by Division of Trade and External Economic Relations Statistics, Municipal Bureau of Statistics. Transactions of technology exchanges are provided by Division of Social and Technology Statistics, Municipal Bureau of Statistics with data from Municipal Scientific and Technological Committee. Markets of human resources and Labors are edited by Division of Comprehensive Statistics, Municipal Bureau of Statistics with data from Municipal Administration Center of Human Resources and from Municipal Administration of Employment Services.

Monetary, security and insurance markets are detailed in Chapter 15 Government Finance and Financial Statistics.

8－1 房产市场交易情况（2002－2003年）
REAL ESTATE MARKETS (2002-2003)

项目	Item	2002	2003
房产转让	**Housing Transactions**		
成交面积（万平方米）	Area (10 000 sq.m)	1766.22	2417.17
#住宅	Residential Buildings	1487.58	2082.93
#商品房	Commercial Buildings	1214.40	1645.26
存量房	Outstock Buildings	551.82	771.91
成交金额（亿元）	Amount (100 million yuan)	300.08	351.16
#住宅	Residential Buildings	176.28	267.28
#商品房	Commercial Buildings	254.29	284.84
存量房	Outstock Buildings	45.78	66.32
房地产抵押	**Housing Mortgage**		
面积（万平方米）	Area (10 000 sq.m)	2735.36	3269.44
担保金额（亿元）	Amount Assured (100 million yuan)	267.38	424.30

8－2 消费品市场交易情况（2002－2003年）
TRANSACTIONS OF CONSUMABLE MARKETS (2002-2003)

指标	Item	2002	2003	构成 Composition (%)	
				2002	2003
消费品市场数(个)	**Number of Free Markets (unit)**	**2089**	**2041**	**100.0**	**100.0**
城市	Urban Areas	695	667	33.3	32.7
农村	Rural Areas	1394	1374	66.7	67.3
消费品市场成交额(万元)	**Transaction Value (10 000 yuan)**	**5856604**	**6482306**	**100.0**	**100.0**
城市	Urban Areas	3550750	3934197	60.6	60.7
农村	Rural Areas	2305854	2548109	39.4	39.3
在成交额中	**Of the Transaction Value**				
#粮油类	Grain and Oil	265197	451336	4.5	7.0
肉禽蛋类	Meat Poultry and Eggs	1291015	1428372	22.0	22.0
水产品类	Aquatic Products	347554	387695	5.9	6.0
蔬菜类	Vegetables	1013979	1127070	17.3	17.4
干鲜果类	Dried and Fresh Fruits	373423	418499	6.4	6.5

8－3 亿元以上商品市场交易情况（2002－2003年）
TRANSACTION OF COMMODITY MARKETS WITH TRANSACTION VALUE OVER 100 MILLION YUAN (2002-2003)

单位：万元 (10 000 yuan)

指标	Item	摊位数量（个） Number of Stands (unit)		总成交额 Total Volume of Transaction		#零售额 Retail Trade	
		2002	2003	2002	2003	2002	2003
合计	**Total**	**41902**	**45171**	**3567771**	**4135749**	**741132**	**699533**
食品、饮料、烟酒类	Food, Beverages, Tobacco and Liquor	12553	13192	916323	1027402	289399	233968
#粮油果菜类	Grains, Oil, Fruits and Vegetables	7058	7332	369194	443370	118909	125274
服装鞋帽、针、纺织品类	Clothing, Shoes, Hats and Textiles	10844	10809	654934	703389	103365	79505
化妆品类	Cosmetics	372	294	112636	140642	7679	6563
日用品类	Articles for Daily Use	2687	3188	111208	141017	21787	33642
五金电料类	Hardwear and Electrical Materials	2869	2832	198498	182014	21807	13449
体育、娱乐用品类	Sports and Recreation Articles	49	17	1299	374	375	124
书报杂志类	Newspapers and Magazines	2	3	2	5		1
电子出版物及音像制品类	E-journal and Video Products	8	91	322	1480	133	1421
家用电器和音像制品类	Household Appliances and Video Products	276	327	13688	14142	9331	5704
中西药品类	Traditional Chinese and Western Medicines	46	91	2286	3117	1166	1564
#中草药及中成药类	Traditional Chinese Medicines	18	29	129	227	33	126
文化办公用品类	Cultural and Official Goods	566	706	73008	81478	19958	20991
家具类	Furniture	1882	785	227257	255664	85716	113847
通讯器材类	Communication Appliances						
煤炭及制品类	Coal and Related Products						
木材及制品类	Wood and Wooden Pruducts	674	764	130544	147911	9340	18991
化工材料及制品类	Raw Chemical Materials	273	239	42987	39044	4425	4770
金属材料类	Metal Materials	1471	1873	338013	510767	24703	10283
建筑及装潢材料类	Buildings and Decoration Materials	1559	1683	181863	178075	58484	48266
机电产品及设备类	Mechanical and Electrical Products	1640	1845	345317	436052	30213	27994
#农机类	Agricultural Machinery						
汽车类	Automobile	485	400	296787	290298	18894	7000
其他类	Others	4131	6432	217586	273176	53251	78450
#旧货类	Old Goods		207		8445		

8—4 技术市场交易情况（2002—2003年）
TRANSACTIONS OF TECHNOLOGY EXCHANGES (2002-2003)

单位：项、万元 (item, 10 000 yuan)

项　目	Item	技术买方 Purchases of Technology				技术卖方 Sales of Technology			
		项　数 Number		金　额 Value		项　数 Number		金　额 Value	
		2002	2003	2002	2003	2002	2003	2002	2003
总计	**Total**	**1098**	**1925**	**409433**	**555083**	**1098**	**1925**	**409433**	**555083**
#企业	Industrial Enterprises	730	1620	347524	480047	360	301	217865	395597
科研机构	Research Institutions	39	146	9604	8760	404	1329	110919	60717
大中专院校	Higher Education Institutions and Secondary Schools					263	228	57307	64409
技术贸易机构	Technical Business Institutions	2	1	185	260	50	32	3511	8637
个体私营	Individual and Private	3	14	18	6839	6	14	3037	3842

8—5 人才市场与人才流动情况（2002—2003年）
MARKETS OF HUMAN RESOURCES AND EXCHANGES (2002-2003)

项　目	Item	2002	2003
人事部门挂牌人才市场（个）	Number of Official Markets (unit)	35	37
全年接收人事档案数量（份）	Number of Personal Files Received (copy)	17485	29202
现存人事档案总量（份）	Number of Personal Files Remained (copy)	72667	103421
流动人员职称评定（人）	Professional Titles of Exchanging Persons (person)	922	2163
评定高级职称人数	Senior Titles	47	120
评定中级职称人数	Medium Titles	154	655
评定初级职称人数	Junior Titles	721	1388
举办人才交流大会（次）	Meetings of Human Resource Exchanges Held (time)	524	609
参加人才交流大会的招聘单位（万个）	Units Attended in Meetings of Human Resource Exchanges for Recruitment (10 000 units)	3.19	3.27
达成流动意向协议的人数（万人）	Number of Persons Signed Agreements (10 000 persons)	18.61	14.27

8－6 劳动力市场与劳动力流动情况（2002－2003年）
LABOR MARKETS AND EXCHANGES (2002-2003)

项　　目	Item	2002	2003
职业介绍机构数（个）	**Number of Employment Agencies (unit)**	**269**	**281**
其中：市、区县劳动保障部门办	Of Which Run by Labor Security Department	43	43
登记招聘人数（人）	**Number of Registered Recruitment (person)**	**272993**	**303734**
按产业需求分	By Industry Demand		
第一产业	Primary Industry	1897	1841
第二产业	Secondary Industry	77568	65685
第三产业	Tertiary Industry	193528	236208
按用人单位经济类型分	By Registration		
国有	State-owned	49830	64422
集体	Collective-owned	11090	9482
联营	Joint Ownership	15646	10272
三资	Overseas Funded	12516	6419
私营及个体	Private and Individual	95759	108848
其他	Others	88152	104291
登记求职人数（人次）	**Number of Registered Persons (person-time)**	**305412**	**323736**
按人员类别分	By Type		
失业人员	Unemployed Persons	250869	268880
下岗职工	Laid-off Staff and Workers	23233	25315
农村剩余劳动力	Rural Surplus Labors	12853	14387
其他	Others	18457	15154
按职业技能分	By Labor Skill		
高级技能	Senior Title	286221	304748
中级技能	Medium Title	16341	16079
初级技能	Junior Title	2850	2909
介绍成功人数（人）	**Number of Persons Employed (person)**	**155551**	**160725**
按就业去向用人单位经济类型分	By Registration		
国有	State-owned	29623	31235
集体	Collective-owned	5789	5595
联营	Joint Ownership	47975	50235
三资	Overseas Funded	4624	5511
私营及个体	Private and Individual	57404	58740
其他	Others	10136	9409

II 产业篇

INDUSTRY CHAPTER

二零零四

重庆统计年鉴

CHONGQING STATISTICAL YEARBOOK 2004

九　农业和农村经济

AGRICULTURE AND RURAL ECONOMY

简要说明

本章反映我市农业生产和农村经济的基本情况，内容主要包括农村基本情况、农业生产条件与生产情况、耕地、农林牧渔业产值、主要农产品产量、农业商品产值和商品率、乡镇企业等方面的统计资料。

本章资料由市农村社会经济调查队根据市农业局、市林业局、市水利局、市乡镇企业管理局和市农村社会经济调查队等资料整理提供。

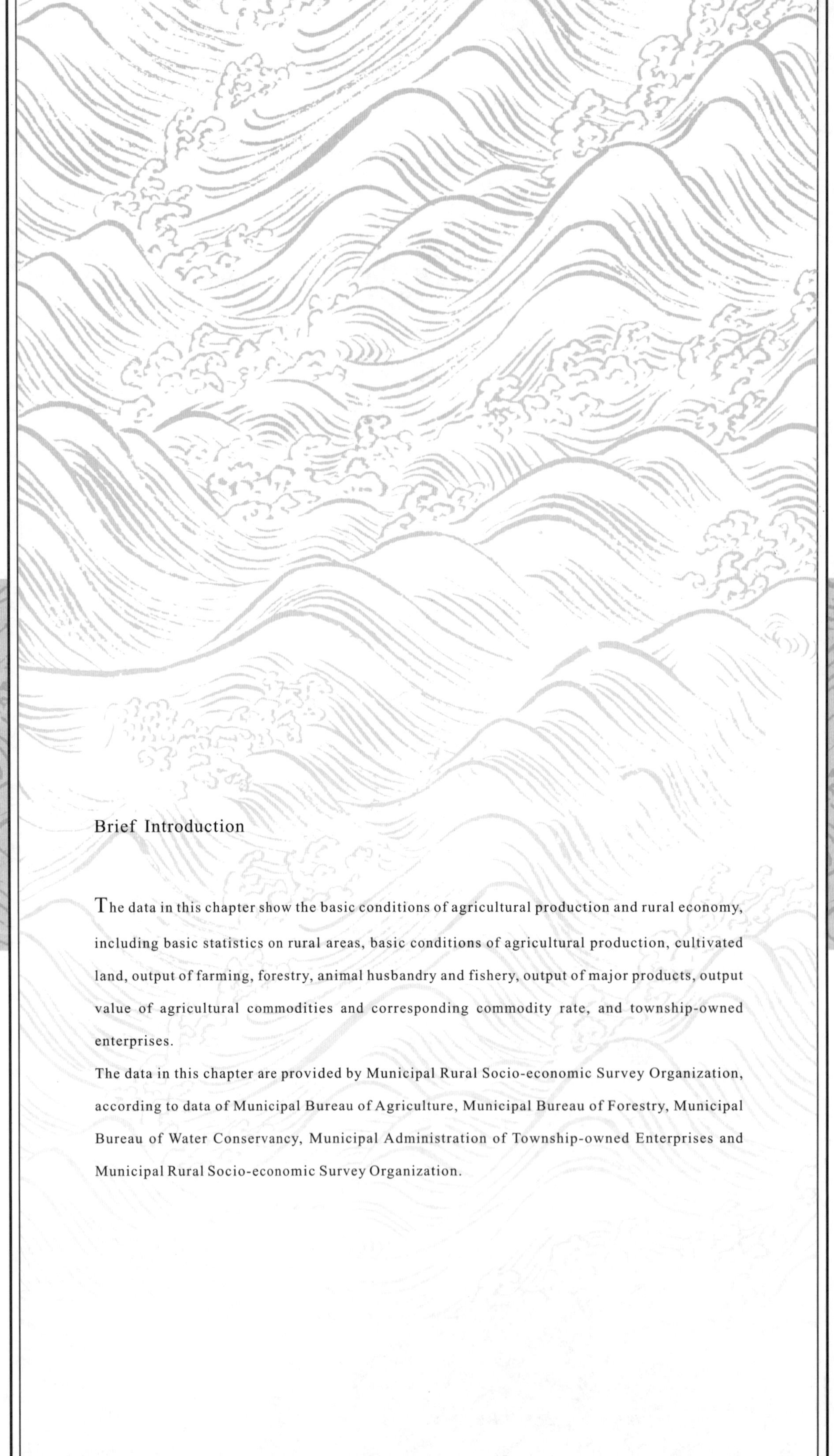

Brief Introduction

The data in this chapter show the basic conditions of agricultural production and rural economy, including basic statistics on rural areas, basic conditions of agricultural production, cultivated land, output of farming, forestry, animal husbandry and fishery, output of major products, output value of agricultural commodities and corresponding commodity rate, and township-owned enterprises.

The data in this chapter are provided by Municipal Rural Socio-economic Survey Organization, according to data of Municipal Bureau of Agriculture, Municipal Bureau of Forestry, Municipal Bureau of Water Conservancy, Municipal Administration of Township-owned Enterprises and Municipal Rural Socio-economic Survey Organization.

9－1 主要年份农村基本情况
BASIC STATISTICS ON RURAL AREAS IN MAJOR YEARS

年 份 Year	乡村户数(万户) Number of Rural Households (10 000 households)	乡村人口(万人) Rural Population (10 000 persons)	乡村从业人员(万人) Rural Employment (10 000 persons)
1949		1446.24	650.59
1952		1546.01	692.81
1957		1685.98	762.15
1962		1506.16	692.19
1965		1676.21	755.99
1970		1977.85	857.78
1975		2264.67	921.67
1978		2289.89	930.06
1980	534.19	2294.08	980.75
1985	573.00	2355.39	1114.34
1986	596.13	2365.34	1154.26
1987	626.70	2391.29	1184.92
1988	650.27	2412.04	1218.03
1989	671.51	2427.70	1249.12
1990	686.26	2446.38	1273.06
1991	697.61	2471.48	1314.79
1992	699.94	2476.10	1350.71
1993	700.88	2463.53	1352.26
1994	710.34	2482.05	1356.59
1995	706.86	2454.17	1349.34
1996	709.86	2464.23	1330.44
1997	708.64	2452.75	1320.91
1998	709.84	2445.12	1316.95
1999	710.99	2442.47	1342.99
2000	710.28	2420.32	1352.60
2001	714.67	2438.79	1345.15
2002	718.31	2443.21	1342.17
2003	718.65	2436.47	1340.25

注：乡村从业人员是指乡村劳动力从业人员，包括外出务工人员。

Note: Rural employment refers to rural able-bodied laborers, including laborers working outside Chongqing.

9－2 主要年份农业生产条件
CONDITIONS FOR AGRICULTURAL PRODUCTION IN MAJOR YEARS

年 份 Year	年末常用耕地面积（万公顷） Year-end Cultivated Area (10 000 hectares)	有效灌溉面积（万公顷） Effective Irrigated Area (10 000 hectares)	农业机械总动力（万千瓦） Total Power of Agricultural Machinery (10 000 kw)	农业化肥施用量（万吨） Consumption of Chemical Fertilizer (10 000 tons)	农村用电量（万千瓦时） Electricity Consumption in Rural Areas (10 000 kwh)
1949	196.96	5.48			
1952	200.21	6.73			
1957	198.53	13.40			
1962	186.56	21.31	4		1852
1965	187.50	26.10	10		3791
1970	181.74	31.92	22		12655
1975	177.80	42.84	54		21045
1978	174.55	56.27	101		28542
1980	173.24	60.42	155	29.21	37953
1985	166.72	60.98	219	31.76	63309
1986	166.01	60.12	240	36.70	71471
1987	165.61	59.27	259	38.26	83229
1988	165.38	58.41	278	38.29	79637
1989	165.24	57.56	291	44.72	89611
1990	165.15	58.02	300	48.13	97091
1991	164.84	58.55	316	52.08	104430
1992	164.37	58.96	324	52.74	115831
1993	163.82	59.26	343	54.51	134027
1994	163.46	59.53	366	58.55	160197
1995	162.92	59.79	386.05	62.02	174847
1996	162.21	60.08	409.91	65.55	196788
1997	161.28	61.14	454.07	69.64	227302
1998	160.11	61.41	506.64	71.18	242934
1999	159.43	62.05	558.54	71.03	260029
2000	158.32	62.60	586.47	72.00	278728
2001	155.51	63.19	628.07	72.58	301140
2002	138.37	64.12	665.57	73.37	338717
2003	135.32	64.97	695.67	71.60	366535

9—3 主要年份农林牧渔业总产值（现价）
GROSS OUTPUT VALUE OF FARMING, FORESTRY, ANIMAL HUSBANDRY AND FISHERY IN MAJOR YEARS (current prices)

单位：万元 (10 000 yuan)

年 份 Year	农林牧渔业总产值 Gross Output Value	农 业 Farming	林 业 Forestry	牧 业 Animal Husbandry	渔 业 Fishery	农林牧渔服务业 Agricultural Services
1949	142123	111424	3837	26293	568	
1952	186367	140707	6523	38205	932	
1957	240351	176658	10816	51916	961	
1962	153506	120349	4605	28245	307	
1965	165688	122775	5799	36617	497	
1970	269234	192504	11128	64604	998	
1975	295062	210016	18048	65660	1338	
1978	357616	262881	17236	75731	1768	
1980	417925	296840	16160	102514	2411	
1985	739003	477570	43546	208842	9044	
1986	801998	516990	42045	231097	11867	
1987	902072	564063	40932	282816	14262	
1988	1104369	641751	49662	393394	19561	
1989	1243819	706771	49328	463300	24420	
1990	1460003	858133	55308	518757	27805	
1991	1595286	938353	60038	565193	31702	
1992	1713839	995009	70992	612498	35340	
1993	2073607	1197742	77531	749776	48558	
1994	2831816	1552652	86981	1127394	64789	
1995	3778259	2278927	106732	1304229	88371	
1996	4249903	2713807	115493	1311666	108937	
1997	4393508	2678892	117313	1468914	128389	
1998	4288839	2549365	150929	1444758	143787	
1999	4168780	2496237	115588	1409527	147428	
2000	4126272	2447376	108236	1419910	150750	
2001	4311666	2503968	112044	1544041	151613	
2002	4609755	2640760	135143	1661965	171887	
2003	4885655	2701156	145824	1776384	183251	79040

注：按照新国民经济行业分类标准，从2003年起增加了农林牧渔服务业。

Note: According to GB/T4754-2002, the sector of agricultural services is added since 2003.

9−4 主要年份农林牧渔业总产值指数（1952年=100）
INDICES OF GROSS OUTPUT VALUE OF FARMING, FORESTRY, ANIMAL HUSBANDRY AND FISHERY IN MAJOR YEARS (1952=100)

年 份 Year	农林牧渔业总产值 Gross Output Value	农 业 Farming	林 业 Forestry	牧 业 Animal Husbandry	渔 业 Fishery
1949	83.4	85.6	80.9	73.7	90.0
1952	100.0	100.0	100.0	100.0	100.0
1957	129.0	126.7	144.5	133.4	156.4
1962	82.4	88.5	83.8	52.4	77.4
1965	124.5	121.5	105.1	145.2	150.8
1970	126.4	121.8	93.1	159.8	161.8
1975	136.8	134.7	120.7	151.3	216.8
1978	168.6	170.7	143.8	166.0	262.8
1980	194.4	180.9	143.2	275.3	318.1
1985	280.2	236.8	301.1	467.4	929.6
1986	296.5	251.8	252.5	510.6	1070.5
1987	304.5	257.1	224.6	542.7	1180.8
1988	309.9	250.2	222.6	606.2	1359.8
1989	329.6	271.2	222.2	624.8	1509.3
1990	338.4	274.2	214.3	664.9	1671.4
1991	359.4	288.9	218.9	719.0	1836.6
1992	366.4	285.0	241.6	771.6	1853.0
1993	381.5	294.7	253.2	806.7	2237.9
1994	402.8	305.1	257.8	879.4	2583.1
1995	428.3	320.8	275.0	947.3	3128.3
1996	440.2	326.5	278.5	981.9	3634.3
1997	454.8	333.0	266.7	1033.2	4206.2
1998	465.8	338.1	312.6	1051.5	4728.5
1999	465.0	340.5	236.5	1055.4	5131.4
2000	469.5	341.5	204.9	1085.5	5360.3
2001	479.2	342.7	224.7	1130.5	5461.7
2002	505.6	362.2	269.2	1178.1	5769.0
2003	509.7	374.9	274.7	1234.4	5941.6

注：本表指数按可比价计算。

Note: Indices of this table are calculated at comparable prices.

9－5 主要年份农产品产量
OUTPUT OF AGRICULTURAL PRODUCTS IN MAJOR YEARS

年 份 Year	粮食(万吨) Grain (10 000 tons)	#稻谷 Rice	油料(万吨) Oil-bearing Crops (10 000 tons)	甘蔗(万吨) Sugarcane (10 000 tons)	烟叶(吨) Tobacco (ton)	麻类(吨) Fiber Crops (ton)	茶叶(吨) Tea (ton)	蚕茧(吨) Silkworm Cocoons (ton)
1949	402.68	246.57	0.90	8.78	8535	1416	916	761
1952	470.97	281.33	3.19	10.61	9238	1889	1059	1236
1957	596.55	316.39	5.13	6.86	8247	1811	1914	1588
1962	378.23	191.26	1.40	1.04	2566	598	1981	1325
1965	566.17	293.32	3.87	14.47	4654	1048	2369	2306
1970	564.37	307.80	2.68	9.00	1667	666	2927	6608
1975	603.72	325.84	4.13	24.87	8146	632	4884	10477
1978	814.71	345.07	7.71	31.20	22528	1659	8004	15404
1980	835.43	341.59	11.57	36.64	8098	6172	9217	25751
1985	948.97	461.73	18.12	30.24	36239	25787	16172	33130
1986	1004.92	493.41	20.91	31.42	46724	21719	16893	32693
1987	1004.51	499.56	20.89	29.43	44992	35995	18267	35755
1988	958.02	503.00	19.25	29.32	68928	31013	18676	41748
1989	1044.88	541.81	18.78	24.41	62093	18932	18568	42063
1990	1085.07	550.40	22.02	20.55	74393	12707	18103	43502
1991	1115.28	535.90	26.92	26.07	98156	11487	18264	47757
1992	1050.24	509.07	25.18	14.33	124705	9716	17178	50686
1993	1052.72	479.90	21.70	12.30	113208	9257	19522	54505
1994	1134.10	523.13	19.26	9.39	68904	11471	21920	57408
1995	1153.68	532.63	25.12	8.76	77981	11092	17452	27000
1996	1172.14	542.64	23.60	8.27	132355	10898	15536	27402
1997	1184.63	552.44	23.34	8.08	164736	11175	14996	28072
1998	1155.36	519.38	25.11	7.28	79970	7541	15299	29226
1999	1143.05	533.01	24.09	7.59	95653	6826	14441	24177
2000	1131.21	525.43	31.06	9.06	104082	8406	14526	29098
2001	1035.35	466.45	29.96	10.08	80064	8857	14142	32396
2002	1082.15	484.42	35.04	12.06	87052	12139	14093	33856
2003	1087.20	494.29	38.27	11.35	86048	9620	14320	27802

9-5 续表 CONTINUED

年 份 Year	水果(万吨) Fruit (10 000 tons)	牛奶(吨) Cow Milk (ton)	禽蛋(吨) Poultry Eggs (ton)	水产品(吨) Aquatic Products (ton)	出槽肥猪头数(万头) Slaughtered Fattened Hogs (10 000 heads)	肉类总产量(万吨) Gross Output of Meat (10 000 tons)	年末大牲畜头数(万头) Year-end Large Animals (10 000 heads)
1949	6.02	1171		3576	174.70	11.00	107.90
1952	7.75	1292		4119	254.80	16.00	122.50
1957	7.14	2621		6515	345.10	21.70	131.20
1962	8.80	3925		3791	76.90	6.90	115.60
1965	6.83	6576		6964	421.50	25.60	128.00
1970	4.54	9651		7649	414.50	23.10	150.20
1975	7.12	11940		10797	489.90	28.10	151.10
1978	7.91	15891	44594	13638	542.70	32.00	145.00
1980	15.69	17277	55073	17734	797.63	59.89	141.75
1985	24.70	29677	87735	42838	1140.06	84.45	128.91
1986	28.61	32665	94402	47805	1190.22	88.56	129.39
1987	29.57	36474	99787	51854	1243.78	92.76	128.24
1988	20.50	39126	101708	58419	1345.77	99.85	128.35
1989	37.19	40308	112361	65707	1375.38	102.41	127.92
1990	35.08	46293	120098	65482	1375.79	102.92	129.18
1991	40.75	51988	129412	71813	1429.45	107.45	129.77
1992	41.38	56579	146138	74459	1469.47	111.47	130.80
1993	56.85	54880	157056	89227	1492.99	113.73	130.54
1994	52.87	48514	173154	103492	1555.69	121.61	132.50
1995	59.29	39153	191837	121289	1610.14	127.22	136.61
1996	56.62	40297	208460	140656	1637.51	133.22	140.43
1997	60.72	45129	234996	158265	1699.74	141.86	144.01
1998	74.10	46587	244581	178607	1720.14	140.00	152.48
1999	71.70	46614	262866	191313	1703.19	140.50	163.88
2000	81.68	55987	278919	200345	1724.96	143.91	167.45
2001	97.36	67792	297922	196967	1746.85	147.88	168.63
2002	113.41	80952	315797	211568	1781.69	152.40	170.52
2003	128.59	90608	353554	224893	1828.49	159.51	172.58

9－6 农林牧渔业总产值（2002－2003年）
GROSS OUTPUT VALUE OF FARMING, FORESTRY, ANIMAL HUSBANDRY AND FISHERY (2002-2003)

单位：万元

(10 000 yuan)

指　标	Item	农林牧渔业总产值 Gross Output Value 2002	2003	指数 上年=100 Index Preceding Year=100
总计	**Total**	**4507048**	**4885655**	**104.6**
农业	Farming	2552841	2701156	103.5
谷物及其他作物	Cereal and Other Crops	1613144	1667898	101.4
#谷物	Cereal	994160	1031878	100.5
豆类	Bean	84972	96464	111.8
油料	Oil Crops	82773	91629	108.3
烟草	Tobacco	62152	62326	97.7
蔬菜园艺作物	Vegetables and Gardening	696027	769773	108.5
#蔬菜（含菜用瓜）	Vegetables (including Melons as Vegetables)	674886	734786	103.4
花卉	Flowers	6151	19117	310.8
水果、坚果、饮料和香料作物	Fruits, Nuts, Drinks and Spices	218783	234880	103.3
#水果、坚果（含果用瓜）	Fruits and Nuts (including Melons as Fruits)	203812	216807	103.0
茶及其他饮料	Tea and Other Drinks	14971	14034	102.6
#茶	Tea	14971	14034	102.6
中药材	Tranditional Chinese Medical Materials	24886	28604	114.9
林业	Forestry	120355	145824	119.6
林木的培育和种植	Forest Cultivation	53134	63330	136.2
#造林	Afforestation	31580	46890	174.6
竹木采运	Bamboo Felling and Transportation	12208	12268	104.8
林产品	Forest Products	55012	70226	110.8
牧业	Animal Husbandry	1661966	1776384	104.8
牲畜饲养	Livestock Raising	149865	138750	93.6
#牛	Cattle	52283	67496	114.8
奶制品	Milk Products	24170	36243	156.4
猪的饲养	Hog Raising	1019188	1052196	101.2
#肉猪	Edible Hogs	1015759	1046846	100.9
家禽饲养	Poultry Raising	437837	508858	112.0
#禽蛋	Poultry Eggs	238945	281959	112.0
狩猎和捕捉动物	Animal Hunting	1020	176	101.5
其他畜牧业	Others	54054	76404	137.1
#蚕茧	Silkworm Cocoons	37242	31972	82.1
渔业	Fishery	171887	183251	106.8
#内陆水域水产品	Aquatic Products in Inland Water Areas	171887	183251	106.8
#养殖	By Breeding	161203	172600	107.6
#鱼类	Fish	167198	176072	104.6
农林牧渔服务业	Agricultural Services		79040	

注：2002年数据按照2003年口径进行了调整，绝对值按现价计算，指数按可比价计算。

Note: Data in 2002 have been adjusted in terms of statistics in 2003. The absolute figures in this table are calculated at current prices whereas the indices are calculated at comparable prices.

9—7 农村基本情况（2002—2003年）
BASIC STATISTICS ON RURAL AREAS (2002-2003)

指 标	Item	2002	2003
户数（万户）	**Households(10 000 households)**	**718.31**	**718.65**
人口（万人）	**Population(10 000 persons)**	**2443.21**	**2436.47**
乡村从业人员（万人）	**Rural Employment(10 000 persons)**	**1342.17**	**1340.25**
按性别分	By Sex		
男	Male	714.17	715.09
女	Female	628.00	625.16
按产业分	By Sector		
第一产业	Primary Industry	852.72	813.19
第二产业	Secondary Industry	160.67	180.81
第三产业	Tertiary Industry	328.78	346.25
农村基础设施（个）	**Rural Infrastructure (unit)**		
自来水受益村数	Number of Villages with Access to Tap Water	6804	6690
通汽车村数	Villages with Highways	14990	13450
通电话村	Villages with Post and Telecommunications Offices	14688	13213

注：从2001年起，乡、镇、村区划有所调整，村个数均比往年减少。

Note: The number of villages is less than that in previous years for the administrative adjustment since 2001.

9—8 耕地面积情况（2002—2003年）
STATISTICS ON CULTIVATED LAND (2002-2003)

单位：公顷 (hectare)

指 标	Item	2002	2003
年初耕地总资源	**Year-beginning Cultivated Area**	**2443139**	**2282525**
年内增加	Increase in the Year	2595	4014
#新开荒	Open up Undeveloped Land	1532	2357
年内减少	Decrease in the Year	163209	142174
#国家基建占地	Government Capital Construction	3703	5624
退耕还林还草占地	Green for Grain	144857	126475
年末耕地总资源	**Year-end Cultivated Land**	**2282525**	**2144365**
常用耕地面积	Regularly Cultivated Land	1383674	1353221
#水田	Paddy Fields	771679	760000
水浇地	Dry Fields	133	104
临时性耕地	Temporarily Cultivated Land	898851	791144
平均每个农村人口占有常用耕地（亩）	Cultivated Area Per Rural Person (mu)	0.87	0.83
平均每个农村劳动力占有常用耕地（亩）	Cultivated Area Per Rural Labor Force (mu)	1.58	1.51

注：自2002年起，耕地统计指标按新农业统计制度变更。

Note: Indicators on cultivated land have been changed in terms of new agricultural statistics since 2002.

9－9 农业生产条件（2002－2003年）
CONDITIONS FOR AGRICULTURAL PRODUCTION (2002-2003)

指　　标	Item	2002	2003
农业机械化情况	**Agricultural Machinery**		
农业机械总动力(万千瓦)	Total Power of Agricultural Machinery (10 000 kw)	665.57	695.67
农用大中型拖拉机数(万台)	Large and Medium Agricultural Tractors (10 000 units)	0.25	0.29
农用大中型拖拉机动力(万千瓦)	Capacity of Large and Medium Agricultural Tractors (10 000 kw)	5.80	7.35
小型拖拉机数(万台)	Small and Walking Tractors (10 00 units)	1.00	0.93
小型拖拉机动力(万千瓦)	Capacity of Small and Walking Tractors (10 000 kw)	11.71	11.06
农用排灌动力机械台数(万台)	Drainage and Irrigation Machinery (10 00 units)	30.84	36.59
农用排灌动力机械动力(万千瓦)	Capacity of Drainage and Irrigation Machinery (10 000 kw)	99.44	106.17
农用水泵(万台)	Pumps (10 00 units)	29.58	39.04
机动脱粒机(万台)	Motorized Threshing Machines (10 00 units)	18.99	19.89
农用运输车(万辆)	Farm Tracks (10 00 vehicles)	3.62	3.39
渔用机动船(万艘)	Motorized Fishing Boats (10 00 vessels)	0.20	0.20
农业主要能源及物耗	**Main Agricultural Energy and Material Consumption**		
农村用电量(万千瓦时)	Electricity Consumption in Rural Areas (10 000 kwh)	338717	366535
乡村办电站(个)	Electricity Power Stations in Rural Areas (unit)	660	623
乡村办电站发电量(万千瓦时)	Generating Capacity of Electricity Station in Rural Areas (10 000 kwh)	72499	81557
有效灌溉面积(公顷)	Effective Irrigated Area (hectare)	641160	649690
占耕地面积比重(%)	Proportion of Cultivated Area (%)	45.4	48.0
化肥施用量(折纯量)(万吨)	Chemical Fertilizer (net) (10 000 tons)	73.37	71.60
#氮肥	Nitrogenous Fertilizer	44.69	43.86
磷肥	Phosphate Fertilizer	16.66	16.55
钾肥	Potash Fertilizer	3.20	3.12
复合肥	Compound Fertilizer	7.84	8.07
每公顷耕地化肥施用量(公斤)	Chemical Fertilizer Per Hectare (kg)	519.59	529.12
农用塑料薄膜使用量(万吨)	Farm Plastic Film (10 000 tons)	2.53	2.42
#地膜使用量	Consumption of Farm Plastic Film	1.59	1.54
地膜覆盖面积(公顷)	Covered Area by Farm Plastic Film (hectare)	215020	199053
农用柴油使用量(万吨)	Comsumption of Farm Diesel Oil (10 000 tons)	11.31	12.56
农药使用量(万吨)	Consumption of Chemical Pesticides (10 000 tons)	1.93	1.95

9－10 主要农作物播种面积及产量（2002－2003年）
SOWN AREAS AND OUTPUT OF MAJOR FARM CROPS (2002-2003)

指 标	Item	播种面积(公顷) Sown Areas (hectare)		总产量(吨) Total Output (ton)		单位产量(公斤/公顷) Yield Per Unit (kg/ha)	
		2002	2003	2002	2003	2002	2003
粮食	**Grain**	**2606866**	**2410369**	**10821456**	**10872037**	**4151**	**4511**
谷物	Cereal	1666042	1539598	7904461	7961695	4744	5171
稻谷	Rice	757195	738486	4844176	4942970	6398	6693
早稻	Early Rice	553	474	3200	2522	5787	5321
中稻	Middle Rice	756060	736198	4838758	4929708	6400	6696
双季晚稻	Late Rice	582	1814	2218	10740	3811	5921
小麦	Wheat	388148	322734	938271	838423	2417	2598
玉米	Corn	472433	429966	2024785	2062559	4286	4797
高粱	Sorghum	23101	26326	54050	69986	2340	2658
其他谷物	Other Cereal	25165	22086	43179	47757	1716	2162
豆类	Bean	219001	203970	277777	322124	1268	1579
#大豆	Soybean	80642	79759	93012	100679	1153	1262
薯类	Tuber	721823	666801	2639218	2588218	3656	3882
#马铃薯	Potato	306860	282993	753148	746565	2454	2638
油料	**Oil-bearing Crops**	**236325**	**236724**	**350444**	**382742**	**1447**	**1617**
#花生	Peanut	48004	48284	83504	85950	1740	1780
油菜籽	Rapeseed	173930	176836	258443	285101	1486	1612
芝麻	Sesame Seed	7246	6941	5024	5935	693	855
麻类	**Fiber Crops**	**6859**	**7108**	**12139**	**9620**	**1770**	**1353**
#苎麻	Ramie	6461	6567	8720	9128	1350	1390
黄红麻	Jute and Ambary Hemp	315	219	360	203	1143	927
糖料(甘蔗)	**Sugar Crops (sugarcane)**	**2881**	**2829**	**120586**	**113460**	**41856**	**40106**
烟叶	**Tobacco**	**56012**	**57237**	**87052**	**86048**	**1554**	**1503**
#烤烟	Flue-cured Tobacco	43463	46605	64355	68365	1481	1467
蔬菜、瓜果	**Vegetables and Melons**	**374367**	**403365**	**8562421**	**8629225**	**22872**	**21393**
#蔬菜(含菜用瓜)	Vegetables (including Melons as Vegetables)	359674	386990	8338418	8401712	23183	21710

9－11 林牧渔业生产情况（2002－2003年）
OUTPUT OF FORESTRY, ANIMAL HUSBANDRY AND FISHERY (2002-2003)

指　　标	Item	2002	2003
林业（公顷）	**Forestry (hectare)**		
当年造林面积	Current New Forest Areas	175520	352619
年末封山育林面积	Year-end Mountain Seal for Afforestation	245960	245716
零星（四旁）植树（万株）	Surrounding Tree Planting (10 000 plants)	9564	8289
育苗面积	Nursery Garden Areas	4360	5313
当年苗木产量（万株）	Output of Plants in Current Year (10 000 plants)	61929	70590
幼林抚育实际面积	Actual Nursery Areas	41200	89279
成林抚育面积	Forest Areas	40360	27189
牧业	**Animal Husbandry**		
年末大牲畜总头数(万头)	Year-end Large Animals (10 000 heads)	170.52	172.58
#农事劳役头数	Draught Animals	103.18	114.61
年末生猪存栏头数(万头)	Year-end Hogs Raised (10 000 heads)	1548.89	1583.03
年末羊只数(万只)	Year-end Sheep and Goats (10 000 heads)	228.75	233.21
年内出栏肥猪头数(万头)	Slaughtered Fattened Hogs (10 000 heads)	1781.69	1828.49
年内出栏羊只数(万只)	Slaughtered Sheep and Goats (10 000 heads)	209.05	235.86
年内出栏家禽(万只)	Slaughtered Poultry (10 000 heads)	11492.06	12731.57
渔业（公顷）	**Fishery (hectare)**		
水产品养殖面积	Cultured Areas of Aquatic Products	69210	68560
#池塘	Ponds	30710	31690
水库	Reservoirs	21580	23210

9－12 林牧渔业主要产品产量（2002－2003年）
MAJOR PRODUCT OUTPUT OF FORESTRY, ANIMAL HUSBANDRY AND FISHERY(2002-2003)

单位：吨 (ton)

指　　标	Item	2002	2003
水果	Fruit	1134114	1285880
#柑桔	Citrus	656915	752374
肉类	Meat	1523969	1595097
#猪牛羊肉	Pork, Beef and Mutton	1348836	1383522
#猪肉	Pork	1274843	1318198
禽肉	Meat of Poultry	160891	179242
兔肉	Meat of Rabbit	12588	15231
奶类	Milk	80952	90608
#牛奶	Cow Milk	80952	90608
蜂蜜	Honey	4911	6010
水产品	Aquatic Products	211568	224893
#养殖	Cultured Aquatic Products	199251	212655

9－13 主要农产品产量与建国以来最高年产量的比较（2003年）
OUTPUT OF MAJOR AGRICULTURAL PRODUCTS IN COMPARISON WITH PEAK YEAR SINCE FOUNDATION OF PRC (2003)

指 标	Item	2003	建国以来最高产量年 Peak Year Since Foundation of PRC		2003年为建国以来最高年份（%） 2003 as Percentage of Peak Year
			年 份 Year	产 量 Output	
粮食总产量（万吨）	Gross Output of Grain (10 000 tons)	1087.20	1995	1186.46	91.6
#稻谷	Rice	494.29	1997	552.44	89.5
小麦	Wheat	83.84	1995	156.24	53.7
玉米	Corn	206.26	1997	208.87	98.8
豆类	Bean	32.21	1958	45.34	71.0
薯类	Tubers	258.82	1996	258.86	99.9
油菜籽（万吨）	Rapeseed (10 000 tons)	28.51	2000	22.61	126.1
麻类（万吨）	Fiber Crops (10 000 tons)	0.96	1985	2.60	36.9
甘蔗（万吨）	Sugarcane (10 000 tons)	11.35	1980	36.64	31.0
烤烟（万吨）	Cured Tobacco (10 000 tons)	6.84	1997	11.00	62.2
蔬菜类（万吨）	Vegetable (10 000 tons)	840.17	2000	781.87	107.5
年末生猪存栏头数（万头）	Year-end Hogs Raised (10 000 heads)	1583.03	2001	1553.63	101.9
猪牛羊肉（万吨）	Pork, Beef and Mutton (10 000 tons)	138.35	2001	131.65	105.1
#猪肉	Pork	131.82	2001	124.87	105.6
禽肉（万吨）	Meat of Poultry (10 000 tons)	17.92	1997	16.65	107.6
奶类（万吨）	Milk (10 000 tons)	9.06	2001	6.78	133.6
禽蛋（万吨）	Poultry Eggs (10 000 tons)	35.36	2001	29.79	118.7
水产品（万吨）	Aquatic Products (10 000 tons)	22.49	2000	20.03	112.3
蚕茧（万吨）	Silkworm Cocoon (10 000 tons)	2.78	1995	5.21	53.4
茶叶（万吨）	Tea (10 000 tons)	1.43	1990	1.81	79.0
水果（万吨）	Fruit (10 000 tons)	128.59	2001	97.36	132.1

9－14 农业商品产值和商品率（2002－2003年）
OUTPUT VALUE OF AGRICULTURAL COMMODITIES AND CORRESPONDING COMMODITY RATE (2002-2003)

指 标	Item	农业商品产值（万元） Output Value of Agricultural Commodities (10 000 yuan)		农业商品率（%） Commodity Rate (%)	
		2002	2003	2002	2003
总计	**Total**	**2510671**	**2720544**	**54.5**	**56.6**
农业	Farming	1118826	1189703	42.4	44.0
#粮食作物	Grain Crops	323308	335970	25.7	25.7
经济作物	Cash Crops	158545	160371	85.1	86.4
蔬菜	Vegetables	357593	371050	54.6	57.1
茶、桑、水果	Tea, Mulberry and Fruits	143993	192344	60.7	74.1
林业	Forestry	69361	77013	51.3	52.8
牧业	Animal Husbandry	1200512	1321887	72.2	74.4
#猪	Hogs	672741	715776	66.2	68.0
活的畜禽产品	Livestocks and Relative Products	207999	243850	65.3	74.5
渔业	Fishery	121972	131941	70.7	72.0

9－15 乡镇企业主要指标（2002－2003年）
MAIN INDICATORS OF TOWNSHIP-OWNED ENTERPRISES (2002-2003)

单位：个、人、万元 (unit, person, 10 000 yuan)

指 标	Item	2002	2003
企业单位数	Number of Enterprises	101847	73421
#工业	Industry	39112	34714
#集体企业	Collective-owned Enterprises	3976	2878
私有企业	Private Enterprises	35136	31836
从业人数	Employment	1622687	1789890
#集体企业	Collective-owned Enterprises	508093	367780
私有企业	Private Enterprises	1114594	1422110
总产值(现价)	Gross Output Value (current prices)	13709556	16784095
#集体企业	Collective-owned Enterprises	3384787	2791855
私有企业	Private Enterprises	10324769	13992240
工业总产值(现价)	Gross Industrial Output Value (current prices)	8404869	10578543
#集体企业	Collective-owned Enterprises	1865076	1350022
私有企业	Private Enterprises	6539793	9228521
乡镇企业增加值	Value-added of Township Enterprises	3257825	4143664
#工业	Industry	2008321	2582826
营业收入	Business Income	13134175	16251011
#集体企业	Collective-owned Enterprises	3242729	2653379
私有企业	Private Enterprises	9891446	13597632
利润总额	Total Pre-tax Profits	455904	599828
实交税金	Taxes Payable	374798	493485
#所得税	Income-tax Payable	84643	88980
当地入库税金	Stored Taxes	373797	493485
工资总额	Total Wages	1064207	1302037
#集体企业	Collective-owned Enterprises	346313	257446
私有企业	Private Enterprises	717894	1044591
年末固定资产原值	Original Value of Fixed Assets	3924835	5080359
#集体企业	Collective-owned Enterprises	1004091	738543
私有企业	Private Enterprises	2920744	4341816
银行(信用社)贷款余额	Bank (credit cooperative) Loans	434223	625308

主要统计指标解释

农林牧渔业总产值 是以货币表现的农、林、牧、渔业全部产品的总量，以及为农、林、牧、渔业生产活动进行的支持性服务活动的总和，它反映一定时期内农业生产总规模和总成果。农业总产值的计算方法通常是按农林牧渔业产品及其副产品的产量分别乘以各自单位产品价格求得，少数生产周期较长，当年没有产品或产品产量不易统计的，则采用间接方法匡算其产值，然后将四业产品产值相加即为农业总产值。

1957年以前的农业总产值中包括了厩肥和农民自给性手工业（如农民自制衣服、鞋、袜，自己从事粮食初步加工等）。1958年及以后的农业总产值，林业中增加了村及村以下竹木采伐产值；牧业中取消费厩肥产值；副业中取消了农民自给性手工业产值，增加了村及村以下办的工业产值；渔业中增加了海洋捕捞水产品产值。1980 年及以后的农业总产值，在副业中增加了农民家庭兼营工业商品部分的产值。从1984年起村及村以下办工业产值划归工业。从1993年起，取消副业。将野生动物的捕猎划入牧业，野生植物采集和农民家庭兼营商品性工业划归农业。1996 年第一次农业普查以后，由于畜牧业产品年报数据与普查数据数据之间存在一定的差距，重庆市统计局农调队对畜牧业年报数据与普查数据进行衔接，相应的畜牧业产值进行调整。

粮食产量 指全社会的产量。包括国有经济经营的、集体统一经营的和农民家庭经营的粮食产量，还包括工矿企业办的农场和其他生产单位的产量。粮食除包括稻谷、小麦、玉米、高粱、谷子及其他杂粮外，还包括薯类和豆类。其产量计算方法，豆类按去豆荚后的干豆计算；薯类（包括甘薯和马铃薯，不包括芋头和木薯）1963年以前按每4公斤鲜薯折1公斤粮食计算，从1964年开始及以后改为按5公斤鲜薯折1公斤粮食计算。城市郊区作为蔬菜的薯类（如：马铃曹等）按鲜品计算，并且不做为粮食统计。其他粮食一律按脱粒后的原粮计算。

油料产量 指全部油料作物的生产量。包括花生、油菜籽、芝麻、向日葵籽，胡麻籽（亚麻籽）和其他油料。不包括大豆，也不包括木本油料和野生油料。花生以带壳干花生计算。

水产品产量 指人工养殖的水产品和天然生长的水产品的捕捞量。包括海水的鱼类、虾蟹类、贝类和藻类以及内陆水域的鱼类、虾蟹类和贝类，不包括淡水生植物。

猪、牛、羊肉产量 指当年出栏并已屠宰后除去头蹄下水后带骨肉（即胴体重）的重量。

期初（末）畜禽存栏头（只）数 指报告期初（末）农村各种合作经济组织和国营农场、农民个人、机关、团体、学校、工矿企业，部队等单位以及城镇居民饲养的大牲畜、猪、羊、家禽等畜禽的存栏头（只）数。

常用耕地 指耕地总资源中专门种植农作物并经常进行耕种，能够正常收获的土地。包括当地实际耕种的熟地；弃耕、休闲不满三年，随时可以复耕的地；开荒利用三年以上的地。不包括临时种植农作物的坡度在 25 度以上的陡坡地；在河套、湖畔、库区临时开发的成片或零星土地；也不包括已列为国家和省（区、市）退耕计划但临时耕种的土地。

农作物播种面积 指实际播种或移植有农作物的面积，凡是实际种植有农作物的面积，不论种植在耕地上还是种植在非耕地上，均包括在农作物播种面积中。在播种季节基本结束后，因遭灾而重新改种和补种的农作物面积，也包括在内。

有效灌溉面积 指具有一定的水源，地块比较平整，灌溉工程或设备已经配套，在一般年景下当年能够进行正常灌溉的耕地面积。在一般情况下，有效灌溉面积应等于灌溉工程或设备已经配备，能够进行正常灌溉的水田和水浇地面积之和。

农用化肥施用量 指本年内实际用于农业生产的化肥数量，包括氮肥、磷肥，钾肥和复合肥。化肥施用量要求按折纯量计算数量。折纯法化肥施用量是把氮肥、磷肥和钾肥分别按含氮、含五氧化二磷、含氧化钾的百分之一百成份折算后的数量。复合肥按其所含主要成分折算。

农业机械总动力 指主要用于农、林、牧、渔业的各种动力机械的动力总和。包括耕作机械、排灌机械、收获机械、农用运输机械、植物保护机械、牧业机械、林业机械、渔业机械和其他农业机械［内燃机按引擎马力折成瓦（特）计算，电动机按功率折成瓦（特）计算］。不包括专门用于乡、镇、村、组办工业、基本建设、非农业运输、科学试验和教学等非农业生产方面用的动力机械与作业机械。

EXPLANATORY NOTES ON MAIN STATISTICAL INDICATORS

Gross Output Value of Farming Forestry, Animal Husbandry and Fishery refers to the total volume of products of farming, forestry, animal husbandry and fishery in value terms, and supporting services for the production of farming, forestry, animal husbandry and fishery, reflecting the total scale and total result of agricultural production during a given period of time. Gross output value of agriculture is obtained by first multiplying the output of each product or by-products by its price, resulting in the output value of each single item. For a small number of products, annual output of which is not available or difficult to get due to the long production/growing process involved, the output value is estimated through an indirect approach. The sum of output value of all products of farming, forestry, animal husbandry, and fishery is then equal to the gross output value of agriculture.

Prior to 1957, China's gross agricultural output value included barnyard manure and handicraft products for self-consumption (clothes, shoes, stockings, and initial grain processing undertaken by peasants). Since 1958, cutting and felling of bamboo and trees by villages and other cooperative organizations under villages have been included in forestry; value of barnyard manure has been excluded from animal husbandry; self-consumed handicrafts has been excluded from sideline occupations, while the output value of industries run by villages and cooperative organizations under village had been included in sideline occupations and the output value of fish catches by motor fishing boats has been added to fishery. Since 1980, the value of handicraft products made for sale by individuals in households had been added to sideline occupations. Since 1984, industries run by villages and cooperative organizations under villages have been included in the sector of industry. Since 1993, the subdivision of sideline occupations has been canceled, and the hunting of wild animals has been classified into animal husbandry, and the gathering of wild plants and commodity industry run by rural household have been included in farming. The first agriculture census of China in 1996 revealed some discrepancy between the production of animal products from the annual reports and that from the census. Efforts were made by the Rural Socio-ecomomic Survey Organization of Municipal Bureau of Statistics to adjust the output value of animal husbandry to make the figures from the annual reports consistent with the census data.

Grain Yield refers to the yield in the whole country including grains produced by state farms, collective units, industrial enterprises and mines. Grain includes rice, wheat, corn, sorghum, millet and other miscellaneous grains as well as tubers and beans. Output of beans refers to dry beans without pods. The output of tubers (sweet potatoes and potatoes, not including taros and cassava) was converted into that of grain at the ration 4:1, i.e. four kilograms of fresh tubers was equivalent to one kilogram of grain up to 1963. Since 1964 the ratio for conversion has been 5:1. Tubers supplied as vegetables (such as potatoes) in cities and suburbs are calculated as fresh vegetables and their output is not included in the output of grain. Output of all other grains refers to husked grain.

Yield of Oil-bearing Crops refers to the total yield of oil-bearing crops of various kinds, including peanuts, (dry, in shell) rapeseeds, sesame, sunflower seeds, flax seeds, and other oil-bearing crops. Soybeans, oil-bearing woody plants, and oil-bearing crops are not included.

Output of Aquatic Products refers to catches of both artificially cultured and naturally grown aquatic products, including fish, shrimps, crabs and shellfish in sea and inland water as well as seaweed. Freshwater plants are not included.

Output of Pork, Beef and Mutton refers to the meat of slaughtered hogs, cattle, sheep and goats with head, feet, and offal taken away.

Number of Livestock or Poultry in Hand at the Beginning (or End) of the Reference Period refers to the total number of large animals, pigs, sheep, fowls, etc., raised by rural cooperative organizations, state farms, rural individuals, government agencies, schools, industrial and mining enterprises, army, and urban residents at the beginning (or end) of the reference period.

Regularly Cultivated Land refers to farmland among the total land resources which is exclusively used for farming and is under regular cultivation with harvest in normal years. Included are currently cultivated land, land that has been abandoned or put in idle for less than 3 years and could be re-used for cultivation at any time, and new-claimed land that has been put into cultivation for more than 3years. Excluded under temporary cultivation, land (large or small plots)that is claimed along river bends, lake sides or banks of reservoirs, as well as land that has been designated under the “Green for Grain” programs of the state and provincial governments but is still temporarily under cultivation.

Sown Area of Crops refers to area of land sown or trans-planted with crops regardless of being in cultivated area or non-cultivated area. Area of land re-sown due to natural disasters is also included.

Irrigated Area refers to areas that are effectively irrigated, i.e. level land, which has water source and complete sets of irrigation facilities to lift and move adequate water for irrigation purpose under normal conditions. Under normal conditions, irrigated area is the sum of watered fields and irrigated fields where irrigation systems of equipment have been installed for regular irrigation purpose.

Consumption of Chemical Fertilizers for Farming refers to the quantity of chemical fertilizers applied in agriculture in the year, including nitrogenous fertilizer, phosphate fertilizer, potash fertilizer, and compound fertilizer. The consumption of chemical fertilizers is required in calculation to convert the gross weight into weight containing 100% effective component (e.g. 100% nitrogen content in nitrogenous fertilizer, 100% phosphorous pentoxide content in phosphate fertilizer, 100% potassium oxide content in potash fertilizer). Compound fertilizer is converted with its major component.

Total Power of Farm Machinery refers to total mechanical power of machinery used in farming, forestry, animal husbandry, and fishery, including sloughing, irrigation and drainage, harvesting, transport, plant protection, stockbreeding, forestry and fishery. The power of internal combustion engines is required to convert horsepower into watts and the power of electric motors is required to be converted into watts. Machinery employed for non-agricultural purposes, such as the machines used in township-run and village-run industry, construction, non-agricultural transport, scientific experiments and teaching, is excluded.

十 工 业

INDUSTRY

简要说明

本章资料主要包括工业企业主要指标，国有及规模以上（即年产品销售收入在500万元以上）非国有工业企业单位数、增加值、主要经济指标和效益指标，国有及国有控股工业企业的主要经济指标和效益指标，大中型工业企业的主要经济指标和效益指标，主要工业产品生产销售及主要工业产品产量占全国的比重。

本章资料由市统计局工业交通处整理提供。

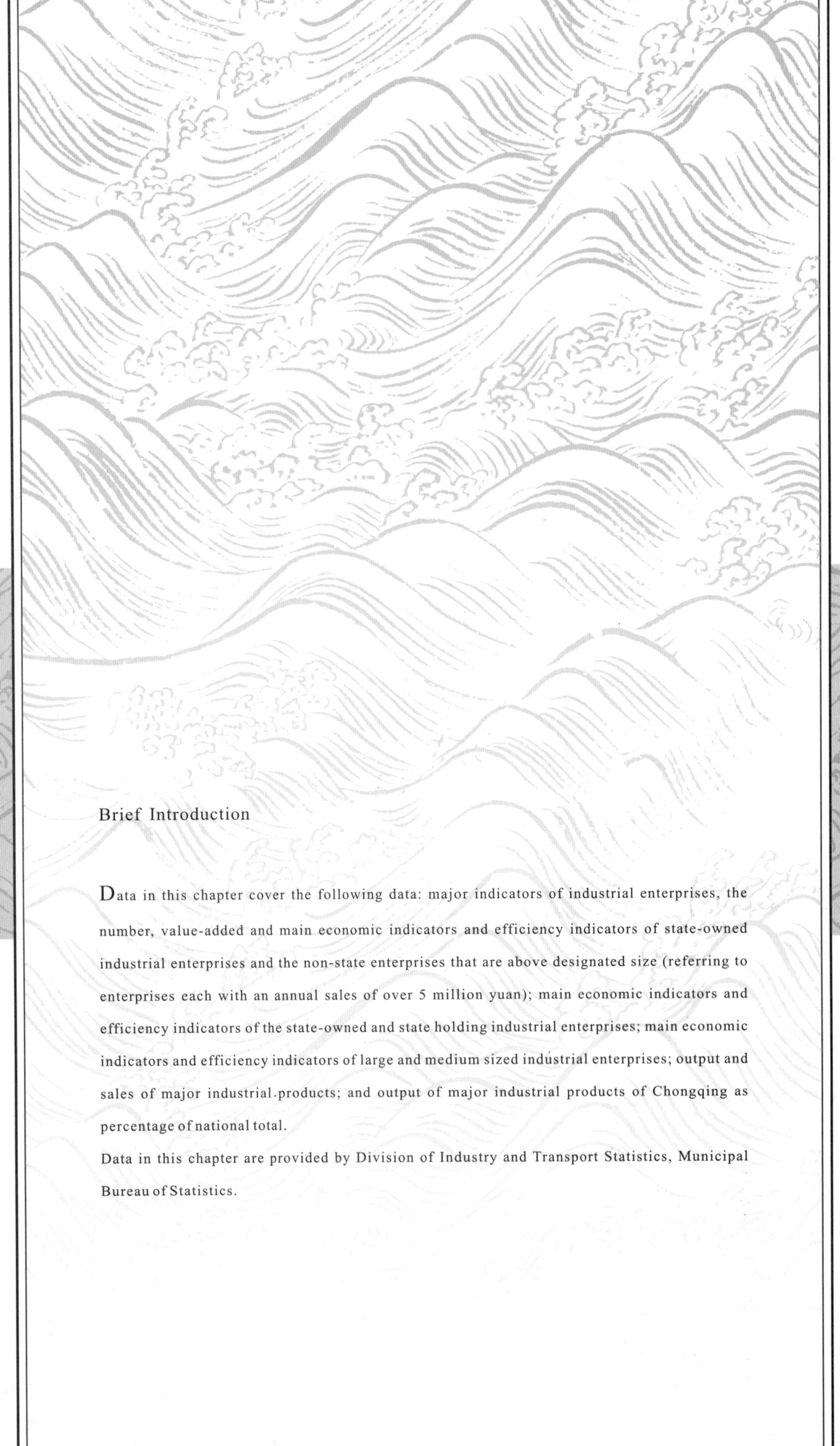

Brief Introduction

Data in this chapter cover the following data: major indicators of industrial enterprises, the number, value-added and main economic indicators and efficiency indicators of state-owned industrial enterprises and the non-state enterprises that are above designated size (referring to enterprises each with an annual sales of over 5 million yuan); main economic indicators and efficiency indicators of the state-owned and state holding industrial enterprises; main economic indicators and efficiency indicators of large and medium sized industrial enterprises; output and sales of major industrial products; and output of major industrial products of Chongqing as percentage of national total.

Data in this chapter are provided by Division of Industry and Transport Statistics, Municipal Bureau of Statistics.

10－1 工业企业主要指标（1978－2003年）
MAJOR INDICATORS OF INDUSTRIAL ENTERPRISES (1978-2003)

单位：万元 (10 000 yuan)

年 份 Year	单位数（个） Number of Enterprises (unit)	从业人员平均人数（人） Average Number of Staff and Workers (person)	工业总产值 Industrial Gross Output Value		工业增加值 Value-added of Industry	
			绝对值 Value	指数（上年=100） Index Preceding Year=100	绝对值 Value	指数（上年=100） Index Preceding Year=100
1978	8037	951217	643444	100.0		
1980	10963	998963	772307	104.6		
1985	9924	1251649	1408126	117.2		
1986	12454	1473491	1604215	104.1		
1987	11556	1511086	1921043	112.4		
1988	11303	1552189	2529674	116.1		
1989	10976	1587712	2991130	102.4		
1990	10763	1610473	2993490	100.7		
1991	10780	1652984	3424558	111.8		
1992	9693	1662144	4191279	116.3	1149187	100.0
1993	9083	1752822	5847377	118.2	1837033	159.9
1994	9713	1692108	7185418	115.4	2034142	110.7
1995	11474	1724173	7651109	115.2	1935522	95.2
1996	11077	1894816	8234700	111.1	2333652	120.6
1997	9185	1570400	8705521	110.1	2404660	103.0
1998	2000	1164200	7667894		2097535	
1999	1975	1004400	8585525	118.9	2407000	114.8
2000	2040	907900	9623226	113.6	2875000	119.4
2001	2054	841900	10728325	115.5	3329900	115.8
2002	2072	820103	12283741	119.8	3974400	119.4
2003	2243	843341	15889928	126.7	4778500	120.2

注：1)本表中1978-1997年工业统计口径为全部独立核算工业企业，1998年及以后为全部国有及规模以上（即年产品销售收入在500万元以上）非国有工业企业（下表同）。

2)工业总产值的绝对值按现价计算，指数按可比价计算（下表同）。

Note: a) In this table, the data on industry refer to total industrial enterprises with independent accounting system from 1978 to 1997 whereas refers to state-owned industrial enterprises and non-state-owned industrial enterprises over designated size since 1998 whose annual sales renenue is over 5 million yuan(the same below).

b) Gross output value of industry is calculated at current prices, and index is at comparable prices (the same below).

10-1 续表 CONTINUED

单位：万元 (10 000 yuan)

年 份 Year	年末固定资产 Year-end Fixed Assets		流动资产年平均余额 Annual Average Balance of Value of Circulating Fund	主营业务收入 Sales Revenue	利税总额 Total Pre-tax Profits
	原 值 Original Value	净 值 Net Value			
1978	706016	475301	298093	595593	119300
1980	823370	540178	329897	708120	146213
1985	1339800	923111	604983	1449426	260677
1986	1445859	970019	743986	1559353	225749
1987	1635303	1135872	908572	1897962	251220
1988	1830786	1254850	1062157	2472560	358610
1989	2063326	1405200	1441939	2734475	365348
1990	2314886	1490850	1942657	2782262	253309
1991	2585930	1647544	2418353	3338105	291455
1992	2947902	1784094	2852708	4167995	365134
1993	3424857	2106423	3484050	6124846	551046
1994	4953046	2967592	4631636	6294911	573144
1995	7307273	4057468	5702467	7524836	580345
1996	8242796	5469742	6209179	7775698	474970
1997	9551992	6348348	7464835	8594769	466987
1998	9866758	6940364	7202796	7809127	393220
1999	10840971	7604150	7733524	8546131	572648
2000	11515782	7848443	8157646	9593576	855670
2001	12056356	7958216	8874861	10732455	1016889
2002	12730167	8282507	9228472	12357157	1320260
2003	13424490	8576299	10305605	15950727	1910901

10—2 国有及规模以上非国有工业企业经济效益指标（1992—2003年）
ECONOMIC EFFICIENCY INDICATORS OF STATE-OWNED INDUSTRIAL ENTERPRISES AND NON-STATE-OWNED INDUSTRIAL ENTERPRISES ABOVE DESIGNATED SIZE (1992-2003)

单位: %　　　　(%)

年 份	经济效益综合指数 Comprehensive Index of Economic Efficiency	总资产贡献率 Ratio of Total Assets to Industrial Output Value	资本保值增值率 Ratio of Creditors' Equity of Current Year to that of Previous Year	资产负债率 Ratio of Liabilities to Assets
1992	76.17			
1993	84.61			
1994	83.91			
1995	73.04			
1996	63.77	2.80	125.70	68.60
1997	60.25	2.70	113.90	68.40
1998	57.27	5.00	103.00	68.30
1999	67.66	5.50	101.40	67.10
2000	87.10	6.30	112.10	64.80
2001	95.24	6.90	108.30	62.70
2002	109.80	7.82	120.72	61.33
2003	129.73	9.91	115.83	60.82

年 份	流动资产周转率（次） Turnover Ratio of Annual Circulating Funds (time)	成本费用利润率 Ratio of Profits to Cost	全员劳动生产率（元/人年） Overall Labor Productivity (yuan/person-year)	产品销售率 Ratio of Sales to Products
1992	1.40	3.20	7296	97.00
1993	1.60	3.10	10758	97.10
1994	1.40	2.70	12638	96.40
1995	1.20	0.70	11804	96.30
1996	1.30	-1.20	12298	96.20
1997	1.20	-1.80	13688	95.40
1998	1.10	-2.40	16690	97.20
1999	1.10	-1.10	23385	97.50
2000	1.20	1.70	31081	99.10
2001	1.20	2.30	37750	97.90
2002	1.32	3.42	46464	98.07
2003	1.54	5.71	55957	97.83

注：1) 国有及规模以上非国有工业指全部国有工业企业及年销售收入500万元以上非国有工业企业（下表同）。
2) 经济效益综合指数1997年前是由资金利税率、增加值率、流动资产周转率、成本费用利润率、全员劳动生产率、产品销售率等六项指标计算求得，从1997年起经济效益综合指数是由总资产贡献率、资本保值增值率、资产负债率、流动资产周转率、成本费用利润率、全员劳动生产率、产品销售率等七项指标计算求得。

Note: a) State-owned industrial enterprises and non-state-owned industrial enterprises above designated size refer to all state-owned industrial enterprises and non-state-owned industrial enterprises with annual sales revenue over 5 million yuan (the same below).
b) Comprehensive index of economic efficiency before 1997 are calculated with 6 items of ratio of pretax profits to total industrial assets, ratio of value-added to gross industrial output value, turnover ratio of annual circulating funds, ratio of profits to cost, overall labor productivity, ratio of sales to products, and since 1997 are calculated with 7 items of ratio of total assets to industrial output value, ratio of creditors'equity of current year to that of previous year, ratio of liabilities to assets, turnover ratio of output value, circulating funds, ratio of profits to cost, overall labor productivity, ratio of sales to products.

10－3 国有及规模以上非国有工业企业单位数（2002－2003年）
NUMBER OF STATE-OWNED INDUSTRIAL ENTERPRISES AND NON-STATE--OWNED INDUSTRIAL ENTERPRISES ABOVE DESIGNATED SIZE (2002-2003)

单位：个 (unit)

指　标	Item	2002	2003
总　计	**Total**	**2072**	**2243**
#国有控股企业	State-owned and Holding State	633	573
按登记注册类型分	**By Registration**		
内资企业	Domestic-funded Enterprises	1919	2081
国有企业	State-owned	382	264
集体企业	Collective-owned	277	208
股份合作企业	Cooperative Share Holding	109	93
国有联营	State Joint Ownership Enterprises	3	3
集体联营	Collective Joint Ownership Enterprises	2	1
国有与集体联营	Joint State-collective Enterprises	8	3
其他联营	Other Joint Ownership Enterprises	1	1
国有独资公司	State-funded Corporations	32	79
其他有限责任公司	Other Limited Liability Corporations	330	430
股份有限公司	Share-holding Corporations Ltd.	135	84
私营独资	Private-funded Enterprises	153	207
私营合作	Private Partnership Enterprises	41	38
私营有限责任公司	Private Limited Liability Corporations	364	607
私营股份有限公司	Private Share-holding Corporations Ltd.	80	62
其他内资	Other Enterprises	2	1
港澳台商投资企业	Enterprises Funded by Hongkong, Macao and Taiwan	65	65
与港澳台商合资经营	Joint-venture (with Funds from Hong Kong,Macao and Taiwan)	46	46
与港澳台商合作经营	Cooperative Enterprises (with Funds from Hong Kong, Macao and Taiwan)	7	5
港澳台商独资	Enterprises with Sole Investment from Hongkong, Macao and Taiwan	10	13
港澳台商投资股份有限公司	Share-holding Corporations Ltd.with Investment from Hongkong, Macao and Taiwan	2	1
外商投资企业	Foreign-funded Enterprises	88	97
中外合资经营	Joint-venture Enterprises	75	81
中外合作经营	Cooperation Enterprises with Sole Foreign Investment	3	3
外资企业	Enterprises with Foreign Investment	9	11
外商投资股份有限公司	Share-holding Corporations Ltd.with Foreign Investment	1	2
按轻重工业分	**By Light and Heavy Industry**		
轻工业	Light Industry	958	947
重工业	Heavy Industry	1114	1296
按企业规模分	**By Size**		
大型企业	Large	124	43
中型企业	Medium	270	353
小型企业	Small	1678	1847

注：国有控股为国有及国有控股（下表同）。

Note: State holding enterprises refer to state-owned and state holding enterprises (the same below).

10－4 国有及规模以上非国有工业企业增加值（2002－2003年）
VALUE-ADDED OF STATE-OWNED INDUSTRIAL ENTERPRISES AND NON-STATE-OWNED INDUSTRIAL ENTERPRISES ABOVE DESIGNATED SIZE (2002-2003)

单位：万元 (10 000 yuan)

指 标	Item	2002	2003
总计	**Total**	**3974400**	**4778500**
#国有控股企业	State Holding	2552970	2847600
按登记注册类型分	**By Registration**		
内资企业	Domestic－funded Enterprises	3287756	3884500
#国有企业	State－owned	434365	579500
集体企业	Collective－owned	138595	175200
港澳台投资企业	Funded by Hong Kong, Macao and Taiwan	263508	375540
外商投资企业	Foreign－funded	423135	518460
按轻、重工业分	**By Light and Heavy Industry**		
轻工业	Light Industry	1357213	1692000
重工业	Heavy Industry	2617187	3086500
按企业规模分	**By Size of Enterprise**		
大型企业	Large	1509492	1821813
中型企业	Medium	1552890	1763587
小型企业	Small	912018	1193100
按行业分	**By Sector**		
采矿业	Mining and Quarrying		
煤炭开采和洗选业	Coal Mining and Dressing	96993	113958
石油和天然气开采业	Petroleum and Natural Gas Extraction	16490	16430
黑色金属矿采选业	Ferrous Metals Mining and Dressing	11037	23514
有色金属矿采选业	Nonferrous Metals Mining and Dressing	27	24
非金属矿采选业	Nonmetal Minerals Mining and Dressing	25653	29538
其他采矿业	Other Minerals Mining		
制造业	Manufacturing		
农副食品加工业	Farm Products and By-food Processing	54846	69473
食品制造业	Food Production	45137	47574
饮料制造业	Beverage Production	91869	93066
烟草制品业	Tobacco Products	233940	263662
纺织业	Textile Industry	61629	75300
纺织服装、鞋、帽制造业	Garments, Shoes and Hats Production	5918	8070
皮革、毛皮、羽毛（绒）及其制品业	Leather, Furs, Down and Related Products	14918	14146
木材加工及木竹藤棕草制品业	Timber Processing,Bamboo,Cane,Palm,Straw Products	3089	5064
家具制造业	Furniture Manufacturing	4512	4937
造纸及纸制品业	Papermaking and Paper Products	27081	36899
印刷业、记录媒介的复制	Printing and Record Medium Reproduction	25607	30670
文教体育用品制造业	Cultural Educational and Sports Goods	864	795
石油加工、炼焦及核燃料加工业	Petroleum, Coking and Nuclear Fuel Processing	7057	6578
化学原料及化学制品制造业	Raw Chemical Materials and Chemical Products	324298	372919
医药制造业	Medical and Pharmaceutical Products	151977	147609
化学纤维制造业	Chemical Fiber	197	397
橡胶制品业	Rubber Products	12631	17296
塑料制品业	Plastic Products	27244	26559
非金属矿物制品业	Nonmetal Mineral Products	242596	320903
黑色金属冶炼及压延加工业	Smelting and Pressing of Ferrous Metals	188077	292956
有色金属冶炼及压延加工业	Smelting and Pressing of Nonferrous Metals	83698	103542
金属制品业	Metal Products	49571	56858
通用设备制造业	Ordinary Equipment	158809	205079
专用设备制造业	Special Equipment	84484	97743
交通运输设备制造业	Transportation Equipment	1205578	1526937
电气机械及器材制造业	Electric Equipment and Machinery	91685	100170
通信设备、计算机及其他电子设备制造业	Communication,Computers and Other Electronic Equipment	37709	51811
仪器仪表及文化、办公用机械制造业	Instruments, Meters,Cultural and Office Machinery	83551	93481
工艺品及其他制造业	Handicraft and Other Production	7007	12145
废弃资源和废旧材料回收加工业	Recovery and Processing of Waste Resources and Materials	425	369
电力、燃气及水的生产和供应业	Electricpower, Gas & Water Production and Supply		
电力、热力的生产和供应业	Electricpower and Hot Power Production and Supply	425594	441497
燃气生产和供应业	Gas Production and Supply	20581	23483
水的生产和供应业	Water Production and Supply	52024	47049

10—5 国有及规模以上非国有工业企业主要经济指标（2003年）

单位:万元

指　标	Item	单位数(个) Number of Enterprises (unit)	从业人员(万人) Employment (10 000 persons)
总计	**Total**	**2243**	**84.33**
#国有控股企业	State Holding	573	43.74
按登记注册类型分	**By Registration**		
内资企业	Domestic－funded Enterprises	2081	78.43
#国有企业	State－owned	264	13.93
集体企业	Collective－owned	208	5.51
港澳台投资企业	Funded by Hong Kong, Macao and Taiwan	65	2.72
外商投资企业	Foreign－funded	97	3.19
按轻、重工业分	**By Light and Heavy Industry**		
轻工业	Light Industry	947	29.36
重工业	Heavy Industry	1296	54.98
按企业规模分	**By Size of Enterprise**		
大型企业	Large	43	19.87
中型企业	Medium	353	32.04
小型企业	Small	1847	32.43
按行业分	**By Sector**		
采矿业	Mining and Quarrying		
煤炭开采和洗选业	Coal Mining and Dressing	89	6.49
石油和天然气开采业	Petroleum and Natural Gas Extraction	2	0.27
黑色金属矿采选业	Ferrous Metals Mining and Dressing	10	0.50
有色金属矿采选业	Nonferrous Metals Mining and Dressing	1	0.01
非金属矿采选业	Nonmetal Minerals Mining and Dressing	16	0.64
其他采矿业	Other Minerals Mining		
制造业	Manufacturing		
农副食品加工业	Farm Products and By-food Processing	86	1.42
食品制造业	Food Production	45	1.00
饮料制造业	Beverage Production	37	1.04
烟草制品业	Tobacco Products	6	0.55
纺织业	Textile Industry	87	5.02
纺织服装、鞋、帽制造业	Garments, Shoes and Hats Production	13	0.33
皮革、毛皮、羽毛（绒）及其制品业	Leather, Furs, Down and Related Products	31	0.38
木材加工及木竹藤棕草制品业	Timber Processing,Bamboo,Cane,Palm,Straw Products	8	0.15
家具制造业	Furniture Manufacturing	14	0.13
造纸及纸制品业	Papermaking and Paper Products	45	0.78
印刷业、记录媒介的复制	Printing and Record Medium Reproduction	46	0.64
文教体育用品制造业	Cultural Educational and Sports Goods	3	0.02
石油加工、炼焦及核燃料加工业	Petroleum, Coking and Nuclear Fuel Processing	8	0.13
化学原料及化学制品制造业	Raw Chemical Materials and Chemical Products	170	6.18
医药制造业	Medical and Pharmaceutical Products	44	2.05
化学纤维制造业	Chemical Fiber	1	0.02
橡胶制品业	Rubber Products	24	0.89
塑料制品业	Plastic Products	53	0.62
非金属矿物制品业	Nonmetal Mineral Products	255	8.31
黑色金属冶炼及压延加工业	Smelting and Pressing of Ferrous Metals	57	3.14
有色金属冶炼及压延加工业	Smelting and Pressing of Nonferrous Metals	44	1.53
金属制品业	Metal Products	75	1.65
通用设备制造业	Ordinary Equipment	121	4.21
专用设备制造业	Special Equipment	46	5.03
交通运输设备制造业	Transportation Equipment	516	20.44
电气机械及器材制造业	Electric Equipment and Machinery	101	2.44
通信设备、计算机及其他电子设备制造业	Communication, Computers and Other Electronic Equipment	23	0.70
仪器仪表及文化、办公用机械制造业	Instruments, Meters,Cultural and Office Machinery	43	1.77
工艺品及其他制造业	Handicraft and Other Production	14	0.26
废弃资源和废旧材料回收加工业	Recovery and Processing of Waste Resources and Materials	2	0.05
电力、燃气及水的生产和供应业	Electricpower, Gas & Water Production and Supply		
电力、热力的生产和供应业	Electricpower and Hot Power Production and Supply	54	4.37
燃气生产和供应业	Gas Production and Supply	15	0.38
水的生产和供应业	Water Production and Supply	38	0.78

MAIN ECONOMIC INDICATORS OF STATE－OWNED INDUSTRIAL ENTERPRISES AND NON－STATE－OWNED INDUSTRIAL ENTERPRISES ABOVE DESIGNATED SIZE (2003)

(10 000 yuan)

工业总产值（现价） Gross Output Value (Current prices)	#新产品产值 Output Value of New Products	工业销售产值 Sales Value of Industry	工业增加值 Value-added of Industry	实收资本 Capital Obtained	#国家资本 State Capital	#外商资本 Foreign Capital
15889928	**4109418**	**15545750**	**4778500**	**6167990**	**1609124**	**583212**
8538738	2613137	8414963	2847600	4495407	1565896	316624
13060607	3055669	12789423	3884500	5079964	1511957	157375
1285529	280210	1265023	579500	865763	531267	
520317	7230	501931	175200	93015	1631	
1065881	164756	1054845	375540	282172	28741	58881
1763441	888993	1701482	518460	805854	68427	366956
5671804	1381935	5545972	1692000	1386690	454400	88905
10218124	2727483	9999778	3086500	4781300	1154725	494307
6025331	2106699	5946742	1821813	2562290	555344	197220
5978200	1786347	5829041	1763587	2265999	739869	244237
3886397	216372	3769967	1193100	1339702	313912	141755
254866	103	250443	113958	227585	189144	
29421		29148	16430	18222	6970	
50987		47271	23514	23597	85	1350
54		54	24	279	279	
55635	1774	55878	29538	17523	3481	
367164	8064	362526	69473	56006	22478	2915
173103	29908	172575	47574	52456	11354	260
230326	35186	223304	93066	101243	34521	13876
383334	131314	378902	263662	81252	69639	
319530	47515	314259	75300	98357	49276	
31847	2136	29686	8070	8068	400	2821
61605	1244	57039	14146	14915	1313	217
23146		22851	5064	5751	1050	
17997	770	16424	4937	6316		1200
125583	11422	121990	36899	47692	3810	
85656	5028	85151	30670	19611	8733	235
1354		1449	795	394	36	
28373	1266	28017	6578	17178		
1130340	174306	1092431	372919	559510	153729	41934
475022	157676	459225	147609	215775	85732	8084
991		961	397	1388	1388	
65848	2831	63867	17296	19808	6651	2448
97257	9647	93561	26559	49725	1418	8784
857913	104433	811189	320903	387266	25816	69220
884626	78600	885228	292956	272102	122157	42644
592752	52112	573934	103542	371240	8991	35
206675	12901	200088	56858	74119	6864	2014
588323	186645	565593	205079	293240	126804	27111
557149	190569	531489	97743	306585	22635	4001
6358581	2645507	6243279	1526937	1685049	183403	292597
501527	103530	502067	100170	151976	30980	29266
197441	52287	200125	51811	103033	47450	22637
313195	57728	299615	93481	109321	48534	1724
35340	4706	33436	12145	6139		757
2051		1966	369	550		
665250	209	669642	441497	591252	193344	7084
43152		45331	23483	78095	73607	
76517		75756	47049	95374	67054	

10-5 续表1

单位:万元

指 标	Item	资产合计 Total Assets	#流动资产合计 Circulating Funds
总计	**Total**	**23777267**	**10872080**
#国有控股企业	State Holding	17122902	7240868
按登记注册类型分	**By Registration**		
内资企业	Domestic－funded Enterprises	20400585	9321242
#国有企业	State－owned	2963761	1278045
集体企业	Collective－owned	461500	277673
港澳台投资企业	Funded by Hong Kong, Macao and Taiwan	1126169	544478
外商投资企业	Foreign－funded	2250514	1006360
按轻、重工业分	**By Light and Heavy Industry**		
轻工业	Light Industry	5930273	3116147
重工业	Heavy Industry	17846994	7755934
按企业规模分	**By Size of Enterprise**		
大型企业	Large	10612699	4522536
中型企业	Medium	8381591	3991701
小型企业	Small	4782976	2357843
按行业分	**By Sector**		
采矿业	Mining and Quarrying		
煤炭开采和洗选业	Coal Mining and Dressing	531173	188965
石油和天然气开采业	Petroleum and Natural Gas Extraction	46966	10726
黑色金属矿采选业	Ferrous Metals Mining and Dressing	75102	31857
有色金属矿采选业	Nonferrous Metals Mining and Dressing	366	108
非金属矿采选业	Nonmetal Minerals Mining and Dressing	79051	32084
其他采矿业	Other Minerals Mining		
制造业	Manufacturing		
农副食品加工业	Farm Products and By-food Processing	212137	97625
食品制造业	Food Production	168318	81296
饮料制造业	Beverage Production	348717	130887
烟草制品业	Tobacco Products	464585	277470
纺织业	Textile Industry	391224	156091
纺织服装、鞋、帽制造业	Garments, Shoes and Hats Production	28091	14769
皮革、毛皮、羽毛（绒）及其制品业	Leather, Furs, Down and Related Products	46690	29018
木材加工及木竹藤棕草制品业	Timber Processing,Bamboo,Cane,Palm,Straw Products	16601	8223
家具制造业	Furniture Manufacturing	14892	6924
造纸及纸制品业	Papermaking and Paper Products	161023	87850
印刷业、记录媒介的复制	Printing and Record Medium Reproduction	104339	60804
文教体育用品制造业	Cultural Educational and Sports Goods	1519	984
石油加工、炼焦及核燃料加工业	Petroleum, Coking and Nuclear Fuel Processing	29534	17553
化学原料及化学制品制造业	Raw Chemical Materials and Chemical Products	1762426	686930
医药制造业	Medical and Pharmaceutical Products	806452	339677
化学纤维制造业	Chemical Fiber	1501	643
橡胶制品业	Rubber Products	119812	57414
塑料制品业	Plastic Products	115347	51296
非金属矿物制品业	Nonmetal Mineral Products	1434979	554247
黑色金属冶炼及压延加工业	Smelting and Pressing of Ferrous Metals	1155956	568477
有色金属冶炼及压延加工业	Smelting and Pressing of Nonferrous Metals	822893	295117
金属制品业	Metal Products	249094	126609
通用设备制造业	Ordinary Equipment	833715	475884
专用设备制造业	Special Equipment	1733037	696781
交通运输设备制造业	Transportation Equipment	6577240	3730754
电气机械及器材制造业	Electric Equipment and Machinery	555977	364972
通信设备、计算机及其他电子设备制造业	Communication, Computers and Other Electronic Equipment	316067	189018
仪器仪表及文化、办公用机械制造业	Instruments, Meters,Cultural and Office Machinery	541093	356027
工艺品及其他制造业	Handicraft and Other Production	37897	21826
废弃资源和废旧材料回收加工业	Recovery and Processing of Waste Resources and Materials	905	498
电力、燃气及水的生产和供应业	Electricpower, Gas & Water Production and Supply		
电力、热力的生产和供应业	Electricpower and Hot Power Production and Supply	3444403	947489
燃气生产和供应业	Gas Production and Supply	194817	89179
水的生产和供应业	Water Production and Supply	353330	86011

10-5 CONTINUED-1

(10 000 yuan)

流动资产年平均余额 Annual Average Balance of Value of Circulating Fund	固定资产 Fixed Assets		固定资产净值年平均余额 Annual Average Balance of Net Value of Fixed Assets	负债合计 Total Liabilities	
	原值 Original	净值 Net			#流动负债合计 Total Circulating Liabilities
10305605	**13424490**	**8576299**	**8385199**	**14460582**	**11198299**
7046920	10573040	6630301	6426155	10328525	7621362
8930705	10812519	7033322	6853045	12561300	10019102
1222137	1987756	1081276	1139451	2123363	1588190
261524	220263	127660	125440	323735	290786
480049	853575	503730	486368	627258	460043
894851	1758397	1039247	1045786	1272024	719154
2914898	2781581	1843901	1843103	3901710	3245729
7390707	10642909	6732398	6542096	10558872	7952570
4357554	6174306	3918340	3755121	6093506	4667871
3685212	4832080	3020305	2987125	5201601	3928453
2262839	2418104	1637653	1642953	3165474	2601975
190358	439637	246647	242738	244978	183045
14364	28591	15740	16012	14966	13500
27516	47942	32398	32241	32222	31335
104	652	254	258	361	208
25868	35240	26493	11575	47523	40400
89478	104166	75523	73246	136652	106093
72069	107363	61600	58747	103016	74876
134520	220161	136353	140654	181523	151340
279792	220227	139243	140353	307423	251544
148548	249871	170895	165280	315046	250556
14066	11748	9308	9479	14768	12923
29073	14184	11128	9340	24729	24060
8239	7946	6080	5477	8099	7067
7837	8325	5976	6893	6218	5974
78315	72279	48265	48250	98163	82785
50775	59697	35411	35519	72352	61750
1266	903	467	485	604	588
16887	17889	9524	9343	9902	8926
690203	1255948	621325	662754	924741	695847
334396	327132	235823	226554	457065	368357
681	1601	855	859	971	971
54661	63912	50547	48323	91305	58167
50558	68505	49060	48285	63516	56143
512653	911753	637575	639056	908086	640853
525925	770142	428024	415673	811097	661794
273956	593117	390622	398897	432280	360089
118429	113332	74904	87353	167343	139674
447517	399764	214446	218802	530814	449082
659168	726890	501361	524801	1410973	1225130
3474122	2577175	1715838	1693447	3420816	3198159
326371	207315	131240	137752	443467	395454
175817	111565	62181	63464	236638	185293
324187	189801	116587	148618	364203	311592
20017	19383	12757	12638	26733	22059
321	414	303	43	70	70
954982	3053197	2023842	1782199	2260013	1012367
88181	101358	62489	60898	76535	47459
84384	285366	215217	208898	215370	62773

10-5 续表2

单位:万元

指 标	Item	所有者权益 Creditors' Equity	主营业务收入 Major Business Renenue
总计	**Total**	**9178338**	**15950727**
#国有控股企业	State Holding	6656030	8992019
按登记注册类型分	**By Registration**		
内资企业	Domestic－funded Enterprises	7700937	13235304
#国有企业	State－owned	840398	1279826
集体企业	Collective－owned	137766	511029
港澳台投资企业	Funded by Hong Kong, Macao and Taiwan	498911	1016127
外商投资企业	Foreign－funded	978490	1699297
按轻、重工业分	**By Light and Heavy Industry**		
轻工业	Light Industry	2028562	5448056
重工业	Heavy Industry	7149776	10502671
按企业规模分	**By Size of Enterprise**		
大型企业	Large	4519193	6448637
中型企业	Medium	3041643	5823643
小型企业	Small	1617502	3678448
按行业分	**By Sector**		
采矿业	Mining and Quarrying		
煤炭开采和洗选业	Coal Mining and Dressing	286195	254357
石油和天然气开采业	Petroleum and Natural Gas Extraction	32000	30659
黑色金属矿采选业	Ferrous Metals Mining and Dressing	42880	65358
有色金属矿采选业	Nonferrous Metals Mining and Dressing	5	54
非金属矿采选业	Nonmetal Minerals Mining and Dressing	31528	53981
其他采矿业	Other Minerals Mining		
制造业	Manufacturing		
农副食品加工业	Farm Products and By-food Processing	75485	361709
食品制造业	Food Production	65302	170966
饮料制造业	Beverage Production	167193	224222
烟草制品业	Tobacco Products	157162	383305
纺织业	Textile Industry	76178	300969
纺织服装、鞋、帽制造业	Garments, Shoes and Hats Production	13323	29937
皮革、毛皮、羽毛（绒）及其制品业	Leather, Furs, Down and Related Products	21961	55974
木材加工及木竹藤棕草制品业	Timber Processing,Bamboo,Cane,Palm,Straw Products	8502	20406
家具制造业	Furniture Manufacturing	8673	15331
造纸及纸制品业	Papermaking and Paper Products	62860	119492
印刷业、记录媒介的复制	Printing and Record Medium Reproduction	31987	80435
文教体育用品制造业	Cultural Educational and Sports Goods	914	1449
石油加工、炼焦及核燃料加工业	Petroleum, Coking and Nuclear Fuel Processing	19632	28768
化学原料及化学制品制造业	Raw Chemical Materials and Chemical Products	837686	1107859
医药制造业	Medical and Pharmaceutical Products	349386	397113
化学纤维制造业	Chemical Fiber	529	853
橡胶制品业	Rubber Products	28507	62975
塑料制品业	Plastic Products	51830	93777
非金属矿物制品业	Nonmetal Mineral Products	526893	802049
黑色金属冶炼及压延加工业	Smelting and Pressing of Ferrous Metals	344859	924783
有色金属冶炼及压延加工业	Smelting and Pressing of Nonferrous Metals	390613	568346
金属制品业	Metal Products	81751	199026
通用设备制造业	Ordinary Equipment	302902	543222
专用设备制造业	Special Equipment	322064	564090
交通运输设备制造业	Transportation Equipment	3018078	6144354
电气机械及器材制造业	Electric Equipment and Machinery	112510	487794
通信设备、计算机及其他电子设备制造业	Communication, Computers and Other Electronic Equipment	79429	172692
仪器仪表及文化、办公用机械制造业	Instruments, Meters,Cultural and Office Machinery	176890	282243
工艺品及其他制造业	Handicraft and Other Production	11164	32072
废弃资源和废旧材料回收加工业	Recovery and Processing of Waste Resources and Materials	834	3141
电力、燃气及水的生产和供应业	Electricpower, Gas & Water Production and Supply		
电力、热力的生产和供应业	Electricpower and Hot Power Production and Supply	1184391	1190834
燃气生产和供应业	Gas Production and Supply	118282	103406
水的生产和供应业	Water Production and Supply	137959	72727

10-5 CONTINUED-2

(10 000 yuan)

主营业务成本 Cost of Major Business	主营业务 税金及附加 Tax and Extra Charges of Major Business	主营业务利润 Profit of Major Business	利润总额 Total After-tax Profits	利税总额 Total Pre-tax Profits	工资总额 Total Wages
12831087	**313379**	**2048601**	**859689**	**1910901**	**1016775**
7016197	236384	1298967	536839	1287282	635138
10743068	279882	1600392	614137	1466073	902692
960948	47502	211689	22627	141900	168009
445187	4550	48652	14905	42066	43734
782714	5507	182982	117509	193893	55131
1305305	27989	265226	128043	250935	58951
4378124	218669	543606	179061	587375	289199
8452963	94709	1504995	680628	1323526	727576
5103895	163917	877712	441665	930164	358972
4600621	119347	780103	297193	689478	383906
3126571	30115	390786	120831	291259	273897
196160	2718	46894	11491	35230	63766
21499	898	6893	3637	6615	3005
56268	944	5955	5138	9177	7560
32	1	21	4	6	15
31869	1492	14406	8976	14927	6574
323875	893	24479	9535	15911	11977
131982	778	19233	7209	16054	10035
136246	14114	38684	12887	43702	12889
169470	139820	65309	20417	200267	16528
275607	1576	17926	-1408	10637	34248
22597	153	4111	1452	2437	2437
47713	251	6014	2705	4046	3620
18320	111	1467	118	852	1568
12110	113	2173	847	1364	1294
105531	515	8881	2218	6776	6530
68007	445	9709	5573	10394	6726
899	20	426	231	383	228
22191	179	4975	1010	2897	2135
848100	7133	178401	71798	137706	83349
237604	3415	82436	31008	61862	27314
747	13	93	-48	49	155
50821	499	9099	440	3313	6740
83027	261	5452	-392	3200	5279
616806	7981	130525	47135	108335	66268
749393	2914	152573	90065	153620	53261
520346	1528	38744	10892	26453	20585
158795	912	25494	6070	13474	14490
426704	2546	91269	27042	57691	54559
459656	6816	74487	19181	36047	83777
5106682	99999	650980	368899	683903	250332
428785	2145	36825	7586	27739	27048
143332	228	23424	5358	9079	10413
204759	2145	55516	17195	32514	27733
23966	154	6660	3688	4845	2071
2824	55	263	80	200	429
1006727	6546	170788	48330	145569	72562
77121	2443	11728	5262	10299	8094
44515	628	26289	8062	13331	11182

10－6 国有及规模以上非国有工业企业经济效益指标（2003年）

单位：%

指　　标	Item	增加值率 Ratio of Value-added to Gross Industrial Output Value	总资产贡献率 Ratio of Total Assets to Industrial Output Value
总计	**Total**	**30.07**	**9.91**
#国有控股企业	State Holding	33.35	9.35
按登记注册类型分	**By Registration**		
内资企业	Domestic－funded Enterprises	29.74	8.97
#国有企业	State－owned	45.08	6.39
集体企业	Collective－owned	33.67	10.78
港澳台投资企业	Funded by Hong Kong, Macao and Taiwan	35.23	19.88
外商投资企业	Foreign－funded	29.40	13.68
按轻、重工业分	**By Light and Heavy Industry**		
轻工业	Light Industry	29.83	11.80
重工业	Heavy Industry	30.21	9.29
按企业规模分	**By Size of Enterprise**		
大型企业	Large	30.24	10.35
中型企业	Medium	29.50	10.56
小型企业	Small	30.70	7.81
按行业分	**By Sector**		
采矿业	Mining and Quarrying		
煤炭开采和洗选业	Coal Mining and Dressing	44.71	7.59
石油和天然气开采业	Petroleum and Natural Gas Extraction	55.85	15.96
黑色金属矿采选业	Ferrous Metals Mining and Dressing	46.12	14.76
有色金属矿采选业	Nonferrous Metals Mining and Dressing	44.49	1.91
非金属矿采选业	Nonmetal Minerals Mining and Dressing	53.09	31.94
其他采矿业	Other Minerals Mining		
制造业	Manufacturing		
农副食品加工业	Farm Products and By-food Processing	18.92	9.97
食品制造业	Food Production	27.48	11.68
饮料制造业	Beverage Production	40.41	13.33
烟草制品业	Tobacco Products	68.78	45.14
纺织业	Textile Industry	23.57	4.61
纺织服装、鞋、帽制造业	Garments, Shoes and Hats Production	25.34	9.64
皮革、毛皮、羽毛（绒）及其制品业	Leather, Furs, Down and Related Products	22.96	11.42
木材加工及木竹藤棕草制品业	Timber Processing,Bamboo,Cane,Palm,Straw Products	21.88	7.36
家具制造业	Furniture Manufacturing	27.43	9.94
造纸及纸制品业	Papermaking and Paper Products	29.38	5.90
印刷业、记录媒介的复制	Printing and Record Medium Reproduction	35.81	12.30
文教体育用品制造业	Cultural Educational and Sports Goods	58.67	20.86
石油加工、炼焦及核燃料加工业	Petroleum, Coking and Nuclear Fuel Processing	23.18	9.99
化学原料及化学制品制造业	Raw Chemical Materials and Chemical Products	32.99	9.13
医药制造业	Medical and Pharmaceutical Products	31.07	9.33
化学纤维制造业	Chemical Fiber	40.04	4.27
橡胶制品业	Rubber Products	26.27	3.71
塑料制品业	Plastic Products	27.31	3.69
非金属矿物制品业	Nonmetal Mineral Products	37.41	9.77
黑色金属冶炼及压延加工业	Smelting and Pressing of Ferrous Metals	33.12	15.06
有色金属冶炼及压延加工业	Smelting and Pressing of Nonferrous Metals	17.47	4.91
金属制品业	Metal Products	27.51	7.75
通用设备制造业	Ordinary Equipment	34.86	8.30
专用设备制造业	Special Equipment	17.54	4.91
交通运输设备制造业	Transportation Equipment	24.01	12.03
电气机械及器材制造业	Electric Equipment and Machinery	19.97	7.08
通信设备、计算机及其他电子设备制造业	Communication, Computers and Other Electronic Equipment	26.24	4.60
仪器仪表及文化、办公用机械制造业	Instruments, Meters,Cultural and Office Machinery	29.85	7.80
工艺品及其他制造业	Handicraft and Other Production	34.37	16.73
废弃资源和废旧材料回收加工业	Recovery and Processing of Waste Resources and Materials	17.99	22.31
电力、燃气及水的生产和供应业	Electricpower, Gas & Water Production and Supply		
电力、热力的生产和供应业	Electricpower and Hot Power Production and Supply	66.37	6.83
燃气生产和供应业	Gas Production and Supply	54.42	5.49
水的生产和供应业	Water Production and Supply	61.49	4.70

ECONOMIC EFFICIENCY INDICATORS OF STATE-OWNED INDUSTRIAL ENTERPRISES AND NON-STATE-OWNED INDUSTRIAL ENTERPRISES ABOVE DESIGNATED SIZE (2003)

(%)

资本保值增值率 Ratio of Creditors' Equity of Current Year to that of Previous Year	资产负债率 Ratio of Liabilities to Assets	流动资产周转率（次） Turnover Ratio of Annual Circulating Funds (time)	成本费用利润率 Ratio of Profits to Cost	全员劳动生产率（元/人年） Overall Labor Productivity (yuan/person-year)	产品销售率 Ratio of Sales to Products
115.83	**60.82**	**1.54**	**5.71**	**55957**	**97.83**
107.24	60.32	1.28	6.33	63797	98.55
115.56	61.57	1.48	4.86	46184	97.92
126.97	71.64	1.05	1.79	47770	98.40
124.82	70.15	1.95	2.99	30768	96.47
124.29	55.70	2.12	13.34	151611	98.96
100.20	56.52	1.90	8.28	165215	96.49
116.81	65.79	1.87	3.53	49040	97.78
113.39	59.16	1.42	6.82	57088	97.86
108.19	57.42	1.48	7.40	86256	98.70
114.92	62.06	1.58	5.40	51722	97.50
132.78	66.18	1.63	3.37	36235	97.00
123.81	46.12	1.34	4.51	36619	98.26
109.29	31.87	2.13	13.32	67945	99.07
112.70	42.90	2.38	8.37	55193	92.71
102.13	98.69	0.52	8.32	2255	100.00
97.26	60.12	2.09	19.91	49542	100.44
117.71	64.42	4.04	2.70	56919	98.74
103.77	61.20	2.37	4.45	47452	99.70
113.50	52.05	1.67	6.64	87650	96.95
113.37	66.17	1.37	9.06	771506	98.84
141.06	80.53	2.03	-0.46	13739	98.35
118.14	52.57	2.13	4.92	24502	93.21
132.27	52.96	1.93	5.05	41889	92.59
139.09	48.78	2.48	0.57	34901	98.73
101.89	41.76	1.96	5.92	37136	91.26
121.71	60.96	1.53	1.87	51949	97.14
124.00	69.34	1.58	7.08	51777	99.41
79.06	39.79	1.14	18.69	68822	106.99
114.81	33.53	1.70	3.70	57610	98.75
114.56	52.47	1.61	6.90	58027	96.65
128.52	56.68	1.19	8.37	51357	96.67
82.92	64.73	1.25	-5.35	21301	96.96
125.45	76.21	1.15	0.74	18726	96.99
92.27	55.07	1.85	-0.42	39607	96.20
141.59	63.28	1.56	6.28	40948	94.55
90.16	70.17	1.76	10.90	155979	100.07
106.17	52.53	2.07	1.93	75877	96.83
107.90	67.18	1.68	3.12	38904	96.81
115.04	63.67	1.21	5.18	46310	96.14
91.30	81.42	0.86	2.98	19028	95.39
122.94	52.01	1.77	6.44	58786	98.19
105.78	79.76	1.49	1.55	37818	100.11
98.90	74.87	0.98	3.16	48611	101.36
149.76	67.31	0.87	6.42	47982	95.66
187.40	70.54	1.60	13.30	47296	94.61
191.55	7.78	9.77	2.66	6819	95.83
96.30	65.61	1.25	4.17	307798	100.66
112.57	39.29	1.17	5.20	111119	105.05
127.99	60.95	0.86	11.94	388426	99.01

10-6 续表

指 标	Item	销售利润率 (%) Ratio of Profits to Sales
总计	**Total**	**5.39**
#国有控股企业	State Holding	5.97
按登记注册类型分	**By Registration**	
内资企业	Domestic－funded Enterprises	4.64
#国有企业	State－owned	1.77
集体企业	Collective－owned	2.92
港澳台投资企业	Funded by Hong Kong, Macao and Taiwan	11.56
外商投资企业	Foreign－funded	7.54
按轻、重工业分	**By Light and Heavy Industry**	
轻工业	Light Industry	3.29
重工业	Heavy Industry	6.48
按企业规模分	**By Size of Enterprise**	
大型企业	Large	6.85
中型企业	Medium	5.10
小型企业	Small	3.28
按行业分	**By Sector**	
采矿业	Mining and Quarrying	
煤炭开采和洗选业	Coal Mining and Dressing	4.52
石油和天然气开采业	Petroleum and Natural Gas Extraction	11.86
黑色金属矿采选业	Ferrous Metals Mining and Dressing	7.86
有色金属矿采选业	Nonferrous Metals Mining and Dressing	7.54
非金属矿采选业	Nonmetal Minerals Mining and Dressing	16.63
其他采矿业	Other Minerals Mining	
制造业	Manufacturing	
农副食品加工业	Farm Products and By-food Processing	2.64
食品制造业	Food Production	4.22
饮料制造业	Beverage Production	5.75
烟草制品业	Tobacco Products	5.33
纺织业	Textile Industry	-0.47
纺织服装、鞋、帽制造业	Garments, Shoes and Hats Production	4.85
皮革、毛皮、羽毛（绒）及其制品业	Leather, Furs, Down and Related Products	4.83
木材加工及木竹藤棕草制品业	Timber Processing,Bamboo,Cane,Palm,Straw Products	0.58
家具制造业	Furniture Manufacturing	5.53
造纸及纸制品业	Papermaking and Paper Products	1.86
印刷业、记录媒介的复制	Printing and Record Medium Reproduction	6.93
文教体育用品制造业	Cultural Educational and Sports Goods	15.96
石油加工、炼焦及核燃料加工业	Petroleum, Coking and Nuclear Fuel Processing	3.51
化学原料及化学制品制造业	Raw Chemical Materials and Chemical Products	6.48
医药制造业	Medical and Pharmaceutical Products	7.81
化学纤维制造业	Chemical Fiber	-5.62
橡胶制品业	Rubber Products	0.70
塑料制品业	Plastic Products	-0.42
非金属矿物制品业	Nonmetal Mineral Products	5.88
黑色金属冶炼及压延加工业	Smelting and Pressing of Ferrous Metals	9.74
有色金属冶炼及压延加工业	Smelting and Pressing of Nonferrous Metals	1.92
金属制品业	Metal Products	3.05
通用设备制造业	Ordinary Equipment	4.98
专用设备制造业	Special Equipment	3.40
交通运输设备制造业	Transportation Equipment	6.00
电气机械及器材制造业	Electric Equipment and Machinery	1.56
通信设备、计算机及其他电子设备制造业	Communication, Computers and Other Electronic Equipment	3.10
仪器仪表及文化、办公用机械制造业	Instruments, Meters,Cultural and Office Machinery	6.09
工艺品及其他制造业	Handicraft and Other Production	11.50
废弃资源和废旧材料回收加工业	Recovery and Processing of Waste Resources and Materials	2.55
电力、燃气及水的生产和供应业	Electricpower, Gas & Water Production and Supply	
电力、热力的生产和供应业	Electricpower and Hot Power Production and Supply	4.06
燃气生产和供应业	Gas Production and Supply	5.09
水的生产和供应业	Water Production and Supply	11.08

10-6 CONTINUED

资本积累率 (%) Ratio of Accumulated Capital to Original Capital	流动比率 Circulating Rate	速动比率 Speed Rate	产权比率 Ratio of Equity to Production	人均实现利税（元） Per Capita Pre-tax Profits (yuan)	从业人员人均工资（元） Per Capita Wages of Employees(yuan)
14.13	**0.97**	**0.72**	**1.58**	**22659**	**11299**
7.24	0.95	0.72	1.55	29432	13661
15.56	0.93	0.70	1.63	18693	10737
26.97	0.80	0.58	2.53	10187	11448
24.82	0.95	0.64	2.35	7631	7223
24.29	1.18	0.83	1.26	71295	19819
0.20	1.40	1.04	1.30	78777	17864
16.81	0.96	0.68	1.92	20009	9281
13.39	0.98	0.74	1.48	24074	12376
8.19	0.97	0.74	1.35	46823	17210
14.92	1.02	0.76	1.71	21522	11126
32.78	0.91	0.65	1.96	8980	7849
23.81	1.03	0.92	0.86	5426	8785
9.29	0.79	0.56	0.47	24402	11083
12.70	1.02	0.81	0.75	18263	14638
2.13	0.52	0.49	75.25	581	1429
-2.74	0.79	0.70	1.51	23367	9573
17.71	0.92	0.60	1.81	11206	8159
3.77	1.09	0.85	1.58	16043	9832
13.50	0.86	0.52	1.09	41977	11835
13.37	1.10	0.46	1.96	362343	29905
41.06	0.62	0.31	4.14	2118	6412
18.14	1.14	0.47	1.11	7371	6942
32.27	1.21	0.64	1.13	10579	9270
39.09	1.16	0.86	0.95	5639	8259
1.89	1.16	0.60	0.72	10471	9782
21.71	1.06	0.70	1.56	8727	7928
24.00	0.98	0.81	2.26	16175	8971
-20.94	1.67	1.16	0.66	23224	13842
14.81	1.97	1.18	0.50	21763	15979
14.56	0.99	0.76	1.10	22299	13159
28.52	0.92	0.72	1.31	30172	12862
-17.08	0.66	0.37	1.84	2319	6152
25.45	0.99	0.60	3.20	3733	7402
-7.73	0.91	0.60	1.23	5121	8143
41.59	0.86	0.65	1.72	13038	7519
-9.84	0.86	0.62	2.35	48883	16571
6.17	0.82	0.52	1.11	17278	13299
7.90	0.91	0.64	2.05	8159	8410
15.04	1.06	0.69	1.75	13713	12026
-8.70	0.57	0.44	4.38	7168	15907
22.94	1.17	0.86	1.13	33460	11452
5.78	0.92	0.65	3.94	11374	9806
-1.10	1.02	0.70	2.98	12981	13445
49.76	1.14	0.89	2.06	18387	14742
87.40	0.99	0.36	2.39	18438	7875
91.55	7.07	2.82	0.08	3695	7527
-3.70	0.94	0.91	1.91	33291	15463
12.57	1.88	1.77	0.65	27296	4968
27.99	1.37	1.31	1.56	17150	12848

10—7 国有控股工业企业主要经济指标（2003年）

单位: 万元

指标	Item	单位数（个） Number of Enterprises (unit)	从业人员（万人） Employment (10 000 persons)
总计	**Total**	**573**	**43.74**
按轻、重工业分	**By Light and Heavy Industry**		
轻工业	Light Industry	205	10.48
重工业	Heavy Industry	368	33.26
按企业规模分	**By Size of Enterprise**		
大型企业	Large	33	17.14
中型企业	Medium	180	19.40
小型企业	Small	360	7.20
按行业分	**By Sector**		
采矿业	Mining and Quarrying		
煤炭开采和洗选业	Coal Mining and Dressing	31	4.50
石油和天然气开采业	Petroleum and Natural Gas Extraction	2	0.27
黑色金属矿采选业	Ferrous Metals Mining and Dressing	3	0.30
有色金属矿采选业	Nonferrous Metals Mining and Dressing	1	0.01
非金属矿采选业	Nonmetal Minerals Mining and Dressing	3	0.26
其他采矿业	Other Minerals Mining		
制造业	Manufacturing		
农副食品加工业	Farm Products and By-food Processing	19	0.56
食品制造业	Food Production	11	0.37
饮料制造业	Beverage Production	13	0.57
烟草制品业	Tobacco Products	5	0.50
纺织业	Textile Industry	15	2.53
纺织服装、鞋、帽制造业	Garments, Shoes and Hats Production	1	0.02
皮革、毛皮、羽毛（绒）及其制品业	Leather, Furs, Down and Related Products	1	
木材加工及木竹藤棕草制品业	Timber Processing,Bamboo,Cane,Palm,Straw Products	3	0.05
家具制造业	Furniture Manufacturing		
造纸及纸制品业	Papermaking and Paper Products	8	0.16
印刷业、记录媒介的复制	Printing and Record Medium Reproduction	20	0.32
文教体育用品制造业	Cultural Educational and Sports Goods	2	0.01
石油加工、炼焦及核燃料加工业	Petroleum, Coking and Nuclear Fuel Processing	2	0.09
化学原料及化学制品制造业	Raw Chemical Materials and Chemical Products	46	3.92
医药制造业	Medical and Pharmaceutical Products	21	1.63
化学纤维制造业	Chemical Fiber	1	0.02
橡胶制品业	Rubber Products	4	0.31
塑料制品业	Plastic Products	8	0.10
非金属矿物制品业	Nonmetal Mineral Products	33	1.36
黑色金属冶炼及压延加工业	Smelting and Pressing of Ferrous Metals	13	2.29
有色金属冶炼及压延加工业	Smelting and Pressing of Nonferrous Metals	10	1.08
金属制品业	Metal Products	13	0.42
通用设备制造业	Ordinary Equipment	43	2.73
专用设备制造业	Special Equipment	27	4.78
交通运输设备制造业	Transportation Equipment	65	6.19
电气机械及器材制造业	Electric Equipment and Machinery	24	1.25
通信设备、计算机及其他电子设备制造业	Communication, Computers and Other Electronic Equipment	10	0.55
仪器仪表及文化、办公用机械制造业	Instruments, Meters,Cultural and Office Machinery	23	1.33
工艺品及其他制造业	Handicraft and Other Production	1	
废弃资源和废旧材料回收加工业	Recovery and Processing of Waste Resources and Materials	1	0.04
电力、燃气及水的生产和供应业	Electricpower, Gas & Water Production and Supply		
电力、热力的生产和供应业	Electricpower and Hot Power Production and Supply	43	4.12
燃气生产和供应业	Gas Production and Supply	10	0.33
水的生产和供应业	Water Production and Supply	37	0.77

MAIN ECONOMIC INDICATORS OF STATE HOLDING INDUSTRIAL ENTERPRISES (2003)

(10 000 yuan)

工业总产值（现价） Gross Output Value (Current prices)	#新产品产值 Output Value of New Products	工业销售产值 Sales Value of Industry	工业增加值 Value-added of Industry	实收资本 Capital Obtained	#国家资本 State Capital	#外商资本 Foreign Capital
8538738	**2613137**	**8414963**	**2847600**	**4495407**	**1565896**	**316624**
2071664	705148	2048591	725324	842812	436347	35254
6467074	1907989	6366372	2122276	3652595	1129549	281370
4615296	1460873	4559618	1566801	2410908	555344	190272
3236882	1058895	3180764	1060783	1572927	715829	106568
686560	93369	674581	219016	511572	294723	19784
186795		182923	78992	209621	188929	
29421		29148	16064	18222	6970	
23229		19893	13171	19028	85	
54		54	24	279	279	
28804	1774	29596	15624	11118	3455	
83431	5227	79050	22880	31560	20870	68
55267	29241	53652	13130	23150	10595	260
140064	25119	139931	63572	56786	27173	87
371855	131314	367879	254369	79433	69639	
133464	39039	131195	28946	59762	49166	
500		497	158	1040	400	
		881	-184	1313	1313	
5102		5042	1139	3321	1050	
24961	5835	23421	5309	13922	2911	
21793	1029	22402	7560	10768	8646	235
361		358	160	36	36	
21976	1266	21636	4910	16691		
703053	95714	692185	241851	388430	151812	955
355071	120404	353642	101998	173964	85732	201
991		961	388	1388	1388	
23251	2783	22474	6159	9126	6651	
14558	492	14124	3918	10274	1229	1948
141530	47719	136550	58931	109805	18958	9100
720624	78600	722754	241849	237563	122109	41394
367988	52112	356537	61654	346314	4872	
30858	3312	31239	4359	17965	6864	
373074	147467	360286	139029	230633	126804	20880
523536	184214	498857	85394	286776	22550	
2820846	1503440	2790115	757484	1158414	172321	201886
260405	49743	260420	47781	87104	26536	26685
70598	31618	71165	17091	74848	47450	11202
261938	55466	246461	75005	76881	48534	1724
		288		875		
240		240	27	150		
630230	209	634721	412041	559724	189911	
37571		39850	21338	75346	73607	
75297		74537	45478	93774	67054	

10-7 续表1

单位: 万元

指 标	Item	资产合计 Total Assets	#流动资产合计 Circulating Funds
总计	**Total**	**17122902**	**7240868**
按轻、重工业分	**By Light and Heavy Industry**		
轻工业	Light Industry	3376719	1618316
重工业	Heavy Industry	13746183	5622552
按企业规模分	**By Size of Enterprise**		
大型企业	Large	9691149	3967271
中型企业	Medium	5576627	2467474
小型企业	Small	1855126	806123
按行业分	**By Sector**		
采矿业	Mining and Quarrying		
煤炭开采和洗选业	Coal Mining and Dressing	467990	169904
石油和天然气开采业	Petroleum and Natural Gas Extraction	46966	10726
黑色金属矿采选业	Ferrous Metals Mining and Dressing	48969	17069
有色金属矿采选业	Nonferrous Metals Mining and Dressing	366	108
非金属矿采选业	Nonmetal Minerals Mining and Dressing	59013	22866
其他采矿业	Other Minerals Mining		
制造业	Manufacturing		
农副食品加工业	Farm Products and By-food Processing	116680	48822
食品制造业	Food Production	79289	39682
饮料制造业	Beverage Production	237572	84437
烟草制品业	Tobacco Products	449952	264677
纺织业	Textile Industry	247096	83356
纺织服装、鞋、帽制造业	Garments, Shoes and Hats Production	1671	654
皮革、毛皮、羽毛（绒）及其制品业	Leather, Furs, Down and Related Products	3553	2863
木材加工及木竹藤棕草制品业	Timber Processing,Bamboo,Cane,Palm,Straw Products	8923	3250
家具制造业	Furniture Manufacturing		
造纸及纸制品业	Papermaking and Paper Products	55356	29388
印刷业、记录媒介的复制	Printing and Record Medium Reproduction	48354	25950
文教体育用品制造业	Cultural Educational and Sports Goods	354	344
石油加工、炼焦及核燃料加工业	Petroleum, Coking and Nuclear Fuel Processing	24612	14969
化学原料及化学制品制造业	Raw Chemical Materials and Chemical Products	1189176	452720
医药制造业	Medical and Pharmaceutical Products	678428	278031
化学纤维制造业	Chemical Fiber	1501	643
橡胶制品业	Rubber Products	42388	23678
塑料制品业	Plastic Products	21552	10324
非金属矿物制品业	Nonmetal Mineral Products	386154	144178
黑色金属冶炼及压延加工业	Smelting and Pressing of Ferrous Metals	1055661	521867
有色金属冶炼及压延加工业	Smelting and Pressing of Nonferrous Metals	732375	231456
金属制品业	Metal Products	59158	30085
通用设备制造业	Ordinary Equipment	611996	354604
专用设备制造业	Special Equipment	1675571	662478
交通运输设备制造业	Transportation Equipment	4061865	2104876
电气机械及器材制造业	Electric Equipment and Machinery	302850	184300
通信设备、计算机及其他电子设备制造业	Communication, Computers and Other Electronic Equipment	187977	90919
仪器仪表及文化、办公用机械制造业	Instruments, Meters,Cultural and Office Machinery	406074	263886
工艺品及其他制造业	Handicraft and Other Production	1173	355
废弃资源和废旧材料回收加工业	Recovery and Processing of Waste Resources and Materials	367	250
电力、燃气及水的生产和供应业	Electricpower, Gas & Water Production and Supply		
电力、热力的生产和供应业	Electricpower and Hot Power Production and Supply	3288176	901207
燃气生产和供应业	Gas Production and Supply	178867	81999
水的生产和供应业	Water Production and Supply	344880	83950

10-7 CONTINUED-1

(10 000 yuan)

流动资产年平均余额 Annual Average Balance of Value of Circulating Fund	固定资产 Fixed Assets		固定资产净值年平均余额 Annual Average Balance of Net Value of Fixed Assets	负债合计 Total Liabilities	
	原值 Original	净值 Net			#流动负债合计 Total Circulating Liabilities
7046920	**10573040**	**6630301**	**6426155**	**10328525**	**7621362**
1522434	1813982	1166062	1189036	2230214	1724891
5524486	8759058	5464239	5237119	8098311	5896471
3886357	5924040	3758406	3587009	5487653	4123917
2346419	3598038	2175065	2131503	3491930	2483395
814144	1050962	696831	707643	1348942	1014050
170427	389794	210984	210201	203356	150037
14364	28591	15740	16012	14966	13500
17184	36161	23813	22079	18378	18378
104	652	254	258	361	208
17145	25775	20513	6586	39129	33094
44641	57121	42525	41726	81410	54557
30845	44795	25056	23092	58994	43669
89803	142718	89323	93136	122063	100468
266659	217761	137654	138762	295546	241082
79556	170002	113871	111269	228631	174177
584	1428	1017	1263	631	631
3466	1243	625	660	3608	3608
3099	4821	3655	3496	4329	3297
26542	27139	14976	14973	31925	27932
21201	34452	18721	18958	35580	27866
336	22	10	10	109	92
14572	16919	8991	8458	7858	6993
465862	918063	399387	429937	620916	466584
269654	280025	200540	194768	396279	317792
681	1601	855	859	971	971
23490	26920	16322	16108	28453	23300
10748	13436	7955	7331	10161	8951
139399	265575	203212	205082	269919	149010
479470	714624	384096	378488	752032	605213
214825	561417	368680	376828	368928	297493
30730	38212	20224	22418	67667	49881
337080	314071	164082	161630	396982	336222
627033	704903	490743	514665	1378417	1197419
2062133	1832447	1187560	1191444	1730238	1612419
158266	126310	82139	87772	264222	226480
88258	94217	50118	51994	148011	110594
257239	175737	105881	104707	319684	268267
786	693	535	584	3369	3369
81	14	13	13		
918960	2933616	1953233	1711210	2145102	944098
79457	90043	54271	53020	69470	43163
82244	281722	212731	206360	210829	60547

10-7 续表2

单位: 万元

指　　标	Item	所有者权益 Creditors' Equity	主营业务收入 Major Business Renenue
总计	**Total**	**6656030**	**8992019**
按轻、重工业分	**By Light and Heavy Industry**		
轻工业	Light Industry	1146505	1990426
重工业	Heavy Industry	5509525	7001593
按企业规模分	**By Size of Enterprise**		
大型企业	Large	4203495	5113689
中型企业	Medium	1946351	3204977
小型企业	Small	506184	673353
按行业分	**By Sector**		
采矿业	Mining and Quarrying		
煤炭开采和洗选业	Coal Mining and Dressing	264633	184102
石油和天然气开采业	Petroleum and Natural Gas Extraction	32000	30659
黑色金属矿采选业	Ferrous Metals Mining and Dressing	30591	35395
有色金属矿采选业	Nonferrous Metals Mining and Dressing	5	54
非金属矿采选业	Nonmetal Minerals Mining and Dressing	19884	29112
其他采矿业	Other Minerals Mining		
制造业	Manufacturing		
农副食品加工业	Farm Products and By-food Processing	35270	77090
食品制造业	Food Production	20294	53548
饮料制造业	Beverage Production	115509	141025
烟草制品业	Tobacco Products	154407	370527
纺织业	Textile Industry	18465	119687
纺织服装、鞋、帽制造业	Garments, Shoes and Hats Production	1040	369
皮革、毛皮、羽毛（绒）及其制品业	Leather, Furs, Down and Related Products	-55	871
木材加工及木竹藤棕草制品业	Timber Processing,Bamboo,Cane,Palm,Straw Products	4594	4474
家具制造业	Furniture Manufacturing		
造纸及纸制品业	Papermaking and Paper Products	23431	22456
印刷业、记录媒介的复制	Printing and Record Medium Reproduction	12774	22105
文教体育用品制造业	Cultural Educational and Sports Goods	246	357
石油加工、炼焦及核燃料加工业	Petroleum, Coking and Nuclear Fuel Processing	16755	23284
化学原料及化学制品制造业	Raw Chemical Materials and Chemical Products	568260	711750
医药制造业	Medical and Pharmaceutical Products	282149	296211
化学纤维制造业	Chemical Fiber	529	853
橡胶制品业	Rubber Products	13935	23037
塑料制品业	Plastic Products	11391	13727
非金属矿物制品业	Nonmetal Mineral Products	116235	134854
黑色金属冶炼及压延加工业	Smelting and Pressing of Ferrous Metals	303629	743245
有色金属冶炼及压延加工业	Smelting and Pressing of Nonferrous Metals	363447	358893
金属制品业	Metal Products	-8510	31219
通用设备制造业	Ordinary Equipment	215013	348534
专用设备制造业	Special Equipment	297155	533187
交通运输设备制造业	Transportation Equipment	2193280	2808735
电气机械及器材制造业	Electric Equipment and Machinery	38629	247392
通信设备、计算机及其他电子设备制造业	Communication, Computers and Other Electronic Equipment	39966	67464
仪器仪表及文化、办公用机械制造业	Instruments, Meters,Cultural and Office Machinery	86389	232821
工艺品及其他制造业	Handicraft and Other Production	-2196	184
废弃资源和废旧材料回收加工业	Recovery and Processing of Waste Resources and Materials	367	1416
电力、燃气及水的生产和供应业	Electricpower, Gas & Water Production and Supply		
电力、热力的生产和供应业	Electricpower and Hot Power Production and Supply	1143073	1153973
燃气生产和供应业	Gas Production and Supply	109397	97855
水的生产和供应业	Water Production and Supply	134051	71557

10-7 CONTINUED-2

(10 000 yuan)

主营业务成本 Cost of Major Business	主营业务税金及附加 Tax and Extra Charges of Major Business	利润总额 Total After-tax Profits	利税总额 Total Pre-tax Profits	工资总额 Total Wages
7016197	**236384**	**536839**	**1287282**	**635138**
1418431	172022	62876	346188	124118
5597766	64362	473963	941094	511020
4004738	154304	377229	832189	321614
2457897	74878	156506	411240	245272
553562	7202	3104	43853	68252
147108	1853	2720	20064	45562
21499	898	3637	6615	3005
33267	613	67	2428	5928
32	1	4	6	15
15346	997	4089	7930	3184
62791	534	4177	8171	5222
38069	412	-138	2771	3978
77053	11869	11972	36370	7823
158231	139668	19862	198983	15212
109288	493	-5321	-883	18470
276	8	54	87	96
1241	11	-649	-570	62
3718	27	-58	163	421
20053	82	-1265	-358	1448
18225	196	1255	2941	3737
151	4	115	140	24
18221	134	320	1846	1790
561134	4203	31155	72193	61328
181524	2292	20705	43658	20906
747	13	-48	49	155
18506	151	-378	959	2481
11039	67	-178	769	891
95963	699	3897	11795	12335
586683	948	86651	143835	48147
316568	946	9721	19786	16627
27956	89	-3673	-2639	4026
262148	1546	18994	42446	40338
438290	6520	17717	32627	81285
2249005	48918	243319	437880	97914
220896	928	3200	14082	15424
53957	90	286	1633	7499
165435	1776	9951	22694	22767
464	3	-700	-692	22
1212	47	15	75	266
983041	6329	42794	136824	68208
73043	2401	4740	9574	7510
44022	621	7834	13029	11036

10－8 国有控股工业企业经济效益指标（2003年）

单位：%

指 标	Item	增加值率 Ratio of Value-added to Gross Industrial Output Value	总资产贡献率 Ratio of Total Assets to Industrial Output Value
总计	**Total**	**33.35**	**9.35**
按轻、重工业分	**By Light and Heavy Industry**		
轻工业	Light Industry	35.01	12.10
重工业	Heavy Industry	32.82	8.68
按企业规模分	**By Size of Enterprise**		
大型企业	Large	34.23	10.16
中型企业	Medium	33.07	9.71
小型企业	Small	28.74	4.05
按行业分	**By Sector**		
采矿业	Mining and Quarrying		
煤炭开采和洗选业	Coal Mining and Dressing	42.29	5.04
石油和天然气开采业	Petroleum and Natural Gas Extraction	54.60	15.96
黑色金属矿采选业	Ferrous Metals Mining and Dressing	56.70	6.29
有色金属矿采选业	Nonferrous Metals Mining and Dressing	43.65	1.91
非金属矿采选业	Nonmetal Minerals Mining and Dressing	54.24	26.58
其他采矿业	Other Minerals Mining		
制造业	Manufacturing		
农副食品加工业	Farm Products and By-food Processing	27.42	9.27
食品制造业	Food Production	23.76	6.23
饮料制造业	Beverage Production	45.39	15.41
烟草制品业	Tobacco Products	68.41	46.33
纺织业	Textile Industry	21.69	1.21
纺织服装、鞋、帽制造业	Garments, Shoes and Hats Production	31.65	4.97
皮革、毛皮、羽毛（绒）及其制品业	Leather, Furs, Down and Related Products		-8.87
木材加工及木竹藤棕草制品业	Timber Processing,Bamboo,Cane,Palm,Straw Products	22.32	4.26
家具制造业	Furniture Manufacturing		
造纸及纸制品业	Papermaking and Paper Products	21.27	0.64
印刷业、记录媒介的复制	Printing and Record Medium Reproduction	34.69	8.03
文教体育用品制造业	Cultural Educational and Sports Goods	44.24	39.66
石油加工、炼焦及核燃料加工业	Petroleum, Coking and Nuclear Fuel Processing	22.34	7.58
化学原料及化学制品制造业	Raw Chemical Materials and Chemical Products	34.40	7.30
医药制造业	Medical and Pharmaceutical Products	28.73	7.96
化学纤维制造业	Chemical Fiber	39.16	4.27
橡胶制品业	Rubber Products	26.49	2.89
塑料制品业	Plastic Products	26.91	4.41
非金属矿物制品业	Nonmetal Mineral Products	41.64	4.87
黑色金属冶炼及压延加工业	Smelting and Pressing of Ferrous Metals	33.56	15.41
有色金属冶炼及压延加工业	Smelting and Pressing of Nonferrous Metals	16.75	4.34
金属制品业	Metal Products	14.13	-0.37
通用设备制造业	Ordinary Equipment	37.27	8.19
专用设备制造业	Special Equipment	16.31	4.84
交通运输设备制造业	Transportation Equipment	26.85	12.12
电气机械及器材制造业	Electric Equipment and Machinery	18.35	7.31
通信设备、计算机及其他电子设备制造业	Communication, Computers and Other Electronic Equipment	24.21	2.89
仪器仪表及文化、办公用机械制造业	Instruments, Meters,Cultural and Office Machinery	28.63	7.37
工艺品及其他制造业	Handicraft and Other Production		-39.91
废弃资源和废旧材料回收加工业	Recovery and Processing of Waste Resources and Materials	11.46	20.45
电力、燃气及水的生产和供应业	Electricpower, Gas & Water Production and Supply		
电力、热力的生产和供应业	Electricpower and Hot Power Production and Supply	65.38	6.78
燃气生产和供应业	Gas Production and Supply	56.79	5.48
水的生产和供应业	Water Production and Supply	60.40	4.62

ECONOMIC EFFICIENCY INDICATORS OF STATE HOLDING INDUSTRIAL ENTERPRISES (2003)

(%)

资本保值增值率 Ratio of Creditors' Equity of Current Year to that of Previous Year	资产负债率 Ratio of Liabilities to Assets	流动资产周转率（次） Turnover Ratio of Annual Circulating Funds (time)	成本费用利润率 Ratio of Profits to Cost	全员劳动生产率（元/人年） Overall Labor Productivity (yuan/person-year)	产品销售率 Ratio of Sales to Products
107.24	**60.32**	**1.28**	**6.33**	**63797**	**98.55**
113.00	66.05	1.31	3.52	66946	98.89
106.11	58.91	1.27	7.08	62398	98.44
105.51	56.63	1.32	7.96	89543	98.79
105.55	62.62	1.37	5.14	54084	98.27
133.64	72.71	0.83	0.45	26871	98.26
125.15	43.45	1.08	1.40	17188	97.93
109.29	31.87	2.13	13.32	58063	99.07
99.49	37.53	2.06	0.19	43720	85.64
102.13	98.69	0.52	8.32	2216	100.00
74.43	66.31	1.70	16.87	57906	102.75
107.92	69.77	1.73	5.54	40136	94.75
98.48	74.40	1.74	-0.25	34401	97.08
114.68	51.38	1.57	10.36	108905	99.90
113.68	65.68	1.39	9.31	503137	98.93
118.12	92.53	1.50	-4.16	11200	98.30
505.59	37.76	0.63	17.56	8966	99.36
-4.95	101.55	0.25	-38.26	-46182	
119.19	48.51	1.44	-1.24	22868	98.83
127.68	57.67	0.85	-5.37	33391	93.83
108.10	73.58	1.04	5.31	23063	102.79
141.34	30.65	1.06	41.39	31328	98.95
107.33	31.93	1.60	1.40	53997	98.45
111.42	52.21	1.53	4.55	60390	98.45
133.06	58.41	1.10	7.41	61392	99.60
82.92	64.73	1.25	-5.35	18101	96.96
97.44	67.13	0.98	-1.60	19731	96.66
107.97	47.14	1.28	-1.27	36917	97.02
123.62	69.90	0.97	3.04	42345	96.48
84.28	71.24	1.55	13.31	103492	100.30
103.73	50.37	1.67	2.74	55717	96.89
176.96	114.39	1.02	-10.45	10226	101.23
115.13	64.87	1.03	5.70	49943	96.57
89.48	82.27	0.85	2.88	17281	95.29
113.59	42.60	1.36	9.43	117223	98.91
107.16	87.24	1.56	1.27	37492	100.01
86.23	78.74	0.76	0.41	30666	100.80
118.99	78.73	0.91	4.50	55211	94.09
125.08	287.31	0.23	-93.40		
		17.54	1.09	726	100.00
95.36	65.24	1.26	3.80	97902	100.71
112.55	38.84	1.23	4.94	63302	106.07
126.62	61.13	0.87	11.76	58200	98.99

10-8 续表

指　　标	Item	销售利润率（%） Ratio of Profits to Sales
总计	**Total**	**5.97**
按轻、重工业分	**By Light and Heavy Industry**	
轻工业	Light Industry	3.16
重工业	Heavy Industry	6.77
按企业规模分	**By Size of Enterprise**	
大型企业	Large	7.38
中型企业	Medium	4.88
小型企业	Small	0.46
按行业分	**By Sector**	
采矿业	Mining and Quarrying	
煤炭开采和洗选业	Coal Mining and Dressing	1.48
石油和天然气开采业	Petroleum and Natural Gas Extraction	11.86
黑色金属矿采选业	Ferrous Metals Mining and Dressing	0.19
有色金属矿采选业	Nonferrous Metals Mining and Dressing	7.54
非金属矿采选业	Nonmetal Minerals Mining and Dressing	14.04
其他采矿业	Other Minerals Mining	
制造业	Manufacturing	
农副食品加工业	Farm Products and By-food Processing	5.42
食品制造业	Food Production	-0.26
饮料制造业	Beverage Production	8.49
烟草制品业	Tobacco Products	5.36
纺织业	Textile Industry	-4.45
纺织服装、鞋、帽制造业	Garments, Shoes and Hats Production	14.61
皮革、毛皮、羽毛（绒）及其制品业	Leather, Furs, Down and Related Products	-74.47
木材加工及木竹藤棕草制品业	Timber Processing,Bamboo,Cane,Palm,Straw Products	-1.29
家具制造业	Furniture Manufacturing	
造纸及纸制品业	Papermaking and Paper Products	-5.63
印刷业、记录媒介的复制	Printing and Record Medium Reproduction	5.68
文教体育用品制造业	Cultural Educational and Sports Goods	32.10
石油加工、炼焦及核燃料加工业	Petroleum, Coking and Nuclear Fuel Processing	1.37
化学原料及化学制品制造业	Raw Chemical Materials and Chemical Products	4.38
医药制造业	Medical and Pharmaceutical Products	6.99
化学纤维制造业	Chemical Fiber	-5.62
橡胶制品业	Rubber Products	-1.64
塑料制品业	Plastic Products	-1.30
非金属矿物制品业	Nonmetal Mineral Products	2.89
黑色金属冶炼及压延加工业	Smelting and Pressing of Ferrous Metals	11.66
有色金属冶炼及压延加工业	Smelting and Pressing of Nonferrous Metals	2.71
金属制品业	Metal Products	-11.77
通用设备制造业	Ordinary Equipment	5.45
专用设备制造业	Special Equipment	3.32
交通运输设备制造业	Transportation Equipment	8.66
电气机械及器材制造业	Electric Equipment and Machinery	1.29
通信设备、计算机及其他电子设备制造业	Communication, Computers and Other Electronic Equipment	0.42
仪器仪表及文化、办公用机械制造业	Instruments, Meters,Cultural and Office Machinery	4.27
工艺品及其他制造业	Handicraft and Other Production	-380.45
废弃资源和废旧材料回收加工业	Recovery and Processing of Waste Resources and Materials	1.05
电力、燃气及水的生产和供应业	Electricpower, Gas & Water Production and Supply	
电力、热力的生产和供应业	Electricpower and Hot Power Production and Supply	3.71
燃气生产和供应业	Gas Production and Supply	4.84
水的生产和供应业	Water Production and Supply	10.95

10-8 CONTINUED

资本积累率（%） Ratio of Accumulated Capital to Original Capital	流动比率 Circulating Rate	速动比率 Speed Rate	产权比率 Ratio of Equity to Production	人均实现利税（元） Per Capita Pre-tax Profits (yuan)	从业人员人均工资（元） Per Capita Wages of Employees(yuan)
7.24	**0.95**	**0.72**	**1.55**	**29432**	**13661**
13.00	0.94	0.65	1.95	32608	11225
6.11	0.95	0.74	1.47	28238	14352
5.51	0.96	0.75	1.31	48535	17959
5.55	0.99	0.73	1.79	21202	11765
33.64	0.79	0.59	2.66	6095	8531
25.15	1.13	1.01	0.77	4455	8808
9.29	0.79	0.56	0.47	24402	11083
-0.51	0.93	0.69	0.60	8225	19627
2.13	0.52	0.49	75.25	581	1429
-25.57	0.69	0.60	1.97	29991	10317
7.92	0.89	0.69	2.31	14627	9284
-1.52	0.91	0.73	2.91	7408	10434
14.68	0.84	0.44	1.06	63583	13022
13.68	1.10	0.44	1.91	401660	30706
18.12	0.48	0.26	12.38	-349	7185
405.59	1.04	0.79	0.61	5012	5549
-104.95	0.79	0.19	-65.36	-146256	15846
19.19	0.99	0.76	0.94	3344	8631
27.68	1.05	0.56	1.36	-2299	8021
8.10	0.93	0.78	2.79	9158	9200
41.34	3.74	2.81	0.44	27940	4760
7.33	2.14	1.17	0.47	20716	20086
11.42	0.97	0.76	1.09	18396	15555
33.06	0.87	0.70	1.40	26817	12422
-17.08	0.66	0.37	1.84	2319	6152
-2.56	1.02	0.59	2.04	3136	8109
7.97	1.15	0.86	0.89	7396	7873
23.62	0.97	0.67	2.32	8649	9014
-15.72	0.86	0.63	2.48	62813	20896
3.73	0.78	0.48	1.02	18248	15319
76.96	0.60	0.38	-7.95	-6317	9541
15.13	1.05	0.69	1.85	15561	13804
-10.52	0.55	0.43	4.64	6738	16053
13.59	1.31	0.99	0.79	69154	14517
7.16	0.81	0.52	6.84	11277	11018
-13.77	0.82	0.55	3.70	2991	11914
18.99	0.98	0.72	3.70	17048	16525
25.08	0.11	0.09	-1.53	-300696	9391
				2024	6577
-4.64	0.95	0.93	1.88	33177	15360
12.55	1.90	1.79	0.64	28987	3907
26.62	1.39	1.32	1.57	17015	12852

10－9 大中型工业企业主要经济指标（2003年）

单位：万元

指 标	Item	单位数(个) Number of Enterprises (unit)	从业人员(万人) Employment (10 000 persons)	工业总产值（现价） Gross Output Value (Current prices)	#新产品产值 Output Value of New Products
总计	**Total**	**396**	**51.90**	**12003531**	**3893046**
#国有控股企业	State Holding	213	36.54	7852178	2519768
按登记注册类型分	**By Registration**				
内资企业	Domestic－funded Enterprises	352	47.56	9635035	2878163
#国有企业	State－owned	74	9.57	1073814	260625
集体企业	Collective－owned	13	1.75	137489	3354
港澳台投资企业	Funded by Hong Kong, Macao and Taiwan	14	1.91	873112	129733
外商投资企业	Foreign－funded	30	2.43	1495384	885150
按轻、重工业分	**By Light and Heavy Industry**				
轻工业	Light Industry	141	15.48	3995490	1300883
重工业	Heavy Industry	255	36.42	8008041	2592163

指 标	Item	固定资产净值 Net Value of Fixed Assets	固定资产净值年平均余额 Annual Average Balance of Net Value of Fixed Assets	负债合计 Total Liabilities	#流动负债合计 Total Circulating Liabilities
总计	**Total**	**6938646**	**6742246**	**11295107**	**8596324**
#国有控股企业	State Holding	5933471	5718512	8979583	6607312
按登记注册类型分	**By Registration**				
内资企业	Domestic－funded Enterprises	5631345	5443920	9751018	7705706
#国有企业	State－owned	782791	827761	1460282	1082659
集体企业	Collective－owned	34257	33429	122564	114955
港澳台投资企业	Funded by Hong Kong, Macao and Taiwan	403379	391278	436117	294542
外商投资企业	Foreign－funded	903922	907048	1107972	596076
按轻、重工业分	**By Light and Heavy Industry**				
轻工业	Light Industry	1274425	1277490	2762120	2274269
重工业	Heavy Industry	5664221	5464756	8532987	6322055

MAIN ECONOMIC INDICATORS OF LARGE & MEDIUM-SIZED INDUSTRIAL ENTERPRISES (2003)

(10 000 yuan)

工业销售产值 Sales Value of Industry	工业增加值 Value-added of Industry	实收资本 Capital Obtained	#国家资本 State Capital	资产合计 Total Assets	#流动资产合计 Circulating Funds	流动资产年平均余额 Annual Average Balance of Value of Circulating Fund	固定资产原值 Original Value of Fixed Assets
11775783	**3585400**	**4828289**	**1295212**	**18994291**	**8514237**	**8042766**	**11006386**
7740382	2628584	3983835	1271173	15267776	6434745	6232776	9522078
9463328	2849810	4032017	1221287	16254383	7289865	6986001	8737127
1056199	421232	640219	341633	2179007	941816	902051	1508638
131790	47144	21736		152115	96700	93478	58920
868758	311470	184560	13888	849574	393103	332610	705395
1443697	424120	611712	60037	1890334	831269	724155	1563864
3920419	1091409	882699	330620	4210161	2213566	2078358	1960741
7855364	2493991	3945590	964592	14784130	6300671	5964408	9045645

所有者权益 Creditors' Equity	主营业务收入 Major Business Revenue	主营业务成本 Cost of Major Business	主营业务税金及附加 Tax and Extra Charges of Major Business	主营业务利润 Profit of Major Business	利润总额 Total After-tax Profits	利税总额 Total Pre-tax Profits	工资总额 Total Wages
7560836	**12272280**	**9704516**	**283264**	**1657815**	**738858**	**1619642**	**742878**
6149846	8318666	6462636	229182	1214607	533735	1243429	566886
6365018	9992003	7973668	249947	1270501	516166	1214704	648087
718725	1081986	795477	45966	188268	37833	144892	129584
29552	148242	125311	1084	18087	5553	12891	11718
413457	839322	633546	5449	162235	110198	179277	46931
782361	1440955	1097302	27868	225079	112494	225661	47860
1448040	3861906	3006372	203328	404041	145463	492684	179114
6112796	8410374	6698144	79936	1253774	593395	1126958	563764

10－10 大中型工业企业经济效益指标（2003年）

指 标	Item	增加值率（%） Ratio of Value-added to Gross Industrial Output Value	总资产贡献率（%） Ratio of Total Assets to Industrial Output Value
总计	**Total**	**29.87**	**10.44**
#国有控股企业	State Holding	33.48	10.00
按登记注册类型分	**By Registration**		
内资企业	Domestic－funded Enterprises	29.58	9.25
#国有企业	State－owned	39.23	8.19
集体企业	Collective－owned	34.29	10.26
港澳台投资企业	Funded by Hong Kong Macao and Taiwan	35.67	24.56
外商投资企业	Foreign－funded	28.36	14.76
按轻、重工业分	**By Light and Heavy Industry**		
轻工业	Light Industry	27.32	13.58
重工业	Heavy Industry	31.14	9.54

指 标	Item	销售利润率（%） Ratio of Profits to Sales	资本积累率（%） Ratio of Accumulated Capital to Original Capital
总计	**Total**	**6.02**	**10.80**
#国有控股企业	State Holding	6.42	5.52
按登记注册类型分	**By Registration**		
内资企业	Domestic－funded Enterprises	5.17	12.43
#国有企业	State－owned	3.50	18.33
集体企业	Collective－owned	3.75	54.28
港澳台投资企业	Funded by Hong Kong Macao and Taiwan	13.13	29.96
外商投资企业	Foreign－funded	7.81	-7.34
按轻、重工业分	**By Light and Heavy Industry**		
轻工业	Light Industry	3.77	10.88
重工业	Heavy Industry	7.06	10.78

ECONOMIC EFFICIENCY INDICATORS OF LARGE & MEDIUM-SIZED INDUSTRIAL ENTERPRISES (2003)

	资本保值增值率（%） Ratio of Creditors' Equity of Current Year to that of Previous Year	资产负债率（%） Ratio of Liabilities to Assets	流动资产周转率（次） Turnover Ratio of Annual Circulating Funds (time)	成本费用利润率（%） Ratio of Profits to Cost	全员劳动生产率（元/人年） Overall Labor Productivity (yuan/person-year)	产品销售率（%） Ratio of Sales to Products
	110.80	**59.47**	**1.53**	**6.44**	**71149**	**98.10**
	105.52	58.81	1.33	6.86	70906	98.58
	112.43	59.99	1.43	5.46	64016	98.22
	118.33	67.02	1.20	3.65	37430	98.36
	154.28	80.57	1.59	3.88	31695	95.86
	129.96	51.33	2.52	15.48	123152	99.50
	92.66	58.61	1.99	8.62	164453	96.54
	110.88	65.61	1.86	4.13	84409	98.12
	110.78	57.72	1.41	7.46	64810	98.09

	流动比率 Circulating Rate	速动比率 Speed Rate	产权比率 Ratio of Equity to Production	人均实现利税（元） Per Capita Pre-tax Profits (yuan)	从业人员人均工资（元） Per Capita Wages of Employees(yuan)
	0.99	**0.75**	**1.49**	**31206**	**14313**
	0.97	0.74	1.46	34027	15513
	0.95	0.72	1.53	25541	13627
	0.87	0.62	2.03	15133	13534
	0.84	0.51	4.15	7385	6713
	1.33	0.91	1.05	93857	24570
	1.39	1.05	1.42	92815	19685
	0.97	0.70	1.91	31825	11570
	1.00	0.77	1.40	30943	15479

10－11 国有及规模以上非国有工业主要产品产量（2002－2003年）

产 品	Products	2002	2003
化学纤维(万吨)	Chemical Fiber (10 000 tons)	1.73	1.47
纱(吨)	Yarn (ton)	52019	67045
布(万米)	Cloth (10 000 m)	22902.59	29634.90
印染布(万米)	Printed and Dyed Fabric (10 000 m)	6817.80	8079.72
毛线(吨)	Knitting Wool (ton)	849	957
丝(吨)	Silk (ton)	4063	4553
丝织品(万米)	Silk Products (10 000 m)	954.37	1197.59
针棉织品折用纱线量(吨)	Knitwear Refers to Cotton Yarn Substitutes (ton)	592	428
电视机(万部)	TV Sets (10 000 units)	33.51	60.30
#彩色电视机	Color TV Sets	33.51	60.30
洗衣机(台)	Washing Machines (unit)	191639	140985
电风扇(万台)	Electric Fans (10 000 units)	11.83	5.33
摩托车(万辆)	Motorcycles (10 000 vehicles)	323.42	441.32
机制纸及纸板(吨)	Machine-made Paper and Paperboard (ton)	168778	185087
日用陶瓷制品(万件)	Household Ceramics (10 000 pcs)	8714.22	8033.00
日用玻璃制品(吨)	Daily-use Glassware (ton)	142065	149114
日用精铝制品(吨)	Fine Aluminum Products for Daily-use (ton)	889	2349
合成洗涤剂(吨)	Synthetic Detergents (ton)	84743	94745
肥皂(吨)	Soap (ton)	3929	4170
火柴(万件)	Match (10 000 pcs)	18.40	19.10
干电池(折一号电池)(万只)	Dry Cells (10 000 units)	38636	41645
卷烟(箱)	Cigarettes (case)	687612	774998
白酒(吨)	Liquor (ton)	39961	50301
啤酒(吨)	Beer (ton)	417727	451027
罐头(吨)	Canned Food (ton)	19405	21928
食用植物油(吨)	Edible Vegetable Oil (ton)	6216	6177
布鞋(万双)	Cloth Shoes (10 000 pairs)	965.73	892.35
皮鞋(万双)	Leather Shoes (10 000 pairs)	179.07	295.96
服装(万件)	Garments (10 000 pcs)	234.23	233.79

OUTPUT OF STATE-OWNED INDUSTRIAL ENTERPRISES AND NON-STATE-OWNED INDUSTRIAL ENTERPRISES ABOVE DESIGNATED SIZE (2002-2003)

产 品	Products	2002	2003
液体乳及乳制品(万吨)	Liquid Milk and Dairy Products (10 000 tons)	5.83	7.54
无酒精饮料(软饮料)(吨)	Non-alcoholic Beverage (soft) (ton)	426482	468145
原煤(万吨)	Coal (10 000 tons)	1211.73	1484.20
洗精煤(万吨)	Washed and Fine Coal (10 000 tons)	155.69	202.09
焦炭(万吨)	Coke (10 000 tons)	136.18	149.97
发电量(万千瓦时)	Electricity (10 000 kwh)	1847492	1886430
天然气(万立方米)	Natural Gas (10 000 cu.m)	454057.21	472910.30
生铁(万吨)	Pig Iron (10 000 tons)	186.78	203.50
铁矿石(成品矿)(万吨)	Mineral Iron (10 000 tons)	15.28	25.26
钢(万吨)	Steel (10 000 tons)	198.49	219.70
#普通钢	Ordinary Steel	106.15	113.63
优质钢	Fine Steel	92.34	95.37
钢材(万吨)	Steel Products (10 000 tons)	201.48	235.24
#大型钢材	Large	7.93	10.87
中型钢材	Medium	7.50	11.07
优质钢材	Fine	14.83	30.11
中厚钢材	Medium Rolled-steel	80.57	94.43
无缝钢管	Seamless Steel Pipe	1.79	7.11
铝(吨)	Aluminum (ton)	51941	61401
硫酸(吨)	Sulphuric Acid (ton)	856441	991790
盐酸(吨)	Hydrochloric Acid (ton)	40743	39549
烧碱(吨)	Caustic Soda (ton)	91497	102597
电石(折合量)(吨)	Calcium Carbide (equivalent) (ton)	26976	27210
精甲醇(商品量)(吨)	Fine Methyl Alcohol (commodities) (ton)	235982	248348
染料(吨)	Dyestuff (ton)	54	1026
油漆(吨)	Paint (ton)	31359	36439
塑料制品(吨)	Plastics (ton)	62061	80933
合成橡胶(吨)	Synthetic Rubber (ton)	16342	15258
化学原料药(吨)	Chemical Raw Material (ton)	17516	11249

注：从2003年起天然气产量不包括四川省境内气矿的产量；2002年数据按同口径调整。

Note: Output of natural gas since 2003 excludes that of gas mining areas in Sichuan. Data in 2002 are adjusted in same terms.

10-11 续表 CONTINUED

产 品	Products	2002	2003
中成药(吨)	Traditional Chinese Medicine (ton)	24308	25009
轮胎外胎(万条)	Tire (10 000 units)	65.53	271.47
水泥(万吨)	Cement (10 000 tons)	1679.52	1927.00
石棉制品(吨)	Asbestos Products (ton)	601	664
人造板(立方米)	Artificial Boards (cu.m)	4262	4638
矿山设备(吨)	Mining Equipment (ton)	9598	10696
化工设备(吨)	Chemical Industry Equipment (ton)	135	80
起重设备(吨)	Hoist and Derrick (ton)	19343	25668
制冷空调设备(套)	Freezing equipment (set)	862	240
发电设备(千瓦)	Generating Equipment (kw)	71780	312801
交流电动机(万千瓦)	Alternating Current Motors(10 000 kw)	133.68	151.90
电力变压器(万千伏安)	Electric Transformer Products (10 000 kva)	1223.90	2060.32
金属切削机床(台)	Metal-cutting Machines (unit)	2415	3248
锻压设备(吨)	Forging Press Equipments (ton)	1012	2211
汽车(辆)	Motor Vehicles (vehicle)	331293	404494
内燃机(商品量)(万千瓦)	Internal Combustion Engines (commodities) (10 000 kw)	1782.52	3635.13
钢芯铝绞线(吨)	Aluminum Twist Wire with Steel Core (ton)	23164	24904
裸铜元线及铜电车线(吨)	Copper Bare Wire and Trolleybus Wire (ton)	2211	2388
泵(台)	Industry Pumps (unit)	7839	10167
风机(台)	Air Pumps (unit)	1264	1683
气体压缩机(台)	Gas Compressors (unit)	310	341
轴承(万套)	Bearings (10 000 sets)	4093.94	4314.97
工业锅炉(蒸吨)	Industry Boilers (ton)	33	10
民用钢质船舶(综合吨)	Civil Steel Ships (ton)	55975	54820
合成氨(吨)	Synthetic Ammonia (ton)	801357	833788
化肥(100%)(吨)	Chemical Fertilizer (100%) (ton)	825265	899675
#氮肥	Nitrogen Fertilizer	595878	605154
磷肥	Phosphate Fertilizer	228989	294521
配混合饲料(吨)	Mingled Forage (ton)	652742	717587
农膜(吨)	Farm-use Membrane (ton)	1245	111
农药(吨)	Chemical Pesticides (ton)	11913	10926

10—12 国有及规模以上非国有工业企业主要产品产量占全国的比重（2003年）

OUTPUT OF MAJOR INDUSTRIAL PRODUCTS OF STATE-OWNED INDUSTRIAL ENTERPRISES AND NON-STATE-OWNED INDUSTRIAL ENTERPRISES ABOVE DESIGNATED SIZED AS PERCENTAGE OF NATION TOTAL (2003)

产品名称	Names of Products	全 国 Nation Total	重 庆 Chongqing	重庆占全国比重（%） Chongqing as % of Nation Total
维纶纤维(吨)	Polyvinyl Alcohol Fiber (ton)	32563	11832	36.3
布(亿米)	Cloth (100 million m)	374.6	2.96	0.8
丝(万吨)	Silk (10 000 tons)	9.5	0.46	4.9
合成洗涤剂(万吨)	Synthetic Detergents (10 000 tons)	379.4	9.47	2.5
合成洗衣粉(万吨)	Synthetic Washing Powder (10 000 tons)	228.2	6.29	2.8
原盐(万吨)	Salt (10 000 tons)	3242.4	46.41	1.4
卷 烟(万箱)	Cigarettes (10 000 cases)	3899.4	77.50	2.0
白 酒(万吨)	Liquor (10 000 tons)	331.4	5.03	1.5
啤 酒(万吨)	Beer (10 000 tons)	2540.5	45.10	1.8
软饮料(万吨)	Soft Beverage (10 000 tons)	2374.4	46.81	2.0
液体乳及乳制品(万吨)	Liquid Milk and Dairy Products (10 000 tons)	723.5	7.54	1.0
家用洗衣机(万台)	Household Washing Medicine (10 000 units)	1942.6	14.10	0.7
原 煤(亿吨)	Coal (100 million tons)	16.7	0.15	0.9
发电量(亿千瓦小时)	Electricity (100 million kwh)	19108	188.64	1.0
天然气(亿立方米)	Natural Gas (100 million cu.m)	350.2	47.29	13.5
生 铁(万吨)	Pig Iron (10 000 tons)	20231.2	203.50	1.0
钢(万吨)	Steel (10 000 tons)	22234	219.70	1.0
成品钢材(万吨)	Steel Products (10 000 tons)	24119	235.24	1.0
铝 材(万吨)	Aluminum Products (10 000 tons)	362.9	21.60	6.0
水 泥(万吨)	Cement (10 000 tons)	86227	1927	2.2
硫 酸(万吨)	Sulphuric Acid (10 000 tons)	3371.2	99.18	2.9
纯 碱(万吨)	Soda Ash (10 000 tons)	1107.5	9.89	0.9
烧 碱(万吨)	Caustic Soda (10 000 tons)	939.9	10.26	1.1
农用化学肥料(万吨)	Chemical Fertilizer (10 000 tons)	3925	89.97	2.3
化学农药(万吨)	Chemical Pesticides (10 000 tons)	86.3	1.09	1.3
合成氨(万吨)	Synthetic Ammonia (10 000 tons)	3794.6	83.38	2.2
化学原料药(万吨)	Chemical Raw Material Medicine (10 000 tons)	80.3	1.12	1.4
中成药(万吨)	Traditional Chinese Medicine (10 000 tons)	60.3	2.50	4.1
红矾钠(吨)	Red Vitriol Natrium (ton)	172135	36827	21.4
农药乳剂(实物量)(吨)	Pesticide Emulsion (in quantity) (ton)	255104	9004	3.5
冰醋酸(万吨)	Glacial Acetic Acid (10 000 tons)	94.7	19.52	20.6
精甲醇(万吨)	Refined Methanol (10 000 tons)	298.9	24.83	8.3
油漆(万吨)	Paint (10 000 tons)	164.2	3.64	2.2
牙膏(自然支)(亿支)	Toothpaste (100 million units)	44.2	2.03	4.6
墙地砖(万平方米)	Tiles for Wall and Floor (10 000 sq.m)	150265.6	1618.52	1.1
卫生陶瓷(万吨)	Toilet Wares (10 000 tons)	58.5	3.35	5.7
变压器(万千伏安)	Transformers (10 000 kilovolt-amperes)	37651.3	2060.32	5.5
微波通信设备(部)	Microwave Communication Equipment (unit)	9051	1570	17.3
汽 车(万辆)	Motor Vehicles (10 000 vehicles)	444.4	40.45	9.1
摩托车(万辆)	Motorcycles (10 000 vehicles)	1429.4	441.32	30.9

主要统计指标解释

工业 指从事自然资源的开采，对采掘品和农产品进行加工和再加工的物质生产部门。具体包括：（1）对自然资源的开采，如采矿、晒盐、森林采伐等（不包括禽兽捕猎和水产捕捞）；（2）对农副产品的加工、再加工，如粮油加工、食品加工、轧花、缫丝、纺织、制革等；（3）对采掘品的加工、再加工，如炼铁、炼钢、化工生产、石油加工、机器制造、木材加工等，以及电力、自来水、煤气的生产和供应等；（4）对工业品的修理、翻新，如机器设备的修理、交通运输工具（包括小卧车）的修理等。

1984年以前农村的村及村以下办工业归属农业，1984年以后划归工业。

本年鉴中涉及的企业登记注册类型：

（1）**国有及国有控股企业** 指国有企业加上国有控股企业。国有企业(即过去的全民所有制工业或国营工业)是指企业全部资产归国家所有，并按《中华人民共和国企业法人登记管理条例》规定登记注册的非公司制的经济组织。包括国有企业、国有独资公司和国有联营企业。1957年以前的公私合营和私营工业，后均改造为国营工业，1992年改为国有工业，这部分工业的资料不单独分列时，均包括在国有企业内。国有控股企业是对混合所有制经济的企业进行的“国有控股”分类。它是指这些企业的全部资产中国有资产(股份)相对其他所有者中的任何一个所有者占资(股)最多的企业。该分组反映了国有经济控股情况。

（2）**集体企业** 指企业资产归集体所有，并按《中华人民共和国企业法人登记管理条例》规定登记注册的经济组织。是社会主义公有制经济的组成部分。包括城乡所有使用集体投资举办的企业，以及部分个人通过集资自愿放弃所有权并依法经工商行政管理机关认定为集体所有制的企业。

（3）**股份合作企业** 指以合作制为基础，由企业职工共同出资入股，吸收一定比例的社会资产投资组建，实行自主经营，自负盈亏，共同劳动，民主管理，按劳分配与按股分红相结合的一种集体经济组织。

（4）**联营企业** 指两个及两个以上相同或不同所有制性质的企业法人或事业单位法人，按自愿、平等、互利的原则，共同出资组成的经济组织。联营企业包括：国有联营企业指国有企业与国有企业间的联营；集体联营企业指集体企业与集体企业间的联营；国有与集体联营企业指国有企业与集体企业间的联营。

（5）**有限责任公司** 指根据《中华人民共和国公司登记管理条例》规定登记注册，由两个以上，五十个以下的股东共同出资，每个股东以其所认缴的出资额对公司承担有限责任，公司以其全部资产对其债务承担责任的经济组织。有限责任公司包括国有独资公司以及其他有限责任公司。

（6）**股份有限公司** 指根据《中华人民共和国企业法人登记管理条例》规定登记注册，其全部注册资本由等额股份构成并通过发行股票筹集资本，股东以其认购的股份对公司承担有限责任，公司以其全部资产对其债务承担责任的经济组织。

（7）**私营企业** 指由自然人投资设立或由自然人控股，以雇佣劳动为基础的营利性经济组织。包括按照《公司法》、《合伙企业法》、《私营企业暂行条例》规定登记注册的私营有限责任公司、私营股份有限公司、私营合伙企业和私营独资企业。

（8）**港、澳、台商投资企业** 指企业注册登记类型中的港、澳、台资合资、合作、独资经营企业和股份有限公司之和。

（9）**外商投资企业** 指企业注册登记类型中的中外合资、合作经营企业、外资企业和外商投资股份有限公司之和。

轻工业 指主要提供生活消费品和制作手工工具的工业。

重工业 指为国民经济各部门提供物质技术基础的主要生产资料的工业。

根据上述划分原则，修理业中以重工业产品为修理作业对象的划为重工业，反之划为轻工业。

工业总产值 指以货币表现的工业企业在一定时期内生产的已出售或可供出售工业产品总量，它反映一定时间内工业生产的总规模和总水平。它包括：在本企业内不再进行加工，经检验、包装入库（规定不需包装的产品除外）的成品价值，工业性作业价值，自制半成品、在产品期末初差额价值。工业总产值采用“工厂法”计算，即以工业企业作为一个整体，按企业工业生产活动的最终成果来计算，企业内部不允许重复计算，不能把企业内部各个车间（分厂）生产的成果相加。但在企业之间、行业之间、地区之间存在着重复计算。

轻重工业总产值的划分也是按“工厂法”计算的，即一个工业企业在正常情况下生产的主要产品的性质属于轻工业，则该企业的全部总产值作为轻工业总产值；一个工业企业生产的主要产品的性质属于重工业，则该企业的全部总产值作为重工业总产值。

工业增加值 指企业在报告期内以货币表现的工业生产活动的最终成果，是企业全部生产活动的总成果扣除了在生产过程中消耗或转移的物质产品和劳务价值后的余额，是企业生产过程中新增加的价值。

实收资本 指企业实际收到的投资人投入的资本。按投资主体可分为国家资本、集体资本、法人资本、个人资本、港澳台资本和外商资本等。

资产合计 指企业拥有或控制的能以货币计量的经济资源。包括各种财产、债权和其他权利。资产按其流动性划分为流动资产、长期投资、固定资产、无形及递延资产和其他资产。

（1）流动资产 指企业可以在一年内或者超过一年的一个生产周期内变现或耗用的资产合计。包括现金及各种存款、短期投资、应收及预付款项、存货等。

（2）固定资产 指企业固定资产净值、固定资产清理、在建工程、待处理固定资产损失所占用的资金合计。

（3）无形资产 指企业长期使用而没有实物形态的资产。包括专利权、非专利技术、商标权、著作权、土地使用权、商誉等。

负债合计 指企业承担的能以货币计量，将以资产或劳务偿付的债务。负债一般按偿还期长短分为流动负债和长期负债、递延税项等。

（1）流动负债 指企业在一年内或者超过一年的一个营业周期内需要偿还的债务合计，其中包括短期借款、应付及预收款项、应付工资、应交税金和应交利润等。

（2）长期负债 指企业在一年以上或者超过一年的一个营业周期以上需要偿还的债务合计，其中包括长期借款、应付债务、长期应付款项等。

所有者权益 指企业投资人对企业净资产的所有权。企业净资产等于企业全部资产减去全部负债后的余额，其中包括投资者对企业的最初投入，以及资本公积金、盈余公积金和未分配利润，对股份制企业即为股东权益。

固定资产原价 指企业在建造、购置、安装、改建、扩建、技术改造某项固定资产时所支出的全部货币总额。它一般包括买价、包装费、运杂费和安装费等。

固定资产净值 指固定资产原价减去历年已提折旧额后的净额。

产品销售收入 指企业销售产品和提供劳务等主要经营业务取得的收入总额。

产品销售成本 指企业销售产品和提供劳务等主要经营业务过程中的实际成本。

产品销售税金及附加 指企业销售产品和提供工业性劳务等主要经营业务应负担的城市维护建设税、消费税、资源税和教育费附加。

产品销售利润 指企业销售产品和提供工业性劳务等主要经营业务收入扣除其成本、费用、税金后的利润。

利润总额 指企业在一定时期的最终经营成果，是企业的收入减去有关的成本与费用后的差额，收入大于相关的成本费用，企业就盈利，反之则亏损。

应交增值税 指企业在报告期内应交纳的增值税额。

利税总额 指企业利润总额、产品销售税金及附加、应交增值税之和。

工业经济效益综合指数 是综合衡量地区工业经济效益总体水平的一种特殊相对数，是反映一定时期工业经济运行质量的主要指标。工业经济效益综合指数由总资产贡献率、资本保值增值率、资产负债率、流动资产周转率、成本费用利润率、全员劳动生产率和产品销售率七个工业经济效益指标组成。计算工业经济效益综合指数，应以各项工业经济效益指标实际数值分别除以该项指标的全国标准值，再乘以各自的权数，加总后除以总权数求得。该指标可从静态水平和动态趋势上较为全面地反映各地区工业经济效益的变化情况，并可在一定程度上消除地区对比的不可比因素。

总资产贡献率 反映企业全部资产的获利能力，是企业经营业绩和管理水平的集中体现，是评价和考核企业盈利能力的核心指标。计算公式为：

总资产贡献率（%）=（利润总额+税金总额+利息支出）/平均资产总额×100%

资产负债率 该指标既反映企业经营风险的大小，也反映企业利用债权人提供的资金从事经营活动的能力。计算公式为：资产负债率（%）=负债总额/资产总额×100%

工业成本费用利润率 指在一定时期内实现的利润与成本费用之比，是反映工业生产成本及费用投入的经济效益指标，同时也是反映降低成本的经济效益的指标。计算公式为：

工业成本费用利润率（%）＝利润总额/成本费用总额×100%

工业增加值率 指在一定时期内工业增加值占同期工业总产值的比重，反映降低中间消耗的经济效益。计算公式为：

工业增加值率（%）＝工业增加值（现价）/工业总产值（现价）×100%

流动资产周转次数 指在一定时期内流动资产完成的周转次数，反映流动资产的周转速度。计算公式为：

流动资产周转次数＝产品销售收入/全部流动资产平均余额

产品销售率 指报告期工业销售产值与同期全部工业总产值之比，反映工业产品已实现销售的程度，分析工业产销衔接情况，研究工业产品满足社会需求程度的指标。计算公式为：

产品销售率（%）＝报告期现价工业销售产值/报告期现价工业总产值×100%

全员劳动生产率 指根据产品的价值量指标计算的平均每一就业人员在单位时间内的产品生产量。是考核企业经济活动的重要指标，是企业生产技术水平、经营管理水平、职工技术熟练程度和劳动积极性的综合表现。目前，我国的全员劳动生产率是将工业企业的增加值除以同一时期全部就业人员的平均人数来计算的。计算公式为：

全员劳动生产率＝工业增加值/全部从业人员平均人数

EXPLANATORY NOTES ON MAIN STATISTICAL INDICATORS

Industry refers to the material production sector which is engaged in extraction of natural resources and processing and reprocessing of minerals and agricultural products, including (1) extraction of natural resources, such as mining, salt production, logging (but not including hunting and fishing); (2) processing and reprocessing of farm and sideline produces, such as rice husking, flour milling, wine making, oil pressing, cotton ginning, silk reeling, spinning and weaving, and leather making; (3) manufacture of industrial products, such as steel making, iron smelting, chemicals manufacturing, petroleum processing, machine building, timber processing; water and gas production and electricity generation and supply; (4) repairing of industrial products such as the repairing of machinery and means of transport (including cars).

Prior to 1984, the rural industry run by villages and cooperative organizations under village was classified into agriculture. Since 1984, it has been grouped into industry.

Types of enterprise registration involved in this yearbook are as the following:

(1) State-owned Enterprises refers to industrial enterprises where the means of production or income are owned by the state. Joint state-private industries and private industries, which existed before 1957, have been transformed into state industries. Statistics on these enterprises has been included in the state-owned industries since 1957 when separation of data was no longer necessary.

(2) Collective-owned Enterprises refers to industrial enterprises where the means of production are owned collectively, including urban and rural enterprises invested by collectives and some enterprises which were formerly owned privately but have been registered in industrial and commercial administration agency as collective units through raising fund from the pubic.

(3) Share-holding cooperative Enterprises refer to economic units set up on cooperative basis, with funding partly from members of the enterprises and partly from outside investment, where the operation and management is decided by the members who also participate in the production, and the distribution of income is based both on work (labor input) and on shares (capital input).

(4) Joint-operation enterprises refer to economic units that are established by joint investment by tow or more corporate enterprises or institutions of the same or different types of ownership on voluntary, equal and mutual-beneficial basis. They are:

a) state-owned joint-operation enterprise (joint operation between state-owned enterprises) ;

b) collective joint-operation enterprises (join operation between collective enterprises) ;

c) state-collective joint-operation enterprises (joint operation between state and collective enterprises) .

(5) Limited Liability Corporations refer to economic units registered in accordance with the Regulation of The People's Republic of China on the Management of Registration of Corporations, with capitals from 2 to 49 investors, each investor bears limited liability to the corporation depending on his/her holding of shares, and the corporation bears liability to its debt to the maximum of its total assets.

(6) Share-holding Corporations Ltd. refer to economic units registered in accordance with the regulation of the People's Republic of China on the Management of Registration of Corporate Enterprises, with total registered capitals divided into equal shares and raised through issuing stocks. Each investor bears limited liability to the corporation depending on the holding of shares, and the corporation bears liability to its debt to the maximum of its total assets.

(7) Private Enterprises refer to economic units invested or controlled (by holding the majority of the shares) by natural persons who hire labors for profit-making activities. Included in this category are private limited liability corporations, private share-holding corporations Ltd., private partnership enterprises and private sole investment enterprises registered in accordance with the Corporation Law, Partnership Enterprise Law and Tentative Regulation on Private Enterprises.

(8) Enterprises with Funds form Hong Kong, Macao and Taiwan refers to all industrial enterprises registered as the joint-venture, cooperative, sole (exclusive) investment industrial enterprises and limited liability corporations with funds from Hong Kong, Macao and Taiwan.

(9) Foreign Funded Enterprises refers to all industrial enterprises registered as the joint-venture, cooperative, sole (exclusive) investment industrial enterprises and limited liability corporations with foreign funds.

Light Industry refers to the industry, which produces consumer goods and hand tools.

Heavy Industry refers to the industry which produces capital goods, and provides various sectors of the national economy with necessary material and technical basis.

Gross Industrial Output Value is the total volume of industrial products sold or available for sale in value terms, which reflects the total achievements, and overall scale of industrial production during a given period. It includes the value of the finished products, which are not to be further processed in the enterprises and have been inspected, packed and put in storage, the value of industrial services rendered to other units and the changes in the value of the semi-finished products and products in process between the beginning and closing of the period (only the enterprises with long production cycle are required to calculate the changes). The gross industrial output value is calculated with "factory method". No double calculations are to be made within the same enterprise. However, double counting does occur among different enterprises.

Output value of light and heavy industries in also classified with the "factory" method. Under normal conditions, if the major products of an industrial enterprise belong to light industry products, the gross output value of that enterprise is classified wholly into light industry; the same principle applies to heavy industry.

Value Added of Industry refers to the final results of industrial trade in money terms during the reference period. The value added is the balance that the total results of industrial production deduct the used or transferred products and their value. It is the newly increased value.

Capital Obtained refers to capital actually received by the enterprise from investors. It can be further classified by investors as state capital, capital from Hong Kong, Macao and Taiwan and foreign Capital.

Total Assets refer to all assets which are owned or controlled by enterprises, including circulating assets, long-term investment, fixed assets, intangible assets and deferred assets, other long-term assets, and deferred taxes, etc. The summation of above items is equal to total assets shown in the balance sheets of the enterprises.

(1) Circulating assets (working capital) refer to assets which can be cashed in or spent or consumed in an operating cycle of one year or over one year, including cash, all kinds of deposits, short term investment, receivables, advance payment, stock, etc.

(2) Fixed assets refer to the assets with high unit value can keep its original body in use and last for a long period, including the net value of fixed assets, clearance of fixed assets, project under construction, fixed assets losses in suspense. These are corporations' fund holdings.

(3) Intangible assets refer to the assets without material form used by enterprises over a long time, such as patents, non-patent technologies, trade marks, copyright, land use right, business reputation, etc.

Total Liabilities refer to the debts that enterprises are responsible for repayment, including liquid liabilities, long-term liabilities and deferred taxes, etc. Total liabilities correspond to the summation item of liabilities shown in the balance sheets of the enterprises.

(1) Liquid liabilities (also called quick liabilities or immediate liabilities) refer to enterprises total debt payable within an operating cycle of one year or over one year, including short term loans, payables and advance payments, wages payable, taxes payable and profit payable,

etc.

(2) Long-term liabilities refers to total debt payable within an operating cycle of one year or over one year, including long-term loans, payable liabilities, long-term payables, etc.

Creditors' Equity refers to investors' ownership of net assets of the enterprise. It is equal to the total assets of the enterprise minus its total liabilities, including the primary input from investors, capital accumulation fund, surplus accumulation fund and undistributed profit. It is the stockholders' equity in stock companies.

Original Value of Fixed Assets refers to the original value of all fixed assets owned by industrial enterprises, calculated at the cost paid at the time of purchase, installation, reconstruction, expansion, and technical innovation and transformation of the said assets, which includes expenses on purchase, package, transportation, and installation, etc.

Net Value of Fixed Assets is obtained by deducting depreciation over years from the original value of fixed assets.

Sales Revenue of Industrial Products refers to the revenue from the sales of products by industrial enterprises and the revenue from services provided and etc.

Sales Cost of Industrial Products refers to the actual cost of products of industrial enterprises and industrial services provided, etc.

Tax and Extra Charges on Sales of Products refer to the tax on city maintenance and construction, consumption tax, resources tax and extra charges for education, which should be borne by the enterprises in selling products and providing industrial services.

Sales Profit of Products refers to the profit gained by the enterprises by deducting cost, charges and taxes from the business income of the enterprises obtained in selling products and providing industrial services.

Total Profits refer to the final results gained by the enterprises. It is got as using the total revenue taking off related costs and fees. Only if the revenue is more than the costs, the enterprises gain the profits.

Value Added Tax Payable refers to the amount of the value-added tax, which should be paid by the enterprises in the reporting period.

Total Value of Profit and Tax (Pre-tax Profits) refers to the sum of the total profits, products sales tax and surcharges and the value added tax payable of industrial enterprises. It is also called Pre-tax profits.

Industrial Comprehensive Index of Economic Efficiency is a special kind of relative figure to comprehensively measure overall economic efficiency of regional industry, showing the quality of industrial economic efficiency of the reference period. Industrial comprehensive index of economic efficiency is calculated with 7 items of ratio of total assets to industrial output value, ratio of creditors' equity of current year to that of previous year, ratio of liabilities to assets, turnover ratio of output value, circulating funds, ratio of profits to cost, overall labor productivity, ratio of sales to products. The actual figure of every indicator above is divided by responding national standard numerical value, and the results multiply correlative weight coefficients, then the total number is divided by general weight coefficient. The index comprehensively reflects the changes of regional industrial economic efficiency in static and dynamic status, eliminating the incomparable factors at a certain extent.

Ratio of Total Assets to Industrial Output Value reflects the profit-making capability of all assets of the enterprise and is a key indicator manifesting the performance and management and evaluating the profit-making potential of the enterprise. It is calculated as follows;

Ratio of Total Assets to Industrial Output (%)=[(Total profits + Total taxes + Interest payment) / average assets] * 100%

Ratio of Liabilities to Assets reflect both the operation risk and the capability of the enterprise in making use of the capital from the creditors. It is calculated as follows:

Ratio of liabilities to assets (%) = (Total liabilities/total assets)*100%

Ratio of Profits to Total Industrial Costs refers to the ratio of profits realized in a given period to the total costs in the same period, which reflects the economic efficiency of input cost and is calculated as follows:

Ratio of Profits to Total Industrial Cost (%) =Total Profits/Total Costs*100%

Value Added Rate of Industry refers to the ratio of value added of industry in a given period to the gross output value in the same period, which reflects the economic efficiency of cutting down the intermediate input and is calculated as follows:

Value Added Rate of Industry (%) =Value Added of Industry (at Current Prices)/Gross Output Value (at Current Prices)*100%

Number of Times of the Turnover of Working Capital refers to the number of times of turnover of working capital in a given period of time, which reflects the speed of the turnover of working capital and is calculated as follows:

Turn over of Working Capital (%) = Sales Revenue of Products/Average Balance of Total Working Capital*100%

Sales Rate of Industrial Products refers to the ratio of total sales in a given period to the gross output value in the same period, which reflects the extent of industrial output sold and is calculated as follows:

Sales Rate of Industrial Products (%) =Total Sales (at Current Prices)/Gross Output Value (at Current Prices)*100%

Overall Labor Productivity of Industrial Enterprises refers to the average output per employed person in industrial enterprises in value terms. At present, the value added and the average number of staff and workers of an industrial enterprises in a given period are used to calculate the overall labor productivity. The formula used is:

Overall Labor Productivity = (Value Added of Industry) / (Average Number of Staff and Workers)

十一　建筑业

CONSTRUCTION

简要说明

本章资料包括我市建筑业基本情况、建筑业企业主要经济和经济效益指标、建筑企业房屋施工及竣工面积和劳务分包建筑业企业主要指标，由市统计局固定资产投资处提供。

Brief Introduction

Data in this chapter show the general situation of the construction in Chongqing, main economic indicators and efficiency indicators of construction, floor space of buildings under construction and completed and main indicators of construction enterprises of work subcontractors. Data in this chapter are provided by Division of Statistics of Investment in Fixed Assets, Municipal Bureau of Statistics.

11－1 建筑业基本情况（1985－2003年）
BASIC STATISTICS ON CONSTRUCTION (1985-2003)

年份 Year	企业数（个） Number of Enterprises (unit)	职工人数（万人） Number of Staff and Workers (10 000 persons)	建筑业总产值（万元） Gross Output Value of Construction (10 000 yuan)	建筑业增加值（万元） Value-added of Construction (10 000 yuan)	房屋建筑施工面积(万平方米) Floor Space under Construction (10 000 sq.m)	房屋建筑竣工面积(万平方米) Floor Space Completed (10 000 sq.m)
1985	298	14.12	96201	20517	684.85	340.18
1986	291	17.12	112719	26225	674.54	345.37
1987	303	18.08	138515	35738	740.55	350.79
1988	399	20.71	183070	39989	866.76	372.69
1989	400	20.60	196510	50763	853.54	391.35
1990	445	20.89	220685	69913	905.58	450.19
1991	465	21.50	262155	84556	915.31	458.23
1992	482	23.58	340256	109961	1015.59	490.88
1993	607	22.47	426228	124993	1238.22	537.78
1994	561	26.61	656959	203632	1456.78	577.22
1995	556	28.24	810548	261437	1678.02	656.38
1996	1473	64.43	2052964	564293	4065.24	2276.97
1997	1501	68.98	2440552	688463	4451.06	2562.73
1998	1655	80.46	2896198	783225	5275.68	2837.02
1999	1735	75.49	3175927	871003	5481.86	2974.82
2000	1785	73.37	3486579	945158	6088.49	3083.72
2001	1721	83.99	4368064	1208296	7962.27	4341.38
2002	1778	82.05	5015839	1353087	8707.39	4711.06
2003	1760	81.80	5862095	1287202	9754.10	4939.62

注：1) 1993年实行一套表制度，附营建筑企业有所增加。

2) 1996年以前口径范围包括全民、城镇集体建筑安装企业，1996年以后为资质等级四级以上的建筑安装企业(下表同)。

3) 建筑业增加值2003年前按工程结算利润计算，2003年按营业利润计算(下表同)。

4) 2002年起建筑业执行新的建筑资质，2002年房屋建筑施工、竣工面积和2003年所有数据不含劳务分包企业(下表同)。

Note: a) The system of one suit of tables was implemented in 1993, affiliated construction enterprises increased.

b) The statistics before 1996 included whole people-owned, collective-owned construction and installation enterprises, and statistics after 1996 included construction and installation enterprises of grade 4 and above (the same below).

c) Value-added is calculated in terms of profits of project settled accounts before 2003, whereas in terms of business profits in 2003 (the same below).

d) New grade system has been carried out in construction since 2002. Data floor space under construction and completed in 2002, and all data in 2003 exclude construction enterprises of work subcontractors (the same below).

11－2 建筑施工企业主要经济指标（2003年）

指 标	Type	企业数（个） Number of Enterprises (unit)	年末从业人员（万人） Number of Employment (10 000 persons)	建筑业总产值（万元） Output Value of Construction (10 000 yuan)
总 计	**Total**	**1760**	**81.80**	**5862095**
按登记注册类型分	**Grouped by Registration Status**			
内资企业	Domestic-Funded Enterprises	1747	81.47	5836081
国有企业	State-owned Enterprises	114	8.22	827443
集体企业	Collective-owned Enterprises	257	10.90	644453
股份合作企业	Cooperative Enterprises	33	1.15	99715
国有联营企业	State Joint Ownership Enterprises			
集体联营企业	Collective Joint Ownership Enterprises	2	0.08	4870
国有与集体联营企业	Joint State-collective Enterprises	1	0.02	801
其他联营企业	Other Joint Ownership Enterprises	9	0.41	18972
国有独资公司	State Sole Investment Corporations	10	1.47	89103
其他有限责任公司	Other Limited Liability Corporations	520	30.02	2177595
股份有限公司	Share-holding Corporations Ltd	115	4.72	302111
私营企业	Private Enterprises	685	24.48	1670971
其他企业	Other Enterprises	1	…	47
港澳台商投资企业	Enterprises Funded by Hong Kong, Macau and Taiwan	7	0.27	19358
合资经营企业	Joint-venture Enterprises	6	0.26	19100
合作经营企业	Cooperative Enterprises			
独资企业	Sole Corporations	1	0.01	258
股份有限公司	Share-holding Corporations Ltd			
外商投资企业	Foreign-funded Enterprises	6	0.06	6656
合资经营企业	Joint-venture Enterprises	4	0.04	5976
合作经营企业	Cooperative Enterprises	1	0.01	508
独资企业	Sole Investment Corporations	1	0.01	172
股份有限公司	Share-holding Corporations Ltd			
按行业分	**By Sector**			
房屋和土木工程建筑业	Construction of Buildings and Civil Engineering	1348	76.63	5382569
房屋工程建筑业	Buildings	1178	70.61	4778661
土木工程建筑业	Civil Engineering	170	6.02	603908
建筑安装业	Construction Installation	139	2.81	291620
建筑装饰业	Construction Decoration	247	1.98	144872
其他建筑业	Other Types of Construction	26	0.38	43034

MAIN ECONOMIC INDICATORS OF CONSTRUCTION ENTERPRISES (2003)

			房屋建筑面积(万平方米) Floor Space of Building Construction (10 000 sq.m)		年末自有机械设备 Machines Self-owned (year-end)	
#建筑工程	#安装工程	竣工产值(万元)	施工面积	竣工面积	总台数(万台)	总功率(万千瓦)
Construction	Installation	Output Value of Completed Construction (10 000 yuan)	Under Construction	Completed	Number (10 000 units)	Power (10 000 kw)
5268331	**421868**	**4175994**	**9754.10**	**4939.62**	**20.16**	**276.84**
5247805	416380	4164262	9731.12	4920.69	19.92	275.50
702200	102480	600106	712.90	347.10	2.06	42.89
589312	35391	492826	1145.98	636.94	2.57	34.45
94230	2372	76358	162.70	98.96	0.27	3.62
4630	82	3868	9.77	4.70	0.02	0.40
801		217	1.67	0.47	0.01	0.06
17620	850	14640	41.41	27.50	0.08	1.04
78310	9553	70960	228.79	87.18	0.14	2.35
1957786	153432	1505651	4156.87	1927.76	7.33	87.69
258110	37536	185438	441.24	232.73	1.56	24.07
1544806	74649	1214151	2829.79	1557.35	5.88	78.93
	35	47				
17858	1500	5548	18.93	15.00	0.15	0.84
17600	1500	5548	18.93	15.00	0.14	0.81
258					0.01	0.03
2668	3988	6184	4.05	3.93	0.09	0.50
1988	3988	5676	4.05	3.93	0.01	0.44
508		508			0.08	0.06
172						
5024740	242376	3907868	9674.37	4920.10	17.91	257.97
4513342	176036	3497874	9616.56	4886.96	16.60	222.80
511398	66340	409994	57.81	33.14	1.31	35.17
99281	168725	182693	76.15	17.02	0.97	10.47
114423	5996	57855			1.21	6.20
29887	4771	27578	3.58	2.50	0.07	2.20

11－3 建筑施工企业主要财务和经济效益指标（2003年）

单位：万元

指　　标	Item	合 计 Total	内资企业 Domestic -funded Enterprises
施工企业单位个数(个)	Construction Enterprises (unit)	1760	1747
年平均人数(万人)	Annual Persons Engaged (10 000 persons)	84.43	84.09
自有固定资产原价	Original Value of Fixed Assets Owned	1566174	1558204
自有固定资产净价	Net Value of Fixed Assets Owned	1351964	1344126
自有机械设备年末台数(万台)	Number of Machinery and Equipment Self-owned (10 000 sets)	20.16	19.92
自有机械设备年末净值	Net Value of Machinery and Equipment Self-owned	667199	665101
自有机械设备年末总功率(万千瓦)	Total Power of Machinery and Equipment Self-owned (10 000kw)	276.84	275.50
总产值(现价)	Gross Output Value (current prices)	5862095	5836081
增加值	Value-added	1287202	1282250
实收资本	Total Capital	2119920	2103977
资产合计	Total Assets	5035697	5006822
流动资产	Circulating Funds	3303249	3282834
固定资产	Fixed Assets	1351964	1344126
无形及递延资产	Intangible and Deferred Assets	153346	153001
负债合计	Total Liabilities	2522918	2513384
流动负债	Circulating Liabilities	2327690	2320159
长期负债	Long-term Liabilities	195228	193225
所有者权益	Creditors' Equity	2512779	2493438
利税总额	Total Pre-tax Profits	329589	328602
#利润总额	Total Profits	137489	137166
企业总收入	Total Income of Enterprises	5156178	5135599
工程结算收入	Revenue of Project Settled Accounts	5037625	5017231
其他业务收入	Other Revenue from Business	118553	118368
施工面积(万平方米)	Floor Space of Buildings Under Construction (10 000 sq.m)	9754.10	9731.12
竣工面积(万平方米)	Floor Space of Buildings Completed (10 000 sq.m)	4939.62	4920.69
全员劳动生产率:	Overall Labor Productivity		
按总产值计算(元/人)	In Terms of Gross Output Value (yuan/person)	69432	69405
按增加值计算(元/人)	In Terms of Value-added (yuan/person)	15246	15249
技术装备率(元/人)	Value of Machines Per Laborer (yuan/person)	8157	8163
动力装备率(千瓦/人)	Power of Machines Per Laborer (kw/person)	3	3
房屋建筑面积竣工率(%)	Rate of Floor Space of Buildings Completed(%)	50.6	50.6
资产负债率(%)	Ratio of Liabilities to Assets(%)	50.1	50.2

FINANCIAL INDICATORS AND ECONOMIC EFFICIENCY INDICATORS OF CONSTRUCTION ENTERPRISES (2003)

(10 000 yuan)

#国有经济 State- owned Enterprises	#集体经济 Collective -owned Enterprises	#联营企业 Joint-owned Enterprises	#股份合作企业 Share Holding Enterprises	#私营企业 Private Enterprises	港澳台投资企业 Enterprises Funded by Hong Kong, Macao and Taiwan	外商投资企业 Foreign-funded Enterprises
114	257	12	33	685	7	6
9.37	11.19	0.52	1.40	24.95	0.27	0.07
259153	180063	9543	23859	471545	5876	2094
188123	149377	9171	20883	444037	6397	1441
2.06	2.57	0.11	0.27	5.88	0.15	0.09
100885	77385	5164	10020	203655	959	1139
42.89	34.44	1.50	3.62	78.93	0.84	0.50
827443	644453	24643	99715	1670971	19358	6656
159916	141331	5923	17490	381202	3917	1035
232075	207948	14189	31319	734899	12675	3268
867512	462041	16582	61814	1483552	22581	6294
612338	294847	6376	38910	952867	15768	4647
188123	149377	9171	20883	444037	6397	1441
24467	7971	1032	1307	42308	139	206
608990	219520	8779	26572	613788	6520	3014
587220	200848	6699	22378	564654	4520	3011
21770	18672	2080	4194	49134	2000	3
258522	242521	7803	35242	869764	16061	3280
39474	30638	1356	5352	100156	674	313
11038	9996	690	2169	44839	143	180
806124	545683	19504	72635	1391090	16813	3766
763774	529370	19274	72593	1371927	16635	3759
43250	16313	230	42	19163	178	7
712.90	1145.98	52.85	162.70	2829.79	18.93	4.05
347.10	636.94	32.68	98.96	1557.35	15.00	3.93
88268	57614	47629	71002	66970	72124	90681
17059	12635	11448	12454	15278	14594	14101
12273	7101	10088	8670	8320	3588	19537
5	3	3	3	3	3	9
48.7	55.6	61.8	60.8	55.0	79.2	97.0
70.2	47.5	52.9	43.0	41.4	28.9	47.9

11－4 建筑业企业房屋施工及竣工面积（2002－2003年）
FLOOR SPACE OF BUILDINGS UNDER CONSTRUCTION AND COMPLETED BY CONSTRUCTION ENTERPRISES (2002-2003)

指标	Item	2002	2003
房屋建筑施工面积（万平方米）	**Floor Space of Buildings under Construction (10 000 sq.m)**	**8707.39**	**9754.10**
其中：本年新开工面积	Of Which: New Floor Space of Buildings in Current Year	4701.18	5321.84
其中：实行投标承包面积	Of Which: Contracted Bidding Floor Space	6028.73	7182.80
其中：本年新开工	Of Which: New Floor Space of Buildings in Current Year	3638.98	4248.17
房屋建筑竣工面积（万平方米）	**Floor Space of Buildings Completed (10 000 sq.m)**	**4711.06**	**4939.62**
按主要用途分：	By Main Purpose		
厂房	Works	341.71	378.24
住宅	Residential Buildings	3278.74	3449.40
办公用房	Office Buildings	291.58	309.40
商业、居民服务业用房	Commercial and Residential Serce Buildings	460.34	339.39
文化教育用房	Cultural and Educational Buildings	189.58	262.74
医疗用房	Medical Buildings	29.56	29.44
科研用房	Scientific and Research Buildings	4.84	2.49
其他用房	Other Buildings	114.71	168.52

11－5 劳务分包建筑业企业主要指标（2002－2003年）
MAIN INDICATORS OF CONSTRUCTION ENTERPRISES OF WORK SUBCONTRACTORS (2002-2003)

单位：万元 (10 000 yuan)

项目	Item	2002	2003
企业个数（个）	Number of Enterprises (unit)	24	29
从业人数（人）	Number of Persons Employed (person)	3916	29299
企业总收入	Total Revenue	8730	35782
#劳务收入	Work Revenue	7356	29612
税金	Taxes	249	762
利润总额	Total Profits	226	2052
从业人员劳动报酬	Earnings of Employed Persons	3933	21757

主要统计指标解释

建筑业统计单位 指从事房屋、构筑物建造和设备安装活动及装饰装修的法人企业。建筑业法人企业应同时具备的条件是：①依法成立，有自己的名称、组织机构和场所，能够承担民事责任；②独立拥有和使用资产，承担负债，有权与其他单位签订合同；③独立核算盈亏，能够编制资产负债表。

建筑业总产值（即自行完成施工产值） 是以货币表现的建筑安装企业在一定时期内生产的建筑业产品的总和。建筑业产值包括：

①建筑工程产值：指列入建筑工程预算内的各种工程价值。

②设备安装工程产值：指设备安装工程价值，不包括被安装设备本身价值。

③其他产值：指建筑业总产值中除建筑工程、安装工程以外的产值。

建筑业增加值 指建筑业企业在报告期内以货币表现的建筑业生产经营活动的最终成果。目前建筑业增加值采用分配法（收入法）计算，即从收入的角度出发，根据生产要素在生产过程中应得的收入份额计算。具体计算公式为：

建筑业增加值＝本年计提的固定资产折旧＋应付工资＋应付福利费＋管理费用中的劳动待业保险金、税金＋工程结算税金及附加＋营业利润

房屋建筑施工面积 指在报告期内施工的全部房屋建筑面积。包括本期内新开工的房屋面积、上期施工跨入本期继续施工的房屋面积、上期停缓建在本期恢复施工的房屋面积、本期竣工的房屋面积及本期施工后又停缓建的房屋面积。

房屋建筑竣工面积 指在报告期内房屋建筑按照设计要求全部完工，达到了住人和使用条件，经验收鉴定合格，正式移交使用单位的房屋建筑面积。

自有机械设备年末总台数 指归本企业所有，属于本企业固定资产的生产性机械设备年末总台数。包括施工机械、生产设备、运输设备以及其他设备。

自有机械设备年末总功率 指本企业自有施工机械、生产设备、运输设备以及其他设备等列为在册固定资产的生产性机械设备年末总功率，按设定能力或查定能力计算。包括机械本身的动力和为该机械服务的单独动力设备，如电动机等。计算单位用千瓦，动力换算可按 1 马力＝0.735 千瓦折合成千瓦数。电焊机、变压器、锅炉不计算动力。

工程结算收入 指企业承包工程实现的工程价款结算收入，以及向发包单位收取的除工程价款以外的按规定列作营业收入的各种款项，如临时设施费、劳动保险费、施工机械调迁费等以及向发包单位收取的各种索赔款。

工程结算利润 指已结算工程实现的利润。如为亏损以“－”号表示。计算公式为：

工程结算利润＝工程结算收入－工程结算成本－工程结算税金及附加

营业利润：指企业生产经营活动所实现的利润。分为主营业务利润和其他利润。计算公式为：

营业利润＝工程结算利润+其他业务利润－管理费用－财务费用

企业总收入 指与企业生产经营直接有关的各项收入，包括工程结算收入和其他业务收入。计算公式为：

企业总收入＝工程结算收入＋其他业务收入

EXPLANATORY NOTES ON MAIN STATISTICAL INDICATORS

Statistical Unit in Construction refers to the corporate enterprises engaged in the construction of buildings and structures, in the installation of equipment and in the decoration activities. A corporate construction enterprise should meet the following 3 requirements: (a) being set up in line with relevant legal basis, having its full name, organization and location, and capable of taking civil liabilities; (b) independently possessing and using its assets and assuming its liabilities, and entitled to sign contracts with other institutions; and (c) making independent accounts of its profits and losses, and capable of compiling its own balance sheet.

Gross Output Value of Construction (Output Value of Projects Under Construction) refers to total of construction products, expressed in money terms, completed by construction and installation enterprises during a given period of time. It includes:

(1) Output value of construction projects, that is the value of projects covered by the project budgets;

(2) Output value of installation projects, that is the value of the installation of equipment (excluding the value of the equipment to be installed);

(3) Other output value, that is value of other construction activities except that of Construction projects and installation projects.

(4) Output value of repair of buildings and structures, that is the value created through the repairs of buildings or structures, but does not include the value of buildings or structures being repaired and the value of the repair of production equipment;

(5) Output value of manufactured non-standard equipment, that is the value of non-standard production equipment (including raw materials and manufacturing cost) made for the construction project and the equipment manufactured by subsidiary shops.

Value Added of Construction refers to the final result of the activities of production and management of construction in monetary terms in the reference period. At present, the value added of construction is calculated with the method of distribution. In other words, it is the sum of incomes of various production factors in the production process. The formula is as follows:

Value Added of Construction=Depreciation of Fixed Assets in the Year + Wages Payable + Welfare Expenses Payable + Insurance Premium and Tax for Waiting for Employment in the Administrative Expenses + Taxes and Surcharges on Project Settlement + Profit Gained from Project Settlement

Floor space of Buildings under Construction refers to floor space of buildings under construction during the reference period, including newly started buildings, buildings started earlier and continued during the reference period, and buildings suspended earlier but restarted during the reference period, buildings completed during the reference period, and buildings under construction and then suspended during the period.

Floor Space of Buildings Completed refers to the floor space of buildings that are completed in the reference period in accordance with the requirements of the design, up to the standard for putting them into use, and have been checked and accepted by concerned departments as qualified ones.

Total Number of Machinery and Equipment Owned by the Construction Enterprises by the End of Year refers to the number of machines and equipment owned by the enterprises, and listed as the fixed assets of the enterprises (or units) by the end of the year, including machinery and equipment for construction, production and transportation.

Total Power of Machinery and Equipment Owned by the Construction Enterprises by the End of Year refers to the total power of machinery and equipment owned by the enterprises, and listed as the fixed assets of the enterprises (or units) by the end of the year, including machinery and equipment for construction, production and transportation. The power of the machinery is calculated on basis of the designed or verified capacity, covering the power of the machinery/equipment and the separate power equipment serving the machinery/equipment (such as electric motors), but excluding welders, transformers and boilers. The unit used for the calculation of power is kilowatt, with horsepower converted to kilowatt by 1 horsepower= 0.735 kilowatt.

Income from Settlement of Projects refers to the income received by the construction enterprise unit from the completed portion of the project through settlement procedures with the contracted during the reference period, and other charges to the contracted as operational costs, such as facility fee, labor insurance premium, moving cost of construction unit, as well as various types of claims to the contracted.

Profit from Settlement of Projects refers to profit realized through settled projects. It is calculated with the following formula:

Profit from Settlement of Projects = Income from Settlement of Projects-Settled Cost - Settled Taxes and Other Cost

Business Profit refers to profit realized through production and performance of enterprises. It can be divided into two classifications, that is, major business profit and other profit. It is calculated with the following formula:

Business Profit = Profit from Settlement of Projects + Other Business Profit – Administrative Expenses – Financial Expenses

Total Revenue of Enterprises refers to the sum of income from production and operation of enterprises, including income from settlement of projects and other operational income, namely:

Total Revenue of Enterprises = Income from Settlement of Projects +Other Operational Income

十二　运输和邮电

TRANSPORTATION, POSTAL AND TELECOMMUNICATION SERVICES

简要说明

本章资料主要包括我市交通运输业和邮电通信业的基本情况、交通运输工具、货物和旅客运输量、港口吞吐量、主要港口码头泊位和仓库情况、邮电业务基本情况、邮政局所及邮递线路、电信主要通信能力和邮电通信水平。

本章资料由市统计局工业交通处负责整理编辑。交通运输有关资料来源于市交通委员会、市公安局、重庆铁路分局、民航重庆管理局、港口管理部门和市统计局。邮电通信业资料来源于市邮政局、市电信公司、移动通信公司、联通公司、网通公司和铁通公司等电信企业。

Brief Introduction

Data in this chapter cover mainly the basic conditions of transportation, postal and telecommunication services in Chongqing, transportation machinery, freight traffic and passenger traffic, freight handled at ports, berths and warehouses at major ports; business volume of postal and telecommunication services, postal offices and lines, main communication capacity of telecommunication services, and level of postal and telecommunication services.

Data in this chapter are prepared and edited by Division of Industry and Transport Statistics, Municipal Bureau of Statistics. Data on transportation come from Municipal Committee of Communications, Municipal Bureau of Public Security, Chongqing Railway Ministry Branch, Civil Aviation Administration of Chongqing, administrative departments of ports and Municipal Bureau of Statistics. Data of postal and telecommunication services come from Municipal Administration of Posts and from telecommunication enterprises such as China Telecom, China Mobile, China Unicom, China Netcom and China Railcom.

12－1 主要年份客货运输量
VOLUME OF FREIGHT TRAFFIC AND PASSENGER TRAFFIC IN MAJOR YEARS

年 份 Year	客运量(万人) Passenger Traffic (10 000 persons)	旅客周转量 (万人公里) Passenger-kilometers (10 000 person-km)	货运量(万吨) Freight Traffic (10 000 tons)	货物周转量 (万吨公里) Freight ton-kilometers (10 000 ton-km)
1952	82		134	31531
1957	121		842	132103
1962	965	12619	808	147390
1965	1707	23268	2365	141406
1970	2136	27461	2536	111415
1975	3602	40180	3226	276337
1978	5294	293741	4816	1189803
1980	7846	417025	4469	1106294
1985	16923	975571	13513	2004938
1986	18308	1119673	14860	2184266
1987	21002	1160714	15618	2296505
1988	21119	1206942	22881	2470614
1989	22692	1185786	20764	2676052
1990	20332	1068775	15546	2452448
1991	26598	1176783	16186	2702591
1992	32924	1543492	17419	3005694
1993	34025	1724473	18841	3282548
1994	36340	1890785	21130	3077590
1995	39731	2104270	22796	3359847
1996	43123	2272533	25818	3900452
1997	46999	2388433	25293	3605254
1998	49772	2476181	26494	3291566
1999	53290	2558000	26390	3379000
2000	57852	2704859	28022	3713900
2001	60087	2792000	29469	3888700
2002	62853	2925400	31177	4008200
2003	59170	2678700	34113	4467500

12－2 主要年份港口吞吐量和公路线路里程
FREIGHT HANDLED AT PORTS AND LENGTH OF HIGHWAYS IN MAJOR YEARS

年份 Year	港口货物吞吐量（万吨） Freight Handled at Ports (10 000 tons)	进口 Handled in	出口 Handled out	公路线路里程（公里） Length of Highways (km)
1952	61.80	26.60	35.20	743
1957	356.10	73.10	283.00	1021
1962	173.50	93.40	80.10	6044
1965	217.10	115.70	101.40	7221
1970	267.00	161.00	106.00	7538
1975	228.90	108.90	120.00	9753
1978	369.80	184.10	185.70	15421
1980	378.20	194.10	184.10	16811
1985	438.30	195.40	242.90	19377
1986	532.70	303.40	229.30	19666
1987	553.70	292.30	261.42	19942
1988	570.30	296.10	274.16	20609
1989	651.93	330.74	321.19	20944
1990	572.50	275.70	296.80	21162
1991	566.10	262.77	303.33	21474
1992	664.90	326.80	338.10	21804
1993	687.70	299.50	388.20	21990
1994	665.65	289.26	376.39	22148
1995	853.00	390.00	463.00	22556
1996	1076.00	492.00	584.00	26892
1997	2548.70	977.20	1571.50	27045
1998	2477.30	1186.60	1290.70	27210
1999	2599.80	1297.30	1302.50	28086
2000	2448.00	1148.10	1299.90	30354
2001	2839.87	1690.39	1149.48	30654
2002	3004.00	1803.53	1200.47	31060
2003	3243.76	1796.24	1447.52	31407

12－3 主要年份邮电通信指标
INDICATORS OF POSTAL AND TELECOMMUNICATION SERVICES IN MAJOR YEARS

年 份 Year	邮政局、所(个) Number of Postal Offices (unit)	邮电业务总量(万元) Total Business Volume from Postal and Telecommunication Services (10 000 yuan)	#电 信 Telecommunication Service	邮电业务收入(万元) Business Revenue from Postal and Telecommunication Services (10 000 yuan)	#电 信 Telecommunication Service
1952	1023	12		133	
1957	1846	33		874	
1962	1747	102		1000	
1965	1751	245		1461	
1970	2166	267		1371	
1975	1933	2190		1726	
1978	1925	2650		2103	
1980	1917	5071		2650	
1985	1853	7268		5796	
1986	1862	8264		6840	
1987	1896	9719		7675	
1988	1918	11853		10120	
1989	2025	14351		11734	
1990	2056	18999		14222	
1991	2047	23708		20585	
1992	2075	31305		27608	
1993	2041	47627		41653	
1994	1957	70543		71212	
1995	2220	109627		157568	
1996	2314	159929		167313	
1997	1821	233471	211458	223052	184899
1998	1958	345932	319375	264846	219493
1999	1958	519537	490494	401767	349001
2000	2018	858200	822824	544369	482075
2001	2154	706000	635041	663200	593050
2002	2202	867600	791573	770500	695409
2003	2218	1212890	1128000	870787	788000

注：1996年前邮政电信合营，1996年前电信数据包含在邮电通信指标中；邮电业务总量2001年前为1990年不变价，2001年及以后为2000年不变价口径。

Note: Before 1996, postal services and telecommunication services are managed together. So data on telecommunication service before 1996 is included in postal and telecommunication services. Data on total business volume from postal and telecommunication services before 2001 were in terms of 1990 constant price, and since 2001 were in terms of 2000 constant price.

12－4 邮电业务主要指标（1985－2003年）
MAIN INDICATORS OF POSTAL AND TELECOMMUNICATION SERVICES (1985-2003)

年 份 Year	函件(万件) Letters (10 000 pcs)	特快专递（万件） Express Mail Services (10 000 pcs)	报刊累计数（万份） Newspapers and Magazines Circulation Accumlated (10 000 copies)	长途电话（万次） Long-distance Calls (10 000 times)	移动电话用户（户） Mobile Telephone Subscribers (subscriber)	国际互联网络用户（户） Subscribers of Internet Services (subscriber)	本地电话年末用户（户） Subscribers of Local Telephone at Year-end (subscriber)	#城市电话用户 Urban Telephone Subscribers
1985	8961		32750	477			38044	31021
1986	10210		34696	515			48344	34177
1987	11755	1	36902	595			53920	39331
1988	12432	1	40591	707			60691	45797
1989	11609	2	16162	724			66247	51729
1990	11544	2	16037	873	826		72468	57000
1991	11539	3	17540	1227	936		88715	71487
1992	13618	7	18216	2132	1516		126284	106939
1993	16013	22	18464	3519	5912		185281	163005
1994	16519	40	15491	7022	17302		289995	253912
1995	14633	52	16453	11650	36180		372379	320966
1996	14100	63	15572	18288	89950	338	665035	563330
1997	12159	68	28025	23527	191494	1974	1262500	1089100
1998	12715	97	30922	23912	407311	7581	1562800	1235200
1999	13266	145	33532	22210	799000	24850	1978800	1482196
2000	11542	210	31232	23424	1600000	100000	2684300	1869283
2001	13561	260	27506	22555	2458000	286000	3377000	2214000
2002	18038	235	27177	23607	4247000	556000	4136300	2623400
2003	20497	272	25945	23408	6194000	938000	5334000	3438000

12—5 交通基础设施情况（2002—2003年）
STATISTICS ON TRANSPORTATION INFRASTRUCTURE (2002-2003)

指　　标	Item	2002	2003
公路里程（公里）	Total Length of Highways (km)	31060	31407
等级公路	Expressway and Class I-IV Highways	21936	22562
高速公路	Expressway	399	580
一级公路	First Class	154	168
二级公路	Second Class	3383	3624
三级公路	Third Class	3814	3928
四级公路	Forth Class	14186	14262
等外公路	Highways Below Class IV	9124	8845
公路桥梁数量（座）	Number of Highway-bridges (unit)	4519	4649
内河航道里程（公里）	Length of Navigable Inland Waterways (km)	4023	4086
等级航道	Standard Waterways	1448	1773
铁路营运里程（公里）	Lenth of Railways in Operation (km)	632	632
#地方铁路	Local Railways	47	47
重庆机场出港航线（条）	Number of Civil Aviation Routes from Chongqing (line)	113	130
国内	Domestic Routes	108	123
国际（地区）	International (regional) Routes	5	7

12—6 交通运输营运工具数（2002—2003年）
NUMBER OF TRANSPORTATION MACHINERY(2002-2003)

项　　目	Item	2002	2003
营运载货汽车(辆)	Business Trucks (vehicle)	98534	119956
营运载客汽车(辆)	Business Buses and Cars (vehicle)	33756	37473
铁路机车(辆)	Freight Locomotives (vehicle)	222	228
铁路客车(辆)	Passenger Locomotives (vehicle)	996	964
机动船(艘)	Motor Vessels (vessel)	607	618
驳船(艘)	Barges (vessel)	724	603

12—7 民用车辆、船舶拥有量（2002—2003年）
CIVIL MOTOR VEHICLES AND CIVIL TRANSPORT VESSELS (2002-2003)

项 目	Item	2002	2003
民用车辆拥有量(辆)	**Total Civil Motor Vehicles (vehicle)**	**633218**	**781250**
#私人民用车辆拥有量	Private Owned	429476	549179
#载客汽车	Buses and Cars	58231	79919
载货汽车	Trucks	45270	48677
民用汽车	Civil Motor Vehicles	290652	342483
#载客汽车	Buses and Cars	148752	179961
载货汽车	Trucks	134528	153625
特种汽车	Particular Motor Vehicles	1657	2870
其他机动车	Other Motor Vehicles	342566	438767
#摩托车	Motorcycle	269394	363356
轮胎式拖拉机	Wheel Tractor	29456	31900
民用船舶拥有量(艘)	**Civil Transport Vessels (vessel)**	**4545**	**3986**
其中：私人船舶拥有量	Of which:Private Owned	2910	2129
机动运输船	Motor Transport Vessels	2523	1825
#拖轮	Tugboats	7	5
驳船	Barges	88	38
其他非机动船	Other Non-motor Vessels	299	266
机动运输船	Motor Transport Vessels	3331	2933
#拖船	Tugboats	154	141
驳船	Barges	915	787
其他非机动船	Other Non-motor Vessels	299	266

12－8 客货运输量及港口吞吐量（2002－2003年）
FREIGHT TRAFFIC, PASSENGER TRAFFIC AND FREIGHT HANDLED AT PORTS (2002-2003)

项　　目	Item	2002	2003
客运量总计(万人)	**Total Passenger Traffic (10 000 persons)**	**62853**	**59170**
铁路	Railway	2149	1949
公路	Highway	58512	55673
水路	Waterway	2046	1417
民航	Civil Aviation	146	131
旅客周转量总计(亿人公里)	**Total Passenger-kilometers (100 million person-km)**	**292.54**	**267.87**
铁路	Railway	52.45	50.06
公路	Highway	193.87	187.51
水路	Waterway	27.79	13.46
民航	Civil Aviation	18.43	16.84
货运量总计(万吨)	**Total Freight Traffic (10 000 tons)**	**31176.60**	**34113.20**
铁路	Railway	3191	3491
公路	Highway	26076	28406
水路	Waterway	1907	2214
民航	Civil Aviation	2.60	2.20
货物周转量总计(亿吨公里)	**Total Freight Ton-kilometers (100 million ton-km)**	**400.82**	**446.75**
铁路	Railway	166.29	181.42
公路	Highway	89.91	107.33
水路	Waterway	144.27	157.70
民航	Civil Aviation	0.35	0.30
港口货物吞吐量(万吨)	**Total Cargo Handled at Ports (10 000 tons)**	**3004.00**	**3243.76**
进口量	Handled in	1803.53	1796.24
出口量	Handled out	1200.47	1447.52
空港吞吐量	**Handled at Airports**		
旅客(万人)	Civil Aviation Passenger Traffic (10 000 persons)	386.30	428.80
货物(万吨)	Civil Aviation Freight Traffic (10 000 tons)	9.10	9.50

注：从2000年起民航货运量、货运周转量数据按新制度统计，旅客行李不再计入货运。

Note: Freight traffic, freight ton-kilometrs of civil aviation since 2000 are in accordance with new statistical system. Baggages are not accounted into freight.

12—9 主要港口码头泊位数（2003年）
NUMBER OF BERTHS AT MAJOR PORTS (2003)

指标 Item	总计 Total		生产用 For Productive Use		非生产用 For Non-Productive Use	
	码头岸线长度（米） Length of Quay Line (m)	泊位个数（个） Number of Berths (unit)	码头岸线长度（米） Length of Quay Line (m)	泊位个数（个） Number of Berths (unit)	码头岸线长度（米） Length of Quay Line (m)	泊位个数（个） Number of Berths (unit)
总 计 Total	**14116**	**162**	**11032**	**129**	**3084**	**33**
重 庆 Chongqing	4067	77	3553	65	514	12
涪 陵 Fuling	1914	23	1574	19	340	4
万 州 Wanzhou	8135	62	5905	45	2230	17

12—10 主要港口码头仓库（2002—2003年）
WAREHOUSES AT MAJOR PORTS (2002-2003)

指标	Item	2002	2003
年末职工人数（人）	Year-end Staff and Workers (person)	6844	6023
仓库总面积（平方米）	Total Area of Warehouses (sq.m)	64855	64418
堆场总面积（平方米）	Total Area of Stacking Yard (sq.m)	307862	361921
集装箱吞吐量合计（吨）	Containers Handled at Ports (ton)	832074	1007276
国际集装箱总量	International Containers	556463	655216
国内集装箱总量	Domestic Containers	275611	352060
集装箱吞吐量合计(TEU)	Containers Handled at Ports (TEU)	87419	98642
国际集装箱	International Containers	71895	78139
国内集装箱	Domestic Containers	15524	20503

注：TEU是“折合20英尺标准箱”英文缩写
Note: TEU is the abbreviation of " Twenty-foot Equivalent Unit".

12－11 邮电业务基本情况（2002－2003年）
STATISTICS ON POSTAL AND TELECOMMUNICATION SERVICES (2002-2003)

项　　目	Item	2002	2003
邮电业务总量(万元)	Business Volume of Postal and Telecommunication Services (10 000 yuan)	867600	1212890
邮政	Postal Services	76027	84890
电信	Telecommunication Services	791573	1128000
函件(万件)	Number of Letters (10 000 pcs)	18038	20497
包件(万件)	Number of Parcels (10 000 pcs)	141	150
特快专递(万件)	Pieces of Express Mail Services (10 000 pcs)	235	272
报刊累计数(万份)	Number of Newspapers and Magazines Circulation (10 000 copies)	27177	25945
集邮业务（万枚）	Philately Business (10000 pcs)	3109	1842
电报(万份)	Number of Telegrams (10 000 copies)	38	15
传真(万份)	Number of Faxes (10 000 copies)	8.14	8.82
长途电话(万次)	Number of Long-distance Calls (10 000 times)	23607	23408
本地电话年末用户合计(万户)	Local Telephone Subscribers of Numerical Rate Charge Total Subscribers (10 000 subscribes)	413.63	533.40
#城市电话用户	Urban Telephone Subscribers	262.34	343.80
#住宅电话	Residential Telephones	203.00	276.30
#乡村电话用户	Rural Telephone Subscribers	151.29	189.60
#住宅电话	Residential Telephones	141.40	176.70
公用电话（万户）	Public Telephone (10 000 subscribers)	25.15	30.50
年末无线寻呼用户(万户)	Year-end Subscribers of Paging Service (10 000 subscribes)	30.93	9.60
年末移动电话用户(万户)	Year-end Mobile Telephone Subscribers (10 000 subscribes)	424.70	619.40
年末国际互联网络用户（万户）	Year-end Internet Subscribers (10 000 subscribers)	55.60	93.80

12－12 邮政局所及邮递线路（2002－2003年）
POSTAL OFFICES AND LINES (2002-2003)

项　　目	Item	2002	2003
邮政局(所)总数(处)	Number of Postal Offices (unit)	2202	2218
信筒信箱（处）	Number of Post Boxes (unit)	5976	6101
邮路总长度(公里)	Total Length of Postal Routes (km)	79851	83392
#汽车邮路	Highway Routes	23113	24092
铁路邮路	Railway Routes	3067	3067
农村投递线路(公里)	Rural Delivery Routes (km)	68344	66607

注：2002年邮路优化、合并调整，邮路总长度数值比往年减少。

Note: For the adjustment of optimized and joined postal routes in 2002, the total length of postal routes decreased over the figure of previous years.

12－13 电信主要通信能力（年底数）（2002－2003年）
MAIN COMMUNICATION CAPACITY OF TELECOMMUNICATION SERVICES (YEAR-END) (2002-2003)

项　　目	Item	2002	2003
长话业务电路（2M）	Number of Long Distance Telephone Lines (2M)	2634	2634
本地局用交换机容量(万门)	Capacity of Local Telephone Exchanges (10 000 gates)	596	869
移动用户交换机容量(万户)	Capacity of Mobile Telephone Exchanges (10 000 subscribers)	525	686
长途光缆线路长度（公里）	Length of Long Distance Optical Cable Lines (km)	10885	8829
长途微波线路长度（公里）	Length of Long Distance Microwave Lines (km)	4235	3966

12－14 邮电通信水平（2002－2003年）
LEVEL OF POSTAL AND TELECOMMUNICATION SERVICES (2002-2003)

项　　目	Item	2002	2003
平均每一邮政局所服务面积（平方公里）	Average Area Served by Every Post Office (sq.m)	37.42	37.15
平均每一邮政局所服务人口（万人）	Average Persons Served by Every Post Office (10 000 persons)	0.79	0.80
平均每百人邮电业务总量(元)	Total Revenue from Postal and Telecommunication Services Per 100 Persons (yuan)	31036	43669
平均每人每年发函件数(件)	Annual Average Number of Letters Mailed Per Capita (piece)	6.45	7.38
平均每人每年订报刊数(份)	Annual Average Number of Newspapers and Magazines Subscribed Per Capita (piece)	9.72	9.34
平均每百人拥有电话机（含移动）(部)	Number of Telephone Sets Owned Per 100 Persons (unit)	29.99	41.51
平均每百人拥有移动电话(部)	Number of Mobile Telephones Owned Per 100 Persons (unit)	15.00	22.30

注：人均指标按年末常住人口计算。

Note: The average persons refer to resident population at year-end.

主要统计指标解释

铁路营业里程 又称营业长度（包括正式营业和临时营业里程），指办理客货运输业务的铁路正线总长度。凡是全线或部分建成双线及以上的线路，以第一线的实际长度计算；复线、站线、段管线、岔线和特殊用途线以及不计算运费的联络线都不计算营业里程。铁路营业里程是反映铁路运输业基础设施发展水平的重要指标，也是计算客货周转量、运输密度和机车车辆运用效率等指标的基础资料。

公路里程 指在一定时期内实际达到《公路工程[WTBZ]技术标准 JTJ01-88》规定的等级公路，并经公路主管部门正式验收交付使用的公路里程数。包括大中城市的郊区公路以及通过小城镇街道部分的公路里程和桥梁、渡口的长度，不包括大中城市的街道、厂矿、林区生产用道和农业生产用道的里程。两条或多条公路共同经由同一路段，只计算一次，不得重复计算里程长度。它是反映公路建设发展规模的重要指标，也是计算运输网密度等指标的基础资料。

内河航道里程 也称内河通航里程，指在一定时期内，能通航运输船舶及排筏的天然河流、湖泊水库、运河及通航渠道的长度。包括全年季节性通航累计三个月以上的航道，不包括仅供零散流放竹、木排的河道。它是反映内河水运网规模、水平和发展情况的主要指标。

民用航空航线里程 指民航运输定期班机飞行的航线长度的总和。航线长度按机场之间的距离计算，通常有两种计算方法：一是将每条航线长度相加称为重复计算航线里程；一是将两线或两条以上航线经过同一区段里程，只计算一次航线长度称为不重复计算航线里程。一般常用的是后者，它能准确反映民航运输网的规模，是表明民航事业为国民经济服务和方便人民生活程度的主要指标。

货（客）运量 指在一定时期内，各种运输工具实际运送的货物（旅客）数量。是反映运输业为国民经济和人民生活服务的数量指标，也是制定和检查运输生产计划，研究运输发展规模和速度的重要指标。货运按吨计算，客运按人计算。货物不论运输距离长短，货物类别，均按实际重量统计；旅客不论行程远近或票价多少，均按一人一次作为客运量统计。半价票，小孩票也按一人统计。

货物（旅客）周转量 指在一定时期内，由各种运输工具运送的货物（旅客）数量与其相应运输距离的乘积之总和。是反映运输业生产总成果的重要指标，也是编制和检查运输生产计划，计算运输效率、劳动生产率以及核算运输单位成本的主要基础资料。通常以吨公里和人公里为计算单位。计算货物周转量通常按发出站与到达站之间的最短距离，也就是计费距离计算。计算公式为：

货物（旅客）周转量=Σ货物（旅客）运输量×运输距离

邮电业务总量 指以货币表现的邮电通信企业为社会提供各类邮电通信服务的总数量。邮电业务量按专业分类包括函件、包件、汇票、报刊发行、邮政快件、特快专递、邮政储蓄、集邮、公众电报、用户电报、传真、长途电话、出租电路、无线寻呼、移动电话、分组交换数据通信、出租代维等。计算方法为各类产品乘以相应的平均单价（不变价）之和，再加上出租电路和设备、代用户维护电话交换机和线路等的服务收入。它综合反映了一定时期邮电业务发展的总成果，是研究邮电业务量构成和发展趋势的重要指标。计算公式为：

邮电业务总量=Σ（各类邮电业务量×不变单价）＋出租代维及其他业务收入

电话用户 指接入国家公众固定电话网，并按固定电话业务进行经营管理的电话用户。1997 年以前，电话用户分为市内电话用户和农村电话用户。市内电话用户是指接入县城及县以上城市电话网上的电话用户；农村电话用户是指接入县邮电局农话台及县以下农村电话交换点，以县城为中心（除市话用户外）联通县、乡（镇）、行政村、村民小组的用户。从 1997 年起，电话用户数分组调整为以用户所在区域划分为“城市电话用户”和“乡村电话用户”，与过去的按市内电话和农村电话划分方法不同。而电话用户数、电话机部数统计方法不变。

城市电话用户 指直辖市、省辖市、地级市、县级市的市区、市郊区及县城（包括县人民政府所在地的县城关区或行政建制相当于县人民政府所在地的镇）范围内接入局用交换机的电话用户数，包括分布在农村地区的独立工矿区、林区、驻军等接入局用交换机的电话用户数。

乡村电话用户 指县城关区以下的集镇和农村接入局用交换机的电话用户数。

住宅电话用户 指安装在居民住宅或农民家里并按照住宅电话用户登记注册和收费的电话用户。包括私人付费、单位付费和按规定免费的住宅电话用户。

无线寻呼电话用户 指携带小型寻呼机，接收市话用户通过无线寻呼中心，在规定范围内向其发出声音、数字或文字显示信息的用户。目前,在邮电部门办理登记手续的无线寻呼电话用户，每一部寻呼机按一户计算。

移动电话用户 指通过移动电话交换机进入移动电话网、占用移动电话号码的电话用户。用户数量以报告期末在移动电话营业部门实际办理登记手续进入移动电话网的户数进行计算，一部移动电话统计为一户。

局用交换机容量 是指安装在本地电信运营商内用于接续本地固定电话的电话交换机容量、有倍增设备按倍增后的数量计数。包括现用和备用的人工或自动交换机的全部容量。

EXPLANATORY NOTES ON MAIN STATISTICAL INDICATORS

Length of Railways in Operation refers to the total length of the trunk line under passenger and freight transportation (including both full operation and temporary operation).The calculation is based on the actual length of the first line even if this line has a full partial double track or more tracks, excluding double tracks, station sidings, tracks under the charge of stations, branch lines, special-purpose lines and the non-payable connecting lines. The length of railways in operation is an important indicator to show the development of the infrastructure for the railway transport and also the essential data to calculate volume of passenger freight transport traffic density and utilization efficiency of the locomotives and carriages.

Length of Highways refers to the length of highways which are built in conformity with the grades specified by the highway engineering standard formulated by the Ministry of Communications, and have been formally checked and accepted by the departments of highways and put into use. The length of highways includes that of the suburb highways at large and medium-sized cities, highways passing through streets at small cities and towns, and also the length of bridge and ferries. It does not include the length of streets in big and medium-sized cities and highways built for the production purpose at factories, mines, forest areas and agricultural areas. If two more highways go the same section of the way, the length of the section is only calculated for once and no duplication is allowed. The length of highways is an important indicator to show the development of the highway construction and to provide essential information to calculate the transport network density.

Length of Navigable Inland Waterways an indicator reflecting the size and development of inland water network, it refers to the length of the natural rivers, lakes, reservoirs, canals, and ditches open to navigation during a given period, which enables the transport by ships and rafts. It includes the channels open to navigation for over an accumulative 3 months in a year, yet this does not include the river courses which are only used to float odd logs and bamboo rafts.

Length of Civil Aviation Routes refers to the length of all routes for regular civil aviation flights. There are usually two ways to calculate the distance between airports connected by the route length: One is to put the length of all lair routes together, called duplicated calculation of the length of the routes; the other is nit to allow the duplication in calculation when two or more routes passing the same section of aviation routes. The latter is usually used, as it can precisely show the size of the civil aviation network and indicate the extent of civil aviation serving the national economy and the people.

Freight (Passenger) Traffic refers to the volume of freight (passenger) transported with various means. Freight transport is calculated in tons and passenger traffic is calculated in the number of persons. Despite the type of freight and traveling distance, the freight transport is calculated in the actual weight of the goods: and despite the traveling distance and ticket price, the passenger traffic is calculated by the principle that one person can be counted only once in one travel. The passenger who travels with a half-price ticket or a child ticket is also calculated as one person. The freight (passenger) traffic provides a quantitative measure to show how the transport industry serves the national economy and people, and is also and important indicator for planning the transport industry and for studying the development scale and speed of the transport industry.

Freight Ton-kilometers (Passenger-kilometers) refer to the sum of the products of the volume of transported cargo (passengers) multiplying by the transport distance, usually using ton-kilometer and passenger-kilometer as units for measurement. Normally, the shortest distance between the departure station and the destination station (i.e., the payable distance) is the basis to calculate the freight ton-kilometers. This is an important indicator to show the total results of the transport industry, to prepare and examine the transport plan and to measure the efficiency, the labor productivity and the unit cost of transport. The formula is as follows:

Freight Ton-kilometers (Passenger-kilometers) = Σ [Freight (Passenger) Traffic*distance of transportation]

Measuring Unit: ton-kilometer (person-kilometer)

Business Volume of Postal and Telecommunication Services refers to the total amount of post and telecommunications services, expressed in value terms, provided by the post and telecommunications departments for the society. Postal and telecommunication services can be classified as letters, parcels, remittance, issue of newspapers and magazines, fast mail service, express mail service, saving deposits, stamps for collection, public and individual telegraph service, facsimiles, long-distance telephone service, leasing of telephone lines, urban paging service, mobile telephone service, data transfer and transmission, etc.. The accounting approach is to multiply the service products of all types with their average unit price (constant price) to get sum of business value, plus income from other services such as leasing of telephone lines and equipment, maintenance of telephone switchboards and lines on behalf of customers. This indicator reflects the overall results of post and telecommunications service during a given period, and is important to study the composition of business service and the development of post and telecommunications service. The formula is as follows:

Business Volume of Postal and Telecommunication Services = Σ(Transaction of Post and Telecommunication Services * Constant Price) + Income from Leasing, Maintenance and other Services

Telephone Subscribers refer to subscribers that are connected in the public line telephone network provided with telephone services. Before 1997, telephone subscribers were classified as city subscribers and village subscribers. City subscribers referred to those connected to city telephone networks in county towns and cities, while village subscribers referred to those connected to village telephone stations at and below counties. Since 1997, the classification of telephone subscribers was modified on the basis of physical location of the subscribers as “urban telephone subscribers” and “rural telephone subscribers”, which is different from the previous classification of categorizing “local telephones” and “rural telephones”, while the definition of total subscribers and total number of telephones remain unchanged.

Urban Telephone Subscribers refer to subscribers telephone subscribers, located at municipalities, cities under the jurisdiction of province, cities at prefectural level, downtown and suburb of city at county level town and county towns (including country towns where county government located, and towns of county level according to the administrative organizational system), that are connected to the public line telephone network, including rural mineral area, forest area, military area.

Rural Telephone Subscribers refer to telephone subscribers, located at towns under county town and country , that are connected to the public line telephone network.

Household Telephone Subscribers refer to telephone sets installed in resident dwellings, including those with telephone charges paid by individuals, by public units and free of charge.

Subscribers of Paging Services refer to subscribers who carry small size pagers and receive audio signals, digital signals or literal signals sent out by city telephone through wireless paging center within assigned area. Each pager is counted as a subscriber.

Mobile Telephone Subscribers refer to the persons who own mobile telephone number connected with the mobile telephone communication network and registered by post and telecommunications organization. The number of subscribers is calculated only when the subscribers who have gone through all the register formalities and entered into the mobile telephone network. One mobile telephone is treated as a subscriber.

Capacity of Office Telephone Exchanges refers to the capacity (measured in gate) of telephone exchanges installed in the offices of local telecommunication service providers for communication between fixed telephones. It includes the capacity of both manual and automatic exchanges in use and for stand-by purpose. Equipment with expansion function is to be counted by the expanded capacity.

十三　国内贸易

DOMESTIC TRADE

简要说明

本章主要内容有社会消费品零售总额，限额以上连锁零售和餐饮业经营情况，批发零售贸易业商品购、销、存情况，限额以上批发零售贸易业主要商品销售情况，以及限额以上批发零售贸易和餐饮企业财务状况和经济效益。

本章资料由市统计局贸易外经处提供。

Brief Introduction

The data in this chapter cover the total sales of the consumer goods, total purchases, operation of chains in retail and catering trade above designated size, wholesale & retail trade chains sales and inventory of wholesale and retail trade, sales volume of major commodities of wholesale and retail trade above designated size, the financial conditions and efficiency of the wholesale & retail trade above designated size as well as catering trade.

The data in this chapter come from Division of Trade and External Economic Relations Statistics, Municipal Bureau of Statistics.

13－1 主要年份社会消费品零售总额
TOTAL RETAIL SALES OF CONSUMER GOODS IN MAJOR YEARS

单位：万元 (10 000 yuan)

年 份 Year	社会消费品零售总额 Total Retail Sales	国有经济 State-owned	集体经济 Collective -owned	私营经济 Private	个体经济 Individual	“三资”经济 Funded by Hongkong, Macao,Taiwan & Foreign Entrepreneurs	其 他 Others
1952	61973	19332	9941	428	31581		691
1957	108061	55533	43171		4458		4899
1962	124248	87477	27335		6987		2449
1965	134722	94009	35935		2318		2460
1970	163612	118044	40460		2120		2988
1975	217537	148811	53318		11876		3532
1978	250188	126981	112537		6599		4071
1980	366349	178516	162400		17649		7784
1985	690779	256981	261103		155266		17429
1986	780787	290656	260816		207041		22274
1987	926227	343448	302177		253031		27571
1988	1191747	430347	372593		350032		38775
1989	1332450	445314	380342		344338		162456
1990	1371244	464257	370361		352587		184039
1991	1569138	524150	448634		359098		237256
1992	1814799	591361	495045	890	440761		286742
1993	2299631	834440	629276	6119	433730	2119	393947
1994	2987218	964128	593826	76468	710468	2829	639499
1995	3718064	897174	672140	129563	963726	21200	1034261
1996	4454766	988817	707589	120999	1264644	22535	1350182
1997	5079315	1016771	762904	226890	1140704	31211	1900835
1998	5536962	920192	635189	270072	1610138	73728	2027643
1999	5962570	1010078	575537	282519	2008143	102916	1983377
2000	6435817	961728	603653	481135	2071784	146116	2171401
2001	6993273	1064023	566989	599367	2299881	183834	2279179
2002	7630506	1042743	486734	847456	2476155	186592	2590826
2003	8355254	998663	363783	981676	2995617	198197	2817318

13－2 社会消费品零售总额（2002－2003年）
TOTAL RETAIL SALES OF CONSUMER GOODS (2002-2003)

单位：万元　　　　(10 000 yuan)

指　　标	Item	2002	2003
总计	**Total**	**7630506**	**8355254**
按地区分	**By Region**		
市	City	4408644	4823056
县	County	1015444	1127143
县以下	Below County Level	2206418	2405055
按登记注册类型分	**By Registration**		
国有经济	State-owned	1042743	998663
集体经济	Collective-owned	486734	363783
私营经济	Private	847456	981676
个体经济	Individual	2476155	2995617
外资及港澳台经济	Funded by Hongkong,Macao,Taiwan & Foreign Entrepreneurs	186592	198197
其他经济	Others	2590826	2817318
按行业分	**By Sector**		
批发零售贸易业	Wholesale and Retail Trade	6579121	7191345
餐饮业	Catering Trade	966828	1073179
其他	Others	84557	90730

13－3 限额以上连锁零售业和餐饮业经营情况（2002－2003年）
OPERATION OF CHAINS IN RETAIL AND CATERING TRADE ABOVE DESIGNATED SIZE (2002-2003)

单位：万元　　　　(10 000 yuan)

指　　标	Item	合　计 Total		# 直营店 Direct Management	
		2002	2003	2002	2003
门店总数（个）	Total Number of Chains (unit)	1976	3625	1170	1240
营业面积（平方米）	Business Areas (sq.m)	828817	996406	465826	496871
从业人数（人）	Employment (person)	60424	76101	18274	24516
统一配送比重（%）	Proportion of Unified Delivery (%)	51	66	53	69
#自有配送中心配送比重	By Own Delivery Center	51	57	53	62
销售总额（营业总收入）	Total Sales	860009	1230303	774363	932797
#零售额	Retail Trade	703675	1014632	618963	757030
#市外实现销售额	Sales outside Chongqing	71245	212867	18006	21694
利润总额	Total Profits			23762	26595
资产总计	Total Assets			339028	348593
负债总计	Total Liabilities			237601	258006

13—4 批发零售贸易业商品购、销、存总额（2003年）
TOTAL VALUE OF PURCHASES, SALES AND INVENTORY OF COMMODITIES OF WHOLESALE AND RETAIL TRADE (2003)

单位：万元 (10 000 yuan)

指标	Item	购进总额 Total Purchases	销售总额 Total Sales	#零售 Retail	年末库存总额 Year-end Total Inventory
总计	**Total**		**15587875**	**7327224**	
限额以上批发零售贸易业商品购、销、存总额	**Total Value of Purchases Sales and Inventory of Goods of Wholesales and Retail Trade above Designated Size**	**7389316**	**8111676**	**2306897**	**683267**
按登记注册类型分	**By Registration**				
内资企业	Domestic-funded Enterprises	7105486	7742943	2153495	660667
#国有企业	State-owned	2385495	2649025	376199	208026
集体企业	Collective-owned	131701	136938	20012	11650
股份合作企业	Cooperative Share Holding	76211	77395	40040	6300
联营企业	Joint-owned	46378	54713	16052	932
有限责任公司	Limited-liability Companies	2186281	2439829	650463	190822
股份有限公司	Share Holding Limited Companies	1420311	1518048	600406	140434
私营企业	Private	846972	854930	438259	102303
港澳台商投资企业	Enterprises Funded by Hong Kong, Macao and Taiwan	46989	55037	13898	6970
外商投资企业	Foreign-funded Enterprises	236841	313696	139504	15630
按行业分	**By Sector**				
农畜产品批发业	Wholesale of Agricultural and Animal Products	45742	57701	3457	15884
食品、饮料及烟草制品批发业	Wholesale of Food, Beverages & Tobacco Products	1410785	1618957	19383	151110
纺织、服装及日用品批发业	Wholesale of Textiles, Garments and Daily Goods	121840	130164	9156	17317
文化、体育用品及器材批发业	Wholesale of Cultural and Sports Articles	128119	117547	9844	24255
医药及医疗器材批发业	Wholesale of Medicines and Medical Appliances	908903	934418	246372	108565
矿产品、建材及化工产品批发业	Wholesale of Mineral, Building and Chemical Products	1388125	1500755	102172	106640
机械设备、五金交电及电子产品批发业	Wholesale of Machinery, Hardware and Electronic Products	1255581	1360669	44347	56365
贸易经纪与代理业	Trade Agencies				
其他批发业	Other Wholesales	17329	50225	1410	1109
综合零售业	Comprehensive Retails	1274679	1486314	1144807	84471
食品、饮料及烟草制品专门零售业	Special Retail of Food, Beverages and Tobacco Products	32738	43978	34348	4813
纺织、服装及日用品专门零售业	Special Retail of Textile, Garments and Daily Goods	16192	21769	20303	4709
文化、体育用品及器材专门零售业	Special Retail of Cultural and Psorts Articles	74471	78312	69234	9691
医药及医疗器材专门零售业	Special Retail of Medicine and Medical Appliances	41444	36519	29168	9286
汽车、摩托车、燃料及零配件专门零售业	Special Retail of Motor Vehicles, Motorcycles, Feul and Related Parts	422716	424990	346524	26914
家用电器及电子产品专门零售业	Special Retail of Household Electric Equipment and Electronic Products	239080	233984	212052	60212
五金、家具及室内装修材料专门零售业	Special Retail of Hardware, Furniture and Indoor Decoration	8536	11080	11067	1859
无店铺及其他零售业	Non-shops and Other Retails	3036	4294	3253	68
限额以下批发零售贸易业商品购、销、存总额	**Total Value of Purchases Sales and Inventory of Goods of Wholesales and Retail Trade below Designated Size**		**7476199**	**5020327**	

13－5 限额以上批发零售贸易业主要商品分类销售额（2002－2003年）

TOTAL SALES OF ENTERPRISES ABOVE DESIGNATED SIZE IN WHOLESALE AND RETAIL TRADE BY CATEGORY OF MAIN COMMODITIES (2002-2003)

单位：亿元 (100 million yuan)

项目	Item	销售合计 Total Sales		批发 Wholesale Trade		零售 Retail Trade	
		2002	2003	2002	2003	2002	2003
食品、饮料、烟酒类	Food, Beverages, Tobacco and Liquor	178.94	193.36	157.23	162.18	21.71	31.18
肉禽蛋类	Meat, Poultry and Eggs	3.07	6.20	1.37	2.85	1.70	3.35
其他食品类	Other Food	32.18	43.03	17.68	22.42	14.50	20.61
饮料类	Beverages	3.92	4.17	1.52	1.13	2.40	3.04
烟酒类	Tobacco and Liquor	139.77	139.96	136.66	135.78	3.11	4.18
服装鞋帽、针、纺织品类	Clothing, Shoes, Hats and Textiles	30.56	35.94	5.74	6.26	24.82	29.68
服装类	Clothing	17.47	20.64	2.03	2.06	15.44	18.58
鞋帽类	Shoes and Hats	5.99	6.89	1.22	1.34	4.77	5.55
针、纺织品类	Knitwear and Textiles	7.10	8.41	2.49	2.86	4.61	5.55
化妆品类	Cosmetics	5.20	5.93	1.65	1.48	3.55	4.45
金银珠宝类	Gold, Silver and Jewelry	3.24	3.35	0.81	0.56	2.43	2.79
日用品类	Articles for Daily Use	15.37	21.66	5.36	8.83	10.01	12.83
#洗涤用品类	Washing Articles	4.65	7.31	2.54	4.34	2.11	2.97
儿童玩具类	Children Toys	0.62	0.56	0.15	0.18	0.47	0.38
五金、电料类	Hardware and Electrical Materials	4.45	3.79	3.78	3.04	0.67	0.75
体育、娱乐用品类	Sports and Recreation Articles	2.34	1.95	0.54	0.31	1.80	1.64
书报杂志类	Newspapers and Magazines	13.99	15.52	8.08	8.45	5.91	7.07
电子出版物及音像制品类	E-journal and Video Products	0.72	0.71	0.28	0.32	0.44	0.39
家用电器和音像器材类	Household Appliances and Video Appliances	41.60	62.52	15.93	29.49	25.67	33.03
中西药品类	Traditional Chinese and Western Medicines	59.59	87.68	40.35	60.89	19.24	26.79
#西药	Western Medicines	36.22	53.03	21.98	34.00	14.24	19.03
中草药及中成药	Traditional Chinese Medicines	19.73	26.79	15.59	21.09	4.14	5.70
文化办公用品类	Cultural and Official Goods	2.96	2.37	1.06	0.54	1.90	1.83
家具类	Furniture	1.09	1.02	0.08		1.01	1.02
通讯器材类	Communication Appliances	18.07	24.24	13.96	17.76	4.11	6.48
煤炭及制品类	Coal and Related Products	1.06	2.60	1.02	2.57	0.04	0.03
木材及制品类	Wood and Wooden Products	0.05	0.19	0.05	0.19		
石油及制品类	Petroleum and Related Products	52.38	63.20	44.61	53.43	7.77	9.77
化工材料及制品类	Raw Chemical Materials	20.88	39.77	20.38	39.14	0.50	0.63
#化肥类	Fertilizer	9.50	26.83	9.41	26.37	0.09	0.46
金属材料类	Metal Materials	35.46	40.32	34.89	39.97	0.57	0.35
建筑及装潢材料类	Building and Decoration Materials	3.60	2.81	2.69	1.74	0.91	1.07
机电产品设备类	Mechanical and Electrical Products	52.51	97.76	27.26	56.95	25.25	40.81
#农机类	Agricultural Machinery	0.35	0.82	0.30	0.63	0.05	0.19
汽车类	Automobile	41.13	70.66	16.52	30.73	24.61	39.93
种子饲料类	Seed and Feedstuff	0.03	0.04	0.03	0.01		0.03
棉麻类	Cotton, Hemp	0.45	0.75	0.43	0.69	0.02	0.06
其他类	Others	9.92	22.67	6.90	18.28	3.02	4.39

13－6 限额以上批发零售业主要商品销售数量（2002－2003年）
SALES VOLUME OF MAJOR COMMODITIES OF WHOLESALE AND RETAIL TRADE ABOVE DESIGNATED SIZE (2002-2003)

品　名	Item	销售总量 Total Amount		批　发 Wholesale Trade		零　售 Retail Trade	
		2002	2003	2002	2003	2002	2003
粮食（吨）	Grain (ton)	317494	559566	204114	449165	113380	110401
食用植物油（吨）	Edible Vegetable Oil (ton)	124866	164986	104488	132482	20378	32504
摩托车(辆)	Motorcycles (vehicle)	213104	458888	209546	445081	3558	13807
汽车(辆)	Motor Vehicles (vehicle)	27469	53677	12391	25880	15078	27797
#轿车	Cars	11333	32716	3273	14993	8060	17723
电视机(台)	Television Sets (unit)	406139	502707	152299	159794	253840	342913
组合音响(台)	Hi-Fi Component System (unit)	41048	49866	11451	6013	29597	43853
摄像机(台)	Pickup Cameras (unit)	3534	7837	19	78	3515	7759
影碟机(台)	Video Disc Projectors (unit)	174154	261180	45498	79736	128656	181444
家用洗衣机(台)	Household Washing Machines (unit)	228268	274829	105335	128695	122933	146134
家用电冰箱(台)	Household Refrigerators (unit)	269055	441463	133424	264724	135631	176739
房间空调器(台)	Room Air-conditioners (unit)	424598	797026	208562	482557	216036	314469
微波炉(台)	Microwave Ovens (unit)	215812	308003	93554	155555	122258	152448
微型计算机（台）	Personal Computers (unit)	21380	23670	5579	6522	15801	17148
普通电话机（台）	Telephones (unit)	175070	177683	15253	43011	159817	134672
移动电话机（台）	Mobile Telephones (unit)	1068607	2138952	744211	1301284	324396	837668
化学肥料(吨)	Chemical Fertilizer (ton)	1389946	2603054	1389946	2603054		
化学农药(吨)	Chemical Pesticides (ton)	3838	12367	3838	12367		
农用塑料薄膜(吨)	Farm-use Plastic Membrane (ton)	750	1639	750	1639		
煤炭(吨)	Coal (ton)	727074	1557296	723029	1556089	4045	1207
汽油(吨)	Gasoline (ton)	605114	587139	508759	477499	96355	109640
柴油(吨)	Diesel Oil (ton)	1153753	1116409	1003365	936506	150388	179903
钢材(吨)	Rolled Steel (ton)	706755	779272	688144	770017	18611	9255
铜(吨)	Copper (ton)	1895	562	1895	562		
铝(吨)	Aluminum (ton)	44279	32237	44279	32237		

13—7 限额以上批发贸易业财务状况和经济效益（2003年）

单位：万元

指　标	Item	企业数（个）Number of Enterprises (unit)	年末资产负债 Year-end Assets and Liability 流动资产小计 Total Circulating Assets	#存货 Inventory	长期投资 Long-term Investment
总计	**Total**	**286**	**1749676**	**400652**	**149083**
#国有及国有控股	State-owned and State Holding	143	1290097	328463	82018
按登记注册类型分	**By Registration**				
内资企业	Domestic-funded Enterprises	279	1729958	393205	149062
#国有企业	State-owned	106	749937	196324	23540
集体企业	Collective-owned	16	48761	9122	7739
股份合作企业	Cooperative Share Holding	6	10330	2895	
联营企业	Joint-owned	1	2789	1010	
有限责任公司	Limited-liability Companies	75	459496	61194	78069
股份有限公司	Share Holding Limited Companies	22	359695	104191	37238
私营企业	Private	53	98950	18468	2476
港澳台商投资企业	Enterprises Funded by Hong Kong, Macao and Taiwan	4	4595	4082	
外商投资企业	Foreign-funded Enterprises	3	15122	3366	21
按行业分	**By Sector**				
农畜产品批发业	Wholesale of Agricultural and Animal Products	7	54388	31228	97
食品、饮料及烟草制品批发业	Wholesale of Food, Beverages & Tobacco Products	67	372788	96700	15439
#米、面制品及食用油批发业	Wholesale of Rice, Noodle Products and Edible Oil	8	52757	23060	1233
烟草制品批发业	Wholesale of Tobacco Products	41	278241	61431	13057
纺织、服装及日用品批发业	Wholesale of Textiles, Garments and Daily Goods	19	59070	11635	2453
#服装批发业	Wholesale of Garments	2	1894	1071	
文化、体育用品及器材批发业	Wholesale of Cultural and Sports Articles	7	57935	17385	8998
#图书批发业	Wholesale of Books	3	49054	15283	8998
医药及医疗器材批发业	Wholesale of Medicines and Medical Appliances	34	338967	97846	33963
西药批发业	Wholesale of Western Medicine	24	203553	60350	9440
中药材及中成药批发业	Wholesale of Traditional Chinese Medicine	10	135413	37496	24523
医疗用品及器材批发业	Wholesale of Medical Articles and Appliances				
矿产品、建材及化工产品批发业	Wholesale of Mineral, Building and Chemical Products	87	342190	96663	17186
#煤炭及制品批发业	Wholesale of Coal and Related Products	2	6469	663	3309
石油及制品批发业	Wholesale of Petroleum and Related Products	17	52909	37622	2615
建材批发业	Wholesale of Building Materials	5	13587	147	200
机械设备、五金交电及电子产品批发业	Wholesale of Machinery, Hardware and Electronic Products	60	518818	48590	69526
#农业机械批发业	Wholesale of Agricultural Machinery	1	365	14	
汽车、摩托车及零配件批发业	Wholesale of Motor Vehicles, Motorcycles and Related Parts	31	290478	21688	16874
家用电器批发业	Wholesale of Household Electric Equipment	7	59362	6588	111
计算机、软件及辅助设备批发业	Wholesale of Computers, Softwares and Assistant Equipment	1	505	222	
贸易经纪与代理业	Trade Agencies				
其他批发业	Other Wholesales	5	5520	605	1421

FINANCIAL INDICATORS AND ECONOMIC EFFICIENCY OF WHOLESALE TRADE ABOVE DESIGNATED SIZE (2003)

(10 000 yuan)

年末资产负债 Year-end Assets and Liability							
固定资产小计 Total Fixed Assets	固定资产原值 Original Value of Fixed Assets	#生产经营用 Used by Production Management	累计折旧 Total Depreciation	无形及递延资产小计 Total Intangible and Deferred Assets	资产合计 Total Assets	流动负债小计 Total Circulating Liability	长期负债小计 Total Long-term Liability
481180	**512994**	**337127**	**126977**	**80929**	**2481857**	**1809572**	**125771**
428988	449996	304478	111759	69592	1889755	1348531	119680
480097	511280	336982	126321	80871	2460930	1787576	125428
301244	318128	227662	78918	51050	1142643	779581	96762
9121	11336	5204	3760	2430	68069	53310	879
736	930	374	194	2	11068	9601	1
228	333	181	105	458	4580	1124	
84901	80417	54820	20017	7016	631629	475701	18940
71297	85622	39529	20664	18062	486322	382639	7389
12571	14514	9211	2663	1853	116619	85619	1457
583	818	51	235	56	5261	10701	
499	895	94	422	1	15666	11295	343
13282	14282	3019	3473	72	67839	38234	13274
123060	148681	91289	44669	5443	531288	382510	26235
11322	15264	12225	4213	338	66575	61771	8923
71065	92953	46885	29445	1228	374151	279079	3844
9077	12755	10120	3888	4036	74665	67148	2048
161	208	208	47	113	2196	2064	
27196	20064	17426	6911	724	94856	73715	3171
26747	19337	16969	6633	721	85523	64798	3100
68022	78473	33476	15428	14320	455338	356863	6325
39994	47439	3355	10952	5175	258229	205907	4543
28028	31034	30120	4476	9145	197109	150956	1782
209027	195390	157755	39326	51587	622156	369509	52671
1656	2461	1814	805		11434	3227	277
168152	144266	137278	24012	46296	271059	105532	41004
231	432	229	355	8	14047	15517	
30201	41412	22145	12610	4017	626729	515529	22039
11	42	42	31	106	482	313	
16639	21355	8750	4911	2390	330412	269361	2804
948	1088	413	439	746	61167	65907	1
411	492		81		940		
1315	1938	1897	672	730	8986	6064	8

13-7 续表1

单位：万元

指 标	Item	年末资产负债 Year-end Assets and Liability			商品销售收入 Sales Revenue
		负债合计 Total Liabilities	所有者权益合计 Total Creditors' Equity	#实收资本 Capital Obtained	
总计	**Total**	**1981074**	**500782**	**300816**	**4433029**
#国有及国有控股	State-owned and State Holding	1507845	381910	217094	3165931
按登记注册类型分	**By Registration**				
内资企业	Domestic-funded Enterprises	1958735	502195	298821	4347389
#国有企业	State-owned	914760	227883	122285	1921071
集体企业	Collective-owned	54205	13864	9867	100958
股份合作企业	Cooperative Share Holding	9602	1466	1233	28548
联营企业	Joint-owned	1124	3456	3200	46970
有限责任公司	Limited-liability Companies	498147	133483	85779	997946
股份有限公司	Share Holding Limited Companies	392377	93945	49605	891151
私营企业	Private	88520	28098	26852	360745
港澳台商投资企业	Enterprises Funded by Hong Kong, Macao and Taiwan	10701	-5441	945	25809
外商投资企业	Foreign-funded Enterprises	11638	4028	1050	59832
按行业分	**By Sector**				
农畜产品批发业	Wholesale of Agricultural and Animal Products	69138	-1299	5642	57175
食品、饮料及烟草制品批发业	Wholesale of Food, Beverages & Tobacco Products	428361	102927	72400	1041225
#米、面制品及食用油批发业	Wholesale of Rice, Noodle Products and Edible Oil	70694	-4119	7464	130648
烟草制品批发业	Wholesale of Tobacco Products	299699	74452	46182	788474
纺织、服装及日用品批发业	Wholesale of Textiles, Garments and Daily Goods	69422	5243	9792	101997
#服装批发业	Wholesale of Garments	2064	132	615	5754
文化、体育用品及器材批发业	Wholesale of Cultural and Sports Articles	76886	17970	6903	115773
#图书批发业	Wholesale of Books	67898	17625	5765	92593
医药及医疗器材批发业	Wholesale of Medicines and Medical Appliances	367986	87353	46778	842316
西药批发业	Wholesale of Western Medicine	215248	42981	30929	583624
中药材及中成药批发业	Wholesale of Traditional Chinese Medicine	152738	44371	15849	258692
医疗用品及器材批发业	Wholesale of Medical Articles and Appliances				
矿产品、建材及化工产品批发业	Wholesale of Mineral, Building and Chemical Products	424188	197968	70496	1360138
#煤炭及制品批发业	Wholesale of Coal and Related Products	3614	7820	4494	15101
石油及制品批发业	Wholesale of Petroleum and Related Products	146536	124523	10973	534608
建材批发业	Wholesale of Building Materials	15517	-1470	693	20160
机械设备、五金交电及电子产品批发业	Wholesale of Machinery, Hardware and Electronic Products	539007	87722	87158	863250
#农业机械批发业	Wholesale of Agricultural Machinery	313	169	200	1957
汽车、摩托车及零配件批发业	Wholesale of Motor Vehicles, Motorcycles and Related Parts	273604	56808	48026	474597
家用电器批发业	Wholesale of Household Electric Equipment	65908	-4741	1248	105936
计算机、软件及辅助设备批发业	Wholesale of Computers, Softwares and Assistant Equipment		940	533	4811
贸易经纪与代理业	Trade Agencies				
其他批发业	Other Wholesales	6087	2899	1647	51156

13-7 CONTINUED-1

(10 000 yuan)

损益及分配 Profit & Loss and Distribution							
商品销售收入净额 Net Value of Sales Revenue	商品销售成本 Cost of Sales	经营费用 Business Cost	商品销售税金及附加 Sales Tax and Extra Charges	商品销售利润 Sales Profit	代购代销收入 Revenues of Purchases and Sales for Commission	主营业务利润 Profits of Major Business	其他业务利润 Profits of Other Business
4394643	**4021854**	**183398**	**6397**	**182994**	**2340**	**185333**	**-9241**
3130846	2843041	137395	5143	145267	1365	146632	8843
4310185	3946255	178930	6398	178602	2338	180941	-9193
1917367	1711323	92396	3871	109777	238	110015	5134
99959	95672	2166	111	2010		2010	725
28547	26651	1064	25	807		807	-1
46764	45594	449	8	713		713	16
965922	888930	41034	1199	34759	1218	35977	-17752
891079	835210	30246	811	24812	868	25680	2504
360549	342876	11576	373	5724	14	5738	181
24626	23363	1443		-180		-180	93
59832	52234	3026		4571		4571	-141
57175	58833	2958	17	-4633	35	-4598	154
1038232	910663	39366	2771	85432	2	85434	2346
130649	127747	4282	46	-1426		-1426	744
786431	681520	26480	2190	76241		76241	896
101141	90859	7125	117	3040	681	3721	1933
5754	4284	1261	10	199		199	
84923	74178	6991	261	3493		3493	325
61744	51809	6432	247	3256		3256	297
842185	799534	18897	701	23053	44	23097	1577
583574	552589	13144	466	17375	34	17409	775
258610	246945	5752	235	5678	10	5688	802
1359112	1248119	72003	1504	37486	72	37558	4696
15101	12289	1563	67	1182		1182	114
534608	468388	44580	965	20675	41	20716	2287
20160	18171	2072	41	-124		-124	9
860719	790856	34722	1006	34135	1506	35641	-20313
1957	1903	37	1	16		16	
473476	424343	21721	438	26974	118	27092	-20084
105190	100215	4953	196	-174		-174	115
4810	4716	81	4	9		9	78
51156	48812	1336	20	988		988	42

13-7 续表2

单位：万元

指 标	Item	损益及分配 Profit & Loss and Distribution			
		管理费用 Management Cost	财务费用 Financial Cost	营业利润 Business Profit	补贴收入 Subsidy Revenue
总计	**Total**	**123819**	**31419**	**34860**	**23856**
#国有及国有控股	State-owned and State Holding	103520	27587	37910	23361
按登记注册类型分	**By Registration**				
内资企业	Domestic-funded Enterprises	120919	31280	33397	23855
#国有企业	State-owned	77627	19324	28463	22483
集体企业	Collective-owned	2363	289	71	121
股份合作企业	Cooperative Share Holding	668	106	32	
联营企业	Joint-owned	464	8	257	
有限责任公司	Limited-liability Companies	18315	3845	-1211	886
股份有限公司	Share Holding Limited Companies	17110	6636	4732	366
私营企业	Private	4373	1073	1053	
港澳台商投资企业	Enterprises Funded by Hong Kong, Macao and Taiwan	579	13	-522	
外商投资企业	Foreign-funded Enterprises	2321	125	1985	
按行业分	**By Sector**				
农畜产品批发业	Wholesale of Agricultural and Animal Products	4218	1867	-4118	10123
食品、饮料及烟草制品批发业	Wholesale of Food, Beverages & Tobacco Products	60461	12737	20208	12334
#米、面制品及食用油批发业	Wholesale of Rice, Noodle Products and Edible Oil	4228	1683	-6588	6268
烟草制品批发业	Wholesale of Tobacco Products	47960	10035	20413	4831
纺织、服装及日用品批发业	Wholesale of Textiles, Garments and Daily Goods	3708	1381	442	103
#服装批发业	Wholesale of Garments	226	1	-28	
文化、体育用品及器材批发业	Wholesale of Cultural and Sports Articles	4201	369	-752	
#图书批发业	Wholesale of Books	3725	231	-403	
医药及医疗器材批发业	Wholesale of Medicines and Medical Appliances	17969	5566	-681	383
西药批发业	Wholesale of Western Medicine	11799	3097	1500	207
中药材及中成药批发业	Wholesale of Traditional Chinese Medicine	6170	2469	-2181	176
医疗用品及器材批发业	Wholesale of Medical Articles and Appliances				
矿产品、建材及化工产品批发业	Wholesale of Mineral, Building and Chemical Products	17301	4658	21153	351
#煤炭及制品批发业	Wholesale of Coal and Related Products	1009	55	232	
石油及制品批发业	Wholesale of Petroleum and Related Products	6280	993	14760	226
建材批发业	Wholesale of Building Materials	615	-20	-714	
机械设备、五金交电及电子产品批发业	Wholesale of Machinery, Hardware and Electronic Products	15243	4691	-1553	562
#农业机械批发业	Wholesale of Agricultural Machinery	29	4	-16	
汽车、摩托车及零配件批发业	Wholesale of Motor Vehicles, Motorcycles and Related Parts	7696	2306	-1622	395
家用电器批发业	Wholesale of Household Electric Equipment	674	50	-689	
计算机、软件及辅助设备批发业	Wholesale of Computers, Softwares and Assistant Equipment	71	100	47	
贸易经纪与代理业	Trade Agencies				
其他批发业	Other Wholesales	718	152	161	

13-7 CONTINUED-2

(10 000 yuan)

损益及分配 Profit & Loss and Distribution		经济效益 Economic Efficiency					
利润总额 Total Profits	从业人员平均人数(人) Average Employment (person)	商品经营费用率(%) Ratio of Profits to Business (%)	商品销售利润率(%) Ratio of Profits to Sales (%)	流动比率 Circulating Rate	速动比率 Speed Rate	资产负债率(%) Ratio of Liabilities to Assets (%)	所有者权益比率(%) Ratio of Creditors' Equity to Assets (%)
50139	**42326**	**4.2**	**4.2**	**1.0**	**0.7**	**79.8**	**20.2**
48667	31010	4.4	4.6	1.0	0.7	79.8	20.2
48583	41342	4.2	4.1	1.0	0.7	79.6	20.4
38740	19581	4.8	5.7	1.0	0.7	80.1	19.9
658	993	2.2	2.0	0.9	0.7	79.6	20.4
33	621	3.7	2.8	1.1	0.8	86.8	13.2
257	69	1.0	1.5	2.5	1.6	24.5	75.5
3462	8925	4.2	3.6	1.0	0.8	78.9	21.1
4838	7774	3.4	2.8	0.9	0.7	80.7	19.3
595	3379	3.2	1.6	1.2	0.9	75.9	24.1
-428	770	5.9	-0.7	0.4	0.0	203.4	-103.4
1985	214	5.1	7.6	1.3	1.0	74.3	25.7
-115	1413	5.2	-8.1	1.4	0.6	101.9	1.9
26530	13791	3.8	8.2	1.0	0.7	80.6	19.4
642	1114	3.3	-1.1	0.9	0.5	106.2	-6.2
22970	8255	3.4	9.7	1.0	0.8	80.1	19.9
645	2308	7.0	3.0	0.9	0.7	93.0	7.0
-26	555	21.9	3.5	0.9	0.4	94.0	6.0
622	1253	8.2	4.1	0.8	0.6	81.1	18.9
967	1121	10.4	5.3	0.8	0.5	79.4	20.6
144	8520	2.2	2.7	0.9	0.7	80.8	19.2
1971	5991	2.3	3.0	1.0	0.7	83.4	16.6
-1827	2529	2.2	2.2	0.9	0.6	77.5	22.5
21551	8251	5.3	2.8	0.9	0.7	68.2	31.8
625	172	10.4	7.8	2.0	1.8	31.6	68.4
15350	4274	8.3	3.9	0.5	0.1	54.1	45.9
-717	256	10.3	-0.6	0.9	0.9	110.5	-10.5
412	6274	4.0	4.0	1.0	0.9	86.0	14.0
-15	16	1.9	0.8	1.2	1.1	64.9	35.1
-1415	3236	4.6	5.7	1.1	1.0	82.8	17.2
-695	803	4.7	-0.2	0.9	0.8	107.8	-7.8
	45	1.7	0.2				100.0
350	516	2.6	1.9	0.9	0.8	67.7	32.3

13－8 限额以上零售贸易业财务状况和经济效益（2003年）

单位：万元

指 标	Item	企业数（个）Number of Enterprises (unit)	年末资产负债 Year-end Assets and Liability 流动资产小计 Total Circulating Assets	#存货 Inventory	长期投资 Long-term Investment
总 计	**Total**	**243**	**659324**	**172524**	**13767**
#国有及国有控股	State-owned and State Holding	64	398055	111985	7902
按登记注册类型分	**By Registration**				
内资企业	Domestic-funded Enterprises	236	629927	169120	12718
#国有企业	State-owned	50	99318	14520	3483
集体企业	Collective-owned	12	4491	756	39
股份合作企业	Cooperative Share Holding	14	8706	2832	235
联营企业	Joint-owned				
有限责任公司	Limited-liability Companies	50	273955	86573	2889
股份有限公司	Share Holding Limited Companies	25	101527	30062	2953
私营企业	Private	83	139197	34164	3120
港澳台商投资企业	Enterprises Funded by Hong Kong, Macao and Taiwan	3	5170	1928	1048
外商投资企业	Foreign-funded Enterprises	4	24226	1477	
按行业分	**By Sector**				
综合零售业	Comprehensive Retails	79	384220	109780	4717
#百货零售业	Department Stores	37	340875	98779	4400
超级市场零售业	Supermarkets	19	36369	9243	140
食品、饮料及烟草制品专门零售业	Special Retail of Food, Beverages and Tobacco Products	18	18061	4583	978
#粮油零售业	Retail of Grains and Edible Oil	4	10225	1861	5
烟草制品零售业	Retail of Tobacco Products	3	1620	116	52
纺织、服装及日用品专门零售业	Special Retail of Textile, Garments and Daily Goods	11	7112	3305	1048
#服装零售业	Retail of Garments	4	1276	809	
文化、体育用品及器材专门零售业	Special Retail of Cultural and Psorts Articles	34	32073	6462	1230
#图书零售业	Retail of Books	31	29205	5088	66
医药及医疗器材专门零售业	Special Retail of Medicine and Medical Appliances	14	15007	4340	1006
#药品零售业	Retail of Medicine	14	15007	4340	1006
汽车、摩托车、燃料及零配件专门零售业	Special Retail of Motor Vehicles, Motorcycles, Feul and Related Spares	38	126934	25186	4363
#汽车零售业	Retail of Motor Vehicles	27	123720	24115	4100
摩托车及零配件零售业	Retail of Motorcycles and Related Parts	6	951	702	252
家用电器及电子产品专门零售业	Special Retail of Household Electric Equipment and Electronic Products	40	72394	17605	389
#家用电器零售业	Retail of Household Electric Equipment	28	58722	13206	113
计算机、软件及辅助设备零售业	Retail of Computers, Softwares and Assistant Equipment	5	1866	442	
五金、家具及室内装修材料专门零售业	Special Retail of Hardware, Furniture and Indoor Decoration	7	3080	1259	15
无店铺及其他零售业	Non-shops and Other Retails	2	442	3	20

FINANCIAL INDICATORS AND ECONOMIC EFFICIENCY OF RETAIL TRADE ABOVE DESIGNATED SIZE (2003)

(10 000 yuan)

年末资产负债 Year-end Assets and Liability							
固定资产小计 Total Fixed Assets	固定资产原值 Original Value of Fixed Assets	#生产经营用 Used by Production Management	累计折旧 Total Depreciation	无形及递延资产小计 Total Intangible and Deferred Assets	资产合计 Total Assets	流动负债小计 Total Circulating Liability	长期负债小计 Total Long-term Liability
305901	**332022**	**156950**	**54445**	**38072**	**1028807**	**727346**	**68200**
217485	233323	119805	36495	25461	651368	489425	33370
301958	326269	156128	52637	37191	993318	706867	68200
38798	42979	15626	10275	5185	147529	88639	13756
1908	3287	1985	1551	76	6891	3445	675
9831	11351	10644	1625	909	20388	4463	7404
111038	112419	3266	12164	9426	398847	339388	17814
105551	116246	107380	20850	16018	226326	141174	13145
34748	39859	17227	6128	5432	190375	127068	15407
3475	4258		783		9872	6615	
470	1495	823	1026	883	25618	13863	
228804	245417	126457	36925	28319	649361	485031	35654
216230	231761	118112	32845	26025	589777	449092	30844
8938	11601	7087	3407	2062	48479	27981	4059
14780	18852	6603	5856	3318	37631	24460	2530
3315	4837	1488	1527	4	13652	10069	2078
3656	2628	366	558	1835	7163	2637	210
4062	4564	358	559	208	12644	7385	30
299	359	40	61	206	1817	1378	10
19396	20436	10711	5840	1406	54758	21167	6
17908	19133	10409	5597	1098	48931	17155	6
10754	11258	6329	593	163	26952	14555	8975
10754	11258	6329	593	163	26952	14555	8975
22028	23842	3691	2948	3208	161592	111085	17497
21325	22516	2657	2325	3199	157402	108616	17149
117	143	39	26	9	1331	659	64
4125	4940	863	957	1049	79639	60511	1503
2910	3513	623	746	999	64424	50904	1368
33	51		18		1899	437	48
1530	2010	1938	481	172	4852	2231	1996
424	703		286	228	1378	920	9

13-8 续表1

单位：万元

指标	Item	年末资产负债 Year-end Assets and Liability			商品销售收入 Sales Revenue
		负债合计 Total Liabilities	所有者权益合计 Total Creditors' Equity	#实收资本 Capital Obtained	
总计	**Total**	**814612**	**214195**	**144634**	**1900131**
#国有及国有控股	State-owned and State Holding	537124	114244	65043	1122794
按登记注册类型分	**By Registration**				
内资企业	Domestic-funded Enterprises	794134	199183	138256	1817142
#国有企业	State-owned	114534	32995	17209	249848
集体企业	Collective-owned	4481	2410	1662	10129
股份合作企业	Cooperative Share Holding	11867	8521	5361	40091
联营企业	Joint-owned				
有限责任公司	Limited-liability Companies	361546	37302	36446	700881
股份有限公司	Share Holding Limited Companies	154395	71931	37224	378182
私营企业	Private	144622	45753	40153	427996
港澳台商投资企业	Enterprises Funded by Hong Kong, Macao and Taiwan	6615	3256	1889	10970
外商投资企业	Foreign-funded Enterprises	13863	11755	4488	72019
按行业分	**By Sector**				
综合零售业	Comprehensive Retails	522401	126960	80749	1124656
#百货零售业	Department Stores	481222	108555	68605	1005842
超级市场零售业	Supermarkets	32040	16439	10215	88137
食品、饮料及烟草制品专门零售业	Special Retail of Food, Beverages and Tobacco Products	39143	-1512	9827	31790
#粮油零售业	Retail of Grains and Edible Oil	23803	-10151	1398	7850
烟草制品零售业	Retail of Tobacco Products	3329	3834	4072	1391
纺织、服装及日用品专门零售业	Special Retail of Textile, Garments and Daily Goods	7542	5102	2428	15400
#服装零售业	Retail of Garments	1515	302	865	4566
文化、体育用品及器材专门零售业	Special Retail of Cultural and Psorts Articles	21174	33584	6736	96234
#图书零售业	Retail of Books	17162	31769	6152	88432
医药及医疗器材专门零售业	Special Retail of Medicine and Medical Appliances	23530	3422	4414	43244
#药品零售业	Retail of Medicine	23530	3422	4414	43244
汽车、摩托车、燃料及零配件专门零售业	Special Retail of Motor Vehicles, Motorcycles, Feul and Related Spares	130998	30594	26054	367235
#汽车零售业	Retail of Motor Vehicles	128181	29221	25299	349528
摩托车及零配件零售业	Retail of Motorcycles and Related Parts	723	608	433	5346
家用电器及电子产品专门零售业	Special Retail of Household Electric Equipment and Electronic Products	64669	14970	13413	209824
#家用电器零售业	Retail of Household Electric Equipment	54927	9497	8410	167692
计算机、软件及辅助设备零售业	Retail of Computers, Softwares and Assistant Equipment	485	1414	1489	6494
五金、家具及室内装修材料专门零售业	Special Retail of Hardware, Furniture and Indoor Decoration	4227	625	755	8839
无店铺及其他零售业	Non-shops and Other Retails	929	449	257	2911

13-8 CONTINUED-1

(10 000 yuan)

损益及分配 Profit & Loss and Distribution							
商品销售收入净额 Net Value of Sales Revenue	商品销售成本 Cost of Sales	经营费用 Business Cost	商品销售税金及附加 Sales Tax and Extra Charges	商品销售利润 Sales Profit	代购代销收入 Revenues of Purchases and Sales for Commission	主营业务利润 Profits of Major Business	其他业务利润 Profits of Other Business
1859617	**1657740**	**91293**	**10471**	**100113**	**152**	**100265**	**16841**
1094953	979419	44265	6205	65064	78	65142	6066
1776629	1596089	84004	10388	86147	153	86299	15780
222009	196225	8737	2844	14203	56	14259	2204
10129	9329	529	78	193	34	227	791
40071	34543	3804	596	1128		1128	84
698825	641577	23086	2154	32008	38	32045	2933
378167	327961	21384	2306	26516		26516	2803
417416	378608	25945	2343	10519	26	10545	6860
10969	7003	2537	1	1428		1428	75
72019	54647	4752	82	12538		12538	986
1122185	986528	61667	4766	69224	96	69320	10390
1003804	884862	46644	4421	67877	23	67900	6644
87705	75377	12398	254	-324	26	-298	3321
31790	24123	1765	2911	2991	1	2992	891
7850	5108	589	2372	-219		-219	304
1390	1158	209	10	13	1	14	187
15375	9642	4201	45	1487		1487	77
4542	3583	891	17	51		51	9
68402	51529	6688	313	9872		9872	1242
60814	44940	6045	281	9548		9548	1033
43225	40070	1378	325	1452		1452	22
43225	40070	1378	325	1452		1452	22
367191	353110	5461	458	8162		8162	817
349485	336454	5007	431	7593		7593	838
5346	5223	87	7	29		29	
199699	183254	8713	1608	6124		6124	3148
157567	143414	7078	1568	5507		5507	3093
6494	6195	113	5	181		181	3
8840	6769	1294	42	735	54	789	163
2911	2715	125	4	67		67	92

13-8 续表2

单位：万元

指 标	Item	损益及分配 Profit & Loss and Distribution			
		管理费用 Management Cost	财务费用 Financial Cost	营业利润 Business Profit	补贴收入 Subsidy Revenue
总计	**Total**	**87733**	**14229**	**15078**	**3475**
#国有及国有控股	State-owned and State Holding	56175	10180	4782	3345
按登记注册类型分	**By Registration**				
内资企业	Domestic-funded Enterprises	81347	14317	1576	3455
#国有企业	State-owned	12228	1854	1862	2793
集体企业	Collective-owned	1849	101	-1400	
股份合作企业	Cooperative Share Holding	1048	526	-20	6
联营企业	Joint-owned				
有限责任公司	Limited-liability Companies	29690	6074	-604	312
股份有限公司	Share Holding Limited Companies	23596	3744	3947	242
私营企业	Private	11314	1980	-2235	102
港澳台商投资企业	Enterprises Funded by Hong Kong, Macao and Taiwan	1681	49	-227	
外商投资企业	Foreign-funded Enterprises	4705	-137	13728	21
按行业分	**By Sector**				
综合零售业	Comprehensive Retails	64789	10468	11612	675
#百货零售业	Department Stores	59418	9690	10081	573
超级市场零售业	Supermarkets	3579	588	-374	102
食品、饮料及烟草制品专门零售业	Special Retail of Food, Beverages and Tobacco Products	4244	805	-1460	2785
#粮油零售业	Retail of Grains and Edible Oil	763	417	-1412	2539
烟草制品零售业	Retail of Tobacco Products	549	39	-387	246
纺织、服装及日用品专门零售业	Special Retail of Textile, Garments and Daily Goods	1146	47	457	6
#服装零售业	Retail of Garments	271		-204	
文化、体育用品及器材专门零售业	Special Retail of Cultural and Psorts Articles	7557	29	3562	4
#图书零售业	Retail of Books	7047	30	3538	4
医药及医疗器材专门零售业	Special Retail of Medicine and Medical Appliances	1142	332	38	-1
#药品零售业	Retail of Medicine	1142	332	38	-1
汽车、摩托车、燃料及零配件专门零售业	Special Retail of Motor Vehicles, Motorcycles, Feul and Related Spares	5122	1765	1932	9
#汽车零售业	Retail of Motor Vehicles	4647	1716	1905	8
摩托车及零配件零售业	Retail of Motorcycles and Related Parts	39	9	-18	
家用电器及电子产品专门零售业	Special Retail of Household Electric Equipment and Electronic Products	3008	669	-1102	-6
#家用电器零售业	Retail of Household Electric Equipment	2361	628	-1042	-6
计算机、软件及辅助设备零售业	Retail of Computers, Softwares and Assistant Equipment	186	-1		
五金、家具及室内装修材料专门零售业	Special Retail of Hardware, Furniture and Indoor Decoration	709	110	82	5
无店铺及其他零售业	Non-shops and Other Retails	17	4	-43	

13-8 CONTINUED-2

(10 000 yuan)

损益及分配 Profit & Loss and Distribution		经济效益 Economic Efficiency					
利润总额 Total Profits	从业人员平均人数(人) Average Employment (person)	商品经营费用率(%) Ratio of Profits to Business (%)	商品销售利润率(%) Ratio of Profits to Sales (%)	流动比率 Circulating Rate	速动比率 Speed Rate	资产负债率(%) Ratio of Liabilities to Assets (%)	所有者权益比率(%) Ratio of Creditors' Equity to Assets (%)
20986	**40838**	**4.9**	**5.4**	**0.9**	**0.7**	**79.2**	**20.8**
9381	17931	4.0	5.9	0.8	0.6	82.5	17.5
12142	39494	4.7	4.8	0.9	0.7	79.9	20.1
3409	4475	3.9	6.4	1.1	1.0	77.6	22.4
24	580	5.2	1.9	1.3	1.1	65.0	35.0
1479	3085	9.5	2.8	2.0	1.3	58.2	41.8
1902	12161	3.3	4.6	0.8	0.6	90.6	9.4
4988	8104	5.7	7.0	0.7	0.5	68.2	31.8
314	10934	6.2	2.5	1.1	0.8	76.0	24.0
-225	735	23.1	13.0	0.8	0.5	67.0	33.0
9068	609	6.6	17.4	1.7	1.6	54.1	45.9
13143	29193	5.5	6.2	0.8	0.6	80.4	19.6
10094	21419	4.6	6.8	0.8	0.5	81.6	18.4
1113	6991	14.1	-0.4	1.3	1.0	66.1	33.9
473	1918	5.6	9.4	0.7	0.6	104.0	-4.0
36	298	7.5	-2.8	1.0	0.8	174.4	-74.4
-87	288	15.0	0.9	0.6	0.6	46.5	53.5
462	988	27.3	9.7	1.0	0.5	59.6	40.4
-204	330	19.6	1.1	0.9	0.3	83.4	16.6
3333	2409	9.8	14.4	1.5	1.2	38.7	61.3
3309	2139	9.9	15.7	1.7	1.4	35.1	64.9
4	979	3.2	3.4	1.0	0.7	87.3	12.7
4	979	3.2	3.4	1.0	0.7	87.3	12.7
2200	1939	1.5	2.2	1.1	0.9	81.1	18.9
2164	1585	1.4	2.2	1.1	0.9	81.4	18.6
-18	102	1.6	0.5	1.4	0.4	54.3	45.7
1236	2952	4.0	3.0	1.0	1.0	81.0	19.0
1220	2058	4.5	3.5	1.2	0.9	85.3	14.7
-7	119	1.7	2.8	4.3	3.3	25.5	74.5
176	365	14.6	8.3	1.4	0.8	87.1	12.9
-41	95	4.3	2.3	0.5	0.5	67.4	32.6

13－9 限额以上餐饮业财务状况和经济效益（2003年）

单位：万元 (10 000 yuan)

指标	Item	企业数（个） Number of Enterprises (unit)	年末资产负债 Year-end Assets and Liability					
			流动资产小计 Total Circulating Assets	#存货 Inventory	长期投资 Long-term Investment	固定资产小计 Total Fixed Assets	固定资产原值 Original Value of Fixed Assets	#生产经营用 Used by Production Management
总计	**Total**	**152**	**46079**	**4479**	**1294**	**85095**	**87704**	**32281**
#国有及国有控股	State-owned and State Holding	17	6259	617	166	20151	21855	11417
按登记注册类型分	**By Registration**							
内资企业	Domestic-funded Enterprises	150	45207	4332	1294	84413	85894	30767
#国有企业	State-owned	11	1926	349		12206	14311	5007
集体企业	Collective-owned	4	433	110		2279	675	300
股份合作企业	Cooperative Share Holding	10	1855	206	7	3640	3935	1240
联营企业	Joint-owned	1	94	9				
有限责任公司	Limited-liability Companies	20	7339	601	118	23425	13769	4763
股份有限公司	Share Holding Limited Companies	10	5519	763	79	8456	11414	4260
私营企业	Private	93	26600	2283	1091	34386	41738	15198
港澳台商投资企业	Enterprises Funded by Hong Kong, Macao and Taiwan	1	797	133		569	1513	1513
外商投资企业	Foreign-funded Enterprises	1	75	14		113	297	
按国民经济行业分	**By Sector**							
#正餐	Dinner	150	45276	4344	1294	84483	86138	30714
快餐	Fast Food	2	802	135		612	1566	1566

指标	Item	年末资产负债 Year-end Assets and Liability						
		累计折旧 Total Deprecia-tion	无形及递延资产小计 Total Intangible and Deferred Assets	资产合计 Total Assets	流动负债小计 Total Circulating Liability	长期负债小计 Total Long-term Liabilities	负债合计 Total Liabilities	所有者权益合计 Total Creditors' Equity
总计	**Total**	**26419**	**10652**	**154797**	**78677**	**12794**	**100736**	**54061**
#国有及国有控股	State-owned and State Holding	4983	3476	39181	9278	3756	13174	26007
按登记注册类型分	**By Registration**							
内资企业	Domestic-funded Enterprises	25365	10652	153243	76744	12794	98804	54440
#国有企业	State-owned	2347	1668	24879	4902	2337	7239	17640
集体企业	Collective-owned	309	3	2789	161	3	2792	-3
股份合作企业	Cooperative Share Holding	871	371	5922	1955	228	5111	811
联营企业	Joint-owned			94	13		13	81
有限责任公司	Limited-liability Companies	2829	1301	32318	19331	6098	25570	6749
股份有限公司	Share Holding Limited Companies	3002	2088	16154	10017	31	10123	6031
私营企业	Private	15978	5222	69623	38402	4097	45993	23630
港澳台商投资企业	Enterprises Funded by Hong Kong, Macao and Taiwan	870		1366	1916		1916	-549
外商投资企业	Foreign-funded Enterprises	184		188	17		17	171
按国民经济行业分	**By Sector**							
#正餐	Dinner	25539	10652	153384	76761	12794	98821	54563
快餐	Fast Food	880		1414	1916		1916	-502

FINANCIAL INDICATORS AND ECONOMIC EFFICIENCY OF CATERING TRADE ABOVE DESIGNATED SIZE (2003)

单位：万元 (10 000 yuan)

指　标	Item	损益及分配 Profit & Loss and Distribution							
		营业收入 Business Revenue	营业成本 Cost of Sales	营业费用 Manage-ment Cost	营业税金及附加 Sales Tax and Extra Changes	经营利润 Total Profits	管理费用 Manage-ment Cost	财务费用 Financial Cost	营业利润 Business Profit
总计	**Total**	**111430**	**57947**	**30841**	**5140**	**17503**	**14929**	**3107**	**-534**
#国有及国有控股	State-owned and State Holding	16126	8220	4623	583	2700	3232	401	-933
按登记注册类型分	**By Registration**								
内资企业	Domestic-funded Enterprises	109582	57321	29781	5068	17412	14752	3108	-448
#国有企业	State-owned	8557	3517	2877	381	1783	1880	293	-389
集体企业	Collective-owned	1877	697	757	101	322	302	205	-185
股份合作企业	Cooperative Share Holding	5734	3368	1805	294	266	630	75	-439
联营企业	Joint-owned	230	127	73	18	12	3		9
有限责任公司	Limited-liability Companies	18595	10428	4427	645	3095	2635	784	-324
股份有限公司	Share Holding Limited Companies	10327	5397	1958	427	2546	2588	255	-298
私营企业	Private	63861	33592	17700	3183	9386	6623	1401	1363
港澳台商投资企业	Enterprises Funded by Hong Kong, Macao and Taiwan	1614	474	934	63	144	160	-1	-15
外商投资企业	Foreign-funded Enterprises	234	152	126	9	-53	18		-71
按国民经济行业分	**By Sector**								
#正餐	Dinner	109351	57054	29906	5066	17325	14759	3108	-542
快餐	Fast Food	2079	894	935	73	178	170	-1	8

指　标	Item	损益及分配 Profit & Loss and Distribution				经济效益 Economic Efficiency			
		利润总额 Total Profits	应交所得税 Ought Pay for Income Tax	应付利润 Ought pay for Profits	从业人员平均人数（人） Average Employ -ment (person)	流动比率 Circulat-ing Rate	速动比率 Speed Rate	资产负债率（%） Ratio of Liabilities to Assets	所有者权益比率（%） Ratio of Creditors' Equity to Assets
总计	**Total**	**-641**	**925**	**189**	**18763**	**0.6**	**0.5**	**65.1**	**34.9**
#国有及国有控股	State-owned and State Holding	-428	105	103	3849	0.7	0.6	33.6	66.4
按登记注册类型分	**By Registration**								
内资企业	Domestic-funded Enterprises	-732	925	189	18643	0.6	0.5	64.5	35.5
#国有企业	State-owned	-100	105	103	2274	0.4	0.3	29.1	70.9
集体企业	Collective-owned	-184	1	6	329	2.7	2.0	100.1	-0.1
股份合作企业	Cooperative Share Holding	-453	3	-187	1019	0.9	0.8	86.3	13.7
联营企业	Joint-owned	9	3		38	7.2	6.5	13.8	86.2
有限责任公司	Limited-liability Companies	-211	9	11	3259	0.4	0.3	79.1	20.9
股份有限公司	Share Holding Limited Companies	-118			1901	0.6	0.5	62.7	37.3
私营企业	Private	668	803	256	9731	0.7	0.6	66.1	33.9
港澳台商投资企业	Enterprises Funded by Hong Kong, Macao and Taiwan	159			68	0.4	0.3	140.1	-40.1
外商投资企业	Foreign-funded Enterprises	-69			52	4.4	3.6	9.0	91.0
按国民经济行业分	**By Sector**								
#正餐	Dinner	-824	925	189	18599	0.6	0.5	64.4	35.6
快餐	Fast Food	182			164	0.4	0.3	135.5	-35.5

主要统计指标解释

社会消费品零售额 指各种经济类型的批发零售贸易业、餐饮业和其他行业对城乡居民和社会集团的消费品零售额总和。这个指标反映通过各种商品流通渠道向居民和社会集团供应的生活消费品来满足他们生活需要，是研究人民生活、社会消费品购买力、货币流通等问题的重要指标。对居民的消费品零售额：指售给城乡居民用于生活消费的商品。对社会集团的消费品零售额：指售给机关、团体、部队、学校企业、事业单位和城市街道居民委员会、农村村民委员会用公款购买的用作非生产、非经营使用的消费品。

社会消费品零售额包括：（1）售给城乡居民作为生活用的商品和修建房屋用的建筑材料；（2）售给机关、团体、学校、部队、企业、事业单位的职工食堂和旅店（招待所）附设专门供本店旅客食用，不对外营业的食堂的各种食品、燃料；企业、事业单位和国营农场直接售给本单位职工和职工食堂的自己生产的产品；（3）售给部队干部、战士生活用的粮食、副食品、衣着品、日用品、燃料；（4）售给来华的外国人、华侨、港澳台同胞的消费品；（5）居民自费购买的中、西药品、中药材及医疗用品；（6）报社、出版社直接售给居民和社会集团的报纸、图书、杂志、集邮公司出售的新、旧纪念邮票、特种邮票、首日封、集邮册、集邮工具等；（7）旧货寄售商店（信托商店）自购、自销部分的商品零售额；（8）煤气公司、液化石油气站售给居民和社会集团的煤气灶具和罐装液化石油气；（9）售给社会集团的办公用品、纸张、帐册、文印用品、计算工具、书报杂志和奖品；公共用品和纺织品、针织品；学校用的教学用具；文体用品；非专用的劳动保护用品，如工作服、套袖、围裙、手套、毛巾、肥皂等；日用百货和杂品，包括职工食堂用的餐具、炊具、设备和清洁卫生工具等；家具、设备、日用电器、电讯设备、电影器材和照相器材等；取暖用的设备和燃料，防暑、降温的饮料；非生产经营用的交通工具如小轿车、面包车、工具车、卡车和油料；零星修理用的各种零配件、材料、工具、建筑材料等；举办各种招待会、茶话会、宴会用的烟酒茶和各种食品及馈赠的礼品；从公费医疗经费中开支的中、西药品、中药材和医疗器材以及其他非生产性设备和用品。

社会消费品零售额不包括：（1）农民之间相互买卖的商品；（2）城市居民通过市场或其他形式在城市居民中相互转让出售旧的生活用品；（3）售给农民或村办的生产单位和各种生产工具、原材料和辅助材料；（4）售给国有农场、国有拖拉机站、排灌站、农村集体、农业生产单位和农民的各种农业生产资料和燃料；（5）售给工业（包括科研单位附属的工厂、学校办工厂）、交通运输业、建筑安装企业和建设单位用的各种生产资料和建筑材料；（6）售给饮食业加工用的粮食、副食品、调味品、燃料；（7）售给批发零售贸易业、餐饮业、服务业（旅行社、理发店、旅馆、照相馆、日用品修理业等）、公用事业等单位直接用于业务经营活动方面的设备、工具、器材、原料、材料、燃料和印制各种票证用的纸张等；（8）售给各种经济类型批发贸易业、餐饮业作为转卖或加工后转卖的商品；（9）旧货寄售商店（信托商店）受居民委托寄售卖出的商品；（10）公用事业的营业收入（如市内公共汽车、电车、轮渡的车船票收入、公园门票收入等）、服务业的营业收入（如旅店的房租、理发店的理发收入、日用品修理行业的修理费收入等）、文化艺术事业收入（如电影、戏剧票收入、博物馆门票收入等）；（11）邮电局出售邮票（包括普通邮票、纪念邮票、特种邮票）、汇款单、电报稿纸的收入；（12）自来水、电力、煤气热力生产（供应）单位的产品供应通过管道、输电线路供应给居民和社会集团的水、电、煤气、暖气的收入；（13）售给对外营业影剧院的设备和器材；（14）售给自然科学研究单位直接用于科学研究的各种仪器仪表、化学试剂、元器件、工具和其他有关设备；（15）售给消防队、清洁队、出租汽车公司等单位用于业务活动的设备、车辆和燃料；（16）售给企业单位生产上专用的劳动保护用品，包括绝缘、防毒、耐酸、耐油、防烧、隔热以及高空、水下作业用的专用防护设备和用品；（17）售给民政部门救灾用的商品，售给人防工程的设备和材料。

批发零售贸易业商品购、销、存总额 指以各种登记注册类型的批发、零售贸易业企业（单位）以本企业（单位）为总体的商品购进、销售、库存总额。

商品购进总额 指从本企业（单位）以外的单位和个人购进（包括从境外直接进口）作为转卖或加工后转卖的商品。这个指标反映批发零售贸易业从国内、国外市场上购进商品的总量。商品购进总额包括：（1）从工农业生产者购进的商品；（2）

从出版社、报社的出版发行部门购进的图书、杂志和报纸；（3）从各种登记注册类型的批发零售贸易企业（单位）购进的商品；（4）从其他单位购进的商品，如从机关、团体、企业、单位购进的剩余物资，从餐饮业、服务业购进的商品，从海关、市场管理部门购进的缉私和没收的商品，从居民收购的废旧商品等；（5）从国（境）外直接进口的商品。不包括企业（单位）为自身经营用，和未通过买卖行为而收入的商品以及销售退回、商品升溢等。

商品销售总额 指对本企业（单位）以外的单位和个人出售（包括对境外直接出口）的商品总额。这个指标反映批发零售贸易业在国内市场上销售商品以及出口商品的总量。商品销售总额包括：（1）售给城乡居民和社会集团消费用的商品；（2）售给工业、农业、建筑业、运输邮电业、批发零售贸易业、餐饮业、服务业等作为生产，经营使用的商品；（3）售给批发零售贸易业作为转卖或加工后转卖的商品；（4）对国（境）外直接出口的商品。不包括出售本企业（单位）自用的废旧包装用品；未通过买卖行为付出的商品；经本单位介绍，由买卖双方直接结算，本单位只收取手续费的业务，购货退出的商品以及商品损耗和损失等。

批发零售贸易业年末库存 指报告期末各种登记注册类型的批发零售贸易企业（单位）已取得所有权的商品。它反映各地区、各批发零售贸易企业（单位）的商品库存情况，和对市场商品供应的保证程度。期末库存包括：（1）存放在批发零售贸易业经营单位（如门市部、批发站、经营处）仓库、货场、货柜和货架中的商品；（2）挑选、整理、包装中的商品；（3）已记入购进而尚未运到本单位的商品，即发货单或银行承兑凭证已到而货未到部分；（4）寄放他处的商品，如因购货方拒绝承付而暂时存放在购货方的商品和已办完加工成品收回手续而未提回的商品；（5）委托其他单位代销（未作销售或调出）尚未售出的商品；（6）代其他单位购进尚未交付的商品。不包括所有权不属于本单位的商品、拨付除批发零售贸易业以外的其他行业所属独立核算加工厂等加工生产尚未收回成品的商品、代国家物资储备部门保管的商品等，期末库存总额计算价格是：农副产品采购单位按购进价计算，批发单位按进货价计算，零售单位按核算价格计算，即按什么价格核算就按什么价格计算。

城乡消费品市场成交额 指从事消费品交易的商品市场的全部商品成交额。消费品市场包括农副产品市场和工业消费品市场。

EXPLANATORY NOTES ON MAIN STATISTICAL INDICATORS

Total Retail Sales of Consumer Goods refer to the sum of retail sales of consumer goods sold by all sectors of the national economy to urban and rural residents and social groups. This indicators is used to show the supply of consumers goods through various channels to households and institutions, and is very important for the study on changes at the domestic retail market, and on economic cycles.

The retail sales of consumer goods include: (1) commodities sold to urban and rural residents for residential use and building materials sold to them for the construction or repair of houses; (2) office appliance and supplies sold to institutions; (3) food and fuels sold to canteens of institutions, enterprises, schools, military units and to canteens of hotels and hostels that only serve their guests, and commodities produced by enterprises, institutions or state farms and sold directly to their employees or their canteens; (4) grain and non-staple food, clothing, daily articles and fuels sold to military personnel; (5) consumer goods sold to foreigners, overseas Chinese, and Chinese compatriots from Taiwan, Hong Kong and Macao during their stay in the mainland of China; (6) Chinese and western medicines, herbs and medical facilities purchased by residents; (7)newspapers, books and magazines directly sold to residents and social groups by publishers, new and old commemorative stamps, special stamps, first-day covers, stamp albums and other stamp-collection articles sold by stamp companies; (8) consumer goods purchased and then sold by second-hand shops; (9) stoves and other heating facilities and liquefied gas sold by gas companies to households and institutions; and (10) commodities sold by farmers to non-agricultural residents and social groups. Excluded under this heading are: raw materials, fuels, equipment, tools sold to enterprises, institutions and state farms for production purpose; commodities sold to trade establishments for re-selling; commissioned sales at second-hand shops; operational income of urban public utilities; stamps sold at post offices; income of water, power, gas production and supply establishments from the supply of their products; and sales of commodities among farmers.

Purchase, Sales and Stock of Commodities by Wholesale and Retail Trade refer to the purchase, sales and stock of commodities by wholesale and retail establishments of different status of registration (excluding individual sellers).

Total Purchases of Commodities refer to the purchases of commodities by the establishments from other establishments or individuals (including direct import from abroad) for the purpose of re-selling, either with or without further processing of the commodities purchased. This indicator is used to show the total value of purchases of commodities by wholesale and retail establishments from domestic and overseas markets. The total purchases include: (1) agricultural and industrial products purchased from producers; (2) books, magazines and newspapers purchased from distribution departments of the publishers; (3) commodities purchased from wholesale and retail establishments of different status of registration; (4) commodities purchased from other units, such as surplus materials purchased from government agencies, enterprises or institutions, commodities purchased from catering and service establishments, confiscated goods purchased from customs authorities or market management agencies, second-hand goods and wastes purchased from residents; and (5) commodities directly imported from abroad. Excluded are commodities purchased by establishments (units) for use in their own business operation, commodities obtained without buying or selling procedures, rejected commodities, etc.

Total Sales of Commodities refer to selling of commodities by the establishments and individuals (including direct export). This indicator is used to show the total value of sales of commodities at domestic markets and export. The total sales include: (1) commodities sold to urban and rural residents and social groups for their consumption; (2) commodities sold to establishments in industry, agriculture, construction, transportation, post and telecommunications, wholesale and retail trades, catering trade and public utility for their production and operation; (3) commodities sold to wholesale and retail establishments for re-selling, with or without further processing; and (4) commodities for direct export to other countries. Excluded are selling of waste packaging materials used by the establishments (units) themselves, commodities transferred without buying or selling procedures, commission income from brokerage in transactions whose settlement is directly handled by buyers and sellers, rejected commodities in the purchase, loss in commodities, etc.

Commodity Stock of Wholesale and Retail Enterprises at Year-end refers to total commodities possessed by wholesale and retail enterprises (units) of various types of registration status at the end of the reference period, which reflects the commodity stock level of various wholesale and retail enterprises and the potential for market supply. It includes: (1) commodities located in storage, garages, counters, and shelves of operating units (such as sale stores, wholesale centers, and operating offices) of wholesale and retail enterprises; (2) commodities in the process of selecting, sorting, and packing; (3) commodities not arrived but recorded as purchase in the account, i.e. commodities not arrived but payment receipts for the commodities from the sellers or the banks arrived; (4) commodities deposited in other places rather than places mentioned above, for instance: commodities in the hold of purchasers temporarily due to the refusal of payment and commodities not taken back after going through the formalities; (5) commodities entrusted to other units to sell but not sold yet; (6) commodities purchased for other units but not delivered yet. Commodities not included as stock are those not owned by the enterprises (units), those allocated to financially independent factories rather than wholesale and retail enterprises for processing but not taken back yet, and finally those put in stock by wholesale and retail enterprises on behalf of the state material reserve units. For the calculation of the value of commodities stock, the value is calculated at purchasing prices in agricultural goods purchasing units and wholesale units, and at the accounting prices in retail units.

Volume of Transaction at Free Market for Consumer Goods refers to the value of transaction of all goods at the free trade markets for consumer goods, where markets include both free markets for farm and sideline products and for manufactured consumer goods.

十四　对外经济贸易和旅游业

FOREIGN ECONOMIC RELATIONS, TRADE AND TOURISM

简要说明

本章资料包括我市对外贸易、利用外资、对外承包工程和劳务合作、旅游情况，以及利用内资方面的资料。对外经济贸易、国外友好城市交流和旅游资料是市统计局贸易外经处分别根据市对外贸易经济委员会、重庆海关、市政府外事办公室和市旅游局的有关资料加工整理的，利用内资数据由市统计局贸易外经处提供，外商投资企业生产经营和财务情况由市企业调查队提供，风景名胜区和重点文物由市统计局社会科技处根据市园林局和市文化局的资料整理编辑。

Brief Introduction

Data in this chapter includes the detailed data of Chongqing's foreign trade, utilization of foreign capital, contracted projects and labor cooperation with the foreign countries or territories, tourism and utilization of domestic capital. Data on foreign economic relations and trade, communications with foreign friendly cities and tourism is provided by Division of Trade and External Economic Relations Statistics, Municipal Bureau of Statistics according to data from Municipal Committee of Foreign Trade and Economics, Chongqing Customs Administration, Foreign Affairs Office of Municipal Government and Municipal Tourism Administration; Data of utilization of domestic capital are provided by Division of Trade and External Economic Relations Statistics, Municipal Bureau of Statistics. Statistics on production, business and finance of foreign-funded enterprises are provided by Municipal Enterprises Survey Organization. Data of Scenic spots and main cultural relics is edited by Division of Social and Technology Statistics, Municipal Bureau of Statistics with data from Municipal Afforestation Bureau and from Municipal Cultural Bureau.

14－1 海关进出口总值（1987－2003年）
TOTAL IMPORTS AND EXPORTS (CUSTOMS STATISTICS) (1987-2003)

单位：万美元 (USD 10 000)

年份 Year	进出口总值 Total Imports and Exports	进口总值 Total Imports	出口总值 Total Exports	进出口差额 Balance of Importsand Exports
1987	29681	12235	17446	5211
1988	41078	18907	22171	3264
1989	60299	31247	29052	-2195
1990	68095	35366	32729	-2637
1991	61950	22701	39249	16548
1992	74244	33377	40867	7490
1993	85470	44310	41160	-3150
1994	123957	52430	71527	19097
1995	141859	57126	84733	27607
1996	158543	99178	59365	-39813
1997	167843	89828	78015	-11813
1998	103386	51975	51411	-564
1999	121044	72005	49039	-22966
2000	178547	79025	99522	20497
2001	183384	73136	110248	37112
2002	179401	70282	109119	38837
2003	259488	100979	158509	57530

14－2 利用外资基本情况（1985－2003年）
BASIC STATISTICS ON UTILIZATION OF FOREIGN CAPITAL (1985-2003)

单位：个、万美元 (unit, USD 10 000)

年份 Year	新签利用外资协议(合同)数 New Signed Agreements (Contracts) on Foreign Capital to be Utilized	协议合同金额 Total Amount of Agreements and Contracts	实际利用外资额 Total Amount of Foreign Capital Actually Utilized	#对外借款 Foreign Loans	#外商直接投资 Foreign Direct investment
1985	28	3991	2499	736	427
1986	21	2957	3596	1464	790
1987	31	3320	4509	2451	1924
1988	72	54862	13153	10574	2069
1989	39	3887	22479	20427	756
1990	81	19133	14489	13187	332
1991	110	12074	16143	12340	977
1992	516	59665	29745	14359	10247
1993	795	106629	41970	14895	25915
1994	453	65266	65644	17376	44953
1995	341	112473	61554	20436	37926
1996	233	35873	44151	20772	21878
1997	289	77109	98208	36391	38466
1998	263	75099	55163	10484	43107
1999	199	70115	32699	8564	23893
2000	237	86888	34532	9953	24436
2001	191	71884	42442	16662	25649
2002	169	64824	45034	16817	28089
2003	218	71397	56654	25381	31112

14－3 国际旅游人数和外汇收入（1985－2003年）
NUMBER OF INTERNATIONAL TOURISTS AND FOREIGN EXCHANGE EARNINGS (1985-2003)

年 份 Year	接待旅游人数(人次) Number of Tourists (person-time)	#外国人 Foreigners	#港澳台同胞 Compatriots from Hongkong, Macao and Taiwan	旅游外汇收入(万美元) Foreign Exchange Earnings from Tourism (USD 10 000)	平均每人逗留天数(天) Average Staying Period Per Capita (day)
1985	49508	40460	8370	527	2.1
1986	55152	44290	8904	860	1.7
1987	60894	52177	8253	1063	1.5
1988	64181	45193	18711	1281	1.5
1989	41248	21454	19595	1027	1.6
1990	69609	19913	49570	1823	1.3
1991	81745	29625	51950	2354	1.6
1992	141165	52949	88050	3997	1.3
1993	135596	59140	76025	4819	1.4
1994	138593	93408	44180	5432	1.5
1995	142892	93625	48942	6333	2.0
1996	161761	108163	53238	7090	2.3
1997	259414	154919	103720	10548	2.7
1998	163738	116288	47211	8837	3.2
1999	184936	133629	51173	9726	3.2
2000	266081	192863	73218	13837	3.2
2001	313254	219214	94040	16341	3.1
2002	461484	310934	150550	21802	2.7
2003	234521	181744	52777	11323	2.8

14－4 对外承包工程和劳务合作（1985－2003年）
CONTRACTED PROJECTS AND LABOR COOPERATION WITH FOREIGN COUNTRIES AND TERRITORIES (1985-2003)

单位：万美元 (USD 10 000)

年 份 Year	签订合同数(个) Number of Contracts (unit)	合同金额 Value of Contracts	实际完成营业额 Value of Business Fulfilled
1985	9	2109	572
1986	18	1571	337
1987	15	1540	572
1988	13	2640	2683
1989	27	2605	2574
1990	14	2971	2189
1991	16	4329	2436
1992	19	3765	2896
1993	13	9440	2704
1994	45	4106	4132
1995	33	4032	3757
1996	35	6654	3160
1997	22	2607	2725
1998	24	1969	3203
1999	235	4591	3842
2000	231	9232	5806
2001	232	11590	6700
2002	117	12200	7959
2003	94	13450	8810

14—5 按商品类别分的海关进出口总值（2002—2003年）
TOTAL IMPORTS AND EXPORTS BY COMMODITY CATEGORY (CUSTOMS STATISTICS) (2002-2003)

单位：万美元 (USD 10 000)

商品类别	Categories of Commodities	进口 Import		出口 Exports	
		2002	2003	2002	2003
总　值	**Total Value**	**70282**	**100979**	**109119**	**158509**
活动物、动物产品	Live Animals and Animal Products	83	83	2676	2916
植物产品	Vegetables Fruits and Cereals	71	90	1860	1829
动、植物油、脂及分解产品、精制食用油脂	Animal and Vegetable Oils Refined Edible Oils and Fats	226	211	108	195
食品、饮料、酒及醋；烟草及代用品的制品	Food, Beverage, Liquor and Vinegar; Tobacco and Tobacco Substitutes	74	79	1265	1716
矿产品	Minerals	8028	8755	1873	2628
化学工业及其相关工业的产品	Chemicals and Related Products	5820	4843	16787	20873
塑料及其制品、橡胶及其制品	Plastic and Related Products, Rubber and Related Products	1411	3006	1883	2334
生皮、皮革、毛皮及制品	Leather, Furs and Related Products; Cases and Bags, Handbags and Similar Containers	21	117	525	606
木及制品、木炭、软木、编制品	Wood and Wooden Products, Charcoal, Cork, Weaveworks	23	30	230	347
木浆等、废纸、纸、纸板及其制品	Paper Pulp, Paper Waste, Paper, Paperboard and Related Products	423	607	124	66
纺织原料及纺织制品	Textile Materials and Products	177	269	9093	10036
鞋、帽、伞	Shoes, Hats and Umbrellas; Feather Products, Artificial Furs, Wigs	4	1	1128	2050
石料、石膏、水泥	Mineral Material Products, Ceramics Glass and Related Products	99	211	4918	8055
天然或养殖珍珠	Jewelry, Precious Metals and Related Products, Artificial Jewelry, Coins	71	4	6	13
贱金属及其制品	Base Metals and Related Products	4263	7313	9274	14684
机器、机械器具	Mechanical and Electrical Equipment Recorders, Video recorders and Accessories	35520	46976	25061	35027
车辆、航空器、船舶及运输设备	Vehicles, Aircraft, Ships and Related Transportation Equipment	7451	17146	29616	51632
光学、医疗等仪器；钟表、乐器	Optical and Medical Instruments, Clocks, Musical Instruments	6401	11030	1933	2719
杂项制品	Miscellaneous Products	112	206	747	781
艺术品	Art Works	1	...	2	2
其　他	Others			11	

14－6 按贸易方式分的海关进出口总值（2002－2003年）
TOTAL IMPORTS AND EXPORTS BY TRADE PATTERN (CUSTOMS STATISTICS) (2002-2003)

单位：万美元 (USD 10 000)

指 标	Item	进出口总值 Total Imports and Exports		进 口 Imports		出 口 Exports	
		2002	2003	2002	2003	2002	2003
全市总计	**Total**	**179401**	**259488**	**70282**	**100979**	**109119**	**158509**
一般贸易	Original Trade	159261	228541	57886	85517	101375	143024
国家间国际组织无偿援助、赠送	Donation of International Associations	29	117	21	10	8	107
华侨港澳同胞、外籍华人捐赠	Donation of Compatriots from Hong Kong, Macao and Overseas Chinese		30		30		
来料加工装配贸易	Processing and Assembly Trade	223	310	88	132	135	178
进料加工贸易	Processing Trade for Imported Material	10699	19651	3325	5536	7373	14115
来料加工装配进口的设备	Imported Equipment for Processing and Assembly Trade	148	1045			148	1045
对外承包工程货物	Contracted Projects with Foreign Countries	8732	7210	8732	7210		
外商投资企业作为投资进口的设备物品	Imported Equipment and Materials as Investment of Foreign Funded Investment Enterprises for Processing and Sold Inside Country		2075		2065		10
出料加工贸易	Processing Trade for Exported Materials		306		306		
免税外汇商品	Tax－free Foreign Exchange Commodities		203		173		30
保税仓库进出境货物	Import and Export Goods from Bonded Warehouse	49		49			
其 他	Others	260		180		80	

14—7 按国别（地区）分的海关进出口总值（2002—2003年）
IMPORTS AND EXPORTS BY REGION (CUSTOMS STATISTICS) (2002-2003)

单位：万美元 (USD 10 000)

国别（地区）	Region	进出口总额 Total Imports and Exports		进口总额 Imports		出口总额 Exports	
		2002	2003	2002	2003	2002	2003
总计	**Total**	**179401**	**259488**	**70282**	**100979**	**109119**	**158509**
亚洲	**Asia**	**114136**	**164291**	**44651**	**67047**	**69485**	**97244**
阿富汗	Afghanistan	315	574			315	574
孟加拉国	Bangladesh	610	846	17	1	593	845
缅甸	Burma	4976	9594		38	4976	9556
柬埔寨	Kampuchea	449	75	…	…	449	75
香港	Hong Kong	6081	7166	1051	1317	5030	5849
印度	India	6135	9889	2498	5024	3637	4865
印度尼西亚	Indonesia	5041	7939	281	103	4760	7836
伊朗	Iran	7212	15555	88	237	7124	15318
以色列	Israel	308	394	119	163	189	231
日本	Japan	38904	54534	31522	42784	7382	11750
约旦	Jordan	143	155	…		143	155
科威特	Kuwait	58	122			59	122
老挝	Laos	1591	2977			1591	2977
黎巴嫩	Lebanon	289	377		…	289	377
澳门	Macao	51	37	1		50	37
马来西亚	Malaysia	1112	4053	172	1227	940	2826
尼泊尔	Nepal	187	61			187	61
阿曼	Oman	10	102	…	94	10	8
巴基斯坦	Pakistan	1708	5097		…	1707	5097
菲律宾	The Philippines	4549	5262	27	160	4522	5102
卡塔尔	Qatar	73	177	67	63	6	114
沙特阿拉伯	Saudi Arabia	958	1294	268	126	690	1168
新加坡	Singapore	1300	1671	312	654	988	1017
韩国	South Korea	9558	10037	4260	3527	5298	6510
斯里兰卡	Sri Lanka	400	582	1	…	399	582
叙利亚	Syria	304	717			304	717
泰国	Thailand	1956	3920	535	837	1421	3083
土耳其	Turkey	600	1638	307	334	293	1304
阿拉伯酋长国	United Arab Emirates	1141	1620			1141	1620
也门共和国	Yemen Rep.	24	126			24	126
越南	Vietnam	14005	5586	47		13958	5586
中国	People's Republic of China	120	843	120	843		
中国台湾	Taiwan, China	3909	10813	2958	9515	951	1298
亚洲其他国家	Others	59	458			59	458

14-7 续表1 CONTINUED-1

单位：万美元 (USD 10 000)

国别（地区）	Region	进出口总额 Total Imports and Exports		进口总额 Imports		出口总额 Exports	
		2002	2003	2002	2003	2002	2003
非洲	**Africa**	**5845**	**12574**	**234**	**694**	**5611**	**11880**
阿尔及利亚	Algeria	46	409			46	409
安哥拉	Andorra	44	135			44	135
贝宁	Benin	70	116			70	116
喀麦隆	Cameroon	51	119			51	119
吉布提	Djibouti	147	262			147	262
埃及	Egypt	151	165		…	151	165
冈比亚	Gambia	16	96			16	96
加纳	Ghana	126	228	35	28	91	200
几内亚	Guinea-Bissau	11	208			11	208
肯尼亚	Kenya	95	132		1	95	131
摩洛哥	Morocco	62	151	1		61	151
尼日利亚	Nigeria	3146	7336	…		3146	7336
塞内加尔	Senegal	206	58			206	58
南非	South Africa	531	1449	27	663	504	786
苏丹	Sudan	159	98			159	98
坦桑尼亚	Tanzania	63	246			63	246
多哥	Togo	136	513			136	513
布基纳法索	Burkina Faso	153	216		…	153	216
非洲其他国家	Others	632	637	171	2	461	635
欧洲	**Europe**	**31348**	**46616**	**13164**	**20831**	**18184**	**25785**
比利时	Belgium	1019	1177	96	107	923	1070
丹麦	Denmark	490	778	115	283	375	495
英国	UK	2508	3911	845	1953	1663	1958
德意志联邦共和国	Germany	9167	18269	3863	9799	5304	8470
法国	France	1582	1458	764	494	818	964
意大利	Italy	4933	4251	2228	2025	2705	2226
荷兰	Netherland	2531	3661	253	347	2278	3314
希腊	Greece	215	727			215	727
葡萄牙	Portugal	81	220	…	1	81	219
西班牙	Spain	1083	2206	168	340	915	1866
奥地利	Austria	556	619	402	557	154	62
芬兰	Finland	133	361	8	121	125	240
挪威	Norway	422	307	199	23	223	284

14-7 续表2 CONTINUED-2

单位：万美元 (USD 10 000)

国别（地区）	Region	进出口总额 Total Imports and Exports		进口总额 Imports		出口总额 Exports	
		2002	2003	2002	2003	2002	2003
波兰	Poland	305	1098	61	86	244	1012
瑞典	Sweden	3482	3587	3284	3222	198	365
瑞士	Switzerland	504	1255	345	888	159	367
俄罗斯	Russia	1271	1551	221	394	1050	1157
乌克兰	Ukraine	133	132	20		113	132
斯洛文尼亚共和国	Slovenia Rep.	53	106			53	106
捷克共和国	Czech Rep.	127	312	75	73	52	239
欧洲其他国家	Others	753	630	217		536	512
拉丁美洲	**Latin America**	**5817**	**8433**	**2580**	**2119**	**3237**	**6314**
阿根廷	Argentina	276	552	1	8	275	544
巴西	Brazil	2117	1618	1747	1006	370	612
智利	Chile	640	898	507	657	133	241
哥伦比亚	Colombia	229	460	15		214	460
古巴	Cuba		20				20
多米尼加共和国	Dominica Rep.	57	101			57	101
厄瓜多尔	Ecuador	140	342		…	140	342
危地马拉	Guatemala	82	355			82	355
墨西哥	Mexico	742	1801	5	1	737	1800
巴拿马	Panama	100	158		1	100	157
巴拉圭	Paraguay	30	196			30	196
秘鲁	Peru	630	1064	249	446	381	618
波多黎各	Puerto Rico	183	140			183	140
乌拉圭	Uruguay	141	123	…		141	123
委内瑞拉	Venezuela	117	128			117	128
拉丁美洲其他国家	Others	333	477			277	477
北美洲	**North America**	**18955**	**24232**	**7146**	**8421**	**11809**	**15811**
加拿大	Canada	1990	2523	898	848	1092	1675
美国	USA	16963	21708	6248	7573	10715	14135
百慕大	Bermuda	2	1			2	1
大洋洲	**Oceania**	**3300**	**3342**	**2507**	**1867**	**793**	**1475**
澳大利亚	Australia	3023	2957	2427	1850	596	1107
新西兰	New Zealand	256	346	80	17	176	329
大洋州其他国家及地区	Others	21	39			21	39

14－8 海关出口主要商品数量和金额（2002－2003年）
MAIN EXPORTED COMMODITIES IN VOLUME AND VALUE (CUSTOM STATISTICS) (2002-2003)

单位：万美元 (USD 10 000)

品名	Name	数量 Volume		金额 Value	
		2002	2003	2002	2003
鲜冻猪肉(吨)	Fresh Frozen Pork (ton)	1819	1744	233	216
蔬菜(吨)	Vegetables (ton)	5301	7313	747	925
干豆(吨)	Dried Pulse (ton)	1248	159	58	8
食用植物油（吨）	Ediale Vegetable Oil (ton)	11	23	1	4
茶叶(吨)	Tea (ton)	12864	10590	889	644
辣椒干（吨）	Dried Cayenne (ton)	1	5	…	1
猪肉罐头(吨)	Canned Pork (ton)	3573	3478	420	399
蘑菇罐头(吨)	Canned Mushroom (ton)	679	4480	50	328
啤酒（升）	Beer (liter)	9744	26712	…	1
猪鬃(吨)	Bristle (ton)	1532	1682	874	1035
肠衣(吨)	Casings (ton)	2323	3029	945	1272
填衣用羽毛、羽绒(吨)	Feathers and Dawn for Stuffing (ton)	853	620	577	383
药材(吨)	Medical Materials (ton)	791	656	139	128
生丝(吨)	Raw Silk (ton)	952	1167	1520	1643
黏土及其他耐火矿物(吨)	Clay and Other Refractory Minerals (ton)	155366	228578	1415	2011
重晶石(吨)	Barite (ton)	10853	20457	103	162
合成有机染料(吨)	Synthetic Organic Dyestuffs (ton)	250	610	117	137
医药品(吨)	Medical and Pharmaceutical Products (ton)	2062	3111	3113	3704
口腔及牙齿清洁剂（吨）	Buccal Detergents (ton)	2	10	1	2
洗衣粉（吨）	Wshing Powder (ton)	3	270	…	6
轮胎(万个)	Rubber Tires (10 000 units)	1	6	4	24
家用或装饰用木制品（吨）	Wood Products for Household Use and Decoration (ton)	50	93	8	18
纸及纸板（未切成形的）（吨）	Paper and Paperboard in Rolls (ton)	228	160	24	17
纺织纱线、织物及制品	Textile Yarn Woven Fabrics and Related Products (value)			6267	9187
水泥（吨）	Cement (ton)	1060	4315	14	51
玻璃制品	Glass Products (value)			471	774
家用陶瓷器(吨)	Porcelain and Pottery Ware for Household Use (ton)	4165	4044	743	601
装饰用陶瓷制品（吨）	Porcelain and Pottery Ware for Decoration (ton)	33	53	3	2
硅铁（吨）	Ferrosilicon (ton)	2380	20031	104	982
钢胚及精锻件（吨）	Steel Embryo and Refined Casted Elements (ton)	9	109	3	37
钢材(吨)	Rolled Steel (ton)	1248	1234	87	92
铜（吨）	Copper (ton)	3	53	8	41
铝(吨)	Aluminum (ton)	21263	33522	3803	6274
未锻造的锌及锌合金(吨)	Unwrought Zinc and Zinc Alloys (ton)	15768	20336	1316	1767
未锻造的锰(吨)	Unwrought Manganese (ton)	5203	7692	433	790
钢铁或铜制标准紧固件(吨)	Standard Fastener Made of Steel Iron or Copper (ton)	175	174	28	33
不锈钢厨具、餐具等家用电器（吨）	Steel Kitchenwares and Dishwares (ton)	122	214	53	91
手用或机用工具(吨)	Hand Tools and Tools for Machines (ton)	4660	5382	611	784
锁(吨)	Locks (ton)	384	286	74	66
纺织机械	Textile Machinery (value)			19	48
金属加工机床(台)	Metal Processing Machine Tools (set)	81745	139350	216	327

14-8 续表 CONTINUED

单位：万美元 (USD 10 000)

品名	Name	数量 Volume		金额 Value	
		2002	2003	2002	2003
自动数据处理设备及其部件（万个）	Auto Data Processors and Assemblies (10 000 units)	33	12	45	57
自动数据处理设备的零件（吨）	Parts of Auto Data Processors (ton)	38	27	11	8
轴承(万个)	Bearings (10 000 units)	145	141	74	81
电动机及发电机(万个)	Electric Motors and Power Generators (10 000 units)	22	110	51	240
静止式变流器（万个）	Immobile Transducers (10 000 units)	36	44	123	273
原电池(万个)	Primary Batteries (10 000 units)	17664	23673	1034	1265
蓄电池（万个）	Electric Calculator (10 000 units)	8	4	44	30
扬声器(万个)	Loudspeakers (10 000 units)	13	17	25	63
录音机及收录(放)音组合机(万个)	Tape Recorders and Sound Recording Apparatus (10 000 sets)	14	25	9	29
收音机(万个)	Radios (10 000 sets)	66	28	25	17
录放机、像机及唱机的零件（吨）	Parts of Video and Sound Apparatus (ton)			98	789
电视、收音机及无线电讯设备零附件(吨)	Accessories of TV Sets Radios and Radio Communication (ton)	104	132	54	213
电容器(吨)	Electrical Capacitors (ton)	55	57	92	90
印刷电路（万个）	Printing Circuits (10 000 units)	86	83	45	58
通断及保护电路装置	Breaking-off and Safety Circuit Sets (value)			10	11
二极管、晶体管及类半导体器件(万个)	Diodes Transistors and Semiconductor Devices (10 000 units)	23181	37546	106	142
集成电路及微电子组（万个）	IC and Microcircuits (10 000 units)	84	41	65	29
电线和电缆(吨)	Insulated Wires and Cables (ton)	295	357	56	88
汽车和汽车底盘(万个)	Motor Vehicles and Chassis (10 000 units)	…	1	307	1407
汽车零件	Parts of Motor Vehicles (value)			760	998
摩托车（个）	Motorcycles (unit)	760253	1370085	23507	43937
自行车（个）	Bicycles(unit)	131600	79960	152	106
摩托车及自行车零件	Parts of Motorcycles and Bicycles(value)			4575	4534
船舶（个）	Ships (vehecle)	5	4	92	199
医疗仪器及器械	Medical Instruments and Appliances(value)			116	165
日用钟(万个)	Clocks (10 000 units)	11	44	11	58
家具	Furnitures (value)			86	11
床垫、寝具及类似品	Mattress Mattess and Related Products (value)			120	101
灯具、照明及类似品	Lighting Apparatus and Related Products (value)			54	113
旅行用品及箱包	Travelling Articles and Cases (value)			241	241
服装及衣着附件	Clothing and Accessories (value)			3083	2723
鞋类	Shoes (value)			947	1832
塑料制品(吨)	Plastic Products (ton)	1170	1775	166	293
玩具	Toys (value)			124	208
圣诞用品（吨）	Christmas Articles (ton)	72	66	16	22
艺术珍藏品及古董	Art Treasures and Antiques (value)			2	2
贵金属或包贵金属的首饰（克）	Jewelry Made of Noble Metal (g)		33740		9735
伞(万个)	Umbrellas (10 000 units)	184	177	145	168
柳编结品	Withy Products		5		1
鬃刷(万个)	Bristle Brushes (10 000 units)	1199	1490	145	150
机电产品	Mechanical and Electrical Products (value)			59199	92675

14－9 海关进口主要商品数量和金额（2002－2003年）
MAIN IMPORTED COMMODITIES IN VOLUME AND VALUE (CUSTOM STATISTICS) (2002-2003)

单位：万美元 (USD 10 000)

品名	Name	数量 Volume		金额 Value	
		2002	2003	2002	2003
食用植物油（吨）	Edible Vegetable Oil (ton)	6629	4905	223	201
天然橡胶（包括胶乳）（吨）	Natural Rubber (including Latex) (ton)	2525	2879	147	204
合成橡胶(吨)	Synthetic Rubber (including Latex) (ton)	377	495	63	159
铁矿砂及其精矿（吨）	Iron Ore and Refined Ore (ton)	2157486	1443507	5619	5036
锰矿砂及其精矿(吨)	Manganese Ore and Refined Ore (ton)	10658	16063	75	116
铬矿砂及其精矿(吨)	Chromium Ore and Refined Ore (ton)	144988	136978	960	1331
氧化铝（吨）	Aluminum Oxide (ton)	29680	10500	487	173
成品油（吨）	Petroleum Products Refined (ton)	551	460	109	170
乙二醇(吨)	Ethylene Glycol (ton)	15669	1998	570	93
医药品(吨)	Pharmaceutical Products (ton)	24	12	366	396
合成有机染料(吨)	Synthetic Organic Dyestuffs (ton)	36	134	18	109
钛白粉(吨)	Titanium White (ton)	267	528	46	101
聚合物油漆及清漆(吨)	Polymer Paint (ton)	268	556	100	201
感光材料	Sensitive Material			39	22
初级形状的塑料（吨）	Plastic in Primary Shape (ton)	5615	16648	631	1414
非泡沫塑料的板、片、膜、箔（吨）	Sheet, Film and Foil Made of Foam Plastic (ton)	184	456	119	262
农药(吨)	Pesticides (ton)	77	13	134	11
纸及纸板（未切成形的）（吨）	Paper and Paperboard Unchopped (ton)	2330	3247	387	490
废钢（吨）	Waste Steel (ton)	4667	309	57	6
钢材（吨）	Rolled Steel (ton)	24854	48242	1473	3283
钢铁制标准坚固件（吨）	Standard Fastener Made of Steel (ton)	1150	1367	1073	1207
未锻造的铜及铜材（吨）	Unforged Copper and Rolled Copper (ton)	128	563	44	113
废铜(吨)	Waste Copper (ton)	8644	6300	246	235
未锻造的铝及铝材（吨）	Unforged Aluminum and Rolled Aluminum (ton)	4201	7681	669	1278
废铝(吨)	Waste Aluminum (ton)	1691	388	52	12
钢铁或铝制结构体及其部件(吨)	Structure and Relative Parts Made of Steel or Aluminum (ton)	302	112	79	27
钢铁或铝制绞股线、缆及类似品(吨)	Wires and Relative Products Made of Steel or Aluminum (ton)	123	271	74	125
活塞式内燃机的零件(吨)	Parts of Piston Combusstion Engines (ton)	4812	7843	6581	8964
液泵及液体提升机(个)	Liquid Pumps and Elevators (set0	24537	132841	254	651
制冷设备用压缩机（个）	Compressors for Refrigerating Equipment (set)	6046	1131	148	67
冷冻机及制冷设备	Refrigerators and Refrigerating Equipment			34	87

14-9 续表 CONTINUED

单位：万美元 (USD 10 000)

品　　名	Name	数　量 Volume		金　额 Value	
		2002	2003	2002	2003
机械提升搬运装设备及零件	Mechanical Elevators for Transport and Relative Parts			226	351
建筑及采矿用机械	Machinery for Construction and Mining			242	394
食品加工机械	Machinery for Food Processing			503	262
印刷装订机械	Machinery for Printing and Binding			90	441
纺织机械	Textile Machinery			132	178
金属加工机床(个)	Machine Tools (set)	146	309	2541	4925
金属冶炼锻造设备及零件	Metal Smelting and Forging Equipment and Relative Parts			278	131
金属轧机及零件	Metal Mills and Relative Parts			218	194
玻璃热加工机械	Machinery for Glass Hot Processing			96	807
橡胶或塑料加工机械	Machinery for Rubber or Plastic Processing			923	495
型模及金属铸造用型箱	Casting Molds for Metal Forging			2093	1559
阀门（个）	Valves (unit)	64339	175511	107	283
自动数据处理及其部件（个）	Automatic Data Processing Machines and Components (set)	36136	9651	1550	829
自动数据处理设备的零件	Parts of Data Processing Machines			334	485
电动机及发电机(台)	Electric Motors and Generators (set)	1194789	3524749	293	337
变压、整流、电感器及零件	Transformers, Rectifiers, Inductancers and Relative Parts			135	243
焊接机器及零件	Welders and Relative Parts			47	249
手持或车载无线电话机（个）	Hand or Car Wireless Telephones (unit)		1530		34
录放机、像机及唱机的零附件（吨）	Parts of Video and Sound Apparatus (ton)	12	36	211	582
电视收音机及无线电讯设备的零附件（吨）	Accessories of TV Sets, Radios and Radio Communication (ton)	36	24	595	763
电容器（吨）	Electrical Capacitors (ton)	10	15	118	149
印刷电路（个）	Printing Circuits (unit)	50018	756178	4	147
通断及保护电路装置	Breaking-off and Safety Circuit Sets			24	491
二极管晶体管及类似半导体器件（个）	Diodes Transistors and Semiconductor Devices (unit)	85276422	138221638	226	290
集成电路及微电子组件(个)	IC and Microcircuits (unit)	4740091	9195227	300	502
电线和电缆(吨)	Insulated Wires and Cables	450	448	277	347
汽车和汽车底盘（个）	Motor Vehicles and Chassis (unit)	37	3871	132	6169
汽车零件	Parts of Motor Vehicles			7298	10913
医疗仪器及器械	Medical Instruments and Appliances			1583	2702
计量检测分析自控仪器及器具	Measuring, Checking and Analyzing Auto--controlling Apparatus			4477	7768
塑料制品（吨）	Plastic Products (ton)	332	330	185	247
机电产品	Mechanical and Electrical Products			51076	77728
高新技术产品	High-tech Products			13218	19679

14－10 利用外资情况（2002－2003年）
UTILIZATION OF FOREIGN CAPITAL (2002-2003)

指　　标	Item	2002	2003
新签利用外资协议(合同)数(个)	**Number of New Signed Agreements and Contracts on Foreign Capital to Be Utilized (unit)**	**169**	**218**
对外借款	Foreign Loans	7	8
外商直接投资	Foreign Direct Investment	148	187
外商其他投资	Other Foreign Investment	14	23
协议(合同)额(万美元)	**Total Amount of Agreements and Contracts (USD 10 000)**	**64824**	**71397**
对外借款	Foreign Loans	14312	15743
外商直接投资	Foreign Direct Investment	50215	55301
外商其他投资	Other Foreign Investment	297	353
实际利用外资额(万美元)	**Total Amount of Foreign Capital Actually Utilized (USD 10 000)**	**45034**	**56654**
对外借款	Foreign Loans	16817	25381
外商直接投资	Foreign Direct Investment	28089	31112
外商其他投资	Other Foreign Investment	128	161

14－11 对外承包工程、劳务合作和设计咨询（2002－2003年）
CONTRACTED PROJECTS, LABOR COOPERATIONS AND DESIGN & CONSULTATION WITH FOREIGN COUNTRIES AND TERRITORIES (2002-2003)

指　　标	Item	2002	2003
签订合同数(个)	**Number of Contracts (unit)**	**117**	**94**
对外承包工程	Contracted Projects	18	8
对外劳务合作	Labor Cooperation	98	85
设计咨询	Design and Consultation	1	1
合同金额(万美元)	**Value of Contract (USD 10 000)**	**12200**	**13450**
对外承包工程	Contracted Projects	9931	11747
对外劳务合作	Labor Cooperation	2244	1678
设计咨询	Design and Consultation	25	25
实际完成营业额(万美元)	**Value of Business Fulfilled (USD 10 000)**	**7959**	**8810**
对外承包工程	Contracted Projects	5801	6514
对外劳务合作	Labor Cooperation	2154	2287
设计咨询	Design and Consultation	4	9
劳务输出（人）	**Labor Exported (person)**	**2380**	**2608**
#技术人员	Technicians	500	550

14－12 外商投资企业生产经营和财务情况（2002－2003年）
STATISTICS ON PRODUCTION, BUSINESS AND FINANCE OF FOREIGN-FUNDED ENTERPRISES (2002-2003)

单位：万元 (10 000 yuan)

指 标	Item	2002	2003
调查企业数（个）	Number of Surveyed Enterprises (unit)	875	905
#第一产业	Primary Industry	10	5
第二产业	Secondary Industry	499	517
第三产业	Teritary Industry	366	383
#港澳台商投资企业	Enterprises with Funds from Hongkong, Macao and Taiwan	471	447
协议总投资额（万美元）	Total Investment on Contracts (USD 10 000)	631235	739758
#协议外商总投资额	Total Foreign Investment on Contracts	322807	386009
当年外商实际投资额（万美元）	Actual Foreign Investment in Current Year (USD 10 000)	27785	31112
实际现金投资	Cash Investment	26650	29592
实际实物投资	Available Objects as Investment	559	574
无形资产作价投资	Intangible Assets as Investment	576	946
注册资本金总额（万美元）	Total Registered Capital (USD 10 000)	371841	428624
中方	Chinese Participant	150253	189575
外方	Foreign Participant	221588	239049
工业总产值（现价）	Gross Output Value of Industry (current prices)	2596443	3509214
主营业务收入	Major Business Revenue	3146642	3847232
销售（营业）成本	Business Cost	2620498	3026739
销售（营业）税金及附加	Business Tax and Extra Charges	44087	61262
其他业务收入	Other Business Revenue	48774	51256
利润总额	Total After-tax Profits	136026	275735
资产总计	Total Assets	7443431	7587154
负债总计	Total Liabilities	4346287	4620336
#流动负债	Circulating Liabilities	2873917	3050454
长期负债	Long Term Liabilities	1219302	1430995

14－13 外商直接投资项目(企业)数和投资额（2002－2003年）

单位：个、万美元

指 标	Item	签定项目(合同)数 Number of Projects with Contracts Signed		
		2002	2003	至当年底累计 Year-end Accumulation
全市总计	**Total**	**148**	**187**	**3490**
按投资方式分	**By Investment Mode**			
合资经营	Joint Venture	70	80	1936
合作经营	Cooperative Operation	11	14	227
独资经营	Foreign Enterprises	67	92	1326
股份制	Share Holding		1	1
按行业分	**By Sector**			
第一产业	Primary Industry	6	8	51
第二产业	Secondary Industry	85	103	2307
工 业	Industry	77	97	2110
建筑业	Construction	6	2	185
第三产业	Tertiary Industry	57	76	1132
交通运输、仓储及邮电通讯业	Transportation, Storage, Postal and Telecommunication Services	2	4	60
批发零售贸易及餐饮业	Wholesale Retail Trade and Catering Trade	12	17	159
金融保险业	Finance and Insurance			
房地产业	Real Estate	14	22	425
社会服务业	Social Services	25	28	459
卫生体育和社会福利业	Health Care, Sports and Social Welfare			2
教育文化艺术和广播电影电视业	Education, Culture & Arts, Radio, Film and Television	2	3	12
其他行业	Other Sectors	2	2	6
按主要国别(地区)分	**By Country and Region**			
澳门	Macao		3	36
台湾	Taiwan	26	26	659
日本	Japan	5	2	171
美国	United States	16	23	391
加拿大	Canada	9	3	67
香港	Hong Kong	48	79	1601
新西兰	New Zealand		1	11
新加坡	Singapore	3	4	108
马来西亚	Malaysia	3	1	34
澳大利亚	Australia	6	6	39
法国	France	1	1	24
英国	United Kingdom	9	3	40
瑞典	Sweden			6
韩国	Korea Rep	1	6	45
印度尼西亚	Indonesia	1		11
泰国	Thailand	1	2	41
比利时	Belgium			3
瑞士	Switzerland			3

注：分行业、分国别的实际利用外资2003年底累计数据为1998年开始的累计数。

NUMBER AND VALUE OF FOREIGN DIRECT INVESTMENT (2002-2003)

(unit, USD 10 000)

外商协议投资额 Foreign Investment Through Agreements			实际利用外资额 Foreign Capital Actually Utilized		
2002	2003	至当年底累计 Year-end Accumulation	2002	2003	至当年底累计 Year-end Accumulation
50215	**55301**	**583410**	**28089**	**31112**	**328147**
7471	22814	263070	16149	17398	203683
7668	13021	101772	5648	3951	50386
31964	19315	215247	6148	6727	70898
3112	151	3321		151	151
1155	1096	6472	209	55	1487
39282	25279	333056	19080	13897	103611
32334	23408	287910	14899	12305	96144
2436	1076	36920	612	31	2253
9778	28926	243882	8800	17160	71188
118	2942	18589	66	461	5435
413	1083	18120	903	936	11984
				3385	3385
6353	20304	137555	6354	9659	37757
2419	4145	66847	1240	1879	9947
		58			10
74	422	1248	10	799	1992
390	30	730	227	41	649
	840	4988	6	68	457
581	838	33247	2062	833	9528
135	110	42103	5409	1030	27575
2323	6208	59402	2179	4378	17387
367	24	4798	1037	117	1697
15449	25842	285032	9300	11227	62097
	38	148			126
3515	4019	24224	969	895	7985
19	78	6050		23	213
496	2184	5144	481	397	1677
128	207	3734		75	1952
2613	2257	20657	2419	403	11057
15		1096		7	1451
8	321	4630	277	235	1118
147	30	1070	28		75
273	977	6760	49	752	926
		167			104
	622	3093	1000	622	4027

Note: Total foreign capital actually utilized at the end of 2003 by sector, by country and region is summed from 1998.

14－14 旅游人数和旅游收入（2002－2003年）
NUMBER OF TOURISTS AND EARNINGS FROM TOURISM (2002-2003)

指 标	Item	2002	2003
接待旅游者人数	**Total Reception of Tourists**		
国际旅游者人数（人次）	International Tourists(person-time)	461484	234521
外国人	Foreigners	310934	181744
#日本	Japan	67829	36152
美国	United States	82438	38905
法国	France	9748	4262
英国	United Kingdom	30795	18186
德国	Germany	54864	16639
新加坡	Singapore	2887	3827
加拿大	Canada	8829	4681
泰国	Thailand	1714	2321
意大利	Italy	1023	1179
澳大利亚	Australia	7061	5398
港澳同胞	Compatriots from Hong Kong and Macao	33442	27418
台湾同胞	Compatriots from Taiwan	117108	25359
国内旅游者人数（万人次）	Domestic Tourists (10 000 person-times)	4619.69	4262.80
比重(国际旅游人数=100)	Proportion (international tourists=100)		
外国人	Foreigners	67.4	77.5
港澳同胞	Compatriots from Hong Kong and Macao	7.3	11.7
台湾同胞	Compatriots from Taiwan	25.3	10.8
来渝旅游者平均逗留天数(天)	Average Period Tourists Staying in Chongqing (day)	2.7	2.8
外国人	Foreigners	2.7	2.9
港澳同胞	Compatriots from Hong Kong and Macao	2.5	2.6
台湾同胞	Compatriots from Taiwan	2.9	2.4
旅游收入	**Earnings from Tourism**		
国际旅游外汇收入(万美元)	Foreign Exchange Earnings from Tourism (USD 10 000)	21802	11323
国内旅游收入(亿元)	Income from Domestic Tourism (100 million yuan)	201.53	194.52

14－15 旅行社单位数和从业人员数（2002－2003年）
NUMBER OF TRAVEL AGENCIES AND THEIR EMPLOYMENT (2002-2003)

指　标	Item	2002	2003
年末旅行社数（个）	Number of Travel Agencies at Year-end (unit)	204	203
国际旅行社	International Travel Agencies	23	23
国内旅行社	Domestic Travel Agencies	181	180
年末旅行社从业人员数（人）	Number of Employees of Travel Agencies at Year-end (person)	5109	4250
国际旅行社	International Travel Agencies	2047	1514
国内旅行社	Domestic Travel Agencies	3062	2736

14－16 星级饭店基本情况（2002－2003年）
BASIC STATISTICS ON TOURIST HOTELS (2002-2003)

指　标	Item	2002	2003
星级饭店数（个）	Number of Tourist Hotels (unit)	59	73
其中：五星级	Of Which: 5-star	2	2
四星级	4-star	12	17
三星级	3-star	45	54
内资	Domestic Funded	51	65
#国有	State-owned	28	37
集体	Collective-owned	4	5
私营	Private	12	15
股份制	Share-holding	7	8
外商投资	Foreign-funded	8	8
星级饭店客房数（间）	Number of Rooms in Tourist Hotels (unit)	9199	11038
#五星级	5-star	907	907
四星级	4-star	2438	3587
三星级	3-star	5854	6544
星级饭店床位数（张）	Number of Beds in Tourist Hotels (unit)	16061	19558
#五星级	5-star	1428	1428
四星级	4-star	3911	5945
三星级	3-star	10722	12185

14－17 风景名胜区（2003年）
SCENIC SPOTS (2003)

名称 Name	级别 Grade	主要特点 Main Characteristics	面 积 (平方公里) Area (sq.km)	#林地 Forest	#中心游览区 Central Sight-seeing	#水面 Water Area	地址 Address
长江三峡	国家级	江峡景观、文化遗址	480				奉节县、巫山县
缙云山	国家级	森林自然景观	14	13	1		北碚区
北温泉	国家级	山水泉洞	0.568	0.471	0.094	0.003	北碚区
钓鱼城	国家级	宋古战场遗址	2.5	0.367	0.444	0.02	合川市
四面山	国家级	林湖石瀑	280	136.4	81.7	61.7	江津市
金佛山	国家级	原始珍稀森林	441				南川市
芙蓉江	国家级	溶洞溪河	152.8	96.5	51.79	2.39	武隆县
天坑地缝	省 级	地缝式峡谷漏斗奇观	340				奉节县
张关溶洞	省 级		49.14				渝北区
巫山小三峡	省 级	山水峡谷	370				巫山县
南山、南泉	省 级	林泉、抗战遗址	92.5				南岸区、巴南区
大足石刻	省 级	石刻艺术文化	84				大足县
红池坝	省 级	高山草场	358				巫溪县
百里竹海	省 级	竹海景观	119	66.64		2	梁平县
青龙瀑布	省 级	高位瀑布	60.13	25.2	8.31		万州区
小南海	省 级	地震遗址湖泊	30	15.2	12	2.8	黔江区
小溪	省 级	巴文化、天生桥	25	2	19	4	涪陵区
渝北统景	省 级	温泉峡猿	11	6	4	1	渝北区
黑山-石林	省 级	石林溪河	60		21.4	0.04	万盛区
黑石山-滚子坪	省 级	石瀑山水林	125				江津市
巴岳山-西温泉	省 级	森林温泉	51	26	15	10	铜梁县
长寿湖	省 级	湖泊	58.7	3	2.25	53.45	长寿县
定明山-运河	省 级	民居寺庙、人造运河	16				潼南县
歌乐山	省 级	森林、历史纪念地	14.2	12.2	2		沙坪坝区
东温泉	省 级	温泉溪河	58.7				巴南区
龙泉	省 级		74				万州区
井沟	省 级		191				忠 县
青龙湖	省 级	山林湖泊	55				璧山县
黄水	省 级		504				石柱县
涞滩-双龙湖	县 级	古镇寺庙、湖泊	16				合川市
金刀峡－胜天湖	县 级	峡谷湖泊	50				北碚区
古剑山-清溪河	县 级	山林溪河	50				綦江县
神田	县 级		64				城口县
青龙峡	县 级		45				城口县
方斗坪	县 级		37				城口县
龙潭河	县 级		34				城口县
崩溪河	县 级		35				城口县
温泉	县 级		52				开 县
凤凰山	县 级		4.1				开 县
桃花源	县 级		5				酉阳县
万寿山	县 级		5				石柱县
官渡峡	县 级		20				黔江区
骆来山	县 级						江津市
碑槽山	县 级						江津市

14—18 重点文物保护单位（2003年）
MAIN CULTURAL RELICS（2003）

名　称　Name	时　代　Era	地　址　Address
古遗址		
龙骨坡遗址	更新世	巫山县庙宇镇
高家镇遗址	旧石器	丰都县高家镇
烟墩堡遗址	旧石器	丰都县汇集乡
玉溪遗址	新石器	丰都县高镇乡
大溪遗址	新石器	巫山县大溪镇
杠（音）洽井口遗址群	新石器至汉	忠县忠州镇
中坝遗址	新石器至汉	忠县杠（音）井镇
李家坝遗址	商周至汉	云阳县高阳镇
双堰塘遗址	商周至汉	巫山县大昌镇
涂山窑遗址	宋	南岸区黄桷垭镇新力村
古墓葬		
小田溪墓群	战国	涪陵区白涛镇
巴蔓子墓	战国至清	渝中区莲花池
荆竹坝岩棺群	汉	巫溪县荆竹坝
汇南墓群	汉、南北朝	丰都县汇南乡
石坎崖墓群	东汉	江津市凤场乡
雷劈石崖墓群	东汉	南川市太平场乡
双墙崖墓群	东汉	大足县邮亭镇
柏树林崖墓群	东汉	綦江县中峰镇
七拱嘴崖墓群	东汉	綦江县文龙乡
长沟崖墓群	东汉	江津市柏林镇
南屏墓群	东汉	合川市城南南津街
长孙无忌墓	唐	武隆县江口镇
沙坝子墓	宋	荣昌县许溪乡
高洞子墓群	南宋	永川市板桥镇
清溪苗王墓	明	秀山县清溪场镇
明玉珍睿陵	元、明	江北区洗布堂街
秦良玉陵园	清	石柱县大河乡
古建筑		
盘溪无铭阙	汉	江北区石马河镇
丁房阙	汉	忠县忠州镇
佑溪无铭阙	汉	忠县杠（音）井镇
白帝城	汉至清	奉节县草塘区
碑记桥	宋	涪陵区马武镇
岩溪桥	宋	合川市城北高石坎办事处
河包报恩寺塔	宋	荣昌县河包镇
钓鱼城	南宋、元	合川市城东钓鱼山上
龙崖城	南宋、元	南川市马嘴乡

14-18 续表1 CONTINUED-1

名 称 Name	时 代 Era	地 址 Address
磐石城	南宋、元	云阳县双江镇
多功城	南宋、元	渝北县鸳鸯镇
天生城	南宋、元	万州区周家坝
塔坪寺塔	宋、清	北碚区静观镇
独柏寺正殿	元	潼南县上和镇
净果寺	明	合川市古楼镇
龙兴寺正殿	明	潼南县小渡镇
宝轮寺正殿	明	沙坪坝区磁器口
铜梁武庙	明	铜梁县巴川镇
朝元寺牌坊	明	璧山县梅江乡
东华观藏经楼	明	渝中区凯旋路
江公享堂	明、清	江津市几江镇
缙云寺	明、清	北碚区缙云山
宝城寺	明、清	荣昌县昌元镇
铁佛寺	明、清	铜梁县巴川镇
板桥寺	明、清	合川市九岭乡
温泉寺	明、清	北碚区澄江镇
东水门及城墙	明、清	渝中区东水门段
通道门及城墙	明、清	渝中区七星岗
梁平文峰塔	明	梁平县梁山镇
湖广会馆	清	渝中区芭蕉园
张桓侯庙	清	云阳县水磨乡
石宝寨	清	忠县石宝镇
双桂堂	清	梁平县金带镇
大成殿	清	璧山县璧城镇
彭氏宗祠	清	云阳县里市乡
利济桥	清	江津市朱杨镇
彭氏民居	清	巴南区南泉镇
涂山寺	清	南岸区黄桷垭镇
合川文峰塔	清	合川市合阳镇
黄桷垭文峰塔	清	南岸区黄桷垭镇
塔子山文峰塔	清	江北区寸滩
觉林寺报恩塔	清	南岸区下浩觉林寺街
华岩寺	清	九龙坡区华岩镇
何氏百岁坊	清	璧山县青杠乡
石窟寺及石刻		
灰千岩崖画	汉以前	江津市四面山镇
潼南大佛寺摩崖造像	隋至宋	潼南县梓潼镇
临江岩摩崖造像	唐	忠县忠州镇

14-18 续表2 CONTINUED-2

名　　称　　Name	时　代　Era	地　址　Address
尖子山摩崖造像	唐至宋	大足县宝山乡
北山摩崖造像	唐至宋	大足县龙岗镇、城东乡、石桌乡
白鹤梁题刻	唐至清	涪陵区崇义办事处
五硐岩摩崖造像	唐至清	潼南县塘坝镇
宝顶山摩崖造像	宋	大足县宝顶镇、石马镇
涞滩二佛寺摩崖造像	宋	合川市涞滩镇
舒成岩摩崖造像	宋	大足县中敖镇
妙高山摩崖造像	宋	大足县季家镇
西山碑	宋	万州区太白岩下高笋塘
罗汉寺古佛崖摩崖造像	宋	渝中区小什字
莲花石题刻	宋至清	江津市几江镇
弹子石摩崖造像	元	南岸区弹子石
石门大佛寺摩崖造像	明	江津市石门镇
朝源观道教造像	明	江津市四面山镇
大足千佛岩摩崖造像	明	大足县三驱镇千佛村
马龙山摩崖造像	民国	潼南县卧佛镇
近现代重要史迹		
杨沧白故居及墓	清（故居）、1984（墓）	巴南区木洞镇(故居)、东泉镇(墓)
法国水师兵营	1902年	南岸区弹子石
马跑教堂	1909年	大足县石马镇
余栋臣故居及墓	清	双桥区通桥镇
刘伯承故居	清	开县赵家镇
聂荣臻故居	清	江津市吴滩镇
赵世炎故居	清	酉阳县龙潭镇
杨闇公故居及墓	清（故居）、1987（墓）	潼南县双江镇(故居)、梓潼镇(墓)
张培爵烈士纪念碑及墓	1946年（碑）、1934年（墓）	渝中区沧白路(碑) 荣昌昌元镇公园(墓)
重庆“三·三一”惨案烈士墓	1927年	江北区五里店（群葬墓地）
国民党左派四川省党部暨重庆高中旧址	1927-1929年	渝中区解放东巷6号
桂园	1931年	渝中区上清寺
南腰界红三军司令部旧址	1934年	酉阳县李溪区南腰界乡
石壕红军烈士墓	1935年	綦江县石壕镇
中国西部科学院旧址	1935-1949年	北碚区朝阳街道
八路军重庆办事处旧址	1938-1946年	渝中区红岩村
黄山、南山陪都遗迹	1938-1946年	南岸区黄山干部疗养院内
林园	1938-1946年	沙坪坝区山洞街道
重庆郭沫若旧居既国民政府军事委员会政治部第三厅旧址	1938-1946年	渝中区天官府、沙坪坝区赖家桥
国民参政会旧址	1938-1946年	渝中区中华路
重庆大韩民国临时政府旧址	1938-1946年	渝中区莲花池

14-18 续表3 CONTINUED-3

名 称 Name	时 代 Era	地 址 Address
中苏文协旧址	1938-1947年	渝中区中山一路
重庆冯玉祥旧居	1939-1945年	九龙坡区后工、沙坪坝区陈家桥镇
育才学校旧址	1939-1945年	合川市草街镇
重庆美国大使馆旧址	1938-1946年	渝中区王家坡
重庆苏联大使馆旧址	1938-1946年	渝中区枇杷山
重庆陈独秀旧居	1939-1942年	江津市几江镇
《新华日报》馆及营业部旧址	1939-1947年	渝中区化龙桥(报馆)、民生路(营业部)
重庆沈钧儒旧居	1939-1949年	渝中区枣子岚垭
张自忠墓	1940年	北碚区北温泉镇
“六．五”隧道惨案旧址	1941年	渝中区磁器街、十八梯、石灰市隧道
重庆宋庆龄旧居	1942-1945年	渝中区两路口
重庆史迪威旧居	1942-1945年	渝中区嘉陵新村
重庆徐悲鸿旧居	1942-1946年	江北区大石坝
重庆老舍旧居	1943-1946年	北碚区天生街道
“中美合作所”集中营旧址	1943-1949年	沙坪坝区童家桥街道
重庆谈判旧址	1945年	渝中区中四路117号桂园
中共代表团驻地旧址	1946年	渝中区中三路305号
四川革命先烈纪念碑	1946年	渝中区人民公园
邹容烈士纪念碑	1946年	渝中区南区公园
中国人民解放军第二野战军司令部旧址	1949年	秀山县中和镇
南泉革命烈士陵园	1953年	巴南区南泉镇西
人民解放纪念碑	1950年	渝区中解放碑地区
库里申科烈士墓	1958年	万州区西山公园
苏军烈士墓	1959年	渝中区鹅岭公园
邱少云烈士纪念碑	1962年	铜梁县巴川镇
近现代代表性建筑		
大昌民居	清	巫山县大昌镇
杨氏民居	清	潼南县双江镇
聚奎书院	清	江津市白沙镇
客寨桥	清	秀山县龙凤乡
江津中学	1906年	江津市几江镇
慈云寺	1927年	南岸区玄坛庙
菩提金刚塔	1930年	渝中区观音岩金刚塔
万县钟楼	1931年	万州区西山公园
交通银行旧址	1936年	渝中区打铜街
跳伞塔	1942年	渝中区大田湾体育场
若瑟堂	1946年	渝中区民生路
重庆人民大礼堂	1953年	渝中区人民路

14—19 重庆与国外友好城市交流（2002—2003年）
COMMUNICATIONS BETWEEN FOREIGN FRIENDLY CITIES AND CHONGQING (2002-2003)

指　　标	Item	2002	2003
出访交流考查	**People Sent for Study Tour**		
批数	Lots	10	11
人次	Person-time	72	127
派出进修生	**Sent Abroad to Engage in Advanced Studies**		
批数	Lots	5	
人次	Person-time	52	
接待来访团组	**Foreign Institutions Visiting Chongqing**		
批数	Lots	11	7
人次	Person-time	131	83

14—20 重庆（或区县）与国外结成友好城市一览（1982—2003年）
LIST OF FOREIGN FRIENDLY CITIES WITH CHONGQING (DISTRICTS) (1982-2003)

城　市	国　别	City	Country	缔结日期	Concluding Date
图卢兹	法　国	Toulouse	France	1982年12月10日	1982-12-10
西雅图	美　国	Seattle	United States	1983年6月3日	1983-6-3
广　岛	日　本	Hiroshima	Japan	1986年10月23日	1986-10-23
多伦多	加拿大	Toronto	Canada	1986年3月27日	1986-3-27
莱斯特	英　国	Leister	United Kingdom	1993年10月11日	1993-10-11
沃罗涅什	俄罗斯	Varnish	Russia	1993年10月20日	1993-10-20
热尔省	法　国	Gers	France	（万州区）1988年10月1日	(Wanzhou) 1988-10-1
都城市	日　本	Miyakonojou	Japan	（江津市）1999年11月18日	(Jiangjin) 1999-11-18
扎波罗热州	乌克兰	Zaporizhia	Ukraine	2002年4月25日	2002-4-25
姆普马兰加省	南非	Mpumalanga	South Africa	2002年10月18日	2002-10-18
切尔卡塞市	乌克兰	Cherkassy	Ukraine	（万州区）2003年11月1日	(Wanzhou)2003-11-1

14－21 全社会实际利用内资（2002－2003年）
TOTAL ACTUAL UTILIZATION OF DOMESTIC CAPITAL (2002-2003)

单位：万元 (10 000 yuan)

项 目	Item	2002	2003
总计	**Total**	**514996**	**572766**
按重庆市行政区划分	**By District (county)**		
万州区	Wanzhou District	19935	10301
涪陵区	Fuling District	10203	26385
渝中区	Yuzhong District	29301	45827
大渡口区	Dadukou District	12077	306
江北区	Jiangbei District	21283	30994
沙坪坝区	Shapingba District	25330	18061
九龙坡区	Jiulongpo District	40456	58575
南岸区	Nan'an District	39734	31418
北碚区	Beibei District	3908	24956
万盛区	Wansheng District	6254	2176
双桥区	Shuangqiao District	130	27500
渝北区	Yubei District	10692	11634
巴南区	Ba'nan District	22548	11808
黔江区	Qianjiang District	125	4165
长寿区	Changshou District	2020	4505
綦江县	Qijiang County	5521	11280
潼南县	Tongnan County	1095	2481
铜梁县	Tongliang County	23161	17855
大足县	Dazu County	7398	5151
荣昌县	Rongchang County	2280	10130
璧山县	Bishan County	9047	14840
梁平县	Liangping County	2774	3224
城口县	Chengkou County	565	1652
丰都县	Fengdu County	3324	13526
垫江县	Dianjiang County	4332	11167
武隆县	Wulong County	987	3043
忠 县	Zhongxian County	952	9339
开 县	Kaixian County	9345	15778
云阳县	Yunyang County	1989	16278
奉节县	Fengjie County		3825
巫山县	Wushan County		150
巫溪县	Wuxi County	473	671
石柱土家族自治县	Shizhu County	80	91
秀山土家族苗族自治县	Xiushan County	10980	17188
酉阳土家族苗族自治县	Youyang County	1340	640
彭水苗族土家族自治县	Pengshui County	1274	16064
江津市	Jiangjin City	15936	42984
合川市	Hechuan City	14620	22648
永川市	Yongchuan City	7737	15865
南川市	Nanchuan City	6486	4880
不分区县	Transregional	139304	3405
按重庆三大经济区分组	**By Three Economic Spheres**		
都市发达经济圈	Advanced Economic Sphere	205329	233579
渝西经济走廊	Economic Corridor in West Chongqing	99665	177790
三峡库区生态经济区	Ecological Economic Zone in Three Gorges Reservoir Area	70698	157992
不分区县	Transregional	139304	3405

14-21 续表 CONTINUED

单位：万元 (10 000 yuan)

项　目	Item	2002	2003
按内资来源分	**By Source of Domestic Capital**		
北京	Beijing	66106	74913
天津	Tianjin	890	1231
河北	Hebei	6537	12897
山西	Shanxi	1531	1307
内蒙古	Inner Mongolia	2686	32
辽宁	Liaoning	1256	4254
吉林	Jilin	13753	2608
黑龙江	Heilongjiang	851	522
上海	Shanghai	27042	45750
江苏	Jiangsu	27457	18541
浙江	Zhejiang	64682	98358
安徽	Anhui	1163	2162
福建	Fujian	21140	36450
江西	Jiangxi	8263	5583
山东	Shandong	23589	9041
河南	Henan	3164	2434
湖北	Hubei	24430	11940
湖南	Hunan	10707	52208
广东	Guangdong	73608	51049
广西	Guangxi	1328	966
海南	Hainan	2219	5385
四川	Sichuan	76985	112058
贵州	Guizhou	7911	8166
云南	Yunnan	20879	7860
西藏	Tibet	12	260
陕西	Shaanxi	210	2212
甘肃	Gansu	1195	262
青海	Qinghai	989	100
宁夏	Ningxia		200
新疆	Xinjiang	24413	4017
按东、中、西部地区分	**By Eastern, Middle and Western Region**		
东部地区	Eastern Region	314469	357869
中部地区	Middle Region	63864	78764
西部地区	Western Region	136663	136133
按行业分	**By Sector**		
一产业	Primary Industry	12748	15393
二产业	Secondary Industry	193765	261593
采矿业	Mining and Quarrying	9540	10927
制造业	Manufacturing	**152552**	210466
电力、燃气及水的生产和供应业	Electricity, Gas & Water Production and Supply	2234	22195
建筑业	Construction	29439	18005
三产业	Tertiary Industry	308483	295780
交通运输、仓储及邮政业	Transportation, Storage, Postal Services	27007	21961
信息传输、计算机服务和软件业	Information Transmission, Computer Service and Softwares	2550	4555
批发与零售业	Wholesale and Retail Trade	51119	89807
住宿和餐饮业	Hotels and Restaurants	750	6596
金融业	Financing	127769	900
房地产业	Real Estate	63040	117425
租赁与商务服务业	Renting and Business Activities	12384	18198
科学研究、技术服务与地质勘查业	Scientific Research, Technology Services and Geological Prospecting	4907	4849
水利、环境和公共设施管理业	Administration of Water Conservancy, Environment and Public Facilities	5480	10846
居民服务和其他服务业	Household Services and Other Services	1664	1090
教育	Education	9308	8474
卫生、社会保障和社会福利业	Health, Social Security and Social Welfare	1707	2533
文化、体育与娱乐业	Culture, Sports and Entertainment		7093
公共管理与社会组织	Public Administration and Social Organizations	798	1453

14－22 利用内资（100万元以上项目）（2002－2003年）

单位：万元 (10 000 yuan)

项 目	Item	2002		
		项目合同（协议、计划）总资金 Total Capital on Agreements and Contracts	#外省投入 From Outside Chongqing	实际利用内资 Domestic Capital Actually Utilized
总 计	**Total**	**1357990**	**1055374**	**446924**
#固定资产投资	Investment in Fixed Assets	175061	136146	78726
按内资来源分	**By Source of Domestic Capital**			
北京	Beijing	163325	133253	62691
天津	Tianjin	800	800	800
河北	Hebei	11600	11600	5505
山西	Shanxi			830
内蒙古	Inner Mongolia	3000	2640	2640
辽宁	Liaoning	2491	2491	970
吉林	Jilin	15000	15000	13750
黑龙江	Heilongjiang	600	600	600
上海	Shanghai	46637	32903	24229
江苏	Jiangsu	34791	26269	23975
浙江	Zhejiang	303615	220195	51823
安徽	Anhui	1208	1208	798
福建	Fujian	44816	40166	17833
江西	Jiangxi	12700	12000	7680
山东	Shandong	61146	43758	22599
河南	Henan	1950	1132	392
湖北	Hubei	43743	37003	20195
湖南	Hunan	25588	25538	8815
广东	Guangdong	93677	90511	62662
广西	Guangxi	3160	2760	950
海南	Hainan	7700	7651	2057
四川	Sichuan	208419	186930	63502
贵州	Guizhou	194300	99160	6674
云南	Yunnan	48740	32822	19081
西藏	Tibet			
陕西	Shaanxi			
甘肃	Gansu			843
青海	Qinghai	1198	1198	964
宁夏	Ningxia			
新疆	Xinjiang	27786	27786	24066
按东、中、西部地区分	**By Eastern, Middle and Western Region**			
东部地区	Eastern Region	770598	609597	275144
中部地区	Middle Region	100789	92481	53060
西部地区	Western Region	486603	353296	118720

UTILIZATION OF DOMESTIC CAPITAL (PROJIECT ABOVE 1 MILLION YUAN) (2002-2003)

单位：万元 (10 000 yuan)

项　目	Item	2003		
		项目合同（协议、计划）总资金 Total Capital on Agreements and Contracts	#外省投入 From Outside Chongqing	实际利用内资 Domestic Capital Actually Utilized
总　计	**Total**	**3434272**	**2633470**	**487207**
#固定资产投资	Investment in Fixed Assets	2745262	2013437	263248
按内资来源分	**By Source of Domestic Capital**			
北京	Beijing	1168470	793199	70459
天津	Tianjin	56200	56200	729
河北	Hebei	16620	15971	10994
山西	Shanxi	2000	955	955
内蒙古	Inner Mongolia			
辽宁	Liaoning	4201	4201	3496
吉林	Jilin	5000	5000	2400
黑龙江	Heilongjiang	100	40	40
上海	Shanghai	557688	476177	39400
江苏	Jiangsu	44165	37149	14295
浙江	Zhejiang	406271	320043	85506
安徽	Anhui	3100	3050	1080
福建	Fujian	201472	179704	29399
江西	Jiangxi	8850	8150	4650
山东	Shandong	17477	17477	7635
河南	Henan	2050	1000	322
湖北	Hubei	39329	38745	5975
湖南	Hunan	98205	75675	49893
广东	Guangdong	83888	70625	43456
广西	Guangxi	1100	1100	500
海南	Hainan	5850	5772	5102
四川	Sichuan	450756	362752	91841
贵州	Guizhou	198450	103255	6620
云南	Yunnan	11270	10420	6390
西藏	Tibet	260	150	260
陕西	Shaanxi	18800	18720	1120
甘肃	Gansu			
青海	Qinghai	100	40	100
宁夏	Ningxia	7000	6400	200
新疆	Xinjiang	9200	9200	3790
按东、中、西部地区分	**By Eastern, Middle and Western Region**			
东部地区	Eastern Region	2562302	1976518	310471
中部地区	Middle Region	158634	132615	65315
西部地区	Western Region	696936	512037	110821

14-22 续表1

单位：万元 (10 000 yuan)

项 目	Item	2002 项目合同（协议、计划）总资金 Total Capital on Agreements and Contracts	#外省投入 From Outside Chongqing	实际利用内资 Domestic Capital Actually Utilized
按行业分	**By Sector**			
一产业	Primary Industry	16249	14187	8186
二产业	Secondary Industry	423376	337884	175781
采矿业	Mining and Quarrying	13948	13898	8488
制造业	Manufacturing	298208	228266	140089
电力、燃气及水的生产和供应业	Electricity, Gas & Water Production and Supply	6100	5900	1420
建筑业	Construction	105120	89820	25784
三产业	Tertiary Industry	918365	703303	262957
交通运输、仓储及邮政业	Transportation, Storage, Postal Services	239933	134933	25576
信息传输、计算机服务和软件业	Information Transmission, Computer Service and Softwares	2950	2950	2550
批发与零售业	Wholesale and Retail Trade	36518	36420	23106
住宿和餐饮业	Hotels and Restaurants	2300	1800	750
金融业	Financing	122859	122859	124598
房地产业	Real Estate	464575	363878	61564
租赁与商务服务业	Renting and Business Activities	7650	5100	5878
科学研究、技术服务与地质勘查业	Scientific Research, Technology Services and Geological Prospecting	7000	6633	3649
水利、环境和公共设施管理业	Administration of Water Conservancy, Environment and Public Facilities	8650	7940	5480
居民服务和其他服务业	Household Services and Other Services	998	998	724
教育	Education	17964	12824	8364
卫生、社会保障和社会福利业	Health, Social Security and Social Welfare			
文化、体育与娱乐业	Culture, Sports and Entertainment	6968	6968	718
公共管理与社会组织	Public Administration and Social Organizations			
按登记注册类型分	**By Registration**			
国有企业	State-owned	108137	103987	63015
集体企业	Collective-owned	23236	20818	7866
股份合作企业	Cooperative Share Holding	14717	10393	5190
联营企业	Joint Ownership	8438	2263	291
有限责任公司	Limited Liabilities	823650	604499	160281
股份有限公司	Share-holding Ltd.	243459	203070	154930
私营企业	Private	79596	68354	40489
其他企业	Others	43300	30400	2150
港、澳、台商投资企业	Funded by Hongkong, Macao and Taiwan			
外商投资企业	Foreign-funded			
个人	Individual	13457	11590	12712
按合作方式分	**By Means of Co-operation**			
独资经营	Sole Investment	525605	509505	161602
合作投资	Cooperative Investment	742409	479677	248125
资产重组	Asset Recombination	52593	34849	19689
经营权完全转让	Entire Transferation of Operation Right	21150	21150	8085
经营权部份转让	Part Transferation of Operation Rignt	9000	4410	6000
其他	Others	7233	5783	3423

14-22 CONTINUED-1

单位：万元 (10 000 yuan)

项目	Item	2003 项目合同（协议、计划）总资金 Total Capital on Agreements and Contracts	#外省投入 From Outside Chongqing	实际利用内资 Domestic Capital Actually Utilized
按行业分	**By Sector**			
一产业	Primary Industry	77284	75394	9317
二产业	Secondary Industry	1674948	1225587	239181
采矿业	Mining and Quarrying	17631	17631	8578
制造业	Manufacturing	606452	509385	196274
电力、燃气及水的生产和供应业	Electricity, Gas & Water Production and Supply	983795	633751	21879
建筑业	Construction	67070	64820	12450
三产业	Tertiary Industry	1682040	1332489	349551
交通运输、仓储及邮政业	Transportation, Storage, Postal Services	257000	152000	19574
信息传输、计算机服务和软件业	Information Transmission, Computer Service and Softwares	10400	9150	4555
批发与零售业	Wholesale and Retail Trade	88029	80065	52718
住宿和餐饮业	Hotels and Restaurants	27997	27403	6596
金融业	Financing			
房地产业	Real Estate	1156283	935685	112390
租赁与商务服务业	Renting and Business Activities	17300	15385	10065
科学研究、技术服务与地质勘查业	Scientific Research, Technology Services and Geological Prospecting	11562	6091	4536
水利、环境和公共设施管理业	Administration of Water Conservancy, Environment and Public Facilities	78120	73740	10821
居民服务和其他服务业	Household Services and Other Services	1940	1850	1090
教育	Education	15404	13766	8474
卫生，社会保障和社会福利业	Health, Social Security and Social Welfare	9430	8850	2250
文化、体育与娱乐业	Culture, Sports and Entertainment	8055	8004	5142
公共管理与社会组织	Public Administration and Social Organizations	500	500	498
按登记注册类型分	**By Registration**			
国有企业	State-owned	339226	240426	27989
集体企业	Collective-owned	24909	24909	2476
股份合作企业	Cooperative Share Holding	980051	630007	17976
联营企业	Joint Ownership	1500	1500	850
有限责任公司	Limited Liabilities	1504812	1248055	235431
股份有限公司	Share-holding Ltd.	261085	230853	72171
私营企业	Private	173881	137662	82749
其他企业	Others	43000	30100	300
港、澳、台商投资企业	Funded by Hongkong, Macao and Taiwan	1760	1760	900
外商投资企业	Foreign-funded			
个人	Individual	95310	80283	45695
按合作方式分	**By Means of Co-operation**			
独资经营	Sole Investment	954959	946088	256444
合作投资	Cooperative Investment	2443675	1656594	222172
资产重组	Asset Recombination	15600	11800	400
经营权完全转让	Entire Transferation of Operation Right	5438	5438	5438
经营权部份转让	Part Transferation of Operation Rignt			
其他	Others	14600	13550	2753

14-22 续表2

单位：万元 (10 000 yuan)

项　　目	Item	2002		
		项目合同（协议、计划）总资金		实际利用内资
		Total Capital on Agreements and Contracts	#外省投入 From Outside Chongqing	Domestic Capital Actually Utilized
按重庆市行政区划分	**By District (county)**			
万州区	Wanzhou District	73234	70324	15755
涪陵区	Fuling District	17630	9120	7320
渝中区	Yuzhong District	46013	38013	21535
大渡口区	Dadukou District	27160	11760	11829
江北区	Jiangbei District	47631	41068	16643
沙坪坝区	Shapingba District	46104	45124	23740
九龙坡区	Jiulongpo District	176123	88313	34212
南岸区	Nan'an District	157115	145197	35984
北碚区	Beibei District	44808	31558	2798
万盛区	Wansheng District	9880	8630	6254
双桥区	Shuangqiao District			
渝北区	Yubei District	24558	14558	9499
巴南区	Ba'nan District	61747	57781	21456
黔江区	Qianjiang District			
长寿区	Changshou District	10950	4070	1780
綦江县	Qijiang County	5600	5600	4200
潼南县	Tongnan County	2200	2200	542
铜梁县	Tongliang County	23733	23583	21593
大足县	Dazu County	7911	5896	7145
荣昌县	Rongchang County	3190	2890	1480
璧山县	Bishan County	20405	18405	8837
梁平县	Liangping County	2448	2266	2141
城口县	Chengkou County	300	300	490
丰都县	Fengdu County	10800	10100	1730
垫江县	Dianjiang County	11624	11514	4062
武隆县	Wulong County			
忠　县	Zhongxian County	6975	5587	710
开　县	Kaixian County	15860	15660	8601
云阳县	Yunyang County	7750	7200	1150
奉节县	Fengjie County			
巫山县	Wushan County			
巫溪县	Wuxi County	650	460	460
石柱县	Shizhu County			
秀山县	Xiushan County	35768	28918	10306
酉阳县	Youyang County	6470	6470	1020
彭水县	Pengshui County	6500	6500	1200
江津市	Jiangjin City	49000	34856	13608
合川市	Hechuan City	61004	61004	9210
永川市	Yongchuan City	12789	12789	6474
南川市	Nanchuan City	12256	10856	6356
跨区县(不便于区分区县的)	Transregional	311804	216804	126804
按重庆三大经济区分	**By Three Economic Spheres**			
都市发达经济圈	Advanced Economic Sphere	631259	473372	177696
渝西经济走廊	Economic Corridor in West Chongqing	207968	186709	85699
三峡库区生态经济区	Ecological Economic Zone in Three Gorges Reservoir Area	206959	178489	56725
跨区县(不便于区分区县的)	Transregional	311804	216804	126804

14-22 CONTINUED-2

单位：万元 (10 000 yuan)

项　　目	Item	2003 项目合同（协议、计划）总资金 Total Capital on Agreements and Contracts	#外省投入 From Outside Chongqing	实际利用内资 Domestic Capital Actually Utilized
按重庆市行政划分	**By District (county)**			
万州区	Wanzhou District	23429	23429	6151
涪陵区	Fuling District	49653	29620	19315
渝中区	Yuzhong District	71225	65437	31498
大渡口区	Dadukou District			
江北区	Jiangbei District	77390	76342	21811
沙坪坝区	Shapingba District	62802	62757	16423
九龙坡区	Jiulongpo District	350899	227049	54262
南岸区	Nan'an District	601200	521200	25950
北碚区	Beibei District	85346	72096	23096
万盛区	Wansheng District	3880	3880	1960
双桥区	Shuangqiao District	50000	27500	27500
渝北区	Yubei District	9043	6743	2703
巴南区	Ba'nan District	59431	55331	11454
黔江区	Qianjiang District	13560	13560	3641
长寿区	Changshou District	34350	18650	4200
綦江县	Qijiang County	12950	12950	10170
潼南县	Tongnan County	5500	5500	1695
铜梁县	Tongliang County	23930	23780	16430
大足县	Dazu County	11860	11300	4721
荣昌县	Rongchang County	15830	13760	8330
璧山县	Bishan County	103050	103050	14410
梁平县	Liangping County	13580	13440	2940
城口县	Chengkou County	5105	3805	1605
丰都县	Fengdu County	23338	18638	11648
垫江县	Dianjiang County	19344	16165	10403
武隆县	Wulong County	5096	4200	1485
忠　县	Zhongxian County	57450	57450	8934
开　县	Kaixian County	24560	23160	13735
云阳县	Yunyang County	50715	49565	15948
奉节县	Fengjie County	69460	69460	3068
巫山县	Wushan County			
巫溪县	Wuxi County	650	460	660
石柱县	Shizhu County			
秀山县	Xiushan County	40775	40775	16678
酉阳县	Youyang County	193	193	140
彭水县	Pengshui County	976725	626681	15800
江津市	Jiangjin City	154996	107172	41670
合川市	Hechuan City	100286	98101	15173
永川市	Yongchuan City	29891	29891	13315
南川市	Nanchuan City	6780	5380	4880
跨区县(不便于区分区县的)	Transregional	190000	95000	3405
按重庆三大经济区分	**By Three Economic Spheres**			
都市发达经济圈	Advanced Economic Sphere	1317336	1086955	187197
渝西经济走廊	Economic Corridor in West Chongqing	518953	442264	160254
三峡库区生态经济区	Ecological Economic Zone in Three Gorges Reservoir Area	1407983	1009251	136351
跨区县(不便于区分区县的)	Transregional	190000	95000	3405

主要统计指标解释

进出口总额 海关进出口总额指实际进出我国国境的货物总金额，包括对外贸易实际进出口货物，来料加工装配进出口货物，国家间、联合国及国际组织无偿援助物资和赠送品，华侨、港澳台同胞和外籍华人捐赠品，租赁期满归承租人所有的租赁货物，进料加工进出口货物，边境地方贸易及边境地区小额贸易进出口货物(边民互市贸易除外)，中外合资经营企业、中外合作经营企业、外商独资经营企业进出口货物和公用物品，到、离岸价格在规定限额以上的进出口货样和广告品(无商业价值、无使用价值和免费提供出口的除外)，从保税仓库提取在中国境内销售的进口货物，以及其他进出口货物。进出口总额用以观察一个国家在对外贸易方面的总规模。我国规定出口货物按离岸价格统计，进口货物按到岸价格统计。

利用外资 指我国各级政府、部门、企业和其他经济组织通过对外借款、吸收外商直接投资以及用其他方式筹措的境外现汇、设备、技术等。

对外借款 是我国利用外资的重要部分。指通过对外正式签订借款协议，从境外筹措的资金，包括外国政府贷款、国际金融组织贷款、外国商业银行贷款、出口信贷以及对外发行债券等。1996 年及以前还包括对外发行股票。

外商直接投资 指外国企业、经济组织或个人(包括华侨、港澳台胞以及我国在境外注册的企业)按我国有关政策、法规，用现汇、实物、技术等在我国境内开办外商独资企业、与我国境内的企业或经济组织共同举办中外合资经营企业、合作经营企业或合作开发资源的投资（包括外商投资收益的再投资），以及经政府有关部门批准的项目投资总额内企业从境外借入的资金。

外商其他投资 指除对外借款和外商直接投资以外的各种利用外资的形式。包括企业在境内外股票市场公开发行的以外币计价的股票（目前主要是在香港证券市场发行的 H 股和在境内证券市场发行的 B 股）发行价总额，国际租赁进口设备的应付款，补偿贸易中外商提供的进口设备、技术、物料的价款，加工装配贸易中外商提供的进口设备、物料的价款。

对外承包工程 包括各对外承包公司以招标议标承包方式承揽的下列业务（1）承包国外工程建设项目；（2）承包我国对外经援项目；（3）承包我国驻外机构的工程建设项目；（4）承包我国境内利用外资进行建设的工程项目；（5）与外国承包公司合营或联合承包工程项目时我国公司分包部分；（6）对外承包兼营的房屋开发业务。对外承包工程的营业额是以货币表现的本期内完成的对外承包工程的工作量，包括以前年度签订的合同和本年度新签订的合同在报告期完成的工作量。

对外劳务合作 指以收取工资的形式向业主或承包商提供技术和劳动服务的活动。我国对外承包公司在境外开办的合营企业，中国公司同时又提供劳务的，其劳务部分也纳入劳务合作统计。劳务合作营业额按报告期内向雇主提交的结算数（包括工资、加班费和奖金等）统计。

对外设计咨询 指以服务成果向业主收费的技术服务项目。包括承担地形地貌测绘，地质资源勘探与普查，建设区域规划，提供设计文件、图纸、生产工艺技术资料和工程技术经济咨询，工程项目的可行性考察、研究和评估，进行技术指导和培训人员等；也包括承担国（境）内利用外资进行建设的工程项目的上述规定的设计咨询项目的收取外币部分。

国际旅游人数 指来我国参观、访问、旅行、探亲、访友、休养、考察、参加会议和从事经济、科技、文化、教育、体育、宗教等活动的外国人、华侨、港澳和台湾同胞的人数。不包括外国在我国的常住机构，如使领馆、通讯社、企业办事处的工作人员；来我国常驻的外国专家、留学生以及在岸逗留不过夜人员。

国际旅游（外汇）收入 指入境旅游的外国人、华侨、港澳台同胞在中国大陆旅游过程中发生的一切旅游支出，对于国家来说就是国际旅游（外汇）收入。

国际旅行社 指经营对外招徕并接待外国人、华侨、港澳同胞和台湾同胞来中国、归国或回内地的旅游业务的旅行社。

国内旅行社 指负责经营招徕、组团、接待国内旅客的旅游业务，以及不对外招徕，负责经营接待国际旅行社或其它涉外部门组织的外国人、华侨、港澳同胞和台湾同胞来中国、归国或回内地的旅游业务的旅行社。

内资 在概念上，利用内资是与引进外资相对应的。凡是引进重庆市辖区以外的中国境内的资金统称为内资，包括货币资金、实物资金和无形资产。

EXPLANATORY NOTES ON MAIN STATISTICAL INDICATORS

Total Imports and Exports at Customs refer to the value of commodities imported into and exported from the boundary of China. They include the actual imports and exports through foreign trade, imported and exported goods under the processing and assembling trades and materials, supplies and gifts as and given gratis between governments and by the United Nations and other international organizations, and contributions donated by overseas Chinese, compatriots in Hong Kong and Macao and Chinese with foreign citizenship, leasing commodities owned by tenant at the expiration of leasing period, the imported and exported commodities processed with imported materials, commodities trading in border areas (excluding mutual exchange goods), the imported and exported commodities and articles for public use of the Sino-foreign joint ventures, cooperative enterprises and ventures exclusively with foreign own investment. Also included are import or export of samples and advertising goods for whose CIF or FOB value are beyond the permitted ceiling (excluding goods of no trading or use value and free commodities for export), imported goods sold in China from bonded warehouses and other imported or exported or exported goods. The indicator of the total imports and exports at customs can be used to observe the total size of external trade in a country. In accordance with the stipulation of the Chinese government, imports are calculated at CIF, while exports are calculated at FOB.

Utilization of Foreign Capital refers to remittance, equipment and technology financed from abroad, by loans, foreign direct investment and other forms undertaken by the Chins governments at all levels, by various departments, enterprises and other economic units.

Foreign Loans a major part of China's utilization of foreign capital, it refer to funds borrowed from abroad through formal signing of borrowing agreements with foreign institutions, including loans of foreign governments, loans of international financial institutions, commercial loans of foreign banks, export credit, and funds raised by Chinese bonds (and shares before 1996) issued abroad.

Foreign Direct Investment refers to the investments inside China by foreign enterprises and economic organizations or individuals (including overseas Chinese, compatriots from Hong Kong and Macao, and Chinese enterprises registered abroad), following the relevant policies and laws of China, for the establishment of ventures exclusively with foreign own investment, Sino-foreign joint ventures and cooperative enterprises or for co-operative exploration of resources with enterprises or economic organizations in China. It includes the re-investment of the foreign entrepreneurs with the profits gained from the investment and the funds that enterprises borrow from abroad in the total investment of projects which are approved by the relevant department of the government.

Other Foreign Investment refers to all forms of utilization of foreign capitals other than foreign borrowings and foreign direct investment. It includes the total value of stock shares in foreign currencies issued by enterprises at domestic or foreign stock exchanges (now mainly consisting of K shares issued at Hong Kong Security Market and B shares issued at domestic security markets), rent payable for the imported equipment through international leasing arrangement, cost of imported equipment, technology and materials provided by foreign counterparts in compensation trade and processing and assembly trade.

Contracted Projects with Foreign Countries refer to projects undertaken by Chinese contractors (project contracting companies) through bidding process. They include: (1) overseas civil engineering construction projects financed by foreign investors; (2) overseas projects financed by the Chinese government through its foreign-aid programs; (3) construction projects of Chinese diplomatic missions, trade offices and other institutions stationed abroad; (4) construction projects in China financed by foreign investment; (5) sub-contracted projects to be taken by Chinese contractors through a joint umbrella project with foreign contractor (s); and (6) housing development projects. The business income from international contracted projects is the work volume of contracted projects completed during the reference period, expressed in monetary terms, including completed work on projects signed in previous years.

Service Co-operation with Foreign Countries refers to the activities of providing technology and labor services to employers or contractors in the forms of receiving salaries and wages. Labor services providing by contractual joint ventures of Chinese international contracting corporations should be included in the statistics of service co-operation with foreign countries. The business income of labor service co-operation is the income in the form of wages and salaries, overtime pay, bonuses and other remuneration received from the employers during the reference period.

Overseas Design and Consultation Service refers to projects with charges for technical services from overseas operators. It includes geographic and topographic mapping, geological resource prospecting and survey, planning of construction areas, provision of design documents, blueprints, materials on production process and techniques, as well as engineering, technical and economic consultation, and feasibility study research and evaluation of projects. Also included under this category are the above-mentioned services of foreign-financed projects in china that are paid in foreign currencies.

Number of Tourists refers to the number of foreigners, overseas Chinese, and compatriots from Hong Kong, Macao and Taiwan coming to China for sightseeing, visits, tours, family reunions, vacations, study tours and other activities of an economic, scientific and technological, cultural, physical culture and religious nature. This does not include the number of employees of foreign organizations stationed in China such as embassies, consulates, news agencies, the offices of corporations and enterprises and foreign experts and students residing in China and the persons staying briefly in china but not for passing the night.

Foreign Exchange Earnings from International Tourism refer to the total expenditures of the foreigners, overseas Chinese, compatriots from Hong Kong, Macao and Taiwan in the process of their tourism in the mainland of China. Their expenditures mentioned above are foreign exchange earnings to China.

International Travel Agencies refer to travel agencies engaged in the promotion, solicitation, organization and reception of tours to the mainland of china by foreigners, overseas Chinese, Chinese compatriots from Hong Kong, Macao and Taiwan.

Domestic Travel Agencies refer to travel agencies engaged tin the promotion, solicitation, organization and reception of domestic tourists, and in the reception of foreigners, overseas Chinese, Chinese compatriots from Hong Kong, Macao and Taiwan organized by international travel agencies or other departments concerned, without their own promotion and solicitation programs.

Domestic Capital Domestic capital corresponds to foreign capital absorption in conception. It refers to capital within China boundaries but outside Chongqing municipality, including currency funds, material funds and intangible assets.

十五　财政和金融

GOVERNMENT FINANCE AND FINANCIAL STATISTICS

简要说明

本章资料包括我市财政收支、国税和地税税收收入、金融机构信贷收支、证券和保险业情况，由市统计局综合处根据有关部门资料整理编辑。资料分别来源于市财政局、市国税局、市地税局、中国人民银行重庆营业部、重庆证监局、重庆保监局和重庆保险行业协会。

Brief Introduction

The data in this chapter includes the financial revenue and expenditures, revenue of national taxation and local taxation, credit funds balance of financial institutions, securities and insurance. All information is prepared by Division of Comprehensive Statistics, Municipal Bureau of Statistics. The data come from Municipal Bureau of Finance, Municipal Bureau of National Taxation, Municipal Bureau of Local Taxation, Chongqing Operations Office of the People's Bank of China, China Securities Regulatory Commission Chongqing Bureau, China Insurance Regulatory Commission Chongqing Bureau and Chongqing Insurance Association.

15－1 财政收入及支出（1994－2003年）
FINANCIAL REVENUE AND EXPENDITURES (1994-2003)

单位：万元 (10 000 yuan)

年 份 Year	地方财政收入及中央两税 Local Financial Revenue and Two Central Level Taxes	地方财政收入 Local Financial Revenue	#一般预算收入 General Budgetary Revenue	中央两税收入 Revenue of Two Central Level Taxes	地方财政支出 Local Financial Expenditures	#一般预算支出 General Budgetary Expenditures
1994	716172	366325	366325	349847	560818	560818
1995	837748	460052	460052	377696	662235	662235
1996	942682	549412	549412	393270	794216	794216
1997	1180555	745296	593060	435259	1151627	1010110
1998	1338867	858046	711287	480821	1359474	1257608
1999	1402935	898912	767341	504023	1623685	1502365
2000	1632353	1044570	872442	587783	2024606	1876433
2001	1961761	1264090	1061243	697671	2555530	2375486
2002	2396240	1578651	1260674	817589	3450674	3058591
2003	3026950	2069315	1615618	957635	3913564	3415775

15－2 财政收入占本市生产总值比重（1994－2003年）
FINANCIAL REVENUE AS PERCENTAGE OF GROSS DOMESTIC PRODUCT (1994-2003)

年 份 Year	财政收入（亿元） Finance Revenue (100 million yuan)	本市生产总值 （亿元） Gross Domestic Product (100 million yuan)	财政收入占本市生产总值的比重（%） Finacial Revenue As Percentage of GDP (%)
1994	71.62	751.21	9.5
1995	83.77	1009.47	8.3
1996	94.27	1179.09	8.0
1997	118.06	1350.10	8.7
1998	133.89	1429.26	9.4
1999	140.29	1479.71	9.5
2000	163.24	1589.34	10.3
2001	196.18	1749.77	11.2
2002	239.62	1971.30	12.2
2003	302.70	2250.56	13.4

注：本表财政收入为地方财政收入及中央两税之和。
Note: The finance revenue in this table is the total sum of local financial revenue and two central level taxes.

15—3 财政收入（2002—2003年）
FINANCIAL REVENUE (2002-2003)

单位：万元 (10 000 yuan)

项目	Item	2002	2003	指数 上年同口径数=100 Index Preceding Year in Same Terms=100.
地方财政收入及中央两税	**Local Financial Revenue and Two Central Level Taxes**	**2396240**	**3026950**	**126.3**
一、地方财政收入	**Local Budgetary Revenue**	**1578651**	**2069315**	**131.1**
其中：市级	Of Which at Municipal Level	783989	1036491	132.2
一般预算收入	**General Budgetary Revenue**	**1260674**	**1615618**	**128.2**
其中：市级	Of Which at Municipal Level	497868	685683	137.7
工商税收	Industrial and Commercial Taxes	812166	971238	119.6
增值税	Value-added Tax	207988	246601	118.6
营业税	Operation Tax	367459	466392	126.9
个人所得税	Personal Income Tax	83492	78711	117.8
资源税	Resource Tax	16384	20172	123.1
固定资产投资方向调节税	Tax on Adjunstment Investment in Fixed Assets	344		
城市维护建设税	Tax on City Maintenance and Construction	73903	86520	117.1
房产税	Tax on Real Estates	36414	42134	115.7
印花税	Stamp Tax	9803	12939	132.0
屠宰税	Slaughter Tax	2898		
其他各项税收	Other Taxes	13481	17769	131.8
企业所得税	Enterprise Income Tax	92934	87694	118.0
企业所得税退税	Return for Enterprise Income Tax			
农业四税	4 Taxes on Agriculture	111196	134757	121.2
#农业税	Agricultural Tax	69608	62348	89.6
契税	Contract Tax	27079	41920	154.8
国有资产经营收益	Profits of State-owned Assets	21403	36510	170.6
国有企业计划亏损补贴	Planning Subsidies to Loss-suffering State-owned Enterprises	-26344	-23319	88.5
行政性收费收入、罚没收入	Income from Administrative Fees and Penalty	196946	339321	172.3
专项收入	Expert Project Revenue	41145	48764	118.5
其他收入	Other Revenue	11228	20653	183.9
基金预算收入	**Fund Budgetary Revenue**	**317977**	**453697**	**142.7**
#工业交通部门基金收入	Fund Revenue of Departments of Industry and Transportation	93368	102819	110.1
文教部门基金收入	Fund Revenue of Departments of Culture and Education	5477	5624	102.7
社会保险基金收入	Fund Revenue of Social Security			
农业部门基金收入	Fund Revenue of Agricultural Department	4145	5251	126.7
土地有偿使用收入	Revenue of Compensable Use of Land	154278	275267	178.4
地方财政税费附加收入	Additional Revenue of Local Financial Fees	57915	64579	111.5
二、中央两税收入	**Revenue of 2 Central Level Taxes**	**817589**	**957635**	**117.1**

注：本表在计算同口径指数时，考虑了所得税收入分享改革因素。

Note: While comparasion with respongding figures of preceding year in the same terms, redistribution of income tax revenue was considered.

15－4 财政支出（2002－2003年）
FINANCIAL EXPENDITURES (2002-2003)

单位：万元 (10 000 yuan)

项　　目	Item	2002	2003	指数 上年同口径数=100 Index Preceding Year in Same Terms=100.
地方财政支出	**Local Budgetary Expenditures**	**3450674**	**3913564**	**116.9**
其中：市级	Of Which at Municipal Level	1352851	1471246	118.9
一般预算支出	**General Budgetary Expenditures**	**3058591**	**3415775**	**113.6**
其中：市级	Of Which at Municipal Level	1145412	1246523	115.2
基本建设支出	Expenditrue for Capital Construction	604036	640685	106.1
企业挖潜改造资金	Expenditure for Enterprise Technical Updates and Innovation	50317	72583	144.3
地质勘探费	Expenditure for Geological Prospecting	5508	6609	120.0
科技三项费用	Expenditure for Science and Technology Promotion	27725	27969	118.2
农业、林业、水利和气象支出	Expenditure for Agriculture, Forestry, Water conservancy and Meteorology	165315	169824	102.7
各项事业费支出	Expenditures for Various Causes	636040	708600	111.4
#科学支出	Science	7995	8666	108.4
教育支出	Education	393941	429462	109.0
医疗卫生支出	Public Health	94431	108218	114.6
抚恤和社会福利救济	Expenditure for Pensions and Relief Funds for Social Welfare	118722	128237	108.0
行政事业单位离退休支出	Expenditure for Retired Persons in Administrative Department	218166	240926	110.4
社会保障补助支出	Social Security Subsidies	332296	339682	119.0
行政管理费及外交外事支出	Expenditur for Government Administration and Foreign Affairs	321707	369027	114.7
公检法司、武警及国防支出	Expenditure for Public Security Agency, Procuratorial Agency, Court of Justice, Armed Police and National Defense	200276	250933	125.3
城市维护费	Expenditure for City Maintenance	149503	198820	133.0
政策性补贴支出	Price Subsidies	50254	53581	106.6
支援不发达地区支出	Expenditure for Supporting Under-developed Areas	35470	39372	111.0
债务利息支出	Expenditure for Debt Interests		905	
专项支出	Expenditure for Special Items	42814	47287	110.5
其他支出	Others	100442	120735	120.2
基金预算支出	**Fund Budgetary Expenditures**	**392083**	**497789**	**146.1**
#工业交通部门基金支出	Fund Expenditure of Department of Industry and Transportation	92195	102757	111.5
商贸部门基金支出	Fund Expenditure of Trade Department	7530	2531	33.6
文教部门基金支出	Fund Expenditure of Department of Culture and Education	7474	6949	93.0
社会保险基金支出	Fund Expenditure of Social Security			
农业部门基金支出	Fund Expenditure of Agricultural Department	4425	4940	111.6
土地有偿使用支出	Expenditure of Compensable Use of Land	138507	229356	263.3
其他部门基金支出	Fund Expenditure of Other Department	107102	108044	100.9
地方财政税费附加支出	Additional Expenditure of Local Financial Fees	32665	43074	131.9

15－5 地方财政用于农业的支出（1994－2003年）
LOCAL FINANCIAL EXPENDITURES FOR AGRICULTURE (1994-2003)

单位：万元 (10 000 yuan)

年 份 Year	合 计 Total	农业、林业、水利和气象支出 Expenditure for Agriculture, Forestry, Water Conservancy and Meteorology	农业基本建设支出 Expenditure for Capital Construction	农业科技三项费用 Science & Technology Promotion Funds	农业挖潜改造资金 Agricultural Technical Updates and Innovation	农村社会救济费 Rural Relief Funds	占地方财政一般预算支出总计的% As Percentage of Local General Financial Expenditures on Budget (%)
1994	49858	44498	3985	411	964		8.9
1995	55267	50803	3301	556	607		8.3
1996	70997	62098	7750	705	444		8.9
1997	86768	72067	11547	1409	730	1015	8.6
1998	125216	81766	38973	2166	1272	1039	10.0
1999	152737	79291	69888	2025	282	1251	10.2
2000	207858	95374	108404	2271	428	1381	11.1
2001	254588	126959	123394	2285	302	1648	10.7
2002	307231	165315	135631	2716	567	3002	10.0
2003	286085	169824	107204	3207	1399	4451	8.4

注：从1998年开始，“农业基本建设支出”包括增发国债安排的支出。

Note：Expenditure for agricultural capital construction since 1998 included the expenditure funded from additional issuing national debt.

15－6 地方财政用于科学研究的支出（1994－2003年）
LOCAL FINANCIAL EXPENDITURES FOR SCIENCE AND RESEARCH (1994-2003)

单位：万元 (10 000 yuan)

年 份	合 计 Total	科技三项费用 Expenditure for Science and Technology Promotion	科学支出 Expenditure for Sciences	科研基建费 Expenditure for Capital Construcion of Science and Technology Institutes	其他科研事业费 Other Operating Expenditures for Science and Research	占地方财政一般预算支出总计的% As Percentage of Local General Financial Expenditures on Budget (%)
1994	8808	4022	4776	10		1.6
1995	11703	4698	5155	1850		1.8
1996	12846	6802	6004	40		1.6
1997	16846	8704	7618	524		1.7
1998	19269	10149	8580	540		1.5
1999	18622	11913	6584	125		1.2
2000	28854	21341	7293	220		1.5
2001	32751	24158	8306	287		1.4
2002	35886	27725	7995	166		1.2
2003	36981	27969	8666	255	91	1.1

15－7 地方财政用于抚恤和社会福利的支出（1994－2003年）
LOCAL FINANCIAL EXPENDITURES FOR PENSIONS AND SOCIAL WELFARE (1994-2003)

单位：万元 (10 000 yuan)

年份	合计 Total	抚恤事业费 Pensions for Disable and Bereaved Families	安置事业费 Pension for Retires and Arrangement	社会救济福利事业费 Social Welfare and Relief Funds	救灾支出 Expenses on Disaster Relief	其他 Others	占地方财政一般预算支出总计的% As Percentage of Local General Financial Expenditures on Budget (%)
1994	15711	5057	2300	4537	2122	1695	2.8
1995	18904	6235	2539	4924	2873	2333	2.9
1996	20747	7011	1524	6354	3420	2438	2.6
1997	24553	8024	1817	7908	4038	2766	2.4
1998	38611	8363	2313	11311	12062	4562	3.1
1999	42489	11057	2368	16285	7791	4988	2.8
2000	54157	13793	3803	22667	8456	5438	2.9
2001	69191	16144	4468	33386	9155	6038	2.9
2002	118722	17691	9324	69939	13809	7959	3.9
2003	128237	20107	11249	78120	10178	8583	3.8

注：1）从1996年起离退休费不包括已划入行政事业离退休经费支出类中的由民政部门管理的地方离退休费。
2）救灾支出中包括抗震救灾费。

Note: a) Since 1996, the pension for retires and excluded the local pension for retires which had been transferred to the pension of administration operation and run by the department of civil affairs.
b) Disaster relief include the expense on earthquake relief.

15－8 国税和地税税收收入（1996－2003年）
REVENUE OF NATIONAL AND LOCAL TAXATION (1996-2003)

单位：万元 (10 000 yuan)

年份 Year	国税税收收入 National Taxation	#增值税 Value-added Tax	#消费税 Consumption Tax	地税税收收入 Local Taxation	#营业税 Operation Tax	#企业所得税 Enterprise Income Tax	#个人所得税 Personal Income Tax
1996	535564	379277	92920	266486	130952	33616	17747
1997	608114	450942	108409	323862	155607	47121	29468
1998	686805	501336	123845	382948	195747	41808	42562
1999	850898	661868	120669	436999	218101	52873	54910
2000	872759	623788	144361	500530	243476	68614	72133
2001	1091211	795789	164879	602387	278516	97553	105450
2002	1243874	915425	193646	732964	367458	91953	120326
2003	1491119	1112204	217868	894415	466393	100102	148386

15－9 国税税收收入（2002－2003年）
REVENUE OF NATIONAL TAXATION (2002-2003)

单位：万元 (10 000 yuan)

项 目	Item	2002	2003
税收收入合计	**Tax Revenue**	**1243874**	**1491119**
#增值税	Value-added Tax	915425	1112204
其中：一般纳税人	Of Which: Ordinary Taxpayers	741514	896650
小规模纳税人	Small-sized Taxpayers	111819	117132
内资企业	Domestic-funded	680169	796577
#国有企业	State-owned	279522	314890
集体企业	Collective-owned	48205	51195
私营企业	Private	48227	63352
港澳台投资企业	Funded by Hongkong, Macao and Taiwan	60755	65247
外商投资企业	Foreign-funded	124254	198973
个体经济	Individuals	50247	51407
消费税	Consumption Tax	193646	217868
内资企业	Domestic-funded	164536	180788
#国有企业	State-owned	28075	35495
集体企业	Collective-owned	275	205
私营企业	Private	2331	2944
港澳台投资企业	Funded by Hongkong, Macao and Taiwan	6156	6120
外商投资企业	Foreign-funded	22178	29333
个体经济	Individuals	776	1627
营业税	Operation Tax	12394	2465
内资企业	Domestic-funded	12389	2465
#国有企业	State-owned	9681	1873
集体企业	Collective-owned	103	10
私营企业	Private		
港澳台投资企业	Funded by Hongkong, Macao and Taiwan		
外商投资企业	Foreign-funded	3	
个体经济	Individuals	2	
企业所得税	Enterprise Income Tax	49889	69488
#国有企业	State-owned	9960	14414
集体企业	Collective-owned	1710	1730
私营企业	Private	87	701
外商投资企业和外国企业所得税	Tax on Foreign-funded Enterprise Income	25872	40710
个人所得税	Personal Income Tax	46648	48384

15－10 按企业类型分的国税税收收入（2003年）
NATIONAL TAXATION BY REGISTRATION (2003)

单位：万元 (10 000 yuan)

项 目	Item	合 计 Total	内资企业 Domestic-funded					
			小 计 Sub-total	国有企业 State-owned	集体企业 Collective-owned	股份合作企业 Coopera-tive	联营企业 Joint Ownership	有限责任公司 Limited Liability Corp.
总计	**Total**	**1491119**	**1049318**	**366672**	**53140**	**7731**	**7911**	**316532**
#增值税	Value-added Tax	1112204	796577	314890	51195	7680	7452	194626
消费税	Consumption Tax	217868	180788	35495	205	13	438	108064
营业税	Operation Tax	2465	2465	1873	10			60
企业所得税	Enterprise Income Tax	69488	69488	14414	1730	38	21	13782
外商投资企业和外国企业所得税	Tax on Foreign-funded Enterprise Income	40710						
个人所得税	Personal Income Tax	48384						
资源税	Resource Tax							
固定资产投资方向调节税	Tax on Adjustment Investment in Fixed Assets							
城市维护建设税	Tax on City Maintenance and Construction							

项 目	Item	内资企业 Domestic-funded			港澳台投资企业 Funded By Hong Kong, Macao & Taiwan	外商投资企 业 Foreign-funded	个体经营 Individuals	附列资料：乡(镇)企业 Township Enterprises
		股份有限公司 Share-holding	私营企业 Private	其他企业 Others				
总计	**Total**	**230335**	**66997**		**76570**	**263813**	**101418**	**33914**
#增值税	Value-added Tax	157382	63352		65247	198973	51407	33091
消费税	Consumption Tax	33629	2944		6120	29333	1627	811
营业税	Operation Tax	522						
企业所得税	Enterprise Income Tax	38802	701					12
外商投资企业和外国企业所得税	Tax on Foreign-funded Enterprise Income				5203	35507		
个人所得税	Personal Income Tax						48384	
资源税	Resource Tax							
固定资产投资方向调节税	Tax on Adjustment Investment in Fixed Assets							
城市维护建设税	Tax on City Maintenance and Construction							

15－11 地税税收收入（2002－2003年）
REVENUE OF LOCAL TAXATION (2002-2003)

单位：万元 (10 000 yuan)

项　　目	Item	2002	2003
税收收入合计	**Taxes**	**732964**	**894415**
其中：中央级	Of Which: Central Level	106379	149092
重庆市级	Chongqing Municipal Level	247383	301053
区（市）县级	Distirct (county) Level	379202	444270
营业税	Operation Tax	367458	466393
内资企业	Domestic-funded	319584	395647
#国有企业	State-owned	145428	142714
集体企业	Collective-owned	53726	48801
私营企业	Private	21460	37239
港澳台投资企业	Funded by Hongkong, Macao and Taiwan	10992	15710
外商投资企业	Foreign-funded	11571	21378
个体经济	Individuals	25311	33658
企业所得税	Enterprise Income Tax	91953	100102
#国有企业	State-owned	18460	14724
集体企业	Collective-owned	16045	11987
私营企业	Private	5955	9178
个人所得税	Personal Income Tax	120326	148386
内资企业	Domestic-funded	79876	107335
#国有企业	State-owned	34098	42998
集体企业	Collective-owned	12201	11108
私营企业	Private	5344	8672
港澳台投资企业	Funded by Hongkong, Macao and Taiwan	1840	2367
外商投资企业	Foreign-funded	7106	10244
个体经济	Individuals	31504	28440
资源税	Resource Tax	16384	20172
固定资产投资方向调节税	Tax on Adjustment Investment in Fixed Assets	344	
城市维护建设税	Tax on City Maintenance and Construction	73903	86520
房产税	Tax on Real Estates	36414	42134
印花税	Stamp Tax	9803	12939
城镇土地使用税	Tax on Using Urban Land	9598	11890
土地增值税	Value-added Tax on Land	2039	4104
车船使用税	Tax on Using Vehicles and Vessels	1844	1775
屠宰税	Slaughter Tax	2898	

15－12 按企业类型分的地税税收收入（2003年）
LOCAL TAXATION BY REGISTRATION (2003)

单位：万元 (10 000 yuan)

项　目	Item	合　计 Total	内资企业 Domestic-funded 小　计 Sub-total	国有企业 State-owned	集体企业 Collective-owned	股份合作企业 Coopera-tive	联营企业 Joint Ownership	有限责任公司 Limited Liability Corp.
总计	**Total**	**894415**	**764953**	**261467**	**87107**	**6844**	**3586**	**220138**
营业税	Operation Tax	466393	395647	142714	48801	2669	2031	117532
企业所得税	Enterprise Income Tax	100102	100102	14724	11987	2023	292	35716
个人所得税	Personal Income Tax	148386	107335	42998	11108	729	498	25443
资源税	Resource Tax	20172	16043	4175	3427	132	27	2888
固定资产投资方向调节税	Tax on Adjustment Investment in Fixed Assets							
城市维护建设税	Tax on City Maintenance and Construction	86520	83436	32046	5914	713	341	22126
房产税	Tax on Real Estates	42134	35036	14458	3564	322	152	9352
印花税	Stamp Tax	12939	11038	4082	669	96	147	2586
城镇土地使用税	Tax on Using Urban Land	11890	11678	4838	1029	138	83	3062
土地增值税	Value-added Tax on Land	4104	3314	950	418	14		1027
车船使用税	Tax on Using Vehicles and Vessels	1775	1324	482	190	8	15	406
屠宰税	Slaughter Tax							

项　目	Item	内资企业 Domestic-funded 股份有限公司 Share-holding	私营企业 Private	其他企业 Others	港澳台投资企业 Funded By Hong Kong, Macao & Taiwan	外商投资企　业 Foreign-funded	个体经营 Individuals	附列资料：乡(镇)企业 Township Enterprises
总计	**Total**	**101247**	**68985**	**15579**	**21109**	**35861**	**72492**	**75962**
营业税	Operation Tax	37697	37239	6964	15710	21378	33658	41181
企业所得税	Enterprise Income Tax	25354	9178	828				10653
个人所得税	Personal Income Tax	12596	8672	5291	2367	10244	28440	9500
资源税	Resource Tax	2870	1799	725	14	329	3786	3372
固定资产投资方向调节税	Tax on Adjustment Investment in Fixed Assets							
城市维护建设税	Tax on City Maintenance and Construction	14220	7385	691			3084	5668
房产税	Tax on Real Estates	4684	2211	293	2331	2666	2101	3353
印花税	Stamp Tax	1987	1090	381	215	1158	528	670
城镇土地使用税	Tax on Using Urban Land	1370	1104	54			212	1021
土地增值税	Value-added Tax on Land	392	216	297	460	66	264	373
车船使用税	Tax on Using Vehicles and Vessels	77	91	55	12	20	419	171
屠宰税	Slaughter Tax							

15－13 金融机构（含外资）人民币存贷款年末余额（1980－2003年）
YEAR-END DEPOSIT AND LOAN BALANCES OF RMB OF FINANCIAL INSTITUTIONS (INCLUDING FOREIGN-FUNDED) (1980-2003)

单位：亿元 (100 million yuan)

年 份 Year	存款余额 Total Deposit Balance	#企业存款 Enterprise Deposits	#储蓄存款 Urban and Rural Saving Deposits	贷款余额 Total Loan Balance	#短期贷款 Short-term Loans	#中长期贷款 Medium & Long-term Loans
1980	29.15	11.32	6.22	42.19	40.96	1.23
1985	62.38	22.87	25.41	101.56	84.85	14.89
1986	84.57	27.94	34.79	131.70	110.61	18.86
1987	110.37	31.84	44.46	163.63	125.85	22.99
1988	123.47	38.22	50.50	183.32	141.01	25.90
1989	146.71	39.27	68.17	214.41	167.66	29.65
1990	198.00	48.51	92.17	268.40	205.63	38.30
1991	253.57	63.76	121.95	336.85	249.51	58.82
1992	315.70	83.75	154.45	408.64	294.63	78.75
1993	386.86	89.57	198.05	495.71	357.59	98.88
1994	518.27	143.26	285.40	596.96	409.16	136.46
1995	676.70	193.38	401.45	755.39	501.66	185.89
1996	846.43	266.42	500.71	913.93	601.10	219.05
1997	1098.67	429.42	580.67	1156.13	873.14	248.06
1998	1306.04	483.80	724.54	1358.61	978.51	299.59
1999	1580.80	544.00	909.10	1611.68	1093.09	398.22
2000	1904.71	645.54	1085.36	1881.29	1246.81	470.70
2001	2294.05	750.81	1317.17	1871.98	1043.84	631.26
2002	2821.04	909.43	1595.01	2244.72	1191.70	754.57
2003	3438.61	1098.15	1896.56	2774.81	1378.85	1010.69

15－14 金融机构（含外资）本外币信贷资金平衡表(2002－2003年)
CREDIT FUNDS BALANCE OF RMB AND FOREIGN CURRENCIES OF FINANCIAL INSTITUTIONS (INCLUDING FOREIGN-FUNDED) (2002－2003)

单位：亿元 (100 million yuan)

项 目	Item	2002	2003
资金来源总计	**All Sources**	**2451.91**	**3126.91**
#各项存款余额	Total Deposit Balance	2903.42	3512.82
#企事业单位存款	Deposits of Enterprises and Undertakings	938.93	1120.36
活期存款	Demand	785.21	906.61
定期存款	Time	153.72	213.75
储蓄存款	Urban and Rural Saving Deposits	1642.77	1941.36
活期存款	Demand	516.85	637.08
定期存款	Time	1125.92	1304.28
资金运用总计	**All Uses**	**2451.91**	**3126.91**
各项贷款余额	Total Loan Balance	2343.72	2976.67
#短期贷款	Short-term Loans	1201.80	1393.52
中长期贷款	Medium & Long-term Loans	906.76	1276.14
有价证券及投资	Securities and Investment	108.19	150.24

注：外币折本币所用汇率为当年最后一个交易日的中间汇率。

Note: The exchange rates of foreign currencies for RMB are the middle rates of exchange on the last market day in current year.

15－15 金融机构（含外资）人民币信贷资金平衡表（2002－2003年）
CREDIT FUNDS BALANCE OF RMB OF FINANCIAL INSTITUTIONS (INCLUDING FOREIGN-FUNDED) (2002－2003)

单位：亿元 (100 million yuan)

项　目	Item	2002	2003
资金来源总计	**All Sources**	**2422.39**	**3092.49**
各项存款余额	Total Deposit Balance	2821.04	3438.61
企业存款	Enterprise Deposits	909.43	1098.15
#定期存款	Time	133.12	201.16
财政存款	Treasury Deposits	32.01	44.41
机关团体存款	Deposits of Government Agencies and Organizations	66.73	90.61
储蓄存款	Urban and Rural Saving Deposits	1595.01	1896.56
#定期储蓄	Time	1082.90	1265.52
农业存款	Agricultural Deposits	46.59	62.76
信托存款	Trusted Deposits	0.04	0.02
其他存款	Other Deposits	164.13	240.43
金融债券	Bonds	0.05	-47.99
资金运用总计	**All Uses**	**2422.39**	**3092.49**
各项贷款余额	Total Loan Balance	2244.72	2774.81
#短期贷款	Short-term Loans	1191.70	1378.85
#工业贷款	Industial Loans	304.48	342.95
商业贷款	Commercial Loans	218.21	221.04
农业贷款	Agricultural Loans	143.09	158.14
中期流动资金贷款	Medium-term Circulating Asset Loans	145.70	183.02
中长期贷款	Medium & Long-term Loans	754.57	1010.70
#基本建设贷款	Loans to Capital Construction	389.83	521.16
技术改造贷款	Loans to Technique Innovation	28.70	21.15
信托贷款	Credit Loans	1.12	1.36
有价证券及投资	Securities and Investment	106.97	145.92

15－16 金融机构人民币现金收入和支出（2002－2003年）
CASH INCOME AND EXPENDITURES OF RMB OF FINANCIAL INSTITUTIONS (2002-2003)

单位：亿元 (100 million yuan)

项　目	Item	2002	2003
现金收入合计	**Total Cash Income**	**7628.31**	**8957.72**
商品销售收入	Income from Commodity Sales	787.96	861.22
服务事业收入	Income from Services	394.91	419.11
税款收入	Income from Taxes	39.40	54.63
城乡个体经营收入	Income from Individual Business	199.18	224.47
储蓄存款收入	Income from Saving Deposits	5123.64	6116.68
其他金融机构收入	Income from Other Financial Institutions	38.93	48.14
居民归还贷款收入	Income from Household Loan Recovery	111.35	125.38
汇兑收入	Income from Remittances	106.42	84.07
有价证券收入	Income from Securities	14.05	13.83
其他收入	Other Income	812.48	1010.19
#兑换外币收入	Income from Foreign Currency Exchanges	0.61	0.56
现金支出合计	**Total Cash Expenditures**	**7606.25**	**8942.49**
工资性支出	Wages	609.95	752.39
#国家工资及奖金支出	Expenditures for Wages and Bonus from Government	326.55	382.75
国家对个人其他支出	Other Payments to Individuals from Government	114.55	114.00
其他单位工资性支出	Expenditures for Wages of Other Units	156.38	240.40
农副产品采购支出	Purchases of Agricultural and Sideline Products	107.23	122.69
工矿及其他产品采购支出	Purchases of Industrial & Mineral Products and Other Products	86.61	98.34
行政事业管理费支出	Government and Enterprise Overhead	457.23	480.80
城乡个体经营支出	Expenditure for Individual Business	241.74	293.60
储蓄存款支出	Expenditure for Saving Deposits	4984.89	5901.05
其他金融机构支出	Expenditure for Other Financial Institutions	36.43	32.95
居民提取贷款支出	Expenditure for Household Loan Drawn	124.74	120.64
汇兑支出	Expenditure for Remittances	116.66	111.89
有价证券支出	Expenditure for Securities	16.67	12.21
其他支出	Other Expenditure	824.09	1015.93
#兑换外币支出	Expenditure for Foreign Currency Exchanges	1.37	0.91
现金回笼(-)或投入(+)	**Cash Withdrawn (-) or Currency Issuance (+)**	**-22.06**	**-15.23**

15－17 金融机构人民币法定存款利率变动情况（1996.8.23－2003.12.31）
CHANGES OF NOMINAL INTEREST RATES ON DEPOSITS OF RMB OF FINANCIAL INSTITUTIONS (Aug, 23, 1996-Dec, 31, 2003)

单位：年利率%　　(annual interest rate %)

项　目	Item	1996.8.23	1997.10.23	1998.3.25	1998.7.1	1998.12.7	1999.6.10	2002.2.21
个人人民币储蓄存款	**Household Deposits**							
活期	Demand	1.98	1.71	1.71	1.44	1.44	0.99	0.72
定期	Time							
三个月	3 Months	3.33	2.88	2.88	2.79	2.79	1.98	1.71
半年	6 Months	5.40	4.14	4.14	3.96	3.33	2.16	1.89
一年	1 Year	7.47	5.67	5.22	4.77	3.78	2.25	1.98
二年	2 Years	7.92	5.94	5.58	4.86	3.96	2.43	2.25
三年	3 Years	8.28	6.21	6.21	4.95	4.14	2.70	2.52
五年	5 Years	9.00	6.66	6.66	5.22	4.50	2.88	2.79
企业单位	**Enterprises Deposits**							
活期	Demand	1.98	1.71	1.71	1.44	1.44	0.99	0.72
定期	Time							
三个月	3 Months	3.33	2.88	2.88	2.79	2.79	1.98	1.71
半年	6 Months	5.40	4.14	4.14	3.96	3.33	2.16	1.89
一年	1 Year	7.47	5.67	5.22	4.77	3.78	2.25	1.98
二年	2 Years	7.92	5.94	5.58	4.86	3.96	2.43	2.25
三年	3 Years	8.28	6.21	6.21	4.95	4.14	2.70	2.52
五年	5 Years	9.00	6.66	6.66	5.22	4.50	2.88	2.79
大额可转让定期存单	**CDs**							
1个月	1 months	2.70						
3个月	3 months	3.33	2.88	2.88	2.79	2.79		
6个月	6 months	5.40	4.14	4.14	3.96	3.33		
9个月	9 months	6.66						
12个月	12 months	7.47	5.67	5.22	4.77	3.78		

15－18 金融机构人民币法定贷款利率变动情况（1996.8.23－2003.12.31）
CHANGES OF NOMINAL INTEREST RATES ON LOANS OF RMB OF FINANCIAL INSTITUTIONS (Aug, 23, 1996-Dec, 31, 2003)

单位：年利率%　　(annual interest rate %)

项　目	Item	1996.8.23	1997.10.23	1998.3.25	1998.7.1	1998.12.7	1999.6.10	2002.2.21
流动资金贷款	**Working Capital Loans**							
一般流动资金	Ordinary							
六个月	6 Months	9.18	7.65	7.02	6.57	6.12	5.58	5.04
一年	1 Year	10.08	8.64	7.92	6.93	6.39	5.85	5.31
个体工商户贷款	Individuals Enterprise	a)	b)					
固定资产投资贷款	**Fixed Asset Investment Loans**							
技术改造贷款	Technical Innovation	c)	c)	c)	c)	c)	c)	
基本建设贷款	Capital Construction							
一年以内及一年	1 Year or Less	10.08	8.64	7.92	6.93	6.12-6.39	5.58-5.85	5.31
一年以上至三年	3 Years or Less	10.98	9.36	9.00	7.11	6.66	5.94	5.49
三年以上至五年	5 Years or Less	11.70	9.90	9.72	7.65	7.20	6.03	5.58
五年以上	More than 5 Years	12.42	10.53	10.35	8.01	7.56	6.21	5.76

注：1）在10.08%基础上上浮10%；
2）在8.64%基础上上浮10%；
3）与同档次基本建设贷款相同。

Note: a) Can be 10 higher than 10.08%.
b) Can be 10 higher than 8.64%.
c) Sume as interest rates on capital construction loans with corresponding maturity.

15－19 人民币对主要外币年平均汇价（中间价）（1985－2003年）
RENMINBI ANNUAL AVERAGE RATE OF EXCHANGE FOR MAJOR FOREIGN CURRENCIES (MIDDLE RATES) (1985-2003)

单位:人民币元 (RMB yuan)

年 份 year	美元（100） USD 100	日元（100） JPY 100	港元（100） HKD 100	欧元（100） EUR 100
1985	293.66	1.2457	37.57	
1986	345.28	2.0694	44.22	
1987	372.21	2.5799	47.74	
1988	372.21	2.9082	47.70	
1989	376.51	2.7360	48.28	
1990	478.32	3.3233	61.39	
1991	532.33	3.9602	68.45	
1992	551.46	4.3608	71.24	
1993	576.20	5.2020	74.41	
1994	861.87	8.4370	111.53	
1995	835.10	8.9225	107.96	
1996	831.42	7.6352	107.51	
1997	828.98	6.8600	107.09	
1998	827.91	6.3488	106.88	
1999	827.83	7.2932	106.66	
2000	827.84	7.6864	106.18	
2001	827.70	6.8075	106.08	
2002	827.70	6.6237	106.07	800.58
2003	827.70	7.1466	106.24	936.13

注：2002年欧元汇价为4－12月的平均汇价。

Note: Rate of EUR in 2002 refers to the average rate from April to December.

15－20 保险业务基本情况（1996－2003年）
BASIC STATISTICS ON INSURANCES BUSINESS (1996-2003)

单位：亿元 (100 million yuan)

年 份 Year	保费收入 Premium	财产保险 Property Insurance	人身保险 Life Insurance	赔款及给付 Claim and Payments	财产保险 Property Insurance	人身保险 Life Insurance
1996	12.82	8.05	4.77	6.48	4.44	2.04
1997	19.52	9.03	10.49	7.18	4.39	2.79
1998	22.77	9.31	13.46	10.64	6.55	4.09
1999	25.39	10.04	15.35	8.91	4.96	3.95
2000	27.71	10.72	16.99	8.27	5.28	2.99
2001	33.72	11.32	22.40	11.25	5.91	5.34
2002	46.17	13.31	32.86	14.20	7.57	6.63
2003	57.93	15.24	42.69	14.53	8.56	5.97

15－21 保险业务情况（2002－2003年）
STATISTICS ON INSURANCE BUSINESS (2002-2003)

单位：亿元 (100 million yuan)

项目	Item	2002	2003
财产保险	**Property Insurance**		
保费收入	Premium	13.31	15.24
#企业财产险	Enterprise Property Insurance	1.67	1.42
家庭财产险	Family Property Insurance	0.35	0.31
机动车辆险	Motor Vehicle Insurance	9.05	11.17
船舶险	Ship Insurance	0.37	0.39
货物运输险	Freight Transport Insurance	0.58	0.69
建筑、安装工程保险及责任险	Construction and Installation Projects Insurance and Related Liability Insurance	0.73	0.65
赔款支出	Claim	7.57	8.56
#企业财产险	Enterprise Property Insurance	0.59	0.44
家庭财产险	Family Property Insurance	0.05	0.03
机动车辆险	Motor Vehicle Insurance	6.00	7.11
船舶险	Ship Insurance	0.26	0.28
货物运输险	Freight Transport Insurance	0.25	0.28
建筑、安装工程保险及责任险	Construction and Installation Projects Insurance and Related Liability Insurance	0.39	0.39
人身保险	**Life Insurance**		
保费收入	Premium	32.86	42.69
寿险	Life Insurance	28.87	36.13
健康险	Health Insurance	2.13	4.35
人身意外伤害险	Unforeseen Human Injury Insurance	1.86	2.21
赔款及给付	Claim and Payments	6.63	5.97
寿险	Life Insurance	4.75	3.81
健康险	Health Insurance	1.00	1.34
人身意外伤害险	Unforeseen Human Injury Insurance	0.88	0.82

15－22 上市公司情况（1993－2003年）
NUMBER OF LISTED COMPANIES (1993-2003)

单位：个 (unit)

年份 Year	全市总计 Total	上交所 Shanghai Stock Exchange	深交所 Shenzhen Stock Exchange	仅发A股公司 A Share Only	发A、B股公司 A&B Share	仅发B股公司 B Share Only
1993	3	1	2	3		
1994	5	2	3	5		
1995	7	3	4	6		1
1996	11	4	7	10		1
1997	19	8	11	17	1	1
1998	19	8	11	17	1	1
1999	22	9	13	20	1	1
2000	25	11	14	23	1	1
2001	26	12	14	24	1	1
2002	27	13	14	25	1	1
2003	27	13	14	25	1	1

注：本表不包括重庆钢铁和庆铃汽车两家仅发H股的公司。
Note: Two listed companies of Chongqing Steel and Qingling Motor, which issue H share only are not included in this tables.

15－23 有价证券发行情况（1981－2003年）
ISSUANCE OF SECURITIES (1981-2003)

单位：亿元 (100 million yuan)

年 份 Year	国债发行额 Issued Value of National Debt	企业债券发行额 Issued Value of Corporate Bonds	股票发行量（万股） Amount of Issued Shares（10 000 shares）	A 股 A Shares	B 股 B Shares	股票筹资额 Raised Capital of Shares	A 股 A Shares	B 股 B Shares
1981	0.57							
1982	0.53							
1983	0.53							
1984	0.54							
1985	0.83							
1986	0.84	1.50						
1987	0.83	0.59						
1988	0.66	1.85						
1989	3.09	0.39						
1990	1.84	1.95						
1991	1.88	3.90						
1992	5.81	5.45						
1993	3.94	4.18	7220	7220		2.08	2.08	
1994	8.29	1.17	3000	3000		1.13	1.13	
1995	12.96		17200	5200	12000	5.30	0.52	4.78
1996	2.06	3.60	50610	15610	35000	10.41	4.56	5.85
1997	13.31	4.85	42039	42039		26.76	26.76	
1998	23.62	3.40	5000	5000		3.75	3.75	
1999	12.10	4.10	10000	10000		7.21	7.21	
2000	23.46		29600	29600		22.63	22.63	
2001	20.20		3108	3108		4.73	4.73	
2002	20.77	15.00	2000	2000		3.16	3.16	
2003	34.12		3275	3275		3.74	3.74	

注：股票发行量和筹资额均不含H股。

Note: Amount of issued shares and raised capital of shares don't include H share.

15－24 主要金融机构数（2002－2003年）
NUMBER OF MAIN FINANCIAL INSTITUTIONS (2002-2003)

单位：个 (unit)

指　　标	Item	2002	2003
银行机构	**Banks**		
内资银行	**Dometic-funded Banks**		
省（市）级分行/市联社会	Sivisions /Rural Credit Cooperative at Provincial Level	21	21
一级支行/地（区）级联合社	Divisions at 1st Level /Rural Credit Cooperative at District Level	58	58
二级支行/信用社	Divisions at 2nd Level /Credit Cooperative	1107	1159
分理处（分社）	Small Local Branch	2459	2397
储蓄所	Saving Offices	755	498
中外合资、外资银行分行	**Bank Branches of Joint-venture and Foreign Investment**	**1**	**2**
保险机构	**Insurance Companies**		
其中：专业保险中介机构	Of Which: Professional Insurance Intermediary Institutions		
保险代理公司	Insurance Agent Companies	3	7
保险公估公司	Insurance Assessment Companies		5
保险经纪公司	Insurance Broker Companies		1
内资保险公司	**Dometic-funded Insurance Companies**		
省（市）级分公司	Divisions at Provincial Level	11	12
中心支公司	Center Sub-divisions	15	16
支公司	Sub-divisions	155	155
营销服务部	Operating & Service Offices	622	668
中外合资、外资保险公司	**Insurance Company Branches of Joint-venture and Foreign Investment**		**1**
外资保险公司代表处	**Agencies of Foreign-funded Insurance Companies**	**3**	**3**
证券机构	**Security Companies**		
内资证券公司	**Dometic-funded Security Companies**		
法人机构	Corporate Entity	2	2
营业所	Operating Offices	63	63
服务部	Service Offices	26	26
中外合资、外资证券公司分公司	**Security Company Branches of Joint-venture and Foreign Investment**		

主要统计指标解释

财政收入 国家财政参与社会产品分配所取得的收入，是实现国家职能的财力保证。财政收入所包括的内容几经变化，目前主要包括：

（1）各项税收包括增值税、营业税、消费税、土地增值税。城市维护建设税、资源税、城市土地使用税。印花税、固定资产投资方向调节税、个人所得税、企业所得税、关税。农牧业税和耕地占用税等。

（2）专项收入 包括征收排污费、征收城市水资源费收入，教育费附加收入等。

（3）其他收入 包括基本建设贷款归还收入、国家能源交通重点建设基金收入。国家预算调节基金等。

（4）国有企业计划亏损补贴 这项为负收入，冲减财政收入。

财政支出 国家财政将筹集起来的资金进行分配使用，以满足经济建设和各项事业的需要，主要包括：

（1）基本建设支出 指按国家有关规定，属于基本建设范围内的基本建设有偿使用、拨款、资本金支出以及经国家批准对专项和政策性基建投资贷款，在部门的基建投资额中统筹支付的贴息支出。

（2）企业挖潜改造资金 指国家预算内拨给的用于企业挖潜、革新和改造方面的资金。包括各部门企业挖潜改造资金和企业挖潜改造贷款资金，为农业服务的县办“五小”企业技术改造补助，挖潜改造贷款利息支出。

（3）地质勘探费用 国家预算用于地质勘探单位的勘探工作费用，包括地质勘探管理机构及其事业单位经费、地质勘探经费。

（4）科技三项费用 国家预算用于科技支出的费用，包括新产品试制费、中间试验费、重要科学研究补助费。

（5）支援农村生产支出 国家财政支援农村集体（户）各项生产的支出。包括对农村举办的小型农田水利和打井、喷灌等的补助费；对农村水土保持措施的补助费；对农村举办的小水电站的补助费；特大抗旱的补助费；农村开荒补助费；扶持乡镇企业资金；农村农技推广和植保补助费；农村草场和畜禽保护补助费；农村造林和林木保护补助费；农村水产补助费；发展粮食生产专项资金。

（6）农林水利气象等部门的事业费用 国家财政用于农垦、农场、农业、畜牧、农机、林业、森工、水利、水产、气象、乡镇企业的技术推广、良种推广（示范）、植物（畜禽、森林）保护、水质监恻、勘探设计、资源调查、干部训练等项费用，园艺特产场补助费，中等专业学校经费，飞播牧草试验补助费，营林机构、气象机构经费，渔政费以及农业管理事业费等。

（7）工业交通商业等部门的事业费 国家预算支付给工交商各部门用于事业发展的经费。包括勘探设计费、中等专业学校经费、技术学校经费、干部训练费。

（8）文教科学卫生事业费 国家预算用于文化、出版、文物、教育、卫生、中医、公费医疗、体育、档案、地震、海洋、通讯、电影电视、计划生育、党政群干部训练、自然科学、社会科学、科协等项事业的经费支出和高技术研究专项经费。主要包括工资、补助工资、福利费、离退休费、助学金、公务费、设备购置费、修缮费、业务费、差额补助费。

（9）抚恤和社会福利救济费 国家预算用于抚恤和社会福利救济事业的经费，包括由民政部门开支的烈士家属和牺牲病残人员家属的一次性、定期抚恤金，革命伤残人员的抚恤金，各种伤残补助费、烈军属、复员退伍军人生活补助费、退伍军人安置费，优抚事业单位经费，烈士纪念建筑物管理、维修费，自然灾害救济事业费和特大自然灾害灾后重建补助费等。

（10）国防支出 国家预算用于国防建设和保卫国家安全的支出，包括国防费、国防科研事业费、民兵建设以及专项工程支出等。

（11）行政管理费 包括行政管理支出，党派团体补助支出，外交支出，公安安全支出，司法支出，法院支出，检察院支出和公检法办案费用补助。

（12）价格补贴支出 经国家批准，由国家财政拨给的政策性补贴支出，主要包括粮食加价款，粮、棉、油差价补贴，棉花收购价外奖励款，副食品风险基金，市镇居民的肉食价格补贴，平抑市价肉食、蔬菜价差补贴等以及经国家批准的教材课本、报刊新闻纸等价格补贴。

中央财政收入和地方财政收入　按财政体制划分的中央本级收入和地方本级收入。1994 年分税制财政体制以后，属于中央财政的收人包括关税、海关代征消费税和增值税，消费税，中央企业所得税，地方银行和外资银行及非银行金融企业所得税，铁道、银行总行、保险总公司等集中缴纳的营业税、所得税、利润和城市维护建设税，增值税的 75%部分，海洋石油资源税和证券（印花）税 50%部分。属于地方财政的收入包括营业税，地方企业所得税，个人所得税，城镇土地使用税，固定资产投资方向调节税，城镇维护建设税，房产税，车船使用税，印花税，屠宰税，农牧业税，农业特产税，耕地占用税，契税，增值税 25%部分，证券交易税（印花税）的 50%部分和除海洋石油资源税以外的其他资源税。

中央财政支出和地方财政支出　根据政府在经济和社会活动中的不同职责，划分中央和地方政府的责权，按照政府的责权划分确定的支出。中央财政支出包括国防支出，武装警察部队支出，中央级行政管理费和各项事业费，重点建设支出以及中央政府调整国民经济结构、协调地区发展，实施宏观调控的支出。地方财政支出主要包括地方行政管理和各项事业费，地方统筹的基本建设、技术改造支出，支援农村生产支出，城市维护和建设经费，价格补贴支出等。

预算外资金收支　预算外资金是指国家机关、事业和社会团体为履行或代行政府职能，依据国家法律、法规和具有法律效力的规章而收取、提取和安排使用的未纳入国家预算管理的各种财政性资金。其范围主要包括：法律、法规规定的行政事业性收费、基金和附加收入等；国务院或省级人民政府及其财政、计划（物价）部门审批的行政事业性收费；国务院及财政部审批建立的基金、附加收入等；主管部门所属单位集中上缴资金；用于乡镇政府开支的乡自筹和乡统筹资金；其他未纳入预算管理的财政性资金。社会保障基金在国家财政尚未建立社会保障预算制度以前，先按预算外资金管理制度进行管理，专款专用。财政部门在银行开设统一的专户，用于预算外资金收入和支出管理。部门和单位的预算外收入必须上缴同级财政专户，支出由同级财政按预算外资金收支计划和单位财务收支计划统筹安排，从财政专户中拨付，实行收支两条线管理。

信贷资金　指金融机构以信用方式积聚和分配的货币资金。金融机构信贷资金的来源有各项贷款、对国际金融机构负债、流通中货币、银行自有资金及当年结益等；信贷资金的运用有各项贷款、黄金占款、外汇占款、财政借款及在国际金融机构中的资产等。

存款　指企业、机关、团体或居民根据资金必须收回的原则，把货币资金存入银行或其他信用机构保管并取得一定利息的一种信用活动形式。根据存款对象的不同可划分为企业存款、财政存款、机关团体存款、基本建设存款、城镇储蓄存款、农村存款等科目。它是银行信贷资金的主要来源。

贷款　指银行或其他信用机构根据必须归还的原则，按一定利率，为企业、个人等提供资金的一种信用活动形式。我国银行贷款分为流动资金贷款、固定资产贷款、城乡个体工商户贷款以及农业贷款等科目。

保险公司　在中国境内的，经过保险监督部门批准设立，并依法登记注册的各类商业保险公司。

保费　指投保人为取得保险人在约定范围内所承担赔偿责任而支付给保险人的费用。

赔款　指保险人根据保险合同的规定，向被保险人支付的赔偿保险责任损失的金额。

给付　包括死伤医疗给付和满期给付。死伤医疗给付是指保险人根据人寿保险及长期健康保险合同的规定，因被保险人在保险期内发生保险责任范围内的保险事故支付给被保险人(或受益人)的金额。满期给付是指被保险人生存期满，保险人按人寿保险合同规定支付给被保险人的满期保险金额。

EXPLANATORY NOTES ON MAIN STATISTICAL INDICATORS

Government Revenue refers to the revenue of the government finance by means of participating in the distribution of the social products, which are the financial resources for ensuring the government to function. The contents of government revenue have been changed several times. Now it includes the following main items:

(1) Various tax revenues, including value added tax, business tax. Consumption tax, land value added tax, tax on city maintenance and construction, resources tax, tax on use of urban land, stamp tax, tax on adjustment of the orientation of investment in fixed assets, personal income tax, enterprise income tax, tariff, tax on agriculture and animal husbandry and tax on occupancy of cultivated land, etc.

(2) Special revenues, including revenue collected from imposing fee on sewage treatment, revenue collected from imposing fee on urban water resources, and extra-charges for education, etc.

(3) Other revenues, including revenue from the repayment of capital construction loan, the funds for the state key construction projects in energy industry and transportation, and the funds for state budget adjustment, etc.

(4) Planned subsidies for the losses of the state-owned enterprises. This is an item of negative revenue, used to eat up part of the government revenue.

Government Expenditure refers to the distribution and use of the funds the government finance has raised, so as to meet the needs of economic construction and various causes. It includes the following main items:

(1) Expenditure for capital construction: It refers to the non - gratuitous use and appropriation of funds for capital construction in the range of capital construction, outlay of capital as well as the loans on capital construction approved by the government for special purpose or policy purpose and the expenditure with discount paid in an overall way within the amount of the funds appropriated to the departments for capital construction.

(2) Innovation funds of the enterprises: They refer to the funds appropriated from the government budget for the enterprises to tap the latent power, upgrade the technology and carry out innovation, including the innovation fund of the departments, loan of the enterprises for innovation, subsidies on the innovation of the small fertilizer plant, small cement plant, small coal mines, small machinery plant and small steel plant, the expenditure of interest for the loan for innovation.

(3) Geological prospecting expenses: They refer to the expenses appropriated from the government budget to the geological prospecting units for the expenditure of the prospecting work, including the expenditures of the administrative agencies for geological prospecting and their institutional units as well as the geological prospecting expenditure.

(4) Expenditures for science and technology promotion: They refer to the expenses appropriated from the government budget for the scientific and technological expenditure, including new products development expenditure, expenditure for intermediate trial and subsidies on important scientific researches.

(5) Expenditure for supporting rural production: It refers to the expenditures appropriated from the government budget for supporting the various expenditures of the rural collective units or households for production, including the subsidies to the small water conservancy projects and well drilling, sprinkling irrigation projects run by the villages; subsidies on the rural water and soil conserving measures; subsidies to the small power stations run by the villages; subsidies to the expenditure for fighting against particularly severe draughts; subsidies on the rural waste land exclamation; fund for supporting the township enterprises; subsidies to the expenditure for popularization of the agricultural technologies and plant protection in the rural areas; subsidies to the expenditure for the protection of grasslands and cattle and fowls; subsidies on afforestation and forest protection in rural areas; subsidies on the rural aquatic products industry; special fund for developing grain production.

(6) Operating expenses of the departments of farming, forestry, water conservancy and meteorology etc.: They refer to the expenses appropriated from the government budget for the expenditures of agricultural exclamation, farms, a agriculture, animal husbandry, agricultural machinery, forestry, timber industry, water conservancy, aquatic products industry, meteorology, technology popularization in township enterprises, popularization (demonstration) of improved varieties, plant (cattle and fowls, forest) protection, water quality

monitoring, prospecting and designing, resources investigation, cadres training, subsidies to horticulture gardens, expenditure of specialized secondary schools, subsidies on the experiments of sowing herbage seeds by flights, expenditures of afforestation agencies and meteorology agencies, expenses for fishery administration and operating expenses for agricultural administration, etc.

(7) Operating expenses of the departments of industry, transport and commerce: They refer to the expenses appropriated from the government budget to the departments of industry, transport and commerce for the expenditure of business development, including expenses for prospecting and designing, expenditures of specialized secondary schools, expenditures of the technical training schools and expenditures for cadres training, etc.

(8) Operating expenses of the departments of culture, education, science and public health: They refer to the expenses appropriated from the government budget for the expenditures of the causes of culture, publication, cultural relics, education, public health, traditional Chinese medical science, free medical services, sports, archives, earthquake, ocean, communications, broadcasting, film and television, family planning; expenditure for training of cadres of government, party and mass organization; expenditures for natural sciences, social sciences, associations for science and technology and the special expenditure for the high-tech researches. They include mainly wages, extra wages, welfare funds, pension for the retirees, stipend, expenses for official business, expenses for equipment purchases, expenses for repairs, business expenses and subsidies to the units which are unable to support their expenditures by their own earnings.

(9) Pension for the disabled or for the families of the bereaved and relief funds for social welfare: They refer to the funds appropriated from the government budget for the expenditures of pension for the disabled or for the families of the bereaved and relief funds for social welfare, including the lump-sum or regular pension paid by the departments of civil affairs to the members of martyrs' families and families of those who died for the public interest, pension to the revolutionary disabled, subsidies for permanent disability of various kinds, subsidies to the military martyrs' dependents and the demobilized army men, expenditure for settling down the demobilized army men, operating expenses of the consoling institutions, expenses for management and repair of the commemorative buildings for the martyrs, the expenses managed by the departments of civil affairs for the retirees and those who have quitted their work, expenses for social relief in rural and urban areas, operating expenses for providing relief to the areas of natural calamity and subsidies on the reconstruction after the particularly severe natural calamities, etc.

(10) Expenditures for national defense: They refer to the funds appropriated from the government budget for the expenditure for building up national defense and safeguarding national security, including expenses of national defense, expenses of scientific researches on national defense, expenses for building up people's militia and expenditure for special projects, etc.

(11) Administrative expenses: They include expenditure for administration, subsidies to the parties and mass organizations, diplomatic expenditure, expenditure for public security, judicial expenditure, law court expenditure, procuratorial expenditure and subsidies to the expenses for treating the cases by the public security departments, procuratorial organs and law courts.

(12) Expenditure for price subsidies: It refers to the expenditure appropriated, with the approval of the government, form the government budget for the policy subsidies to price adjustment, including the fund for the increase of grain prices, the subsidies to the difference between the selling prices and purchasing prices of grains, cotton and edible oil, awards in addition to the purchasing prices of cotton, risk fund for non-staple food, subsidies on the prices of meat and meat products, subsidies on the price difference for curbing the high market prices of meat, meat products and vegetables and the subsidies approved by the government on the prices of textbooks and newsprint of newspapers and periodicals.

Revenue of the Central Government and Revenue of the Local Governments: In accordance with the classification of the structure of the government finance in 1994 on the basis of the classification of channels for collection of tax revenues, the revenue of the central government and the revenue of the local governments have different coverage. The revenue of the central government includes tariff, consumption tax and value added tax levied by the customs, consumption tax, income tax of the enterprises subordinate to the central government, income taxes of the local banks, foreign-funded banks and non-band financial institutions, business tax, income tax and profits of railways, head offices of banks, head office of insurance company, which are handed over to the government in a centralized way, tax on city maintenance and construction, 75% of the value added tax ,tax on ocean petroleum resources, 50% of the tax on stock dealing (stamp tax). The revenue of the local governments includes business tax, income tax of the enterprises subordinated to the local government, personal income tax, tax on the use of urban land, tax on the adjustment of the investment in fixed assets. Tax on town maintenance and construction, tax on real estates, tax on the use of vehicles and ships, stamp tax, slaughter tax, tax on agriculture and animal husbandry, tax on special agricultural products, tax on the occupancy of cultivated land, contract tax, 25% of the value added tax, 50% of the tax on stock dealing (stamp tax) and tax on resources other than the ocean petroleum resources.

Expenditure of the Central Government and Expenditure of he Local Governments: According to the different functions of the central government and local governments in the economic and social activities, the rights of affairs administration are classified between the central government and local governments; and the classification of the expenditure between the central government and local governments are made on the basis of the classification of the rights of affairs administration between them. The expenditure of the central government includes the expenditure for national defense, expenditure for armed police forces, the administrative expenses and various operating expenses at the level of central government, expenditure for key projects and the expenditure of the central government for adjusting the national economic structure, coordinating the development among different regions and exercising the macro-economic regulation and control. The expenditure of the local governments includes mainly the administrative expenses and various operating expenses at the level of local governments, the expenditure for capital construction and technological innovation with the funds raised by the local government, expenditure for supporting rural production, expenditure for city maintenance and construction and expenditure for price subsidies, etc.

Extra-Budgetary Revenue and Expenditure Extra-budgetary fund refers to financial fund of various types not covered by the regular government budgetary management, which is collected, allocated or arranged by government agencies, institutions and social organizations while performing duties delegated to them or behalf of the government in accordance with laws, rules and regulations. It mainly covers following items: administrative and institutional fees, funds and extra charges that are stipulated by laws and regulations; administrative and institutional fees approved by the State Council and provincial governments and their financial and planning (price management) departments; funds and extra chares established by the State Council and the Ministry of Finance; funds turned over to competent compartments by their subordinate institutions; self-raised and collected funds by township governments for their own expenditure; and other financial funds that not covered in budgetary fund and managed for its exclusive use, given the circumstance that separate government budgetary system for social security is yet to be designed. Special accounts are opened by the financial departments in banks for the management of revenue and expenditure of extra-budgetary fund. Extra-budgetary revenue and expenditure is managed separately, namely, revenue of institutions and departments must enter into the special accounts of the financial departments at the same administrative level, and their extra-budgetary expenditure is arranged in line with the extra-budget plans and appropriated from these accounts.

Credit Funds refer to the funds issued as loans by banking institutions. The sources of credit funds of the banking institutions included deposits, liabilities to international financial institutions, currency in circulation, self-owned funds and current retained profits, etc. The credit funds can be used in forms of loans, gold, foreign exchange, government debt and assets in the international financial institutions.

Deposit is a form of credit by which enterprises, institutions, organizations or residents can put money into banks and other credit institutions for safekeeping and interest earning under the principle of free withdrawal. According to different depositors, deposits are divided into enterprise deposits, treasury deposits, deposits of government agencies and organizations, capital construction deposits, urban savings deposits, rural deposits and other deposits. Deposits are major sources of the credit funds of banks.

Saving Deposits of Urban and Rural Residents includes two parts: the bank saving deposits of urban residents and the bank saving deposits of rural residents. The cash hold by residents and the deposits of organization such as enterprises, army units, institutions, etc. are not included. The outstanding amount of saving deposits is the amount of saving deposits at a certain point of time such as the end of month, quarter, or year.

Loan is a form of credit by which banks and other credit institutions provide funds at certain interest rate to enterprises and individuals in the light of the principle of unconditional repayment. Loans form Chinese banks include circulating capital loans, fixed assets loans, loans to urban and rural individuals engaged in industrial and commercial business and agricultural loans.

Insurance Companies refer to commercial insurance companies of various forms registered by law and established in China with the approval of insurance regulatory agencies.

Premium is the fee paid by the insurant based on a proportion of the benefit he or she may get from the insurance plus the insurance value. It includes the income from the deposit of property insurance and personal insurance.

Settled Claim is the compensation paid by the insurer to the insurant in accordance with the insurance contract.

Payment includes payment for death, injury or medical treatment and mature payment. Payment for death, injury or medical treatment refers to the money paid to the insurant (of the beneficiary) in accordance with the life of health insurance contract when the insurant encounters accidents within the insured period covered in the contract. Mature payment refers to the mature payment to the insurant in accordance with the life insurance contract at the end of the insured period for the loss which has been checked and found to be in the range of liability of the insurance after an accident has happened to the insured property or to a person who has insured his life. It is further divided into settled and unsettled claim.

十六　教育、科技和文化业

EDUCATION, SCIENCE, TECHNOLOGY AND CULTURE

简要说明

本章资料主要包括我市教育事业、科学技术活动和文化事业的基本情况，由市统计局社会科技处根据有关部门资料整理编辑。

教育部分包括高等、中等、初等、幼儿、特殊教育和成人教育，由市教育委员会提供；科学技术部分主要包括科技机构、大中型工业企业和高等学校的科技活动情况，以及2000年R&D资源清查主要数据，由市科学技术委员会、市教育委员会和市统计局社会科技处提供；专利资料由市知识产权局提供；商标申请注册来源于市工商行政管理局；产品商品质量监督检查情况由市统计局综合处根据市质量技术监督局资料整理编辑；文化部分主要包括群众文化艺术、文物、图书馆、广播、电视、新闻出版等文化事业情况，资料主要来自市文化局、市广播电视局、市新闻出版局。

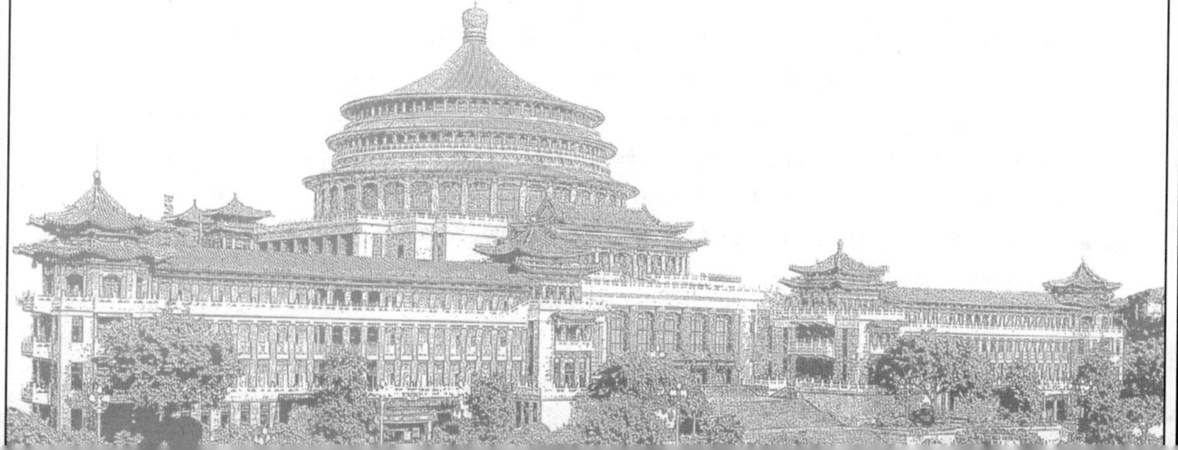

Brief Introduction

The data in this chapter show the basic statistics on Chongqing's education, scientific and technological activities and culture undertakings, and the basic conditions of the activities of China's science and technology. All data are edited by Division of Social and Technology Statistics, Municipal Bureau of Statistics according to data from related departments.

The data on education cover the situations on higher, secondary, primary, kindergarten, special education and adult education, rooting from Municipal Education Committee. The data on science and technology mainly include scientific and technological activities in scientific and technological institutions, large and medium-sized industrial enterprises and universities and colleges, and survey of R&D resources in 2000, being provided by Municipal Scientific and Technological Committee, Municipal Education Committee and Division of Social and Technology Statistics, Municipal Bureau of Statistics. The data on patent are provided by Municipal Bureau of Intellectual Properties. Applications for registration of trademarks come from Municipal Administration for Industry and Commerce. The data on results of sampling supervision & check on product and commodity quality are compiled by Division of Comprehensive Statistics, Municipal Bureau of Statistics using information from Municipal Administration of Technical Supervision and Quarantine. Data on culture cover mainly mass culture & arts, cultural relics, libraries, broadcasting, televisions, news and publication from Municipal Culture Bureau, Municipal Administration of Broadcasting and Television, Municipal Bureau of News and Publication.

16－1 主要年份各级各类学校数
NUMBER OF VARIOUS SCHOOLS IN MAJOR YEARS

单位：所 (unit)

年　份 Year	普通高等学校 Regular Institutions of Higher Education	普通中等专业学校 Specialized Secondary Schools	普通中学 Regular Secondary Schools	小　学 Primary Schools	特殊教育学校 Schools for the Blind, Deaf and Deaf-mute	幼儿园 Kindergartens
1952	7	50	128	12920		
1957	9	43	249	16201		
1962	10	14	402	14148		
1965	11	52	696	31503		
1970	11	22	1700	21253		
1975	8	72	1366	25465		
1978	13	76	2948	25002		
1980	16	73	1989	25120		
1985	18	74	1788	22793	7	5800
1986	19	77	1739	22486	19	5230
1987	19	81	1759	22094	18	5542
1988	20	82	1753	21629	20	5009
1989	20	82	1751	20972	23	4726
1990	20	82	1753	20248	24	5232
1991	20	82	1762	19829	29	4486
1992	20	82	1766	19496	32	4814
1993	20	82	1746	18849	30	4061
1994	20	83	1725	18175	31	4094
1995	22	83	1638	19637	30	6046
1996	22	81	1651	16779	36	5538
1997	22	81	1606	16261	37	5741
1998	22	81	1555	15737	37	5412
1999	23	78	1552	15223	42	6007
2000	22	62	1568	14730	42	6659
2001	29	52	1607	13076	44	3726
2002	29	47	1574	12031	38	3477
2003	33	39	1564	10966	41	3093

注：2001年起幼儿园资料按教育部对幼儿园数的认定标准统计，与以往年数不可比（下表同）。

Note: The Data of kindergartens are collected with the definition by Ministry of Education since 2001, so it is not comparble with previous years (the same below).

16—2 主要年份各级各类学校在校学生数
NUMBER OF STUDENT ENROLLMENT IN VARIOUS SCHOOLS IN MAJOR YEARS

单位：人 (person)

年份 Year	普通高等学校 Regular Institutions of Higher Education	普通中等专业学校 Specialized Secondary Schools	普通中学 Regular Secondary Schools	小学 Primary Schools	特殊教育学校 Schools for the Blind, Deaf and Deaf-mute	幼儿园 Kindergartens
1952	6437	20712	61345	1524145		
1957	15211	29238	181423	1539805		
1962	21173		163628	1640036		
1965	17408	19715	266504	1967997		
1970	4235		651232	2130534		
1975	10194	18901	963304	3415196		
1978	16357	25626	1631581	4035934		
1980	25349	33954	1323181	4316902		
1985	39871	31952	1102702	3857331	418	296336
1986	44454	34591	1107545	3610433	543	306591
1987	47644	36894	1122462	3279059	571	409209
1988	49981	38580	1124510	2858642	669	389185
1989	48449	40719	1111706	2581889	831	351175
1990	49331	40820	1080755	2393235	803	413552
1991	49964	41100	978204	2314986	1179	505799
1992	54121	44023	868431	2361261	1966	549271
1993	63795	53031	790396	2500362	1850	445940
1994	71118	52795	876008	2595400	1415	534177
1995	73398	62734	977079	2638555	1783	577162
1996	79929	69491	1012654	2737051	1832	588854
1997	80565	78800	1002915	2854307	1706	590464
1998	83187	91479	1083691	2884385	2325	613298
1999	101601	91954	1282599	2802741	9007	625666
2000	132512	84524	1477861	2761308	21160	640804
2001	170006	77056	1540317	2777859	18383	599282
2002	211221	86046	1574357	2797557	17199	587645
2003	255266	95057	1663728	2779441	14483	572538

注：高等学校在校学生含研究生。

Note: Student enrollment in regular institutions of higher education includes postgraduates.

16—3 主要年份各级各类学校专任教师数
NUMBER OF FULL-TIME TEACHERS IN VARIOUS SCHOOLS IN MAJOR YEARS

单位：人 (person)

年份 Year	普通高等学校 Regular Institutions of Higher Education	普通中等专业学校 Specialized Secondary Schools	普通中学 Regular Secondary Schools	小学 Primary Schools	特殊教育学校 Schools for the Blind, Deaf and Deaf-mute	幼儿园 Kindergartens
1952	839	1090	3385	41698		
1957	2193	2446	7940	52530		
1962	3297			55213		
1965	3336	2336		78503		
1970	3177		24970	73695		
1975	3574	2659	42893			
1978	3914					
1980	5025	3944	60953	125304		
1985	8061	4443	58886	119119	74	11937
1986	8236		55071	113724	101	12054
1987	8622		57044	112163	113	15090
1988	8823	4665	60450	111596	145	15873
1989	8726	4745	61938	109691	186	15898
1990	8677	4726	64056	110580	186	17443
1991	8596	4786	64934	111305	277	19313
1992	8696	4502	65030	111667	321	19244
1993	8777	4663	63555	113834	326	18388
1994	9186	4664	65316	116603	360	19729
1995	9409	4542	67498	117497	353	19948
1996	9400	4505	69503	117711	383	20111
1997	9432	4538	70661	119881	411	20665
1998	9498	4615	72333	121062	400	20962
1999	9987	4791	76158	120229	469	21088
2000	10449	4125	81766	119014	569	22598
2001	12125	3248	85030	118623	474	12067
2002	13954	2953	87427	117543	510	11666
2003	16013	2656	89560	115212	543	12141

16－4 主要年份文化事业机构数
NUMBER OF CULTURAL INSTITUTIONS IN MAJOR YEARS

单位：个 (unit)

年 份 Year	电影放映单位 Film Projection Units	#电影院 Cinemas	专业剧团 Specialized Dramatic Groups	文化馆、艺术馆 Cultural Centers and Art Centers	图书馆 Libraries
1952	51	15			
1957	140	25			
1962	222	42			
1965	243	40			
1970	287	41			
1975	1014	58	54	33	10
1978	1728	108	54	36	10
1980	1996	147	55	35	21
1985	3242	483	54	35	25
1986	3332	246	52	35	26
1987	3099	245	51	35	26
1988	2977	243	45	35	27
1989	3066	298	44	35	35
1990	2947	294	42	39	36
1991	2660	295	42	39	38
1992	2351	275	42	39	38
1993	1923	272	41	39	41
1994	1863	250	36	40	41
1995	1828	251	36	40	42
1996	1167	158	39	46	42
1997			39	43	42
1998			39	43	42
1999			36	42	42
2000	760	99	35	44	42
2001			36	44	42
2002			32	44	43
2003			32	44	44

16－5 教育事业基本情况（2002－2003年）
BASIC STATISTICS ON EDUCATION (2002-2003)

指　　标	Item	2002	2003
学校数(所)	**Number of Schools (unit)**		
普通高等学校	Regular Institutions of Higher Education	29	33
普通中等学校	Secondary Schools	1773	1771
普通中等专业学校	Specialized Secondary Schools	47	39
#中等技术学校	Technical Training Schools	34	28
中等师范学校	Teacher Training Schools	13	11
普通中学	Regular Secondary Schools	1574	1564
#高中	Senior	289	293
初中	Junior	1285	1271
职业中学	Vocational Secondary Schools	152	168
小学	Primary Schools	12031	10966
幼儿园	Kindergartens	3477	3093
特殊教育学校	Schools for the Blind Deaf and Deaf-mute	38	41
专任教师(人)	**Number of Full-time Teachers (person)**		
普通高等学校	Regular Institutions of Higher Education	13954	16013
普通中等学校	Secondary Schools	96736	99217
普通中等专业学校	Specialized Secondary Schools	2953	2656
#中等技术学校	Technical Training Schools	2149	1881
中等师范学校	Teacher Training Schools	804	775
普通中学	Regular Secondary Schools	87427	89560
#高中	Senior	18069	21561
初中	Junior	69358	67999
职业中学	Vocational Secondary Schools	6356	7001
小学	Primary Schools	117543	115212
幼儿园	Kindergartens	11666	12141
特殊教育学校	Schools for the Blind Deaf and Deaf-mute	510	543
招生数(人)	**New Student Enrollment (person)**		
普通高等学校	Regular Institutions of Higher Education	75365	91866
普通中等学校	Secondary Schools	669552	701010
普通中等专业学校	Specialized Secondary Schools	35482	34621
#中等技术学校	Technical Training Schools	30189	30822
中等师范学校	Teacher Training Schools	5293	3799
普通中学	Regular Secondary Schools	578770	603658
#高中	Senior	150501	157825
初中	Junior	428269	445833
职业中学	Vocational Secondary Schools	55300	62731
小学	Primary Schools	480050	444276
幼儿园	Kindergartens	414064	407641

16-5 续表 CONTINUED

指　　标	Item	2002	2003
特殊教育学校	Schools for the Blind Deaf and Deaf-mute	2080	1513
在校学生数(人)	**Student Enrollment (person)**		
普通高等学校	Regular Institutions of Higher Education	211221	255266
普通中等学校	Secondary Schools	1769439	1894446
普通中等专业学校	Specialized Secondary Schools	86046	95057
#中等技术学校	Technical Training Schools	69961	80491
中等师范学校	Teacher Training Schools	16085	14566
普通中学	Regular Secondary Schools	1574357	1663728
#高中	Senior	333990	407905
初中	Junior	1240367	1255823
职业中学	Vocational Secondary Schools	109036	135661
小学	Primary Schools	2797557	2779441
幼儿园	Kindergartens	587645	572538
特殊教育学校	Schools for the Blind Deaf and Deaf-mute	17199	14483
毕业生数(人)	**Graduates (person)**		
普通高等学校	Regular Institutions of Higher Education	32328	45368
中等学校	Secondary Schools	526091	528545
普通中等专业学校	Specialized Secondary Schools	25462	23414
#中等技术学校	Technical Training Schools	19977	18245
中等师范学校	Teacher Training Schools	5485	5169
普通中学	Regular Secondary Schools	475488	475066
#高中	Senior	62974	74895
初中	Junior	412514	400171
职业中学	Vocational Secondary Schools	25141	30065
小学	Primary Schools	451032	456848
幼儿园	Kindergartens	344093	313689
特殊教育学校	Schools for the Blind Deaf and Deaf-mute	1994	1891
每一教师负担学生数（人）	**Student-teacher Ratio (person)**		
普通高等学校	Regular Institutions of Higher Education	14	15
普通中等学校	Secondary Schools	18	19
小学	Primary Schools	24	24
平均每万人在校学生数（人）	**Student Enrollment per 10 000 persons (person)**		
大学生	University and College Students	68	82
中专生	Specialized Secondary School Students	27	30
中学生	Secondary School Students	543	532
小学生	Primary School Students	903	888
各级各类在校学生数占全市人口%	**Student Enrollment as Percentage of Total Population %**	**17.4**	**17.8**

注：1）本表未含技工校、工读校数据。

2）普通高校招生数、在校学生数、毕业生数均包括研究生。

Note:a) Basic statistics excluded data of skilled workers' schools and reformatory schools.

b) Nuber of new student enroument,student enrollment and graduates in regular institutions of higher eductio all includes post graduates.

16－6 高校基本情况（2003年）
BASIC STATISTICS ON INSTITUTIONS OF HIGHER EDUCATION (2003)

单位：人 (person)

项　目 Item	招生数 New Student Enroll-ment	#研究生 Postgra-duates	毕业生数 Gra-duates	#研究生 Postgra-duates	在校学生数 Student Enroll-ment	#研究生 Postgra-duates	专任教师数 Full-time Tea-chers	#教授、副教授 Profes-sors and Associate Profes-sors	专任教师平均负担学生数 Ratio of Student to Full-time Teacher
全市总计 Total	**91866**	**6392**	**45368**	**2715**	**255266**	**14763**	**16013**	**5972**	**18**
一、普通高校(33个)	**86739**	**6390**	**42415**	**2713**	**242685**	**14758**	**15790**	**5972**	**17**
（一）部属学校（3个）	**19017**	**3686**	**12488**	**1760**	**58862**	**8646**	**4050**	**1875**	**19**
1. 本科院校（2个）	16721	3686	11065	1760	52855	8646	3803	1770	18
重庆大学	10136	2873	7895	1419	35373	6895	2636	1178	19
西南师范大学	6585	813	3170	341	17482	1751	1167	592	18
2. 专科学校（1个）	2296		1423		6007		247	105	24
重庆石油高等专科学校	2296		1423		6007		247	105	24
（二）市属学校（30个）	**67722**	**2704**	**29927**	**953**	**183823**	**6112**	**11740**	**4097**	**17**
1. 本科院校（13个）	52856	2704	27064	953	152845	6112	8990	3336	18
西南农业大学	5868	491	3653	171	17164	1095	1025	452	19
重庆医科大学	4313	554	1650	222	10758	1268	934	397	14
西南政法大学	4678	809	2846	273	13543	1842	503	225	34
重庆交通学院	4160	155	1876	54	12006	323	708	252	18
重庆邮电学院	4304	273	1988	78	12887	584	821	298	17
重庆工学院	3725		1684		11887		705	278	17
重庆师范大学	5115	184	2387	59	13204	432	917	407	15
涪陵师范学院	3018		1823		7929		559	140	14
四川外语学院	4336	152	1001	68	10647	372	574	139	20
重庆商学院	6382		3892		21420		1020	303	21
四川美术学院	1112	86	769	28	4038	196	264	133	17
重庆三峡学院	2575		1552		8232		448	138	18
渝西学院	3270		1943		9130		512	174	18
2. 专科学校（17个）	14866		2863		30978		2750	674	11
重庆工业高等专科学校	2100		1209		5722		272	63	21
重庆电力高等专科学校	1448		221		3265		148	29	22
重庆电子职业技术学院	1525		429		3515		150	36	23
重庆工业职业技术学院	1762		132		2991		189	64	16
重庆职业技术学院	1056		204		1903		125	44	15
重庆工程职业技术学院	1730				3295		172	68	19
重庆社会工作职业学院	1527		174		3002		153	39	20
重庆警官职业学院	559				1443		93	22	16
重庆三峡职业学院	175				175		151	40	1
涪陵职业技术学院	60				60		216	44	
重庆机电职业技术学院	33				33		163	45	
重庆电子科技职业学院	1071		365		2750		158	23	17
重庆光彩职业技术学院	203		22		293		92	14	3
重庆信息技术职业学院	403				936		135	43	7
重庆海联职业技术学院	776		107		1056		392	61	3
重庆巴渝职业技术学院	119				220		63	34	3
重庆正大软件职业技术学院	319				319		78	5	4
二、普通高等教育办学点	**5125**		**2951**		**12576**		**223**	**87**	**15**
西南师范大学育才学院	1324		132		3304		223	87	15
重庆广播电视大学（大专班）	1310		853		3298				
重庆教育学院（大专班）	2313		1828		5670				
重庆电力职工大学（高职班）	178		138		304				
三、培养研究生机构									
煤炭科学研究院重庆分院	2	2	2	2	5	5			

注：根据教育部规定，计算专任教师平均负担学生数时，学生数中的研究生按1比3折算。

Note: According to regulations of Education Ministry, the postgraduates are accounted for 1:3 while calculating ratio of student to full-time teacher.

16－7 研究生基本情况（1996－2003年）
BASIC STATISTICS ON POSTGRADUATES (1996-2003)

单位：人 (person)

年 份 Year	在学人数 Student Enrollment	招 生 数 New Student Enrollment	毕业生数 Graduates
1996	2953	1052	762
1997	3199	1108	847
1998	3726	1389	862
1999	5032	2132	991
2000	6233	2686	1084
2001	8358	3410	1401
2002	11110	4423	1616
2003	14763	6392	2715

16－8 普通高等学校分科学生数（2003年）
STUDENT ENROLLMENT IN REGULAR INSTITUTIONS OF HIGHER EDUCATION BY FIELD OF STUDY (2003)

单位：人 (person)

项 目	Item	在校学生数 Student Enrollment	#本科 Regular College Course	招生数 New Student Enrollment	#本科 Regular College Course	毕业生数 Graduates	#本科 Regular College Course
总计	**Total**	**255266**	**149660**	**91866**	**45859**	**45368**	**22184**
哲学	Philosophy	141	39	65	20	22	
经济学	Economics	12725	9160	4389	2800	2167	1210
法学	Law	18519	11909	6627	3628	3747	2173
教育学	Education	10658	3744	3996	1311	2609	380
文学	Literature	48044	30272	18326	10706	7540	3838
历史学	History	1016	681	340	272	275	112
理学	Science	21917	16033	7757	5396	3805	1828
工学	Engineering	78596	42910	27523	11895	13063	7022
农学	Agriculture	7121	5063	2240	1188	1909	1211
医学	Medicine	11271	5192	4482	1356	1696	692
管理学	Administration	45258	24657	16121	7287	8535	3718

注：本表数据含研究生数。
Note: Data in this table includes postgraduates.

16—9 普通中等专业学校分类情况（2003年）
REGULAR SPECIALIZED SECONDARY SCHOOLS BY TYPE (2003)

单位：人 (person)

项　目	Item	毕业生数 Graduates	招生数 New Student Enrollment	在校学生数 Student Enrollment	教职工数 Teachers and Staff	#专任教师 Full-time Teachers	平均每一教师负担学生数 Student-teacher Ratio
全市总计	**Total**	**23414**	**34621**	**95057**	**5022**	**2656**	**36**
中等技术学校	**Specialized Secondary Technical Training Schools**	**18245**	**30822**	**80491**	**3704**	**1881**	**43**
农林类	Agriculture and Forestry	534	463	1955			
资源与环境类	Resources and Environment	232	100	396			
能源类	Energy	407	645	1768			
土木水利工程类	Civil Engineering and water Conservancy	777	1449	3573			
加工制造类	Processing and Manufacture	2698	5798	13320			
交通运输类	Transportation	481	189	483			
信息技术类	Information and Technology	3534	6809	19108			
医药卫生类	Medicine and Health Care	6140	10271	26433			
商贸与旅游类	Trade and Tourism	1204	1544	4526			
财经类	Finance and Economycs	1309	2203	5199			
文化艺术与体育类	Culture,Art and Sports	477	577	1862			
社会公共事务类	Social Public Affairs	452	774	1868			
中等师范学校	**Secondary Teacher Training Schools**	**5169**	**3799**	**14566**	**1318**	**775**	**19**

16－10 成人教育基本情况（2003年）
BASIC STATISTICS ON ADULT EDUCATION (2003)

单位：人 (person)

项 目	Item	学校数（所）Schools (unit)	毕业生数 Graduates	招生数 New Student Enrollment	在校学生数 Student Enrollment	教职工数 Teachers and Staff	#专任教师 Full-time Teachers
总 计	**Total**	**11845**	**3180865**	**79261**	**2574290**	**19535**	**8120**
成人高等学校	**Adult education Schools**	**12**	**37154**	**54178**	**138263**	**3177**	**1730**
#广播电视大学	Radio and TV Universities	1	10320	9187	22475	1400	699
职工、农民高等学院	Schools of Higher Education for Staff, Workers and Peasants	9	1472	3799	6971	1197	613
管理干部学院	Colleges for Management Cadres	1	204	81	317	65	53
教育学院	Pedagogical Colleges	1	1094	3084	8161	515	365
成人中等学校	**Secondary Schools for Adults**	**9963**	**3093982**	**25083**	**2377180**	**13535**	**5665**
中等专业学校	Specialized Secondary Schools for Adults	91	13260	25083	57216	4626	2640
#教师进修学校	Teacher Training Schools	33	796	1063	3295	1286	816
成人中学	Secondary Schools for Adults	70	4216		6401	308	197
职工中学	Secondary Schools for Staff and Workers	4	328		473	56	52
农民中学	Secondary Schools for Peasants	66	3888		5928	252	145
成人技术培训学校	Technical Training Schools for Adults	9802	3076506		2313563	8601	2828
职工技术培训学校	Technical Training Schools for Staff and Workers	34	10276		5381	303	171
农民技术培训学校	Technical Training Schools for Peasants	9768	3066230		2308182	8298	2657
成人初等学校	**Primary Schools for Adults**	**1870**	**49729**		**58847**	**2823**	**725**
职工初等学校	Primary Schools for Staff and Workers	100	1908		1880	14	9
农民初等学校	Primary Schools for Peasants	1770	47821		56967	2809	716
#扫盲班	Literacy Courses	1238	8452		31346	2091	498

16－11 初中毕业生和小学生毕业生升学率及小学学龄儿童入学率（2002－2003年）
PERCENTAGE OF GRADUATES OF JUNIOR SECONDARY SCHOOLS AND PRIMARY SCHOOLS ENTERING HIGHER LEVEL SCHOOLS, PERCENTAGE OF SCHOOL-AGED CHILDREN ENROLLED (2002-2003)

指　　标	Item	2002	2003
初中毕业生数（万人）	Graduates of Junior Secondary Schools (10 000 persons)	41.25	40.02
高中阶段学校招生数（万人）	Students entering Senior Secondary Schools (10 000 persons)	27.79	30.80
初中毕业生升学率(%)	Percentage of Graduates of Junior Secondary Schools Entering Senior Secondary Schools (%)	67.4	76.4
小学毕业生数（万人）	Graduates of Primary Schools (10 000 persons)	45.10	45.68
初中学校招生数（万人）	Students entering Junior Secondary Schools (10 000 persons)	42.83	44.58
小学毕业生升学率(%)	Percentage of Graduates of Primary Schools Entering Junior Secondary Schools (%)	95.1	97.9
学龄儿童数（万人）	School-aged Children (10 000 persons)	266.16	251.73
已入学学龄儿童数（万人）	School-aged Children Enrolled in Schools (10 000 persons)	265.57	251.39
小学学龄儿童入学率(%)	Percentage of School-aged Children Enrolled (%)	99.8	99.9

16－12 幼儿园基本情况（2002－2003年）
BASIC STATISTICS ON KINDERGARTENS (2002-2003)

指　　标	Item	2002	2003
园数（所）	Number of Kindergartens (unit)	3477	3093
班数（个）	Number of Classes (unit)	18914	18840
在园幼儿数（人）	Student Enrollment (person)	587645	572538
教职工数（人）	Number of Staff and Teachers (person)	17610	19013
#教师	Teachers	11666	12141

16－13 各级学校女学生和女教师数（2002－2003年）
NUMBER OF FEMALE STUDENTS AND TEACHERS BY SCHOOL LEVEL (2002-2003)

单位：人 (person)

项　　目	Item	2002	2003
女学生数	**Number of Female Students**		
普通高等学校	Institutions of Higher Education	89829	107268
普通中等专业学校	Specialized Secondary Schools	48306	53499
普通中学	Regular Secondary Schools	736219	778388
职业中学	Vocational Secondary Schools	53301	66213
小　学	Primary Schools	1332306	1325437
女学生占学生总数的百分比(%)	**Percentage of Female Students to Total Students (%)**		
普通高等学校	Institutions of Higher Education	44.6	44.6
普通中等专业学校	Specialized Secondary Schools	56.1	56.3
普通中学	Regular Secondary Schools	46.8	46.8
职业中学	Vocational Secondary Schools	48.9	48.8
小　学	Primary Schools	47.6	47.7
女教职工数	**Number of Female Teachers**		
普通高等学校	Institutions of Higher Education	11214	12514
普通中等专业学校	Specialized Secondary Schools	2452	2051
普通中学	Regular Secondary Schools	38986	39794
职业中学	Vocational Secondary Schools	3666	4137
小　学	Primary Schools	61203	60578
女教职工占教师总数的百分比(%)	**Percentage of Female Teachers to Total Teachers (%)**		
普通高等学校	Institutions of Higher Education	39.5	40.3
普通中等专业学校	Specialized Secondary Schools	42.9	40.8
普通中学	Regular Secondary Schools	35.5	36.1
职业中学	Vocational Secondary Schools	39.8	42.2
小　学	Primary Schools	46.3	46.9

16－14 科技经费、科技奖励情况（2002－2003年）
FUNDS AND REWARDS FOR SCIENCE AND TECHNOLOGY (2002-2003)

指　　标	Item	2002	2003
国家科技部计划拨款（万元）	**Appropriate Funds by Ministry of Science and Technology in Plan (10 000 yuan)**	**11403**	**12529**
重庆市财政科技拨款（万元）	**Appropriate Funds of Science and Technology by Municipal Finance (10 000 yuan)**	**35836**	**36890**
科学事业费	Funds for Science	7995	8666
科技三项费	Funds for Science and Technology Innovation	27725	27969
科技基建费	Capital Construction of Science and Technology	116	255
科技奖励情况（项）	**Rewards of Science and Technology (item)**		
科技进步奖	Advanced Rewards of Science and Technology		
国家级	National Rewards	4	7
一等奖	1st Prize		1
二等奖	2nd Prize	4	6
三等奖	3rd Prize		
重庆市级	Municipal Rewards	81	85
一等奖	1st Prize	3	2
二等奖	2nd Prize	13	16
三等奖	3rd Prize	65	67
自然科学奖	Rewards of Natural Science		
重庆市级	Municipal Rewards	9	6
一等奖	1st Prize		
二等奖	2nd Prize	3	1
三等奖	3rd Prize	6	5
技术发明奖	Rewards of Technological Invents		
重庆市级	Municipal Rewards	3	3
一等奖	1st Prize	1	1
二等奖	2nd Prize	1	
三等奖	3rd Prize	1	2

注：重庆市级自然科学奖和技术发明奖从2002年起开始评定。

Note: Municipal rewards of natural science and technological invents were assessed since 2002.

16－15 科协系统学术交流情况（2003年）
ACADEMIC EXCHANGES OF SCIENCE AND TECHNOLOGY ASSOCIATIONS (2003)

项 目	Item	合 计 Total	#市级科协 City Associations	占合计% As Percentage of Total	#市级学会 City Learned Societies	占合计% As Percentage of Total
国内学术会议	**Domestic Academic Meetings**					
举办次数(次)	Holding Number (time)	355	1	0.3	235	66.2
参加人数(人次)	Number of Participants (person-time)	28799	100	0.4	18878	65.6
交流论文数(篇)	Number of Papers Presented (piece)	6169	58	0.9	3111	58.4
国际学术会议	**International Academic Meetings**					
在国内举行的国际学术会议次数(次)	Held in China Number (time)	28			21	75.0
中方参加人数(人次)	Number of Chinese Participants (person-time)	2565			1038	40.5
中方交流论文(篇)	Number of Chinese Papers Presented (piece)	871			771	88.5
外方参加人数(人次)	Number of Foreign Participants (person-time)	256			156	60.9
外方交流论文(篇)	Number of Foreign Papers Presented (piece)	217			197	90.8
科学考察	**Scientific Study Tour**					
外派科技团组个数(个)	Number of Scientific Groups Sent Abroad (unit)	34	3	8.8	31	91.2
外派总人次(人次)	Number of Person-times Sent Abroad (person-time)	183	34	18.6	149	81.4

16－16 科协系统科普活动、科技培训及咨询情况（2003年）
PROMOTING SCIENTIFIC ACTIVITIES, TRAINING PROGRAMS AND CONSULTING OF TECHNOLOGY ASSOCIATIONS (2003)

项　目	Item	合　计 Total	#市级科协 City Associations	占合计% As Percentage of Total	#市级学会 City Learned Societies	占合计% As Percentage of Total
科普活动	**Activities for Popular Science**					
科普讲座次数(次)	Number of Lectures (time)	1300	3	0.2	365	28.1
科普讲座参加人数(人次)	Number of Participants (person-time)	188944	4200	202.0	37519	19.9
科普展览次数(次)	Number of Exhibitions (time)	550	7	1.2	81	14.7
科普展览参加人数(人次)	Number of Participants (person-time)	1088480	24000	2.2	183628	16.9
科技夏(冬)令营(次)	Technical Summer (winter) Camp (time)	390	2	0.5	90	23.1
青年科技竞赛次数(次)	Number of Teenagers Participating in Science-technology Competitions (time)	420	10	2.4	20	4.8
科技培训	**Training Program**					
院校培训结业学员数(人)	Number of Persons Trained by Universities and Colleges (person)	1368			400	29.2
培训班培训人次(人次)	Number of Persons Trained by Training Classes (person-time)	78077	300	0.4	34593	44.3
外派研修生人数(人次)	Number of Trainees Sent Abroad (person-time)	12	12	100.0		
咨询	**Consultative Activities**					
无偿咨询项目数(项)	Number of Non-payable Consultative Projects (item)	2462	10	0.4	1861	75.6
完成技术合同数(项)	Number of Consultative Contracts Completed (item)	497	168	33.8	2.4	41.1
咨询合同实现金额(万元)	Revenue from Fulfillment of Consultative Contracts (10 000 yuan)	16504	3046	18.5	3914	23.7
#技术交易额(万元)	Technology Business Value (10 000 yuan)	8373	3113	37.2	67	0.8
“金桥工程”本年完成项数(项)	Completed Projects of "Gold Bridge Engineering" in this Year (item)					
科技建议被采纳项数(项)	Technological Suggestions Adopted (item)	559	4	0.7	266	47.6
向市人大、政协提案被采纳(项)	Suggestions Adopted by Chongqing People's Congress and People's Political Consultative Conference (item)	53	13	24.5		

16－17 重庆市科技活动基本情况（2000年）
BASIC STATISTICS ON SCIENTIFIC AND TECHNOLOGICAL ACTIVITIES IN CHONGQING (2000)

指 标	Item	合 计 Total	科研机构 Research Institutes	高等院校 Colleges & Universities	#附属医院 Attached Hospitals
有科技活动的单位数（个）	Units Engaged in Scientific and Technological Activities (unit)	958	86	23	3
科技活动人员（人）	Personnel Engaged in Scientific and Technological Activities (person)	66094	6720	14008	1903
#科学家和工程师	Scientists and Engineers	41955	4017	10829	1772
科技活动经费筹集总额（万元）	Total Funds Raised for Scientific and Technological Activities (10 000 yuan)	335115	56738	25834	2082
政府资金	Funds from Government	79095	37940	15000	1527
企业资金	Funds from Enterprises	177709	2148	9117	62
事业单位资金	Funds from Institutions	14564	9145	1237	343
金融机构贷款	Funds from Financial Institutions	42533	914	164	150
国外资金	Foreign Funds	1302		19	
其他资金	Others	19912	6592	298	
科技活动经费内部支出（万元）	Inner Expenditure of Funds for Scientific and Technological Activities (10 000 yuan)	301964	58230	22500	1937
人员劳务费	Remuneration for Personnel	72455	16370	4875	666
固定资产购建	Purchanses of Fixed Assets	88788	12018	4780	463
#设备购置	Facilities	72819	8043	4754	463
其他	Others	140721	29842	12845	808
科技活动经费外部支出（万元）	Outside Expenditure of Funds for Scientific and Technological Activities (10 000 yuan)	21969	138	201	
全部科技项目(课题)数（项）	Total Scientific and Technological Projects (item)	7410	727	2819	213
科技项目(课题)参加人员全时当量（人年）	Full-time Converted Personnel Engaged in Scientific and Technological Projects (person-year)	27738	3937	5510	469
#科学家和工程师	Scientists and Engineers	16421	2230	2937	225
科技项目(课题)经费内部支出（万元）	Inner Expenditure of Funds for Scientific and Technological Projects (10 000 yuan)	199966	29254	11319	290
专利申请数（件）	Patents Applied (pcs)	636	4	25	1
#发明专利申请数	Invents	123	2	16	1
拥有发明专利（件）	Patents Owned (pcs)	225	8		
发表科技论文（篇）	Scientific and Technological Papers Issued (unit)	10245	830	7857	723
出版科技著作（种）	Scientific and Technological Works Issued (sort)	483	30	443	24
研究与技术开发机构数（个）	Institutes of Research and Technological Development (unit)	622	89	206	
#法人机构	Juridical	89	89		
机构从事科技活动人员（人）	Personnel of Institutes Engaged in Scientific and Technological Activities (person)	21475	6720	3393	
#全时人员	Full-time Personnel	19999	6518	2119	
#科学家和工程师	Scientists and Engineers	13346	4017	2293	
机构科技经费内部支出（万元）	Inner Expenditure of Scientific and Technological Funds of Institutes (10 000 yuan)	144597	58230	8566	
机构年末固定资产原价（万元）	Year-end Net Value of Fixed Assets of Institutes (10 000 yuan)	361918	97681	24265	
#仪器设备	Apparatus and Facilities	128005	44798	16961	

注：本表16-17与16-18表为重庆市2000年R&D资源清查数据。R&D资源每五年清查一次。

Note: Tables of 16-17 and 16-18 were the data on R&D resource survey in Chongqing in 2000. R&D resource survey is carried out every 5 years.

16-17 续表 CONTINUED

指　标	Item	企　业 Enterprises	#工业企业 Industrial Enterprises	其 他 Others
有科技活动的单位数（个）	Units Engaged in Scientific and Technological Activities (unit)	637	569	212
科技活动人员（人）	Personnel Engaged in Scientific and Technological Activities (person)	39997	37125	5369
#科学家和工程师	Scientists and Engineers	23233	20835	3876
科技活动经费筹集总额（万元）	Total Funds Raised for Scientific and Technological Activities (10 000 yuan)	242405	216073	10138
政府资金	Funds from Government	21703	18227	4452
企业资金	Funds from Enterprises	164949	152804	1496
事业单位资金	Funds from Institutions	317	317	3866
金融机构贷款	Funds from Financial Institutions	41203	39926	253
国外资金	Foreign Funds	1252	1252	32
其他资金	Others	12982	3548	40
科技活动经费内部支出（万元）	Inner Expenditure of Funds for Scientific and Technological Activities (10 000 yuan)	208960	192900	12274
人员劳务费	Remuneration for Personnel	46318	42981	4893
固定资产购建	Purchases of Fixed Assets	66867	60301	5123
#设备购置	Facilities	56623	52577	3399
其他	Others	95776	89618	2258
科技活动经费外部支出（万元）	Outside Expenditure of Funds for Scientific and Technological Activities (10 000 yuan)	21021	20402	609
全部科技项目(课题)数（项）	Total Scientific and Technological Projects (item)	3204	2935	660
科技项目(课题)参加人员全时当量（人年）	Full-time Converted Personnel Engaged in Scientific and Technological Projects (person-year)	16506	15647	1786
#科学家和工程师	Scientists and Engineers	9944	9190	1310
科技项目(课题)经费内部支出（万元）	Inner Expenditure of Funds for Scientific and Technological Projects (10 000 yuan)	152132	146672	7261
专利申请数（件）	Patents Applied (pcs)	582	394	25
#发明专利申请数	Invents	102	99	3
拥有发明专利（件）	Patents Owned (pcs)	213	190	4
发表科技论文（篇）	Scientific and Technological Papers Issued (unit)	243	126	1315
出版科技著作（种）	Scientific and Technological Works Issued (sort)	2		8
研究与技术开发机构数（个）	Institutes of Research and Technological Development (unit)	294	271	33
#法人机构	Juridical			
机构从事科技活动人员（人）	Personnel of Institutes Engaged in Scientific and Technological Activities (person)	10899	10393	463
#全时人员	Full-time Personnel	10899	10393	463
#科学家和工程师	Scientists and Engineers	6686	6298	350
机构科技经费内部支出（万元）	Inner Expenditure of Scientific and Technological Funds of Institutes (10 000 yuan)	76825	75467	977
机构年末固定资产原价（万元）	Year-end Net Value of Fixed Assets of Institutes (10 000 yuan)	233037	230020	6936
#仪器设备	Apparatus and Facilities	62648	60739	3598

16－18 重庆市研究与试验发展（R&D）活动基本情况（2000年）
BASIC STATISTICS ON R&D ACTIVITIES IN CHONGQING (2000)

指 标	Item	合 计 Total	科研机构 Research Institutes	高等院校 Colleges & Universities	#附属医院 Attached Hospitals
有R&D活动的单位数（个）	Units Engaged in R&D Activities (unit)	525	28	23	3
R&D人员全时当量（人年）	Full-time Converted R&D Personnel (person-year)	16115	2864	4250	672
#科学家和工程师	Scientists and Engineers	12311	1453	4013	648
#全时人员	Full-time Personnel	10321	1658	1592	371
#基础研究人员	Personnel of Basic Research	1063		1035	316
应用研究人员	Personnel of Application Research	3963	716	2431	244
试验发展人员	Personnel of Testing Development	11089	2148	784	112
R&D经费内部支出（万元）	Inner Expenditure of R&D Funds (10 000 yuan)	101294	22353	14939	397
#基础研究	Basic Research	1442		1384	173
应用研究	Application Research	20572	5045	10018	156
试验发展	Testing Development	79280	17309	3537	68
#人员劳务费	Remuneration for Personnel	24592	3906	2974	133
固定资产购置	Purchases of Fixed Assets	23443	7570	2910	98
#设备购置费	Facilities	19967	4528	2910	98
其他	Others	53259	10878	9054	165
#政府资金	Funds from Government	34256	20980	8214	290
企业资金	Funds from Enterprises	54836	39	6005	13
国外资金	Foreign Funds	292	54	10	
其他	Others	11910	1280	710	94
R&D资金外部支出（万元）	Outside Expenditure of R&D Funds (10 000 yuan)	8707	81	144	
R&D项目(课题)数（项）	R&D Projects (item)	4041	337	2311	223
基础研究	Basic Research	675		672	83
应用研究	Application Research	1617	52	1370	101
试验发展	Testing Development	1749	285	269	39
R&D项目(课题)参加人员全时当量（人年）	Full-time Converted Personnel Engaged in R&D Projects (person-year)	12298	1871	3501	509
基础研究	Basic Research	908		893	231
应用研究	Application Research	2962	378	2069	195
试验发展	Testing Development	8429	1493	539	83
R&D项目(课题)经费内部支出（万元）	Inner Expenditure of R&D Projects (10 000 yuan)	67879	2929	6447	379
基础研究	Basic Research	800		746	139
应用研究	Application Research	9277	134	4536	174
试验发展	Testing Development	57802	2795	1166	66
有R&D活动的研究与技术开发机构（个）	Institutes of R&D Research and Technological Development (unit)	445	29	187	
机构中R&D人员折合全时当量（人年）	Converted Full-time Personnel of Institutes Engaged in R&D Activities (person-year)	10338	2864	1734	
#科学家和工程师	Scientists and Engineers	6766	1453	1633	
机构R&D经费内部支出（万元）	Inner R&D Expenditure of Institutes (10 000 yuan)	58765	22353	7025	

注：本表的R&D经费内部支出的“基础研究、应用研究、试验发展”数据是按R&D经常费支出中的“基础研究、应用研究、试验发展”的比例折算的，与2001年10月发布的《重庆市全社会R&D资源清查主要数据统计公报》有差异的原因是分摊方法不同，本表是每个调查单位的实际比例分摊折算后的汇总数据；《公报》是全部调查单位汇总后的综合比例分摊折算的数据。

16-18 续表 CONTINUED

指　　标	Item	企　业 Enterprises	#工业企业 Industrial Enterprises	其　他 Others
有R&D活动的单位数（个）	Units Engaged in R&D Activities (unit)	389	350	85
R&D人员全时当量（人年）	Full-time Converted R&D Personnel (person-year)	8376	7691	626
#科学家和工程师	Scientists and Engineers	6329	5754	517
#全时人员	Full-time Personnel	6702	6225	369
#基础研究人员	Personnel of Basic Research	18	18	10
应用研究人员	Personnel of Application Research	537	470	279
试验发展人员	Personnel of Testing Development	7820	7203	337
R&D经费内部支出（万元）	Inner Expenditure of R&D Funds (10 000 yuan)	61449	58424	2553
#基础研究	Basic Research	47	47	11
应用研究	Application Research	4717	4127	792
试验发展	Testing Development	56685	54250	1750
#人员劳务费	Remuneration for Personnel	16599	15341	1113
固定资产购置	Purchanses of Fixed Assets	12182	11265	781
#设备购置费	Facilities	11822	10915	707
其他	Others	32668	31819	659
#政府资金	Funds from Government	4144	3623	918
企业资金	Funds from Enterprises	47383	45303	1409
国外资金	Foreign Funds	228	223	
其他	Others	9694	9275	226
R&D资金外部支出（万元）	Outside Expenditure of R&D Funds (10 000 yuan)	8330	7989	153
R&D项目(课题)数（项）	R&D Projects (item)	1145	1021	248
基础研究	Basic Research	1	1	2
应用研究	Application Research	69	35	126
试验发展	Testing Development	1075	985	120
R&D项目(课题)参加人员全时当量（人年）	Full-time Converted Personnel Engaged in R&D Projects (person-year)	6390	5924	536
基础研究	Basic Research	5	5	10
应用研究	Application Research	283	226	232
试验发展	Testing Development	6102	5693	295
R&D项目(课题)经费内部支出（万元）	Inner Expenditure of R&D Projects (10 000 yuan)	56473	53702	2029
基础研究	Basic Research	44	44	11
应用研究	Application Research	3977	3498	629
试验发展	Testing Development	52452	50160	1389
有R&D活动的研究与技术开发机构（个）	Institutes of R&D Research and Technological Development (unit)	208	191	21
机构中R&D人员折合全时当量（人年）	Converted Full-time Personnel of Institutes Engaged in R&D Activities (person-year)	5544	5269	196
#科学家和工程师	Scientists and Engineers	3531	3308	149
机构R&D经费内部支出（万元）	Inner R&D Expenditure of Institutes (10 000 yuan)	28690	27756	698

Note: Data of basic research, application research and testing development of inner expenditure of R&D funds is converted with proportion of current expenditure of R&D funds. So it is different from that of *Statistical Conmunique on Major Figures of R&D Resource Check of Chongqing Municipality* issued in October, 2001.

16－19 普通高等学校教学和科研人员（2003年）
PERSONNEL OF TEACHING AND RESEARCH IN REGULAR INSTITUTIONS OF HIGHER EDUCATION (2003)

单位：人 (person)

项 目	Item	合 计 Total	自然科学 Natural Sciences	工程与技术 Engineering and Technology	医学科学 Medical Sciences	农业科学 Agricultural Sciences	社会和人文科学 Social Sciences and Humanities	其 他 Other
总计	**Total**	**25879**	**2817**	**6230**	**2995**	**931**	**12257**	**649**
按职称分	**By Title**							
#高级	Senior	8135	1116	1823	822	328	3994	52
中级	Medium	10257	1013	2693	1234	391	4772	154
初级	Junior	6067	582	1298	839	153	3060	135
按技术等级分	**By Technical Grade**							
#科学家和工程师	Scientists and Engineers	19860	2129	4516	2056	719	10234	206
技术员	Technical Personnel	4670	582	1298	839	153	1663	135

16－20 普通高等学校科技项目情况（2003年）
SCIENTIFIC AND TECHNOLOGICAL PROJECTS OF REGULAR INSTITUTIONS OF HIGHER EDUCATION (2003)

项 目	Item	课题数（项） Number of Projects (unit)	当年投入经费（万元） Funds of Projects (10 000 yuan)	当年支出经费（万元） Expenditures for Projects (10 000 yuan)	当年投入人员（人年） Personnel Engaged in Projects (person-year)	#科学家和工程师（理工农医类项目） Scientists and Engineers (Science, Industry, Agriculture and Medical Fields)
总计	**Total**	**5662**	**39872**	**32069**	**5151**	**4591**
R&D项目	R&D Projects	4808	31351	24436	4191	3733
基础研究	Basic Research	1127	5615	4699	1034	861
应用研究	Application Research	3061	19074	14815	2405	2214
试验发展	Testing Development	620	6662	4922	752	658
非R&D项目	Non-R&D Projects	854	8520	7633	960	858
R&D成果应用	Application of R&D Achievements	427	2190	2006	407	381
科技服务	Technological Services	427	6330	5627	553	477

16－21 大中型工业企业科技机构情况（2003年）
SCIENTIFIC AND TECHNOLOGICAL INSTITUTIONS OF LARGE & MEDIUM-SIZED INDUSTRIAL ENTERPRISES (2003)

单位：人、万元 (person, 10 000 yuan)

项目	Item	科技机构数（个） Number of Institutions (unit)	科技机构科技活动人数 Personnel of Institutions	#科学家和工程师 Scientists and Engineers	科技机构经费内部支出 Inner Expenditures for Science and Technology
总计	**Total**	**149**	**12674**	**8705**	**134232**
按隶属关系分	**By Relationship**				
中央	Central	38	4476	3410	46746
地方	Local	111	8198	5295	87486
按登记注册类型分	**By Registration**				
国有企业	State-owned	30	1813	1187	12061
集体企业	Collective-owned	3	34	29	109
股份合作企业	Cooperative Enterprises				
联营企业	Joint Ownership Enterprises				
有限责任公司	Limited Liability Corporations	62	4972	3362	52769
#国有独资公司	Sole State-funded	28	2294	1759	29158
股份有限公司	Share Holding Corporations Limited	23	2613	2013	32623
私营企业	Private Enterprises	21	2596	1604	29278
#私营独资企业	Private-funded	1	15	15	135
其他企业	Other Domestic-funded Enterprises				
港、澳、台商投资企业	Enterprises Funded by Hong Kong, Macao and Taiwan	2	100	97	801
外商投资企业	Shareholding Corporations Ltd. With Foreign Investment	8	546	413	6592
按工业行业分	**By Industrial Sector**				
采矿业	Mining and Quarrying	1	10	8	28
煤炭开采和洗选业	Coal Mining and Dressing				
石油和天然气开采业	Petroleum and Natural Gas Extraction				
黑色金属矿采选业	Ferrous Metals Mining and Dressing				
有色金属矿采选业	Nonferrous Metals Mining and Dressing				
非金属矿采选业	Nonmetal Minerals Mining and Dressing	1	10	8	28
其他采矿业	Other Minerals Mining				
制造业	Manufacturing	146	12503	8617	133567
农副食品加工业	Farm Products and By-food Processing	3	115	107	525
食品制造业	Food Production	2	64	27	218
饮料制造业	Beverage Production	3	102	81	4797

16-21 续表 CONTINUED

单位：人、万元 (person, 10 000 yuan)

项 目	Item	科技机构数（个） Number of Institutions (unit)	科技机构科技活动人数 Personnel of Institutions	#科学家和工程师 Scientists and Engineers	科技机构经费内部支出 Inner Expenditures for Science and Technology
烟草制品业	Tobacco Products	2	52	52	849
纺织业	Textile Industry	6	270	143	2401
纺织服装、鞋、帽制造业	Garments, Shoes and Hats Production				
皮革、毛皮、羽毛（绒）及其制品业	Leather, Furs, Down and Related Products				
木材加工及木竹藤棕草制品业	Timber Processing,Bamboo,Cane,Palm, Straw Products				
家具制造业	Furniture Manufacturing				
造纸及纸制品业	Papermaking and Paper Products	1	21	21	14
印刷业、记录媒介的复制	Printing and Record Medium Reproduction	1	72	19	512
文教体育用品制造业	Cultural Educational and Sports Goods				
石油加工、炼焦及核燃料加工业	Petroleum, Coking and Nuclear Fuel Processing	1	210	146	1142
化学原料及化学制品制造业	Raw Chemical Materials and Chemical Products	12	766	440	7034
医药制造业	Medical and Pharmaceutical Products	10	333	287	4808
化学纤维制造业	Chemical Fiber				
橡胶制品业	Rubber Products	3	70	58	201
塑料制品业	Plastic Products	1	30	14	1051
非金属矿物制品业	Nonmetal Mineral Products	10	527	232	2446
黑色金属冶炼及压延加工业	Smelting and Pressing of Ferrous Metals	4	133	123	2539
有色金属冶炼及压延加工业	Smelting and Pressing of Nonferrous Metals	1	345	69	1382
金属制品业	Metal Products	1	187	150	1365
通用设备制造业	Ordinary Equipment	18	1056	799	9715
专用设备制造业	Special Equipment	13	1058	804	8215
交通运输设备制造业	Transportation Equipment	38	5421	3682	71398
电气机械及器材制造业	Electric Equipment and Machinery	4	125	88	1578
通信设备、计算机及其他电子设备制造业	Communication, Computers and Other Electronic Equipment	6	581	525	4390
仪器仪表及文化、办公用机械制造业	Instruments, Meters,Cultural and Office Machinery	4	861	697	6503
工艺品及其他制造业	Handicraft and Other Production	2	104	53	485
废弃资源和废旧材料回收加工业	Recovery and Processing of Waste Resources and Materials				
电力、燃气及水的生产和供应业	Electricpower, Gas & Water Production and Supply	2	161	80	637
电力、热力的生产和供应业	Electricpower and Hot Power Production and Supply	2	161	80	637
燃气生产和供应业	Gas Production and Supply				
水的生产和供应业	Water Production and Supply				

16－22 大中型工业企业科技活动人员与经费筹集情况（2003年）
PERSONNEL IN SCIENTIFIC AND TECHNOLOGICAL ACTIVITIES AND FUNDS OF LARGE & MEDIUM-SIZED INDUSTRIAL ENTERPRISES (2003)

项　目	Item	从事科技活动人员数(人) Personnel in Scientific and Techonlo-gical Activities (person)	#科学家和工程师 Scientists and Engineers	当年筹集额(万元) Funds of Current Year (10 000 yuan)	#政府部门资金 Funds from Govern-ment	#金融机构贷款 Loans of Financial Institutions	#企业自筹 Funds Self-raised by Enterprises
总计	**Total**	**29332**	**19670**	**287318**	**14060**	**27402**	**241237**
按隶属关系分	**By Relationship**						
中央	Central	10274	6762	113360	6867	8416	94025
地方	Local	19058	12908	173958	7193	18986	147212
按登记注册类型分	**By Registration**						
国有企业	State-owned	5879	3008	24332	1943	250	21331
集体企业	Collective-owned	460	128	3213	89	200	2924
股份合作企业	Cooperative Enterprises	16	16	200			200
联营企业	Joint Ownership Enterprises						
有限责任公司	Limited Liability Corporations	12499	9011	97253	9104	4836	79503
#国有独资公司	Sole State-funded	5115	4172	50989	7790	650	41013
股份有限公司	Share Holding Corporations Limited	4056	3021	71193	2004	1910	67279
私营企业	Private Enterprises	3517	2894	49326	846	12300	36181
#私营独资企业	Private-funded	51	41	6009	306	5500	203
其他企业	Other Domestic-funded Enterprises						
港、澳、台商投资企业	Enterprises Funded by Hong Kong, Macao and Taiwan	1515	639	17141	10	2100	15031
外商投资企业	Shareholding Corporations Ltd. With Foreign Investment	1390	953	24660	65	5806	18790
按工业行业分	**By Industrial Sector**						
采矿业	Mining and Quarrying	982	708	2263	1		2262
煤炭开采和洗选业	Coal Mining and Dressing	677	432	1261			1261
石油和天然气开采业	Petroleum and Natural Gas Extraction	267	267	965			965
黑色金属矿采选业	Ferrous Metals Mining and Dressing						
有色金属矿采选业	Nonferrous Metals Mining and Dressing						
非金属矿采选业	Nonmetal Minerals Mining and Dressing	38	9	37	1		36
其他采矿业	Other Minerals Mining						
制造业	Manufacturing	27740	18574	281417	14059	27402	235337
农副食品加工业	Farm Products and By-food Processing	280	218	1120	304	56	760
食品制造业	Food Production	64	27	218			218
饮料制造业	Beverage Production	449	310	5822	250	100	5472
烟草制品业	Tobacco Products	169	74	1271	10		1261

16-22 续表 CONTINUED

项　目	Item	从事科技活动人员数(人) Personnel in Scientific and Techonlo-gical Activities (person)	#科学家和工程师 Scientists and Engineers	当年筹集额(万元) Funds of Current Year (10 000 yuan)	#政府部门资金 Funds from Govern-ment	#金融机构贷款 Loans of Financial Institutions	#企业自筹 Funds Self-raised by Enterprises
纺织业	Textile Industry	676	332	6100			6100
纺织服装、鞋、帽制造业	Garments, Shoes and Hats Production						
皮革毛皮羽毛（绒）及其制品业	Leather, Furs, Down and Related Products						
木材加工及木竹藤棕草制品业	Timber Processing,Bamboo, Cane,Palm,Straw Products						
家具制造业	Furniture Manufacturing						
造纸及纸制品业	Papermaking and Paper Products	30	27	39			39
印刷业、记录媒介的复制	Printing and Record Medium Reproduction	72	19	1000		600	400
文教体育用品制造业	Cultural Educational and Sports Goods						
石油加工、炼焦及核燃料加工业	Petroleum, Coking and Nuclear Fuel Processing	265	172	1333	125		1208
化学原料及化学制品制造业	Raw Chemical Materials and Chemical Products	1143	681	17379	98	150	17132
医药制造业	Medical and Pharmaceutical Products	806	554	14430	1360	2460	10610
化学纤维制造业	Chemical Fiber						
橡胶制品业	Rubber Products	120	82	332			332
塑料制品业	Plastic Products	30	14	1051			1051
非金属矿物制品业	Nonmetal Mineral Products	739	360	13702	266	5500	7936
黑色金属冶炼及压延加工业	Smelting and Pressing of Ferrous Metals	1621	829	19283	72	2150	17061
有色金属冶炼及压延加工业	Smelting and Pressing of Nonferrous Metals	856	500	3236	60		1100
金属制品业	Metal Products	187	150	3000		500	2500
通用设备制造业	Ordinary Equipment	3632	1707	16786	733	100	15589
专用设备制造业	Special Equipment	2573	2263	25391	4460		19566
交通运输设备制造业	Transportation Equipment	10218	7571	121412	2720	7950	110507
电气机械及器材制造业	Electric Equipment and Machinery	714	620	3822	217	500	3104
通信设备、计算机及其他电子设备制造业	Communication, Computers and Other Electronic Equipment	870	675	11327	3155	6116	1739
仪器仪表及文化、办公用机械制造业	Instruments, Meters,Cultural and Office Machinery	1970	1224	10245	229	1030	8724
工艺品及其他制造业	Handicraft and Other Production	256	165	3120		190	2930
废弃资源和废旧材料回收加工业	Recovery and Processing of Waste Resources and Materials						
电力、燃气及水的生产和供应业	Electricpower, Gas & Water Production and Supply	610	388	3638			3638
电力、热力的生产和供应业	Electricpower and Hot Power Production and Supply	610	388	3638			3638
燃气生产和供应业	Gas Production and Supply						
水的生产和供应业	Water Production and Supply						

16—23 大中型工业企业科技活动项目与经费支出情况（2003年）
PROJECTS AND EXPENDITURES OF SCIENCE AND TECHNOLOGY OF LARGE & MEDIUM-SIZED INDUSTRIAL ENTERPRISES (2003)

单位：项、万元 (unit, 10 000 yuan)

项目	Item	项目数 Projects	科技活动经费支出 Expenditures for Scientific and Technological Activities	#用于开发新产品 For New Product Development	技术改造经费支出 Expenditures for Technical Transformation	技术引进经费支出 Expenditures for Technical Recommendation	购买国内技术用款 Purchases of Civil Technology	研究与发展经费内部支出 Internal Expenses for R&D
总计	**Total**	**2585**	**268943**	**143495**	**297780**	**55358**	**17897**	**97660**
按隶属关系分	**By Relationship**							
中央	Central	872	108784	63831	171859	33189	8784	38429
地方	Local	1713	160159	79664	125920	22169	9114	59231
按登记注册类型分	**By Registration**							
国有企业	State-owned	552	26155	10468	19418	837	431	10503
集体企业	Collective-owned	37	1334	559	486	200		543
股份合作企业	Cooperative Enterprises	1	199		12800			199
联营企业	Joint Ownership Enterprises							
有限责任公司	Limited Liability Corporations	1072	98860	61388	150570	23340	13742	42599
#国有独资公司	Sole State-funded	414	53384	38131	74521	3841	419	15822
股份有限公司	Share Holding Corporations Limited	373	68955	37267	90602	23237	3217	28439
私营企业	Private Enterprises	347	36299	23188	12641	2413	321	7572
#私营独资企业	Private-funded	8	699	20	1901			236
其他企业	Other Domestic-funded Enterprises							
港、澳、台商投资企业	Enterprises Funded by Hong Kong, Macao and Taiwan	68	17141	798	8532	443	168	537
外商投资企业	Shareholding Corporations Ltd. With Foreign Investment	135	20001	9826	2731	4887	18	7269
按工业行业分	**By Industrial Sector**							
采矿业	Mining and Quarrying	117	1904	443	7742	75	46	1363
煤炭开采和洗选业	Coal Mining and Dressing	104	923	350	1784		11	553
石油和天然气开采业	Petroleum and Natural Gas Extraction	3	875		4157	75		731
黑色金属矿采选业	Ferrous Metals Mining and Dressing							
有色金属矿采选业	Nonferrous Metals Mining and Dressing							
非金属矿采选业	Nonmetal Minerals Mining and Dressing	10	106	93	1801		35	79
其他采矿业	Other Minerals Mining							
制造业	Manufacturing	2370	262929	142925	241513	54343	17851	95690
农副食品加工业	Farm Products and By-food Processing	26	831	388	474	30		449
食品制造业	Food Production	6	228	153				114
饮料制造业	Beverage Production	15	5599	2535	2416	3974		4372
烟草制品业	Tobacco Products	13	1264	723	7542			155

16-23 续表 CONTINUED

单位：项、万元 (unit, 10 000 yuan)

项目	Item	项目数 Projects	科技活动经费支出 Expenditures for Scientific and Technological Activities	#用于开发新产品 For New Product Development	技术改造经费支出 Expenditures for Technical Transformation	技术引进经费支出 Expenditures for Technical Recommendation	购买国内技术用款 Purchases of Civil Technology	研究与发展经费内部支出 Internal Expenses for R&D
纺织业	Textile Industry	245	7158	915	11828	2577	3814	3768
纺织服装、鞋、帽制造业	Garments, Shoes and Hats Production							
皮革毛皮羽毛（绒）及其制品业	Leather, Furs, Down and Related Products							
木材加工及木竹藤棕草制品业	Timber Processing,Bamboo, Cane,Palm,Straw Products							
家具制造业	Furniture Manufacturing							
造纸及纸制品业	Papermaking and Paper Products	3	46	36	86			30
印刷业、记录媒介的复制	Printing and Record Medium Reproduction	1	685	476	125	95		350
文教体育用品制造业	Cultural Educational and Sports Goods							
石油加工、炼焦及核燃料加工业	Petroleum, Coking and Nuclear Fuel Processing	7	1533	1126	55	280		
化学原料及化学制品制造业	Raw Chemical Materials and Chemical Products	111	15592	6164	26564	331	170	5813
医药制造业	Medical and Pharmaceutical Products	114	13148	4114	16329	2519	4117	4949
化学纤维制造业	Chemical Fiber							
橡胶制品业	Rubber Products	13	305	175	52			140
塑料制品业	Plastic Products	5	1051	1051				1051
非金属矿物制品业	Nonmetal Mineral Products	59	4747	3248	17474	9	1	2796
黑色金属冶炼及压延加工业	Smelting and Pressing of Ferrous Metals	53	19282	1483	9028	348	168	1991
有色金属冶炼及压延加工业	Smelting and Pressing of Nonferrous Metals	34	5102	2100	19600	9860	8400	3516
金属制品业	Metal Products	4	1524	669	113	102	69	
通用设备制造业	Ordinary Equipment	242	17069	11185	15196	3772	808	9379
专用设备制造业	Special Equipment	152	25083	21931	13669	3680		5047
交通运输设备制造业	Transportation Equipment	963	116443	65543	92157	24287	215	33622
电气机械及器材制造业	Electric Equipment and Machinery	60	4375	1200	540	1512	17	1638
通信设备、计算机及其他电子设备制造业	Communication, Computers and Other Electronic Equipment	45	6621	4710	2994			3378
仪器仪表及文化、办公用机械制造业	Instruments, Meters,Cultural and Office Machinery	160	12338	10218	3808	462	66	10637
工艺品及其他制造业	Handicraft and Other Production	39	2906	2786	1462	505	6	2496
废弃资源和废旧材料回收加工业	Recovery and Processing of Waste Resources and Materials							
电力、燃气及水的生产和供应业	Electricpower, Gas & Water Production and Supply	98	4111	127	48524	940		607
电力、热力的生产和供应业	Electricpower and Hot Power Production and Supply	98	4111	127	48524	940		607
燃气生产和供应业	Gas Production and Supply							
水的生产和供应业	Water Production and Supply							

16—24 大中型工业企业新产品开发情况（2003年）
NEW PRODUCTS DEVELOPMENT OF LARGE & MEDIUM-SIZED INDUSTRIAL ENTERPRISES (2003)

单位：项、万元 (unit, 10 000 yuan)

项目	Item	新产品项目数 Projects of New Products	新产品销售收入 Sales Revenue of New Products	#新产品出口 Exports of New Products
总计	**Total**	**1581**	**3614583**	**239877**
按隶属关系分	**By Relationship**			
中央	Central	414	1235874	57094
地方	Local	1167	2378710	182782
按登记注册类型分	**By Registration**			
国有企业	State-owned	265	206890	22306
集体企业	Collective-owned	21	29296	3655
股份合作企业	Cooperative Enterprises		6197	
联营企业	Joint Ownership Enterprises			
有限责任公司	Limited Liability Corporations	717	1150996	27213
#国有独资公司	Sole State-funded	279	551332	6380
股份有限公司	Share Holding Corporations Limited	223	730216	50387
私营企业	Private Enterprises	253	544194	117460
#私营独资企业	Private-funded	1	6059	
其他企业	Other Domestic-funded Enterprises			
港、澳、台商投资企业	Shareholding Corporations Ltd. With Investment from Hong Kong, Macao and Taiwan	19	137193	358
外商投资企业	Shareholding Corporations Ltd. With Foreign Investment	83	809604	18496
按工业行业分	**By Industrial Sector**			
煤炭采选业	Coal Mining and Processing	1	250	
石油和天然气开采业	Petroleum and Natural Gas Extraction			
黑色金属矿采选业	Ferrous Metals Mining and Dressing			
有色金属矿采选业	Nonferrous Metals Mining and Dressing			
非金属矿采选业	Nonmetal Minerals Mining and Dressing	8	1797	
其他矿采选业	Other Minerals Mining and Dressing			
木材及竹材采运业	Logging and Transport of Timber and Bamboo			
食品加工业	Food Processing	21	19404	1826
食品制造业	Food Production	4	21260	

16-24 续表 CONTINUED

单位：项、万元 (unit, 10 000 yuan)

项目	Item	新产品项目数 Projects of New Products	新产品销售收入 Sales Revenue of New Products	#新产品出口 Exports of New Products
饮料制造业	Beverage Production	14	15097	
烟草加工业	Tobacco Processing	10	89715	66
纺织业	Textile Industry	106	41066	15320
服装及其他纤维制品制造业	Garments and other Fiber Products			
皮革、毛皮、羽绒及其制品业	Leather, Furs, Down and Related Products			
木材加工及竹、藤、棕、草制品业	Timber Processing, Bamboo, Cane, Palm Fiber and Straw Products			
家具制造业	Furniture Manufacturing			
造纸及纸制品业	Papermaking and Paper Products	2	3764	
印刷业、记录媒介的复制	Printing and Record Medium Reproduction	1	3452	
文教体育用品制造业	Cultural Educational and Sports Goods			
石油加工及炼焦业	Petroleum Refining and Coking	6	1260	
化学原料及化学制品制造业	Raw Chemical Materials and Chemical Products	55	99407	19359
医药制造业	Medical and Pharmaceutical Products	88	97555	3
化学纤维制造业	Chemical Fiber			
橡胶制品业	Rubber Products	11	4118	
塑料制品业	Plastic Products	5	2607	
非金属矿物制品业	Nonmetal Mineral Products	49	75262	27314
黑色金属冶炼及压延加工业	Smelting and Pressing of Ferrous Metals	6	126553	893
有色金属冶炼及压延加工业	Smelting and Pressing of Nonferrous Metals	21	47027	1472
金属制品业	Metal Products	4	256	140
普通机械制造业	Ordinary Machinery	211	170596	2341
专用设备制造业	Special Purpose Equipment	97	170821	4818
交通运输设备制造业	Transport Equipment	639	2421585	161910
电气机械及器材制造业	Electric Equipment and Machinery	33	104526	303
电子及通信设备制造业	Electronic and Telecommunication Equipment	24	25686	465
仪器仪表及文化、办公用机械制造业	Instruments Meters Cultural and Clerical Machinery	130	58345	177
其他制造业	Other Manufacturing	31	13176	3470
电力、蒸汽、热水的生产和供应业	Electricity Steam & Hot Water Production and Supply	4		
煤气生产和供应业	Gas Production and Supply			
自来水的生产和供应业	Tap Water Production and Supply			

16—25 专利申请受理量及专利授权量（2002—2003）
PATENT APPLICATONS EXAMINED AND AUTHORIZED (2002-2003)

单位：件 (item)

项 目	Item	申请受理量 Applications Examined		专利授权量 Applications Authorized	
		2002	2003	2002	2003
总计	**Total**	**3150**	**4595**	**1761**	**2873**
按种类分	**By Type**				
发明	Creations and Inventions	367	559	51	126
实用新型	Utility Models	1421	1842	743	1085
外观设计	Designs	1362	2194	967	1662
按对象分	**By Object**				
个人	Individuals	1817	2119	942	1364
大专院校	Universities and Colleges	84	194	27	43
科研单位	Research Institutions	35	31	26	24
工矿企业	Industrial and Mineral Enterprises	1182	2241	756	1421
机关团体	Government Agencies and Organizations	32	10	10	21

16—26 商标申请注册情况（2002—2003年）
APPLICATION FOR REGISTRATION OF TRADE MARKS (2002-2003)

指 标	Item	2002	2003	到2003年底累计 Total at 2003's End
商标申请注册数（件）	Number of Application for Registration of Trade Marks (pcs)	1780	2380	17296
著名商标	Well-known Trade Marks	30	34	236
驰名商标	Famous Trade Marks			5

16—27 各类技术合同签定及执行情况（2003年）
SIGNED AND IMPLEMENTED OUT TECHNICAL CONTRACTS BY TYPE (2003)

项 目	Item	合同数(项) Number of Contracts (item)	合同成交金额(万元) Value of Contracts (10 000 yuan)	#技术交易额(万元) Revenue from Fulfillment of Consultative Contracts (10 000 yuan)	技术交易额比重(%) As Percentage of Contract Value (%)
总 计	**Total**	**1925**	**55.5**	**34.6**	**62.3**
技术开发	Technical Development	351	28.7	21.3	74.2
技术转让	Technical Transfer	151	15.3	6.9	45.1
技术咨询	Technical Consultation	179	1.5	1.2	80.0
技术服务	Technical Services	1244	10.0	5.2	52.0

16－28 产品质量监督检查情况（2003年）
RESULTS OF SAMPLING SUPERVISION & CHECK ON PRODUCT QUALITY (2003)

产品名称	Name of Product	监督检验企业数（个）Number of Enterprises Supervised & Checked (unit)	检验批次（批次）Number of Batch-time Checked (batch-time)	合格批次（批次）Number of Batch-time Qualified (batch-time)	批次合格率（%）Rate of Batch-time Qualified (%)
总　计	**Total**	**16132**	**20856**	**17172**	**82.34**
农用产品	**Chemical Production**	**567**	**684**	**547**	**79.97**
拖拉机	Tractor	2	2	2	100.00
农业用运输车	Chemical Transport Car	2	2	2	100.00
农用化肥	Chemical Fertilizers	380	442	355	80.32
化学农药	Chemical Pesticides	34	39	30	76.92
饲料	Forages	53	71	47	66.20
种子	Seeds	30	62	53	85.48
农用薄膜	Chemical Film	10	10	10	100.00
其它	Others	56	56	48	85.71
加工食品和饮料	**Processing Foods and Drinks**	**6724**	**8298**	**6892**	**83.06**
小麦粉、大米	Wheat Powder and Rice	498	561	514	91.62
肉制品	Meat Products	159	278	223	80.22
食用盐	Edible Salts	12	13	13	100.00
调味品	Condiments	422	712	562	78.93
保健食品	Hygienical Food	115	201	199	99.00
白酒	Distilled Spirit	2240	2631	2222	84.45
啤酒	Beer	41	116	108	93.10
黄酒、果酒	Millet Wine and Fruit Wine	17	19	17	89.47
食用植物油	Edible Vegetable Oil	697	744	655	88.04
罐头	Canned Food	68	81	35	43.21
糕点、糖果	Cake and Sugar	1512	1730	1382	79.88
非酒精液体饮料	Non-alcoholic Beverage	316	454	348	76.65
冷冻饮品	Frozen Beverage	172	207	154	74.40
方便主食品	Instant Staple Food	43	44	38	86.36
乳制品	Dairy Products	82	109	82	75.23
其它	Others	330	398	340	85.43
家用电器	**Household Appliances**	**194**	**237**	**197**	**83.12**
电风扇	Electric Fans	20	25	7	28.00
空调器	Air Conditioners	5	8	5	62.50
电热器具	Electric Heating Appliances	19	23	18	78.26
其它	Others	150	181	167	92.27
轻工产品	**Light Industry Products**	**1393**	**2183**	**1732**	**79.34**
纸	Paper	66	71	53	74.65
纸制品	Paper Products	165	183	148	80.87
家具	Furiture	401	626	434	69.33
眼镜（架、片）	Spectacles (glass & frame)	69	96	86	89.58
灯泡、灯管	Electric Bulbs & Fluorescence Tubes	36	49	38	77.55
镇流器	Ballast	3	5	5	100.00
电热燃气淋浴器	Water Heaters	8	8	8	100.00
铝制品、压力锅	Aluminum Products and Pressure Cooker	7	8	7	87.50
玻璃制品	Glass Products	51	79	65	82.28
日用五金	Daily Metals	185	242	175	72.31
燃气灶具	Gas Stoves	10	11	10	90.91
金银首饰	Gold and Silver Ornaments	23	138	116	84.06
合成洗涤剂	Synthetic Detergent	53	77	48	62.34
化妆品	Cosmetics	15	86	83	96.51
橡胶、塑料制品	Rubber and Plastic Products	286	485	437	90.10
其它	Others	15	19	19	100.00
纺织、鞋类产品	Textile and Shoes Product	890	994	858	86.32
布	Cloths	1	7	7	100.00
服装	Clothes	161	171	136	79.53

16-28 续表 CONTINUED

产品名称	Name of Product	监督检验企业数（个） Number of Enterprises Supervised & Checked (unit)	检验批次（批次） Number of Batch-time Checked (batch-time)	合格批次（批次） Number of Batch-time Qualified (batch-time)	批次合格率（%） Rate of Batch-time Qualified (%)
毛织品	Wool Fabric	1	4	4	100.00
针织品	Knit Goods	20	27	18	66.67
皮革及制品	Leather and Leather Products	19	31	31	100.00
鞋	Shoes	569	617	544	88.17
丝麻织品	Silk and Linen Fabrics	8	11	4	36.36
其它	Others	111	126	114	90.48
化工产品	**Chemical Products**	**341**	**588**	**523**	**88.95**
涂料、油漆	Paints	220	391	347	88.75
化学试剂	Chemical Reagent	48	100	87	87.00
其它	Others	73	97	89	91.75
建材产品	**Building Materials Products**	**3832**	**4291**	**3674**	**85.62**
水泥	Cement	198	269	246	91.45
水泥预制构件	Cement Prefabricated Components	1510	1585	1472	92.87
砖、瓦	Bricks & Tiles	1368	1470	1257	85.51
油毡、油纸	Asphalt Felt and Lincrusta	65	91	67	73.63
平板玻璃	Plate Glass	9	18	14	77.78
水暖管件	Waterpipe	41	64	39	60.94
卫生建筑陶瓷	Toilet Architectural Poppery	104	159	122	76.73
装饰材料	Decoration Materials	118	155	122	78.71
石棉制品	Asbestors Products	30	34	17	50.00
人造板	Artificial Board	25	28	27	96.43
其它	Others	364	418	291	69.62
机电产品	**Medical Electric Products**	**453**	**721**	**572**	**79.33**
轴承	Bearings	1	1	1	100.00
阀类、泵	Valves	10	57	51	89.47
电线、电缆	Electric Wires	100	174	138	79.31
通用设备	Universal Equipment	26	36	23	63.89
电动工具	Electric Tools	18	26	18	69.23
工业专用设备	Industry Special Equipment	20	25	23	92.00
电工仪器仪表	Electrical Instrument	2	2	2	100.00
低压电器及元件	Low-voltage Electric Elements	20	34	32	94.12
消防器材	Fire-fighting Equipment & Materials	27	51	43	84.31
安全防范设备	Safety	28	31	23	74.19
电动机、柴油机	Electric and Dieset Machecian	32	50	49	98.00
汽车、摩托车	Motor Vehicles and Motorcycles	81	128	89	69.53
自行车	Bycicles	5	10	10	100.00
其它	Others	83	96	70	72.92
冶金产品及金属制品	**Metal Products**	**389**	**593**	**361**	**60.88**
线材	Wire Rosd	188	297	189	63.64
型材	Section Steet	115	169	110	65.09
其它	Others	86	127	62	48.82
能源产品	**Power Products**	**837**	**976**	**784**	**80.33**
原煤	Coal	512	575	419	72.87
焦炭	Coke	2	2	2	100.00
汽油、柴油	Gasoline and Dieset	123	199	195	97.99
其它	Others	200	200	168	84.00
医疗器械	**Medicine Appliance**	**78**	**132**	**53**	**40.15**
普通医疗器械	Ordinary Medicine Appliance	4	6	6	100.00
其它	Others	74	126	47	37.30
其它	**Others**	**434**	**1159**	**979**	**84.47**

16－29 商品质量监督检查情况（2003年）
RESULTS OF SAMPLING SUPERVISION & CHECK ON COMMODITY QUALITY(2003)

商品名称	Name of Commodity	检查商业企业数（个） Number of Commercial Enterprises Supervised & Checked (unit)	检查商品（批次） Number of Batch-time Checked (batch-time)	合格批次（批次） Number of Batch-time Qualified (batch-time)	批次合格率（%） Rate of Batch-time Qualified (%)
总计	**Total**	**16146**	**25349**	**18352**	**72.40**
农用产品	**Chemical Pesticides**	**1675**	**2207**	**1718**	**77.84**
农业用运输车	Chemical transport car	16	20	11	55.00
农用配件	Chemical Fittings	70	101	78	77.23
农用化肥	Chemical Fertilizers	1146	1477	1145	77.52
化学农药	Chemical Pesticides	95	167	118	70.66
饲料	Forages	182	193	169	87.56
种子	Seeds	87	164	139	84.76
农用薄膜	Chemical Film	20	21	12	57.14
其它	Others	59	64	46	71.88
加工食品和饮料	**Artificial Foods and Drinks**	**4074**	**6036**	**5147**	**85.27**
小麦粉、大米	Wheat Powder and Rice	355	444	366	82.43
肉制品	Meat Products	127	183	123	67.21
食用盐	Edible Salts	173	175	175	100.00
调味品	Condiments	511	708	589	83.19
保健食品	Hygienical Food	84	266	235	88.35
白酒	Distilled Spirit	993	1247	1012	81.15
啤酒	Beer	114	180	164	91.11
黄酒、果酒	Millet Wine and Fruit Wine	21	49	42	85.71
食用植物油	Edible Vegetable Oil	459	508	415	81.69
罐头	Canned Food	31	31	13	41.94
糕点、糖果	Cake and Sugar	578	1024	955	93.26
非酒精液体饮料	Non-alcoholic Beverage	267	690	640	92.75
冷冻饮品	Frozen Beverage	30	35	30	85.71
方便主食品	Instant Staple Food	24	43	43	100.00
乳制品	Dairy Products	78	120	108	90.00
其它	Others	229	333	237	71.17
家用电器	**Household Appliances**	**863**	**1285**	**881**	**68.56**
收录机、音响设备	Radio and Cassette Players, Hi-fi Stereo Component Systems	46	70	52	74.29
电视机、录像机	TV Sets, Videocorders	56	67	46	68.66
洗衣机	Washing Medician	10	10	10	100.00
电风扇	Electric Fans	193	296	231	78.04
吸油烟器	Smoke Absorbers	29	38	26	68.42
电冰箱、冷藏冷冻箱	Fridge & Refrigerator	9	9	9	100.00
空调器	Air Conditioners	32	42	40	95.24
厨房电器具	Cooker Electric Appliances	64	84	60	71.43
电热器具	Electric Heating Appliances	159	260	186	71.54
计算机	Computer	28	38	34	89.47
电话机	Telephone Sets	59	108	71	65.74
其它	Others	178	263	116	44.11
轻工产品	**Light Industry Products**	**1989**	**3241**	**2167**	**66.86**
纸	Paper	34	68	41	60.29
纸制品	Paper Products	117	292	150	51.37
玩具	Toys	8	30	16	53.33
家具	Furiture	190	249	93	37.35
眼镜（架、片）	Spectacles (glass & frame)	618	713	534	74.89
灯泡、灯管	Electric Bulbs	206	305	202	66.23
镇流器	Ballast	42	50	26	52.00
电热燃气淋浴器	Water Heaters	35	39	35	89.74
铝制品、压力锅	Aluminum Products and Pressure Cooker	14	18	11	61.11
玻璃制品	Glass Products	61	144	54	37.50
日用五金	Daily Metals	40	71	36	50.70

16-29 续表 CONTINUED

商品名称	Name of Commodity	检查商业企业数（个） Number of Commercial Enterprises Supervised & Checked (unit)	检查商品（批次） Number of Batch-time Checked (batch-time)	合格批次（批次） Number of Batch-time Qualified (batch-time)	批次合格率（%） Rate of Batch-time Qualified (%)
燃气灶具	Gas Stoves	50	60	47	78:33
金银首饰	Gold and Silver Ornaments	95	398	356	89.45
合成洗涤剂	Synthetic Detergent	87	108	103	95.37
化妆品	Cosmetics	141	222	205	92.34
橡胶、塑料制品	Rubber and Plastic Products	184	357	225	63.03
其它	Others	67	117	33	28.21
纺织、鞋类产品	**Textile and Shoes Product**	**791**	**1340**	**601**	**44.85**
布（印染、色织、坯布）	Cloths	7	7	7	100.00
服装	Clothes	309	656	208	31.71
棉纺织品	Cotton Textile Fabric	35	67	55	82.09
毛织品	Wool Fabric	2	2	2	100.00
针织品	Knit Goods	63	101	57	56.44
鞋	Shoes	157	163	146	89.57
丝麻织品	Silk and Linen Fabrics	10	13	5	38.46
其它	Others	208	331	121	36.56
化工产品	**Chemical Products**	**170**	**245**	**204**	**83.27**
涂料，油漆	Paints	109	124	106	85.48
化学制剂	Chemical Reagent	43	94	79	84.04
其它	Others	18	27	19	70.37
建材产品	**Building Materials Products**	**2363**	**3190**	**2134**	**66.90**
水泥	Cement	218	340	323	95.00
水泥预制构件	Cement Prefabricated Components	475	475	435	91.58
砖、瓦	Bricks & Tiles	358	385	314	81.56
油毡、油纸	Asphalt Felt and Lincrusta	39	48	19	39.58
水暖管件	Waterpipe	48	84	30	35.71
卫生建筑陶瓷	Toilet Architectural Poppery	202	316	202	63.92
装饰材料	Decoration Materials	223	276	160	57.97
石棉制品	Asbestors Products	9	9	1	11.11
人造板	Artificial Board	384	553	208	37.61
其它	Others	407	704	442	62.78
机电产品	**Medical Electric Products**	**1631**	**3082**	**1842**	**59.77**
轴承	Bearings	3	7	7	100.00
阀类、泵	Valves	134	182	64	35.16
电线、电缆	Electric Wires	597	1402	910	64.91
通用设备	Universal Equipment	58	98	98	100.00
电动工具	Electric Tools	145	216	216	100.00
低压电器及元件	Low-voltage Electric Elements	402	616	616	100.00
消防器材	Fire-fighting Equipment & Materials	55	71	71	100.00
安全防范设备	Safety	18	19	19	100.00
电动机、柴油机	Electric and Dieset Machecian	5	17	17	100.00
汽车、摩托车	Motor Vehicles and Motorcycles	122	221	221	100.00
其它	Others	92	233	233	100.00
冶金产品及金属制品	**Metallurgical and Metal Products**	**1037**	**1743**	**1743**	**100.00**
线材	Wire Rod	500	909	909	100.00
型材	Section Steel	405	645	645	100.00
其它	Others	132	189	189	100.00
能源产品	**Power Products**	**788**	**1358**	**1358**	**100.00**
原煤	Coal	128	318	318	100.00
汽油、柴油	Gasoline	496	815	815	100.00
其它	Others	164	225	225	100.00
医疗器械	**Medicine Appliance**	**12**	**12**	**12**	100.00
其它	Others	12	12	12	100.00
其它	**Others**	**753**	**1610**	**1610**	**100.00**

16—30 文化事业机构和人员数（2002—2003年）
CULTURAL INSTITUTIONS AND PERSONNEL (2002-2003)

项　　目	Item	2002	2003
机构数总计(个)	**Total Institutions (unit)**	**1411**	**1384**
艺术事业	Art Institutions	64	65
#艺术表演团体	Art Performance Troupes	32	32
艺术表演场所	Art Centers	24	25
文物事业	Cultural Institutions	64	63
图书馆事业	Libraries	43	44
群众文化事业	Mass Culture Institutions	1202	1193
艺术教育事业	Art Education Institutions	1	1
文艺科研	Art Research Institutions	1	1
其　他	Others	35	17
从业人员数总计(人)	**Total Personnel (person)**	**7768**	**7190**
艺术事业	Art Institutions	1724	1793
#艺术表演团体	Art Performance Troupes	1537	1525
艺术表演场所	Art Centers	122	207
文物事业	Cultural Institutions	1025	1191
图书馆事业	Libraries	755	737
群众文化事业	Mass Culture Institutions	2708	2705
艺术教育事业	Art Education Institutions	145	143
文艺科研	Art Research Institutions	15	15
其　他	Others	1396	606

16—31 公共图书馆情况（2003年）
PUBLIC LIBRARIES (2003)

项目	Item	总计 Total	省级 At Provincial Level	地市级 At Prefectural Level	县级 At County Level
总藏量(万册、件)	Total Collections (10 000 volumes)	701	263	265	173
书架总长度(万米)	Total Length of Bookshelves (10 000 meters)	17.0	4.0	7.0	6.0
发放借书证数(万个)	Number of Library Cards Distributed (10 000 units)	12	3	3	6
图书流通情况	Circulation of Books				
总流通人次(万人次)	Total Number of Circulation (10 000 person-times)	19898	207	19582	109
书刊外借册次(万册次)	Number of Books Borrowed by Readers (10 000 volume-times)	1402	248	999	155
为读者服务举办各种活动	Service Activities Provided for Readers				
次数(次)	Number of Activities (time)	887	105	360	422
参加人数(万人次)	Number of Readers Involved (10 000 person-times)	52	16	22	14
总支出(万元)	Total Expenditures (10 000 yuan)	3010	1330	1066	614
#藏量购置费	Purchase Expenses	420	155	159	106
本年新购藏量(万册)	Number of Books Purchased During Current Year (10 000 volumes)	22	9	7	6
公用房屋建筑面积(万平方米)	Floor Space of Public Buildings (10 000 sq.m)	12	3	5	4
#书库	Stack Rooms	3	1	1	1
阅览室座席(万个)	Seating Capacity of Reading Rooms (10 000 seats)	8.0	1.0	3.0	4.0

16—32 文物机构业务活动及经费情况（2003年）
FACILITIES, SERVICES AND EXPENDITURES OF CULTURAL RELIC AGENCIES (2003)

项目	Item	文物机构 Cultural Relic Agencies	#博物馆 Museums	#文物保护管理机构 Protection and Management Agencies
藏品(件)	Number of Collections (piece)	349278	267564	81695
#一级品	Grade One	1216	992	224
经费支出(万元)	Total Expenditure (10 000 yuan)	7887	5514	1461
事业费支出（万元）	Professional Expenditures (10 000 yuan)	7887	3689	1420
考古发掘费（万元）	Archaeology and Excavation Expenses (10 000 yuan)	11	2	9
维修费（万元）	Maintenance Expenses (10 000 yuan)	2454	104	626

16－33 群众艺术馆和文化馆（站）情况（2003年）
MASS ART CENTERS AND CULTURAL CENTERS (2003)

项　目	Item	合　计 Total	群众艺术馆 Mass Art Centers	文化馆 Cultural Centers	文化站 Cultural Stations
单位数(个)	Number of Units (unit)	1193	3	41	1149
举办展览个数(个)	Conducting Exhibitions (unit)	2821	26	307	2488
组织文艺活动次数(次)	Organizing Art Performances (time)	8406	48	1498	6860
举办培训班	Training Courses				
班　次(次)	Classes (time)	2216	90	482	1644
结业人数(万人次)	Persons Completed Courses (10 000 person-times)	1367	1360	2	5

16－34 广播电台情况（2002－2003年）
STATISTICS ON BROADCASTING STATIONS (2002-2003)

项　目	Item	2002	2003
广播电台(座)	Broadcasting Stations (unit)	1	1
广播节目套数(套)	Number of Programs (set)	29	31
广播人口覆盖率(%)	Listener Rating (%)	91.5	92.3
中短波广播发射台和转播台(座)	Transmission Stations and Relaying Stations of MW & SW (unit)	6	6
中短波广播发射功率(千瓦)	Power of MW & SW Transmitters (kw)	108	108
调频发射台和转播台(座)	FM Transmission Stations and Relaying Stations (unit)	93	97
调频发射功率(千瓦)	Power of FM Transmitters (kw)	61	72
平均每日播音时间(时:分)	Program Hours Per Day (hour:minute)	279:31:00	300:01:00
#自办节目播出时间	Self Produced Program Hours	193:07:00	204:14:00
广播节目制作时间(小时)	Program Hours (hour)	50772	53436
#自制广播节目时间	Self Produced Program Hours	48723	50586
新闻	News Programs	6942	6050
专题	Special Subject Programs	10422	8267
教育	Educational Programs	2419	2110
文艺	Programs of Entertainment	17673	19975
服务性	Service Programs	6399	9061
广告	Advertisement	4868	5123

注：1）广告节目时间自1998年起不再包括在服务性节目中（表16-35同）。

2）2002年起，按照国家广播电视总局的规定，只有省级以上的广播电视台才能填报台数，县级台节目只填套数（表16-35同）。

Note: a) Program hours of advertisement since 1998 are excluded from service programs (the same in 16-35).

b) According to regulations of State Administration of Broadcasting, Film and Television in 2002, the number of stations only at provincal leve and above is counted, whereas the stations at county level is counted as programs (the same in 16-35).

16－35 电视台情况（2002－2003年）
STATISTICS ON TV STATIONS (2002-2003)

项　　目	Item	2002	2003
电视台(座)	TV Stations (unit)	1	1
电视节目套数(套)	Number of Programs (unit)	33	28
电视人口覆盖率(%)	Viewer Rating (%)	94.9	95.7
电视发射台和转播台（座)	TV Transmission Stations and Relaying Stations (unit)	72	80
电视发射功率(千瓦)	Power of TV Transmitters (kw)	96	96
平均每周播出时间（时:分)	Program Hours Per Week (hour:minute)	2768:04:00	2885:48:00
#自办节目播出时间	Self Produced Program Hours	2673:44:00	2684:05:00
电视节目制作时间（小时）	Program Hours (hour)	28430	31279
#自制电视节目	Self Produced Program Hours	15560	19688
新闻	News Programs	3852	4905
专题	Special Subject Programs	2989	4831
教育	Educational Programs	362	968
文艺	Programs of Entertainment	2167	2810
服务性	Service Programs	2670	3087
广告	Advertisement	3520	3087

注：2001年起，广播电视总局将有线电视台和无线电视台合并。
Note: From 2001, CNT and TV stations were merged together.

16－36 新闻出版事业机构和人员数（2002－2003年）
NUMBER OF INSTITUTIONS AND PERSONS ENGAGED IN NEWS AND PUBLISHING UNDERTAKINGS (2002-2003)

指　　标	Item	2002	2003
书刊出版社	**Publishing Houses**		
机构数（个）	Institutions (unit)	3	3
从业人员（人）	Personnel (person)	505	670
国家定点书刊印刷厂	**Printing Houses**		
机构数（个）	Institutions (unit)	2	2
从业人员（人）	Personnel (person)	1807	1741
国有书店	**State-owned Book Stores**		
机构数（个）	Institutions (unit)	42	43
从业人员（人）	Personnel (person)	1906	2069

16－37 图书、杂志和报纸出版情况（2002－2003年）
PUBLICATION OF BOOKS, MAGAZINES AND NEWSPAPERS (2002-2003)

指 标	Item	2002	2003
图书	**Books Published**		
种数（种）	Number of Publications (kind)	1871	1760
#新出版	New Publications	972	793
总印数（万册、万张）	Printed Copies (10 000 copies)	11730	11156
总印张数（万印张）	Printed Sheets (10 000 sheets)	66487	65050
期刊	**Magazines Published**		
种数（种）	Number of Publications (kind)	132	130
每期平均印数(万册)	Average Printed Copies Per Issue (10 000 copies)	296	286
总印数（万册）	Printed Copies (10 000 copies)	4111	4191
总印张数（万印张）	Printed Sheets (10 000 sheets)	18530	20340
报纸	**Newspapers Published**		
种数（种）	Number of Publications (kind)	51	46
每期平均印数（万份）	Average Printed Copies Per Issue (10 000 copies)	258.06	259.00
总印数（万份）	Printed Copies (10 000 copies)	49297	47420
总印张数（万印张）	Printed Sheets (10 000 sheets)	172202	257720

16－38 录像制品和录音制品出版情况（2002－2003年）
PUBLICATION OF VIDEO PRODUCTS (2002-2003)

项 目	Item	2002	2003
录像带	Videotapes		
种数（种）	Kind		
数量（万盒）	Volume (10 000 cassettes)		
数码激光视盘	VCD		
种数（种）	Kind	70	79
数量（万张）	Volume (10 000 disks)	62.47	33.14
高密度激光视盘	DVD		
种数（种）	Kind	5	13
数量（万张）	Volume (10 000 disks)	2.42	10.00
录音带	Audio-tapes		
种数（种）	Kind	114	84
数量（万盒）	Volume (10 000 cassettes)	53.44	24.55
激光唱盘	CDs		
种数（种）	Kind	14	87
数量（万张）	Volume (10 000 disks)	5.80	16.40
高密度激光唱盘	DVD-A		
种数（种）	Kind		
数量（万张）	Volume (10 000 disks)		

16－39 图书分类出版数量（2003年）
BOOKS PUBLISHED BY CATEGORY (2003)

项 目	Item	本版图书种数(种) Number of Publications (unit)	#新出版 New Publications	种型种数（种） Number of Publication from Renting (unit)	总印数(万册) Total Printed Copies (10 000 copies)	总印张(万印张) Printed Sheets (10 000 sheets)
总计	**Total**	**1760**	**793**	**489**	**11156**	**65050**
哲学、社会科学总论	Philosophy and General Social Sciences	34	20		36	442
政治、法律	Politics and Law	72	54	4	70	913
军事	Military Affairs	2	1		6	27
经济	Economics	72	38		32	543
文化、科学、教育、体育	Culture, Science, Education and Sports	954	396	431	10286	55742
语言、文字	Languages	101	44		80	1068
文学	Literature	45	42		13	178
艺术	Art	144	57	54	371	1992
历史、地理	History and Geography	28	23		34	351
数理科学、化学	Mathematics and Chemistry	34	8		15	211
生物科学、医药、卫生	Biology	25	11		17	143
农业科学	Agricultural Science	6	3		1	29
工业技术	Industrial Technology	226	87		184	3383
交通运输	Transportation	7	4		3	47
航空、航天	Aeronautics and Aerospace					
环境科学	Environmental Science	1	1			5
综合性图书	General Books	6	2		7	67
其他	Others	3	2		1	7
在总计中：	**Of Total:**					
课本	**Textbooks**	**850**	**317**	**464**	**7457**	**46981**
儿童读物	**Children's Reading Materials**	**71**	**16**		**318**	**570**

16—40 课本和儿童读物类图书出版情况（2003年）
PUBLICANTION OF TEXTBOOKS AND BOOKS FOR CHILDREN (2003)

项 目	Item	种 数（种） Number of Publication (kind)	#新出版 New Publication	种型种数（种） Number of Publication from Renting (unit)	总印数（万册） Printed Copies (10 000 copies)	总印数（万印张） Printed Sheets (10 000 sheets)	定价总金额（万元） Total Priced Value (10 000 yuan)
课本	**Textbooks**	**850**	**317**	**464**	**7457**	**46981**	**46957.96**
#大专及以上课本	Textbooks for Colleges and Universities	612	263		391	5596	8261.64
中专、技校课本	Textbooks for Secondary Technical Schools	47	7		65	785	927.03
中学课本	Textbooks for Secondary Schools	53	6	194	2501	22629	18552.79
小学课本	Textbooks for Primary Schools	99	26	220	4393	17219	18658.74
业余教育课本	Textbooks for Spare-time Education						
教学用书	Teaching Materials	39	15	50	107	752	557.76
儿童读物	**Books for Children**	**71**	**16**		**371**	**569**	**1055.94**

16—41 图书发行流转及纯销售情况（2002—2003年）
STATISTICS ON DISTRIBUTION, CIRCULATION AND NET SALES OF BOOKS (2002-2003)

项 目	Item	册 数（万册） Copies (10 000 copies)		金 额（万元） Value (10 000 yuan)	
		2002	2003	2002	2003
图书购进	**Purchases**	**33341**	**32755**	**191851**	**199263**
图书销售	**Sales**	**33697**	**32864**	**183260**	**189679**
#纯销售合计	Net Sales			84986	87489
#对居民和社会集团零售小计	Retail Sales to Households and Institutions	13355	12263	74515	76674
市	Cities			30362	30491
县	Counties			34436	33614
县以下	Below Counties			9717	12569
批发合计	Total Wholesale			10471	10815
#供销社	Supply & Marketing Coops			4752	5573
集体和个体	Collectives and Individuals			5719	5242
图书库存	**Stock**	**6593**	**6125**	**34931**	**42307**

16－42 两级定点书刊印刷企业主要产品产量（2002－2003年）
PRODUCTION OF DESIGNATED BOOK PRINTING ENTERPRISES (2002-2003)

项　　目	Item	2002	2003
机构数（个）	Number of Enterprise (unit)	5	5
书刊排字（万字）	Typesetting (10 000 characters)	5030	5759
书刊印刷（万令）	Printing of Books (10 000 reams)	40.54	39.38
胶印印刷（万色令）	Off-set Printing (10 000 color-reams)	122.58	105.45
零件印刷（万千印）	Printing of Loose Sheets (10 000 k-prints)	0.22	0.18
书刊装订（万令）	Binding of Books (10 000 reams)	40.95	41.57

16－43 国家定点书刊印刷企业主要财务经济指标（2002－2003年）
MAIN FINANCIAL INDICATORS OF STATE-DESIGNATED BOOK PRINTING ENTERPRISES (2002-2003)

单位：万元　　(10 000 yuan)

项　　目	Item	2002	2003
产品销售收入	Revenue From Sales	4228.74	4185.54
产品销售成本	Cost of Sales	2800.57	3022.80
产品销售费用	Expenses of Sales	62.95	78.17
产品销售税金	Taxes From Sales	82.36	80.26
管理费用	Magage-ment Expenses	1701.57	2063.34
财务费用	Financial Expenses	191.45	176.62
利润总额	Total Profit	-264.31	1573.56
产成品存货	Stock of Finished Products	737.09	683.92
工业增加值	Industrial Value-added	3258.34	2672.54

注：2003年因土地置换等营业外收入增加，利润总额为正数。

Note: The figure of total profit in 2003 is positive because of the great increase of non-business income, eg. land replacement.

主要统计指标解释

普通高等学校 指按照国家规定的设置标准和审批程序批准举办，通过国家统一招生考试，招收高中毕业生为主要培养对象，实施高等教育的全日制大学、独立设置的学院和高等专科学校、短期职业大学。

成人高等学校 指按照国家有关规定审批，招收通过全国成人高教统一招生考试的具有高中毕业或同等学历的在职从业人员利用脱产、半脱产、业余或函授等多种形式对其实施高等学历教育，培养高等教育专科或本科毕业水平的专门人才，修业年限、课程设置和总学时数均按高等学历教育要求付诸实施的学校。包括广播电视大学、职工高等学校、农民高等学校、管理干部学院、教育学院、独立设置的函授学院等。

小学学龄儿童入学率 指调查范围内已入小学学习的学龄儿童占校内外学龄儿童总数（包括弱智儿童在内，但不包括盲聋哑儿童）的比重。计算公式：

小学学龄儿童入学率＝已入学的小学学龄儿童数/校内外小学学龄儿童总数×100％

科技活动 指在自然科学、农业科学、医药科学、工程与技术科学、人文与社会科学领域（简称科学技术领域）中与科技知识的产生、发展传播和应用密切相关的有组织的活动。为核算科技投入的需要，科技活动可分为科学研究与试验发展（R&D）、科学研究与试验发展成果应用及相关的科学服务三类活动。在本次清查中，工业企业只统计科学研究与试验发展（R&D）及其成果应用两类活动，就企业面言对应通常讲的技术开发活动。

科技活动人员 指直接从事科技活动、以及专门从事科技活动管理和为科技活动提供直接服务的人员。累计从事科技活动的实际工作时间占全年制度工作时间 10%以上的人员。（1）直接从事（或参与）科技活动的人员包括：在独立核算的科学研究与技术开发机构、高等学校、各类企业及其他事业单位内设的研究室、实验室、技术开发中心及中试车间（基地）等机构中从事科技活动的研究人员、工程技术人员、技术工人及其它辅助人员；虽不在上述机构工作，但编入科技活动项目（课题）组的人员；科技信息与文献机构中的专业技术人员；从事论文设计的研究生等。（2）专门从事科技活动管理和为科技活动提供直接服务的人员包括：独立核算的科学研究与技术开发机构、科技信息与文献机构、高等学校、各类企业及其他事业单位主管科技工作的负责人，专门从事科技活动的计划、行政、人事、财务、物资供应、设备维护、图书资料管理等工作的各类人员。不包括保卫、医疗保健人员、司机、食堂人员、茶炉工、水暖工、清洁工等为科技活动提供间接服务的人员。

科学家和工程师 指科技活动人员中具有高、中级技术职称（职务）的人员和不具备高、中级技术职称（职务）的大学本科及以上学历人员。

研究与试验发展（R&D） 指在科学技术领域，为增加知识总量，以及运用这些知识去创造新的应用而进行的系统的创造性的活动，包括基础研究、应用研究、试验发展三类活动。

基础研究 指为了获得关于现象和可观察事实的基本原理的新知识（揭示客观事物的本质、运动规律，获得新发现、新学说）而进行的实验性或理论性研究，它不以任何专门或特定的应用或使用为目的。其成果以科学论文和科学著作为主要形式。

应用研究 指为获得新知识而进行的创造性研究，主要针对某一特定的目的或目标。应用研究是为了确定基础成果可能的用途，或是为达到预定的目标探索应采取的新方法（原理性）或新途径。其成果形式以科学论文、专著、原理性模型或发明专利为主。

试验发展 指利用从基础研究、应用研究和实验所获得的现有知识，为产生新的产品、材料和装置，建立新的工艺、系统和服务，以及对已产生和建立的上述各项作实质性的改进而进行的系统性工作。其成果形式主要是专利、专有技术、新产品原型或样机件等。

研究与试验发展人员 指参与研究与试验发展项目局研究、管理和辅助工作的人员， 包括项目（课题）组人员，企业科技行政管理人员和直接为项目（课题）活动提供服务的辅助人员。

研究与试验发展人员全时当量 指全时人员数加非全时人员按工作量折算为全时人员数的总和。例如：有两个全时人员和三个非全时人员（工作时间分别为20%、30%和70%），则全时当量为2+0.2+0.3+0.7=3.2人年。

科技活动经费筹集 指从各种渠道筹集到的计划用于科技活动的经费，包括政府资金、企业资金、事业单位资金、金融机构贷款、国外资金和其他资金等。

研究与开发机构 指有明确的任务和研究方向，有一定学术水平的业务骨干和一定数量的研究人员，具有研究、开发、开展学术工作的基本条件，主要进行科学研究与技术开发活动，并且在行政上有独立的组织形式，财务上独立核算盈亏，有权与其他单位签订合同，在银行有单独户头的单位。包括国务院各部门、中国科学院、中国社会科学院和各省、自治区、直辖市以及地(市)以上［含地(市)］各部门所属的国有独立的科学研究与技术开发机构。

研究与开发机构职工 指在科学研究与技术开发机构工作，并由其支付工资的各种人员。包括长期职工和临时职工，不包括编制以外的离休，退休人员和停薪留职人员，但包括招聘人员。

研究与发展经费支出 指报告期内用于研究与实验发展课题活动(基础研究、应用研究、实验发展)的全部实际支出。包括用于研究与发展课题活动的直接支出，还包括间接用于研究与发展活动的一切支出(院、所管理费、维持院、所正常运转的必需费用和与研究发展有关的基本建设支出)。

新产品 指采用新技术原理、新设计构思研制、生产的全新产品，或在结构、材质、工艺等某一方面比原有产品有明显改进，从而显著提高了产品性能或扩大了使用功能的产品。既包括政府有关部门认定并在有效期内的新产品，也包括企业自行研制开发，未经政府有关部门认定，从投产之日起一年之内的新产品。

专利 是专利权的简称，是对发明人的发明创造经审查合格后，由专利局依据专利法授予发明人和设计人对该项发明创造享有的专有权。包括发明、实用新型和外观设计。

发明 指对产品、方法或其改进所提出的新的技术方案。

实用新型 指对产品的形状、构造或者其结合所提出的适于实用的新的技术方案。

外观设计 指对产品的形状、图案、色彩或者其结合所作出的富有美感并适于工业上应用的新设计。

驰名商标 是指在市场上享有较高声誉并为相关公众所熟知的注册商标，也是一种法律保护手段。

著名商标 著名商标的知名度介于驰名商标和普通商标之间的商标群落，是驰名商标坚实的后备力量。

文化事业机构 指从事专业文化工作和为专业文化工作服务的独立建制的单位。不包括这些单位另外举办独立核算的其他机构和各部门的业余文化组织。

艺术表演团体 指从事戏曲、音乐、舞蹈、杂技等专业艺术表演，有独立帐户。不包括半工半艺、半农半艺和民间职业剧团。

电影放映单位 指具有放映机器设备、固定或不固定的放映场所与专职或兼职的放映技术人员，经有关部门登记批准，经常为一定的观众对象放映电影的机构。包括经批准对外开放进行营业，并与电影发行放映管理机构分帐的专用放映单位和军委系统租片单位。

艺术表演观众人数（人次） 指售票、包场演出或民族地区免费演出的艺术表演观众人次数，不包括彩排审查和内部观摩演出的观看人次数。

EXPLANATORY NOTES ON MAIN STATISTICAL INDICATORS

Regular Institutions of Higher Education refer to educational establishments set up according to the government evaluation and approval procedures, enrolling graduates from senior secondary schools and providing higher education courses and training for senior professionals. They include full-time universities, colleges, high professional schools and short-term professional universities.

Institutions of Higher Education for Adults refer to educational establishments, set up in line with relevant rules approved by the government, enrolling staff and workers with senior secondary school or equivalent education, and providing higher education courses in many forms of full-time, part-time, spare-time, or correspondence for adults. Professionals thus trained receive a qualification equivalent to graduates studying regular courses at regular universities, colleges and professional colleges. Institutions of higher learning for adults include Radio and TV universities, schools of high education for staff and workers and peasants, colleges for management cadres, pedagogical colleges, independent correspondence colleges.

Enrollment Rate of Primary School-aged Children refers to the proportion of school-aged children enrolled at schools to the total number of school-age children both in and outside schools (including retarded children, but excluding blind, deaf and mute children). The formula is:

Enrollment Rate of Primary School-aged Children =Total Primary School-aged Children at Schools/Total Primary School-age Children Both at and Outside Schools*100%

Scientific and Technological activities (S&T Activities) refer to organized activities which are closely related with the creation, development, dissemination and application of the scientific and technical knowledge in the fields of natural sciences, agricultural science, medical science, engineering and technological science, humanities and social sciences (referred to as scientific and technological fields). S&T activities can be classified into 3 categories: research and development (R&D) activities, application of R & d results, and related S& T services.

Personnel Engaged in S&T Activities refer to personnel directly engaged in S&T activities, in the management of S&T activities, who spend over 10% of the total working hours in a year in S&T activities. (1) Personnel directly engaged in S&T activities include researchers, engineers, technicians and other related personnel engaged in SUT activities in independent-accounting R&D institutions, institutions of higher learning, and in research institutes, laboratories, technology development centers and central experiment workshops under enterprises and institutions. Also included are people working in S&T research project team, professional and technical personnel working in S&T information archiving institutes, and graduate students working on the design of their thesis. (2) Personnel engaged in the management of S&T activities and in providing direct service to S&T activities include senior management people responsible for S&T activities in independent-accounting R&D institutions, S&T information archiving institutes, institutions of higher learning, and in enterprises and institutions where S&T activities are undertaken. Also included are people responsible for the planning, administration, personnel management, financial management, logistics supply, equipment maintenance, information and library management that are related with S&T activities. People providing indirect services are excluded, such as security, medical service, drivers, plumbers, cleaners and those providing catering and related service.

Scientists and Engineers refer to persons engaged in S&T activities who have obtained titles of senior and middle level professional positions, and those without such position but have completed university or higher education.

Research and Development (R&D) refers to systematic and creative activities in the field of science and technology aiming at increasing the knowledge and using the knowledge for new application. R&D includes 3 categories of activities: basic research, applied research and experiments and development.

Basic Research refers to empirical or theoretical research aiming at obtaining new knowledge on the fundamental principles of phenomena of observable facts to reveal the nature and law of movement of objects and to acquire new discoveries or new theories. Basic research takes no specific or designated application as the aim of the research are mainly released or disseminated in the form of scientific papers or monographs.

Applied Research refers to creative research aiming at obtaining new knowledge on a specific objective or target. Purpose of the applied research is to identify the possible use of results from basic research, or to explore new (fundamental) methods of new approaches. Results of applied research are expressed in the form of scientific papers, monographs, fundamental models or invention patents.

Experiments and Development refer to systematic activities aiming at using the knowledge from basic and applied researches or from practical experience to develop new products, materials and equipment, to establish new production process, systems and services, or to make substantial improvement on the existing products, process or services. Results of experiment and development activities are embodied in patents, exclusive technology, monotype of new products or equipment. In social sciences, experiment and development activities refer to the process of converting the knowledge from basic or applied researches into feasible programs (including conduct of demonstration projects for assessment and evaluation). There is on experiment and development activities in the science of humanities.

R&D Personnel refer to persons engaged in research, management and supporting activities of R&D, including persons in the project teams, persons engaged in the management of S&T activities of enterprises and supporting staff providing direct service to the research projects.

Full-time Equivalent of R&D Personnel refers to the sum of the full-time persons and the full-time equivalent of part-time persons converted workload. For instance, if there are 2 full-time persons and 3 part-time persons workers (20%, 30%, and 70% of working hours respectively on R&D activities), the full-time equivalent is 2+0.2+0.3+0.7=3.2 person-years.

Funding for S&T Activities refers to funds obtained from various sources for S&T activities including government funds, self-raised funds by enterprises, self-raised funds by institutions, loans from financial institution, foreign funds and other funds.

Research and Development Institutions refer to the state-owned institutions which have direct mission and research purpose, a certain number of core member with higher research level and a certain number of research personnel, favorable conditions for R & D and engaging in scientific research and technological development. The institutions also have their own independent organization and finance, authority to sign contracts with other units, with their own accounts in banks. Independent research and development institutions include the institutions attached to central government agencies, Chinese Academy of Sciences. Chinese Academy of Social and the institutions attached to local governments.

Personnel of Research and Development Institutions refers to the persons who work and receive payment in research and development institutions. It includes regular full-time and temporary staff and workers, but excludes retirees and persons who leave their work temporarily without payment but still retain their posts.

Total Expenditure on Research and Development refers to all actual expenditure made for R&D (basic research, applied research and experimental development) in reference period. It included direct expenditure on R&D and indirect expenditure on R&D (including management expenses, administrative expense and investment in capital construction relating to R&D.

New Products refer to new products produced with new technology and new design, or products that represent noticeable improvement in terms of structure, material, or production process so as to improve significantly the character or function of the older versions. They include new products certified by relevant government agencies within the period of certification, as well as new products designed and produced by enterprises within a year without certification by government agencies.

Patent is an abbreviation for the patent right and refers to the exclusive right of ownership by the inventors or designers for the creation or inventions, given from the patent offices after due process of assessment and approval in accordance with Patent Law. Patents are granted for inventions, utility models and designs.

Inventions refer to the utility models as specified by the patent law and its detailed rules and regulations for implementation. They refer to the new technical proposals to the products or methods or their modifications.

Utility Models refer to the utility models as specified by the patent law and its detailed rules and regulations for implementation. They refer to the practical and new technical proposals on the shape and structure of the product or the combination of both.

Designs refer to the designs as specified by the patent law and its detailed rules and regulation for implementation. They refer to the aesthetics and industry-applicable new designs for the shape, pattern and color of the product, or their combinations.

Famous Trade Marks refer to trade marks publicly known with higher honors. It is also a legal protection.

Well-known Trade Marks their fames are between famous trade marks and ordinary trade marks. And they are tough reserve force of famous trade marks

Cultural Institutions refer to units which have their own organizational system and independent accounting system and specialize in or serve cultural development. They exclude other establishments run by these cultural institutions and amateur cultural groups established by various departments.

Art Troupe refers to the troupe which is engaged in drama, opera, music, dance, acrobatics or other art performance, opens independent accounts with banks and has self-supporting accounting system; excluding the troupes which are engaged partly in industrial or agricultural activities, partly in art performance and the professional troupes organized by the people.

Film Projection Units refer to units with film projection equipment, full or part time projectionists, permanent or nonpermanent places, approved by related administrative departments to show films regularly for certain groups of audience, including those film projection units which have been approved to give commercial shows and run business with independent accounting system as well as those film-renting units of the military system.

Number of Spectators at Art Performance refers to the number of attendants at commercial shows, completely booked shows of free shows given in minority national areas, and does not include the number of spectators at rehearsals for examination and internal shows for study.

十七　卫生、社会福利、体育和其他

PUBLIC HEALTH, SOCIAL WELFARE, SPORTS AND OTHERS

简要说明

本章资料主要包括卫生事业、民政事业、劳动和社会保障事业、体育事业、公检法司情况、交通事故和火灾事故等内容，由市统计局社会科技处根据有关部门资料整理提供。

卫生资料来自市卫生局，民政事业和劳动社会保障统计资料分别由市民政局、市劳动和社会保障局提供，体育部分资料来源于市体育局，公检法司情况分别由市公安局、市人民检察院、市高级人民法院和市司法局提供，交通事故和火灾事故分别由市公安交通管理局和市消防总队提供。

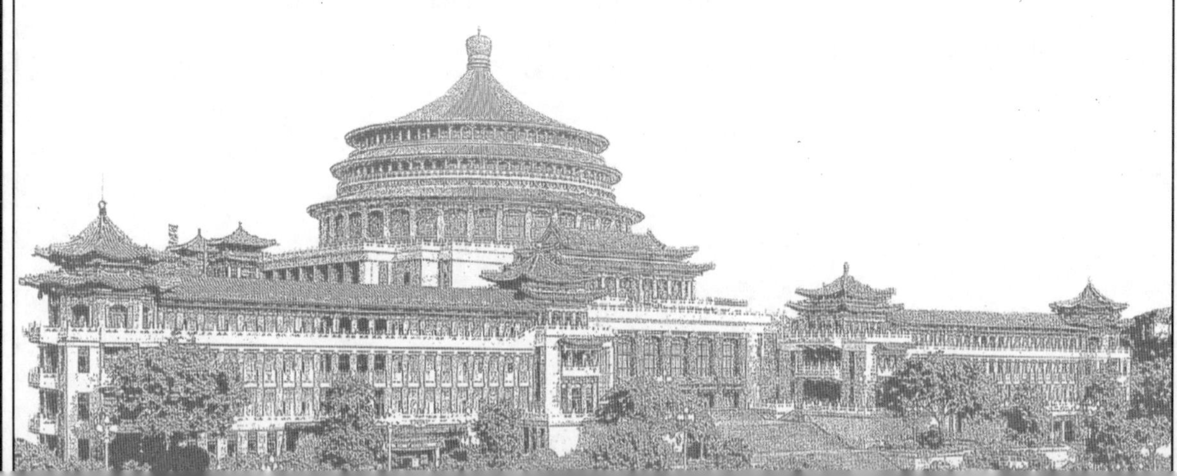

Brief Introduction

Data in this chapter mainly cover public health, civil affairs, labor & social securities, sports, public security, procuratorial, legal & judicial affairs, and traffic & fire accidents. Data are edited and provided by Division of Social and Technology Statistics, Municipal Bureau of Statistics.

Data on public health come from Municipal Bureau of Public Health. Data on civil affairs and labor & social securities are provided by Municipal Bureau of Civil Affairs and Municipal Bureau of Labor and Social Security. Data on sports are from Municipal Sports Administration. And Data on public security, procuratorial and legal affairs are provided by Municipal Bureau of Public Security, Municipal People's Procuratorate, Higher People's Court and Municipal Bureau of Justice. Data on traffic & fire accidents root from Municipal Bureau of Traffic Administration and Municipal Fire Brigade.

17－1 主要年份卫生事业情况
STATISTICS ON PUBLIC HEALTH IN MAJOR YEARS

年 份 Year	机构数（个） Number of Institutions (unit)	#医院、卫生院 Hospitals	床位数（张） Number of Hospital Beds (bed)	卫生技术人员（人） Medical Technical Personnel (person)	#执 业（助理）医师 Certified (Assistant) Doctors	#注册护士 Registration Nurses
1952	742		5031	19807		
1957	2185		10255	30290		
1962	3591		22971	35681		
1965	3938		20314	36762	10234	
1970	3579	2183	25038	39813	10475	
1975	4221	2286	37300	51536	12442	
1978	4789	2294	48948	59934	12870	
1980	4686	2316	51194	65441	12806	
1985	4796	2170	54054	76486	12577	11724
1990	5248	2154	62568	82690	28824	16929
1995	4801	2505	67243	86041	31169	18692
1996	4777	2567	66339	87542	30733	19289
1997	4743	2553	69591	88423	43178	19593
1998	4643	2438	65934	83696	43423	19804
1999	4552	2351	66003	88569	44453	20263
2000	4382	2250	65666	88619	44940	20773
2001	4151	2020	64981	86430	44666	20533
2002	2725	1717	61875	79850	37873	20729
2003	2705	1682	63287	78628	37122	20629

注：1）机构数不含个体办诊所。

2）2002年起卫生统计制度变更，其指标名称和统计口径变化，与往年不可比：2002年起卫生机构、床位、卫生技术人员统计范围均不含“医学院校”、“卫生学校”和“计生站”。卫生技术人员中，2002年前为医生和护师（士），2002年后改为执业(助理)医师和注册护士。(表17-1至17-5同)

Note: a) Number of institutions are exclude individual-run medical units.

b) Indices of health care has been changed since 2002, and their range are not comparable with previous years. Since 2002, institutes, hospital beds and medical technical personnel have not covered medical colleges, medical schools and family planning centers. The statistical range of doctors and junior & senior nurses is from 1952 to 2001, whereas of certified (assistant) doctors and registration nurses since 2002 (the same from 17-1 to 17-5).

17－2 卫生事业情况（2002－2003年）
STATISTICS ON PUBLIC HEALTH (2002-2003)

指　　标	Item	2002	2003
卫生经费（万元）	Funds for Public Health (10 000 yuan)	60577	73080
执业（助理）医师数（人）	Certified (Assistant) Doctors (person)	37873	37122
医院床位数（张）	Beds in Hospitals (bed)	43907	43775
市医院床位数	Beds in City Hospitals	33951	33460
县医院床位数	Bed in County Hospitals	9956	10315
婴儿死亡率（‰）	Mortality Rate of Infants (‰)	15.5	14.6
急性传染病发病率（1/10万）	Incidence Disease Rate of Acute Infections Diseases (per 100 000 persons)	219.2	232.4
孕产妇死亡率（‰）	Mortality Rate of Pregnant Women (‰)	74.3	80.9
农村饮用自来水人口比重（%）	Percentage of Rural Population Using Tap Water (%)	60.6	63.5

17－3 医院诊疗情况（2003年）
NUMBER OF HOSPITAL PATIENTS (2003)

机构类别	Type of Institution	诊疗人次(万人次) Number of Hospital Patients (10 000 person -times)	#门诊急诊 Out-patients	健康检查人数(万人) Health Examining (10 000 patients)	住院人数(万人) Hospital Admission (10 000 patients)	每百门急诊次的入院人数(人) Hospital Admissions Per 100 Patients (person)	治愈率(%) Rate of Fully Recovery (%)	好转率(%) Rate of Taking a Turn for the Better (%)	病死率(%) Mortality Rate by Disease Patients (%)
医院总计	**Total Hospitals**	**2465**	**2396**	**84**	**79.00**	**3.26**	**58.0**	**38.0**	**1.0**
#综合医院	General Hospitals	1907	1846	61	63.10	3.37	57.0	38.0	2.0
中医医院	Hospitals of Chinese Medicine	290	283	7	7.80	2.76	55.0	41.0	1.0
中西医结合医院	Hospitals Combining Chinese and Western Medicine	48	48	1	1.30	2.75	67.0	30.0	1.0
传染病院	Hospitals for Infectious Diseases	2	2		0.04	1.63	13.0	65.0	3.0
精神病院	Mental Hospitals	32	31	2	1.20	3.95	56.0	41.0	1.0
妇幼保健院	Hospitals for Maternity and Child Care	26	26		0.60	2.46	87.0	12.0	
肿瘤医院	Tumor Hospitals	8	8	1	0.70	8.76	35.0	53.0	
口腔医院	Hospitals for Mouth Cavity Disease Care	19	19		0.07	0.39	88.0	10.0	
卫生院	**Township Hospitals**	**2325**	**2283**	**69**	**15.00**	**1.95**	**79.0**	**19.0**	
#农村卫生院	Rural Township Hospitals	2231	2193	66	44.00	1.98	79.0	19.0	

17—4 卫生机构、床位、人员数（2003年）
NUMBER OF HEALTH INSTITUTIONS, BEDS AND PERSONNEL ENGAGED (2003)

机构类别	Type of Institutions	机构数（个）Health Institutions (unit)	床位数（张）Hospital Beds (bed)	人员合计（人）Total Personnel (person)	卫生技术人员 Medical Technical Personnel	其他技术人员 Other Technical Personnel	管理人员 Management Personnel	工勤人员 Logistics Workers
总　计	**Total**	**6285**	**63287**	**94157**	**78628**	**2686**	**5707**	**7136**
一、医院、卫生院合计	Total Number of Hospitals	1682	59994	75778	62195	2236	4902	6445
1、县及县以上医院小计	Hospitals at County Level and above	364	43775	48963	38869	1691	3580	4823
#综合医院	Comprehensive Hospitals	269	32977	36851	29323	1367	2531	3630
中医医院	Hospitals of Chinese Medicine	42	4505	6119	5017	139	498	465
中西医结合医院	Hospitals Combining Chinese and Western Medicine	8	657	946	741	21	73	111
传染病院	Hospitals for Infectious Diseases	1	103	142	95	10	14	23
精神病院	Mental Hospitals	18	2879	1760	1308	50	176	226
妇幼保健院	Hospitals for Maternity and Child Care	1	200	356	263	8	37	48
口腔医院	Hospitals for Mouth Cavity Disease Care	1	40	175	134	10	13	18
肿瘤医院	Tumor Hospitals	1	437	529	397	18	67	47
2、卫生院小计	Total Hospital Centers	1318	16219	26815	23326	545	1322	1622
城市街道卫生院	Urban Subdistrict Hospital Centers	25	649	1067	911	32	49	75
农村卫生院	Rural Township Hospital Centers	1293	15570	25748	22415	513	1273	1547
二、门诊部	Clinics	75	229	872	742	13	60	57
三、专科防治所	Specialized Prevention Stations	15	102	242	202	8	24	8
四、卫生防疫站	Sanitation and Antiepidemic Stations	46		2610	2017	122	244	227
五、妇幼保健所、站	Maternity and Child Care Centers	43	1088	2033	1660	61	195	117
六、医学科学研究机构	Research Institutes of Medical Sciences	3	261	330	137	124	38	31
七、诊所、卫生保健所、室	Clinics Health Care Centers	4357		10287	10287			
八、其他卫生事业机构	Other Health Care Enterprises and Institutions	64	1613	2005	1388	122	244	251

17—5 卫生机构各类人员数（2002—2003年）
PERSONNEL ENGAGED IN PUBLIC HEALTH INSTITUTIONS (2002-2003)

人员分类	Type of Personnel	人 数（人） Personnel (person)		构 成 Composition（%）	
		2002	2003	2002	2003
全市总计	**Total**	**96317**	**94157**	**100.0**	**100.0**
卫生技术人员	Medical Technical Personnel	79850	78628	82.9	83.5
执业医师	Certified Doctors	27914	27194	35.0	34.6
执业助理医师	Certified Assistant Doctors	9959	9928	12.5	12.6
注册护士	Registration Nurses	20729	20629	26.0	26.2
药剂人员	Pharmacists	6583	6457	8.2	8.2
检验人员	Laboratory Technicians	3476	3335	4.3	4.2
其他人员	Others	11189	11085	14.0	14.1
其他技术人员	Other Technical Personnel	2127	2686	2.2	2.9
管理人员	Management Personnel	6130	5707	6.4	6.1
工勤人员	Logistics Workers	8210	7136	8.5	7.5
每万人口拥有卫生技术人员	**Number of Medical Technical Personnel Per 10 000 Population**	**25.7**	**25.2**		
#执业（助理）医师	Certified (Assistant) Doctors	12.2	11.9		

17—6 劳动和社会保障情况（2002—2003年）
LABOR AND SOCIAL SECURITY (2002-2003)

单位:万人 (10 000 persons)

指 标	Item	2002	2003
职工工伤伤亡人次数（人次）	Staff and Workers for Casualty of Injure on Job (person-time)	1488	1588
离休、退休、退职人员数	VCSR , Retired and RRSW	104	107
离休、退休、退职人员保险福利费用（万元）	Insurance and Welfare of VCSR, Retired and RRSW (10 000 yuan)	786645	834388
基本医疗保险的参保人数	Persons with Basic Medical Insurance	61.25	121.77
城镇安置失业人员就业人数	Re-employment in Urban Area	10.74	10.99
企业下岗职工再就业人数	Re-employment of Laid-off Staff and Workers from Enterprises	6.38	6.81
基本养老保险的参保职工人数	Staff and Workers with Basic Endowment Insurance	192.54	187.65
基本养老保险的实际缴费人数	Persons with Basic Endowment Insurance Actually Paid	151.56	145.71
应发养老金额（万元）	Retirement Pension Supposed to Provide (10 000 yuan)	484510	532524
实发养老金额（万元）	Retirement Pension Actually Provided (10 000 yuan)	484459	532520
社会化发放人数	Persons Receiving Retirement Pension	87.77	92.38
社会化发放养老金额（万元）	Retirement Pension (10 000 yuan)	495978	522877

17－7 民政事业情况（2002－2003年）
STATISTICS ON CIVIL AFFAIRS (2002-2003)

指　　标	Item	2002	2003
民政经费支出（万元）	Funds for Civil Affairs (10 000 yuan)	117114	125114
社会救济对象人数（万人）	Persons Receiving Social Relieves (10 000 persons)	180.07	168.33
各种社会福利院床位数（张）	Beds in Various Social Welfare Institutions (bed)	43941	43228
福利企业职工人数（人）	Staff and Workers in Welfare Enterprises (person)	28746	31134
#残疾职工	Disabled Staff and Workers	12974	14122
享受城镇居民最低生活保障人数占非农业人口比重（%）	Coverage Rate of Urban Residents Receiving Lowest Cost-of-living to Non-agricultural Population (%)	10.0	9.3
结婚登记数（对）	Registered Marriages (couple)	174427	180496
离婚登记数（对）	Registered Divorces (couple)	25819	31418

17－8 社会福利事业、企业单位数和工作人员数（2002－2003年）
NUMBER OF SOCIAL WELFARE INSTITUTIONS & ENTERPRISES AND PERSONNEL ENGAGED (2002-2003)

项　目	Item	机　构（个） Number of Institutions and Enterprises (unit)		工作人员（人） Number of Personnel (person)	
		2002	2003	2002	2003
全市总计	**Total**	**2155**	**2167**	**35194**	**37885**
收养性福利事业单位	Adopting Social Welfare Institutions	1117	1084	3574	3451
国家办	Run by Governments	45	65	1175	1263
集体	Run by Collective Units	1065	1010	2367	2137
民办	Run by Private Units	7	9	32	51
社会福利企业单位	Social Welfare Enterprises	801	831	28746	31134
国家办	Run by Governments	10	9	1348	1186
集体	Run by Collective Units	559	568	21030	22035
民办	Run by Private Units	232	254	6368	7913
优抚事业单位	Administration Agencies for Martyrs	63	64	381	394
救助管理站	Relief Management Stations	26	30	276	289
殡葬事业单位	Funeral and Interment Institutions	86	85	1826	2058
福利彩票发行单位	Welfare Lottery Issuing Units	1	1	94	95
募捐单位	Collecting Purse Units	1	1	11	9
社区服务单位	Community Service Institutions	60	71	286	455

17－9 收养性福利事业单位基本情况（2003年）
BASIC STATISTICS ON WELFARE INSTITUTIONS (2003)

项 目	Item	院数(个) Number of Homes (unit)	工作人员(人) Number of Staff and Workers (person)	床位数(张) Number of Beds (bed)	年末收养人数(人) Year-end Persons Adopted (person)
收养性福利事业单位	**Adopting Social Welfare Institutions**	**1084**	**3451**	**43219**	**25923**
国家办	Run by Governments	65	1263	6912	5860
集体	Run by Collective Units	1010	2137	35706	19732
民办	Run by Private Units	9	51	601	331
优抚休、疗养院	Convalescent Homes	1	70	180	116
光荣院	Homes for Disabled Veterans	9	38	389	198
社会福利院	Social Welfare Homes	19	541	4090	3216
儿童福利院	Baby Welfare Homes	1	89	500	472
精神病福利院	Psychopathic Welfare Homes	8	403	965	830
城镇老年性福利机构	Urban Elderly Welfare Units	42	231	2053	1346
农村老年性福利机构	Rural Elderly Welfare Units	1004	2079	34918	19745

17－10 优抚对象基本情况（2002－2003年）
STATISTICS ON RESIDENTS RECEIVING SPECIAL CARES (2002-2003)

项 目	Item	2002	2003
优抚对象（人）	**Residents Receiving Special Cares (person)**	**973553**	**967626**
革命伤残人员	Revolutionary Disabled Persons	21351	20467
烈军属	Families of Martyred Soldiers	322295	323876
在乡退伍红军老战士	Red Army Veterans in the Countryside	25	25
在乡复员军人	Demobilized Soldiers in the Countryside	63857	63248
在乡退伍军人	Veterans in the Country	565930	559917
红军失散人员	Scattered Red Army Soldiers	95	93

17－11 享受补助、救济人员情况（1985－2003年）
PERSONS RECEIVING SUBSIDIES OR RELIEF FUNDS (1985-2003)

年 份 Year	城镇困难户得到救济和补助人数（人次） Number of Persons Receiving Subsidies of Relief Funds in Urban Poor Households (person-time)	#得到国家定期定量救济人数 Number of Persons Receiving Relief Funds	农村贫困户得到救济人数(人次) Number of Persons Receiving Subsidies or Relief Funds in Rural Poor Households (person-time)
1985	32646	5904	987979
1986	52973	2713	1236750
1987	29310	1888	723612
1988	78744	2404	1039866
1989	26205	3107	1167665
1990	55906	2310	985274
1991	72116	2748	1106397
1992	60673	1682	1021778
1993	54953	3125	984460
1994	43268	3830	729681
1995	43293	3724	668987
1996	105770	66538	643089
1997	68753	4299	547649
1998	159504	4053	1198821
1999	42393	5847	838630
2000	57875	5896	643004
2001	24427		554300
2002	30261		687445
2003	30275		743530

注：2001年起得到国家定期定量救济人数这项指标已取消。

Note: The index of presons receiving relief funds has been canceled since 2001.

17－12 最低生活保障和传统救济情况（2002－2003年）
LOWEST COST-OF-LIVING AND TRADITIONAL RELIEF (2002-2003)

单位：人 (person)

项 目	Item	2002	2003
城镇居民最低生活保障人数	**Number of Persons Receiving Lowest Cost -of-living in Urban Area**	**718258**	**702136**
传统救济情况	**Traditional Relief**		
城镇临时救济人次数	Number of Poor Persons Receiving Temporary Almsgiving in Urban Area	30261	30275
农村临时救济人数	Number of Poor Persons Receiving Temporary Almsgiving in Rural Area	687445	743530

17－13 基本养老保险情况（2002－2003年）
CONDITTIONS OF BASIC ENDOWMENT INSURANCE (2002-2003)

指标	Item	2002	2003
年末参保职工（万人）	Year-end Active Contributors (10 000 persons)	193	188
#企业	Enterprises	164	145
离休、退休、退职人员年末人数（万人）	Year-end Retirees (10 000 persons)	104	92
基金收支情况（万元）	Revenue and Expenses (10 000 yuan)		
基金收入	Revenue	541286	577091
基金支出	Expenses	506932	537869
累计结余	Balance at the Year-end	116505	155727

17－14 失业保险基本情况（2002－2003年）
BASIC CONDITTIONS OF UNEMPLOYMENT INSURANCE (2002-2003)

指标	Item	2002	2003
年末参保人数合计(万人)	Year-end Active Contributors (10 000 persons)	205.25	199.47
#企业	Enterprises	166.15	164.82
#国有企业	State-owned	124.18	121.97
集体企业	Collective-owned	30.79	29.67
事业单位	Institutions	36.43	33.15
其他单位	Others	2.67	1.50
本年领取失业保险金人月数（万人）	Benificiaries of Unemployment Insurance Per Month (10 000 persons)	104.78	106.60
领取失业保险金人数（万人）	Benificiaries of Unemployment Insurance in Current Year (10 000 persons)	12.90	14.59
#下岗转失业人数	Laid-off Workers	1.16	1.87
#当年再就业人数	Re-employed in Current Year	0.72	0.85

17－15 基本医疗保险情况（2002－2003年）
CONDITTIONS OF BASIC MEDICAL INSURANCE (2002-2003)

指标	Item	2002	2003
年末参保人数（万人）	Year-end Contributors (10 000 persons)	61.25	121.77
职工	Staff and Workers	43.22	80.04
离休、退休、退职人员	Retirees	18.03	41.73
基金收支情况（万元）	Revenue and Expenses (10 000 yuan)		
基金收入	Revenue	29605.34	55219.12
基金支出	Expenses	20474.29	38564.07
累计结余	Balance at the Year-end	19008.00	37196.01

17－16 等级运动员和等级裁判员人数（2002－2003年）
NUMBER OF ATHLETES AND REFEREES IN GRADE (2002-2003)

单位：人 (person)

项　　目	Item	2002	2003
等级运动员	**Number of Athletes in Grade**		
国际级运动健将	International Master Athletes	5	5
运动健将	Master Athletes	59	78
一级运动员	First Grade Sportsman	44	56
二级运动员	Second Grade Sportsman	733	697
等级裁判员	**Number of Referees in Grade**		
国际裁判	International Referees	12	12
国家级裁判	National Referees	165	173
一级裁判	First Grade Referees	194	153
二级裁判	Second Grade Referees	1004	1038

注：1）自2002年起等级运动员指标不再统计三级和少年级运动员，等级裁判员指标不再统计三级裁判员。
　　2）国际级健将、运动健将、国际裁判、国家级裁判均为累计数，其它指标为当年发展数。

Note: a) In 2002, the assess of athletes in 3rd grade and children grade, referees in 3rd grade had been cancelled.
　　b) Data on international master athletes, master athletes, international referees and national referees were accumulative numbers, whereas other items were data of current year.

17－17 体育场地与群众体育活动（2002－2003年）
STADIUMS & GYMNASIUMS AND ACTIVITIES OF MASS SPORTS (2002-2003)

项　　目	Item	2002	2003
体育场地数（个）	Stadiums and Gymansiums (unit)	367	367
#体育场	Stadiums	41	41
体育馆	Gymnasiums	37	37
游泳馆	Natatoriums	1	1
室内外游泳池	Indoor and Outdoor Swimming Pools	144	144
有固定看台的灯光球场	Illuminated Fields with Fixed Seating	144	144
《国家体育锻炼标准》达标人数(万人)	Number of Persons Come up to State Physical Training Standards (10 000 persons)	308	316
县以上体委举办运动会次数(次)	Times of Sports Meets Held by Sports Commissions at and above County Level (time)	1094	1089
体育彩票销售额（万元）	Sales Value of Sports Lottories (10 000 yuan)	18425	19333

注：体育场地数为体育系统管辖数。

Note: Number of stadiums and gyms refers to that managed by sports departments.

17－18 律师、公证、调解工作基本情况（2002－2003年）
LAWYERS, NOTARIZATION AND MEDIATION (2002-2003)

项 目	Item	2002	2003
律师工作	**Lawyers**		
律师事务所（所）	Number of Law Offices (unit)	272	292
律师工作者（人）	Number of Lawyers (person)	4225	4161
#专职	Full-time Lawyers	2558	2588
聘请担任法律顾问单位 （处）	Number of Units with Permanent Legal Advisors (unit)	5109	3956
民事诉讼代理（件）	Agent of Civil Cases (case)	17382	17268
经济诉讼代理（件）	Agent of Economic Cases (case)	6210	5543
刑事辩护（件）	Defender of Criminal Cases (case)	6383	5716
行政诉讼代理（件）	Agent of Administrative Action (case)	986	1012
非诉讼法律事务（件）	Cases of Non-litigious Legal Affairs (case)	11334	10370
涉外及涉港澳台法律事务（件）	Agent of Foreign-related, Hongkong, Macao & Taiwan Legal Affairs (case)	2486	159
解答法律询问（件）	Advisory Services of Legal Affairs (case)	101839	112304
代写法律事务文书（件）	Legal Documents Written on Behalf of Clients (case)	27133	26690
公证工作	**Notarization**		
公证处（个）	Number of Notarial Offices (unit)	45	45
公证员（人）	Public Notaries (person)	205	203
办理公证书（件）	Notarized Documents (case)	183662	163738
人民调解工作	**Number of People's Mediation**		
专职司法助理员（人）	Number of Full-time Judicial Assistants (person)	1016	1035
人民调解委员会（个）	Number of People's Mediation Committees(unit)	21173	17874
调解员（人）	Number of Mediators (person)	107712	114264
调解纠纷（件）	Number of Disputes Mediated (case)	154187	137860

17－19 调解民间纠纷分类（2002－2003年）
DISPUTES MEDIATED BY TYPE (2002-2003)

单位：件 (case)

项 目	Item	2002	2003
合计	**Total**	**154187**	**137860**
婚姻家庭	Family Disputes	47154	44933
婚姻	Marriage	24957	23382
继承	Inheritance	9309	9955
赡抚扶养	Family Fostering	12888	11596
其他	Others		
房屋、宅基地	Housing and Housing Sites	13139	11288
债务	Debt	14159	16309
生产经营	Business	16084	14038
邻里	Neighbor Disputes	19578	17584
损害赔偿	Compensation for Damages	13924	11734
其他	Others	30149	21974

17－20 国内外公证文书（2002－2003年）
DOMESTIC AND FOREIGN RELATED NOTARIAL DOCUMENTS (2002-2003)

单位：件 (case)

项　目	Item	国内公证文书 Domestic Notarial Documents			
		办证件数 Number of Notarial Documents Issued		比　重（%） Proportion	
		2002	2003	2002	2003
经济公证合计	**Total Notarized Documents on Economic Affairs**	**48658**	**82124**	**100.0**	**100.0**
#购销	Purchases and Sales of Products	805	1235	1.7	1.5
建筑工程承包	Construction Project Contracts	310	798	0.6	1.0
农林牧渔承包	Farming, Forestry, Animal Husbandry and Fishery Contracts	367	733	0.8	1.0
财产租赁	Property Leasing	48	242	0.1	0.3
劳务合同	Labor Contracts	931	3761	1.9	4.6
贷款合同	Loan Contracts	22273	24694	45.8	30.1
民事公证合计	**Total Notarized Documents on Civil Affairs**	**108509**	**58363**	**100.0**	**100.0**
#收养	Child Adoption	598	296	0.6	0.5
继承权	Right of Inheritance	5081	5914	4.7	10.1
遗嘱	Testament	1057	1153	1.0	2.0
房屋买卖	Purchases and Sales of Houses	4779	4882	4.4	8.4
产权	Property Right	3172	323	2.9	0.6
民事协议	Agreement Documents	12090	11125	11.1	19.1

项　目	Item	涉外公证文书 Foreign-related Notarial Documents			
		办证件数 Number of Notarial Documents Issued		比　重（%） Proportion	
		2002	2003	2002	2003
合计	**Total**	**25005**	**21026**	**100.0**	**100.0**
#出生	Birth	3842	3774	15.4	17.9
学历	Schooling	3923	3395	15.7	16.1
死亡	Death	42	155	0.2	0.7
婚姻状况	Marital Status	1703	1898	6.8	9.0
亲属关系	Kinship Confirmation	1760	1797	7.0	8.5
受刑事处分	Criminal Records	3017	4801	12.1	22.8
委托书	Trust Deeds	64	365	0.3	1.7
声明书	Declaration	204	212	0.8	1.0
经历	Personal Histories	757	531	3.0	2.5
副本与原本相符	Conformation of Copies and Photo-offset Copies to Originals	5329	5222	21.3	24.8
商标注册	Trademark Registrations	1	7	…	…
其他经济合同	Other Business Contracts	22	16	0.1	0.1

17－21 公安机关受理查处治安案件情况（2002－2003年）
OFFENSE CASES AGAINST PUBLIC ORDER HANDLED BY PUBLIC SECURITY ORGANS (2002-2003)

单位：起 (case)

案件类别	Category of Cases	受理 Number of Cases Accepted to be Treated		查处 Number of Cases Investigated and Treated	
		2002	2003	2002	2003
合 计	**Total**	**125493**	**113334**	**112182**	**102950**
扰乱工作、公共秩序	Disturbing Work or Public Order	4606	3249	4487	3130
结伙斗殴、寻衅滋事	Gang Fighting or Picking Quarrels and Making Troubles	1684	1286	1523	1127
侮辱妇女及其他流氓活动	Acting Indecently towards Women	441	246	416	235
阻碍国家工作人员执行职务	Obstruction the Government Workers to Perform Their Duty	1274	934	1237	907
违反枪支管理规定	Violating Regulations on Management of Firearms	507	195	502	187
违反爆炸物品管理规定	Violating Regulations on Management of Explosives	3475	2680	3454	2692
殴打他人	Beating Other Body	27501	25121	23171	21411
偷窃财物	Robbing Other People of Their Valuables	14805	13863	9346	9537
骗取、抢夺、敲诈勒索财物	Defrauding, Snatching or Extorting and Racketeering Valuables	3553	3028	2262	2119
哄抢公私财物	Making Stirs and Robbing Public or Private Valuables	98	98	103	74
故意损坏公私财物	Intentionally Damaging Public or Private Valuables	2356	1900	2013	1595
伪造倒卖票卷、证件	Forging and Fraudulently Selling Bills or Certificates	85	63	82	61
利用迷信扰乱秩序或骗财	Disturbing Public Order of Defrauding People of Their Superstition	470	307	463	312
卖淫、嫖娼	Prostitution or Going Whoring	6142	4369	6133	4367
赌 博	Gambling	4294	3910	4205	3869
违反户口、居民身份证管理	Violating Regulations on Management of Residence or Identity Cards	17969	19344	17934	19294
其 他	Others	36233	32741	34851	32033

17－22 公安机关立案的刑事案件情况（2002－2003年）
CRIMINAL CASES REGISTERED IN PUBLIC SECURITY ORGANS (2002-2003)

案件类别	Category of Cases	立 案（起） Registered Cases (case)		构 成（%） Composition (%)	
		2002	2003	2002	2003
合计	**Total Registered Criminal Cases (case)**	**109374**	**101145**	**100.0**	**100.0**
杀人	Homicide	639	532	0.6	0.5
伤害	Injury	2420	2286	2.2	2.3
抢劫	Robbery	10291	9549	9.4	9.4
强奸	Rape	1269	1080	1.2	1.1
拐卖妇女儿童	Abducting Women or Children	181	99	0.2	0.1
盗窃	Larceny	66168	61491	60.5	60.8
诈骗	Fraud	6361	5763	5.8	5.7
走私	Smuggling	1		…	
伪造、变造货币，出售、购买、运输、持有、使用假币	Forging Coin, and Selling, Buying, Transporting, Using False Coin	54	75	0.1	0.1
其他	Others	21990	20270	20.1	20.0
刑事案件破案率（%）	**Detection Rate of Criminal Cases (%)**	**50.1**	**52.9**		

17－23 检察机关直接立案侦查案件情况（2003年）
CASES UNDER DIRECT INVESTIGATION BY PROCURATOR'S OFFICES (2003)

案件分类	Category of Cases	受案（件） Cases Accepted (case)	立案件数（件） Registered Cases (case)	#大案 Large Cases	#要案 Key Cases	立案人数（人） Person of Cases Registered (person)	结案合计 Total Settled Cases 件 (case)	人 (person)
合计	**Total**	**2060**	**759**	**428**	**128**	**826**	**748**	**808**
贪污贿赂案件小计	**Sub-total of Cases on Corruption and Bribery**	**1717**	**642**	**369**	**106**	**707**	**632**	**690**
贪污	Corruption	855	238	155	29	290	228	274
贿赂	Bribery	710	328	164	70	335	320	324
挪用公款	Misappropriation of Public Funds	108	65	134	69	68	72	78
集体私分	Collective Illegal Possession of Public Funds	37	11	49	5	14	12	14
巨额财产来源不明	Unstated Source of Large Properties	7						
其他	Others							
渎职案件小计	**Sub-total of Cases on Abuse and Dereliction of Duty**	**343**	**117**	**59**	**22**	**119**	**116**	**118**
滥用职权	Abuse of Power	83	39	23	10	39	40	40
玩忽职守	Dereliction of Duty	108	50	34	9	52	48	50
徇私舞弊	Fraudulent Practice	88	19	1		19	17	17
其他	Others	64	9	1	3	9	11	11

17－24 检察机关审查批准、决定逮捕犯罪嫌疑人和提起公诉被告人情况（2003年）

ARRESTS OF CRIMINAL SUSPECTS AND DEFENDANTS UNDER PUBLIC PROSECUTION APPROVED BY PROCURATOR'S OFFICES（2003）

案件类别	Category of Cases	批捕、决定逮捕合计 Total Arrests		决定起诉合计 Total Public Prosecutions	
		件 (case)	人 (person)	件 (case)	人 (person)
合计	**Total**	**12868**	**17983**	**14600**	**20292**
公安、安全、监狱机关提请小计	**Sub-total of Requests by Departments of State and Public Security and Prisons**	**12568**	**17673**	**14148**	**19788**
危害国家安全案	Offences Against State Security	2	2	2	2
危害公共安全案	Offences Against Public Security	727	830	1301	1402
破坏社会主义市场经济秩序案	Offences Against Socialist Economic Order	195	285	212	312
侵犯公民人身、民主权利案	Offences Against Citizens' Personal and Democratic Rights	2250	2857	2703	3357
侵犯财产案	Offences Against Properties	7133	10515	7574	11249
妨害社会管理秩序案	Offences Against Social Management of Order	2259	3182	2355	3465
危害国防利益案	Offences Against National Defense	2	2	1	1
军人违反职责案	Offences on Dereliction of Duty by Servicemen				
检察机关直接立案侦查案件小计	**Sub-total of Cases Handled by Procuratorates**	**300**	**310**	**452**	**504**
贪污贿赂案	Offences on Corruption and Bribery	278	288	413	465
渎职案	Offences on Abuse and Dereliction of Duty	22	22	39	39

17－25 人民法院刑事一审案件收结案情况（200－2003年）

FIRST TRIAL CRIMINAL CASES ACCEPTED AND SETTLED BY COURTS (2002-2003)

单位：件 (case)

类别	Category of Cases	收案 Accepted Cases		结案 Settled Cases	
		2002	2003	2002	2003
合计	**Total**	**17276**	**16333**	**16813**	**15734**
#自诉案件	Private Prosecution	1155	1148	925	966
危害公共安全罪	Offences against Public Security	1139	1342	1107	1298
破坏社会主义市场经济秩序罪	Offences against Socialist Economic Order	238	222	234	205
侵犯公民人身权利、民主权利罪	Offences against Citizens' Personal and Democratic Rights	4241	4009	3991	3691
侵犯财产罪	Offences against Properties	8293	7719	8233	7599
妨害社会管理秩序罪	Offences against social Management of Order	2874	3620	2787	2498
危害国防利益罪	Offences against National Defense	1	2	1	2
贪污贿赂罪	Offences on Corruption and Bribery	458	445	428	413
渎职罪	Offences on Dereliction of Duty	31	31	30	24
其他	Others	1	1	2	1

注：收结案中含上年旧存。

Note: Accepted and settled cases include turned over from the previous year.

17－26 人民法院民事、行政一审案件收结案情况（2003年）
FIRST TRIAL CIVIL AND ADMINISTRATIVE CASES ACCEPTED AND SETTLED BY COURTS (2003)

单位：件 (case)

类　　别	Category of Cases	收　案 Accepted Cases	结　案 Settled Cases
民事一审案件	**First Trial of Civil Cases**	**95558**	**89788**
婚姻家庭纠纷案件	Disputes of Marriages and Family Affairs	37691	36193
继承纠纷案件	Disputes of Inheritance	453	395
合同纠纷案件	Disputes of Contracts	37408	34957
权属、侵权纠纷案件	Disputes of Ownership and Torts	14005	12568
其他民事案件	Other Civil Cases	6001	5675
行政一审案件	**First Trial of Administrative Cases**	**2334**	**2182**
公安	Public Security	278	270
资源	Resources	328	321
城建	City Construction	609	572
工商	Industry and Commerce	80	57
交通	Traffic	111	106
环保	Environmental Protection	22	19
劳动和社会保障	Labor and Social Security	176	165
其他	Others	730	672

注：收案中含上年旧存。
Note: Accepted cases include turned over from the previous year.

17－27 人民法院合同纠纷一审案件收结案情况（2003年）
FIRST TRIAL CASES OF CONTRACT DISPUTES ACCEPTED AND SETTLED BY COURTS (2003)

单位：件 (case)

指　　标	Item	收　案 Accepted Cases	结　案 Settled Cases
合计	**Total**	**37408**	**34957**
#买卖合同	Contracts of Business	9039	8553
房地产开发经营合同	Contracts of Real Estate Development and Operation	3879	3572
赠与合同	Contracts of Gift	22	18
借款合同	Contracts of Loans	13959	13286
租赁合同	Contracts of Leasing	1770	1656
建设工程合同	Contracts of Construction Projects	2003	1740
运输合同	Contracts of Transportation	379	349
技术合同	Contracts of Technique	3	3
知识产权合同	Contracts of Intellectural Property	5	3
劳动争议	Labor Disputes	777	666

注：收案中含上年旧存。
Note: Accepted cases include turned over from the previous year.

17－28 人民法院权属、侵权纠纷一审案件收结案情况（2003年）
FIRST TRIAL CASES OF OWNERSHIP & TORT DISPUTES ACCEPTED AND SETTLED BY COURTS (2003)

单位：件 (case)

指标	Item	收案 Accepted Cases	结案 Setled Cases
合计	**Total**	**20006**	**18243**
#所有权及与所有权相关权利纠纷	Ownership and Relative Disputes	4616	4221
票据、证券权益纠纷	Disputes of Bill & Security Rights and Interests	36	32
股东权纠纷	Disputes of Stock-holders' Rights	102	87
知识产权纠纷	Disputes of Intelletural Property	122	95
不正当竞争纠纷	Disputes of Illicit Competitions	31	26
人身权纠纷	Disputes of Personal Rights	8605	7608
特殊侵权纠纷	Disputes of Special Torts	409	344

注：收案中含上年旧存。
Note: Accepted cases include turned over from the previous year.

17－29 人民法院审理婚姻家庭、继承一审案件收结案情况（2003年）
FIRST TRIAL CIVIL CASES OF MARRIAGES，FAMILY AFFAIRS AND INHERITANCE ACCEPTED AND SETTLED BY COURTS (2003)

单位：件 (case)

类别	Category of Cases	收案 Accepted Cases	结案 Settled Cases
合计	**Total**	**38144**	**36588**
婚姻家庭	Marrigaes and Family Affairs	37691	36193
继承	Inhertance	453	395
其中：离婚	Divorce	33230	31918
解除非法同居关系	Relieving the Relation of Lawless Cohahitation	887	850
赡养纠纷	Suppport Disputes	1185	1139
抚养关系纠纷	Upbringing Disputes	148	136
抚育费纠纷	Upbringing Fee Disputes	751	729
法定继承	Legal Inheritance	269	235
遗嘱继承	Testament Inheritance	23	21
其他	Other	151	127

注：收案中含上年旧存。
Note: Accepted cases include turned over from the previous year.

17－30 交通事故情况（2003年）
BASIC STATISTICS ON TRAFFIC ACCIDENTS (2003)

类　别	Type	发生数（起）Number of Traffic Accidents (case)	死亡人数（人）Number of Deaths (person)	受伤人数（人）Number of Injuries (person)	损失折款（万元）Losses Converted into Cash (10 000 yuan)
总计	**Total**	**16086**	**1037**	**11325**	**4291**
#重大事故	Extraordinarily Serious	877	941	686	322
特大事故	Serious	23	96	78	50
机动车	Motor-driven Vehicles	14963	947	10552	4238
#汽车	Automobiles	12763	722	8668	3941
摩托车	Motorcycles	1663	156	1442	182
拖拉机	Tractors	175	24	138	28
非机动车	Non-motor-driven Vehicles	238	15	182	10
#自行车	Bicycles	93	8	66	6
行人乘车人	Pedestrians and Passengers	885	75	591	43

注：损失折款指直接经济损失。

Note: Losses converted into cash refer to direct losses.

17－31 火灾事故情况（2003年）
BASIC STATISTICS ON FIRES (2003)

项　目	Item	合　计 Total	按事故发生程度分 By Serious Degree of Fires		
			特大 Extra-ordinarily Serious	重大 Serious	一般 Ordinary
发生（起）	Fires (case)	6974		4	6970
死亡（人）	Deaths (person)	58		11	47
受伤（人）	Injuries (person)	98		2	96
损失折款（万元）	Losses Converted into Cash (10 000 yuan)	1513		70	1443
平均每起事故损失（万元）	Average Loss per Fire (10 000 yuan)	0.22		17.50	0.21

注：损失折款指直接经济损失。

Note: Losses converted into cash refer to direct losses.

主要统计指标解释

等级运动员人数 指经考核正式批准授予等级运动员称号的人数。运动员等级分为国际级运动健将、运动健将、一级运动员、二级运动员、三级运动员、少年级运动员。

等级裁判员人数 指经考核正式批准授予等级裁判员称号的人数。裁判员等级分为国际裁判、国家级裁判、一级裁判、二级裁判、三级裁判。

体育场 指有400米跑道（中心含足球场），有固定道牙，跑道6条以上，并有固定看台的室外田径场地。体育场按看台容纳观众人数分为：甲级25000人以上，乙级15000-25000人，、丙级5000-15000人，丁级5000人以下。

体育馆 指有固定看台，可供篮球、排球、羽毛球、乒乓球、体操等项目训练比赛活动用的室内运动场地。体育馆按看台容纳观众人数分为：甲级6000人以上，乙级4000-6000人，丙级2000-4000人，丁级2000人以下。

医院 指设有固定床位能收容病人住院并能为病人提供医疗、护理服务的医疗机构，包括县及县以上医院、农村乡卫生院、其他医院三部分。按所属性质分为卫生部门、工业及其他部门和集体经济单位三类。其中县及县以上医院按业务性质分为综合医院和专科医院。

卫生技术人员 指卫生事业机构支付工资的全部固定职工和合同制职工中现任职务为卫生技术工作的专业人员。

社会福利事业单位 指集中收养社会孤老、残、幼的机构。包括由民政部门管理的社会福利院、儿童福利院、精神病人福利院和城镇集体办的福利院，以及农村集体举办的敬老院。

社会福利事业单位收养人数 包括民政部门管理的和城镇及农村集体举办的社会福利事业单位中收养的老人、少年儿童、缺乏生活自理能力的残疾人员和精神病人。

社会福利企业单位 指以安置城镇有一定劳动能力的盲、聋、哑和肢体残疾人员就业为目的，享受国家减免税待遇的国有或集体经济性质的企业。包括福利工厂、福利商业服务业、假肢厂和安置农场等单位。

农村五保户 指农村中既无劳动能力，又无经济来源的老、弱、孤、残的农民生活由集体供养，实行保吃、保穿、保住、保医、保葬（孤儿保教），简称：“五保”。享受五保待遇的家庭叫五保户。

律师 指受聘参加法律顾问处工作，提任法律顾问、刑（民）事代理人、刑事辩护人，办理非诉讼事件、解答法律询问，代写法律事务文书等主要从事律师业务的专职法律工作者和兼职律师。

公证人员 指在国家公证机关依法办理公证事务的司法人员。包括公证员、助理公证员和在公证处工作的其他人员。

办理公证文书 指公证处在一定时期内办结的公证文书件数。公证文书系按司法部规定或批准的格式制作。包括国内公证和涉外公证两部分。其中国内公证分为经济合同公证和民事法律关系公证两大类。

调解人员 在人民调解委员会担负调解民间一般民事纠纷和轻微违法行为所引起的纠纷的工作人员。包括调解委员会的委员和调解小组的调解员。

调解民间纠纷 指调解委员会依照法律规定，根据自愿原则，用说服教育的方法调解民间发生的有关民事权利和义务的争执，促成当事双方达到协议和谅解，解决纠纷。包括婚姻家庭纠纷，财产权益纠纷等。不包括法院受理调解的民事案件数。

立案 指检察机关对犯罪线索进行初步调查后，认为存在职务犯罪事实并需要追究刑事责任时，依法决定作为刑事案件进行侦查的诉讼活动，是追究犯罪的开始。

大案 贪污贿赂犯罪案件指贪污、贿赂数额在5万元以上，挪用公款案在10万元以上，其他案件在50万元以上。渎职犯罪大案一般为直接经济损失5万元以上，死亡1人以上或者重伤3人以上的案件，或虽然没有造成经济损失和伤亡，但犯罪情节恶劣或造成严重后果的案件。

要案 指县、处级以上干部的犯罪案件。

决定逮捕 指检察机关对直接受理、自行侦查的案件，认为需要逮捕犯罪嫌疑人时，依据法律作出的逮捕决定。

批准逮捕 指检察机关对公安机关、国家安全机关、监狱管理机关提出逮捕的犯罪嫌疑人进行审查，根据事实，依法作出逮捕决定。

决定起诉 指检察机关对公安机关、国家安全机关、监狱管理机关和检察机关内设机构反贪污贿赂部门移送起诉的刑事犯罪嫌疑人进行审查，根据事实，依法向人民法院提起公诉。

EXPLANATORY NOTES ON MAIN STATISTICAL INDICATORS

Number of Athletes in Grades refers to the number of athletes who have been given titles through examination. The titles of athletes include international masters of sports, masters of sports, first-grade, second-grade and third-grade sportsmen and young athletes.

Number of Referees in Grades refers to the number of referees who have been given titles after examination. They are classified as international referees, national referees and referees of the first, second and third grades.

Stadiums refer to stadiums for track and field events with six lane 400-meter tracks around soccer fields, permanent track marks and permanent bleachers. Stadiums are classified according to seating capacity. They include: Class A stadiums seating 25000 people each. Class B stadiums seating 15000 to 25000 people each. Class C stadiums seating 5000 to 15000 people each. and Class D stadiums seating fewer than 5000 people.

Gymnasiums refer to indoor sports grounds with permanent seats in which basketball, volleyball, badminton, table tennis and gymnastics competitions can be held. Gymnasiums are classified according to seating capacity. They include Class A gymnasiums seating over 6000 people. Class B gymnasiums seating 4000 to 6000 people. Class C gymnasiums seating 2000 to 4000 people, and Class D gymnasiums seating fewer than 2000 people.

Hospitals refer to medical institutions with permanent hospital beds, which are able to take in patients and provide them with medical and nursing services. Hospitals are classified into three categories: hospitals at or above the county level, hospitals of rural townships, and other hospitals. According to their ownership, hospitals can be classified into three categories: hospitals under the public health departments, hospitals under industrial and other departments and collective - owned hospitals. Hospitals at or above county level are divided into comprehensive and specialized hospitals.

Medical Technical Personnel refers to all permanent medical staff and workers employed by medical institutions.

Social Welfare Institutions refer to institutions taking care of old people without children, handicapped people and orphans. They include social welfare institutions run by civil affairs departments, children's welfare institutions, social welfare institutions for mental patients, and collective - owned old people's homes in rural areas.

Number of People Taken in by Social Welfare Institutions refers to the number of old people, children, totally dependent handicapped people and mental patients taken in by social welfare institutions run by civil affairs departments and those run by collective units in urban and rural areas.

Social Welfare Enterprises are collective-owned enterprises which employ the blind, deaf-mute, and other handicapped people who are able to work in cities and towns and enjoy exemption from state taxes, including welfare plants, welfare commercial services, artificial limb plants and farms, etc.

Rural Households with Livelihood Guaranteed in Five Aspects refer to the households in which there are old people without child, orphans and handicapped people who are unable to work and without financial resources in rural areas. They are taken care of by the collective units and their food, clothing, housing, medical care, funeral expenses (or schooling for orphans) are guaranteed to provide for.

Lawyers are legal workers who are employed full-time by legal counseling firms to act as legal advisers, agents in criminal or civil lawsuits, or defenders in criminal lawsuits, or to handle non-litigious legal affairs, to advise on matters of law or to write legal papers for others. Both full-time and part-time lawyers are included.

Notary Personnel refers to judicial workers of the state notary offices handling notarization work according to law. They include notaries, assistant notaries, and other people working for notary offices.

Notarized Documents refers to the documents settled by notary offices in a year. The notarial documents are drawn up in accordance with the regulations of the Ministry of Justice, including domestic documents and foreign- related documents. Domestic documents are divided into two major categories, documents on economic contracts and documents on civil legal relations.

Mediators refer to workers on people's mediation committees responsible for mediation in civil disputes and cases of slight infraction of the law. They include members of the mediation committees and mediators of mediation groups.

Mediation of Civil Disputes refers to mediation committees' work in mediating in civil disputes concerning civil rights and duties through persuasion and education in accordance with the provisions of law on a voluntary basis, so as to solve disputes by helping the parties involved come to an agreement and understanding. These disputes include divorce cases and disputes over property ownership, but exclude the civil cases to be handled by the court.

Acceptance of Case refers to the decision made by the procurators office to confirm the act of crime after initial investigation and to start legal proceedings of the case as criminal case.

Large Case In case of corruption and bribery, it refers to the case involves a bribery of over 50,000 yuan, or a misappropriation of over 100,000, or other cases involving 500,000 yuan. In case of offence on dereliction of duty, it refers to the case that causes an economic loss of over 50,000, loss of one life, or severe injury of 3 persons; or case that displays extremely disgusting behavior of the offender or results in grave aftermath.

Key Case refers to a case committed by government officials with a ranking of division director or county administrator.

Decision of Arrest refers to decision made by procurators office, in accordance with laws, to arrest the suspect(s) in the cases that are accepted and to be investigated by procurators office.

Approval for Arrest refers to the decision made by procurators office, in accordance with laws and relevant facts, to approve the arrest of the suspect(s) that is proposed by the public security departments, state security departments or authority of prisons.

Decision on Prosecution refers to the decision made by procurators office, in accordance with laws and relevant facts, to institute proceedings to the peoples court against the suspect(s) of criminal cases handed over by the public security departments, state security departments or authority of prisons, or by the anti-corruption departments within the procurators office.

[illegible] of Civil Disputes — refers to mediation committees' work of mediating for civil disputes concerning civil rights and interests [illegible] in accordance with the provision of law on a voluntary basis so as to solve disputes by helping the parties [illegible] reach agreement and understanding. These disputes include divorce cases and disputes over property ownership that exclude the evidences to be handled by the court.

[illegible] of Cases — refers to the decision made by the procurators office to register the case after initial investigation and to [illegible] the suspected case as criminal case.

Large Case — case of corruption and bribery, it refers to the case that involves a bribery of over 50,000 yuan, or misappropriating of [illegible], or other cases involving 500,000 yuan. In case of offence of dereliction of duty, it refers to the case that causes an economic [illegible] over 500,000 yuan [illegible] of life or severe injury of a person, or case that display extremely [illegible] behaviour of [illegible] political alternation.

Key Case — refers to cases committed by government officials with a rank of division director or county magistrate or [illegible].

Decision of Arrest — refers to decision made by procurators office, in accordance with law, to arrest the suspect(s) in the cases [illegible] and to be investigated by procurators office.

Approval for Arrest — refers to the decision made by procurators office, in accordance with laws and [illegible] facts, to approve the arrest of the suspect(s) that is proposed by the public security [illegible] state security departments [illegible] prisons.

Decision on Prosecution — refers to the decision made by procurators office, in accordance with laws and relevant facts, to institute proceedings to the people's court against the suspect(s) of cases [illegible] by the public security department, state security [illegible] within the [illegible].

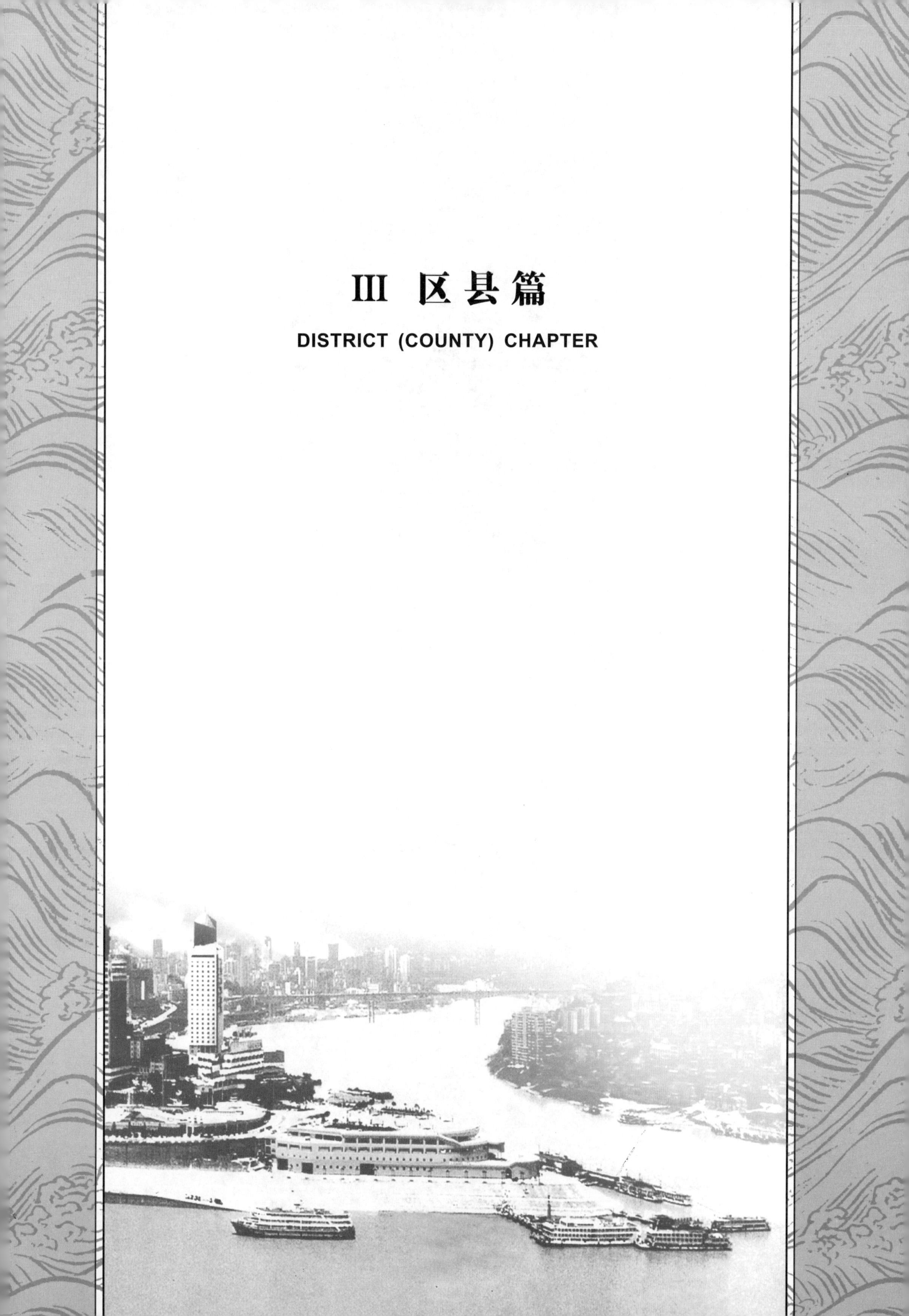

Ⅲ 区县篇

DISTRICT (COUNTY) CHAPTER

二零零四

重庆统计年鉴

CHONGQING STATISTICAL YEARBOOK 2004

十八 区县（自治县、市）和开发区资料

DISTRICTS (COUNTIES) AND DEVELOPMENT ZONES

简要说明

本章资料包括2003年按三大经济区分组的全市40个区县（自治县、市）的主要经济社会统计资料，以及重庆市开发区、经济技术开发区和高新技术产业开发区的主要统计资料。

三大经济区的多数统计数据经过测算和评估而取得，其合计数不等于各区县数据直接相加数。

本章资料分别由市统计局人口就业处、核算处、工业交通处、固定资产投资处、贸易外经处、社会科技处、综合处和市农村社会经济调查队根据有关专业统计资料、各区县统计局资料和市级有关部门的区县资料整理编辑。

Brief Introduction

Data in this chapter include main economic and social indicators of 40 districts (counties) by region of three economic zones in 2003, as well as main economic indicators of development zones, High-tech Development Zone and Economic and Technology Development Zone in Chongqing.

Most data of three economic zones are assessed and examined. The data of three economic zones are not equal to the sums of districts (counties).

Data in this chapter are prepared and edited by Division of Population and Employment Statistics, Division of National Economic Accounting, Division of Industry and Transport Statistics, Division of Statistics of Investment in Fixed Assets, Division of Trade and External Economic Relations Statistics, Division of Social and Technology Statistics, Division of Comprehensive Statistics of Municipal Bureau of Statistics and Municipal Rural Socio-economic Survey Organization, on basis of data from related divisions of Municipal Bureau of Statistics, statistical bureaus of districts (counties) and from related municipal departments.

18－1 各区县（自治县、市）人口（2003年）
POPULATION BY REGION (2003)

区 县	Region	年末总户数（户籍统计）（万户） Year-end Households (registration statistics) (10 000 households)	年末总人口（户籍统计）（万人） Year-end Population (registration statistics) (10 000 persons)	#非农业人口 Non-agricultural	#女 性 Female
都市发达经济圈	**Metropolitan Advanced Economic Sphere**	**187.29**	**559.58**	**331.04**	**273.94**
渝中区	Yuzhong District	19.54	60.11	59.85	30.02
大渡口区	Dadukou District	7.46	21.01	14.91	10.47
江北区	Jiangbei District	16.20	48.00	38.58	23.56
沙坪坝区	Shapingba District	22.28	71.21	49.67	35.07
九龙坡区	Jiulongpo District	25.41	75.20	51.41	36.82
南岸区	Nan'an District	17.01	50.75	38.07	24.87
北碚区	Beibei District	21.25	64.72	28.49	31.62
渝北区	Yubei District	29.18	82.95	25.54	40.22
巴南区	Ba'nan District	28.96	85.63	24.52	41.29
渝西经济走廊	**West Chongqing Economic Corridor**	**313.33**	**999.94**	**198.82**	**478.83**
万盛区	Wansheng District	7.96	26.76	11.80	13.35
双桥区	Shuangqiao District	1.48	4.63	2.13	2.25
綦江县	Qijiang County	29.08	94.93	20.09	45.62
潼南县	Tongnan County	25.15	90.32	10.31	42.41
铜梁县	Tongliang County	25.92	80.64	12.31	38.66
大足县	Dazu County	26.16	92.72	14.74	43.53
荣昌县	Rongchang County	24.86	81.33	15.43	39.37
璧山县	Bishan County	20.64	60.96	13.64	29.53
江津市	Jiangjin City	51.23	145.82	37.27	69.49
合川市	Hechuan City	47.53	150.45	26.43	71.88
永川市	Yongchuan City	33.36	107.03	25.56	51.38
南川市	Nanchuan City	19.96	64.35	9.11	31.36
三峡库区生态经济区	**Ecological Economic Zone in Three Gorges Reservoir Area**	**476.39**	**1570.58**	**224.06**	**745.67**
万州区	Wanzhou District	55.01	169.71	43.95	82.36
涪陵区	Fuling District	36.86	111.50	28.77	54.16
黔江区	Qianjiang District	14.70	50.44	6.95	23.75
长寿区	Changshou District	29.27	87.49	16.81	42.28
梁平县	Liangping County	27.46	88.34	10.33	41.93
城口县	Chengkou County	6.64	22.70	2.36	10.48
丰都县	Fengdu County	24.54	77.78	10.84	36.97
垫江县	Dianjiang County	27.19	89.66	10.72	42.23
武隆县	Wulong County	11.60	39.70	5.12	18.67
忠 县	Zhongxian County	28.68	96.47	12.73	46.39
开 县	Kaixian County	46.35	152.01	15.32	71.27
云阳县	Yunyang County	34.74	127.13	13.89	60.00
奉节县	Fengjie County	29.59	98.99	9.29	46.59
巫山县	Wushan County	17.94	58.83	6.24	27.70
巫溪县	Wuxi County	15.77	51.64	4.85	24.37
石柱县	Shizhu County	14.73	51.23	6.67	24.72
秀山县	Xiushan County	16.32	60.60	6.87	28.81
酉阳县	Youyang County	20.99	74.50	6.84	34.46
彭水县	Pengshui County	18.01	61.86	5.51	28.53

18-1 续表 CONTINUED

区 县	Region	人口自然增长（户籍统计） Natural Growth of Population (registration statistics)		常住总人口（万人） Resident Inhabitants (10 000 persons)	城镇化率（%） Urban Rate (%)
		人数（万人） Population (10 000 persons)	自然增长率（‰） Natural Growth Rate (‰)		
都市发达经济圈	**Metropolitan Advanced Economic Sphere**	**0.76**	**1.38**	**617.83**	**84.37**
渝中区	Yuzhong District	-0.09	-1.53	68.13	100.00
大渡口区	Dadukou District	0.01	0.55	25.43	100.00
江北区	Jiangbei District	0.10	2.00	62.51	100.00
沙坪坝区	Shapingba District	0.11	1.63	82.95	100.00
九龙坡区	Jiulongpo District	0.21	2.85	90.82	100.00
南岸区	Nan'an District	0.09	1.88	64.14	100.00
北碚区	Beibei District	0.08	1.27	65.37	61.60
渝北区	Yubei District	0.32	3.82	79.10	52.10
巴南区	Ba'nan District	-0.07	-0.73	79.38	57.70
渝西经济走廊	**West Chongqing Economic Corridor**	**1.95**	**1.95**	**840.20**	**36.08**
万盛区	Wansheng District	0.08	2.90	24.57	63.20
双桥区	Shuangqiao District	0.05	9.47	4.60	84.70
綦江县	Qijiang County	0.44	4.59	83.55	29.00
潼南县	Tongnan County	0.29	3.22	71.69	20.40
铜梁县	Tongliang County	-0.05	-0.67	61.65	29.10
大足县	Dazu County	0.02	0.22	76.58	25.80
荣昌县	Rongchang County	0.38	4.74	65.50	28.10
璧山县	Bishan County	0.02	0.41	50.96	29.20
江津市	Jiangjin City	0.02	0.17	126.68	45.30
合川市	Hechuan City	0.18	1.17	127.65	42.30
永川市	Yongchuan City	0.44	4.08	92.09	46.10
南川市	Nanchuan City	0.08	1.32	54.68	36.70
三峡库区生态经济区	**Ecological Economic Zone in Three Gorges Reservoir Area**	**9.24**	**5.89**	**1319.44**	**25.72**
万州区	Wanzhou District	0.96	5.65	151.49	43.50
涪陵区	Fuling District	0.23	2.08	100.88	46.20
黔江区	Qianjiang District	0.32	6.37	43.53	25.30
长寿区	Changshou District	0.36	4.08	74.49	40.30
梁平县	Liangping County	0.26	2.82	72.07	24.00
城口县	Chengkou County	0.05	2.59	19.59	13.20
丰都县	Fengdu County	0.60	7.84	65.10	20.90
垫江县	Dianjiang County	0.85	9.60	73.60	22.80
武隆县	Wulong County	0.21	5.36	35.15	22.70
忠 县	Zhongxian County	0.30	3.04	74.97	21.60
开 县	Kaixian County	1.33	8.78	116.14	23.70
云阳县	Yunyang County	0.76	5.99	102.30	21.30
奉节县	Fengjie County	0.86	8.68	86.79	21.10
巫山县	Wushan County	0.31	5.25	50.49	18.50
巫溪县	Wuxi County	0.14	2.78	44.96	12.40
石柱县	Shizhu County	0.26	5.18	43.88	15.80
秀山县	Xiushan County	0.80	13.15	50.32	15.40
酉阳县	Youyang County	0.59	8.09	58.60	12.80
彭水县	Pengshui County	0.05	0.65	55.09	12.00

18－2 各区县（自治县、市）就业（2003年）
EMPLOYMENT BY REGION (2003)

区 县	Region	年末全部就业人员数（万人） Year-end Employment (10 000 persons)	第一产业 Primary Industry	第二产业 Secondary Industry	第三产业 Tertiary Industry	#职工 Staff and Workers	城镇经济单位专业技术人员（人） Various Specialized Technicians in Urban Economic Units (person)	年末失业人员登记数（万人） Urban Registered Unemployment (10 000 persons)
都市发达经济圈	**Metropolitan Advanced Economic Sphere**	**325.31**	**81.22**	**92.90**	**151.19**	**96.92**	**258449**	**7.57**
渝中区	Yuzhong District	34.28	0.00	7.75	26.53	24.66	59579	1.71
大渡口区	Dadukou District	14.53	2.56	6.29	5.68	5.07	12094	0.27
江北区	Jiangbei District	25.60	3.70	13.20	8.70	10.96	27328	0.75
沙坪坝区	Shapingba District	38.72	5.51	17.21	16.00	10.37	28097	1.39
九龙坡区	Jiulongpo District	52.15	7.76	25.26	19.13	19.70	52613	1.52
南岸区	Nan'an District	27.93	4.09	12.27	11.57	9.36	26642	0.72
北碚区	Beibei District	32.63	12.29	13.00	7.34	5.89	18944	0.48
渝北区	Yubei District	54.49	24.95	12.15	17.39	5.18	16191	0.45
巴南区	Ba'nan District	49.82	19.98	18.59	11.25	5.73	16961	0.28
渝西经济走廊	**West Chongqing Economic Corridor**	**533.59**	**263.63**	**89.76**	**180.20**	**44.75**	**154440**	**3.78**
万盛区	Wansheng District	12.49	5.89	3.42	3.18	1.94	5052	0.39
双桥区	Shuangqiao District	2.74	0.65	1.40	0.69	0.86	2031	0.02
綦江县	Qijiang County	53.95	23.80	10.01	20.14	5.56	16049	0.33
潼南县	Tongnan County	56.67	39.13	9.37	8.17	1.99	9136	0.22
铜梁县	Tongliang County	48.61	19.63	14.48	14.50	2.40	11366	0.22
大足县	Dazu County	53.08	25.59	9.28	18.21	2.92	10506	0.17
荣昌县	Rongchang County	38.65	27.55	5.04	6.06	3.89	12812	0.31
璧山县	Bishan County	37.21	11.51	11.92	13.78	2.81	8881	0.17
江津市	Jiangjin City	73.54	29.01	22.24	22.29	9.40	36927	0.52
合川市	Hechuan City	85.14	45.20	11.71	28.23	5.70	18101	0.36
永川市	Yongchuan City	43.75	15.45	12.80	15.50	4.53	16213	0.68
南川市	Nanchuan City	35.70	19.00	9.80	6.90	2.75	7366	0.39
三峡库区生态经济区	**Ecological Economic Zone in Three Gorges Reservoir Area**	**867.46**	**547.38**	**115.76**	**204.32**	**63.32**	**207526**	**4.81**
万州区	Wanzhou District	99.56	45.09	27.52	26.95	12.35	32794	0.79
涪陵区	Fuling District	66.57	33.62	12.43	20.52	9.81	28252	0.52
黔江区	Qianjiang District	24.49	17.61	2.35	4.53	2.12	7998	0.24
长寿区	Changshou District	53.88	30.04	12.01	11.83	4.53	13950	0.38
梁平县	Liangping County	56.35	26.77	17.96	11.62	2.73	9453	0.19
城口县	Chengkou County	11.49	5.72	3.67	2.10	0.86	3941	0.04
丰都县	Fengdu County	45.78	35.91	4.30	5.57	2.06	8407	0.19
垫江县	Dianjiang County	45.50	29.10	11.70	4.70	2.64	10591	0.22
武隆县	Wulong County	24.91	14.98	4.71	5.22	1.74	5928	0.15
忠 县	Zhongxian County	54.38	27.67	7.33	19.38	2.81	12363	0.33
开 县	Kaixian County	77.60	50.30	9.10	18.20	3.69	13034	0.31
云阳县	Yunyang County	63.13	37.26	11.82	14.05	4.04	15184	0.29
奉节县	Fengjie County	47.55	32.26	6.56	8.73	2.86	10521	0.24
巫山县	Wushan County	33.92	24.42	3.54	5.96	2.01	2514	0.13
巫溪县	Wuxi County	28.08	22.06	1.76	4.26	1.54	6357	0.08
石柱县	Shizhu County	32.29	25.01	3.48	3.80	1.74	4980	0.29
秀山县	Xiushan County	29.47	21.21	4.99	3.27	1.87	7388	0.12
酉阳县	Youyang County	45.91	33.03	8.93	3.95	2.13	8395	0.12
彭水县	Pengshui County	39.50	32.80	2.50	4.20	1.79	5476	0.18

18－3 各区县（自治县、市）生产总值（2003年）
GROSS DOMESTIC PRODUCT BY REGION (2003)

区 县	Region	地区生产总值（当年价格）（万元） Gross Domestic Product (current prices) (10000 yuan)	第一产业 Primary Industry	第二产业 Secondary Industry	#工业增加值 Industry	第三产业 Tertiary Industry	人均地区生产总值（元） Per Capita GDP (yuan)
都市发达经济圈	**Metropolitan Advanced Economic Sphere**	**8870100**	**455800**	**4416200**		**3998100**	**14397**
渝中区	Yuzhong District	1533793	355	300449	136785	1232989	22544
大渡口区	Dadukou District	505451	13610	389019	358035	102822	19966
江北区	Jiangbei District	861367	12591	591630	511892	257146	13641
沙坪坝区	Shapingba District	1170631	41825	663282	515384	465524	14230
九龙坡区	Jiulongpo District	1556308	64181	923437	747310	568690	17209
南岸区	Nan'an District	811938	28706	534161	422475	249071	12771
北碚区	Beibei District	707556	44782	372693	311880	290081	10830
渝北区	Yubei District	677583	100043	356935	201903	220605	8608
巴南区	Ba'nan District	705843	162046	355738	296118	188059	8900
渝西经济走廊	**West Chongqing Economic Corridor**	**6868400**	**1419400**	**2659300**		**2789700**	**8127**
万盛区	Wansheng District	169435	26660	61097	38547	81678	6805
双桥区	Shuangqiao District	79460	1885	63709	59438	13866	17349
綦江县	Qijiang County	515640	152116	198613	111899	164911	6135
潼南县	Tongnan County	452890	134200	117770	66670	200920	6298
铜梁县	Tongliang County	557638	108622	240700	162670	208316	8959
大足县	Dazu County	528199	113374	205271	157077	209554	6865
荣昌县	Rongchang County	415851	110418	156907	116060	148526	6346
璧山县	Bishan County	475206	61962	261692	222082	151552	9260
江津市	Jiangjin City	1138256	245492	447795	321344	444969	8923
合川市	Hechuan City	1075488	246975	427964	293269	400549	8415
永川市	Yongchuan City	801841	148799	314844	215246	338198	8628
南川市	Nanchuan City	444507	107253	205825	154021	131429	8034
三峡库区生态经济区	**Ecological Economic Zone in Three Gorges Reservoir Area**	**6767100**	**1488400**	**2697500**		**2581200**	**5106**
万州区	Wanzhou District	925530	126700	453557	257320	345273	6077
涪陵区	Fuling District	978185	121774	517895	412912	338516	9613
黔江区	Qianjiang District	254205	49650	131445	99123	73110	5838
长寿区	Changshou District	668778	108344	329685	219060	230749	8966
梁平县	Liangping County	354950	81951	157427	96978	115572	4898
城口县	Chengkou County	60953	20559	18364	10689	22030	3102
丰都县	Fengdu County	299356	78205	111859	55481	109292	4573
垫江县	Dianjiang County	379041	87778	162994	116790	128269	5108
武隆县	Wulong County	208245	55184	79083	34168	73978	5907
忠 县	Zhongxian County	319693	97637	90704	38660	131352	4257
开 县	Kaixian County	527667	156090	185580	103512	185997	4512
云阳县	Yunyang County	315542	104174	125590	49255	85778	3060
奉节县	Fengjie County	301870	99987	78039	28673	123844	3479
巫山县	Wushan County	173814	53543	43249	12777	77022	3437
巫溪县	Wuxi County	110783	46914	28545	17879	35324	2449
石柱县	Shizhu County	170017	51770	57776	38848	60471	3852
秀山县	Xiushan County	189252	61504	68826	47026	58922	3762
酉阳县	Youyang County	147251	56594	38597	21003	52060	2515
彭水县	Pengshui County	192550	70332	61794	30337	60424	3485

注：人均地区生产总值按常住人口计算。

Note: Per capita GDP is calculated by resident population.

18-3 续表 CONTINUED

区 县	Region	地区生产总值指数（可比价）（上年=100） Indices of GDP (comparable prices) (preceding year=100)	第一产业 Primary Industry	第二产业 Secondary Industry	#工业 Industry	第三产业 Tertiary Industry
都市发达经济圈	**Metropolitan Advanced Economic Sphere**	**112.0**	**102.4**	**114.8**		**110.0**
渝中区	Yuzhong District	111.2	54.4	111.1	111.4	111.2
大渡口区	Dadukou District	112.6	101.9	113.4	112.9	110.9
江北区	Jiangbei District	114.2	99.0	115.2	115.6	112.7
沙坪坝区	Shapingba District	112.5	102.3	112.5	113.2	113.5
九龙坡区	Jiulongpo District	114.0	104.0	113.6	112.2	115.9
南岸区	Nan'an District	114.3	101.2	114.7	113.0	114.8
北碚区	Beibei District	112.0	104.1	114.8	115.0	109.8
渝北区	Yubei District	114.5	101.8	118.2	120.9	116.0
巴南区	Ba'nan District	114.0	102.0	123.2	121.7	110.5
渝西经济走廊	**West Chongqing Economic Corridor**	**111.3**	**104.4**	**118.0**		**108.7**
万盛区	Wansheng District	110.1	102.8	117.5	117.2	107.5
双桥区	Shuangqiao District	113.2	97.8	115.3	115.3	107.0
綦江县	Qijiang County	112.8	103.3	122.2	121.0	111.6
潼南县	Tongnan County	112.6	103.7	120.9	114.4	114.3
铜梁县	Tongliang County	112.8	104.1	117.5	128.1	112.4
大足县	Dazu County	112.0	103.8	121.4	122.5	108.9
荣昌县	Rongchang County	111.2	104.3	114.8	114.4	112.6
璧山县	Bishan County	113.2	104.5	116.6	117.0	111.7
江津市	Jiangjin City	112.4	104.3	117.5	118.6	112.0
合川市	Hechuan City	112.2	106.5	116.6	117.9	111.3
永川市	Yongchuan City	113.0	102.3	118.8	119.1	112.8
南川市	Nanchuan City	112.0	103.3	117.0	116.9	112.1
三峡库区生态经济区	**Ecological Economic Zone in Three Gorges Reservoir Area**	**110.9**	**104.5**	**116.0**		**109.3**
万州区	Wanzhou District	112.3	102.2	115.1	115.3	112.7
涪陵区	Fuling District	113.0	105.3	115.6	115.5	111.4
黔江区	Qianjiang District	111.2	104.1	115.3	117.8	109.4
长寿区	Changshou District	108.5	103.7	107.7	106.9	112.0
梁平县	Liangping County	112.7	103.1	118.9	116.4	112.5
城口县	Chengkou County	112.8	105.1	132.7	134.7	106.6
丰都县	Fengdu County	112.0	104.0	117.6	114.9	112.7
垫江县	Dianjiang County	112.8	104.9	119.9	122.7	110.1
武隆县	Wulong County	112.1	103.4	118.0	147.8	113.3
忠 县	Zhongxian County	110.6	104.5	119.7	119.0	109.7
开 县	Kaixian County	112.6	104.7	118.7	116.3	113.8
云阳县	Yunyang County	111.8	103.7	117.8	108.0	114.4
奉节县	Fengjie County	111.0	103.6	112.4	156.8	117.3
巫山县	Wushan County	111.8	105.2	116.3	111.6	114.2
巫溪县	Wuxi County	111.4	104.6	119.0	120.1	115.3
石柱县	Shizhu County	113.0	105.9	123.5	118.3	110.4
秀山县	Xiushan County	112.9	104.0	122.4	124.2	113.1
酉阳县	Youyang County	110.6	106.2	115.5	126.7	112.0
彭水县	Pengshui County	112.2	105.2	120.6	116.2	112.5

18—4 各区县（自治县、市）农业和农村经济（2003年）
AGRICULTURE AND RURAL ECONOMY BY REGION (2003)

区 县	Region	农林牧渔业总产值（当年价）（万元） Gross Output Value of Farming, Forestry, Animal Husbandry and Fishery (current prices) (10 000 yuan)	农 业 Farming	林 业 Forestry	牧 业 Animal Husbandry	渔 业 Fishery	农林牧渔服务业 Farming, Forestry, Animal Huabandry and Fishery Services	农林牧渔业总产值指数（可比价）（上年=100） Indices of Gross Output Value of Farming, Forestry, Animal Husbandry and Fishery (comparable prices)(preceding year=100)
都市发达经济圈	**Metropolitan Advanced Economic Sphere**	**639638**	**411932**	**9240**	**175709**	**34205**	**8552**	**107.2**
渝中区	Yuzhong District							
大渡口区	Dadukou District	21224	11134	456	6990	1797	847	105.0
江北区	Jiangbei District	19169	9337	517	7803	1264	248	115.8
沙坪坝区	Shapingba District	65536	37629	408	21474	2989	3036	102.8
九龙坡区	Jiulongpo District	87361	53734	1182	23979	4440	4026	107.8
南岸区	Nan'an District	46183	35627	839	8491	1115	111	113.6
北碚区	Beibei District	69764	38088	888	25766	4215	807	106.5
渝北区	Yubei District	146130	81265	7935	51074	4350	1506	102.6
巴南区	Ba'nan District	226048	127586	4083	78398	13026	2955	104.3
渝西经济走廊	**West Chongqing Economic Corridor**	**1876519**	**1022371**	**54338**	**689523**	**87205**	**23082**	**107.3**
万盛区	Wansheng District	42344	27966	1901	10729	1389	359	107.3
双桥区	Shuangqiao District	3212	1176	73	1626	213	124	98.5
綦江县	Qijiang County	182830	91821	3881	78089	7396	1643	103.5
潼南县	Tongnan County	171728	96647	5854	57062	10596	1569	106.5
铜梁县	Tongliang County	168833	72823	2988	81569	10595	858	107.0
大足县	Dazu County	155948	87580	5966	53287	7015	2100	101.9
荣昌县	Rongchang County	167375	76504	8633	74016	6172	2050	106.5
璧山县	Bishan County	98568	55641	843	35219	5784	1081	107.0
江津市	Jiangjin City	370759	202105	29967	117404	13841	7442	104.4
合川市	Hechuan City	258300	149613	1886	95619	8741	2441	107.0
永川市	Yongchuan City	220834	123358	3641	82884	7683	3268	107.6
南川市	Nanchuan City	158028	76989	11082	63106	4447	2404	104.2
三峡库区生态经济区	**Ecological Economic Zone in Three Gorges Reservoir Area**	**2369498**	**1266853**	**82246**	**911152**	**61841**	**47406**	**106.2**
万州区	Wanzhou District	212802	98209	8911	94322	8907	2453	105.3
涪陵区	Fuling District	190272	99193	1667	78968	4748	5696	105.5
黔江区	Qianjiang District	93310	49554	7242	34046	1263	1205	106.1
长寿区	Changshou District	180753	91474	3426	70709	10418	4726	101.8
梁平县	Liangping County	135467	77603	2645	49829	3984	1406	102.4
城口县	Chengkou County	32057	13823	4108	13055	621	450	107.1
丰都县	Fengdu County	120970	52238	3116	60342	3560	1714	104.5
垫江县	Dianjiang County	144646	64933	2955	64825	5023	6910	103.5
武隆县	Wulong County	85256	45851	4384	33277	1451	293	102.9
忠 县	Zhongxian County	183749	89821	4329	78236	2684	8679	104.3
开 县	Kaixian County	246874	120381	14359	99354	5057	7723	104.7
云阳县	Yunyang County	163411	78671	7845	72410	3284	1201	102.8
奉节县	Fengjie County	156553	92133	4703	55640	3482	595	104.5
巫山县	Wushan County	86836	45519	6098	32910	924	1385	105.2
巫溪县	Wuxi County	72589	33756	7228	30095	235	1275	105.1
石柱县	Shizhu County	92117	51949	5469	33155	654	890	105.0
秀山县	Xiushan County	99129	63133	3733	28961	1001	2301	107.9
酉阳县	Youyang County	106987	60065	4524	41183	735	480	107.3
彭水县	Pengshui County	120075	70960	7041	40801	632	641	104.8

18-4 续表1 CONTINUED-1

区 县	Region	农业商品产值（万元）Output Value of Agricultural Commodities (10 000 yuan)	农业商品率（%）Commodity Rate (%)	乡村从业人员（万人）Rural Employment (10 000 persons)	年末常用耕地面积（公顷）Year-end Common Cultivated Area (hectare)	农用化肥施用量（折纯）（万吨）Consumption of Chemical Fertilizer (net) (10 000 tons)	农村用电量（万千瓦时）Electricity Consumption in Rural Areas (10 000 kwh)
都市发达经济圈	**Metropolitan Advanced Economic Sphere**	**385062**	**60.2**	**136.4**	**120479**	**6.7**	**105059**
渝中区	Yuzhong District						
大渡口区	Dadukou District	17863	87.7	3.7	1606	0.4	6272
江北区	Jiangbei District	11340	59.0	6.1	4232	0.5	4596
沙坪坝区	Shapingba District	41605	66.6	11.7	11206	0.9	23675
九龙坡区	Jiulongpo District	68203	81.8	14.2	9987	0.5	25917
南岸区	Nan'an District	33103	56.2	8.6	4766	0.3	5390
北碚区	Beibei District	33930	49.0	21.7	15894	0.9	26230
渝北区	Yubei District	80529	55.7	37.0	30560	1.5	4746
巴南区	Ba'nan District	122948	54.0	33.4	42228	1.7	8233
渝西经济走廊	**West Chongqing Economic Corridor**	**1097764**	**58.5**	**459.4**	**485317**	**23.8**	**126773**
万盛区	Wansheng District	16017	38.1	8.8	8093	0.6	3810
双桥区	Shuangqiao District	1340	43.4	1.3	682	0.0	113
綦江县	Qijiang County	82672	45.6	38.3	49956	2.6	7790
潼南县	Tongnan County	112617	66.2	43.0	50542	2.8	7547
铜梁县	Tongliang County	104120	62.0	37.0	42791	2.2	8700
大足县	Dazu County	92218	59.9	41.1	42488	2.0	9305
荣昌县	Rongchang County	90327	54.6	36.0	33356	1.8	7476
璧山县	Bishan County	56947	58.4	31.6	24232	0.6	31627
江津市	Jiangjin City	245109	67.5	75.4	68962	2.9	15276
合川市	Hechuan City	120198	47.0	73.3	75328	2.8	7111
永川市	Yongchuan City	142176	65.3	42.5	49802	3.3	11588
南川市	Nanchuan City	91598	58.0	31.0	39085	2.1	16430
三峡库区生态经济区	**Ecological Economic Zone in Three Gorges Reservoir Area**	**1237718**	**51.3**	**744.4**	**747425**	**41.1**	**134703**
万州区	Wanzhou District	105390	50.1	73.3	58373	3.5	10450
涪陵区	Fuling District	114713	62.1	47.9	65635	3.6	22410
黔江区	Qianjiang District	47201	51.2	28.2	28764	1.8	2082
长寿区	Changshou District	128768	73.2	39.7	38982	2.1	6350
梁平县	Liangping County	63484	47.4	46.1	42365	1.9	4808
城口县	Chengkou County	10200	32.3	10.0	18150	0.6	875
丰都县	Fengdu County	67173	56.3	40.1	34383	1.6	5520
垫江县	Dianjiang County	61295	44.5	42.6	37753	2.4	7915
武隆县	Wulong County	33816	39.8	21.3	29646	1.6	6429
忠 县	Zhongxian County	92759	53.0	44.7	51102	2.8	3551
开 县	Kaixian County	119437	49.9	64.7	38052	4.1	10952
云阳县	Yunyang County	67934	41.9	55.7	46185	2.5	6500
奉节县	Fengjie County	75175	48.0	42.6	46229	1.8	14174
巫山县	Wushan County	35570	41.6	24.2	35812	1.7	3559
巫溪县	Wuxi County	28344	39.7	24.9	32311	1.4	4670
石柱县	Shizhu County	48297	52.9	28.3	29663	1.9	5598
秀山县	Xiushan County	51582	69.4	34.8	30226	1.6	11860
酉阳县	Youyang County	48397	45.4	43.5	42464	2.1	4000
彭水县	Pengshui County	57344	48.0	31.7	41330	2.1	3000

18-4 续表2 CONTINUED-2

区 县	Region	农药使用量（吨）Consumption of Chemical Pesticides (ton)	粮食产量（吨）Output of Grain (ton)	油料产量（吨）Output of Oil-bearing Crops (ton)	糖料产量（吨）Output of Sugar (ton)	烟叶产量（吨）Output of Tobacco (ton)	茶叶产量（吨）Output of Tea (ton)
都市发达经济圈	**Metropolitan Advanced Economic Sphere**	**1596**	**907815**	**7999**	**1940**	**725**	**1700**
渝中区	Yuzhong District						
大渡口区	Dadukou District	54	8199	3			5
江北区	Jiangbei District	73	21749	183	80		3
沙坪坝区	Shapingba District	208	69980	347	18		134
九龙坡区	Jiulongpo District	262	68274	860	992	9	2
南岸区	Nan'an District	64	31987	726	23	4	
北碚区	Beibei District	320	109364	1306	79	26	78
渝北区	Yubei District	201	257668	1429	346	73	25
巴南区	Ba'nan District	414	374710	2574	402	613	1453
渝西经济走廊	**West Chongqing Economic Corridor**	**8510**	**4031351**	**121253**	**92017**	**6061**	**8074**
万盛区	Wansheng District	162	52385	1529		77	611
双桥区	Shuangqiao District	16	7954	234			
綦江县	Qijiang County	477	367559	9194	356	1229	749
潼南县	Tongnan County	451	374956	28458	6150	36	40
铜梁县	Tongliang County	727	335525	3256	478		170
大足县	Dazu County	885	448333	9037	1615	294	173
荣昌县	Rongchang County	564	290443	12091	7731	4	2900
璧山县	Bishan County	1390	187244	1934	1094	11	295
江津市	Jiangjin City	697	654648	10369	68799	1047	843
合川市	Hechuan City	718	694026	12379	804	135	79
永川市	Yongchuan City	1818	455690	8422	4990	18	711
南川市	Nanchuan City	605	314682	15427		3210	1503
三峡库区生态经济区	**Ecological Economic Zone in Three Gorges Reservoir Area**	**9434**	**5932871**	**253490**	**19503**	**79262**	**4546**
万州区	Wanzhou District	1275	486548	12886	718	2209	94
涪陵区	Fuling District	829	420718	8592	140	1258	650
黔江区	Qianjiang District	502	238230	12444		9186	550
长寿区	Changshou District	458	364943	7868	893	178	51
梁平县	Liangping County	590	348265	9464	4248	116	104
城口县	Chengkou County	21	80241	1212		221	365
丰都县	Fengdu County	379	308840	13553	60	2783	11
垫江县	Dianjiang County	359	368550	10929	744	361	123
武隆县	Wulong County	132	160569	5269		10277	59
忠 县	Zhongxian County	694	405405	25906	1905	1200	51
开 县	Kaixian County	1211	592248	18785	2516	775	678
云阳县	Yunyang County	441	423466	11403	1100	1700	260
奉节县	Fengjie County	555	405153	21460		4694	204
巫山县	Wushan County	128	211800	6864		7122	122
巫溪县	Wuxi County	147	193495	3072		2064	326
石柱县	Shizhu County	446	245527	9652	256	6638	193
秀山县	Xiushan County	348	300172	26073	6510	3370	173
酉阳县	Youyang County	520	328027	17210		10450	383
彭水县	Pengshui County	399	273345	12231	413	14660	149

18-4 续表3 CONTINUED-3

区 县	Region	水果产量（吨） Output of Fruit (ton)	蔬菜产量（吨） Output of Vegetable (ton)	肉类总产量（吨） Output of Meat (ton)	#猪肉产量 Output of Pork	#牛肉产量 Output of Beef	水产品产量（吨） Output of Aquatic Products (ton)
都市发达经济圈	**Metropolitan Advanced Economic Sphere**	**110012**	**1634074**	**167804**	**132083**	**546**	**44043**
渝中区	Yuzhong District						
大渡口区	Dadukou District	789	100510	7631	6796	6	2169
江北区	Jiangbei District	5611	43993	7144	5938	10	1778
沙坪坝区	Shapingba District	6566	226120	17152	7906	6	4163
九龙坡区	Jiulongpo District	17901	224835	21139	14341	12	5167
南岸区	Nan'an District	3051	107967	7540	5575	34	2745
北碚区	Beibei District	12690	148488	21385	17988	68	4946
渝北区	Yubei District	31011	328189	45628	36167	210	6878
巴南区	Ba'nan District	32393	453972	70058	54574	260	16785
渝西经济走廊	**West Chongqing Economic Corridor**	**421603**	**3597948**	**591303**	**479956**	**8123**	**101347**
万盛区	Wansheng District	2525	133711	12402	10689	135	1707
双桥区	Shuangqiao District	558	3470	1884	1640		331
綦江县	Qijiang County	17252	331339	70191	55005	3414	9200
潼南县	Tongnan County	44185	294600	51701	47565	249	11580
铜梁县	Tongliang County	20940	232690	58801	42388	110	10683
大足县	Dazu County	16140	137436	54995	44080	283	8526
荣昌县	Rongchang County	11560	281104	62252	44711	732	6520
璧山县	Bishan County	53227	215000	38503	21022	62	10208
江津市	Jiangjin City	114872	725912	102036	80551	598	15904
合川市	Hechuan City	25021	649698	101992	89762	116	11206
永川市	Yongchuan City	85878	402869	87110	64760	172	11316
南川市	Nanchuan City	29445	190119	54620	40594	3137	5518
三峡库区生态经济区	**Ecological Economic Zone in Three Gorges Reservoir Area**	**754265**	**3169690**	**835990**	**706159**	**44318**	**79503**
万州区	Wanzhou District	95219	351725	92103	78178	3144	11257
涪陵区	Fuling District	41157	243082	71692	57123	1521	8508
黔江区	Qianjiang District	26957	95539	35336	30775	2700	1150
长寿区	Changshou District	78676	219430	66529	59344	562	15052
梁平县	Liangping County	43651	284929	53413	40548	1048	4460
城口县	Chengkou County	1945	28025	16150	12995	653	391
丰都县	Fengdu County	23139	120036	55115	33773	9093	5200
垫江县	Dianjiang County	25900	191865	54645	45660	1005	5700
武隆县	Wulong County	5968	84396	30652	23851	2704	1950
忠 县	Zhongxian County	25890	167564	50157	38904	2539	4750
开 县	Kaixian County	141210	236428	93846	73743	2816	7300
云阳县	Yunyang County	50866	222280	76567	59815	5046	4526
奉节县	Fengjie County	137426	145588	63332	53344	2600	2745
巫山县	Wushan County	18157	120321	38782	34468	397	670
巫溪县	Wuxi County	4614	100500	35600	30693	753	361
石柱县	Shizhu County	9822	75608	24742	18739	3116	4515
秀山县	Xiushan County	16069	185260	39333	35009	1885	968
酉阳县	Youyang County	3632	117349	45848	37591	3700	850
彭水县	Pengshui County	3967	179765	40901	33960	3850	210

18—5 各区县（自治县、市）工业（2003年）
INDUSTRY BY REGION (2003)

区 县	Region	工业增加值（当年价）（万元） Gross Output Value of Industry (current prices) (10 000 yuan)	工业增加值指数(可比价)（上年=100） Index of Gross Output Value of Industry (comparable prices) (preceding year=100)	工业企业资产合计（万元） Total Property of Industrial Enterprises (10 000 yuan)	主营业务收入（万元） Revenue of Major Business (10 000 yuan)	利润总额（万元） Total Profits (10 000 yuan)
都市发达经济圈	**Metropolitan Advanced Economic Sphere**	**2970925**	**121.2**	**16177116**	**11181918**	**604965**
渝中区	Yuzhong District	266054	120.8	2240021	893435	14439
大渡口区	Dadukou District	359346	157.2	1089207	950128	108674
江北区	Jiangbei District	515326	114.9	2865331	1921652	241392
沙坪坝区	Shapingba District	343359	109.1	2239571	1586924	24253
九龙坡区	Jiulongpo District	547818	113.0	3754963	2295356	72896
南岸区	Nan'an District	333814	109.6	1537220	1253375	53736
北碚区	Beibei District	177474	116.6	783940	551259	16745
渝北区	Yubei District	166602	160.1	689881	718899	24291
巴南区	Ba'nan District	261132	135.5	976982	1010890	48539
渝西经济走廊	**West Chongqing Economic Corridor**	**890668**	**119.4**	**3546207**	**2686714**	**163962**
万盛区	Wansheng District	25579	120.5	136246	67709	5428
双桥区	Shuangqiao District	43099	83.4	350215	338287	19711
綦江县	Qijiang County	86490	125.6	438765	296680	8918
潼南县	Tongnan County	23022	122.4	95029	58540	1985
铜梁县	Tongliang County	57417	124.9	154701	140477	8462
大足县	Dazu County	34419	132.4	97455	103749	10375
荣昌县	Rongchang County	42108	112.2	179185	140360	-2544
璧山县	Bishan County	97674	131.2	318435	280183	9661
江津市	Jiangjin City	248526	112.4	962339	593362	40979
合川市	Hechuan City	74710	126.7	283176	185899	14585
永川市	Yongchuan City	86607	125.3	276871	281483	39488
南川市	Nanchuan City	71017	136.4	253790	199985	6914
三峡库区生态经济区	**Ecological Economic Zone in Three Gorges Reservoir Area**	**916907**	**117.8**	**4053944**	**2082095**	**90762**
万州区	Wanzhou District	123246	117.7	698357	370430	12299
涪陵区	Fuling District	342640	111.0	1332648	591098	30278
黔江区	Qianjiang District	92677	140.7	401172	167096	4114
长寿区	Changshou District	137452	112.8	689931	388559	25822
梁平县	Liangping County	17835	113.7	64377	60672	1101
城口县	Chengkou County	13008	308.7	34219	26274	1631
丰都县	Fengdu County	13923	127.2	50324	41306	42
垫江县	Dianjiang County	39956	113.9	121767	105697	6033
武隆县	Wulong County	11562	95.3	57282	24981	-8
忠 县	Zhongxian County	11226	101.0	82945	34456	-1839
开 县	Kaixian County	29332	106.9	96579	55323	2828
云阳县	Yunyang County	12555	110.5	68125	31471	865
奉节县	Fengjie County	8901	143.6	64070	20963	461
巫山县	Wushan County	3927	99.7	56556	14193	-36
巫溪县	Wuxi County	5749	161.7	34631	10898	60
石柱县	Shizhu County	15265	117.2	62618	38135	1801
秀山县	Xiushan County	19507	196.4	61537	57169	825
酉阳县	Youyang County	7161	178.8	24926	18299	3305
彭水县	Pengshui County	10985	131.5	51880	25075	1180

注：本页为全部国有和规模以上非国有工业企业统计数。

Note: Data of industry in this table refer to state-owned industrial enterprises and non-state-owned industrial enterprises above designated size.

18-5 续表 CONTINUED

区　县	Region	经济效益综合指数 Comprehensive Index of Economic Efficiency	总资产贡献率（%） Ratio of Total Assets to Industrial Output Value (%)	资产负债率（%） Ratio of Liabilities to Assets (%)	产品销售率（%） Ratio of Sales to Products (%)	全员劳动生产率（元/人年） Overall Labor Productivity (yuan/person--year)
都市发达经济圈	**Metropolitan Advanced Economic Sphere**	**133.6**	**9.5**	**61.0**	**97.5**	**64933**
渝中区	Yuzhong District	100.5	5.7	64.1	99.7	48529
大渡口区	Dadukou District	189.5	19.3	55.5	97.1	63054
江北区	Jiangbei District	188.9	14.3	60.7	97.4	86642
沙坪坝区	Shapingba District	92.3	4.8	79.9	98.2	57791
九龙坡区	Jiulongpo District	112.5	6.4	48.7	97.6	60382
南岸区	Nan'an District	129.8	11.3	64.9	97.2	62665
北碚区	Beibei District	105.4	8.0	63.5	97.9	39776
渝北区	Yubei District	141.3	11.1	63.2	95.5	62411
巴南区	Ba'nan District	145.4	13.5	55.6	96.8	67743
渝西经济走廊	**West Chongqing Economic Corridor**	**126.9**	**11.4**	**61.4**	**98.8**	**39025**
万盛区	Wansheng District	110.2	9.0	54.1	95.8	16765
双桥区	Shuangqiao District	154.8	8.6	60.6	99.9	64407
綦江县	Qijiang County	102.0	6.7	62.2	97.1	22131
潼南县	Tongnan County	118.5	6.4	57.8	96.8	32082
铜梁县	Tongliang County	142.3	13.6	58.8	93.7	46004
大足县	Dazu County	175.4	21.4	56.0	95.5	42828
荣昌县	Rongchang County	65.3	5.3	70.7	95.0	19645
璧山县	Bishan County	126.6	9.5	60.4	96.7	50154
江津市	Jiangjin City	142.5	12.0	63.5	98.6	70648
合川市	Hechuan City	143.3	13.7	53.8	99.7	32226
永川市	Yongchuan City	194.3	24.8	53.9	107.3	29625
南川市	Nanchuan City	124.3	11.1	73.7	99.5	40631
三峡库区生态经济区	**Ecological Economic Zone in Three Gorges Reservoir Area**	**122.9**	**10.4**	**59.7**	**98.5**	**46833**
万州区	Wanzhou District	103.1	6.8	59.5	99.9	38405
涪陵区	Fuling District	139.4	11.9	62.9	97.2	66216
黔江区	Qianjiang District	209.2	17.1	72.9	99.2	172654
长寿区	Changshou District	139.1	8.2	43.2	98.8	62535
梁平县	Liangping County	98.9	13.2	79.3	104.7	18622
城口县	Chengkou County	143.3	15.4	73.3	117.9	41746
丰都县	Fengdu County	89.6	7.3	74.1	90.7	37283
垫江县	Dianjiang County	146.0	13.9	50.6	96.8	44094
武隆县	Wulong County	86.4	6.5	70.5	93.5	29192
忠　县	Zhongxian County	85.9	3.8	58.6	97.8	14856
开　县	Kaixian County	119.4	10.5	60.9	101.6	26980
云阳县	Yunyang County	89.2	5.8	61.8	95.9	27699
奉节县	Fengjie County	76.2	5.0	73.5	101.6	10223
巫山县	Wushan County	111.0	4.5	60.1	97.5	5878
巫溪县	Wuxi County	82.2	5.3	46.4	115.3	19428
石柱县	Shizhu County	110.2	8.3	39.3	99.3	22613
秀山县	Xiushan County	124.3	9.6	61.5	97.8	28017
酉阳县	Youyang County	198.1	19.3	62.8	83.8	40482
彭水县	Pengshui County	116.1	8.8	63.4	106.9	22376

注：本页为全部国有和规模以上非国有工业企业统计数。

Note: Data of industry in this table refer to state-owned industrial enterprises and non-state-owned industrial enterprises above designated size.

18—6 各区县（自治县、市）建筑业（2003年）
CONSTRUCTION BY REGION (2003)

区 县	Region	建筑企业单位数（个）Number of Construction Enterprises (unit)	建筑企业从业人员（人）Employment of Construction Enterprises (person)	建筑业总产值（万元）Gross Output Value of Construction (10 000 yuan)	房屋建筑施工面积（万平方米）Space Floor under Construction (10 000 sq.m)	房屋建筑竣工面积（万平方米）Space Floor Completed (10 000 sq.m)	#住宅 Residential Buildings
都市发达经济圈	**Metropolitan Advanced Economic Sphere**	**794**	**356758**	**3130273**	**4518.36**	**2015.25**	**1422.04**
渝中区	Yuzhong District	96	54873	513487	825.39	257.08	140.44
大渡口区	Dadukou District	48	17435	156933	141.09	95.59	65.50
江北区	Jiangbei District	68	28900	224281	300.84	153.86	103.63
沙坪坝区	Shapingba District	104	37599	280072	366.60	180.97	134.09
九龙坡区	Jiulongpo District	142	78543	789533	1287.11	519.57	356.81
南岸区	Nan'an District	102	29529	340246	210.89	107.63	75.04
北碚区	Beibei District	44	23047	169438	325.86	168.66	136.01
渝北区	Yubei District	109	48603	415742	633.67	306.55	250.51
巴南区	Ba'nan District	81	38229	240541	426.90	225.34	160.01
渝西经济走廊	**West Chongqing Economic Corridor**	**430**	**200676**	**1313048**	**2378.43**	**1381.25**	**970.04**
万盛区	Wansheng District	24	5332	20102	22.19	6.45	4.60
双桥区	Shuangqiao District	1	105	316	1.22	1.10	0.84
綦江县	Qijiang County	31	12846	63192	154.32	65.52	45.47
潼南县	Tongnan County	37	25773	134802	225.52	160.27	99.68
铜梁县	Tongliang County	23	10836	81231	166.15	124.94	95.11
大足县	Dazu County	27	7321	37600	102.61	70.10	48.63
荣昌县	Rongchang County	25	13289	69501	130.04	82.57	52.33
璧山县	Bishan County	42	16109	93710	196.54	102.55	70.64
江津市	Jiangjin City	60	41146	271959	493.81	330.89	233.56
合川市	Hechuan City	72	18270	139281	261.56	146.33	102.37
永川市	Yongchuan City	62	39045	326362	554.31	247.69	193.91
南川市	Nanchuan City	26	10604	74992	70.17	42.85	22.90
三峡库区生态经济区	**Ecological Economic Zone in Three Gorges Reservoir Area**	**536**	**260563**	**1418774**	**2857.31**	**1543.12**	**1057.32**
万州区	Wanzhou District	139	57880	326379	636.47	346.95	229.71
涪陵区	Fuling District	75	33433	249195	484.60	219.30	171.61
黔江区	Qianjiang District	20	7410	36916	58.54	21.06	9.32
长寿区	Changshou District	46	34756	208369	375.41	179.92	129.73
梁平县	Liangping County	15	5251	18741	52.21	34.49	22.47
城口县	Chengkou County	3	857	2718	6.59	4.34	1.23
丰都县	Fengdu County	21	11085	50406	119.78	79.83	55.46
垫江县	Dianjiang County	26	20376	77974	140.63	102.15	68.47
武隆县	Wulong County	18	6127	22342	35.54	26.93	11.57
忠 县	Zhongxian County	24	19630	112000	213.07	124.51	78.58
开 县	Kaixian County	40	22899	123301	225.39	115.38	86.63
云阳县	Yunyang County	37	15076	64081	139.35	85.15	64.38
奉节县	Fengjie County	21	7381	45349	173.69	72.86	68.90
巫山县	Wushan County	14	2543	15284	24.39	17.25	12.75
巫溪县	Wuxi County	7	2265	4445	9.94	7.77	3.72
石柱县	Shizhu County	8	2921	15698	34.01	25.75	11.45
秀山县	Xiushan County	7	4447	15164	48.95	36.42	5.75
酉阳县	Youyang County	6	3769	18099	52.15	29.65	19.43
彭水县	Pengshui County	9	2457	12313	26.59	13.41	6.16

注：本表数据不包括劳务分包企业情况。

Note: Data on this table exclude construction enterprises of work subcontractors.

18－7 各区县（自治县、市）交通运输业（2003年）
TRANSPORTATION BY REGION (2003)

区　县	Region	公路客运量（万人） Passenger Traffic by Highways (10 000 persons)	公路货运量（万吨） Freight Traffic by Highways (10 000 tons)	水运客运量（万人） Passenger Traffic by Waterways (10 000 persons)	水运货运量（万吨） Freight Traffic by Waterways (10 000 tons)
都市发达经济圈	**Metropolitan Advanced Economic Sphere**	**23383**	**18007**	**176**	**843**
渝中区	Yuzhong District	110	527		
大渡口区	Dadukou District	534	1999		27
江北区	Jiangbei District	290	471		
沙坪坝区	Shapingba District	534	696		
九龙坡区	Jiulongpo District	775	1249	4	10
南岸区	Nan'an District	1381	672	11	
北碚区	Beibei District	753	873	8	16
渝北区	Yubei District	958	1202	10	85
巴南区	Ba'nan District	1971	330	22	18
渝西经济走廊	**West Chongqing Economic Corridor**	**13782**	**4680**	**531**	**484**
万盛区	Wansheng District	266	245		
双桥区	Shuangqiao District	99	95		
綦江县	Qijiang County	737	555	35	26
潼南县	Tongnan County	485	211	63	76
铜梁县	Tongliang County	705	124	73	47
大足县	Dazu County	2142	699	42	12
荣昌县	Rongchang County	1109	171	90	24
璧山县	Bishan County	783	751	13	8
江津市	Jiangjin City	2362	450	84	157
合川市	Hechuan City	1654	536	89	99
永川市	Yongchuan City	2377	615	42	35
南川市	Nanchuan City	1063	228		
三峡库区生态经济区	**Ecological Economic Zone in Three Gorges Reservoir Area**	**18508**	**5719**	**710**	**887**
万州区	Wanzhou District	6436	743	100	168
涪陵区	Fuling District	1264	538	125	416
黔江区	Qianjiang District	1040	253		
长寿区	Changshou District	1077	296		66
梁平县	Liangping County	1034	478		
城口县	Chengkou County	87	47		
丰都县	Fengdu County	818	356	152	23
垫江县	Dianjiang County	1288	754		
武隆县	Wulong County	237	201		14
忠　县	Zhongxian County	849	98	62	14
开　县	Kaixian County	957	681	4	13
云阳县	Yunyang County	980	196	68	76
奉节县	Fengjie County	208	130	48	31
巫山县	Wushan County	286	377	93	54
巫溪县	Wuxi County	230	100	17	2
石柱县	Shizhu County	327	129	19	0
秀山县	Xiushan County	315	75	13	2
酉阳县	Youyang County	459	181	4	3
彭水县	Pengshui County	616	86	5	5

注：本表因市级以上交通部门的数难以分到各区县（市），区县数据有交叉。

Note: Data of traffic at city level above are difficult to be divided by region. Data of traffic are probably repeated transregionally.

18－8 各区县（自治县、市）固定资产投资（2003年）
INVESTMENT IN FIXED ASSETS BY REGION (2003)

区 县	Region	全社会固定资产投资（万元） Total Investment in Fixed Assets (10 000 yuan)	#基本建设 Capital Construction	#更新改造 Innovation	#房地产开发 Real Estate Development	#非国有 Non-state--owned	全社会固定资产投资指数（上年=100） Index of Total Investment in Fixed Assets (preceding year=100)
都市发达经济圈	**Metropolitan Advanced Economic Sphere**	**5778382**	**2404133**	**542302**	**2500113**	**3703754**	**133.3**
渝中区	Yuzhong District	713369	231376	189256	292511	324449	125.6
大渡口区	Dadukou District	238420	41599	86892	105293	162388	120.2
江北区	Jiangbei District	777002	407555	37055	327664	396944	155.9
沙坪坝区	Shapingba District	667776	213666	55745	346482	440994	123.2
九龙坡区	Jiulongpo District	837371	293384	55358	386180	569297	129.6
南岸区	Nan'an District	898028	337386	42020	497888	607885	147.3
北碚区	Beibei District	288839	139421	20755	81736	166642	125.0
渝北区	Yubei District	1020255	596677	17557	346347	757094	126.0
巴南区	Ba'nan District	382844	143069	37664	116012	278061	131.9
渝西经济走廊	**West Chongqing Economic Corridor**	**2755020**	**1354590**	**331909**	**428821**	**1827606**	**129.4**
万盛区	Wansheng District	73540	51069	8150	9424	32675	145.5
双桥区	Shuangqiao District	30689	9031	15534	5701	25000	218.8
綦江县	Qijiang County	263211	171172	20229	38383	99167	125.1
潼南县	Tongnan County	171077	91002	3422	18767	83175	143.5
铜梁县	Tongliang County	237023	101503	15839	10980	198602	125.3
大足县	Dazu County	177230	86136	7562	24158	128803	120.7
荣昌县	Rongchang County	149474	60727	8288	19634	116005	137.8
璧山县	Bishan County	181970	84973	28884	26802	147837	131.3
江津市	Jiangjin City	442912	223954	67117	74809	303633	121.9
合川市	Hechuan City	345851	161160	54990	65981	224490	134.4
永川市	Yongchuan City	473831	176554	66454	105552	340319	123.9
南川市	Nanchuan City	229916	137309	35440	28630	127900	130.1
三峡库区生态经济区	**Ecological Economic Zone in Three Gorges Reservoir Area**	**4160142**	**2896197**	**345889**	**349947**	**1736636**	**119.1**
万州区	Wanzhou District	631809	428805	67666	69191	307548	120.0
涪陵区	Fuling District	494737	315326	74914	64551	182430	119.1
黔江区	Qianjiang District	202580	165344	14380	13993	40940	111.4
长寿区	Changshou District	328501	233561	10432	32325	153791	120.3
梁平县	Liangping County	238780	139023	8776	34031	129555	122.1
城口县	Chengkou County	38351	29292	6193		9880	160.1
丰都县	Fengdu County	209480	138201	5162	30765	107687	120.8
垫江县	Dianjiang County	186248	110705	15736	28455	82938	124.2
武隆县	Wulong County	171732	144766	6543	1438	73046	91.9
忠 县	Zhongxian County	174491	104752	5966	27973	91526	132.9
开 县	Kaixian County	247521	97322	81645	7823	84238	133.0
云阳县	Yunyang County	243320	154456	9117	6602	125196	122.6
奉节县	Fengjie County	255198	194567	10299	18809	89598	97.4
巫山县	Wushan County	152783	120717	5717		39036	121.9
巫溪县	Wuxi County	47609	32612	2894		19760	123.8
石柱县	Shizhu County	103977	82721	7864	5147	22760	151.2
秀山县	Xiushan County	136245	123294	3510	814	39280	106.9
酉阳县	Youyang County	128087	107027	3857	1680	26902	105.7
彭水县	Pengshui County	201091	173706	5218	6350	110525	131.6

注：本表基建、更改投资含城镇集体、个体投资。

Note: Data on capital construction and innovation include investment by urban collective-owned units and individuals.

18-8 续表 CONTINUED

区 县	Region	商品房竣工面积（平方米） Floor Space Completed of Commercial Buildings (sq.m)	#住宅 Residential Buildings	商品房销售面积（平方米） Floor Space Sold of Commercial Buildings (sq.m)	#住宅 Residential Buildings	商品房空置面积（平方米） Vacant Space of Commercial Buildings (sq.m)	#住宅 Residential Buildings
都市发达经济圈	**Metropolitan Advanced Economic Sphere**	**9758421**	**6838129**	**7783421**	**6718085**	**3285200**	**1168677**
渝中区	Yuzhong District	936324	490662	648676	477626	718619	270302
大渡口区	Dadukou District	503613	423548	614417	572172	86011	33741
江北区	Jiangbei District	1244898	894789	996262	910143	578051	212675
沙坪坝区	Shapingba District	1508986	1023630	1140287	1004597	482518	156133
九龙坡区	Jiulongpo District	1716848	1166295	1265512	1023059	360814	100205
南岸区	Nan'an District	1784142	1285805	1402767	1211944	533093	172307
北碚区	Beibei District	475771	385710	368513	333254	93621	25826
渝北区	Yubei District	1073588	788737	952184	864488	244025	126356
巴南区	Ba'nan District	514251	378953	394803	320802	188448	71132
渝西经济走廊	**West Chongqing Economic Corridor**	**3820726**	**3052395**	**3282557**	**2860887**	**911953**	**432412**
万盛区	Wansheng District	38770	27497	46194	38527	1138	552
双桥区	Shuangqiao District	71424	59411	58616	51758	11307	5956
綦江县	Qijiang County	366174	258408	268225	235782	81990	27448
潼南县	Tongnan County	175668	141780	121924	106343	93008	53646
铜梁县	Tongliang County	127196	107073	111882	93208	28649	24890
大足县	Dazu County	316702	230464	285038	245120	86593	17122
荣昌县	Rongchang County	98288	86815	79684	73463	23532	17624
璧山县	Bishan County	195577	155960	136319	116021	15708	7967
江津市	Jiangjin City	748519	572696	631875	544578	209785	53411
合川市	Hechuan City	481204	375993	377864	335737	58821	30184
永川市	Yongchuan City	790754	649848	719886	605830	298812	193612
南川市	Nanchuan City	410450	386450	445050	414520	2610	
三峡库区生态经济区	**Ecological Economic Zone in Three Gorges Reservoir Area**	**3190541**	**2426974**	**2102291**	**1750563**	**1315606**	**655095**
万州区	Wanzhou District	676567	444574	542708	419361	457026	111057
涪陵区	Fuling District	363668	316239	97508	81884	159559	79116
黔江区	Qianjiang District	59920	22420	28089	20981		
长寿区	Changshou District	343407	311530	350277	322074	114897	68122
梁平县	Liangping County	339818	244134	231840	166328	78143	64487
城口县	Chengkou County						
丰都县	Fengdu County	390122	318278	260237	222647	157688	136043
垫江县	Dianjiang County	339185	273058	124409	122949	210416	150109
武隆县	Wulong County	30436	19586	22354	16816	1800	1080
忠 县	Zhongxian County	133919	80263	126920	93976	37088	6316
开 县	Kaixian County	115538	103866	74308	73002	8550	8130
云阳县	Yunyang County	108239	78002	19600	15100	29387	3650
奉节县	Fengjie County	116882	79851	93794	76121	32909	10545
巫山县	Wushan County						
巫溪县	Wuxi County						
石柱县	Shizhu County	52134	42174	49000	43730		
秀山县	Xiushan County	24090	22100	19260	17560		
酉阳县	Youyang County	29867	22617	19045	17592	24125	16440
彭水县	Pengshui County	66749	48282	42942	40442	4018	

18—9 各区县（自治县、市）社会消费品零售总额（2003年）
TOTAL RETAIL SALES OF CONSUMER GOODS BY REGION (2003)

区 县	Region	社会消费品零售总额（万元） Total Retail Sales of Consumer Goods (10 000 yuan)	批发零售贸易业 Wholesale and Retail Trade	餐饮业 Catering Trade	其他行业 Others	社会消费品零售总额指数（上年=100） Index of Total Retail Sales of Consumer Goods (preceding year=100)
都市发达经济圈	**Metropolitan Advanced Economic Sphere**	**3967350**	**3387166**	**545136**	**35048**	**111.4**
渝中区	Yuzhong District	1271945	1120419	139825	11701	112.0
大渡口区	Dadukou District	82271	72149	9828	294	111.2
江北区	Jiangbei District	424877	337559	82281	5037	113.4
沙坪坝区	Shapingba District	524353	461825	49605	12923	114.9
九龙坡区	Jiulongpo District	777101	639847	125382	11872	114.9
南岸区	Nan'an District	501139	393898	107241		115.9
北碚区	Beibei District	191222	170539	19386	1297	113.1
渝北区	Yubei District	197435	149047	46938	1450	116.3
巴南区	Ba'nan District	169943	143138	26386	419	113.1
渝西经济走廊	**West Chongqing Economic Corridor**	**1987390**	**1715645**	**245055**	**26690**	**108.1**
万盛区	Wansheng District	78481	69806	7939	736	110.9
双桥区	Shuangqiao District	13219	10378	2841		109.5
綦江县	Qijiang County	180094	153979	20712	5403	108.2
潼南县	Tongnan County	129670	109450	16785	3435	110.8
铜梁县	Tongliang County	145028	120039	20639	4350	108.8
大足县	Dazu County	149301	123646	22575	3080	110.9
荣昌县	Rongchang County	140675	108966	27509	4200	109.2
璧山县	Bishan County	158897	137314	19399	2184	109.3
江津市	Jiangjin City	286309	247072	30650	8587	109.7
合川市	Hechuan City	318256	271873	46004	379	112.3
永川市	Yongchuan City	323529	276745	45201	1583	112.3
南川市	Nanchuan City	150562	137683	12554	325	110.2
三峡库区生态经济区	**Ecological Economic Zone in Three Gorges Reservoir Area**	**2400514**	**2088534**	**282988**	**28992**	**107.7**
万州区	Wanzhou District	375545	321927	49968	3650	111.7
涪陵区	Fuling District	300556	264288	36268		110.7
黔江区	Qianjiang District	111487	99101	12386		108.1
长寿区	Changshou District	225290	192921	29753	2616	109.6
梁平县	Liangping County	106774	90024	14241	2509	111.9
城口县	Chengkou County	22676	20592	2084		109.5
丰都县	Fengdu County	106810	93244	11540	2026	108.5
垫江县	Dianjiang County	143479	119852	22827	800	108.5
武隆县	Wulong County	80650	64020	12604	4026	108.5
忠 县	Zhongxian County	117709	101708	14136	1865	111.1
开 县	Kaixian County	216244	188607	25328	2309	109.8
云阳县	Yunyang County	134924	113938	17598	3388	111.0
奉节县	Fengjie County	100865	81437	16652	2776	108.5
巫山县	Wushan County	66380	58880	6306	1194	109.5
巫溪县	Wuxi County	38481	32324	5003	1154	108.5
石柱县	Shizhu County	79953	67183	10503	2267	110.4
秀山县	Xiushan County	88701	78283	8073	2345	110.5
酉阳县	Youyang County	92298	80935	8687	2676	108.5
彭水县	Pengshui County	95084	82284	11181	1619	110.9

18－10 各区县（自治县、市）财政收支（2003年）
FINANCIAL BUDGETARY REVENUE AND EXPENDITURES BY REGION (2003)

区 县	Region	区县级财政预算内收入（万元） Financial Budgetary Revenue at District (county) Level (10 000 yuan)	#一般性预算收入 General Budgetary Revenue	#增值税 Value-added Tax	#营业税 Business Tax	#企业所得税 Enterprises Income Tax
都市发达经济圈	**Metropolitan Advanced Economic Sphere**	**474535**	**409726**	**56126**	**137217**	**26740**
渝中区	Yuzhong District	86203	82872	6667	35489	6457
大渡口区	Dadukou District	15768	15710	5732	4682	434
江北区	Jiangbei District	45828	44401	10524	15329	2371
沙坪坝区	Shapingba District	50363	47232	4874	14828	3252
九龙坡区	Jiulongpo District	41499	40521	6002	11958	2540
南岸区	Nan'an District	29624	28542	2835	7565	937
北碚区	Beibei District	20828	20044	3183	4157	1794
渝北区	Yubei District	46618	40888	1989	14156	1844
巴南区	Ba'nan District	22722	19117	2163	3684	700
渝西经济走廊	**West Chongqing Economic Corridor**	**222112**	**197439**	**33959**	**23803**	**6438**
万盛区	Wansheng District	4800	4355	551	632	192
双桥区	Shuangqiao District	3726	3726	719	352	671
綦江县	Qijiang County	22358	17021	4853	1898	564
潼南县	Tongnan County	12964	12559	1045	952	65
铜梁县	Tongliang County	19541	19464	2050	1625	833
大足县	Dazu County	13895	13720	2401	1844	951
荣昌县	Rongchang County	14028	13173	2224	1245	216
璧山县	Bishan County	21635	18887	3726	1849	639
江津市	Jiangjin City	35414	29155	6101	4320	681
合川市	Hechuan City	32173	28022	3264	3632	907
永川市	Yongchuan City	25016	21104	3932	2225	246
南川市	Nanchuan City	16562	16253	3093	3229	473
三峡库区生态经济区	**Ecological Economic Zone in Three Gorges Reservoir Area**	**336177**	**322770**	**44141**	**93512**	**9535**
万州区	Wanzhou District	63712	59315	6535	23071	2089
涪陵区	Fuling District	64865	61577	13104	16052	4346
黔江区	Qianjiang District	17408	17265	3421	5003	73
长寿区	Changshou District	17675	16590	2714	2425	178
梁平县	Liangping County	15984	15456	1955	3540	238
城口县	Chengkou County	4106	4099	613	935	33
丰都县	Fengdu County	14773	13277	757	3329	144
垫江县	Dianjiang County	17950	17510	1853	3523	981
武隆县	Wulong County	10550	10334	1532	3543	74
忠 县	Zhongxian County	14898	14326	1044	4599	244
开 县	Kaixian County	20188	19588	2112	4731	352
云阳县	Yunyang County	12898	12890	1333	4526	166
奉节县	Fengjie County	15947	15732	1617	5201	91
巫山县	Wushan County	9183	9166	1003	3296	172
巫溪县	Wuxi County	4702	4651	439	1071	60
石柱县	Shizhu County	7063	6845	697	2003	66
秀山县	Xiushan County	7641	7572	1284	2293	106
酉阳县	Youyang County	5915	5915	1010	1393	54
彭水县	Pengshui County	10719	10662	1118	2978	68

注：都市发达经济圈的财政收支数据包括经开区和高新区，九龙坡、南岸、渝北区数据不含高新区和经开区。

Note: Data of Metropolitan Advanced Economic Sphere include Chongqing High-tech and Economic & Technology Development Zones. Data of High-Tech and Economic & Technology Development Zones are exclude from districts of Jiulongpo, Nan'an and Yubei.

18-10 续表 CONTINUED

区 县	Region	区县级财政预算内支出（万元） Local Budgetary Financial Expenditures at District (county) (10 000 yuan)	#一般性预算支出 General Budgetary Expenditures	#基建支出 Expenditure of Capital Construction	#文广科卫事业费 Expenditure of Culture, Boardcasting Technology and Public Health	#教育事业费 Expenditure of Education	#社会保障补助 Social Security Subsidies
都市发达经济圈	**Metropolitan Advanced Economic Sphere**	**803752**	**680886**	**112005**	**39104**	**77056**	**13335**
渝中区	Yuzhong District	110375	106749	2737	6030	10731	1205
大渡口区	Dadukou District	22888	22761	1135	1388	3362	1113
江北区	Jiangbei District	77768	67999	5258	3687	6723	2104
沙坪坝区	Shapingba District	82988	76491	6177	5167	9909	4554
九龙坡区	Jiulongpo District	74835	70663	8368	4756	7049	426
南岸区	Nan'an District	74327	65096	8842	4091	7884	1170
北碚区	Beibei District	46636	43415	3989	2933	6379	993
渝北区	Yubei District	84948	79313	8996	6882	10311	718
巴南区	Ba'nan District	54241	49479	3928	2904	11885	797
渝西经济走廊	**West Chongqing Economic Corridor**	**480607**	**452262**	**41794**	**33313**	**93228**	**7625**
万盛区	Wansheng District	23000	22808	3363	1290	3186	251
双桥区	Shuangqiao District	6307	6119	218	491	917	103
綦江县	Qijiang County	45919	40368	1147	3145	11667	787
潼南县	Tongnan County	32666	31967	3824	2058	7806	263
铜梁县	Tongliang County	37753	37324	2373	3564	7765	1094
大足县	Dazu County	34425	34163	1081	2391	7904	193
荣昌县	Rongchang County	31691	30907	1486	1795	7724	190
璧山县	Bishan County	38571	35920	2068	3430	6175	174
江津市	Jiangjin City	82215	74212	16759	4981	11407	1430
合川市	Hechuan City	59925	54873	2195	4205	11827	464
永川市	Yongchuan City	48561	44385	1961	3998	10244	540
南川市	Nanchuan City	39574	39216	5319	1965	6606	2136
三峡库区生态经济区	**Ecological Economic Zone in Three Gorges Reservoir Area**	**1157959**	**1036104**	**245781**	**62977**	**164298**	**37979**
万州区	Wanzhou District	188873	165452	44333	7915	19721	10426
涪陵区	Fuling District	144567	134354	26852	7772	13911	5560
黔江区	Qianjiang District	69057	68885	18712	4066	7981	1521
长寿区	Changshou District	60109	57268	15840	5027	9849	589
梁平县	Liangping County	36430	35846	3134	3456	8448	884
城口县	Chengkou County	22601	22373	3265	1177	3190	501
丰都县	Fengdu County	46806	42950	12491	3132	6020	1101
垫江县	Dianjiang County	35693	34923	2532	3009	8483	1316
武隆县	Wulong County	40017	33738	9187	1871	4707	1902
忠　县	Zhongxian County	63727	57964	19494	2958	9056	1233
开　县	Kaixian County	63539	61163	11878	4660	13871	2132
云阳县	Yunyang County	60894	51515	14091	3805	9736	1375
奉节县	Fengjie County	82536	53596	16082	2212	8307	4049
巫山县	Wushan County	66255	41969	13421	2255	7402	1000
巫溪县	Wuxi County	39854	39789	15203	1679	5679	579
石柱县	Shizhu County	37072	35038	7930	1821	6326	1206
秀山县	Xiushan County	30981	30568	4240	1865	6002	920
酉阳县	Youyang County	37868	37768	5144	2345	8209	928
彭水县	Pengshui County	31080	30945	1952	1952	7400	757

18－11 各区县（自治县、市）金融机构存贷款、人民生活和社会福利（2003年）
DEPOSIT & LOAN OF FINANCIAL INSTITUTIONS, PEOPLE'S LIFE AND SOCIAL WELFARE BY REGION (2003)

区　县	Region	年末金融机构存款余额（万元） Year-end Deposit Balance of Financial Institutions (10 000 yuan)	#城乡居民储蓄存款余额 Saving Deposits of Urban and Rural Residents	年末金融机构贷款余额（万元） Year-end Loan Balance of Financial Institutions (10 000 yuan)	在岗职工年平均工资（元） Average Wages of Staff and Workers at Post (yuan)	农村居民人均纯收入（元） Per Capita Net Income of Rural Residents (yuan)
都市发达经济圈	**Metropolitan Advanced Economic Sphere**	**21772762**	**9025318**	**19919853**	**14432**	**2991**
渝中区	Yuzhong District	8986454	1858627	10571475	15493	
大渡口区	Dadukou District	476587	313294	370993	16984	3382
江北区	Jiangbei District	2022053	945372	1275891	15042	3356
沙坪坝区	Shapingba District	2244509	1307739	1497018	15154	3334
九龙坡区	Jiulongpo District	3253246	1454036	2334274	13696	3356
南岸区	Nan'an District	1783077	908957	1460028	14051	3475
北碚区	Beibei District	849477	605224	468100	12947	2875
渝北区	Yubei District	1349285	817639	754558	13071	2777
巴南区	Ba'nan District	817407	589772	544885	11297	2715
渝西经济走廊	**West Chongqing Economic Corridor**	**5185957**	**4482737**	**2853892**	**10666**	**2689**
万盛区	Wansheng District	181478	145672	60998	9067	2645
双桥区	Shuangqiao District	67854	46788	42636	15174	2869
綦江县	Qijiang County	482753	402586	243023	10487	2473
潼南县	Tongnan County	292556	266169	141035	11006	2442
铜梁县	Tongliang County	460315	408430	201390	9422	2867
大足县	Dazu County	294304	248046	150993	9906	2752
荣昌县	Rongchang County	352848	288949	168762	9361	2688
璧山县	Bishan County	452879	386314	222560	12143	2875
江津市	Jiangjin City	858732	714360	518108	11365	2842
合川市	Hechuan City	837087	726310	422354	10276	2772
永川市	Yongchuan City	622911	511896	398940	11864	2842
南川市	Nanchuan City	284463	225633	191024	9363	2354
三峡库区生态经济区	**Ecological Economic Zone in Three Gorges Reservoir Area**	**7427349**	**5457514**	**4974400**	**10610**	**1837**
万州区	Wanzhou District	1494837	1050928	868253	10389	1925
涪陵区	Fuling District	1101483	616124	1177541	11896	2153
黔江区	Qianjiang District	206546	126366	278218	13747	1716
长寿区	Changshou District	672569	521565	296625	12570	2679
梁平县	Liangping County	422526	363314	171201	10478	2135
城口县	Chengkou County	59013	39286	56466	10974	1569
丰都县	Fengdu County	325715	255414	206205	10953	1925
垫江县	Dianjiang County	371548	305718	161565	11163	2223
武隆县	Wulong County	154715	97289	187045	8774	1942
忠　县	Zhongxian County	470366	385165	214139	10180	1929
开　县	Kaixian County	617191	475284	217840	9030	1851
云阳县	Yunyang County	371960	267303	164079	9205	1684
奉节县	Fengjie County	242472	170246	158936	10057	1590
巫山县	Wushan County	210833	119956	118019	9628	1585
巫溪县	Wuxi County	106428	78631	78741	8339	1485
石柱县	Shizhu County	190881	145468	114081	9745	1586
秀山县	Xiushan County	126846	100336	95221	10454	1552
酉阳县	Youyang County	158082	116599	111953	9131	1510
彭水县	Pengshui County	126522	86674	137794	11289	1674

18-11 续表1 CONTINUED-1

区 县	Region	农村居民人均生活消费支出（元） Per Capita Living Consumption of Rural Residents (yuan)	#食品支出 Expenditure of Food	农村居民人均住房使用面积（平方米） Per Capita Rural Residential Area (sq.m)	社会福利收养单位（个） Adopting Social Welfare Institutions (unit)	社会福利收养单位床位数（张） Beds in Adopting Social Welfare Institutions (bed)
都市发达经济圈	**Metropolitan Advanced Economic Sphere**	**2450**	**1217**	**36.1**	**176**	**8728**
渝中区	Yuzhong District				16	579
大渡口区	Dadukou District	2281	1085	41.3	4	204
江北区	Jiangbei District	2604	1109	31.3	9	501
沙坪坝区	Shapingba District	2646	1241	35.3	20	1377
九龙坡区	Jiulongpo District	2604	1228	42.7	14	732
南岸区	Nan'an District	2652	1151	37.0	6	229
北碚区	Beibei District	2672	1311	33.9	22	1363
渝北区	Yubei District	2248	1093	36.9	43	1734
巴南区	Ba'nan District	1992	1099	33.8	42	2009
渝西经济走廊	**West Chongqing Economic Corridor**	**1882**	**986**	**32.6**	**347**	**13362**
万盛区	Wansheng District	2058	1078	35.8	8	299
双桥区	Shuangqiao District	2422	1231	38.0	3	60
綦江县	Qijiang County	2087	1134	29.4	23	512
潼南县	Tongnan County	1560	855	29.0	30	730
铜梁县	Tongliang County	2281	1033	37.0	35	1141
大足县	Dazu County	1788	933	34.4	32	1249
荣昌县	Rongchang County	1527	794	29.1	25	604
璧山县	Bishan County	2050	1037	34.5	27	1598
江津市	Jiangjin City	1881	960	35.9	43	2183
合川市	Hechuan City	2019	1048	30.3	48	1832
永川市	Yongchuan City	1832	1140	39.5	36	2268
南川市	Nanchuan City	1613	810	35.8	37	886
三峡库区生态经济区	**Ecological Economic Zone in Three Gorges Reservoir Area**	**1493**	**802**	**31.1**	**554**	**18775**
万州区	Wanzhou District	1411	771	32.5	74	3376
涪陵区	Fuling District	1481	780	33.3	49	2624
黔江区	Qianjiang District	1602	807	29.0	14	486
长寿区	Changshou District	2158	1050	39.5	33	1042
梁平县	Liangping County	1713	891	36.9	28	1036
城口县	Chengkou County	1492	785	26.0	12	345
丰都县	Fengdu County	1678	855	32.0	27	828
垫江县	Dianjiang County	1761	798	37.2	33	1138
武隆县	Wulong County	1516	756	32.7	26	950
忠 县	Zhongxian County	1502	739	30.6	29	1096
开 县	Kaixian County	1341	670	34.5	47	1145
云阳县	Yunyang County	1322	698	31.8	61	1937
奉节县	Fengjie County	1107	582	26.5	30	735
巫山县	Wushan County	1278	667	29.2	12	395
巫溪县	Wuxi County	1612	829	28.8	19	377
石柱县	Shizhu County	1559	806	31.8	15	500
秀山县	Xiushan County	1292	659	26.3	10	138
酉阳县	Youyang County	1531	789	29.6	24	518
彭水县	Pengshui County	1403	762	27.4	11	109

注：本表社会福利收养单位及床位数未含重庆市本级7个单位和2354张床位。

Note: Number of adopting social welfare institutions exclude 7 institutions at municipal level and that of beds exclude 2354 beds at municipal level.

18-11 续表2 CONTINUED-2

区 县	Region	城镇居民最低生活保障人数（人） Number of Urban Residents Receiving Lowest-living--security (person)	城镇社区服务设施数（个） Number of Urban Welfare Facilities (unit)	#社区服务单位个数 Number of Community Service	城镇便民、利民服务网点（个） Number of Urban Service Points for Civilian (unit)
都市发达经济圈	**Metropolitan Advanced Economic Sphere**	**253139**	**650**	**34**	**1567**
渝中区	Yuzhong District	27834	102	7	391
大渡口区	Dadukou District	9567	43	3	96
江北区	Jiangbei District	24237	159	5	225
沙坪坝区	Shapingba District	41878	50	6	69
九龙坡区	Jiulongpo District	35953	75	2	10
南岸区	Nan'an District	32320	99	4	278
北碚区	Beibei District	17507	40	1	266
渝北区	Yubei District	28275	44	3	178
巴南区	Ba'nan District	35568	38	3	54
渝西经济走廊	**West Chongqing Economic Corridor**	**193940**	**257**	**12**	**602**
万盛区	Wansheng District	30157	14	1	38
双桥区	Shuangqiao District	1041	5	1	2
綦江县	Qijiang County	27874	7		27
潼南县	Tongnan County	11296	12		
铜梁县	Tongliang County	9330	10		30
大足县	Dazu County	7858	45		4
荣昌县	Rongchang County	15914	9	2	15
璧山县	Bishan County	7876	8		8
江津市	Jiangjin City	31957	17		258
合川市	Hechuan City	26535	15	2	135
永川市	Yongchuan City	12786	103	4	51
南川市	Nanchuan City	11316	12	2	34
三峡库区生态经济区	**Ecological Economic Zone in Three Gorges Reservoir Area**	**255057**	**398**	**25**	**3006**
万州区	Wanzhou District	50630	54	10	241
涪陵区	Fuling District	22208	58	4	821
黔江区	Qianjiang District	12016	15		50
长寿区	Changshou District	15131	45		1320
梁平县	Liangping County	4660	6	1	3
城口县	Chengkou County	2380	5	1	80
丰都县	Fengdu County	10195	6		18
垫江县	Dianjiang County	7274	31	1	60
武隆县	Wulong County	5883	12	1	4
忠　县	Zhongxian County	9465	7	1	98
开　县	Kaixian County	12798	50	1	92
云阳县	Yunyang County	27322	59	1	108
奉节县	Fengjie County	10820	8	1	
巫山县	Wushan County	9836	6	1	60
巫溪县	Wuxi County	10371	5	1	
石柱县	Shizhu County	9522	5		
秀山县	Xiushan County	8761	8		20
酉阳县	Youyang County	13398	5	1	3
彭水县	Pengshui County	12387	13		28

18—12 各区县（自治县、市）教育和文化（2003年）
EDUCATION AND CULTURE BY REGION (2003)

区 县	Region	学校数（所） Number of Schools (unit)	#普通中学 Regular Secondary Schools	#小学 Primary Schools	专任教师总数（人） Full-time Teachers (person)	#普通中学 Regular Secondary Schools	#小学 Primary Schools
都市发达经济圈	**Metropolitan Advanced Economic Sphere**	**1997**	**298**	**806**	**59922**	**19159**	**19148**
渝中区	Yuzhong District	142	21	40	6787	2142	2260
大渡口区	Dadukou District	71	10	23	1952	771	769
江北区	Jiangbei District	188	23	69	4615	1531	1936
沙坪坝区	Shapingba District	240	37	59	10981	2811	2089
九龙坡区	Jiulongpo District	254	36	60	7888	2468	2397
南岸区	Nan'an District	214	25	67	6639	1623	1501
北碚区	Beibei District	192	30	109	7316	2230	2237
渝北区	Yubei District	425	59	258	7599	3075	3076
巴南区	Ba'nan District	271	57	121	6145	2508	2883
渝西经济走廊	**West Chongqing Economic Corridor**	**5362**	**551**	**3281**	**70382**	**28897**	**33920**
万盛区	Wansheng District	164	17	86	2270	865	1163
双桥区	Shuangqiao District	25	3	11	424	148	230
綦江县	Qijiang County	492	64	393	7498	2878	4180
潼南县	Tongnan County	429	59	337	5767	2668	2807
铜梁县	Tongliang County	304	28	220	5735	2516	2847
大足县	Dazu County	618	60	361	6660	2808	3423
荣昌县	Rongchang County	372	43	240	5769	2450	2907
璧山县	Bishan County	261	35	140	4327	1817	1955
江津市	Jiangjin City	742	68	510	9525	3713	4234
合川市	Hechuan City	735	47	345	8664	3806	4018
永川市	Yongchuan City	807	72	363	8994	3468	3630
南川市	Nanchuan City	413	55	275	4749	1760	2526
三峡库区生态经济区	**Ecological Economic Zone in Three Gorges Reservoir Area**	**8551**	**715**	**6879**	**112894**	**41504**	**62144**
万州区	Wanzhou District	855	87	625	13061	4806	6128
涪陵区	Fuling District	471	63	277	10439	3909	4771
黔江区	Qianjiang District	275	20	243	3960	1496	2197
长寿区	Changshou District	317	42	189	5765	2578	2809
梁平县	Liangping County	481	41	355	6117	2235	3117
城口县	Chengkou County	294	8	279	1659	477	1107
丰都县	Fengdu County	343	56	209	5313	2020	2986
垫江县	Dianjiang County	318	46	209	6288	2398	3517
武隆县	Wulong County	192	14	131	3152	1000	1985
忠 县	Zhongxian County	662	33	592	6559	2858	3400
开 县	Kaixian County	996	66	865	10449	3936	5746
云阳县	Yunyang County	538	54	456	7804	2513	4996
奉节县	Fengjie County	652	29	605	6177	2233	3599
巫山县	Wushan County	411	18	351	4028	1565	2182
巫溪县	Wuxi County	452	19	417	3500	1221	2082
石柱县	Shizhu County	250	24	204	4301	1285	2773
秀山县	Xiushan County	410	32	340	4560	1627	2728
酉阳县	Youyang County	342	46	290	5343	1824	3282
彭水县	Pengshui County	292	17	242	4419	1523	2739

注:本表学校数包括普通高校、中专、职中、普通中学、小学和特殊教育及工读学校。
Note: Data on schools included institutions of higher education, specialized secondary schools, vocational secondary schools, regular secondary schools, primary schools, schools of special educations and reformatory schools.

18-12 续表 CONTINUED

区 县	Region	在校学生总数（人）Student Enrollment (person)	#普通中学 Regular Secondary Schools	#小学 Primary Schools	广播覆盖率（%）Listener Rating of Broadcasting (%)	电视覆盖率（%）Viewer Rating of Television (%)	公共图书馆（个）Number of Public Libraries (unit)	公共图书馆藏书（万册）Book Collection in Public Libraries (10 000 volumes)
都市发达经济圈	**Metropolitan Advanced Economic Sphere**	**1057468**	**287105**	**346477**			**11**	**461.56**
渝中区	Yuzhong District	109279	30675	32879	100.0	100.0	3	306.63
大渡口区	Dadukou District	39225	12595	14857	100.0	100.0	1	4.56
江北区	Jiangbei District	70377	19715	28486	100.0	100.0	1	11.20
沙坪坝区	Shapingba District	193170	45042	42201	100.0	100.0	1	17.24
九龙坡区	Jiulongpo District	154068	39439	47780	100.0	100.0	1	12.52
南岸区	Nan'an District	123526	23458	28550	100.0	100.0	1	3.53
北碚区	Beibei District	118517	31120	36633	99.2	98.2	1	81.20
渝北区	Yubei District	127646	42032	57263	99.0	99.0	1	15.47
巴南区	Ba'nan District	121660	43029	57828	95.0	98.0	1	9.21
渝西经济走廊	**West Chongqing Economic Corridor**	**1585418**	**528710**	**809542**			**12**	**101.73**
万盛区	Wansheng District	42936	13340	22142	95.5	95.9	1	4.41
双桥区	Shuangqiao District	8590	2312	4646	100.0	100.0	1	0.33
綦江县	Qijiang County	153407	44147	87055	94.0	89.2	1	7.05
潼南县	Tongnan County	166189	60398	92943	96.4	98.2	1	7.80
铜梁县	Tongliang County	127734	45799	67311	100.0	97.3	1	6.55
大足县	Dazu County	163258	56984	89890	96.4	95.0	1	8.90
荣昌县	Rongchang County	121121	45080	60027	100.0	100.0	1	8.71
璧山县	Bishan County	94149	30254	45943	99.0	93.0	1	6.00
江津市	Jiangjin City	205241	66166	103796	98.9	99.1	1	20.39
合川市	Hechuan City	220391	77477	110332	95.0	95.0	1	17.90
永川市	Yongchuan City	176891	54777	71487	96.0	96.1	1	7.60
南川市	Nanchuan City	105511	31976	53970	95.0	90.6	1	6.09
三峡库区生态经济区	**Ecological Economic Zone in Three Gorges Reservoir Area**	**2858700**	**847913**	**1623422**			**21**	**137.38**
万州区	Wanzhou District	291698	94056	133631	93.0	96.0	2	18.76
涪陵区	Fuling District	194034	57635	97236	98.5	96.5	2	34.58
黔江区	Qianjiang District	96293	27314	56435	94.5	95.1	1	8.50
长寿区	Changshou District	127084	42742	70291	100.0	100.0	1	9.20
梁平县	Liangping County	145201	45649	78119	95.0	90.0	1	1.95
城口县	Chengkou County	34664	9239	22916	68.0	92.3	1	0.35
丰都县	Fengdu County	119074	36970	68179	91.4	95.5	1	4.00
垫江县	Dianjiang County	180519	60068	87263	100.0	98.0	1	3.22
武隆县	Wulong County	64934	18333	36618	86.4	93.7	1	7.22
忠 县	Zhongxian County	154756	53776	81263	97.6	97.8	1	2.95
开 县	Kaixian County	307870	98863	175350	95.0	96.0	1	18.15
云阳县	Yunyang County	247995	68974	151058	95.3	98.0	1	3.23
奉节县	Fengjie County	201117	50211	128358	89.2	97.0	1	7.30
巫山县	Wushan County	105024	30433	64233	81.0	94.8	1	0.50
巫溪县	Wuxi County	90869	25257	57651	87.0	94.2	1	2.06
石柱县	Shizhu County	95137	27059	56787	62.3	79.2	1	5.00
秀山县	Xiushan County	123243	34621	77426	24.9	81.5	1	3.73
酉阳县	Youyang County	151540	37144	97501	60.5	88.5	1	4.48
彭水县	Pengshui County	127648	29569	83107	58.0	92.0	1	2.20

注：本表数据包括普通高校、中专、职中、普通中学、小学和特殊教育及工读学校。
Note: Data in this table included institutions of higher education, specialized secondary schools, vocational secondary schools, regular secondary schools, primary schools, schools of special educations and reformatory schools.

18－13 各区县（自治县、市）卫生（2003年）
PUBLIC HEALTH BY REGION (2003)

区 县	Region	卫生机构数（个） Number of Health Institutions (unit)	#医院、卫生院 Number of Hospitals and Health Centers	卫生机构床位数（张） Hospital Beds in Health Institutions (bed)	卫生技术人员（人） Medical Technical Personnel (person)	#执业(助理)医师 Certified (Assitant) Doctors	#注册护士 Registration Nurses
都市发达经济圈	**Metropolitan Advanced Economic Sphere**	**1900**	**276**	**25046**	**28079**	**12702**	**9141**
渝中区	Yuzhong District	311	26	6391	7579	3325	2661
大渡口区	Dadukou District	84	7	836	1109	525	363
江北区	Jiangbei District	360	34	3413	3660	1572	1319
沙坪坝区	Shapingba District	209	36	2846	2994	1301	931
九龙坡区	Jiulongpo District	306	37	3441	3965	1847	1279
南岸区	Nan'an District	161	28	2527	2550	1189	766
北碚区	Beibei District	120	42	2562	2146	1025	604
渝北区	Yubei District	119	36	992	1607	768	377
巴南区	Ba'nan District	230	30	2038	2469	1150	841
渝西经济走廊	**West Chongqing Economic Corridor**	**1477**	**409**	**17272**	**20875**	**9765**	**5161**
万盛区	Wansheng District	43	13	1089	932	370	361
双桥区	Shuangqiao District	18	4	188	152	56	55
綦江县	Qijiang County	146	35	2017	2201	1044	710
潼南县	Tongnan County	150	37	927	1447	682	369
铜梁县	Tongliang County	138	36	1289	1848	1052	409
大足县	Dazu County	122	42	1106	1614	679	262
荣昌县	Rongchang County	153	25	1509	1976	938	458
璧山县	Bishan County	137	37	1109	1597	609	292
江津市	Jiangjin City	184	51	2412	2627	1312	539
合川市	Hechuan City	152	41	2135	2484	1072	599
永川市	Yongchuan City	135	46	2354	2548	1302	774
南川市	Nanchuan City	99	42	1137	1449	649	333
三峡库区生态经济区	**Ecological Economic Zone in Three Gorges Reservoir Area**	**2908**	**997**	**20969**	**29674**	**14655**	**6327**
万州区	Wanzhou District	678	120	3514	4815	2458	1413
涪陵区	Fuling District	249	60	2297	3413	1695	728
黔江区	Qianjiang District	68	30	746	1065	412	205
长寿区	Changshou District	198	58	1908	2073	981	592
梁平县	Liangping County	108	38	931	1297	669	273
城口县	Chengkou County	124	34	281	521	257	67
丰都县	Fengdu County	145	34	940	1072	490	209
垫江县	Dianjiang County	50	28	921	1401	760	288
武隆县	Wulong County	120	51	648	783	415	133
忠 县	Zhongxian County	167	46	1360	1921	827	446
开 县	Kaixian County	178	60	1167	2355	1356	407
云阳县	Yunyang County	117	91	1252	1970	1060	284
奉节县	Fengjie County	152	84	1016	1085	566	222
巫山县	Wushan County	60	50	675	740	386	160
巫溪县	Wuxi County	105	60	510	1006	375	136
石柱县	Shizhu County	70	34	730	1196	525	217
秀山县	Xiushan County	52	34	636	919	397	174
酉阳县	Youyang County	191	42	704	1320	658	229
彭水县	Pengshui County	76	43	733	722	368	144

注：本页卫生机构含个体诊所。

Note: Data on health institutions included individual-run medical units.

18－14 重庆市开发区主要统计指标（2003年）
MAIN INDICATORS OF DEVELOPMENT ZONES IN CHONGQING (2003)

单位：万元 (10 000 yuan)

指 标	Item	合 计 Total	经开区 Economic & Technology Development Zone	高新区 High-tech Development Zone
开发区生产总值	Gross Domestic Product	1301826	724849	576977
工业总产值（现价）	Gross Output Value of Industry (current prices)	4312750	1911438	2401312
#规模以上	Industrial Enterprises above Designated Size	3793956	1720293	2073663
固定资产投资完成额	Completed Investment in Fixed Assets	984614	514178	470436
基础设施建设投资完成额	Completed Investment in Infrastructure Construction	497305	249739	247566
招商引资合同投资总额	Absorbed Capitals on Contract	2251104	1331726	919378
#合同外资（万美元）	Foreign Capitals on Contract (USD 10 000)	14711	8984	5727
招商引资到位资金	Absorbed Capitals Utilized	290684	151083	139601
#外资到位（万美元）	Foreign Capitals Utilized (USD 10 000)	6521	3465	3056
进出口总额（万美元）	Total Imports and Exports (USD 10 000)	37764	29406	8358
#出口	Total Imports	9891	3389	6502
入库税金	Laid-up Taxes	298811	152066	146745
开发区留存财政收入	Financial Revenues Preserved	91258	35100	56158

指 标	Item	#北区小计 Sub-total of Northern Area	经开园 Economic & Technology Development Garden	高新园 High-tech Development Garden
开发区生产总值	Gross Domestic Product	140250	73304	66946
工业总产值（现价）	Gross Output Value of Industry (current prices)	394071	252394	141677
#规模以上	Industrial Enterprises above Designated Size	383389	247577	135812
固定资产投资完成额	Completed Investment in Fixed Assets	528606	303433	225173
基础设施建设投资完成额	Completed Investment in Infrastructure Construction	391812	234488	157324
招商引资合同投资总额	Absorbed Capitals on Contract	2087337	1256987	830350
#合同外资（万美元）	Foreign Capitals on Contract (USD 10 000)	9301	6301	3000
招商引资到位资金	Absorbed Capitals Utilized	182588	75487	107101
#外资到位（万美元）	Foreign Capitals Utilized (USD 10 000)	4251	1808	2443
进出口总额（万美元）	Total Imports and Exports (USD 10 000)	12784	12784	
#出口	Total Imports	1135	1135	
入库税金	Laid-up Taxes	42192	30358	11834
开发区留存财政收入	Financial Revenues Preserved	27793	23800	3993

注：本表包括重庆市北部新区、经济技术开发区、高新技术产业开发区的统计数据。
Note: Statistics in this table are on basis of region, including Northern New Development Zone, Economic & Technology Development Zone and High-tech Development Zone.

18－15 重庆市经济技术开发区主要统计指标（2002－2003年）
MAIN INDICATORS OF CHONGQING ECONOMIC AND TECHNOLOGY DEVELOPMENT ZONE (2002-2003)

项　目	Item	2002	2003
占地面积（平方公里）	Land Area Used (sq.km)	96	96
企业累计数（个）	Number of Enterprises (unit)	1645	2109
总收入（亿元）	Total Revenue (100 million yuan)	150.14	240.09
经开区生产总值（万元）	GDP (10 000 yuan)	508274	724849
#第二产业	Secondary Industry	470444	645574
#工业	Industry	454061	627580
第三产业	Tertiary Industry	31093	79275
工业总产值（现价）（万元）	Gross Output Value of Industry (current prices) (10 000 yuan)	1122350	1911438
税金总额（万元）	Total Profits and Taxes (10 000 yuan)	127311	152066
预算内财政收入（万元）	Financial Budgetary Revenue (10 000 yuan)	17325	35100
进出口总额（万美元）	Total Exports and Imports (USD 10 000)	4802	29406
#出口	Exports	3004	3389
当年批准外商投资企业（户）	Foreign-funded Enterprises Authorized (household)	33	21
#投资额在1000万美元以上	With Investment over USD 10 million	3	3
外商投资企业投资总额（万美元）	Contracted Capital of Foreign-funded Enterprises (USD 10 000)	10340	26347
实际到位资金（万美元）	Actual Executed Fund (USD 10 000)	5716	4656
#实际到位外资	Executed Value of Foreign Fund	3765	3465
全区年末累计高新技术企业户数（户）	Year-end Total High-tech Enterprises (household)	38	46
高新技术企业产值（万元）	Output Value of High-tech Enterprises (10 000 yuan)	600528	1226108
占工业总产值比重（%）	As Percentage of Gross Output Value of Industry (%)	53.5	64.1
技术合同登记项目（项）	Registered Projects of Technological Contracts (unit)	9	28
成交金额（万元）	Business Volume (10 000 yuan)	4055	6295
全社会固定资产投资额（万元）	Investment in Fixed Assets (10 000 yuan)	321069	514178
#基础设施建设	Infrastructure Construction	177139	249739
社会从业人员人数（万人）	Employment (10 000 persons)	5.60	5.98
人均经开区生产总值（万元）	Per Capita GDP (10 000 yuan)	8.62	12.12
人均工业总产值（万元）	Per Capita Gross Output Value of Industry (10 000 yuan)	19.03	31.96
人均总收入（万元）	Per Capita Income (10 000 yuan)	25.44	40.15
人均创税（万元）	Per Capita Taxes Created (10 000 yuan)	2.18	2.54

18－16 重庆市高新技术产业开发区主要统计指标（2002－2003年）
MAIN INDICATORS OF CHONGQING HIGH-TECH DEVELOPMENT ZONE (2002-2003)

项　　目	Item	2002	2003
占地面积（平方公里）	Land Area (sq.km)	20	20
开发区基建投资总额（万元）	Investment in Capital Construction (10 000 yuan)	125367	200245
区级财政收入（万元）	Financial Revenue (10 000 yuan)	29627	56158
企业数（个）	Number of Enterprises (unit)	7589	11255
工业增加值（万元）	Industrial Value-added (10 000 yuan)	486719	632199
工业总产值(现价)（万元）	Gross Output Value of Industry (current prices) (10 000 yuan)	2017417	2401312
总收入（万元）	Total Revenue (10 000 yuan)	2356719	2753955
#技术收入	Technical Revenue	242832	317264
产品销售收入	Product Sales Revenue	1956969	2297735
商品销售收入	Commodity Sales Revenue	130073	128599
净利润（万元）	Net Profits (10 000 yuan)	107960	125962
实际上缴税额（万元）	Total Taxes (10 000 yuan)	139970	152399
进出口总额（万美元）	Total Exports and Imports (USD 10 000)	26347	39032
#出口	Exports	24595	37157
年末从业人员（万人）	Total Employment (10 000 persons)	10.81	10.84
人均总产值（万元）	Gross Output Value Per Capita (10 000 yuan)	19.05	23.58
人均总收入（万元）	Total Income Per Capita (10 000 yuan)	22.25	27.04
人均创利润（万元）	Per Capita Profits (10 000 yuan)	1.02	1.24
人均创税（万元）	Per Capita Taxes (10 000 yuan)	1.32	1.50
人均出口额（万美元）	Per Capita Exports (USD 10 000)	0.23	0.36

注：本表前四项指标按地域统计，其余指标均为国家科委火炬计划值。

Note: The first four indices in this table are on basis of region, and others refer to *Torch Plan* of State Scientific and Technological Committee.

Ⅳ 企业篇

ENTERPRISE CHAPTER

二零零四

重庆统计年鉴

CHONGQING STATISTICAL YEARBOOK 2004

十九　各类企业资料

VARIOUS ENTERPRISES

简要说明

本章资料主要包括工业、建筑业、房地产开发业、批发零售贸易业企业按各类分组的排序，大中型工业企业、重点建筑企业、重点批发零售贸易企业目录，工业企业50强名单，企业法人知名字号，个体工商业、私营企业的基本情况，企业集团资料以及亿元以上商品交易市场。

本章资料分别由市统计局工业交通处、社会科技处、固定资产投资处、贸易外经处和市企业调查队根据有关资料整理提供，其中企业法人知名字号和个体工商业、私营企业的基本情况来自市工商行政管理局。

Brief Introduction

This chapter mainly covers industrial, construction, real estate development, wholesale and retail trade enterprises in various kinds of orders. And it also includes lists of large and medium sized industrial enterprises, major construction enterprises, major wholesale and retail trade enterprises, top 50 industrial enterprises, basic statistics on self-employment business and private enterprises business groups, and commodity markets with transaction value over 100 million yuan.

Data in this chapter are provided by Division of Industry and Transport Statistics, Division of Social and Technology Statistics, Division of Statistics of Investment in Fixed Assets, Division of Trade and External Economic Relations Statistics and Enterprises Survey Organization of Municipal Bureau of Statistics using related data. List of noted titles of legal enterprises, and basic statistics on self-employment business and private enterprises are from Municipal Administration for Industry and Commerce.

19—1 重庆工业企业五十强名单（1998—1999年）
LIST OF TOP 50 INDUSTRIAL ENTERPRISES (1998-1999)

序号 Order	1998	序号 Order	1999
1	庆铃汽车(集团)有限公司	1	庆铃汽车(集团)有限公司
2	涪陵卷烟厂	2	重庆烟草工业有限责任公司
3	重庆卷烟厂	3	嘉陵一本田发动机有限公司
4	中国嘉陵工业股份有限公司(集团)	4	扬子江乙酰化工有限公司
5	黔江卷烟厂	5	中国嘉陵工业股份有限公司(集团)
6	太极实业集团股份有限公司	6	重庆啤酒股份有限公司
7	重庆啤酒(集团)有限责任公司	7	重庆太极实业（集团）股份有限公司
8	重庆奥妮化妆品有限公司	8	建设集团北方建设摩托车股份有限公司
9	涪陵建筑陶瓷股份有限公司	9	重庆奥妮化妆品有限公司
10	重庆牙膏厂	10	涪陵建筑陶瓷股份有限公司
11	江津水泥厂	11	重庆力帆轰达实业（集团）有限公司
12	重庆三峡油漆股份有限公司	12	重庆牙膏厂
13	重庆三爱海陵股份有限公司	13	重庆长安汽车股份有限公司
14	中国核工业建峰化工总厂	14	重庆三爱海陵股份有限公司
15	杭州娃哈哈集团公司涪陵有限责任公司	15	杭州娃哈哈集团公司涪陵有限责任公司
16	西南药业股份有限公司	16	中国核工业建峰化工总厂
17	重庆四维瓷业股份有限公司	17	重庆民丰农化股份有限公司
18	重庆长安汽车股份有限公司	18	重庆长江轴承工业有限公司
19	重庆百事天府饮料有限公司	19	重庆地维水泥有限责任公司
20	西南合成制药股份有限公司	20	西南药业股份有限公司
21	重庆农药化工(集团)有限公司	21	重庆市迪马特种汽车制造有限公司
22	重庆钢铁(集团)有限责任公司	22	重庆四维瓷业股份有限公司
23	四川汽车制造厂	23	重庆鼎发实业股份有限公司
24	重庆通信设备有限公司	24	重庆市涪陵东升铝业有限责任公司
25	重庆索特股份有限公司	25	重庆腾辉特种水泥有限公司
26	重庆鼎发实业股份有限公司	26	重庆科瑞制药有限责任公司
27	重庆科瑞制药有限责任公司	27	中国石化集团四川维尼纶厂
28	涪陵化学工业总公司	28	涪陵化工股份有限公司
29	重庆长江轴承工业有限公司	29	重庆宗申摩托车科技集团有限公司
30	重庆红宇机械厂	30	重庆三峡油漆股份有限公司
31	重庆华伟工业(集团)有限责任公司	31	重庆长江依之密活塞工业有限公司
32	重庆康明斯发动机有限公司	32	重庆桐君阁药厂
33	重庆药友制药有限责任公司	33	重庆华立控股股份有限公司
34	重庆铜梁红蝶锶业有限公司	34	重庆华邦制药有限公司
35	重庆双桂啤酒(集团)股份有限公司	35	重庆索特股份有限公司
36	兆峰陶瓷(重庆兆瓷)有限公司	36	重庆青山工业有限责任公司
37	白猫(重庆)有限公司	37	重庆市江津酒厂有限责任公司
38	江津增压器厂	38	重庆华亚现代纸业股份有限公司
39	重庆青山工业有限责任公司	39	重庆九发包装印刷有限公司
40	重庆华亚现代纸业股份有限公司	40	重庆铜梁红蝶锶业有限公司
41	中国人民解放军第三五三九工厂	41	重庆双桂啤酒(集团)股份有限公司
42	重庆市江津酒厂有限责任公司	42	四川汽车制造厂
43	重庆长江依之密活塞工业有限公司	43	重庆隆鑫汽油机制造有限公司
44	重庆大新药业股份有限公司	44	重庆康明斯发动机有限公司
45	重庆华彩印务实业公司	45	重庆药友制药有限责任公司
46	重庆钢铁集团钢管有限责任公司	46	重庆荣事达洗衣机有限公司
47	重庆川东化工集团有限公司	47	重庆红宇机械厂
48	重庆北碚玻璃仪器总厂	48	重庆华伟工业(集团)有限责任公司
49	重庆庆江机器厂	49	重庆通信设备有限公司
50	重庆金仑机械制造有限责任公司	50	江津增压器厂

19－2 重庆工业企业五十强名单（2000－2001年）
LIST OF TOP 50 INDUSTRIAL ENTERPRISES (2000-2001)

序号 Order	2000	序号 Order	2001
1	庆铃汽车(集团)有限公司	1	重庆烟草工业有限责任公司
2	重庆烟草工业有限责任公司	2	重庆长安汽车股份有限公司
3	扬子江乙酰化工有限公司	3	庆铃汽车（集团）有限公司
4	重庆啤酒股份有限公司	4	扬子江乙酰化工有限公司
5	重庆长安汽车股份有限公司	5	重庆太极实业（集团）股份有限公司
6	重庆朝华科技股份有限公司	6	中国嘉陵工业股份有限公司（集团）
7	中国嘉陵工业股份有限公司(集团)	7	重庆啤酒股份有限公司
8	重庆钢铁股份有限公司	8	重庆四维瓷业股份有限公司
9	建设集团北方建设摩托车股份有限公司	9	黔江卷烟厂
10	重庆太极实业（集团）股份有限公司	10	重庆力帆实业（集团）有限公司
11	重庆力帆轰达实业（集团）有限公司	11	重庆华立控股股份有限公司
12	重庆长丰通信股份有限公司	12	重庆隆鑫汽油机制造有限公司
13	奥妮化妆品有限公司	13	西南铝业（集团）有限责任公司
14	重庆华立控股股份有限公司	14	重庆钢铁股份有限公司
15	重庆地维水泥有限责任公司	15	重庆宗申摩托车科技集团有限公司
16	重庆长江轴承工业有限公司	16	中国石化集团四川维尼纶厂
17	西南药业股份有限公司	17	重庆市迪马实业股份有限公司
18	重庆民丰农化股份有限公司	18	重庆华邦制药股份有限公司
19	中国石化集团四川维尼纶厂	19	重庆长江轴承工业有限公司
20	重庆宗申摩托车科技集团有限公司	20	奥妮化妆品有限公司
21	重庆市迪马实业股份有限公司	21	重庆大足红蝶锶业有限公司
22	杭州娃哈哈集团公司涪陵有限责任公司	22	重庆美心(集团）有限公司
23	重庆鼎发实业股份有限公司	23	重庆市太白酒厂
24	重庆牙膏厂	24	重庆鼎发实业股份有限公司
25	重庆大足红蝶锶业有限公司	25	重庆登康口腔护理用品股份有限公司
26	重庆索特股份有限公司	26	重庆腾辉地维水泥有限公司
27	重庆四维瓷业股份有限公司	27	重庆药友制药有限责任公司
28	涪陵化工股份有限公司	28	重庆科瑞制药有限责任公司
29	西南铝业（集团）有限责任公司	29	西南药业股份有限公司
30	中国核工业建峰化工总厂	30	重庆南川市矿产品开发（集团）公司
31	重庆腾辉特种水泥有限公司	31	重庆索特股份有限公司
32	重庆隆鑫汽油机制造有限公司	32	重庆顶益国际食品有限公司
33	重庆华邦制药有限公司	33	中国核工业建峰化工总厂
34	重庆康明斯发动机有限公司	34	重庆康明斯发动机有限公司
35	中国四联仪器仪表集团有限公司	35	重庆市天友乳业有限公司
36	重庆华亚包装有限责任公司	36	中国四联仪器仪表集团有限公司
37	重庆桐君阁药厂	37	重庆大新药业股份有限公司
38	重庆青山工业有限责任公司	38	太极集团重庆桐君阁药厂
39	重庆药友制药有限责任公司	39	重庆长安跨越车辆有限公司
40	重庆市东升铝业有限责任公司	40	涪陵化工股份有限公司
41	重庆长江依之密活塞工业有限公司	41	重庆齿轮箱有限责任公司
42	重庆科瑞制药有限责任公司	42	重庆重型汽车集团有限责任公司
43	重庆大新药业股份有限公司	43	重庆泰山电线电缆有限责任公司
44	重庆荣事达洗衣机有限公司	44	重庆市东升铝业股份有限公司
45	重庆华伟工业(集团)有限责任公司	45	重庆华亚包装有限责任公司
46	重庆重型汽车集团有限责任公司	46	江津增压器厂
47	重庆啤酒集团梁平有限责任公司	47	重庆华伟工业（集团）有限责任公司
48	重庆市江津酒厂有限责任公司	48	重庆青山工业有限责任公司
49	江津增压器厂	49	重庆民丰农化股份有限公司
50	重庆海康纺织（集团）有限公司	50	重庆市江津酒厂有限责任公司

19—3 重庆工业企业五十强名单（2002—2003年）
LIST OF TOP 50 INDUSTRIAL ENTERPRISES (2002-2003)

序号 Order	2002	序号 Order	2003
1	重庆长安汽车股份有限公司	1	重庆长安汽车股份有限公司
2	重庆烟草工业有限责任公司	2	重庆烟草工业有限责任公司
3	扬子江乙酰化工有限公司	3	重庆钢铁股份有限公司
4	庆铃汽车（集团）有限公司	4	庆铃汽车（集团）有限公司
5	黔江卷烟厂	5	黔江卷烟厂
6	重庆太极实业（集团）股份有限公司	6	扬子江乙酰化工有限公司
7	重庆啤酒股份有限公司	7	重庆啤酒股份有限公司
8	重庆华立控股股份有限公司	8	重庆力帆实业（集团）有限公司
9	重庆力帆实业（集团）有限公司	9	宗申产业集团有限公司
10	重庆宗申摩托车科技集团有限公司	10	重庆隆鑫工业（集团）有限公司
11	重庆隆鑫工业（集团）有限公司	11	重庆太极实业（集团）股份有限公司
12	重庆华邦制药股份有限公司	12	重庆药友制药有限责任公司
13	重庆长江轴承工业有限公司	13	重庆华邦制药股份有限公司
14	重庆药友制药有限责任公司	14	重庆市迪马实业股份有限公司
15	重庆康明斯发动机有限公司	15	重庆康明斯发动机有限公司
16	重庆川仪总厂有限公司	16	中国石化集团四川维尼纶厂
17	重庆市迪马实业股份有限公司	17	重庆华立控股股份有限公司
18	重庆腾辉地维水泥有限公司	18	重庆川仪总厂有限公司
19	重庆钢铁股份有限公司	19	重庆长江轴承工业有限公司
20	重庆四维瓷业（集团）股份有限公司	20	重庆大足红蝶锶业有限公司
21	重庆银钢科技（集团）有限公司	21	重庆银钢科技（集团）有限公司
22	重庆登康口腔护理用品股份有限公司	22	重庆市博赛矿业（集团）有限公司
23	中国石化集团四川维尼纶厂	23	重庆国际复合材料有限公司
24	重庆长安跨越车辆有限公司	24	重庆腾辉地维水泥有限公司
25	重庆市涪陵娃哈哈饮料有限公司	25	重庆红岩汽车有限责任公司
26	重庆重型汽车集团有限责任公司	26	中国嘉陵工业股份有限公司（集团）
27	西南药业股份有限公司	27	重庆清华紫光英力天然气化工有限责任公司
28	重庆南川市矿产品开发（集团）公司	28	重庆顶益食品有限公司
29	重庆泰山电线电缆有限责任公司	29	重庆科瑞制药有限责任公司
30	重庆科瑞制药有限责任公司	30	重庆鼎发实业股份有限公司
31	重庆鼎发实业股份有限公司	31	重庆登康口腔护理用品股份有限公司
32	重庆大足红蝶锶业有限公司	32	重庆潍柴发动机厂
33	西南铝业（集团）有限责任公司	33	西南药业股份有限公司
34	重庆市天友乳业股份有限公司	34	重庆齿轮箱有限责任公司
35	重庆国际复合材料有限公司	35	西南铝业（集团）有限责任公司
36	重庆顶益国际食品有限公司	36	重庆四维瓷业（集团）股份有限公司
37	重庆美心（集团）有限公司	37	重庆市江津酒厂有限责任公司
38	重庆市太白酒厂	38	重庆美心（集团）有限公司
39	重庆索特股份有限公司	39	中国核工业建峰化工总厂
40	重庆长江依之密活塞工业有限公司	40	重庆市渝江压铸有限公司
41	重庆齿轮箱有限责任公司	41	涪陵化工股份有限公司
42	重庆大新药业股份有限公司	42	重庆机床厂
43	太极集团重庆桐君阁药厂	43	国营重庆重型铸锻厂
44	中国核工业建峰化工总厂	44	重庆泰山电线电缆有限责任公司
45	涪陵化工股份有限公司	45	重庆青山工业有限责任公司
46	中国嘉陵工业股份有限公司（集团）	46	重庆市太白酒厂
47	江津增压器厂	47	重庆市东升铝业股份有限公司
48	重庆青山工业有限责任公司	48	重庆市天友乳业股份有限公司
49	重庆市江津酒厂有限责任公司	49	重庆索特盐化股份有限公司
50	重庆市东升铝业股份有限公司	50	江津增压器厂
	重庆华伟工业（集团）有限责任公司		

19—4 高新技术产品销售收入超亿元企业排序（2003年）
ENTERPRISES IN ORDER OF SALES OF HIGH-TECH PRODUCTS OVER 100 MILLION YUAN (2003)

序号 Order	企业名称 Name of Enterprises	序号 Order	企业名称 Name of Enterprises
1	重庆长安汽车股份有限公司	31	重庆药友制药有限责任公司
2	重庆力帆实业（集团）有限公司	32	重庆信息产业工程有限公司
3	重庆长安铃木汽车有限公司	33	重庆长安跨越车辆有限公司
4	建设工业（集团）有限责任公司	34	重庆隆鑫汽油机科技有限公司
5	长安福特汽车有限公司	35	重庆朝阳气体有限公司
6	中国嘉陵工业股份有限公司（集团）	36	重庆清华紫光英力天然气有限责任公司
7	西南铝业（集团）有限责任公司	37	重庆爱立信通讯有限公司
8	太极集团涪陵制药厂	38	重庆宗申机车工业制造有限公司
9	重庆青山工业责任有限公司	39	重庆海特实业有限公司
10	重庆ABB变压器有限公司	40	重庆齿轮箱有限责任公司
11	重庆市迪马实业股份有限公司	41	重庆信威通信技术有限责任公司
12	重庆银钢科技(集团)有限公司	42	重庆佳辰经济发展有限公司
13	重庆美心（集团）有限公司	43	重庆精通工业集团有限公司
14	UT斯达康(重庆)通讯有限公司	44	重庆天友乳业股份有限公司
15	重庆横河川仪有限公司	45	重庆世纪精信实业有限公司
16	中国石化集团四川维尼纶厂	46	重庆涪陵金帝集团
17	扬子乙酰化工有限公司	47	重庆四维瓷业（集团）股份有限公司
18	重庆国际复合材料有限公司	48	重庆华孚工业股份有限公司
19	国营重型铸锻厂	49	重庆市三峡牧业集团有限公司
20	嘉陵本田发动机有限公司	50	重庆耐德工业股份有限公司
21	重庆宗申发动机制造有限公司	51	重庆德庆高技术有限公司
22	重庆大足红蝶锶业有限公司	52	重庆市巴南区吉力电装品厂
23	重庆渝港钛白粉股份有限公司	53	重庆李尔长安汽车内饰件有限责任公司
24	重庆长江轴承工业有限公司	54	江津增压器厂
25	重庆超力高科技实业公司	55	重庆华立控股股份有限公司
26	重庆华邦制药股份有限公司	56	重庆金美通信有限责任公司
27	重庆捷力轮毂制造有限公司	57	西南药业股份有限公司
28	重庆三峡油漆股份有限公司	58	重庆东软金算盘软件有限公司
29	中国石化股份重庆一坪润滑油分公司	59	重庆汽车空调器有限责任公司
30	重庆市涪陵榨菜集团有限公司	60	重庆博联变压器有限公司

19－5 高新技术产品实现利税上千万元企业排序（2003年）
ENTERPRISES IN ORDER OF PRE-TAX PROFITS OF HIGH-TECH PRODUCTS OVER 10 MILLION YUAN (2003)

序号 Order	企业名称 Name of Enterprises	序号 Order	企业名称 Name of Enterprises
1	重庆长安汽车股份有限公司	39	重庆三峡油漆股份有限公司
2	重庆长安铃木汽车有限公司	40	重庆大新药业股份有限公司
3	太极集团涪陵制药厂	41	重庆东软金算盘软件有限公司
4	长安福特汽车有限公司	42	重庆博恩科技有限公司
5	西南铝业（集团）有限责任公司	43	重庆市劲隆摩托车制造有限公司
6	重庆佳辰经济发展有限公司	44	重庆赛迪工业炉有限公司
7	重庆大足红蝶锶业有限公司	45	重庆超力高科技实业公司
8	建设工业（集团）有限责任公司	46	重庆龙湖地产发展公司
9	重庆药友制药有限责任公司	47	葛兰素史克制药（重庆）公司
10	重庆渝港钛白粉股份有限公司	48	中国石化股份重庆一坪润滑油分公司
11	重庆市迪马实业股份有限公司	49	重庆新图多媒体发展有限公司
12	重庆横河川仪有限公司	50	重庆金美通信有限责任公司
13	西南药业股份有限公司	51	重庆南松医药科技有限公司
14	重庆国际复合材料有限公司	52	重庆民丰农化股份有限公司
15	嘉陵本田发动机有限公司	53	江津增压器厂
16	中国石化集团四川维尼纶厂	54	重庆捷力轮毂制造有限公司
17	太极集团重庆桐君阁药厂	55	重庆博联变压器有限公司
18	重庆华立控股股份有限公司	56	重庆万光电源股份有限公司
19	扬子乙酰化工有限公司	57	重庆天友乳业股份有限公司
20	重庆长江轴承工业有限公司	58	重庆齿轮箱有限责任公司
21	重庆华邦制药股份有限公司	59	重庆液压件厂
22	重庆华孚工业股份有限公司	60	UT斯达康(重庆)通讯有限公司
23	重庆四维瓷业（集团）股份有限公司	61	重庆长丰宽带通信技术产业有限公司
24	重庆新华多媒体发展有限公司	62	重庆耐德工业股份有限公司
25	重庆银钢科技(集团)有限公司	63	重庆庆佳电子有限公司
26	重庆李尔长安汽车内饰件有限责任公司	64	重庆机床厂
27	重庆长平机械厂	65	重庆巴山仪器厂
28	重庆青山工业责任有限公司	66	重庆川仪十八厂
29	重庆德庆高技术有限公司	67	重庆大桥化工有限公司
30	重庆ABB变压器有限公司	68	重庆新泰机械制造有限责任公司
31	重庆力帆实业（集团）有限公司	69	重庆长江造型材料有限责任公司
32	重庆汽车研究所	70	重庆长安跨越车辆有限公司
33	重庆宗申发动机制造有限公司	71	百力通(重庆)发动机有限公司(原浦益斯)
34	重庆世纪精信实业有限公司	72	重庆宗申机车工业制造有限公司
35	重庆广播电视网络传输有限责任公司	73	重庆华森制药有限公司
36	重庆长风机器有限责任公司	74	重庆东方药业股份有限公司
37	重庆清华紫光英力天然气有限责任公司	75	重庆赛力盟电机有限责任公司
38	国营重型铸锻厂		

19－6 工业企业按主营业务收入排序（2003年）
INDUSTRIAL ENTERPRISES IN ORDER OF MAJOR BUSINESS REVENUE (2003)

序号 Order	企业名称 Name of Enterprises	序号 Order	企业名称 Name of Enterprises
1	重庆长安汽车股份有限公司	51	重庆市迪马实业股份有限公司
2	重庆市电力公司	52	重庆重型汽车集团有限责任公司
3	重庆钢铁股份有限公司	53	重庆银钢科技（集团）有限公司
4	重庆长安铃木汽车有限公司	54	嘉陵工业有限公司
5	庆铃汽车（集团）有限公司	55	重庆齿轮箱有限责任公司
6	重庆力帆实业（集团）有限公司	56	綦江齿轮传动有限公司
7	西南铝业（集团）有限责任公司	57	重庆宗申第二机车有限公司
8	中国嘉陵工业股份有限公司（集团）	58	重庆红宇精密工业有限责任公司
9	重庆烟草工业有限责任公司	59	重庆钢铁集团特殊钢有限公司
10	重庆红岩汽车有限责任公司	60	重庆市自来水公司
11	长安福特汽车有限公司	61	重庆市富丰水泥集团公司
12	重庆隆鑫工业（集团）有限公司	62	重庆民丰农化股份有限公司
13	华能重庆珞璜发电有限责任公司	63	重庆重型铸锻厂
14	重庆建设摩托车股份有限公司	64	重钢集团产业公司
15	建设工业（集团）有限责任公司	65	UT斯达康（重庆）通讯有限公司
16	中国石化集团四川维尼纶厂	66	涪陵娃哈哈饮料有限公司
17	重庆宗申发动机制造有限公司	67	南桐矿业有限责任公司
18	长安汽车（集团）有限责任公司	68	重庆钢铁集团矿业有限公司
19	重庆川仪总厂有限公司	69	重庆登康口腔护理用品股份有限公司
20	黔江卷烟厂	70	重庆银鸿铝业有限公司
21	重庆劲隆科技集团有限公司	71	西南合成制药股份有限公司
22	格力电器重庆有限公司	72	重庆四维瓷业股份有限公司
23	重庆铁马工业集团有限公司	73	西南药业股份有限公司
24	太极集团涪陵制药厂	74	重庆长江电工厂
25	扬子江乙酰化工有限公司	75	重庆药友制药有限责任公司
26	重庆市博赛矿业（集团）有限公司	76	重庆永荣矿业有限公司
27	中国核工业建峰化工总厂	77	重庆鼎泰铝业有限公司
28	重庆燃气有限责任公司	78	重庆跨越（集团）股份有限公司
29	重庆宗申机车工业制造有限公司	79	重庆乌江电力（集团）有限公司
30	重庆四钢钢业有限责任公司	80	重庆市东升铝业股份有限公司
31	重庆顶益食品有限公司	81	重庆李尔长安汽车内饰件有限责任公司
32	重庆大江信达车辆股份有限公司	82	重庆九龙电力股份有限公司
33	重庆市涪陵水利电力投资集团有限公司	83	重庆市川江车辆制造有限公司
34	重庆市渝西钢铁集团有限公司	84	望江机器制造总厂
35	重庆中汽吉龙摩托车有限公司	85	重庆大学科技企业(集团)有限责任公司
36	重庆市渝江压铸有限公司	86	重庆市三峡牧业集团有限公司
37	重庆啤酒股份有限公司	87	重庆龙宝机械制造有限公司
38	重庆康明斯发动机有限公司	88	重庆渝港钛白粉股份有限公司
39	重庆精通工业集团有限公司	89	重庆国际复合材料有限公司
40	重庆美心（集团）有限公司	90	重庆大足红蝶锶业有限公司
41	重庆泰山电线电缆有限责任公司	91	重庆浙中铝合金有限公司
42	重庆青山工业有限责任公司	92	重庆力帆摩托车制造有限公司
43	重庆ABB变压器有限公司	93	重庆长安跨越车辆有限公司
44	重庆潍柴发动机厂	94	重庆长江轴承工业有限公司
45	涪陵化工股份有限公司	95	重庆检测仪表厂
46	重庆腾辉地维水泥有限公司	96	重庆超力高科技实业公司
47	重庆松藻煤电有限责任公司	97	重庆腾辉特种水泥有限公司
48	重庆正大有限公司	98	重庆科瑞制药有限责任公司
49	重庆长寿化工有限责任公司	99	重庆市志成机械厂
50	嘉陵-本田发动机有限公司	100	重庆大江摩托车有限公司

19－7 工业企业按利税总额排序（2003年）
INDUSTRIAL ENTERPRISES IN ORDER OF PER-TAX PROFITS (2003)

序号 Order	企业名称 Name of Enterprises	序号 Order	企业名称 Name of Enterprises
1	重庆长安汽车股份有限公司	51	重庆三峡水利电力(集团)股份有限公司
2	重庆烟草工业有限责任公司	52	重庆朝阳气体有限公司
3	重庆钢铁股份有限公司	53	重庆美心（集团）有限公司
4	重庆长安铃木汽车有限公司	54	重庆李尔长安汽车内饰件有限责任公司
5	庆铃汽车（集团）有限公司	55	格力电器重庆有限公司
6	重庆市电力公司	56	西南药业股份有限公司
7	黔江卷烟厂	57	重庆燃气有限责任公司
8	长安汽车（集团）有限责任公司	58	重庆索特盐化股份有限公司
9	华能重庆珞璜发电有限责任公司	59	重庆市大足天青石矿业公司
10	中国石化集团四川维尼纶厂	60	嘉陵-本田发动机有限公司
11	重庆啤酒股份有限公司	61	重庆机床厂
12	重庆力帆实业（集团）有限公司	62	重庆科瑞制药有限责任公司
13	扬子江乙酰化工有限公司	63	重庆重型铸锻厂
14	太极集团涪陵制药厂	64	重庆大江渝强塑料制品有限公司
15	长安福特汽车有限公司	65	重庆长江轴承工业有限公司
16	西南铝业（集团）有限责任公司	66	重庆国际复合材料有限公司
17	重庆川仪总厂有限公司	67	涪陵宏声实业（集团）有限责任公司
18	中国嘉陵工业股份有限公司（集团）	68	重庆富皇水泥有限公司
19	重庆九龙电力股份有限公司	69	重庆利时德控制拉索系统有限公司
20	重庆重型汽车集团有限责任公司	70	重庆华孚工业股份有限公司
21	重庆康明斯发动机有限公司	71	重庆长江电工厂
22	重庆红岩汽车有限责任公司	72	重庆市太白酒厂
23	重庆腾辉地维水泥有限公司	73	重庆宗申第二机车有限公司
24	重庆渝隆科技集团有限公司	74	重庆市仁和压铸有限公司
25	重庆宗申发动机制造有限公司	75	重庆民生电力股份有限公司
26	中国核工业建峰化工总厂	76	重庆新华多媒体发展有限公司
27	重庆市自来水公司	77	重庆银钢科技（集团）有限公司
28	重庆市富丰水泥集团公司	78	重庆市渝西钢铁集团有限公司
29	綦江齿轮传动有限公司	79	重庆大学科技企业(集团)有限责任公司
30	重庆市博赛矿业（集团）有限公司	80	重庆油泵油咀厂
31	涪陵娃哈哈饮料有限公司	81	重庆ABB变压器有限公司
32	重庆隆鑫工业（集团）有限公司	82	奥妮化妆品有限公司
33	重庆大足红蝶锶业有限公司	83	重庆啤酒集团梁平有限责任公司
34	重庆华邦制药有限公司	84	永川洗选厂
35	重庆精通工业集团有限公司	85	重庆三铃大金离合器制造有限公司
36	重庆潍柴发动机厂	86	重庆通用工业（集团）有限责任公司
37	重庆宗申机车工业制造有限公司	87	重庆齿轮箱有限责任公司
38	重庆药友制药有限责任公司	88	重庆市涪陵榨菜集团有限公司
39	重庆顶益食品有限公司	89	重庆腾辉特种水泥有限公司
40	重庆华立控股股份有限公司	90	重庆赛力盟电机有限责任公司
41	重庆市渝江压铸有限公司	91	酉阳县天雄锰业有限公司
42	重庆市迪马实业股份有限公司	92	重庆检测仪表厂
43	重庆市涪陵水利电力投资集团有限公司	93	重庆万光电源股份有限公司
44	福耀玻璃集团（重庆）有限公司	94	重庆乌江电力（集团）有限公司
45	重庆渝港钛白粉股份有限公司	95	重庆青山工业有限责任公司
46	重庆鼎发实业股份有限公司	96	重庆永荣矿业有限公司
47	重庆登康口腔护理用品股份有限公司	97	重庆德泉电力股份有限公司
48	重庆建设摩托车股份有限公司	98	重庆红宇精密工业有限责任公司
49	重庆松藻煤电有限责任公司	99	重庆市富丰水泥集团富华水泥有限公司
50	重庆四维瓷业股份有限公司	100	重庆铜梁红蝶锶业有限公司

19－8 工业企业按资产总计排序（2003年）
INDUSTRIAL ENTERPRISES IN ORDER OF TOTAL PROPERTY (2003)

序号 Order	企业名称 Name of Enterprises	序号 Order	企业名称 Name of Enterprises
1	重庆市电力公司	51	重庆市迪马实业股份有限公司
2	庆铃汽车（集团）有限公司	52	重庆天府矿业有限责任公司
3	重庆长安汽车股份有限公司	53	重庆腾辉地维水泥有限公司
4	长安汽车（集团）有限责任公司	54	重庆康明斯发动机有限公司
5	西南铝业（集团）有限责任公司	55	西南合成制药股份有限公司
6	重庆钢铁股份有限公司	56	重庆市博赛矿业（集团）有限公司
7	华能重庆珞璜发电有限责任公司	57	涪陵化工股份有限公司
8	中国嘉陵工业股份有限公司（集团）	58	重庆劲隆科技集团有限公司
9	重庆钢铁集团特殊钢有限公司	59	重庆渝港钛白粉股份有限公司
10	建设工业（集团）有限责任公司	60	重庆通用工业（集团）有限责任公司
11	中国石化集团四川维尼纶厂	61	重庆美心（集团）有限公司
12	重庆烟草工业有限责任公司	62	重庆普天通信设备有限公司
13	重庆长安铃木汽车有限公司	63	重庆国际复合材料有限公司
14	重庆市涪陵水利电力投资集团有限公司	64	长寿化工总厂
15	太极集团涪陵制药厂	65	重庆拓源实业有限公司
16	重庆力帆实业（集团）有限公司	66	重庆永荣矿业有限公司
17	重庆乌江电力（集团）有限公司	67	西南计算机有限责任公司
18	重庆红岩汽车有限责任公司	68	西南药业股份有限公司
19	重庆大江信达车辆股份有限公司	69	重庆海康纺织(集团)有限公司
20	重庆建设摩托车股份有限公司	70	重庆泰山电线电缆有限责任公司
21	扬子江乙酰化工有限公司	71	重庆腾辉特种水泥有限公司
22	长安福特汽车有限公司	72	重庆市东升铝业股份有限公司
23	重庆松藻煤电有限责任公司	73	重庆天维新材料股份有限公司
24	重庆红岩长力汽车弹簧有限公司	74	重庆齿轮箱有限责任公司
25	重庆市自来水公司	75	重庆市富丰水泥集团公司
26	重庆铁马工业集团有限公司	76	重庆顶益食品有限公司
27	重庆长江电工厂	77	重庆三峡油漆股份有限公司
28	中国核工业建峰化工总厂	78	重庆市万州电力开发有限公司
29	重庆川仪总厂有限公司	79	重庆四钢钢业有限责任公司
30	黔江卷烟厂	80	重庆市电力公司潼南电力公司
31	重庆隆鑫工业（集团）有限公司	81	綦江齿轮传动有限公司
32	重庆燃气有限责任公司	82	重庆钢铁集团矿业有限公司
33	重庆重型汽车集团有限责任公司	83	重庆华陶瓷业有限公司
34	嘉陵工业有限公司	84	重庆卡福汽车零部件有限责任公司
35	重庆啤酒股份有限公司	85	涪陵宏声实业（集团）有限责任公司
36	重庆三峡水利电力(集团)股份有限公司	86	重庆索特盐化股份有限公司
37	重庆九龙电力股份有限公司	87	重庆重型铸锻厂
38	重庆华立控股股份有限公司	88	重庆拉法基水泥有限公司
39	望江机器制造总厂	89	綦江齿轮厂
40	西南合成制药总厂	90	重庆佳通轮胎有限公司
41	重庆四维瓷业股份有限公司	91	重庆市涪陵金帝工业集团有限公司
42	南桐矿业有限责任公司	92	嘉陵-本田发动机有限公司
43	重庆民丰农化股份有限公司	93	重庆巴山仪器厂
44	重庆市涪陵建筑陶瓷集团有限公司	94	重庆大溪河水电开发有限责任公司
45	重庆青山工业有限责任公司	95	重庆长寿化工有限责任公司
46	重庆中法供水有限公司	96	重庆宗申发动机制造有限公司
47	重庆大学科技企业(集团)有限责任公司	97	格力电器重庆有限公司
48	重庆三爱海陵实业有限公司	98	重庆民生电力股份有限公司
49	重庆红宇精密工业有限责任公司	99	重庆德泉电力股份有限公司
50	重庆ABB变压器有限公司	100	重庆市渝江压铸有限公司

19—9 建筑企业按增加值排序（2003年）
CONSTRUCTION ENTERPRISES IN ORDER OF VALUE-ADDED (2003)

序号 Order	企业名称 Name of Enterprises	序号 Order	企业名称 Name of Enterprises
1	广厦重庆第一建筑（集团）有限公司	26	重庆第七建筑工程有限责任公司
2	成都铁路工程集团第一工程有限责任公司	27	重庆市奇正建设实业有限公司
3	中国第十八冶金建设公司	28	重庆机场建设有限责任公司
4	重庆渝通公路工程总公司	29	重庆鸡冠石建筑工程有限公司
5	重庆市公路工程股份有限公司	30	重庆钢铁集团建设工程有限公司
6	重庆第二建设有限公司	31	重庆花溪建设集团有限公司
7	重庆市住宅建设总公司	32	重庆巴洲建筑安装工程有限公司
8	重庆博达建设集团股份有限公司	33	重庆永和建筑工程有限公司
9	重庆建工集团有限责任公司	34	重庆市忠县石宝建筑有限公司
10	重庆长安建设工程有限公司	35	重庆友诚水电建设有限公司
11	重庆信息产业工程有限公司	36	重庆市涪陵江龙建筑安装工程有限责任公司
12	重庆九龙建设（集团）有限公司	37	重庆市第一市政工程公司
13	重庆渝发建设有限公司	38	重庆金凤建筑（集团）有限公司
14	重庆市江津第五建筑工程有限公司	39	长江重庆航道工程局
15	重庆工业设备安装集团有限公司	40	重庆市亚龙建筑工程公司
16	重庆电力建设总公司	41	重庆第六建设有限责任公司
17	重庆隆西建设集团有限公司	42	中铁十一局集团第五工程有限公司
18	万州区渝万建设集团有限公司	43	重庆庆华建筑安装工程有限公司
19	重庆渝康建筑工程有限公司	44	重庆国平建筑公司
20	重庆第九建设有限公司	45	重庆恒滨建设实业有限公司
21	重庆市德感建筑安装工程有限公司	46	重庆市涪陵建设工程公司
22	重庆一品建设集团有限公司	47	重庆北部双龙建设(集团)有限公司
23	重庆北部新城建设集团有限公司	48	重庆渝凤建筑安装工程有限责任公司
24	重庆第三建设有限责任公司	49	重庆新科建设工程有限公司
25	江津市第十建筑安装工程有限责任公司	50	万州兴茂建筑安装工程有限公司

19－10 建筑企业按生产用固定资产原值排序（2003年）
CONSTRUCTION ENTERPRISES IN ORDER OF ORIGINAL VALUE OF PRODUCTIVE FIXED ASSETS (2003)

序号 Order	企业名称 Name of Enterprises	序号 Order	企业名称 Name of Enterprises
1	长江重庆航道工程局	26	重庆市黄浦建设集团公司
2	重庆博达建设集团股份有限公司	27	万州区建筑工程总公司
3	中国第十八冶金建设公司	28	重庆第四建筑工程公司
4	重庆渝通公路工程总公司	29	重庆荣华建筑有限公司
5	重庆市公路工程股份有限公司	30	中国四海工程公司重庆有限公司
6	成都铁路工程集团第一工程有限责任公司	31	重庆九龙建设（集团）有限公司
7	重庆钢铁集团建设工程有限公司	32	重庆市涪陵路桥工程有限公司
8	重庆电力建设总公司	33	重庆市涪陵第二建筑总公司
9	重庆桥梁工程总公司	34	重庆工业设备安装集团有限公司
10	中铁十一局集团第五工程有限公司	35	重庆市巴南建设集团有限公司
11	万州区渝万建设集团有限公司	36	重庆三峡建设工程总公司
12	广厦重庆第一建筑（集团）有限公司	37	重庆市德感建筑安装工程有限公司
13	重庆市铜梁县少云镇建筑安装工程公司	38	重庆煤矿建设第十工程处
14	重庆第三建设有限责任公司	39	重庆新市建设有限公司
15	重庆市北碚建筑安装工程有限公司	40	重庆一品建设集团有限公司
16	重庆隆西建设集团有限公司	41	重庆西南铝设备制造有限公司
17	重庆广信电力建设有限责任公司	42	重庆花溪建设集团有限公司
18	重庆第二建设有限公司	43	重庆六路（企业）集团有限公司
19	重庆市住宅建设总公司	44	重庆立信建筑安装工程有限公司
20	重庆远达环保（集团）有限公司	45	巫山县建筑工程总公司
21	万州兴茂建筑安装工程有限公司	46	重庆机场建设有限责任公司
22	重庆川维建安工程有限公司	47	重庆三峡城市建筑工程有限公司
23	重庆市第一市政工程公司	48	万州建安(集团)有限公司
24	合川市云门建筑安装工程公司	49	重庆市春龙建筑有限公司
25	重庆市涪陵建设工程公司	50	四川煤矿建设第九工程处

19—11 建筑企业按利税总额排序（2003年）
CONSTRUCTION ENTERPRISES IN ORDER OF PRE-TAX PROFITS (2003)

序号 Order	企业名称 Name of Enterprises	序号 Order	企业名称 Name of Enterprises
1	重庆市公路工程股份有限公司	26	重庆渝永建设集团有限公司
2	广厦重庆第一建筑（集团）有限公司	27	江津市第十建筑安装工程有限责任公司
3	重庆信息产业工程有限公司	28	重庆机场建设有限责任公司
4	成都铁路工程集团第一工程有限责任公司	29	重庆合营建筑工程有限公司
5	重庆建工集团有限责任公司	30	重庆市忠县石宝建筑有限公司
6	重庆渝通公路工程总公司	31	重庆钢铁集团建设工程有限公司
7	中国第十八冶金建设公司	32	重庆友诚水电建设有限公司
8	重庆九龙建设（集团）有限公司	33	重庆工业设备安装集团有限公司
9	重庆新科建设工程有限公司	34	重庆市涪陵兴达建筑有限公司
10	重庆博达建设集团股份有限公司	35	重庆花溪建设集团有限公司
11	重庆市自来水工程公司	36	重庆市第一市政工程公司
12	重庆一品建设集团有限公司	37	永川市城南建筑工程有限公司
13	重庆第三建设有限责任公司	38	重庆第六建设有限责任公司
14	重庆恒滨建设实业有限公司	39	重庆北部新城建设集团有限公司
15	重庆市住宅建设总公司	40	重庆桥梁工程总公司
16	重庆第二建设有限公司	41	重庆市智翔铺道技术工程有限公司
17	重庆隆西建设集团有限公司	42	重庆鸡冠石建筑工程有限公司
18	万州区渝万建设集团有限公司	43	重庆佳宇建设（集团）有限公司
19	重庆第九建设有限公司	44	重庆市德感建筑安装工程有限公司
20	重庆北部双龙建设(集团)有限公司	45	重庆巴洲建筑安装工程有限公司
21	重庆渝康建筑工程有限公司	46	万州兴茂建筑安装工程有限公司
22	重庆电力建设总公司	47	重庆市江津第五建筑工程有限公司
23	重庆渝发建设有限公司	48	重庆先华建筑工程有限公司
24	重庆长安建设工程有限公司	49	重庆市吉宏建筑工程有限公司
25	重庆市奇正建设实业有限公司	50	重庆市巴南建设集团有限公司

19－12 房地产开发企业按投资额排序（2003年）
REAL ESTATE DEVELOPMENT ENTERPRISES IN ORDER OF INVESTMENT (2003)

序号 Order	企业名称 Name of Enterprises	序号 Order	企业名称 Name of Enterprises
1	重庆华宇物业(集团)有限公司	26	龙庆物业发展(重庆)有限公司
2	重庆同创置业集团有限公司	27	重庆聚信房地产（集团)有限公司
3	融侨长江(重庆)房地产公司	28	重庆渝亚房地产开发公司
4	重庆浦辉房地产开发公司	29	重庆珠江实业有限公司
5	重庆佳辰经济发展有限公司	30	重庆贝迪房地产开发公司
6	重庆渝高科技产业(集团)股份有限公司	31	重庆钰茂地产有限责任公司
7	重庆南方集团有限公司	32	重庆交院江南大学城置业有限公司
8	重庆市龙湖置业有限公司	33	重庆市重点工程建设拆迁开发公司
9	重庆市渝海实业总公司	34	重庆康居物业发展有限公司
10	重庆洋世达房地产开发公司	35	重庆友城水电建设有限公司
11	广厦重庆置业发展有限公司	36	重庆泰正（集团）有限公司
12	重庆晋愉地产（集团)股份有限公司	37	重庆长安房地产开发公司
13	重庆世家地产发展有限公司	38	重庆佳宇房地产开发公司
14	重庆光华房地产开发公司	39	重庆天合物业发展有限公司
15	重庆嘉发实业有限公司	40	重庆海天实业有限公司
16	重庆协信城市建设发展有限公司	41	重庆升伟房地产集团有限公司
17	重庆海宇置业（集团)有限公司	42	重庆金凯实业有限公司
18	重庆竞地实业有限公司	43	重庆港城物业发展有限公司
19	重庆钢铁集团朵力房地产股份有限公司	44	重庆隆鑫置业有限责任公司
20	重庆渝能壹佰房地产公司	45	重庆典雅房地产开发有限公司
21	重庆卓越房地产开发公司	46	重庆昌龙实业(集团)有限公司
22	重庆绅豪房地产开发公司	47	重庆斌鑫物业（集团)有限公司
23	重庆上宏物业发展有限公司	48	重庆东和物业有限公司
24	重庆宏声房地产开发公司	49	重庆鑫隆达房地产开发有限公司
25	重庆名豪实业(集团)有限公司	50	重庆建工集团有限责任公司

19－13 房地产开发企业按销售额排序（2003年）
REAL ESTATE DEVELOPMENT ENTERPRISES IN ORDER OF SALES (2003)

序号 Order	企业名称 Name of Enterprises	序号 Order	企业名称 Name of Enterprises
1	重庆华宇物业(集团)有限公司	26	重庆科华电子技术有限公司
2	重庆佳辰经济发展有限公司	27	重庆市大渡口区城市建设开发公司
3	重庆浦辉房地产开发有限公司	28	重庆宏信物业发展有限公司
4	重庆江山物业发展有限公司	29	重庆帝景置业有限公司
5	重庆南方集团有限公司	30	重庆佳华物业有限公司
6	重庆天龙房地产开发有限公司	31	重庆达飞房地产开发有限公司
7	融侨长江(重庆)房地产有限公司	32	重庆晋愉地产（集团)股份有限公司
8	龙庆物业发展(重庆)有限公司	33	重庆跨越置业发展有限公司
9	重庆同创置业集团有限公司	34	重庆新原兴企业集团有限公司
10	重庆金岛房地产开发有限公司	35	重庆大信房地产开发公司
11	重庆智润物业有限公司	36	重庆升伟房地产集团有限公司
12	重庆聚信房地产（集团)有限公司	37	重庆艾佳实业（集团)有限公司
13	重庆俊豪房地产发展有限公司	38	重庆战友实业有限公司
14	重庆名豪实业(集团)有限公司	39	重庆云凯房地产开发有限公司
15	重庆长航房地产开发有限公司	40	重庆平安房地产开发有限公司
16	重庆渝能产业(集团)有限公司	41	重庆一城置业有限公司
17	重庆嘉瑞房地产开发有限公司	42	重庆科而士房地产开发公司
18	重庆市龙湖置业有限公司	43	重庆中安实业有限公司
19	重庆广发房屋开发有限公司	44	重庆博纳实业有限公司
20	重庆市金科实业（集团)有限公司	45	重庆黄河房地产开发公司
21	重庆新庆房地产开发有限公司	46	重庆裕达房地产开发公司
22	重庆郡都物业发展有限公司	47	南川市盛丰物业有限公司
23	重庆昌龙实业(集团)有限公司	48	重庆市康德房地产开发公司
24	重庆勇智实业开发有限公司	49	重庆道隆物业有限公司
25	重庆协信城市建设发展有限公司	50	重庆庆丰实业有限公司

19－14 批发零售贸易企业按商品销售收入排序（2003年）
WHOLESALE AND RETAIL TRADE ENTERPRISES IN ORDER OF SALES REVENUE (2003)

序号 Order	企业名称 Name of Enterprises	序号 Order	企业名称 Name of Enterprises
1	重庆商社（集团）有限公司	26	重庆市医药保健品进出口有限公司
2	中国石油天燃气股份有公司重庆销售分公司	27	重庆金属回收有限责任公司
3	重庆百货大楼股份有限公司	28	重庆北方建设进出口贸易有限责任公司
4	重庆医药股份公司	29	四川省达州钢铁集团有限责任公司重庆直销处
5	重庆市桐君阁股份有限公司	30	重庆力帆实业集团销售有限公司
6	九禾农资股份有限公司	31	重庆苏宁电器连锁加盟有限公司
7	中国汽车工业西南销售公司	32	重庆百事达华众汽车销售服务有限公司
8	重庆市烟叶生产购销有限责任公司	33	重庆华轻商业公司
9	重庆市国美电器有限公司	34	重庆新华石油有限公司
10	中国邮电器材重庆公司	35	重庆银钢摩托车销售有限公司
11	重庆新华书店（集团）有限责任公司	36	重庆市烟草公司渝中区分公司
12	重庆红塔卷烟销售有限责任公司	37	重庆市烟草公司九龙坡区分公司
13	中国石化销售公司川渝重庆分公司	38	重庆电信菲斯特实业有限公司器材分公司
14	重庆建设销售有限责任公司	39	重庆市烟草公司万州分公司
15	重庆市油脂公司	40	重庆市烟草公司彭水县分公司
16	重庆宗申集团摩托车销售有限公司	41	江津市中农朱扬溪农资有限责任公司
17	上海大众汽车重庆中汽销售服务有限公司	42	重庆市新大兴实业（集团）有限公司
18	重庆医药供销总公司	43	重庆渝中区石油有限责任公司
19	重庆华威汽车服务有限公司	44	中国石化销售三川公司三峡分公司
20	重庆安福汽车营销有限公司	45	重庆正典汽车销售有限责任公司
21	成都宝钢西部贸易有限公司重庆经营部	46	重庆市烟草公司渝北分公司
22	重庆格力电器销售有限责任公司	47	重庆市烟草公司沙坪坝区分公司
23	重庆大都会广场太平洋百货公司	48	重庆山城超市有限公司
24	中国兵工物资西南公司	49	重庆市烟草公司巫山县分公司
25	重庆科渝药品经营有限责任公司	50	重庆联达金属材料有限公司

19－15 批发零售贸易企业按资产总计排序（2003年）
WHOLESALE AND RETAIL TRADE ENTERPRISES IN ORDER OF TOTAL PROPERTY (2003)

序号 Order	企业名称 Name of Enterprises	序号 Order	企业名称 Name of Enterprises
1	重庆商社（集团）有限公司	26	重庆金属材料股份有限公司
2	中国石油天然气股份有限公司重庆销售分公司	27	重庆市烟草公司黔江分公司
3	重庆市桐君阁股份有限公司	28	江津市粮食购销公司
4	重庆医药股份公司	29	重庆市武隆县烟草分公司
5	重庆百货大楼股份有限公司	30	上海大众汽车重庆中汽销售服务有限公司
6	重庆市烟叶生产购销有限责任公司	31	重庆两百股份有限公司
7	中国汽车工业西南销售公司	32	重庆大都会广场太平洋百货公司
8	重庆新华书店（集团）有限责任公司	33	重庆市盐业总公司
9	重庆鼎泰能源（集团）有限公司	34	重庆市烟草公司巫山县分公司
10	重庆万友经济发展有限责任公司	35	重庆医药供销总公司
11	九禾农资股份有限公司	36	重庆市油脂公司
12	重庆长安汽车进出口公司	37	重庆市医药保健品进出口有限公司
13	中国重庆国际经济技术合作公司	38	重庆市新人兴实业（集团）有限公司
14	重庆建设销售有限责任公司	39	重庆市涪陵丝绸（集团）公司
15	重庆市铜梁县粮油购销总公司	40	重庆格力电器销售有限责任公司
16	重庆北方建设进出口贸易有限责任公司	41	重庆市中基进出口有限公司
17	中国邮电器材重庆公司	42	重庆兴亚物资贸易有限公司
18	重庆新兴格力电器销售有限公司	43	重庆华威汽车服务有限公司
19	重庆市涪陵榨菜（集团）有限公司	44	重庆红塔卷烟销售有限责任公司
20	中国兵工物资西南公司	45	重庆柯迈克机械设备进出口有限公司
21	重庆华轻商业公司	46	重庆纺织品进出口公司
22	重庆市国美电器有限公司	47	重庆华华实业有限公司
23	嘉陵集团对外贸易发展有限公司	48	重庆五金矿产进出口公司
24	重庆市烟草公司彭水县分公司	49	重庆粮油食品进出口股份有限公司
25	酉阳县烟草公司	50	重庆市金鹤陶瓷销售有限责任公司

19－16 批发零售贸易企业按利税总额排序（2003年）
WHOLESALE AND RETAIL TRADE ENTERPRISES IN ORDER OF PRE-TAX PROFITS (2003)

序号 Order	企业名称 Name of Enterprises	序号 Order	企业名称 Name of Enterprises
1	中国石油天燃气股份有限公司重庆销售分公司	26	成都宝钢西部贸易有限公司重庆经营部
2	重庆百货大楼股份有限公司	27	重庆市烟草公司渝北分公司
3	重庆大都会广场太平洋百货公司	28	重庆万友百盛广场有限公司
4	重庆商社（集团）有限公司	29	重庆市烟草公司江北区分公司
5	重庆市涪陵榨菜（集团）有限公司	30	重庆华威汽车服务有限公司
6	重庆医药股份公司	31	重庆市烟草公司涪陵分公司
7	重庆市烟叶生产购销有限责任公司	32	西藏矿业发展股份有限公司重庆分公司
8	中国石化销售公司川渝重庆分公司	33	重庆市烟草公司石柱土家族自治县
9	重庆市盐业总公司	34	中国石化销售三川公司三峡分公司
10	重庆市烟草公司万州分公司	35	重庆市龙华（集团）长安汽车销售服务有限公司
11	重庆市烟草公司巫山县分公司	36	重庆新华书店（集团）有限责任公司
12	九禾农资股份有限公司	37	重庆市烟草公司南岸区分公司
13	重庆市盐业总公司涪陵分公司	38	上海大众汽车重庆中汽销售服务有限公司
14	南川市粮油购销公司	39	重庆市巴南区烟草公司
15	重庆北方建设进出口贸易有限责任公司	40	重庆长安汽车进出口公司
16	重庆市国美电器有限公司	41	玫琳凯（中国）化妆品有限公司重庆分公司
17	重庆市烟草公司九龙坡区分公司	42	重庆市烟草公司奉节县公司
18	重庆市烟草公司彭水县分公司	43	重庆市烟草公司江津分公司
19	重庆电信菲斯特实业有限公司器材分公司	44	中国邮电器材重庆公司
20	重庆市烟草公司渝中区分公司	45	重庆市烟草公司合川分公司
21	安利中国日用品有限公司重庆分公司	46	雅芳（中国）有限公司重庆分公司
22	重庆兴亚物资贸易有限公司	47	重庆百事达华众汽车销售服务有限公司
23	重庆市烟草公司沙坪坝区分公司	48	重庆市烟草公司长寿区公司
24	中国汽车工业西南销售公司	49	重庆市烟草公司南川公司
25	江津市糖酒有限责任公司	50	重庆华华实业有限公司

19－17 大中型工业企业按科技活动人员数排序（2003年）
LARGE & MEDIUM-SIZED INDUSTRIAL ENTERPRISES IN ORDER OF PERSONNEL IN SCIENTIFIC AND TECHNOLOGICAL ACTIVITIES (2003)

序号 Order	企业名称 Name of Enterprises	序号 Order	企业名称 Name of Enterprises
1	中国四联仪器仪表集团有限公司	26	重庆红宇精密工业有限责任公司
2	重庆钢铁股份有限公司	27	重庆中梁山煤田气有限责任公司
3	阿波罗机电技术开发公司	28	中国石化集团重庆一坪高级润滑油公司
4	长安汽车（集团）有限责任公司	29	綦江齿轮传动有限公司
5	重庆隆鑫工业（集团）有限公司	30	重庆铁马工业集团有限公司
6	西南铝业（集团）有限责任公司	31	重庆水轮机厂有限责任公司
7	重庆长安汽车股份有限公司	32	嘉陵-本田发动机有限公司
8	重庆红江机械厂	33	中国石化集团四川维尼纶厂
9	重庆红岩汽车有限责任公司	34	重庆钢铁集团特殊钢有限公司
10	重庆液压件厂	35	煤炭科学研究总院重庆分院
11	重庆力帆实业（集团）有限公司	36	重庆青山工业有限责任公司
12	重庆市电力公司	37	重庆松藻煤电有限责任公司
13	西南计算机有限责任公司	38	重庆齿轮箱有限公司
14	庆铃汽车（集团）有限公司	39	重庆三峡油漆股份有限公司
15	建设工业（集团）有限责任公司	40	重庆耐德工业股份有限公司
16	重庆市云阳县曲轴厂	41	重庆美心（集团）有限公司
17	国营重庆重型铸锻厂	42	重庆三五三三印染服装总厂
18	重庆建设摩托车股份有限公司	43	重庆卡福汽车零部件有限责任公司
19	重庆四维瓷业（集团）股份有限公司	44	重庆啤酒股份有限公司
20	重庆大江信达车辆股份有限公司	45	重庆金美通信有限责任公司
21	中国嘉陵工业股份有限公司（集团）	46	重庆劲隆科技集团有限公司
22	重庆巴山仪器厂	47	重庆市太白酒厂
23	重庆永荣矿业有限公司	48	重庆长江轴承工业有限公司
24	太极集团涪陵制药厂	49	重庆捷力轮毂制造有限公司
25	重庆长江电工厂	50	重庆普天通信设备有限公司

19－18 大中型工业企业按科技活动经费支出排序（2003年）
LARGE & MEDIUM-SIZED INDUSTRIAL ENTERPRISES IN ORDER OF FUND EXPENDITURE FOR SCIENTIFIC AND TECHNOLOGICAL ACTIVITIES (2003)

序号 Order	企业名称 Name of Enterprises	序号 Order	企业名称 Name of Enterprises
1	重庆长安汽车股份有限公司	26	重庆机床厂
2	重庆力帆实业（集团）有限公司	27	重庆红宇精密工业有限责任公司
3	重庆红岩汽车有限责任公司	28	重庆碱胺实业总公司
4	重庆钢铁股份有限公司	29	重庆市电力公司
5	长安汽车（集团）有限责任公司	30	重庆四维瓷业（集团）股份有限公司
6	庆铃汽车（集团）有限公司	31	重庆耐德工业股份有限公司
7	中国四联仪器仪表集团有限公司	32	重庆跨越（集团）股份有限公司
8	中国嘉陵工业股份有限公司（集团）	33	重庆钢铁集团钢管有限责任公司
9	长安福特汽车有限公司	34	重庆隆鑫工业（集团）有限公司
10	建设工业（集团）有限责任公司	35	重庆ABB变压器有限公司
11	西南铝业（集团）有限责任公司	36	国营重庆重型铸锻厂
12	重庆大江信达车辆股份有限公司	37	中国石化集团重庆一坪高级润滑油公司
13	重庆建设摩托车股份有限公司	38	华能重庆珞璜发电有限责任公司
14	重庆药友制药有限责任公司	39	重庆美心（集团）有限公司
15	重庆齿轮箱有限公司	40	重庆长风机器厂
16	西南计算机有限责任公司	41	重庆华立控股股份有限公司
17	重庆银钢节能摩托车制造有限公司	42	重庆三峡油漆股份有限公司
18	重庆三峡果业集团有限公司	43	重庆长安铃木汽车有限公司
19	太极集团涪陵制药厂	44	重庆华诚四棉纺织有限公司
20	重庆海康纺织(集团)有限公司	45	重庆利时德
21	中国石化集团四川维尼纶厂	46	望江机器制造总厂
22	涪陵化工股份有限公司	47	重庆希尔安药业有限公司
23	重庆长安跨越车辆有限公司	48	重庆康明斯发动机有限公司
24	重庆铁马工业集团有限公司	49	重庆华邦制药有限公司
25	西南药业股份有限公司	50	重庆市迪马实业股份有限公司

19－19 大中型工业企业按科技活动经费支出占产品销售收入比重排序（2003年）

LARGE & SMALL-SIZED INDUSTRIAL ENTERPRISES IN ORDER OF EXPENDITURE OF FUNDS FOR SCIENTIFIC AND TECHNOLOGICAL ACTIVITIES AS PERCENTAGE OF SALE REVENUE (2003)

序号 Order	企业名称 Name of Enterprises	序号 Order	企业名称 Name of Enterprises
1	重庆三峡果业集团有限公司	26	重庆大江信达车辆股份有限公司
2	西南计算机有限责任公司	27	重庆华渝电气仪表总厂
3	重庆起重机厂	28	重庆第二机床厂
4	重庆华江印务有限责任公司	29	重庆红宇精密工业有限责任公司
5	重庆海康纺织(集团)有限公司	30	重庆红江机械厂
6	重庆巴山仪器厂	31	重庆华诚四棉纺织有限公司
7	重庆朝华晶化石有限公司	32	四川省天然气化工研究所永川分院
8	重庆机床厂	33	重庆博联变压器有限公司
9	重庆耐德工业股份有限公司	34	中国石化集团重庆一坪高级润滑油公司
10	重庆碱胺实业总公司	35	涪陵化工股份有限公司
11	重庆红旗缸盖制造有限公司	36	重庆华立控股股份有限公司
12	西南药业股份有限公司	37	重庆长风机器厂
13	重庆顾地塑胶电器有限公司	38	重庆长安跨越车辆有限公司
14	重庆齿轮箱有限公司	39	重庆金盘山水泥有限责任公司
15	重庆药友制药有限责任公司	40	重庆华诚第一棉纺织厂
16	重庆银钢节能摩托车制造有限公司	41	重庆跃进机械厂
17	重庆钢铁集团钢管有限责任公司	42	重庆市涪陵建陶集团有限公司
18	重庆中梁山煤田气有限责任公司	43	重庆华孚工业股份有限公司
19	重庆利时德	44	重庆新世纪电气有限公司
20	重庆希尔安药业有限公司	45	重庆三峡油漆股份有限公司
21	长安汽车（集团）有限责任公司	46	中国四联仪器仪表集团有限公司
22	重庆金美通信有限责任公司	47	重庆大新药业股份有限公司
23	重庆驰骋轻型汽车部件股份有限公司	48	重庆重大高科技股份有限公司
24	重庆华伟工业（集团）有限责任公司	49	重庆万丰新锐车轮有限公司
25	重庆长江涂装机械厂	50	重庆古华畜产有限公司

19－20 大中型工业企业按研究与试验发展经费内部支出排序（2003年）

LARGE & SMALL-SIZED INDUSTRIAL ENTERPRISES IN ORDER OF EXPENDITURE OF R&D FUNDS (2003)

序号 Order	企业名称 Name of Enterprises	序号 Order	企业名称 Name of Enterprises
1	重庆长安汽车股份有限公司	26	重庆市涪陵建陶集团有限公司
2	中国四联仪器仪表集团有限公司	27	重庆华伟工业（集团）有限责任公司
3	重庆大江信达车辆股份有限公司	28	重庆博联变压器有限公司
4	重庆齿轮箱有限公司	29	重庆潍柴发动机厂
5	重庆三峡果业集团有限公司	30	重庆中梁山煤田气有限责任公司
6	长安福特汽车有限公司	31	重庆重大高科技股份有限公司
7	西南铝业（集团）有限责任公司	32	重庆渝港钛白粉股份有限公司
8	重庆力帆实业（集团）有限公司	33	綦江齿轮传动有限公司
9	涪陵化工股份有限公司	34	中国石化集团四川维尼纶厂
10	重庆铁马工业集团有限公司	35	重庆市川江车辆制造有限公司
11	重庆红岩汽车有限责任公司	36	重庆宗申发动机制造有限公司
12	中国嘉陵工业股份有限公司（集团）	37	重庆三五三三印染服装总厂
13	重庆机床厂	38	重庆华渝电气仪表总厂
14	西南计算机有限责任公司	39	重庆海康纺织(集团)有限公司
15	太极集团涪陵制药厂	40	重庆青山工业有限责任公司
16	重庆耐德工业股份有限公司	41	煤炭科学研究总院重庆分院
17	重庆药友制药有限责任公司	42	四川省天然气化工研究所永川分院
18	重庆钢铁集团钢管有限责任公司	43	重庆红旗缸盖制造有限公司
19	重庆长安铃木汽车有限公司	44	重庆市江津酒厂有限责任公司
20	重庆利时德	45	重庆超力高科技实业公司
21	重庆华诚第一棉纺织厂	46	重庆水泵厂
22	重庆顾地塑胶电器有限公司	47	重庆长安跨越车辆有限公司
23	重庆华诚四棉纺织有限公司	48	重庆长江电工厂
24	重庆朝华晶化石有限公司	49	重庆市电力公司
25	重庆华立控股股份有限公司	50	重庆永荣矿业有限公司

19－21 大中型工业企业按研究与试验发展经费支出占产品销售收入比重排序（2003年）

LARGE & SMALL-SIZED INDUSTRIAL ENTERPRISES IN ORDER OF R&D EXPENDITURE AS PERCENTAGE OF SALES REVENUE (2003)

序号 Order	企业名称 Name of Enterprises	序号 Order	企业名称 Name of Enterprises
1	重庆三峡果业集团有限公司	26	重庆华立控股股份有限公司
2	西南计算机有限责任公司	27	中国四联仪器仪表集团有限公司
3	重庆朝华晶化石有限公司	28	重庆古华畜产有限公司
4	重庆耐德工业股份有限公司	29	重庆水泵厂
5	重庆机床厂	30	重庆海通机械制造有限公司
6	重庆红旗缸盖制造有限公司	31	重庆铁马工业集团有限公司
7	重庆顾地塑胶电器有限公司	32	川东造船厂
8	重庆齿轮箱有限公司	33	重庆江北机械有限责任公司
9	重庆钢铁集团钢管有限责任公司	34	重庆液压件厂
10	重庆华江印务有限责任公司	35	昌州茧丝绸公司
11	重庆利时德	36	重庆三五三三印染服装总厂
12	重庆大江信达车辆股份有限公司	37	重庆金盘山水泥有限责任公司
13	重庆中梁山煤田气有限责任公司	38	重庆三爱海陵实业有限公司
14	四川省天然气化工研究所永川分院	39	煤炭科学研究总院重庆分院
15	重庆博联变压器有限公司	40	重庆渝港钛白粉股份有限公司
16	重庆第二机床厂	41	太极集团涪陵制药厂
17	重庆华伟工业（集团）有限责任公司	42	重庆涪柴工业有限责任公司
18	涪陵化工股份有限公司	43	重庆合川盐化工业有限公司
19	重庆华诚第一棉纺织厂	44	重庆市江津酒厂有限责任公司
20	重庆市涪陵建陶集团有限公司	45	重庆海康纺织(集团)有限公司
21	重庆红江机械厂	46	重庆江洲粉末冶金科技有限公司
22	重庆药友制药有限责任公司	47	重庆水轮机厂有限责任公司
23	重庆华诚四棉纺织有限公司	48	重庆大新药业股份有限公司
24	重庆华渝电气仪表总厂	49	重庆市川江车辆制造有限公司
25	重庆重大高科技股份有限公司	50	重庆金凤丝绸有限公司

19－22 大中型工业企业目录（2003年）
LIST OF LARGE & MEDIUM-SIZED INDUSTRIAL ENTERPRISES (2003)

企业名称 Name of Enterprises	企业详细地址 Address	电话号码 Tel.
重庆海康纺织(集团)有限公司	重庆市万州区王牌路698号	58124592
重庆三峡水利电力(集团)股份有限公司	重庆市万州区鸽子沟72号	58251834
重庆市三峡牧业集团有限公司	重庆市万州区沙龙路三段	58213182
重庆迪康长江制药有限公司	重庆市万州区芦家村	58223525
重庆万州鱼泉榨菜有限公司	重庆市万州区外贸路98号	58962773
重庆万兴烟叶有限责任公司	重庆市万州区申明坝工业园区	58367127
重庆索特盐化股份有限公司	重庆市万州区观音岩三段	58960318
重庆万光电源股份有限公司	重庆市万州区一马路425号	58222613
重庆三峡果业集团有限公司	重庆市万州区王牌路611号	58135404
重庆市太白酒厂	重庆市万州区天城太平	58415004
重庆长江涂装机械厂	重庆市万州区西溪路线67号	58352793
重庆清平机械厂	重庆市万州区高梁香梁	58313227
重庆东方药业股份有限公司	重庆市万州区王牌路1378号	58980060
重庆飞亚实业公司	重庆市万州区黄泥包8号	58223582
重庆江东机械有限责任公司	重庆市万州区上海大道	58535201
万州环球陶瓷有限公司	重庆市万州区天城塘坊	58412200
重庆市三峡水泥有限公司	重庆市万州区董家现代路透社24号	58419256
白猫(重庆)有限公司	重庆市万州区万忠路191号	58801666
重庆市涪陵建筑陶瓷集团有限公司	重庆市涪陵区江东群沱路31号	72374036
重庆涪柴工业有限责任公司	重庆市涪陵区桥南开发区兴华西路55号	72800420
涪陵娃哈哈饮料有限公司	重庆市涪陵区桥南开发区兴华西路58号	72802580
重庆市东升铝业股份有限公司	重庆市涪陵区清溪四院	72713144
重庆朝花晶化石有限公司	重庆市涪陵区李渡示范区朝华科技园	72100596
重庆市涪陵水利电力投资集团有限公司	重庆市涪陵区望州路20号	72286000
涪陵化工股份有限公司	重庆市涪陵区荔枝黎明路2号	72884081
重庆三爱海陵实业有限公司	重庆市涪陵区敦仁人民东路50号	72268257
重庆市涪陵区自来水公司	重庆市涪陵区荔枝兴华中路39号	72862447
太极集团涪陵制药厂	重庆市涪陵区桥南涪南路8号	72800904
重庆博联变压器有限公司	重庆市涪陵区敦仁乌江路21号	72222424
中国核工业建峰化工总厂	重庆市涪陵区白涛麦子坪	72251645
川东造船厂	重庆市涪陵区李渡双河街	72145129
涪陵宏声实业（集团）有限责任公司	重庆市涪陵区荔枝兴华中路	72223951
重庆市涪陵榨菜集团有限公司	重庆市涪陵区荔枝体育南路29号	72234067
重庆市涪陵区安成燃气有限公司	重庆市涪陵区敦仁广场路后街40号	72222769
重庆市涪陵金帝工业集团有限公司	重庆市涪陵区江东涪清路233号	72380008
重庆特种电机厂	重庆市渝中区化龙桥龙隐路48号	63301536
重庆博森电气(集团)有限公司	重庆市渝中区化龙桥华村8号	63311639
重庆电池总厂	重庆市渝中区平安街175号	68813004
重庆普天通信设备有限公司	重庆市渝中区大坪正街140号	68580463
重庆市天友乳业有限公司	重庆市渝中区中山三路125号	63871568
重庆超力高科技实业公司	重庆市渝中区王家坡长江一路66号3-A	69081561
上海申联重庆中南橡胶有限公司	重庆市渝中区化龙桥正街48号	63307461
重庆市自来水公司	重庆市渝中区七星岗金汤街81号	63846579
重庆红岩长力汽车弹簧有限公司	重庆市渝中区化龙桥龙隐路2号	63310297

19-22 续表1 CONTINUED-1

企业名称 Name of Enterprises	企业详细地址 Address	电话号码 Tel.
重庆新华化工厂	重庆市渝中区平安街174号	68811039
重庆卡福汽车零部件有限责任公司	重庆市渝中区化龙桥红岩村91号	63302884
重庆市电力公司	重庆市渝中区中山三路21号	63865750
重庆国际复合材料有限公司	重庆市大渡口区建胜镇四胜村	89090569
重庆朝阳气体有限公司	重庆市大渡口区钢铁路1号	68423643
重庆小南海水泥厂	重庆市大渡口区跳磴镇白沙沱正街	68531668
重庆钢铁集团电子有限责任公司	重庆市大渡口区钢花路5号	68846179
重庆玻璃纤维有限公司	重庆市大渡口区九宫庙庹家坳	68830062
重庆天维新材料股份有限公司	重庆市大渡口区建胜镇四胜村	89090569
上海申强塑料五金有限公司重庆分公司	重庆市大渡口区八桥镇桥梓塘村七社	68917705
重庆秋田齿轮厂	重庆市大渡口区八桥镇双山村168号	68908542
重庆精通工业集团有限公司	重庆市大渡口区八桥镇八一工业园区	68820999
重庆钢铁集团矿业有限公司	重庆市大渡口区大堰一村81幢	68846964
重庆钢铁股份有限公司	重庆市大渡口区跃进村钢花路30号	68845030
重庆重型铸锻厂	重庆市大渡口区茄子溪长征一村	68541510
重钢集团机械制造有限责任公司	重庆市大渡口区新山村石槽门	68846762
重钢集团产业公司	重庆市大渡口区钢花路8号	68845262
重庆钢铁集团产业有限公司	重庆市大渡口区钢花路8号	68845262
重庆嘉威啤酒有限公司	重庆市大渡口区八桥镇八一村六社	68910338
重庆大正肉类食品有限公司	重庆市人渡口区茄子溪街道丰收村15号	68554938
重庆大渡口区利德工业制造有限公司	重庆市大渡口区八桥镇双山村156号	68920066
重庆长安汽车电器股份有限公司	重庆市江北区长安厂建国村58号	67870986
西南合成制药股份有限公司	重庆市江北区寸滩黑石子水口	67093286
重庆止大有限公司	重庆市江北区石马河下花园	67651133
重庆李尔长安汽车内饰件有限责任公司	重庆市江北区鲤鱼池三村42号	67738818
重庆茂源实业公司	重庆市江北区茅溪白云村	67121172
重庆长安汽车配件总厂	重庆市江北区雨花村174#	67850749
重庆耐德工业股份有限公司	重庆市江北区电仪村49号	67855563
重庆嘉陵化学制品有限公司	重庆市江北区华新街董家溪151号	67775292
重庆江北长城工业有限公司	重庆市江北区郭家沱自立村235-1号	67122634
重庆前卫克罗姆有限责任公司	重庆市江北区大石坝三村	67609721
重庆康佳电子有限公司	重庆市江北区观音桥电测村1#	67516164
重庆长安金陵汽车零部件有限公司	重庆市江北区建新东路260号	67591606
重庆秦川制造有限公司	重庆市江北区南桥寺	67658888
重庆庆兰塑料制品有限公司	重庆市江北区花园村灰坝	67513404
重庆利时德控制拉索系统有限公司	重庆市江北区观音桥电测村4号	67503126
奥妮化妆品有限公司	重庆市江北区华新街建新西路11#	67862078
重庆望江铃木发动机有限公司	重庆市江北区郭家沱	67101781
重庆中法供水有限公司	重庆市江北区石马河河嘴一号	67651404
重庆龙章铜版纸厂	重庆市江北区观音桥建新西路52#	67772693
重庆药友制药有限责任公司	重庆市江北区华新街桥北二村	67761543
白猫（重庆）日化有限公司	重庆市江北区建新西路17号	67852151
重庆长安汽车股份有限公司	重庆市江北区建新东路260#	67590114
重庆通用工业（集团）有限责任公司	重庆市江北区石马河玉带山一号	67661064

19-22 续表2 CONTINUED-2

企业名称 Name of Enterprises	企业详细地址 Address	电话号码 Tel.
重庆燃气有限责任公司	重庆市江北区华新街嘉陵社区	67850685
望江机器制造总厂	重庆市江北区郭家沱	67110512
重庆前卫仪表厂	重庆市江北区大石坝三村	67602356
长安汽车（集团）有限责任公司	重庆市江北区建新东路260#	67590114
重庆东风船舶工业公司	重庆市江北区唐家沱东风一村一号	67780390
重庆江利机器厂	重庆市江北区大石坝正街8号	67608403
重庆登康口腔护理用品股份有限公司	重庆市江北区五里店兴隆桥正街57#	67852258
重庆必扬企业（集团）有限公司	重庆市江北区南桥寺必扬工业园区	67654094
重庆市江川机械厂	重庆市江北区大石坝上五村88—1号	67932448
重庆天原化工总厂	重庆市江北区建新西路34#	67771956
重庆天人冲压有限公司	重庆市江北区唐家沱太平冲	67781793
重庆长安跨越车辆有限公司	重庆市江北区鲤鱼池三村44号	67867060
重庆通用机械工业公司	重庆市江北区观音桥建新北路一支路58号	67856760
重钢集团中兴实业公司	重庆市江北区华兴街中兴段1#	67871415
重庆重大高科技股份有限公司	重庆市沙坪坝区沙坪坝沙正街174号	69054387
煤炭科学研究总院重庆分院	重庆市沙坪坝区上桥三村55号	65239218
重庆油泵油咀厂	重庆市沙坪坝区井口瓦窖沟78号	65294706
重庆传动轴股份有限公司	重庆市沙坪坝区陈家桥镇陈电路97号	65633204
重庆民丰农化股份有限公司	重庆市沙坪坝区井口经济桥30号	65180520
重庆钢铁集团特殊钢有限公司	重庆市沙坪坝区石井坡双碑团结坝143号	65138989
重庆长安减震器有限公司	重庆市沙坪坝区凤凰杨家庙	65201296
重庆市青木关煤矿	重庆市沙坪坝区青木关镇关口1号	65603778
重庆高压开关厂	重庆市沙坪坝区磁器口磁建村1号	65474835
重庆红旗缸头制造有限公司	重庆市沙坪坝区覃家岗梨树湾	65411418
重庆力帆实业（集团）有限公司	重庆市沙坪坝区上桥张家湾60号	65200162
重庆胜利工业有限公司	重庆市沙坪坝区虎溪镇石牛岗村	65633270
重庆九方铸造有限责任公司	重庆市沙坪坝区詹家溪自由村100号	65194209
重庆康明斯发动机有限公司	重庆市沙坪坝区童家桥壮志路	65332478
重庆长江轴承工业有限公司	重庆市沙坪坝区联芳园区联芳桥5号	68616550
重庆市雁山机械制造有限公司	重庆市沙坪坝区中梁石院村	65540709
重庆探矿机械厂	重庆市沙坪坝区小龙坎新村路快乐里1号	65404314
重庆嘉华摩托车曲轴工业品有限公司	重庆市沙坪坝区井口二塘村杨家滩社	65182666
重庆水泵厂	重庆市沙坪坝区天星桥小龙坎正街340号	65310967
重庆金美通信有限责任公司	重庆市沙坪坝区童家桥小杨公桥51号	65358532
重庆华孚工业股份有限公司	重庆市沙坪坝区天星桥正街104号	65220533
重庆铝制品加工厂	重庆市沙坪坝区新桥街道石梯沟20号	65210813
西南药业股份有限公司	重庆市沙坪坝区天星桥正街21号	65313118
中国嘉陵工业股份有限公司（集团）	重庆市沙坪坝区詹家溪自由村100号	65190114
嘉陵工业有限公司	重庆市沙坪坝区詹家溪双碑自由村100号	65194238
重庆跨越（集团）股份有限公司	重庆市沙坪坝区天星桥沙坪公园58号	65320188
重庆气体压缩机厂	重庆市沙坪坝区上桥东风新四村1号	65202820
重庆金仑机械制造有限责任公司	重庆市沙坪坝区新桥朝阳山22号	65200114
重庆康达机械（集团）有限责任公司	重庆市沙坪坝区覃家岗梨树湾	65412744
重庆新世纪电气有限公司	重庆市沙坪坝区渝碚路39号	65317819

19-22 续表3 CONTINUED-3

企业名称 Name of Enterprises	企业详细地址 Address	电话号码 Tel.
重庆红旗汽车零部件制造总厂	重庆市沙坪坝区覃家岗新立	65203524
重庆华诚第一棉纺织厂	重庆市沙坪坝区土湾胜利村100号	65311025
重庆锻造厂	重庆市沙坪坝区上桥五星村1号	65209400
重庆华洋电器厂	重庆市沙坪坝区井口南溪村	65156457
重庆市爱华机电有限公司	重庆市沙坪坝区杨梨路160号	65411984
重庆三信电子有限公司	重庆市九龙坡区科园四路168号	68608886
重庆ABB变压器有限公司	重庆市九龙坡区中梁山玉清寺华岩南村1号	69093688
重庆华龙配件制造有限公司	重庆市九龙坡区华岩镇石堰村	65268188
重庆润通车灯有限公司	重庆市九龙坡区华岩新政村三社	65250354
重庆市九龙橡胶制品制造有限公司	重庆市九龙坡区石坪桥矿机村85#	68825891
重庆中梁山煤田气有限责任公司	重庆市九龙坡区中梁山田坝二村18幢	65264937
重庆蓝天工业（集团）有限公司	重庆市九龙坡区白市驿牟家岗	65702243
重庆百事天府饮料有限公司	重庆市九龙坡区石坪桥横街7号	68828688
重庆秦安机电制造有限公司	重庆市九龙坡区石桥铺联芳园小沟12号	68635582
重庆宗申机车工业制造有限公司	重庆市九龙坡区石桥二郎路25号	68602826
格力电器重庆有限公司	重庆市九龙坡区石桥铺科园一路	68889883
重庆世纪精信实业有限公司	重庆市九龙坡区石桥二郎科技新城火炬大道	68886675
重庆万丰新锐车轮有限公司	重庆市九龙坡区大堰工业园	68441792
重庆劲隆科技集团有限公司	重庆市九龙坡区九龙镇大堰村9社88号	68433151
重庆佳通轮胎有限公司	重庆市九龙坡区中梁山街道华玉路888号	65268540
重庆市建平摩托车配件制造有限公司	重庆市九龙坡区九龙镇盘龙四村69-2	68659159
重庆恒胜摩托车工业有限公司	重庆市九龙坡区九龙大堰村	68425428
重庆富川电装品有限公司	重庆市九龙坡区白市驿牟家岗	65702059
重庆新时代摩托车有限责任公司	重庆市九龙坡区石堰村	65270492
重庆赛力盟电机有限责任公司	重庆市九龙坡区华岩半山一村128号	65261853
重庆起重机厂	重庆市九龙坡区中梁山人和场起重新村	65269349
重庆啤酒股份有限公司	重庆市九龙坡区石桥铺石杨路16号	68611557
重庆标准件工业公司	重庆市九龙坡区石桥铺石新路13号	68610317
庆铃汽车（集团）有限公司	重庆市九龙坡区中梁山协兴村1号	65262233
重庆华邦制药有限公司	重庆市九龙坡区石桥铺歇台子南方花园科园四街55号	68690674
建设工业（集团）有限责任公司	重庆市九龙坡区谢家湾正街47号	68813741
重庆建设摩托车股份有限公司	重庆市九龙坡区谢家湾正街47号	68813741
重庆市志成机械厂	重庆市九龙坡区九龙镇盘龙四社72号	68653366
重庆巴山仪器厂	重庆市九龙坡区石桥铺石新路83号	68610344
重庆铁马工业集团有限公司	重庆市九龙坡区杨家坪正街43号	68423523
西南铝业（集团）有限责任公司	重庆市九龙坡区西彭第一村	65809118
重庆三峡油漆股份有限公司	重庆市九龙坡区石坪桥	68823076
重庆环松工业有限公司	重庆市九龙坡区九龙盘龙村三社137号	68824811
重庆捷力轮毂制造有限公司	重庆市九龙坡区九龙盘龙村45号	68821589
重庆碱胺实业总公司	重庆市九龙坡区铜罐驿二居委会	65902379
重庆耀勇减震器有限公司	重庆市九龙坡区九龙大堰	68425174
重庆新华印刷厂	重庆市九龙坡区杨家坪兴胜路7号	68825321
中国石化集团重庆一坪高级润滑油公司	重庆市九龙坡区石桥铺渝州路62号	68799331
重庆建锋摩托车配件总厂	重庆市九龙坡区谢家湾正街25号	68712492

19-22 续表4 CONTINUED-4

企业名称 Name of Enterprises	企业详细地址 Address	电话号码 Tel.
重庆聚兴交通机械有限公司	重庆市九龙坡区中梁山玉清寺159号	68611738
重庆长兴工业有限公司	重庆市九龙坡区九龙兴隆六村	68653515
嘉陵-本田发动机有限公司	重庆市南岸区南坪白鹤路45号	62810931
重庆四方制装有限公司	重庆市南岸区南城大道445号	62801822
重庆顶益食品有限公司	重庆市南岸区七小区丹龙路77号	62826999
重庆市迪马实业股份有限公司	重庆市南岸区南坪丹桂工业园区C5地块	69021855
重庆长丰麻纺织厂	重庆市南岸区苗背沱1号	62503080
重庆长江电工（集团）有限公司	重庆市南岸区茶园新城区长甲路1号	62401336
太极集团重庆桐君阁药厂	重庆市南岸区敦厚街50号	62881630
重庆三铃大金离合器制造有限公司	重庆市南岸区桃源路158号	62832641
重庆重柴动力有限公司	重庆市南岸区海新街38号	62876030
重庆华福卷烟配套材料有限责任公司	重庆市南岸区南坪	62914280
重庆隆鑫工业（集团）有限公司	重庆市南岸区南坪镇白鹤工业园区	89026162
重庆万虎机电设备有限公司	重庆市南岸区花园村大石路69号	62906284
重庆顶津食品有限公司	重庆市南岸区七小区白鹤路	62826999
重庆延锋实业有限公司	重庆市南岸区四公里街	62751330
重庆通盛机械工业有限公司	重庆市南岸区涂山石溪路新村1号	62870688
重庆宏霖建筑装饰材料有限公司	重庆市南岸区鸡冠石盘龙村山王坡91号	62502233
重庆美心（集团）有限公司	重庆市南岸区南坪白鹤路51号	62911236
阿波罗机电技术开发公司	重庆市南岸区窍角沱正街1号	62513113
重庆造船厂	重庆市南岸区广阳镇明月沱	62490016
重庆烟草工业有限责任公司	重庆市南岸区南城大道197号	62916176
重庆新生机电厂	重庆市南岸区群慧路94号	62514396
西南计算机有限责任公司	重庆市南岸区南坪西路子1号	62928200
重庆建安仪器厂	重庆市南岸区南坪西路168号	62805032
重庆制钳厂	重庆市南岸区四公里广黔路70号	62750343
重庆川东化工集团有限公司	重庆市南岸区鸡冠石中窑街20号	62500880
重庆健力鞋业有限责任公司	重庆市南岸区涂山玄坛庙友于里22号	67994808
重庆零一精密机械有限公司	重庆市南岸区桂花新村249号	62873410
重庆科瑞制药有限责任公司	重庆市经济技术开发区大石支路2号	62765066
重庆第三棉纺织厂	重庆市南岸区窍角沱正街14号	62505371
重庆第二机床厂	重庆市南岸区南坪村191号	62801210
重庆长江橡胶厂	重庆市南岸区四公里街208号	62758515
重庆新兴摩托车工业有限公司	重庆市北碚区龙凤桥群兴	68262013
重庆江北机械有限责任公司	重庆市北碚区水土解放支路50号	68230481
重庆宏大纸业（集团）有限公司	重庆市北碚区月亮田	68865617
重庆市北碚区歇马机械厂	重庆市北碚区歇马农云村曹农坝	68242285
重庆市富丰水泥集团富华水泥有限公司	重庆市北碚区天府代家沟村	68303727
重庆富皇水泥有限公司	重庆市北碚区水土和平路139号	68272656
重庆天府矿业有限责任公司	重庆市北碚区天府镇后丰岩	68300364
重庆正川玻璃有限公司	重庆市北碚区水土滩口	68230246
重庆川仪总厂有限公司	重庆市北碚区碚峡路人民村1号	68862766
重庆江北特种建材厂	重庆市北碚区三圣东林村	68234342
重庆荣事达洗衣机有限公司	重庆市北碚区北温泉郭家沱113号	68863827

19-22 续表5 CONTINUED-5

企业名称 Name of Enterprises	企业详细地址 Address	电话号码 Tel.
重庆银钢科技（集团）有限公司	重庆市北碚区童家溪镇同兴南路71号	68320114
重庆检测仪表厂	重庆市北碚区电测村	67517481
重庆川仪有限责任公司	重庆市北碚区碚峡路人民村1号	68862766
重庆光电仪器有限公司	重庆市北碚区电测村252号	67508222
重庆华立控股股份有限公司	重庆市北碚区龙凤桥258号	67750888
重庆专用汽车制造总厂	重庆市北碚区犁园村72号	68295155
重庆华伟工业（集团）有限责任公司	重庆市北碚区歇马盐井坝1号	68243987
重庆市八四五化工有限责任公司	重庆市北碚区蔡家岗灯塔街148号	68304028
重庆北碚玻璃仪器总厂	重庆市北碚区东阳树仁路34号	68272301
重庆大新药业股份有限公司	重庆市北碚区东阳创造路20号	68328100
福耀玻璃集团（重庆）有限公司	重庆市万盛区东林街道清溪家委会	48290627
南桐矿业有限责任公司	重庆市万盛区东林	48340344
重庆红岩汽车有限责任公司	重庆市双桥区建设新村1号	49636114
重庆市渝帆机械有限公司	重庆市渝北区回兴科技产业开发区	67456566
重庆市渝江压铸有限公司	重庆市渝北区大竹林石梁桥	67651030
重庆长江依之密活塞工业有限公司	重庆市渝北区双凤桥汉渝路125号	67837700
重庆希望饲料有限公司	重庆市渝北区人和	67643126
长安福特汽车有限公司	重庆市渝北区鸳鸯长安西路1号	67458322
重庆宇通客车有限公司	重庆市渝北区龙溪华荣路600号	67630072
重庆德望光学有限责任公司	重庆市渝北区回兴科技产业园区宝圣西路2号	67830387
重庆鸽牌电线电缆有限公司	重庆市渝北区龙溪松树桥安家嘴	67607306
重庆川庆化工厂	重庆市渝北区洛碛药川路37号	67381559
重庆华江印务有限责任公司	重庆市渝北区龙溪安家嘴1号	67915524
重庆中汽吉龙摩托车有限公司	重庆市渝北区回兴科技产业园区8号	67830328
重庆泰山电线电缆有限责任公司	重庆市渝北区龙溪华莹路	67602244
重庆华渝电气仪表总厂	重庆市渝北区龙溪龙山	67660402
重庆驰骋轻型汽车部件股份有限公司	重庆市渝北区回兴	67503341
重庆市仁和压铸有限公司	重庆市渝北区大竹林镇小街130号	67650671
重庆江北化肥有限公司	重庆市渝北区悦来镇清南村	67483066
重庆江合煤化(集团)有限公司	重庆市渝北区双凤桥双凤路273号	67815038
重庆大江信达车辆股份有限公司	重庆市巴南区鱼洞大江厂内	66293514
重庆文辉摩托车制造有限公司	重庆市巴南区南泉	62849013
重庆华陶瓷业有限公司	重庆市巴南区李家沱街道陈家湾	62570900
重庆川渝精工机械配件开发有限公司	重庆市巴南区花溪镇民主村	62581270
重庆市巴南区吉力电装品厂	重庆市巴南区花溪先锋	62570561
重庆市巴南区新星橡胶厂	重庆市巴南区界石镇界南街188号	66420999
重庆宗申发动机制造有限公司	重庆市巴南区花溪镇民主村	66372638
重庆渝港钛白粉股份有限公司	重庆市巴南区花溪镇走马二村51号	62551281
重庆水轮机厂有限责任公司	重庆市巴南区李家沱马王坪正街10号	62858148
重庆机床厂	重庆市巴南区花溪镇莲花一村	62555319
重庆万里蓄电池股份有限公司	重庆市巴南区花溪镇苦竹坝31号	62594921
重庆前进化工有限公司	重庆市巴南区鱼洞吊二嘴	68550974
重庆长安铃木汽车有限公司	重庆市巴南区鱼洞乌洋街	66222892
重庆钢铁集团钢管有限责任公司	重庆市巴南区花溪新溪村1号	62590870

19-22 续表6 CONTINUED-6

企业名称 Name of Enterprises	企业详细地址 Address	电话号码 Tel.
重庆宗申第二机车有限公司	重庆市巴南区花溪镇民主	62580072
重庆市黔龙印务集团有限责任公司	重庆市黔江区城西办事处交通西路56号	79235109
重庆乌江电力（集团）有限公司	重庆市黔江区城西办事处新华西路水井湾	79230113
黔江卷烟厂	重庆市黔江区城西办事处长征路6号	79222396
重庆乌江电力集团黔江供电有限公司	重庆市黔江区城东办事处杨柳街9号	79225192
黔江弘扬建材集团	重庆市黔江区城东办事处杉木	79335998
扬子江乙酰化工有限公司	重庆市长寿区朱家坝	68974555
重庆金盘山水泥有限公司	重庆市长寿区葛兰	40812080
重庆泰丰泰兴化工有限责任公司	重庆市长寿区陵园村	40612821
重庆长寿化工有限责任公司	重庆市长寿区关口	40262651
中国长江航运集团川江船厂	重庆市长寿区渡口	40721207
长寿化工总厂	重庆市长寿区关口	40262702
中国石化集团四川维尼纶厂	重庆市长寿区临江	68974716
重庆长风化工厂	重庆市长寿区复元	40450100
重庆鑫腾冶金炉料有限责任公司	重庆市长寿区关口	40514586
重庆古华畜产有限公司	重庆市綦江县古南上升街187号	48655834
重庆鼎泰铝业有限公司	重庆市綦江县古南新三村8号	48660725
重庆四钢钢业有限责任公司	重庆市綦江县三江镇磨滩	48249572
綦江齿轮传动有限公司	重庆市綦江县古南镇桥河	48609442
重庆冶炼集团有限公司	重庆市綦江县三江街村	48206405
重庆松藻煤电有限责任公司	重庆市綦江县红星村	48731115
重庆綦齿汽车零部件有限责任公司	重庆市綦江县古南镇桥河	48641918
綦江长风齿轮有限公司	重庆市綦江县古南新山村48号	48662888
綦江化肥总厂	重庆市綦江县古南澄赢玉龙	48690148
重庆市潼南电熔耐火材料有限公司	重庆市潼南县梓潼镇接龙桥居委会东安大道123号	44550377
重庆市万利来化工股份有限公司	重庆市潼南县梓潼镇接龙桥居委会	44551839
重庆市电力公司潼南电力公司	重庆市潼南县梓潼镇石院街38号	44551887
重庆铜梁红蝶锶业有限公司	重庆市铜梁县安居油房街214号	45855073
重庆拓源华冠碳素有限公司	重庆市铜梁县西河农森	62984081
重庆庆龙精细锶盐化工有限公司	重庆市铜梁县华兴镇白水	45363638
重庆天青锶化股份有限公司	重庆市铜梁县巴川中兴路85号	45682840
重庆龙珠电力股份有限公司	重庆市铜梁县巴川滨河东路34号	45632783
重庆凌达实业有限公司	重庆市铜梁县巴川中南路	45687997
重庆市大足县供电有限责任公司	重庆市大足县龙岗镇北环路1号	43733871
重庆大足红蝶锶业有限公司	重庆市大足县龙水镇下河坝29号	43624218
重庆市长河煤矿	重庆市大足县邮亭镇长河街	43387285
重庆市大足天青石矿业公司	重庆市大足县古龙新街一组	43451525
重庆益峰高压容器有限责任公司	重庆市荣昌县双河镇益民	46287383
重庆永荣矿业有限公司	重庆市荣昌县广顺镇工农	46384426
重庆市建新发电有限责任公司	重庆市荣昌县昌元镇杜家坝	46796089
重庆华江机械厂	重庆市荣昌县安富镇洗布潭村	46323168
重庆益民机械厂	重庆市荣昌县双河镇益民	46287371
重庆力帆摩托车制造有限公司	重庆市荣昌县昌元镇板桥村	46781751
重庆市璧山顺山机械有限公司	重庆市璧山县青杠白云大道32号	41782306

19-22 续表7 CONTINUED-7

企业名称 Name of Enterprises	企业详细地址 Address	电话号码 Tel.
重庆大江摩托车有限公司	重庆市璧山县青杠石河村	41780319
重庆金冠汽车制造有限公司	重庆市璧山县璧城镇璧青北路744号	41412933
重庆红宇精密工业有限责任公司	重庆市璧山县璧城镇红宇大道9号	45585000
重庆华陵工业有限公司	重庆市璧山县丁家石垭村	41481396
重庆南雁实业集团有限公司	重庆市璧山县璧城皂角路51号	41432411
重庆市璧山大兴金属厂	重庆市璧山县大兴交通街	41550036
重庆青山工业有限责任公司	重庆市璧山县青杠青河村	41819049
重庆川东减震制造有限公司	重庆市璧山县璧城璧兴路67-1号	41426397
重庆市蓝黛实业有限公司	重庆市璧山县璧城金剑路	41421888
重庆顾地塑胶电器有限公司	重庆市璧山县青杠民安街56号	41781268
梁平县国有邵新煤矿	重庆市梁平县袁驿镇中坝村	53632202
城口县矿资源开发公司	重庆市城口县高燕乡大元村	59501191
城口县电力公司	重庆市城口县葛城镇商业	59222084
重庆新大水泥集团有限公司	重庆市丰都县三合镇南天湖东路132号	70717553
重庆市丰都县电力有限公司	重庆市丰都县三合镇滨江东路1号	70715678
重庆市垫江电力股份有限公司	重庆市垫江县桂溪镇过境中路	74512105
青岛啤酒（重庆）有限公司	重庆市垫江县澄溪镇砚台村	74588509
重庆市富源化工有限责任公司	重庆市垫江县砚台镇砚台村	74588700
重庆鼎发实业股份有限公司	重庆市垫江县桂溪镇工农路296号	74512449
武隆县电力(集团)有限责任公司	重庆市武隆县巷口镇建设中路23号	77722314
忠县汝溪丝绸有限公司	重庆市忠县汝溪柴市口街39号	54729414
忠县电力公司	重庆市忠县忠州健康路51号	54233770
佛山新美（建陶）重庆有限责任公司	重庆市开县汉丰建材路1号	52264371
重庆星星套装门有限责任公司	重庆市开县温泉金云街3号	52412022
重庆德泉电力股份有限公司	重庆市开县汉丰镇内西街76号	52222886
重庆恒升电力股份有限公司	重庆市云阳县双江兴盛路25号	55166610
重庆市云阳县曲轴厂	重庆市云阳县双江镇道湾	55159050
重庆市奉节县重名水泥有限责任公司	重庆市奉节县永乐镇幺店	56736035
奉节县三峡水利电力有限责任公司	重庆市奉节县永安镇夔州路306号	56558502
巫山县供电有限责任公司	重庆市巫山县巫峡镇净坛	57689365
巫溪县远大水利电力产业有限责任公司	重庆市巫溪县城厢镇	51522525
石柱土家族自治县方斗山水泥有限公司	重庆市石柱县万康	73369031
重庆东田药业有限公司	重庆市石柱县南宾镇城南路20号	73336071
石柱土家族自治县电力公司	重庆市石柱县南宾镇正街73号	73336006
重庆市乌江三角滩锰业有限责任公司	重庆市秀山县石堤镇石堤村	76618092
酉阳县天雄锰业有限公司	重庆市酉阳县江丰乡深溪	75310225
金益烟草公司	重庆市彭水县汉葭镇河堡	78842518
彭水县电力公司	重庆市彭水县汉葭镇南门街116#	78442561
重庆市江津酒厂有限责任公司	重庆市江津市德感镇	47838347
重庆市江津夏强实业有限公司	重庆市江津市夏坝	47681064
重庆市川江车辆制造有限公司	重庆市江津市白沙石坝街	47331186
重庆华能石粉有限责任公司	重庆市江津市珞璜	47601250
重庆江洲粉末冶金科技有限公司	重庆市江津市德感正街339号	47836545
江津市禾丰化工有限责任公司	重庆市江津市琅山社区	47581466

19-22 续表8 CONTINUED-8

企业名称 Name of Enterprises	企业详细地址 Address	电话号码 Tel.
华能重庆珞璜发电有限责任公司	重庆市江津市珞璜通江社区	66224225
重庆腾辉地维水泥有限公司	重庆市江津市珞璜	47600140
重庆市海伦地毯有限责任公司	重庆市江津市几江南门	47522942
重庆长风机器有限责任公司	重庆市江津市几江长风机械厂	47521167
重庆三五三九鞋业总厂	重庆市江津市几江三五三九社区	47556983
江津增压器厂	重庆市江津市德感江津增压器厂社区	47221467
重庆潍柴发动机厂	重庆市江津市德感重庆潍坊社区	47858802
重庆齿轮箱有限责任公司	重庆市江津市德感重庆齿轮箱社区	47211468
重庆市3533印染服装厂	重庆市江津市几江3533社区	47833533
重庆四维瓷业股份有限公司	重庆市江津市油溪四川陶瓷厂家属委会	47881082
江津市电力公司	重庆市江津市几江南郊路9号	47521878
重庆钢铁集团铁业有限责任公司	重庆市江津市夏坝	47681887
合川市水泥总厂	重庆市合川市盐井镇	42701414
重庆世纪金马实业集团金马建材有限公司	重庆市合川市双牌坊93号	42730928
重庆民生电力股份有限公司	重庆市合川市瑞山路167号	42822253
重庆天嘉日用品实业有限公司	重庆市合川市合化路1号	42889338
重庆腾辉特种水泥有限公司	重庆市合川市草街镇蔡家湾	63801888
重庆华诚四棉纺织有限公司	重庆市合川市南津街东津沱上豫丰3号	42723421
合川市太和缫丝总厂	重庆市合川市太和镇接龙街109号	42668397
重庆合川盐化工业有限公司	重庆市合川市钓鱼城办事处甘家坝居委会	42727004
重庆市富丰水泥集团公司	重庆市合川市三汇镇交通街	42422151
重庆希尔安药业有限公司	重庆市合川市大石长安寺	42672883
重庆西源凸轮轴有限公司	重庆市永川市中山路东外街233号	49807957
重庆渝西矿业集团公司	重庆市永川市中山路木货街42号	49805778
渝澳水泥有限责任制公司	重庆市永川市双石镇同心号村	49301787
重庆海通机械制造有限公司	重庆市永川市南大街小桥子59号	49832906
四川省天然气化工研究院永川研究所	重庆市永川市中山路卧龙凼	49802480
重庆昌州茧丝绸有限公司	重庆市永川市中山路街道办事处望城路199号	49804552
重庆清华紫光英力天然气化工有限责任公司	重庆市永川市中山路卧龙凼	49819826
重庆液压件厂	重庆市永川市萱花路174#	49864621
重庆跃进机械厂	重庆市永川市中山路望城路	49819175
重庆红江机械厂	重庆市永川市胜利路街道办事处青城路198号	49893432
重庆市渝西钢铁集团有限公司	重庆市永川市三教太阳	49351238
重庆市参天水泥有限公司	重庆市永川市红炉会龙桥村六社	49336024
重庆金凤丝绸有限公司	重庆市永川市中山路接官厅	49828371
渝永电力股份有限公司	重庆市永川市胜利路箕山路25号	49835001
重庆市双庆机电有限公司	重庆市南川市南城街道办事处林堡村	71411600
重庆双赢化工集团有限公司	重庆市南川市东城街道办事处两路村	71404148
南川市大兴煤化工业有限责任公司	重庆市南川市南城街道办事处大星居委会	71484981
重庆纵横纺织有限公司	重庆市南川市安平居委会	71404666
重庆市南川市供电有限责任公司	重庆市南川市东城街道办事处南大街155号	71414097
南川市东胜电力有限责任公司	重庆市南川市东城街道办事处火炬村四社	71401096
重庆市博赛矿业（集团）有限公司	重庆市南川市二环路	71489999
南川市宏原化工有限公司	重庆市南川市西城街道办事处汇江路5号	71423726

19－23 重点建筑企业目录（2003年）
LIST OF MAJOR CONSTRUCTION ENTERPRISES (2003)

企业名称 Name of Enterprises	企业详细地址 Address	电话号码 Tel.
广厦重庆第一建筑（集团）有限公司	石坪桥正街78号	68822740
中国第十八冶金建设公司	石坪桥正街特1号	68821333
成都铁路工程集团第一工程有限责任公司	兴胜路8号	68850709
重庆渝通公路工程总公司	南坪五小区桃园路22号	62805371
重庆第三建设有限责任公司	渝中区袁家岗1号	68812435
重庆工业设备安装集团有限公司	渝中区中山三路99号	63521739
重庆第二建设有限公司	天星桥正街2号	65312451
重庆第九建设有限公司	杨家坪西郊路69号	68414144
重庆市公路工程股份有限公司	天星桥正街43号	89057608
重庆建工集团有限责任公司	渝中区捍卫路8号	63502378
重庆钢铁集团建设工程有限公司	中山堂	68845602
重庆市住宅建设总公司	渝中区桂花园43号	63863786
重庆电力建设总公司	南坪金子村101号	62807776
重庆九龙建设（集团）有限公司	杨家坪西郊路98号	61587968
中铁十一局集团第五工程有限公司	新桥新村71号	89065297
重庆桥梁工程总公司	南坪西路60号	62801104
重庆一品建设集团有限公司	南方花园科园六路30号	68575911
重庆市第一市政工程公司	渝中区人和街17号	63851961
重庆渝发建设有限公司	长寿区凤城街道办事处轻化路南江村	40611437
重庆庆华建筑安装工程有限公司	万寿桥村	65452003
重庆巴洲建筑安装工程有限公司	鱼轻路45号	66222786
万州区渝万建设集团有限公司	天子路	58331546
重庆机场建设有限责任公司	渝中区渝建村130#1楼	63895765
重庆金凤建筑（集团）有限公司	金凤正街98号	65740168
重庆鸡冠石建筑工程有限公司	南坪东路581号	62920894

19-23 续表 CONTINUED

企业名称 Name of Enterprises	企业详细地址 Address	电话号码 Tel.
重庆渝康建筑工程有限公司	渝碚路88号	65466289
重庆花溪建设集团有限公司	花溪新村15号	62858708
重庆广信电力建设有限责任公司	沙南街56号	63684014
重庆博达建设集团股份有限公司	几江大什字	47538870
重庆市德感建筑安装工程有限公司	德感整洁339号	47833480
重庆市奇正建设实业有限公司	峡南溪	70713607
重庆渝风建筑安装工程有限责任公司	长寿区凤城街道办事处清静庵20号	40243242
四川煤矿建设第九工程处	双凤路111号	67812471
重庆隆西建设集团有限公司	中山大道东段345-7	49822490
重庆恒滨建设实业有限公司	渝中区九尺坎66号	63727420
重庆市涪陵建设工程公司	兴华中路	72230344
重庆市巴南建设集团有限公司	箭河路	66239170
建筑工程总公司	新城路43号	58148196
重庆市涪陵江龙建筑安装工程有限责任公司	兴华中路55号	72233001
重庆建筑机械化工程总公司	北区建新北路21号	67851396
重庆市市政第二工程公司	渝中区下肖家湾107号	68813005
重庆友诚水电建设有限公司	渝航路三巷29#	67821799
重庆第四建筑工程公司	建新东路54号	67850325
重庆市北碚建筑安装工程有限公司	解放路125号	68863483
长江重庆航道工程局	渝中区滨江路111号	63775257
重庆中发建筑工程有限公司	渝中区枇杷山正街213号2单元7-3号	63531754
重庆渝永建设集团有限公司	玉屏路98号	49862546
重庆第六建设有限责任公司	白市驿镇中心街17-21号	65730712
重庆煤矿建设第五工程处	合川三汇镇	42422245
重庆长寿工业设备安装工程有限公司	长寿区凤城街道办事处	40461698

19－24 重点批发零售贸易企业目录（2003年）
LIST OF MAJOR WHOLESALE AND RETAIL TRADE ENTERPRISES (2003)

企业名称 Name of Enterprises	企业详细地址 Address	电话号码 Tel.
重庆桐君阁股份有限公司	重庆市渝中区解放西路120号	63708955
中国汽车工业西南销售公司	重庆市九龙坡区石桥铺渝州路19号	68614054
中国邮电器材重庆公司	重庆市渝中区两路口体育村44号	63600109
重庆宗申集团摩托车销售有限公司	重庆市九龙坡区二郎路25号	68632000
重庆百货大楼股份有限公司	重庆市渝中区民权路2号	63843197
重庆医药股份有限公司	重庆市渝中区民权路28号	63842684
重庆石油天然气股份有限公司重庆销售分公司	重庆市渝中区五四路46号	63841021
重庆商社（集团）有限公司	重庆市渝中区青年路18号	63843269
重庆新华书店(集团)有限责任公司	重庆市渝中区民权路10号	63737394
重庆红塔卷烟销售有限责任公司	重庆市江北区建新东路54号2楼	67750222
重庆明日百货广场有限责任公司	重庆市沙坪坝区小新街85号	65425476
九禾农资股份有限责任公司	重庆市九龙坡区杨家坪街道兴胜路68号	68427166
重庆港宏汽车销售有限公司	重庆市渝中区长江一路76号	63639800
重庆正典汽车销售有限责任公司	重庆市渝北区龙溪街道红石路17号	67531788
重庆市新大兴实业（集团）有限公司	重庆市涪陵区荔枝街道兴华中路37号	69700038
重庆市国美电器有限公司	重庆市沙坪坝区小龙坎正街166号	65452217
重庆万友百盛广场有限公司	重庆市渝中区长江二路77号	68712984
重庆大都会广场太平洋百货公司	重庆市渝中区邹容路68号	63710088
重庆家乐福连锁超市有限公司	重庆市渝中区沧白路2号	63789006
中国石化销售三川公司重庆公司	重庆市渝中区大溪沟静园4号楼1-5	63872334
重庆家乐福连锁超市有限公司金观音店	重庆市江北区建新西路金观音广场2号	67763392

19－25 重庆市企业法人知名字号（2003年底）
NOTED TITLES OF LEGAL ENTERPRISES IN CHONGQING (at end of 2003)

序号 Order	企业法人名称 Legal Names of Enterprises	知名字号 Noted Titles
1	中国嘉陵工业股份有限公司（集团）	嘉陵
2	重庆建设.雅马哈摩托车有限公司	建设.雅马哈
3	长安汽车（集团）有限责任公司	长安
4	重庆太极实业（集团）股份有限公司	太极
5	中国四联仪器仪表集团有限公司	川仪
6	重庆桐君阁股份有限公司	桐君阁
7	西南铝加工厂	西南铝（西铝）
8	重庆隆鑫工业（集团）有限公司	隆鑫
9	重庆小天鹅饮食文化（集团）有限公司	小天鹅
10	重庆宗申摩托车科技（集团）有限公司	宗申
11	重庆梦柯达鞋业有限公司	梦柯达
12	重庆华宇物业（集团）有限公司	华宇
13	中国石化集团重庆一坪高级润滑油公司	一坪
14	重庆大川门业集团有限公司	大川
15	重庆显丰实业（集团）有限公司	显丰
16	重庆明月皮鞋厂有限公司	明月
17	重庆跃华（集团）有限公司	跃华
18	重庆必扬企业（集团）有限公司	必扬
19	重庆万友经济发展有限责任公司	万友
20	重庆人道美蔬菜副食品连锁公司	人道美
21	重庆百吉厨房用具有限公司	百吉
22	重庆美心（集团）有限公司	美心
23	重庆千叶实业总公司	千叶
24	重庆金联陶瓷有限公司	金联
25	重庆瀛丹物业（集团）有限公司	瀛丹
26	重庆金弓（集团）有限公司	金弓
27	重庆互邦实业发展有限公司	互邦
28	重庆天厨味精厂	天厨
29	重庆精益光学眼镜公司	精益
30	重庆涪柴工业有限责任公司	涪柴
31	重庆市新胜茶场	新胜
32	重庆晋愉地产（集团）股份有限公司	晋愉
33	重庆桃都城市酒店有限责任公司	桃都
34	重庆写真广告有限公司	写真
35	重庆劲力实业（集团）有限公司	劲力
36	重庆腾辉特种水泥有限公司	腾辉
37	重庆名豪实业（集团）有限公司	名豪
38	重庆天龙发展（集团）有限公司	天龙
39	重庆银星智业（集团）有限公司	银星
40	重庆大江工业（集团）有限责任公司	大江
41	重庆渝能产业（集团）有限公司	渝能

19-25 续表 CONTINUED

序号 Order	企业法人名称 Legal Names of Enterprises	知名字号 Noted Titles
42	重庆华林印务有限公司	华林
43	重庆诚泰贸易有限公司	诚泰
44	重庆市欣宏建筑有限责任公司	欣宏
45	重庆庆隆屋业发展有限公司	庆隆
46	重庆同创置业发展有限公司	同创
47	重庆市御临建筑工程有限公司	御临
48	重庆科而士鞋业（集团）有限公司	科而士
49	重庆市安吉尔富氧纯水厂	安吉尔
50	重庆洋世达房地产开发有限公司	洋世达
51	重庆时珍阁医药科技开发有限公司	时珍阁
52	重庆市新大兴百货集团有限责任公司	新大兴
53	重庆新原兴企业集团有限公司	新原兴
54	重庆山城超市有限公司	山城超市
55	重庆和平药房连锁有限责任公司	和平药房
56	百年光彩实业（重庆）有限公司	百年光彩
57	重庆南川金山刚玉有限公司	金山刚玉
58	重庆力帆轰达实业（集团）有限公司	力帆轰达
59	重庆朝华科技股份有限公司	朝华
60	重庆长丰通信股份有限公司	长丰
61	重庆协信控股（集团）有限公司	协信
62	重庆沁园实业有限公司	沁园
63	重庆荣华建筑（集团）有限公司	荣华
64	重庆德泉电力股份有限公司	德泉
65	重庆天青锶化股份有限公司	天青
66	重庆青山工业有限责任公司	青山
67	重庆正扬实业（集团）有限公司	正扬
68	重庆双叶药业有限公司	双叶
69	重庆泰正（集团）有限公司	泰正
70	重庆海浪科技实业（集团）有限公司	海浪
71	重庆市天友乳业有限公司	天友
72	广厦重庆第一建筑（集团）有限公司	广厦
73	重庆渝堰实业（集团）有限公司	渝堰
74	重庆洁诚洗染有限公司	洁诚
75	重庆扬子岛康乐健身有限责任公司	扬子岛
76	重庆谭木匠工艺品有限公司	谭木匠
77	重庆陈川粤实业有限公司	陈川粤
78	重庆市三利百货有限责任公司	三利百货
79	重庆万达仪器有限公司	万达仪器
80	重庆富侨保健服务有限公司	富侨保健
81	重庆清华大酒楼有限责任公司	清华大酒楼
82	重庆市永固工程拉筋带厂有限公司	永固
83	重庆贝迪房地产开发有限公司	贝迪

19－26 个体工商业基本情况（2002－2003年）
SELF-EMPLOYMENT BUSINESS (2002-2003)

单位：万元　　(10 000 yuan)

指　　标	Item	2002	2003
户数（户）	Total Households (household)	447589	476904
从业人员（万人）	Employment (10 000 persons)	93.39	100.82
注册资金	Registered Capital	438236	604638

19－27 按行业分的个体工商业基本情况（2003年）
SELF-EMPLOYMENT BUSINESS BY SECTOR (2003)

单位：万元　　(10 000 yuan)

行　　业	Sector	户数（户） Total Households (household)	从业人员（万人） Employment (10 000 persons)	注册资金 Registered Capital
总计	**Total**	**476904**	**100.82**	**604638**
农林牧渔业	Farming, Forestry, Animal Husbandry and Fishery	1189	0.36	6915
制造业	Manufacturing	42463	13.61	88590
建筑业	Construction	620	0.62	5068
交通运输、仓储业	Transportation and Storage	23045	3.45	77816
批发零售贸易、餐饮业	Wholesale and Retail Trade &Catering Trade	328890	66.11	324934
#餐饮业	Catering Trade	74715	19.39	91625
社会服务业	Social Services	71143	14.28	84645
#理发及美容化妆业	Hair-dressing and Making-up	22238	4.72	19357
沐浴业	Bathing	479	0.19	1190
日用品修理业	Commodity Repair	16984	2.72	8190
旅馆业	Hotels	3024	0.82	7764
娱乐服务业	Recreational Services	6045	1.53	11515
信息咨询服务业	Information and Consultancy Services	1520	0.28	2701
计算机应用服务业	Computer Application Services	2187	0.44	6561

19－28 私营企业基本情况（2002－2003年）
PRIVATE ENTERPRISES (2002-2003)

单位：万元 (10 000 yuan)

指标	Item	2002	2003
户数（户）	Total Households (household)	43741	54922
投资者人数（万人）	Investors (10 000 persons)	12.23	15.42
雇工人数（万人）	Employment (10 000 persons)	59.13	71.03
注册资金	Registered Capital	5464313	6982525

19－29 按行业分的私营企业基本情况（2003年）
PRIVATE ENTERPRISES BY SECTOR (2003)

单位：万元 (10 000 yuan)

行业	Sector	户数（户） Total Households (household)	投资者人数（万人） Investors (10 000 persons)	雇工人数（万人） Employment (10 000 persons)	注册资金 Registered Capital	#城镇 Of Urban			
						户数（户） Total Households (household)	投资者人数（万人） Investors (10 000 persons)	雇工人数（万人） Employment (10 000 persons)	注册资金 Registered Capital
总计	**Total**	**54922**	**15.42**	**71.03**	**6982525**	**38279**	**10.63**	**45.64**	**5124585**
农林牧渔业	Farming, Forestry, Animal Husbandry and Fishery	1201	0.35	1.41	118587	461	0.14	0.48	66934
制造业	Manufacturing	14121	3.51	23.31	1487590	7987	2.01	12.70	833099
建筑业	Construction	3389	1.27	11.54	1712952	2656	0.98	8.99	1422574
交通运输、仓储业	Transportation and Storage	1612	0.57	2.15	176999	1034	0.36	1.45	123906
批发零售贸易、餐饮业	Wholesale and Retail Trade & Catering Trade	22290	6.38	20.10	2024243	17125	4.64	14.08	1606820
#餐饮业	Catering Trade	4408	1.26	4.68	1520090	2926	0.84	3.21	358029
社会服务业	Social Services	7939	2.02	7.05	715156	6370	1.63	5.09	524933
#理发及美容化妆业	Hair-dressing and Making-up	275	0.06	0.29	18611	121	0.03	0.08	3693
沐浴业	Bathing	71	0.01	0.08	6458	17	0.00	0.01	772
日用品修理业	Commodity Repair	304	0.07	0.28	20789	106	0.02	0.07	5225
旅馆业	Hotels	207	0.06	0.42	59753	102	0.03	0.18	27364
娱乐服务业	Recreational Services	586	0.11	0.57	48622	363	0.07	0.28	22327
信息咨询服务业	Information and Consultancy Services	2400	0.65	1.39	198018	2037	0.56	1.14	159437
计算机应用服务业	Computer Application Services	1155	0.25	0.93	78807	821	0.19	0.66	59705

19－30 营业收入、总资产均上亿元的企业集团按营业收入排序（2003年）
BUSINESS GROUPS WITH BUSINESS REVENUE AND TOTAL ASSETS BOTH OVER 100 MILLION YUAN IN ORDER OF BUSINESS REVENUE (2003)

序号 Order	名 称 Name	序号 Order	名 称 Name
1	长安汽车集团	39	重庆市长江农工商控股集团
2	重庆钢铁集团	40	重庆市汽车运输集团
3	重庆商社集团	41	重庆三峡水利电力（集团）股份有限公司
4	重庆力帆实业集团有限公司	42	重庆协信控股集团
5	隆鑫集团有限公司	43	重庆四维瓷业（集团）股份有限公司
6	重庆建工集团	44	涪陵宏声实业（集团）有限责任公司
7	重庆庆铃汽车集团	45	重庆钰鑫实业集团有限责任公司
8	中国嘉陵集团	46	重庆九龙建设集团
9	太极集团有限公司	47	重庆一品建设集团有限公司
10	宗申产业集团有限公司	48	重庆博达建设集团股份有限公司
11	西南铝业集团	49	重庆新大兴实业集团
12	建设工业集团	50	华西包装（集团）有限责任公司
13	重庆新华书店集团	51	重庆新原兴企业集团有限公司
14	重庆啤酒集团	52	重庆北部新城建设集团
15	中国四联仪器仪表集团有限公司	53	重庆北部双龙建设集团
16	朝华科技(集团)股份有限公司	54	重庆川东化工集团有限公司
17	重庆重型汽车集团有限责任公司	55	海康纺织（集团）有限公司
18	重庆华宇物业（集团）有限公司	56	重庆隆西建设集团
19	重庆市物资（集团）	57	重庆港务（集团）有限责任公司
20	大江工业集团	58	重庆市涪陵榨菜（集团）有限公司
21	重庆腾辉集团	59	重庆渝能产业集团
22	重庆铁马工业集团	60	重庆长途汽车运输集团
23	重庆城建控股集团	61	重庆聚信房地产开发集团
24	重庆市博赛矿业集团	62	重庆涪陵金帝集团
25	重庆燃气（集团）有限责任公司	63	重庆富悦实业集团
26	重庆银钢科技集团	64	重庆金冠科技集团
27	重庆市公共交通控股（集团）有限公司	65	中国天府可乐集团公司（重庆）
28	重庆水利电力产业（集团）有限责任公司	66	重庆江合煤化（集团）有限公司
29	重庆市涪陵水利电力投资集团	67	重庆渝永建设集团
30	重庆美心集团	68	重庆索特集团
31	重庆南方集团有限公司	69	重庆斌鑫物业集团
32	重庆鸡冠石建设集团	70	重庆海浪科技实业集团
33	重庆水务控股集团	71	重庆市涪陵建筑陶瓷集团
34	重庆农药化工集团	72	重庆洋世达实业集团
35	重庆乌江电力集团有限公司	73	重庆华伟工业集团
36	重庆跨越集团	74	重庆平伟科技集团
37	重庆日报报业集团	75	重庆荣达建设（集团）有限公司
38	重庆通用工业（集团）有限责任公司		

19－31 营业收入、总资产均上亿元的企业集团按总资产排序（2003年）
BUSINESS GROUPS WITH BUSINESS REVENUE AND TOTAL ASSETS BOTH OVER 100 MILLION YUAN IN ORDER OF TOTAL ASSETS (2003)

序号 Order	名 称 Name	序号 Order	名 称 Name
1	长安汽车集团	39	重庆市涪陵建筑陶瓷集团
2	重庆庆铃汽车集团	40	重庆通用工业（集团）有限责任公司
3	重庆钢铁集团	41	重庆市汽车运输集团
4	重庆水利电力产业（集团）有限责任公司	42	华西包装（集团）有限责任公司
5	重庆水务控股集团	43	重庆索特集团
6	西南铝业集团	44	重庆市博赛矿业集团
7	太极集团有限公司	45	重庆渝能产业集团
8	中国嘉陵集团	46	重庆美心集团
9	建设工业集团	47	海康纺织（集团）有限公司
10	重庆建工集团	48	重庆市物资（集团）
11	重庆市涪陵水利电力投资集团	49	重庆博达建设集团股份有限公司
12	大江工业集团	50	重庆鸡冠石建设集团
13	重庆重型汽车集团有限责任公司	51	重庆跨越集团
14	重庆商社集团	52	重庆涪陵金帝集团
15	隆鑫集团有限公司	53	重庆长途汽车运输集团
16	重庆啤酒集团	54	重庆银钢科技集团
17	朝华科技(集团)股份有限公司	55	重庆钰鑫实业集团有限责任公司
18	宗申产业集团有限公司	56	重庆九龙建设集团
19	重庆乌江电力集团有限公司	57	重庆市涪陵榨菜（集团）有限公司
20	重庆力帆实业集团有限公司	58	重庆北部新城建设集团
21	中国四联仪器仪表集团有限公司	59	重庆江合煤化（集团）有限公司
22	重庆南方集团有限公司	60	重庆华伟工业集团
23	重庆腾辉集团	61	重庆金冠科技集团
24	重庆港务（集团）有限责任公司	62	重庆川东化工集团有限公司
25	重庆市公共交通控股（集团）有限公司	63	中国天府可乐集团公司（重庆）
26	重庆铁马工业集团	64	重庆平伟科技集团
27	重庆日报报业集团	65	重庆北部双龙建设集团
28	重庆华宇物业（集团）有限公司	66	重庆荣达建设（集团）有限公司
29	重庆新华书店集团	67	重庆富悦实业集团
30	重庆城建控股集团	68	重庆隆西建设集团
31	重庆市长江农工商控股集团	69	重庆海浪科技实业集团
32	重庆燃气（集团）有限责任公司	70	重庆斌鑫物业集团
33	涪陵宏声实业（集团）有限责任公司	71	重庆洋世达实业集团
34	重庆农药化工集团	72	重庆新大兴实业集团
35	重庆三峡水利电力（集团）股份有限公司	73	重庆聚信房地产开发集团
36	重庆协信控股集团	74	重庆渝永建设集团
37	重庆四维瓷业（集团）股份有限公司	75	重庆一品建设集团有限公司
38	重庆新原兴企业集团有限公司		

19－32 亿元以上商品交易市场按成交额排序（2003年）
COMMODITY MARKETS WITH TRANSACTION VALUE OVER 100 MILLION YUAN IN ORDER OF TRANSACTION VALUE (2003)

序号 Order	市场名称 Name of Markets	序号 Order	市场名称 Name of Markets
1	重庆朝天门综合交易市场	32	重庆龙溪建材批发市场
2	重庆市观音桥农贸市场	33	几江农贸市场
3	重庆马家岩装饰材料批发市场	34	南川市中心市场
4	重庆机动车交易市场	35	重庆市渝北区两路农贸市场
5	重庆金属材料现货交易市场	36	开县汉丰大市场
6	大足县龙水五金市场	37	重庆市学田湾小食品市场
7	重庆市家具交易市场	38	新东方女人广场
8	西南物资交易市场	39	重庆市巴南区鱼洞农贸市场
9	小天鹅综合批发市场	40	江南大市场
10	大渡口区鑫鹏福钢材市场	41	重庆市垫江县北门市场
11	重庆市旧车交易市场	42	合川市合州市场物业发展有限公司
12	重庆龙文钢材市场	43	西三街水产品市场
13	外滩摩配交易市场	44	綦江河东市场
14	菜园坝皮革市场	45	菜园坝中兴塑料市场
15	南坪市场	46	开县工业品市场
16	重庆得意装饰世界	47	重庆大正食品交易城
17	渝州交易城	48	较场口联讯五金电线市场
18	重庆汽车配件整车交易中心	49	重庆市渝北区渝航商场有限公司
19	重庆坤源物业发展有限公司	50	重庆市万盛区鹏生综合市场有限公司
20	中国畜牧科技城饲料兽药市场	51	永川玉屏市场
21	西南建材中心四三六钢材现货交易市场	52	荣昌县仔猪市场
22	万州商贸城	53	泰兴通讯电脑交易城
23	川东农副产品批发市场	54	丰都县平都商场
24	重庆天海汽配城	55	杨家坪农贸市场
25	渝海七星家具装饰市场	56	长寿县凤城镇消费品综合市场
26	重庆市涪陵合智商业广场	57	雅兰电子城
27	菜园坝农副产品批发市场	58	重庆袁家岗摩配交易中心
28	中天广场装饰城	59	大渡口区九宫庙农贸市场
29	重庆陶瓷市场	60	重庆市涪陵南门山农贸市场
30	联芳建材市场	61	重庆市巴南区马王坪农贸市场
31	龙水废金属市场		

V 专题篇

SPECIAL TOPIC CHAPTER

二零零四

重庆统计年鉴

CHONGQING STATISTICAL YEARBOOK 2004

二十 高新技术产业

HIGH-TECH INDUSTRY

简要说明

本章资料包括高新技术产业单位基本情况和高新技术产品主要指标，由市统计局社会科技处整理提供。

Brief Introduction

Data in this chapter cover basic statistics on high-tech enterprises and main indicators of high-tech products. The data are provided by Division of Social and Technology Statistics, Municipal Bureau of Statistics.

20－1 高新技术产业单位基本情况（2002－2003年）
BASIC STATISTICS ON HIGH-TECH ENTERPRISES (2002-2003)

单位：万元 （10 000 yuan）

项目	Item	2002	2003
总产值（现价）	Gross Output Value (current price)	5800201	7705479
#高新技术及产品产值	Of Which: Output Value of High-tech and Related Products	2993264	4270127
#专利产品产值	Of Which: Output Value of Patent Products	294507	421203
增加值	Value Added	1505113	1967324
技工贸总收入	Technical Revenue, Industrial Revenue and Sales Revenue		7366373
#主营业务收入	Major Business Revenue	5704833	7154820
出口额（万美元）	Exports (USD 10 000)	54902	70409
利润总额	Total Profits	304703	481547
产品销售税金及附加	Sales Tax and Extra Charges	95743	116471
本年应交增殖税	Value Added Tax Payable	300361	302135
高新技术产品实现利润	Profits Complished by High-tech Products	428942	591050
期末固定资产原价	Original Value of Fixed Assets	5245290	5711139
期末固定资产净值	Net Value of Fixed Assets	3419511	3679201
科技活动经费支出	Expenses for Scientific and Technological Activities	186475	243549
#新产品开发经费支出	Expense for New Product Development	116347	147219
科技活动项目（课题）数（项）	Number of Scientific and technological Projects (unit)		3119
科技活动机构数（个）	Number of Scientific and technological Institutions (unit)		260
从业人员劳动报酬总额	Total Earnings of Employed Persons	302916	383336
从业人员平均人数（人）	Average Employed Persons (person)	237596	255202
享受各级政府对高新技术产品的减免税	Reducation and Free Tax Received from Various Governments for High-tech Products	61113	23899

20－2 高新技术产品主要指标（2002－2003年）
MAIN INDICATORS OF HIGH-TECH PRODUCTS (2002-2003)

单位：万元 (10 000 yuan)

项目	Item	现价总产值 Gross Output Value at Current Prices		利税总额 Total Profits and Taxes	
		2002	2003	2002	2003
总计	**Total**	**2972088**	**4231304**	**428943**	**591051**
按登记注册类型分	**By Registration**				
国有企业	State-owned	194376	197687	13664	32304
集体企业	Collective-owned	25022	37997	1017	2283
股份合作企业	Cooperative Enterprises	9523	12523	526	623
联营企业	Joint Ownership Enterprises	28158	78616	4478	7034
有限责任公司	Limited Liability Corporations	633995	1061543	82507	108925
股份有限公司	Share Holding Corporations Limited	1027227	1393676	236069	292498
私营企业	Private Enterprises	475927	543354	13273	21823
其他企业	Other Domestic-funded Enterprises	1116		110	
港澳台商投资企业	Shareholding Corporations Ltd. with Investment from Hong Kong Macao and Taiwan	115586	127643	18587	5963
外商投资企业	Shareholding Corporations Ltd. with Foreign Investment	461158	778267	58712	119598
按技术领域分	**By Technology Field**				
电子信息	Electronics and Information	139837	224099		
生物、医药和医疗器械	Biology and Medical Technologies	240999	283978		
新材料	New Materials	448096	588203		
光机电一体化	Photoelectric Mechanical and Electrical Products	1939141	2893503		
新能源与高效节能	New Energy Racilities Concentrated and Economized on Energy	95495	111097		
环境保护	Environmental Protection	24293	30862		
航空航天	Aviation and Aerospace Technology	12618	5115		

项目	Item	产品销售收入 Sales Revenue		#出口销售收入(万美元) Sales Revenue from Exports(USD 10 000)	
		2002	2003	2002	2003
总计	**Total**	**2752936**	**3960140**	**28638**	**36804**
按登记注册类型分	**By Registration**				
国有企业	State-owned	182018	183943	629	2132
集体企业	Collective-owned	22467	33376	165	
股份合作企业	Cooperative Enterprises	8646	11852		
联营企业	Joint Ownership Enterprises	25707	71239	773	1698
有限责任公司	Limited Liability Corporations	602023	977743	5885	7351
股份有限公司	Share Holding Corporations Limited	949910	1288621	5545	4783
私营企业	Private Enterprises	451339	568452	9902	14777
其他企业	Other Domestic-funded Enterprises	1116			
港澳台商投资企业	Shareholding Corporations Ltd. with Investment from Hong Kong Macao and Taiwan	101388	102676	1138	1082
外商投资企业	Shareholding Corporations Ltd. with Foreign Investment	408322	722240	4601	4981
按技术领域分	**By Technology Field**				
电子信息	Electronics and Information	126155	205462	363	
生物、医药和医疗器械	Biology and Medical Technologies	199387	241300	4617	
新材料	New Materials	406987	582068	6110	
光机电一体化	Photoelectric Mechanical and Electrical Products	1827070	2704339	16013	
新能源与高效节能	New Energy Racilities Concentrated and Economized on Energy	86295	105901	1505	
环境保护	Environmental Protection	20347	24023		
航空航天	Aviation and Aerospace Technology	15759	3810		

二十一　企业集团、景气调查

ENTERPRISE GROUPS AND BUSINESS SURVEY

简要说明

本章资料主要包括重点企业和企业集团的主要经济指标，以及各行业企业景气调查指数，由市企业调查队提供。

Brief Introduction

Data of this chapter mainly include main economic indicators of key enterprises and business groups, and indices of business surveys by sector. All data are from Municipal Enterprises Survey Organization.

21—1 重点企业主要经济指标（2003年）
MAIN ECONOMIC INDICATORS OF KEY ENTERPRISES (2003)

单位：万元 (10 000 yuan)

分　类	Item	单位数（个）Number of Units (unit)	资产总计 Total Funds	固定资产原价 Original Value of Fixed Assets	累计折旧 Total Depreciation
总　计	**Total**	**167**	**18639025**	**9656352**	**3380099**
按控股情况分	**By Status of Share Holding**				
国有及国有控股	State-owned and State Holding	125	16017175	9029243	3191019
国有绝对控股	Exclusively State Holding	111	14670879	8462266	3011620
国有相对控股	Relatively State Holding	14	1346296	566977	179399
集体控股	Collective Holding	3	34287	24896	11334
集体绝对控股	Relatively Collective Holding	3	34287	24896	11334
集体相对控股	Exclusively Collective Holding				
其　他	Others	39	2587563	602213	177746
按主营行业分	**By Sector of Major Business**				
工　业	Industry	128	15180060	8635792	3074926
建筑业	Construction	5	372612	57420	25502
交通运输、仓储及邮政业	Transportation, Storage, Postal Services	10	901038	517261	182252
批发与零售业	Wholesale and Retail Trade	12	786848	278835	53350
住宿和餐饮业	Hotels and Restaurants	2	24857	20578	9758
房地产业	Real Estate	3	340199	9782	2451
其　他	Others	7	1033411	136684	31860
按登记注册类型分	**By Registration**				
国有企业	State-owned Enterprises	35	1842924	1311921	635894
公司制企业	Enterprises of Company System	130	16727740	8281776	2714354
国有独资企业	Exclusively State-owned Enterprises	34	5853114	3276083	1004925
其他有限责任公司	Other Limited-Liabilities Enterprises	40	5508621	2792845	979069
股份有限公司	Share Holding Limited Enterprises	40	4442073	1645213	516131
中外合资企业	Joint-ventures with Foreign Investment	13	851556	525165	197459
港澳台合资企业	Cooperative Enterprises with Funds from Hongkong, Macao and Taiwan	3	72376	42470	16770
外商及港澳台独资企业	Enterprises with Exclusively Funds from Foreign Countries,Hongkong,Macao & Taiwan	2	68361	62655	29851
按企业规模分	**By Size**				
大　型	Large-sized	50	12907572	7264284	2485765
中　型	Medium-sized	104	5376851	2251842	838841
小　型	Small-sized	11	218693	110455	52639
其　他	Others	2	135909	29771	2854
附：特别分组	**Special Classification**				
国家重点企业	Key Enterprises of State Level	8	4997697	2962275	1039348
现企原试点企业	Former Experimental Enterprises with Modern Enterprises System	60	7435775	3869802	1319121

21-1 续表1 CONTINUED-1

单位：万元 (10 000 yuan)

分 类	Item	累计对外投资 Total External Investment	本年对外投资 External Investment in Current Year	长期投资 Long-term Investment	短期投资 Short-term Investment
总 计	**Total**	**1698148**	**462027**	**1607684**	**237640**
按控股情况分	**By Status of Share Holding**				
国有及国有控股	State-owned and State Holding	1362980	361382	1269745	236918
国有绝对控股	Exclusively State Holding	1291527	335225	1213223	228368
国有相对控股	Relatively State Holding	71453	26157	56522	8550
集体控股	Collective Holding	636	94	636	
集体绝对控股	Relatively Collective Holding	636	94	636	
集体相对控股	Exclusively Collective Holding				
其 他	Others	334532	100551	337303	722
按主营行业分	**By Sector of Major Business**				
工 业	Industry	1210258	265302	1177966	133566
建筑业	Construction	14773	5850	50234	
交通运输、仓储及邮政业	Transportation, Storage, Postal Services	119183	83627	48700	70181
批发与零售业	Wholesale and Retail Trade	33434	5333	27548	7153
住宿和餐饮业	Hotels and Restaurants	1248	91	1248	
房地产业	Real Estate	7870		7870	
其 他	Others	311382	101824	294118	26740
按登记注册类型分	**By Registration**				
国有企业	State-owned Enterprises	111817	24983	127316	6854
公司制企业	Enterprises of Company System	1584468	437044	1478505	230786
国有独资企业	Exclusively State-owned Enterprises	686053	137086	620716	178397
其他有限责任公司	Other Limited-Liabilities Enterprises	238588	91985	245818	6534
股份有限公司	Share Holding Limited Enterprises	657722	207756	605611	45790
中外合资企业	Joint-ventures with Foreign Investment	2032	217	6352	
港澳台合资企业	Cooperative Enterprises with Funds from Hongkong, Macao and Taiwan	73		8	65
外商及港澳台独资企业	Enterprises with Exclusively Funds from Foreign Countries,Hongkong,Macao & Taiwan	1863		1863	
按企业规模分	**By Size**				
大 型	Large-sized	1091478	269486	994708	177452
中 型	Medium-sized	555212	191290	554419	59681
小 型	Small-sized	40541	94	47804	343
其 他	Others	10917	1157	10753	164
附：特别分组	**Special Classification**				
国家重点企业	Key Enterprises of State Level	440176	55078	513173	1386
现企原试点企业	Former Experimental Enterprises with Modern Enterprises System	568124	93698	638489	11519

21-1 续表2 CONTINUED-2

单位：万元 (10 000 yuan)

分 类	Item	流动资产平均余额 Average Balance of Circulating Funds	年末负债合计 Year-end Total Liabilities	年末股东权益合计 Year-end Total Shareholders' Equity	实收资本 Capital Obtained
总 计	**Total**	**8390374**	**11190815**	**7448210**	**4029079**
按控股情况分	**By Status of Share Holding**				
国有及国有控股	State-owned and State Holding	6987829	9588461	6428714	3580257
国有绝对控股	Exclusively State Holding	6257817	8737459	5933420	3239854
国有相对控股	Relatively State Holding	730012	851002	495294	340403
集体控股	Collective Holding	19022	28572	5715	5316
集体绝对控股	Relatively Collective Holding	19022	28572	5715	5316
集体相对控股	Exclusively Collective Holding				
其 他	Others	1383523	1573782	1013781	443506
按主营行业分	**By Sector of Major Business**				
工 业	Industry	6492175	8776319	6403741	3493756
建筑业	Construction	243500	274999	97613	89252
交通运输、仓储及邮政业	Transportation, Storage, Postal Services	403543	550633	350405	190435
批发与零售业	Wholesale and Retail Trade	447928	662598	124250	84105
住宿和餐饮业	Hotels and Restaurants	9340	11171	13686	9490
房地产业	Real Estate	300093	306905	33294	20256
其 他	Others	493795	608190	425221	141785
按登记注册类型分	**By Registration**				
国有企业	State-owned Enterprises	764118	1267286	575638	530625
公司制企业	Enterprises of Company System	7594520	9890658	6837082	3473247
国有独资企业	Exclusively State-owned Enterprises	2190307	4067982	1785132	955257
其他有限责任公司	Other Limited-Liabilities Enterprises	2669823	2906821	2601800	1496982
股份有限公司	Share Holding Limited Enterprises	2298753	2457727	1984346	721192
中外合资企业	Joint-ventures with Foreign Investment	398293	415812	435744	286099
港澳台合资企业	Cooperative Enterprises with Funds from Hongkong, Macao and Taiwan	37344	42316	30060	13717
外商及港澳台独资企业	Enterprises with Exclusively Funds from Foreign Countries,Hongkong,Macao & Taiwan	31736	32871	35490	25207
按企业规模分	**By Size**				
大 型	Large-sized	5572151	7696239	5211333	2677621
中 型	Medium-sized	2653412	3285662	2091189	1287248
小 型	Small-sized	86251	125562	93131	54795
其 他	Others	78560	83352	52557	9415
附：特别分组	**Special Classification**				
国家重点企业	Key Enterprises of State Level	2015866	2606212	2391485	1305605
现企原试点企业	Former Experimental Enterprises with Modern Enterprises System	3331122	4644318	2791457	1525689

21-1 续表3 CONTINUED-3

单位：万元 (10 000 yuan)

分 类	Item	主营业务收入 Major Business Revenue	其他业务收入 Other Business Revenue	新产品销售收入 Sales Revenue of New Products	出口销售总额 Total Sales of Exports
总 计	**Total**	**11975488**	**397169**	**3167351**	**657533**
按控股情况分	**By Status of Share Holding**				
国有及国有控股	State-owned and State Holding	9571316	328716	2374327	334281
国有绝对控股	Exclusively State Holding	8682587	298288	2143595	318470
国有相对控股	Relatively State Holding	888729	30428	230732	15811
集体控股	Collective Holding	26090	62	16957	4366
集体绝对控股	Relatively Collective Holding	26090	62	16957	4366
集体相对控股	Exclusively Collective Holding				
其 他	Others	2378082	68391	776067	318886
按主营行业分	**By Sector of Major Business**				
工 业	Industry	9721315	310940	3167351	628825
建筑业	Construction	413786	20356		
交通运输、仓储及邮政业	Transportation, Storage, Postal Services	187370	43179		
批发与零售业	Wholesale and Retail Trade	1358000	20349		24137
住宿和餐饮业	Hotels and Restaurants	7683	630		
房地产业	Real Estate	13159	538		
其 他	Others	274175	1177		4571
按登记注册类型分	**By Registration**				
国有企业	State-owned Enterprises	1026662	40573	163111	49787
公司制企业	Enterprises of Company System	10868858	351139	3003179	607647
国有独资企业	Exclusively State-owned Enterprises	2919961	76778	457825	69732
其他有限责任公司	Other Limited-Liabilities Enterprises	3980531	144645	1325312	342423
股份有限公司	Share Holding Limited Enterprises	3065236	123835	608735	174750
中外合资企业	Joint-ventures with Foreign Investment	845866	5352	577079	20460
港澳台合资企业	Cooperative Enterprises with Funds from Hongkong, Macao and Taiwan	57264	529	34228	282
外商及港澳台独资企业	Enterprises with Exclusively Funds from Foreign Countries,Hongkong,Macao & Taiwan	79968	5457	1061	99
按企业规模分	**By Size**				
大 型	Large-sized	8845620	322905	2070379	514156
中 型	Medium-sized	2979877	73552	1054236	137144
小 型	Small-sized	101926	712	42736	6233
其 他	Others	48065			
附：特别分组	**Special Classification**				
国家重点企业	Key Enterprises of State Level	2352799	62072	928674	146950
现企原试点企业	Former Experimental Enterprises with Modern Enterprises System	4225970	99097	1180327	177537

21-1 续表4 CONTINUED-4

单位：万元 (10 000 yuan)

分　类	Item	存货跌价损失和营业管理财务等费用 Loses for Inventory Price Fall and business expenses	利息支出 Interest Expenses	投资收益 Investment Revenues	利润总额 Total Pre-tax Profits
总　计	**Total**	**1650926**	**250331**	**142214**	**654813**
按控股情况分	**By Status of Share Holding**				
国有及国有控股	State-owned and State Holding	1380285	209352	122340	523389
国有绝对控股	Exclusively State Holding	1243797	198650	118668	483367
国有相对控股	Relatively State Holding	136488	10702	3672	40022
集体控股	Collective Holding	10945	1216	-73	-2300
集体绝对控股	Relatively Collective Holding	10945	1216	-73	-2300
集体相对控股	Exclusively Collective Holding				
其　他	Others	259696	39763	19947	133724
按主营行业分	**By Sector of Major Business**				
工　业	Industry	1392589	203206	119577	619343
建筑业	Construction	17025	1582	224	3721
交通运输、仓储及邮政业	Transportation, Storage, Postal Services	55758	14747	3555	-14629
批发与零售业	Wholesale and Retail Trade	131862	11130	2415	14589
住宿和餐饮业	Hotels and Restaurants	4513	422	65	-43
房地产业	Real Estate	3454	553	1253	2568
其　他	Others	45725	18691	15125	29264
按登记注册类型分	**By Registration**				
国有企业	State-owned Enterprises	212000	34954	5764	21344
公司制企业	Enterprises of Company System	1427837	213008	136450	627703
国有独资企业	Exclusively State-owned Enterprises	412012	107553	96162	63020
其他有限责任公司	Other Limited-Liabilities Enterprises	453700	50335	2463	208387
股份有限公司	Share Holding Limited Enterprises	439798	46990	37709	262703
中外合资企业	Joint-ventures with Foreign Investment	105108	6738	115	85922
港澳台合资企业	Cooperative Enterprises with Funds from Hongkong, Macao and Taiwan	17219	1392	1	7671
外商及港澳台独资企业	Enterprises with Exclusively Funds from Foreign Countries,Hongkong,Macao & Taiwan	11089	2369		5766
按企业规模分	**By Size**				
大　型	Large-sized	1113959	175250	116798	462915
中　型	Medium-sized	508131	68579	26107	177590
小　型	Small-sized	18455	4082	-586	6982
其　他	Others	10381	2420	-105	7326
附：特别分组	**Special Classification**				
国家重点企业	Key Enterprises of State Level	361845	69816	94142	163755
现企原试点企业	Former Experimental Enterprises with Modern Enterprises System	695900	117586	89979	202288

21-1 续表5 CONTINUED-5

单位：万元 (10 000 yuan)

分 类	Item	应缴所得税 Payable Income Tax	应缴增值税 Payable Value-added Tax	固定资产投资完成额 Completed Investment in Fixed Assets	研究开发费用 Expenses for Search and Development
总 计	**Total**	**101298**	**499886**	**972629**	**156523**
按控股情况分	**By Status of Share Holding**				
国有及国有控股	State-owned and State Holding	84739	446241	822499	116887
国有绝对控股	Exclusively State Holding	79060	418081	758837	114001
国有相对控股	Relatively State Holding	5679	28160	63662	2886
集体控股	Collective Holding	32	2136		42
集体绝对控股	Relatively Collective Holding	32	2136		42
集体相对控股	Exclusively Collective Holding				
其 他	Others	16527	51509	150130	39594
按主营行业分	**By Sector of Major Business**				
工 业	Industry	89155	477554	913708	153744
建筑业	Construction	1080	37	1502	
交通运输、仓储及邮政业	Transportation, Storage, Postal Services	806	631	33710	26
批发与零售业	Wholesale and Retail Trade	4654	17970	6222	
住宿和餐饮业	Hotels and Restaurants	2			
房地产业	Real Estate	320		7378	
其 他	Others	5281	3694	10109	2753
按登记注册类型分	**By Registration**				
国有企业	State-owned Enterprises	6496	48137	86010	9656
公司制企业	Enterprises of Company System	94295	447161	883646	146592
国有独资企业	Exclusively State-owned Enterprises	9406	108681	409815	29145
其他有限责任公司	Other Limited-Liabilities Enterprises	22935	179840	212809	71187
股份有限公司	Share Holding Limited Enterprises	54232	104127	216038	40983
中外合资企业	Joint-ventures with Foreign Investment	7342	50364	42013	4581
港澳台合资企业	Cooperative Enterprises with Funds from Hongkong, Macao and Taiwan	380	4149	2971	696
外商及港澳台独资企业	Enterprises with Exclusively Funds from Foreign Countries,Hongkong,Macao & Taiwan	507	4588	2973	275
按企业规模分	**By Size**				
大 型	Large-sized	68882	359232	745441	122779
中 型	Medium-sized	29325	132058	219892	32186
小 型	Small-sized	1764	5946	3040	1161
其 他	Others	1327	2650	4256	397
附：特别分组	**Special Classification**				
国家重点企业	Key Enterprises of State Level	24423	135752	132107	51975
现企原试点企业	Former Experimental Enterprises with Modern Enterprises System	40886	220195	310752	60290

21-1 续表6 CONTINUED-6

单位：万元 (10 000 yuan)

分　类	Item	从业人员人数（人） Number of Employees (person)	# 研　究 开发人员 Research and Development Personnel	从业人员报酬 Number of Employees	# 研　究 开发人员 Research and Development Personnel
总　计	**Total**	**408675**	**17636**	**627758**	**39795**
按控股情况分	**By Status of Share Holding**				
国有及国有控股	State-owned and State Holding	345135	14423	533862	32289
国有绝对控股	Exclusively State Holding	322060	13688	495169	31400
国有相对控股	Relatively State Holding	23075	735	38693	889
集体控股	Collective Holding	1007	8	1226	18
集体绝对控股	Relatively Collective Holding	1007	8	1226	18
集体相对控股	Exclusively Collective Holding				
其　他	Others	62533	3205	92670	7488
按主营行业分	**By Sector of Major Business**				
工　业	Industry	334236	17180	519773	38821
建筑业	Construction	18287		34162	
交通运输、仓储及邮政业	Transportation, Storage, Postal Services	32011	12	44400	26
批发与零售业	Wholesale and Retail Trade	19615		21179	
住宿和餐饮业	Hotels and Restaurants	918		749	
房地产业	Real Estate	436		902	
其　他	Others	3172	444	6593	948
按登记注册类型分	**By Registration**				
国有企业	State-owned Enterprises	68653	1791	99782	3381
公司制企业	Enterprises of Company System	337293	15827	523148	36354
国有独资企业	Exclusively State-owned Enterprises	120991	7653	185420	18167
其他有限责任公司	Other Limited-Liabilities Enterprises	141647	5474	211524	10086
股份有限公司	Share Holding Limited Enterprises	61968	2383	99447	6973
中外合资企业	Joint-ventures with Foreign Investment	10871	237	21850	840
港澳台合资企业	Cooperative Enterprises with Funds from Hongkong, Macao and Taiwan	1816	80	4907	288
外商及港澳台独资企业	Enterprises with Exclusively Funds from Foreign Countries,Hongkong,Macao & Taiwan	2729	18	4828	60
按企业规模分	**By Size**				
大　型	Large-sized	276843	12677	458043	29914
中　型	Medium-sized	128182	4659	161825	9129
小　型	Small-sized	2356	57	5381	304
其　他	Others	1294	243	2509	448
附：特别分组	**Special Classification**				
国家重点企业	Key Enterprises of State Level	76860	4009	147174	8829
现企原试点企业	Former Experimental Enterprises with Modern Enterprises System	166947	6310	264295	12516

21－2 企业集团主要经济指标（2003年）
MAIN ECONOMIC INDICATORS OF BUSINESS GROUPS (2003)

单位：万元 (10 000 yuan)

分 类	Item	集团个数(个) Number of Groups (unit)	所属企业数(个) Number of Enterprises Belonged to (unit)	资产总计 Total Funds	固定资产净值 Net Value of Fixed Assets
总计	**Total**	**102**	**701**	**15617012**	**4595431**
按审批部门划分	**By Departments Responsible for Approval**				
国务院	The State Council	2	34	1342057	523565
国务院主管部门	Competent Authorities of the State Council	8	69	3388197	1091099
省级人民政府	Municipal Government	20	241	6391026	2094025
省级政府主管部门	Municipal Departments in Charge	36	198	2657396	472346
其他	Others	36	159	1838336	414396
按行业划分	**By Sector**				
工　业	Industry	51	402	12145902	4023731
建筑业	Construction	17	82	850492	100017
交通运输、仓储及邮政业	Transportation, Storage, Postal Services	4	41	435379	174233
信息传输、计算机服务和软件业	Data Transmission, Computer Service and Softwares	1	7	288205	22102
批发与零售业	Wholesale and Retail Trade	6	68	538148	127468
住宿和餐饮业	Hotels and Restaurants	3	15	111679	29448
房地产业	Real Estate	18	78	1092416	76129
其他行业	Other Sectors	2	8	154791	42303
母公司注册登记类型	**Registration of Parent Company**				
国有企业	State-owned	5	20	261985	70329
国有独资公司	Exclusively State-owned	28	303	9143627	2865079
其他有限责任公司	Other Limited-Liabilities Companies	55	279	4360762	1211379
股份有限公司	Share Holding Limited Companies	9	75	1440417	310646
中外合资企业	Joint-ventures with Foreign Investment	2	12	296221	128011
港澳台合资企业	Cooperative Enterprises with Funds from Hong Kong, Macao and Taiwan	3	12	114000	9987
母公司控股情况	**Share Holding of Parent Company**				
国有绝对控股	Exclusively State Holding	45	426	12243733	3989544
国有相对控股	Relatively State Holding	2	12	141005	81330
集体绝对控股	Exclusively Collective Holding	3	18	177229	46026
其他	Others	52	245	3055045	478531
按隶属关系划分	**By Administrative Relationship**				
中央	Central	10	103	4730254	1614664
地方	Local	92	598	10886758	2980767

21-2 续表1 CONTINUED-1

单位：万元 (10 000 yuan)

分 类	Item	流动资产平均余额 Average Balance of Circulating Funds	负债合计 Total Liabilities	营业收入 Business Revenue	#主营收入 Major Business Revenue
总计	**Total**	**7339922**	**9965547**	**10301415**	**9954899**
按审批部门划分	**By Departments Responsible for Approval**				
国务院	The State Council	625049	896847	839546	838564
国务院主管部门	Competent Authorities of the State Council	1727855	2393700	3150917	3020627
省级人民政府	Municipal Government	2673176	3644688	3276909	3156162
省级政府主管部门	Municipal Departments in Charge	1457541	1890732	2080635	1999910
其他	Others	856301	1139580	953408	939636
按行业划分	**By Sector**				
工 业	Industry	5359368	7502820	7822145	7590699
建筑业	Construction	498286	615398	828126	781809
交通运输、仓储及邮政业	Transportation, Storage, Postal Services	76079	213777	151105	120481
信息传输、计算机服务和软件业	Data Transmission, Computer Service and Softwares	144283	178359	150637	150637
批发与零售业	Wholesale and Retail Trade	321636	451925	892038	856697
住宿和餐饮业	Hotels and Restaurants	48376	63153	17740	17465
房地产业	Real Estate	826187	831520	393681	392402
其他行业	Other Sectors	65707	108595	45943	44709
母公司注册登记类型	**Registration of Parent Company**				
国有企业	State-owned	122331	184566	76894	74290
国有独资公司	Exclusively State-owned	4256745	5568784	6482910	6244113
其他有限责任公司	Other Limited-Liabilities Companies	2035737	2901529	2841600	2745311
股份有限公司	Share Holding Limited Companies	723824	1022907	719085	711099
中外合资企业	Joint-ventures with Foreign Investment	111800	200281	141753	141287
港澳台合资企业	Cooperative Enterprises with Funds from Hong Kong, Macao and Taiwan	89485	87480	39173	38799
母公司控股情况	**Share Holding of Parent Company**				
国有绝对控股	Exclusively State Holding	5446388	7790030	7523252	7240185
国有相对控股	Relatively State Holding	52521	89661	60126	58561
集体绝对控股	Exclusively Collective Holding	105075	127367	61127	59198
其他	Others	1735938	1958489	2656910	2596955
按隶属关系划分	**By Administrative Relationship**				
中央	Central	2352904	3290547	3990463	3859191
地方	Local	4987018	6675000	6310952	6095708

21-2 续表2 CONTINUED-2

单位：万元 (10 000 yuan)

分 类	Item	利税总额 Total Pre-tax Profits	#利润总额 Total Profits	从业人员人数(人) Number of Employees (person)	从业人员报酬 Payment for Employees
总计	**Total**	**880303**	**351967**	**344534**	**502935**
按审批部门划分	**By Departments Responsible for Approval**				
国务院	The State Council	169588	97463	34273	66607
国务院主管部门	Competent Authorities of the State Council	288435	120334	71253	132809
省级人民政府	Municipal Government	206428	31481	116699	158797
省级政府主管部门	Municipal Departments in Charge	140366	66239	67866	83678
其他	Others	75486	36450	54443	61044
按行业划分	**By Sector**				
工 业	Industry	749242	292514	234376	363973
建筑业	Construction	34840	9675	47177	61184
交通运输、仓储及邮政业	Transportation, Storage, Postal Services	9503	4483	24957	31034
信息传输、计算机服务和软件业	Data Transmission, Computer Service and Softwares	3973	2131	1433	2500
批发与零售业	Wholesale and Retail Trade	15928	2404	15519	16312
住宿和餐饮业	Hotels and Restaurants	829	215	4601	4895
房地产业	Real Estate	61987	39571	13776	16118
其他行业	Other Sectors	4001	974	2695	6919
母公司注册登记类型	**Registration of Parent Company**				
国有企业	State-owned	4239	-158	5427	10333
国有独资公司	Exclusively State-owned	665609	284808	197211	317131
其他有限责任公司	Other Limited-Liabilities Companies	184718	83867	106417	131746
股份有限公司	Share Holding Limited Companies	12923	-18190	26154	32238
中外合资企业	Joint-ventures with Foreign Investment	9498	-162	7991	10113
港澳台合资企业	Cooperative Enterprises with Funds from Hong Kong, Macao and Taiwan	3316	1802	1334	1374
母公司控股情况	**Share Holding of Parent Company**				
国有绝对控股	Exclusively State Holding	701643	273793	247013	385353
国有相对控股	Relatively State Holding	-16114	-20801	4291	4634
集体绝对控股	Exclusively Collective Holding	6609	3677	4803	4560
其他	Others	188165	95298	88427	108388
按隶属关系划分	**By Administrative Relationship**				
中央	Central	458023	217797	105526	199416
地方	Local	422280	134170	239008	303519

21－3 企业家信心指数（2002－2003年）
ENTERPRENEUR EXPECTATION INDEX (2002-2003)

单位：点 (point)

指标	Item	2002 一季度 1st. Quarter	2002 二季度 2nd. Quarter	2002 三季度 3rd. Quarter	2002 四季度 4th. Quarter
全市	**Total**	**108.65**	**105.60**	**113.16**	**113.68**
按行业门类分	**By Sector**				
工业	Industry	111.09	106.98	115.53	116.97
建筑业	Construction	110.75	108.08	108.42	112.84
交通运输、仓储及邮政业	Transportation, Storage, Postal Services	79.75	85.22	88.62	88.01
信息传输、计算机服务和软件业	Data Transmission, Computer Service and Softwares	124.55	130.80	130.80	145.09
批发与零售业	Wholesale and Retail Trade	86.88	81.20	89.87	85.52
住宿和餐饮业	Hotels and Restaurants	113.14	106.76	134.82	117.28
房地产业	Real Estate	134.68	137.92	142.47	149.49
社会服务业	Social Services	126.05	117.42	127.45	122.60
按注册类型分	**By Registration**				
国有企业	State-owned	98.58	93.03	102.97	102.77
集体企业	Collective-owned	88.28	76.60	88.32	89.89
有限责任公司	Limited-liability Companies	115.78	112.03	122.38	118.66
股份有限公司	Share Holding Ltd. Companies	105.84	117.57	118.12	124.43
港澳台外商投资	Funded by Overseas Entrepreneurs	133.77	136.72	141.47	142.67
按企业规模分	**By Size of Enterprises**				
大型企业	Large	116.27	110.24	119.87	118.89
中型企业	Medium	112.50	112.53	116.30	118.36
小型企业	Small	98.67	93.85	105.45	104.41
附：特殊分组	**Special Classification**				
上市公司	Share Listed Companies	109.00	107.46	119.12	116.56
增长点企业	Potential Enterprises	127.32	125.20	135.88	131.00
工业企业五十强	Top 50 Industrial Enterprises	116.76	120.91	126.68	134.40

21-3 续表 CONTINUED

单位：点 (point)

指　标	Item	2003 一季度 1st. Quarter	二季度 2nd. Quarter	三季度 3rd. Quarter	四季度 4th. Quarter
全市	**Total**	**122.38**	**108.31**	**115.97**	**126.83**
按行业门类分	**By Sector**				
工　业	Industry	127.69	119.07	121.84	134.64
建筑业	Construction	127.96	124.20	123.03	126.04
交通运输、仓储及邮政业	Transportation, Storage, Postal Services	87.47	52.59	69.98	88.31
信息传输、计算机服务和软件业	Data Transmission, Computer Service and Softwares	131.56	130.26	130.51	136.22
批发与零售业	Wholesale and Retail Trade	94.78	78.12	89.38	96.00
住宿和餐饮业	Hotels and Restaurants	115.41	58.32	128.78	139.99
房地产业	Real Estate	158.13	157.66	152.63	169.14
社会服务业	Social Services	132.04	95.08	112.22	121.16
按注册类型分	**By Registration**				
国有企业	State-owned	105.19	93.53	105.52	116.58
集体企业	Collective-owned	92.32	87.04	89.05	98.38
有限责任公司	Limited-liability Companies	123.95	111.65	118.80	126.77
股份有限公司	Share Holding Ltd. Companies	142.27	108.52	126.17	141.31
港澳台外商投资	Funded by Overseas Entrepreneurs	156.47	146.94	144.67	153.24
按企业规模分	**By Size of Enterprises**				
大型企业	Large	146.28	119.68	134.31	153.06
中型企业	Medium	125.83	115.77	120.92	131.21
小型企业	Small	107.71	95.39	104.16	110.84
附：特殊分组	**Special Classification**				
上市公司	Share Listed Companies	153.90	82.07	116.93	165.17
增长点企业	Potential Enterprises	153.75	140.68	140.67	150.92
工业企业五十强	Top 50 Industrial Enterprises	155.67	135.31	134.04	151.48

21－4 企业景气指数（2002－2003年）
BUSINESS SURVEY INDEX (2002-2003)

单位：点 (point)

指标	Item	2002			
		一季度 1st. Quarter	二季度 2nd. Quarter	三季度 3rd. Quarter	四季度 4th. Quarter
全市	**Total**	**101.96**	**105.60**	**112.02**	**118.07**
按行业门类分	**By Sector**				
工业	Industry	104.14	108.93	118.10	127.22
建筑业	Construction	94.67	104.47	106.87	114.31
交通运输、仓储及邮政业	Transportation, Storage, Postal Services	79.10	85.95	88.71	81.85
信息传输、计算机服务和软件业	Data Transmission, Computer Service and Softwares	108.03	107.25	116.52	157.14
批发与零售业	Wholesale and Retail Trade	89.97	84.69	87.05	93.86
住宿和餐饮业	Hotels and Restaurants	96.09	113.05	115.30	108.39
房地产业	Real Estate	132.06	136.77	136.00	139.91
社会服务业	Social Services	124.46	112.25	124.32	108.80
按注册类型分	**By Registration**				
国有企业	State-owned	94.88	91.03	100.74	105.72
集体企业	Collective-owned	86.81	84.98	88.58	96.34
有限责任公司	Limited-liability Companies	104.49	114.07	119.33	122.85
股份有限公司	Share Holding Ltd. Companies	117.58	125.58	128.51	134.41
港澳台外商投资	Funded by Overseas Entrepreneurs	122.14	119.86	134.49	134.01
按企业规模分	**By Size of Enterprises**				
大型企业	Large	108.28	118.35	131.24	148.66
中型企业	Medium	107.20	109.94	112.33	115.04
小型企业	Small	92.82	93.32	100.27	102.75
附：特殊分组	**Special Classification**				
上市公司	Share Listed Companies	110.82	121.81	146.29	153.39
增长点企业	Potential Enterprises	112.35	141.43	142.85	159.21
工业企业五十强	Top 50 Industrial Enterprises	127.12	133.16	146.29	162.37

21-4 续表 CONTINUED

单位：点 (point)

指 标	Item	2003 一季度 1st. Quarter	2003 二季度 2nd. Quarter	2003 三季度 3rd. Quarter	2003 四季度 4th. Quarter
全市	**Total**	**115.64**	**103.54**	**119.84**	**125.71**
按行业门类分	**By Sector**				
工业	Industry	119.39	118.49	126.70	132.56
建筑业	Construction	108.12	107.03	113.80	123.84
交通运输、仓储及邮政业	Transportation, Storage, Postal Services	92.14	52.46	97.68	89.02
信息传输、计算机服务和软件业	Data Transmission, Computer Service and Softwares	125.63	118.05	129.13	146.27
批发与零售业	Wholesale and Retail Trade	105.79	89.88	95.11	100.93
住宿和餐饮业	Hotels and Restaurants	119.34	39.78	128.84	130.29
房地产业	Real Estate	140.75	142.11	150.03	162.60
社会服务业	Social Services	118.77	69.60	114.75	120.42
按注册类型分	**By Registration**				
国有企业	State-owned	109.30	88.01	111.73	114.25
集体企业	Collective-owned	87.69	74.99	95.32	103.10
有限责任公司	Limited-liability Companies	117.59	105.44	119.74	124.88
股份有限公司	Share Holding Ltd. Companies	133.85	125.97	140.49	144.28
港澳台外商投资	Funded by Overseas Entrepreneurs	143.90	121.27	142.92	149.23
按企业规模分	**By Size of Enterprises**				
大型企业	Large	154.24	137.46	151.81	150.66
中型企业	Medium	116.12	104.56	120.00	128.14
小型企业	Small	99.04	86.41	105.38	112.81
附：特殊分组	**Special Classification**				
上市公司	Share Listed Companies	161.10	152.57	157.51	158.06
增长点企业	Potential Enterprises	145.75	140.15	156.46	158.43
工业企业五十强	Top 50 Industrial Enterprises	156.56	149.02	159.75	161.81

21－5 工业景气指数（2002－2003年）
BUSINESS SURVEY INDEX OF INDUSTRY (2002-2003)

单位：点 (point)

指　　标	Item	2002 一季度 1st. Quarter	2002 二季度 2nd. Quarter	2002 三季度 3rd. Quarter	2002 四季度 4th. Quarter
综合生产经营状况	**Comprehensive Conditions of Production and Management**	**104.14**	**108.93**	**118.10**	**127.22**
生产成本	Production Cost	102.01	103.95	101.94	90.00
生产总量	Total Production Quantity	99.81	126.83	118.13	132.66
产品订货	Production Order	90.36	95.16	97.25	104.02
#国外订货	From Overseas	74.51	85.96	82.69	88.09
产品销售	Sales of Products	93.10	123.67	118.94	133.61
产品销售价格	Selling Price of Products	70.09	76.21	74.36	91.44
产成品库存	Inventory of Products	106.56	107.07	103.98	100.59
盈利（亏损）变化	Changes in Profits (loses)	84.43	109.10	117.60	129.05
流动资金	Circulating Funds	61.49	66.30	66.73	63.37
货款拖欠	Payment Delinquent	94.23	91.72	93.12	105.79
设备利用（%）	Utilization of Equipment(%)	78.19	78.43	78.97	80.62
劳动力需求	Labor Demand	87.20	92.86	95.41	99.16
固定资产投资	Investment in Fixed Assets	99.79	118.15	118.88	120.98
科技创新	Scientific and Technical Innovation	116.74	128.09	126.81	128.27
主要原材料及能源购进价格	Bid of Main Raw Materials and Energy	83.46	70.34	76.62	67.87
主要原材料及能源供应	Supply of Main Raw Materials and Energy	117.36	124.30	123.75	112.18

指　　标	Item	2003 一季度 1st. Quarter	2003 二季度 2nd. Quarter	2003 三季度 3rd. Quarter	2003 四季度 4th. Quarter
综合生产经营状况	**Comprehensive Conditions of Production and Management**	**119.39**	**118.49**	**126.70**	**132.56**
生产成本	Production Cost	84.07	87.70	89.00	67.91
生产总量	Total Production Quantity	106.30	115.35	123.24	139.91
产品订货	Production Order	118.61	106.21	116.68	129.50
#国外订货	From Overseas	88.14	84.44	88.65	95.41
产品销售	Sales of Products	110.13	110.58	126.31	138.85
产品销售价格	Selling Price of Products	81.54	82.16	79.02	99.33
产成品库存	Inventory of Products	116.34	105.38	114.72	119.57
盈利（亏损）变化	Changes in Profits (loses)	107.17	118.60	127.01	136.97
流动资金	Circulating Funds	72.22	73.70	74.03	82.13
货款拖欠	Payment Delinquent	103.25	95.59	100.11	112.83
设备利用（%）	Utilization of Equipment(%)	80.28	80.32	80.19	82.22
劳动力需求	Labor Demand	96.43	96.30	104.01	109.05
固定资产投资	Investment in Fixed Assets	115.55	116.54	128.36	126.34
科技创新	Scientific and Technical Innovation	111.23	118.03	125.23	128.07
主要原材料及能源购进价格	Bid of Main Raw Materials and Energy	57.08	71.35	77.60	47.68
主要原材料及能源供应	Supply of Main Raw Materials and Energy	106.11	112.92	115.36	106.79

注：为了更加准确地反映企业设备利用状况，自2002年1季度起，国家统计局企业调查总队对工业设备利用率景气指数的调查及计算方法进行了修订、完善，改为以百分数表示。

Note: To show utilization of equipment more exactly, the survey and calculation of equipment utilization have been improved and the index has been presented in terms of percent.

21－6 建筑业景气指数（2002－2003年）
BUSINESS SURVEY INDEX OF CONSTRUCTION (2002-2003)

单位：点 (point)

指标	Item	2002			
		一季度 1st. Quarter	二季度 2nd. Quarter	三季度 3rd. Quarter	四季度 4th. Quarter
综合生产经营状况	**Comprehensive Conditions of Production and Management**	**94.67**	**104.47**	**106.87**	**114.31**
工程合同	Assignment of Project Contracts	95.87	107.89	114.50	107.78
#国（境）外的工程合同	Foreign Contracts	112.34	101.99	101.27	86.35
建筑工程量	Volume of Projects	95.81	133.20	127.49	129.77
新开工工程量	Volume of New Projects	105.75	107.00	106.54	100.89
技术设备能力	Capacity of Technique and Facilities	96.15	142.01	131.18	138.54
工程进度	Progress of Projects	86.22	98.18	105.45	131.93
工程结算收入	Income from Project Settlement	85.58	108.06	111.80	127.91
建筑材料购进价格	Bid of Construction Materials	90.49	95.23	85.13	58.59
工程结算成本	Cost of Project Settlement	100.49	89.36	88.63	75.33
盈利（亏损）变化	Changes in Profits (loses)	97.34	114.58	101.77	114.40
流动资金	Circulating Funds	56.41	50.80	50.10	56.94
工程款拖欠	Payment Delinquent	80.73	62.56	63.60	65.81
劳动力需求	Labor Demand	97.27	116.00	114.74	120.12
固定资产投资	Investment in Fixed Assets	92.39	102.69	109.05	105.87

指标	Item	2003			
		一季度 1st. Quarter	二季度 2nd. Quarter	三季度 3rd. Quarter	四季度 4th. Quarter
综合生产经营状况	**Comprehensive Conditions of Production and Management**	**108.12**	**107.03**	**113.80**	**123.84**
工程合同	Assignment of Project Contracts	98.38	112.52	115.38	116.98
#国（境）外的工程合同	Foreign Contracts	85.71	100.00	95.99	112.10
建筑工程量	Volume of Projects	98.19	127.93	134.50	134.13
新开工工程量	Volume of New Projects	98.66	102.97	118.68	112.22
技术设备能力	Capacity of Technique and Facilities	95.47	138.64	141.75	133.38
工程进度	Progress of Projects	66.52	105.68	122.47	125.14
工程结算收入	Income from Project Settlement	84.74	120.50	120.44	148.51
建筑材料购进价格	Bid of Construction Materials	65.20	59.12	70.45	23.88
工程结算成本	Cost of Project Settlement	88.20	68.25	79.45	42.51
盈利（亏损）变化	Changes in Profits (loses)	99.91	105.18	109.71	116.91
流动资金	Circulating Funds	56.92	62.31	59.71	59.59
工程款拖欠	Payment Delinquent	83.86	80.51	73.75	71.75
劳动力需求	Labor Demand	91.76	104.94	122.46	119.87
固定资产投资	Investment in Fixed Assets	90.62	104.71	101.17	103.14

21－7 交通运输、仓储和邮政业景气指数（2002－2003年）
BUSINESS SURVEY INDEX OF TRANSPORTATION, STORAGE AND POSTAL SERVICES (2002-2003)

单位：点 (point)

指标	Item	2002			
		一季度 1st. Quarter	二季度 2nd. Quarter	三季度 3rd. Quarter	四季度 4th. Quarter
综合生产经营状况	**Comprehensive Conditions of Production and Management**	**79.10**	**85.95**	**88.71**	**81.85**
业务预订	Ordered Business	107.47	94.86	109.44	105.12
业务量	Business Volume	101.89	95.90	116.99	97.68
业务收费价格	Business Charges	88.35	91.58	102.64	94.90
营业成本	Business Cost	62.45	58.86	61.93	65.13
盈利（亏损）变化	Changes in Profits (loses)	101.50	95.57	80.83	108.25
流动资金	Circulating Funds	61.29	65.15	71.71	68.19
货款拖欠	Payment Delinquent	92.37	83.45	92.61	90.14
劳动力需求	Labor Demand	77.07	83.49	86.87	70.34
固定资产投资	Investment in Fixed Assets	97.23	113.14	117.77	110.28

指标	Item	2003			
		一季度 1st. Quarter	二季度 2nd. Quarter	三季度 3rd. Quarter	四季度 4th. Quarter
综合生产经营状况	**Comprehensive Conditions of Production and Management**	**92.14**	**52.46**	**97.68**	**89.02**
业务预订	Ordered Business	111.48	62.24	120.00	93.82
业务量	Business Volume	109.56	51.30	113.28	108.87
业务收费价格	Business Charges	113.08	72.34	95.24	101.91
营业成本	Business Cost	54.95	67.67	56.90	61.54
盈利（亏损）变化	Changes in Profits (loses)	98.18	47.01	100.26	106.00
流动资金	Circulating Funds	64.91	50.77	56.48	53.13
货款拖欠	Payment Delinquent	102.96	100.70	105.93	98.66
劳动力需求	Labor Demand	77.14	68.27	91.99	82.83
固定资产投资	Investment in Fixed Assets	86.44	112.12	105.85	106.79

21－8 信息传输、计算机服务和软件业景气指数（2002－2003年）
BUSINESS SURVEY INDEX OF DATA TRANSMISSION, COMPUTER SERVICE AND SOFTWARE (2002-2003)

单位：点 (point)

指　标	Item	2002			
		一季度 1st. Quarter	二季度 2nd. Quarter	三季度 3rd. Quarter	四季度 4th. Quarter
综合生产经营状况	**Comprehensive Conditions of Production and Management**	**108.03**	**107.25**	**116.52**	**157.14**
产品销售（提供服务）	Sales of Products (Service)	171.43	159.37	104.46	145.09
产品订货	Order of Products	100.00	100.00	100.00	100.00
竞争能力	Competition Abilities	100.00	100.00	100.00	100.00
销售（收费）价格	Business Charges	85.71	100.00	100.00	100.00
营业收入	Business Revenue	113.50	127.79	106.26	127.79
营业成本	Business Cost	56.15	68.42	45.09	23.56
盈利（亏损）变化	Changes in Profits (loses)	72.42	121.53	120.54	106.26
流动资金	Circulating Funds	114.29	118.52	107.25	107.25
货款拖欠	Payment Delinquent	129.35	103.01	52.91	64.18
劳动力需求	Labor Demand	123.10	87.94	117.30	100.00
固定资产投资	Investment in Fixed Assets	84.15	144.63	151.90	84.93

指　标	Item	2003			
		一季度 1st. Quarter	二季度 2nd. Quarter	三季度 3rd. Quarter	四季度 4th. Quarter
综合生产经营状况	**Comprehensive Conditions of Production and Management**	**125.63**	**118.05**	**129.13**	**146.27**
产品销售（提供服务）	Sales of Products (Service)	109.94	117.52	138.00	127.69
产品订货	Order of Products	94.25	98.60	116.52	116.26
竞争能力	Competition Abilities	154.12	129.07	141.93	141.93
销售（收费）价格	Business Charges	87.79	87.79	75.73	84.86
营业收入	Business Revenue	109.06	131.03	141.38	144.79
营业成本	Business Cost	109.47	101.36	76.25	81.96
盈利（亏损）变化	Changes in Profits (loses)	96.39	132.92	123.44	139.11
流动资金	Circulating Funds	108.92	109.45	98.56	95.70
货款拖欠	Payment Delinquent	96.81	83.78	94.29	83.41
劳动力需求	Labor Demand	108.60	102.70	122.86	125.71
固定资产投资	Investment in Fixed Assets	104.59	101.89	102.00	107.16

21－9 批发和零售业景气指数（2002－2003年）
BUSINESS SURVEY INDEX OF WHOLESALE AND RETAIL TRADE (2002-2003)

单位：点 (point)

指　　标	Item	2002			
		一季度 1st. Quarter	二季度 2nd. Quarter	三季度 3rd. Quarter	四季度 4th. Quarter
综合生产经营状况	**Comprehensive Conditions of Production and Management**	**89.97**	**84.69**	**87.05**	**93.86**
购货合同	Purchasing Contracts	94.04	100.08	105.60	106.71
商品购进价格	Bid of Commodities	103.73	90.95	112.64	91.92
商品销售额	Sales of Commodities	94.34	95.16	96.00	105.34
# 出口	Export	86.14	108.59	98.77	101.31
商品销售价格	Selling Price of Commodities	75.95	75.68	76.56	83.82
商品库存	Inventory of Commodities	123.94	124.96	111.48	106.88
经营费用	Business Cost	100.19	99.57	93.68	80.21
盈利（亏损）变化	Changes in Profits (loses)	90.13	101.00	105.76	107.83
流动资金	Circulating Funds	67.15	62.36	71.72	63.58
货款拖欠	Payment Delinquent	107.35	111.00	111.99	106.31
劳动力需求	Labor Demand	72.23	80.23	80.39	83.23
固定资产投资	Investment in Fixed Assets	91.17	98.60	108.47	108.16

指　　标	Item	2003			
		一季度 1st. Quarter	二季度 2nd. Quarter	三季度 3rd. Quarter	四季度 4th. Quarter
综合生产经营状况	**Comprehensive Conditions of Production and Management**	**105.79**	**89.88**	**95.11**	**100.93**
购货合同	Purchasing Contracts	99.36	89.37	119.26	110.73
商品购进价格	Bid of Commodities	85.62	100.90	95.00	80.25
商品销售额	Sales of Commodities	104.06	91.29	109.77	116.09
# 出口	Export	106.77	121.43	100.00	109.51
商品销售价格	Selling Price of Commodities	98.37	72.52	92.09	109.47
商品库存	Inventory of Commodities	116.51	113.82	110.97	110.13
经营费用	Business Cost	95.59	93.06	84.52	72.15
盈利（亏损）变化	Changes in Profits (loses)	112.98	96.20	104.58	108.32
流动资金	Circulating Funds	70.03	72.13	74.36	78.70
货款拖欠	Payment Delinquent	119.49	105.72	102.52	110.10
劳动力需求	Labor Demand	84.10	74.83	95.51	84.43
固定资产投资	Investment in Fixed Assets	99.27	104.07	99.69	102.87

21－10 住宿和餐饮业景气指数（2002－2003年）
BUSINESS SURVEY INDEX OF HOTELS AND RESTAURANTS (2002-2003)

单位：点 (point)

指 标	Item	2002			
		一季度 1st. Quarter	二季度 2nd. Quarter	三季度 3rd. Quarter	四季度 4th. Quarter
综合生产经营状况	**Comprehensive Conditions of Production and Management**	**96.09**	**113.05**	**115.30**	**108.39**
业务量	Business Volume	74.99	110.71	117.24	119.29
竞争能力	Competition Ability	100.00	100.00	100.00	100.00
客房出租（限住宿业）	Rent of Guest Rooms (Hotels)	64.19	87.50	87.46	89.90
收费（服务）价格	Business Charge	70.04	86.58	79.10	79.27
营业收入	Business Revenue	65.62	102.28	110.01	120.75
营业成本	Business Cost	94.06	87.58	94.97	95.98
盈利（亏损）变化	Changes in Profits (loses)	67.14	91.16	92.92	127.68
流动资金	Circulating Funds	82.27	81.84	78.58	85.27
货款拖欠	Payment Delinquent	121.17	111.16	100.57	91.56
劳动力需求	Labor Demand	81.92	102.69	113.42	103.74
固定资产投资	Investment in Fixed Assets	118.37	120.90	118.40	125.71

指 标	Item	2003			
		一季度 1st. Quarter	二季度 2nd. Quarter	三季度 3rd. Quarter	四季度 4th. Quarter
综合生产经营状况	**Comprehensive Conditions of Production and Management**	**119.34**	**39.78**	**128.84**	**130.29**
业务量	Business Volume	87.86	24.27	156.57	139.23
竞争能力	Competition Ability	125.64	109.48	133.34	134.96
客房出租（限住宿业）	Rent of Guest Rooms (Hotels)	89.99	21.02	94.13	105.94
收费（服务）价格	Business Charge	74.16	50.35	97.92	92.75
营业收入	Business Revenue	72.69	9.00	155.29	146.08
营业成本	Business Cost	93.05	125.55	64.53	72.49
盈利（亏损）变化	Changes in Profits (loses)	80.69	11.59	128.39	134.78
流动资金	Circulating Funds	88.05	44.58	97.40	101.64
货款拖欠	Payment Delinquent	111.24	93.98	89.95	99.30
劳动力需求	Labor Demand	100.23	35.58	128.07	115.28
固定资产投资	Investment in Fixed Assets	111.74	99.88	115.40	114.39

21－11 房地产业景气指数（2002－2003年）
BUSINESS SURVEY INDEX OF REAL ESTATE TRADE (2002-2003)

单位：点 (point)

指标	Item	2002 一季度 1st. Quarter	2002 二季度 2nd. Quarter	2002 三季度 3rd. Quarter	2002 四季度 4th. Quarter
综合生产经营状况	**Comprehensive Conditions of Production and Management**	**132.06**	**136.77**	**136.00**	**139.91**
土地开发	Land Development	114.74	113.32	112.42	108.13
完成投资	Completed Investment	120.00	126.97	127.51	134.03
新开工情况	Newly Constructed	107.21	110.98	122.49	111.78
房屋竣工	Completed Buildings	104.27	96.59	112.70	116.14
商品房预售	Presales of Commercial Buildings	117.24	113.90	123.81	108.60
商品房销售	Sales of Commercial Buildings	103.07	109.27	120.50	119.27
商品房销售价格	Selling Price of Commercial Buildings	103.64	97.82	114.27	126.37
空置商品房面积	Vacant Space of Commercial Buildings	149.64	157.79	150.19	153.01
盈利（亏损）变化	Changes in Profits (loses)	114.15	109.70	115.88	127.40
流动资金	Circulating Funds	91.83	87.06	98.62	99.35
货款拖欠	Payment Delinquent	118.01	123.93	126.59	124.34
劳动力需求	Labor Demand	116.61	102.17	110.34	109.96
固定资产投资	Investment in Fixed Assets	114.18	118.39	117.77	112.39

指标	Item	2003 一季度 1st. Quarter	2003 二季度 2nd. Quarter	2003 三季度 3rd. Quarter	2003 四季度 4th. Quarter
综合生产经营状况	**Comprehensive Conditions of Production and Management**	**140.75**	**142.11**	**150.03**	**162.60**
土地开发	Land Development	109.27	101.29	104.14	123.24
完成投资	Completed Investment	123.52	126.78	129.69	147.65
新开工情况	Newly Constructed	110.61	110.94	105.88	123.32
房屋竣工	Completed Buildings	84.46	114.89	98.58	125.32
商品房预售	Presales of Commercial Buildings	109.36	123.51	136.20	140.07
商品房销售	Sales of Commercial Buildings	110.42	128.96	129.76	120.01
商品房销售价格	Selling Price of Commercial Buildings	117.90	122.21	130.92	145.56
空置商品房面积	Vacant Space of Commercial Buildings	163.27	167.52	161.34	157.06
盈利（亏损）变化	Changes in Profits (loses)	116.78	125.64	141.58	148.07
流动资金	Circulating Funds	104.61	109.61	106.67	121.19
货款拖欠	Payment Delinquent	124.11	134.01	132.57	134.75
劳动力需求	Labor Demand	114.41	112.19	113.61	122.40
固定资产投资	Investment in Fixed Assets	102.48	122.58	128.85	144.28

21－12 社会服务业景气指数（2002－2003年）
BUSINESS SURVEY INDEX OF SOCIAL SERVICES (2002-2003)

单位：点 (point)

指标	Item	2002 一季度 1st. Quarter	二季度 2nd. Quarter	三季度 3rd. Quarter	四季度 4th. Quarter
综合生产经营状况	**Comprehensive Conditions of Production and Management**	**124.46**	**112.25**	**124.32**	**108.80**
服务预订	Service Order	122.60	113.65	127.40	113.79
竞争能力	Competition Abilities	80.00	120.00	100.00	116.67
旅游客源（限于旅游业）	Tourists (tourism)	124.93	163.64	168.18	100.00
业务收费（服务）价格	Business (services) Charges	89.47	89.47	81.03	85.88
业务量	Business Volume	126.18	120.55	118.64	120.51
营业成本	Business Cost	77.73	80.67	73.06	79.77
盈利（亏损）变化	Changes in Profits (loses)	101.72	103.45	116.92	96.23
流动资金	Circulating Funds	106.85	87.93	89.84	89.88
货款拖欠	Payment Delinquent	104.60	96.95	103.64	116.70
劳动力需求	Labor Demand	106.90	103.45	101.77	96.60
固定资产投资	Investment in Fixed Assets	98.14	109.10	110.53	105.36

指标	Item	2003 一季度 1st. Quarter	二季度 2nd. Quarter	三季度 3rd. Quarter	四季度 4th. Quarter
综合生产经营状况	**Comprehensive Conditions of Production and Management**	**118.77**	**69.60**	**114.75**	**120.42**
服务预订	Service Order	114.75	53.95	123.69	98.36
竞争能力	Competition Abilities	138.45	118.03	126.97	130.41
旅游客源（限于旅游业）	Tourists (tourism)	109.09	20.00	172.00	60.61
业务收费（服务）价格	Business (services) Charges	86.30	61.40	91.80	88.52
业务量	Business Volume	107.30	49.92	115.50	106.56
营业成本	Business Cost	86.73	92.86	76.15	88.53
盈利（亏损）变化	Changes in Profits (loses)	125.49	51.72	109.25	100.90
流动资金	Circulating Funds	101.48	86.89	91.06	82.87
货款拖欠	Payment Delinquent	108.78	101.60	88.33	106.82
劳动力需求	Labor Demand	108.19	66.47	107.30	94.18
固定资产投资	Investment in Fixed Assets	113.86	86.89	102.38	110.75

主要统计指标解释

景气指数 又称为景气度，它是对企业景气调查中的定性指标通过定量方法加工汇总，综合反映某一特定调查群体或某一社会经济现象所处的状态或发展趋势的一种指标。景气指数以 100 为临界值，范围在 0–200 点之间，即景气指数高于 100，表明经济状态趋于上升或改善，处于景气状态；景气指数低于 100，表明经济状况处于下降或恶化，处于不景气状态。

为了更好地反映不同规模企业（尤其是大型企业）在全市经济份额中的代表性差异，在编制景气指数时以反映企业综合生产经营状况的总量指标（如产品销售收入）为权数，对各企业所做结论进行了加权处理。

企业家信心指数 也称“宏观经济景气指数”是根据企业家对企业外部市场经济环境与宏观政策的认识、看法、判断与预期（通常为对“乐观”、“一般”、“不乐观”的选择）而编制的指数，用以综合反映企业家对宏观经济环境的感受与信心。日常生活中，为便于反映企业家信心指数的涵义，常表述为“反映企业家对宏观经济环境的信心与预期的企业家信心指数”。

企业景气指数 也称“企业综合生产经营景气指数”，是根据企业家对本企业综合生产经营情况的判断与预期（通常为对“好”、“一般”、“不佳”的选择）而编制的指数，用以综合反映企业的生产经营状况。为便于直观地反映企业景气指数的涵义，日常生活中，常常表述为“反映企业综合生产经营状况的企业景气指数”。

EXPLANATORY NOTES ON MAIN STATISTICAL INDICATORS

Business Survey Index is the quantitative description of the qualitative economic indicators of the business survey, which can comprehensively reflect the situation of some colony or of the economy. The business survey index is ranging from 0 to 200%. 100 is the critical value, when the index is larger than 100, it indicates that the economic performance is picking up or improving. When it is lower than 100, it shows that the economic performance is declining or worsening.

To calculate business survey index, the gross indicators showing general production and management of enterprises, such as sales revenue, are used as weight coefficients, and the results of every enterprise are specially treated, reflecting the representatives of different sized enterprises (especially large-sized) in overall economy much better,

Entrepreneur Expectation Index also called as macro-economic climate index is compiled basing on entrepreneurs judgment on development situation of the sector and their expectation for the performance (as choices of “Optimistic”, “Ordinary” and “Unoptimistic”).

Enterprise Business Survey Index also called as comprehensive production and management index of enterprises, is compiled basing on entrepreneurs judgment on production situation of their own enterprises and their expectation for the performance (as choices of “Good”, “Ordinary” and “Bad”).

主要统计指标解释

EXPLANATORY NOTES ON MAIN STATISTICAL INDICATORS

二十二　三峡工程重庆库区移民情况

RESETTLEMENT OF CHONGQING RESERVOIR AREA OF THREE GORGES PROJECT

简要说明

本章资料包括三峡工程重庆库区城乡人口迁移、农村生产安置人口、移民工程投资、房屋建筑面积情况，由市统计局综合处根据市移民局资料整理编辑。

Brief Introduction

This chapter includes resettlement of urban and rural residents and resettlement of rural residents for production in Chongqing Reservoir Area of Three Gorges Projects, and completed investment and floor space of buildings of Three Gorges Resettlement Projects. Data is prepared and edited by Division of Comprehensive Statistics, Municipal Bureau of Statistics using information from Chongqing Resettlement Affairs Bureau of Three Gorges.

22－1 三峡工程重庆库区城乡人口迁移情况（2003年底止）
RESETTLEMENT OF URBAN AND RURAL RESIDENTS IN CHONGQING RESERVOIR AREA OF THREE GORGES PROJECT (end of 2003)

单位：人 (person)

项目	Item	应迁人口 Residents ought to be Resettled			实迁人口 Actually Resettled Residents					
		合计 Total	城镇 Urban	乡村 Rural	合计 Total	城镇 Urban	乡村 Rural	县内安置 Resettled inside the County	县外安置 Resettled outside the County	#省外安置 Resettled outside Chong-qing
搬迁总人数	**Total Resettled Residents**	**951335**	**636155**	**315180**	**691034**	**447868**	**243166**	**125383**	**117783**	**93621**
1. 90米以下	Below 90m	51894	38383	13511	9124	5415	3709	3484	225	225
2. 90米-135米	90-135m	385371	268665	116706	309944	229028	80916	48936	31980	25930
3. 135米-156米	135-156m	326267	191150	135117	245726	131049	114677	56222	58455	43468
4. 156米-175米	156-175m	187803	137957	49846	126240	82376	43864	16741	27123	23998

注：本表不含生产安置人口。
Note:Resettled persons for prodution in this table are excluded.

22－2 三峡工程重庆库区农村生产安置人口（2003年底止）
RESETTLEMENT OF RURAL RESIDENTS FOR PRODUCTION IN CHONGQING RESERVOIR AREA OF THREE GORGES PROJECT (end of 2003)

单位：人 (person)

项目	Item	应迁人口 Residents ought to be Resettled	实际生产安置人口 Actually Resettled Residents	县内安置 Resettled inside the County				县外安置 Resettled outside the County	#省外安置 Resettled outside Chong-qing
				小计 Sub-total	农业安置 Engaged in Agriculture	二、三产业安置 Engaged in Secondary & Tertiary Industry	其他 Others		
搬迁总人数	**Total Resettled Residents**	**328932**	**290277**	**167916**	**108132**	**21286**	**38498**	**122361**	**94749**
1. 90米以下	Below 90m	33909	18786	17903	14183	1605	2115	883	674
2. 90米-135米	90-135m	132078	96403	53450	30200	6212	17038	42953	27517
3. 135米-156米	135-156m	114957	119713	65512	47613	8684	9215	54201	43321
4. 156米-175米	156-175m	47988	55375	31051	16136	4785	10130	24324	23237

22—3 三峡移民工程投资完成情况（2003年）
COMPLETED INVESTMENT IN THREE GORGES RESETTLEMENT (2003)

单位：万元 (10 000 yuan)

项 目	Item	工程设计总投资 Total Planned Investment	移民资金累计计划 Total Resettlement Funds on Plan	累计完成投资 Total Investment Completed	本年计划投资 Investment Planned in This Year	本年完成投资 Investment Completed in This Year
合计	**Total**	**2840684**	**3085222**	**4168601**	**293822**	**324431**
农村移民安置	**Resettlement of Rural Residents**		**661370**	**703697**	**42320**	**41007**
内迁生产安置	Resettlement Inside for Production		208304	154916	12841	15600
#土地开发	Land Development		179486	129517	6807	11783
小型水利设施	Mini Water Conservancies		14387	10414	1573	2053
过渡期生活补助	Living Subsidies During Interim		14431	14986	4462	1764
内迁生活安置	Resettlement Inside for Living		180184	217931	25274	23516
#基础设施	Capital Construction		7966	26831	-207	2147
农村道路	Rural Roads		6959	13683	213	329
农村建房	Rural Buildings		139808	124124	20011	12157
外迁生产安置	Resettlement Outside for Production		184053	243717	942	
外迁生活安置	Resettlement Outside for Living		88828	87132	3263	1891
城市迁建	**Resettlement and Reconstruction of Cities**	**1143653**	**1109701**	**1510168**	**130925**	**137518**
基础设施	Capital Construction	573290	706474	870736	67562	82773
#征地	Land Requisition	115670	229078	241201	18575	22911
场地平整	Ground Grading	50416	59484	81094	6444	15267
道路	Roads	169587	230088	273430	16256	33138
大中型桥梁	Bridges of Large & Medium-sized	33525	32099	36593	1100	1070
给排水	Water Supply and Drainage	78615	64608	82986	2745	3831
输气管道	Gas Tubes	16116	4513	10374	665	1485
输变电	Transmission and Transformer Substations	19532	16303	20730	1600	4061
广播电视邮政电信	Broadcasting, TV, Posts and Telecommunitions	11113	12614	18420	1253	2698
防洪护岸	Flood Prevention and Embankment	69604	29214	83000	13550	3475
城市建房	Urban Buildings	570364	403226	639432	63362	54745
集镇迁建	**Resettlement and Reconstruction of Towns**	**135700**	**191684**	**186856**	**21785**	**22785**
基础设施	Capital Construction	42191	73295	69428	4135	7074
道路	Roads	22052	19525	22761	1155	1799
集镇建房	Buildings in Towns	71457	98863	94667	16495	13913
工矿企业迁建	**Resettlement and Reconstruction of Industrial and Mineral Enterprises**	**985402**	**624013**	**905650**	**44995**	**41214**
专项设施复建	**Reconstruction of Special Establishment**	**538221**	**416086**	**772080**	**49131**	**68504**
#公路	Highways	143014	131731	201094	14743	28776
大中型桥梁	Bridges of Large & Medium-sized	45782	49301	70996	1101	535
港口码头	Quays at Ports	132575	93952	138075	12894	19670
航道设施	Equipment of Water-routes	8270	2370	1518	887	1014
水电站（抽水站）	Hydro-power Stations (pumping stations)	108873	33008	245440	5941	2212
输变电	Transmission and Transformer Substations	17276	20355	30117	1974	2452
输气管道	Gas Tubes	8749	9648	13101	243	1193
广播电视邮政电信	Broadcasting, TV, Posts and Telecommunitions	36547	28943	41747	3869	5964
水文站	Hydrographic Stations	4105	3870	2808	693	825
文物古迹	Cultural Relics and Historic Sites	27100	31604	14994	6786	4873
库底清理	Liquidation below Water Line	4955	10328	11215		992
环境保护	**Environmental Protection**	**35203**	**8933**	**9317**		**714**
勘测设计监理	**Reconnaissance, Design and Monitor**		**70720**	**72033**	**4667**	**7796**
滑坡治理	**Landslide Treatment**	**2505**	**2716**	**8799**		**4891**

22－4 三峡移民工程房屋建筑面积情况（2003年）
FLOOR SPACE OF BUILDING CONSTRUCTION OF THREE GORGES RESETTLEMENT PROJECT (2003)

项　目	Item	设计总面积（万平方米）Total Designed Area (10 000 sq.m)	累计竣工建设面积（万平方米）Total Space Floor Completed (10 000 sq.m)	本年计划竣工面积（万平方米）Space Floor Planned to Complete in This Year (10 000 sq.m)	本年施工面积（万平方米）Space Floor under Construction in This Year (10 000 sq.m)	本年竣工面积（万平方米）Space Floor Complete in This Year (10 000 sq.m)	本年竣工房屋价值（万元）Value of Completed Buildings in This Year (10 000 yuan)
合计	**Total**	**2199.95**	**2856.09**	**110.85**	**196.06**	**249.59**	**83077.33**
一、厂房	Factory Buildings	305.58	347.46	4.64	4.46	10.28	4672.88
二、住宅	Residential Buildings	1431.61	2009.40	91.37	161.77	178.03	52626.86
1、农村	Rural Areas	439.15	663.98	38.91	43.31	32.04	13946.70
2、城（集）镇	Urban Areas	820.20	1098.20	46.30	105.39	123.41	30875.52
3、企业	Enterprises	172.26	247.22	6.16	13.07	22.58	7804.64
三、办公用房	Offices	205.26	240.57	7.86	13.98	34.07	12898.58
四、商业、居民服务业用房	Buildings for Commerce and Residential Services	132.29	132.00	6.08	10.45	12.80	5895.09
五、文化教育用房	Buildings for Culture and Education	64.74	59.24	0.30	1.06	1.85	764.00
六、医疗用房	Buildings for Medical Cares	24.63	26.18	0.40	3.91	8.97	5770.00
七、科研用房	Buildings for Research	0.41	0.40			0.25	
八、其他用房	Buildings for Other Purposes	35.43	40.84	0.20	0.43	3.34	449.92

附 录

APPENDIX

二零零四

重庆统计年鉴

CHONGQING STATISTICAL YEARBOOK 2004

附录1：重庆市国民经济主要指标占全国的比重（2003年）
APPENDIX I: CHONGQING'S MAIN INDICATORS OF NATIONAL ECONOMY AS PERCENTAGE OF WHOLE NATION (2003)

指　　标	Item	全　国 Whole Nation	重　庆 ChongQing	重庆占全国的比重（%） Chongqing as Percentage of Whole Nation(%)
土地面积(万平方公里)	Land Area(10 000 sq.km)	960	8.24	0.86
年末人口(万人)	Year-end Population (10 000 persons)	129227	3115	2.41
就业人员数(万人)	Employment(10 000 persons)	74432	1726.36	2.32
#城填	Urban	25639	557.19	2.17
国内生产总值(当年价)(亿元)	Gross Domestic Product(current prices) (100 million yuan)	116898	2250.56	1.93
第一产业	Primary Industry	17092	336.36	1.97
第二产业	Secondary Industry	61131	977.30	1.60
第三产业	Tertiary Industry	38675	936.90	2.42
工业总产值(当年价)(亿元)	Gross Output Value of Industry (current prices) (100 million yuan)	141481	1588.99	1.12
#国有及国有控股	State-owned and State Holding	54407	853.87	1.57
农林牧渔业总产值(当年价)(亿元)	Gross Output Value of Farming Forestry Animal Husbandry and Fishery (current prices) (100 million yuan)	29692	488.57	1.65
#农业	Farming	14870	270.12	1.82
林业	Forestry	1240	14.58	1.18
牧业	Animal Husbandry	9539	177.64	1.86
渔业	Fishery	3138	18.33	0.58
工农业主要产品产量	Output of Major Farm and Industrial Products			
钢(万吨)	Steel(10 000 tons)	22234	219.70	0.99
原煤(万吨)	Coal(10 000 tons)	166700	1484.20	0.89
发电量(亿千瓦小时)	Electricity(100 million kwh)	19108	188.64	0.99
汽车(万辆)	Motor Vehicles(10 000 vehicles)	444.4	40.45	9.10
摩托车(万辆)	Motorcycles(10 000 vehicles)	1429.4	441.32	30.87
粮食(万吨)	Grain(10 000 tons)	43070	1087.20	2.52
油料(万吨)	Oil-bearing Crops(10 000 tons)	2811	38.27	1.36
货物运输总量(万吨)	Total Freight Traffic(10 000 tons)	1561422	34113	2.18
客运总量(万人次)	Total Passenger Traffic(10 000 person-times)	1587497	59170	3.73
邮电业务总量(亿元)	Total Business Revenue of Postal and Telecommunication Services(100 million yuan)	7281.8	121.29	1.67
社会消费品零售总额(亿元)	Retail Sales of Consumer Goods(100 million yuan)	45842	835.53	1.82
全社会固定资产投资额(亿元)	Investment in Fixed Assets(100 million yuan)	55118	1269.35	2.30
#基本建设投资	Capital Construction	22729	665.49	2.93
更新改造投资	Innovation	8444	122.01	1.44
房地产开发投资	Real Estate Development	10106	327.89	3.24
地方财政预算收入(亿元)	Local Financial Budgetary Revenue (100 million yuan)	9841.7	206.93	2.10
年末城乡居民储蓄余额(亿元)	Year-end Saving Deposits of Urban and Rural Residents (100 million yuan)	103617.7	1896.56	1.83

注：1) 本表中全国数据摘自2004年《中国统计摘要》，部分数据为初步统计数，正式统计数据以《中国统计年鉴—2004》为准。
2) 工业部分为国有及规模以上非国有工业企业数。

Note: a) Most of figures of whole nation in this table are primary statistics from *China Statistical Summary—2004* . The official figures are seen in *China Statistical Yearbook—2004* .
b) Data of industry refers to state-owned industrial enterprises and non-state-owned industrial enterprises above designated size.

附录2：全国国民经济与社会发展总量与速度指标
APPENDIX II:PRINCIPAL AGGREGATE INDICATORS OF NATIONAL ECONOMIC AND SOCIAL DEVELOPMENT AND THEIR RELATED INDICES AND GROWTH RATES OF WHOLE NATION

指 标	Item	1978	1989	1997	2002	2003	平均每年增长% Average Annual Growth Rate%		
							1979-2003	1990-2003	1998-2003
人口	**Population**								
年末总人口(万人)	Year-end Poulation (10 000 persons)	96259	112704	123626	128453	129227	1.2	1.0	0.7
城镇人口	Urban Population	17245	29540	39449	50212	52376	4.5	4.2	4.8
乡村人口	Rural Population	79014	83164	84177	78241	76851	-0.1	-0.6	-1.5
就业	**Employment**								
就业人员数(万人)	Employment (10 000 persons)	40152	55329	69820	73740	74432	2.5	2.1	1.1
#职工人数	Staff and Workers	9499	13742	14668	10558	10492	0.4	-1.9	-5.4
#第一产业	Primary Industry	28318	33225	34840	36870	36546	1.0	0.7	0.8
第二产业	Secondary Industry	6945	11976	16547	15780	16077	3.4	2.1	-0.5
第三产业	Tertiary Industry	4890	10129	18432	21090	21809	6.2	5.6	2.8
国民核算	**National Accounting**								
国内生产总值(亿元)	Gross Domestic Product (100 million yuan)	3624	16909	74463	105172	116898	9.4	9.3	8.0
第一产业	Primary Industry	1018	4228	14211	16117	17092	4.5	3.8	2.8
第二产业	Secondary Industry	1745	7278	37223	52980	61131	11.3	12.0	9.5
工业	Industry	1607	6484	32412	45975	52963	11.5	12.3	9.7
建筑业	Construction	138	794	4811	7005	8168	9.8	9.4	7.7
第三产业	Tertiary Industry	861	5403	23029	36075	38675	10.0	8.3	8.0
#交通运输仓储邮电通信业	Transportation Storage Postal and Telecommunication Services	173	786	3797	6420	6716	10.0	10.3	9.6
批发、零售贸易和餐饮业	Wholesale and Retail Trade Catering Trade	266	1687	6160	8477	9028	9.1	6.5	7.6
固定资产投资	**Investment in Fixed Assets**								
全社会固定资产投资总额(亿元)	Total Investment in Fixed Assets (100 million yuan)		4410	24941	43500	55118		21.1	12.0
#基本建设	Capital Construction		1552	9917	17667	22729		22.5	12.9
更新改造	Innovation		789	3922	6751	8444		19.7	11.7
房地产开发	Real Estate Development		273	3178	7791	10106		31.7	19.3
财政	**Public Finance**								
国家财政收入(亿元)	Government Finance Revenue (100 million yuan)	1132.3	2664.9	8651.1	18903.6	21691.1	12.5	16.2	16.6
#地方	Local Government Finance Revenue	956.5	1842.4	4424.2	8515.0	9841.7	9.8	12.7	14.3

附录2 续表1 CONTINUED-1

指 标	Item	1978	1989	1997	2002	2003	平均每年增长% Average Annual Growth Rate% 1979-2003	1990-2003	1998-2003
国家财政支出(亿元)	Government Finance Expenditures (100 million yuan)	1122.1	2823.8	9233.6	22053.2	24607.0	13.1	16.7	17.7
#地方	Local Government Financial Expenditures	590.0	1935.0	6701.1	15281.5	17184.5	14.1	16.9	17.0
农业	**Agriculture**								
农林牧渔业总产值(亿元)	Gross Output Value of Farming, Forestry, Animal Husbandry and Fishery (100 million yuan)	1397.0	6534.7	23788.4	27390.8	29691.8	6.2	6.0	4.5
主要农产品产量	Output of Major Farm Products								
粮食(万吨)	Grain (10 000 tons)	30477	40755	49417	45706	43070	1.4	0.4	-2.3
油料(万吨)	Oil-bearing Crops (10 000 tons)	522	1295	2157	2897	2811	7.0	5.7	4.5
肉类(万吨)	Meat (10 000 tons)			5269	6587	6933			4.7
#猪牛羊肉	Pork, Beef and Mutton			4250	5228	5506			4.4
水产品(万吨)	Aquatic Products (10 000 tons)	465	1152	3602	4565	4705			4.6
工业	**Industry**								
规模以上工业总产值(亿元)	Gross Output Value of Industry above Designated Size (100 million yuan)				110777	141481			
#国有及国有控股	State-owned and State Holding				45179	54407			
主要工业产品产量	Output of Major Industrial Products								
化学纤维(亿米)	Chemical Fiber (100 million meters)	28.5	148.1	471.6	991.2	1181.1	16.1	16.0	16.5
机制纸及纸板(万吨)	Machine-made Paper and Paperboards (10 000 tons)	439	1333	2733	4667	4849	10.1	9.7	10.0
原煤(亿吨)	Coal (100 million tons)	6.2	10.5	13.7	13.8	16.7	4.0	3.3	3.3
发电量(亿千瓦小时)	Electricity (100 million kwh)	2566	5848	11356	16540	19108	8.4	8.8	9.1
钢(万吨)	Steel (10 000 tons)	3178	6159	10894	18237	22234	8.1	9.6	12.6
水泥(万吨)	Cement (10 000 tons)	6524	21029	51174	72500	86227	10.9	10.6	9.1
汽车(万辆)	Motor Vehicles (10 000 vehicles)	14.9	58.4	158.3	325.1	444.4	14.5	15.6	18.8
建筑业	**Construction**								
建筑企业总产值(亿元)	Gross Output Value of Construction (100 million yuan)		1283.0	9126.5	18527.2	21865.5		22.5	15.7
建筑企业房屋施工面积(万平方米)	Floor Space of Buildings under Construction (10 000 sq.m)		40650	128680	215609	263467		14.3	12.7
建筑企业房屋竣工面积(万平方米)	Floor Space of Buildings Completed (10 000 sq.m)		19723	62244	110217	118259		13.6	11.3

附录2 续表2 CONTINUED-2

指 标	Item	1978	1989	1997	2002	2003	平均每年增长% Average Annual Growth Rate%		
							1979-2003	1990-2003	1998-2003
交通运输	**Transportation**								
货运量(亿吨)	Freight Traffic (100 million tons)	24.89	98.84	127.81	148.34	156.14	7.6	3.3	3.4
货运周转量(亿吨公里)	Freight Ton-kilometers (100 million ton-km)	9829	25591	38385	50686	53859	7.0	5.5	5.8
客运量(亿人)	Passenger Traffic (100 million persons)	25.40	79.14	132.61	160.82	158.75	7.6	5.1	3.0
客运周转量(亿人公里)	Passenger-kilometers (100 million passenger-km)	1743	6075	10055	14126	13811	8.6	6.0	5.4
沿海主要港口货物吞吐量(万吨)	Cargo Handled at Major Coastal Ports (10 000 tons)	19834	49025	90822	166628	201126	9.7	10.6	14.2
邮电通信业	**Postal and Telecommunications Services**								
邮电业务总量(亿元)	Total Business Volume (100 million yuan)	34.1	123.5	1773.3	5695.8	7281.8	25.4	36.6	32.9
本地电话年末用户(万户)	Capacity of Telephone Exchanges at Year-end (10 000 subscribers)	193	568	7031	21422	26331	21.7	31.5	24.6
移动电话用户(万户)	Mobile Telephone Subscribers (10 000 subscribers)		1	1323	20601	26869		107.5	65.2
国内贸易	**Domestic Trade**								
社会消费品零售总额(亿元)	Retail Sales of Consumer Goods (100 million yuan)	1559	8101	27299	42027	45842	14.5	13.2	9.0
市	City	505	3667	16650	26986	29777	17.7	16.1	10.2
县	County	381	1329	3500	4860	5248	11.1	10.3	7.0
县以下	Below County Level	673	3105	7149	10181	10817	11.7	9.3	7.1
对外经济贸易和国际旅游	**Foreign Trade and International Tourism**								
进出口总额(亿美元)	Total Imports and Exports (USD 100 million)	206.4	1116.8	3251.6	6207.7	8509.9	16.0	15.6	17.4
出口额	Exports	97.5	525.4	1827.9	3256.0	4382.3	16.4	16.4	15.7
进口额	Imports	108.9	591.4	1423.7	2951.7	4127.6	15.7	14.9	19.4
实际利用外资额(亿美元)	Amount of Foreign Capital Actually Utilized (USD 100 million)		100.6	644.1	550.1	561.4		13.1	-2.3
#外商直接投资	Foreign Direct Investment		33.9	452.6	527.4	535.1		21.8	2.8
国际旅游人数(万人次)	International Tourists (10 000 person-times)	72	936	2377	3680	3297	16.6	9.4	5.6
国际旅游收入(亿美元)	Foreign Exchange Earnings from Tourism (USD 100 million)	2.6	18.6	120.7	203.9	174.1	18.3	17.3	6.3

附录2 续表3 CONTINUED-3

指 标	Item	1978	1989	1997	2002	2003	平均每年增长% Average Annual Growth Rate%		
							1979-2003	1990-2003	1998-2003
金融	**Finance**								
金融机构人民币各项存款余额(亿元)	Deposit Balance of Financial Institutions (100 million yuan)	1135	10786	82390	170917	208056	23.2	23.5	16.7
金融机构人民币各项贷款余额(亿元)	Loan Balance of Financial Institutions (100 million yuan)	1850	14360	74914	131294	158996	19.5	18.7	13.4
教育	**Education**								
学校数(万所)	Number of Schools (10 000 units)	149	88	72	55	52	-4.1	-3.7	-5.3
专任教师数(万人)	Full-time Teachers (10 000 persons)	872	937	1041	1145	1164	1.2	1.6	1.9
在校学生数(万人)	Student Enrollment (10 000 persons)	21351	17652	21360	22557	22706	0.2	1.8	1.0
卫生	**Public Health**								
医院卫生院(个)	Number of Hospitals (unit)	64421	61929	67911	63881	62968	-0.1	0.1	-1.3
医院卫生院床位数(万张)	Hospitals Beds (10 000 units)	185.6	256.8	290.3	290.7	295.5	1.9	1.0	0.3
医生(万人)	Doctors (10 000 persons)	103.3	171.8	198.5	184.4	186.8	2.4	0.6	-1.0
人民生活	**People's Livelihood**								
职工工资总额(亿元)	Total Wages of worker Staff and Worker (100 million yuan)	569	2619	9405	13161	14744	13.9	13.1	7.8
职工平均工资(元)	Average Annual Wages of Staff and Workers (yuan)	615	1935	6470	12422	14040	6.1	8.3	12.3
城市居民人均可支配收入(元)	Per Capita Disposable Income of Urban Residents (yuan)	343	1374	5160	7703	8472	13.7	15.3	8.6
农村居民人均纯收入(元)	Per Capita Net Income of Rural Residents (yuan)	134	602	2090	2476	2622	12.6	12.9	3.9
城乡居民储蓄存款余额(亿元)	Saving Deposits of Urban and Rural Residents (100 million yuan)	211	5196	46280	86911	103618	28.1	23.8	23.1

注：1) 本表数据摘自2004年《中国统计摘要》，2003年部分数据为初步统计数，正式统计数据以《中国统计年鉴—2004》为准。

2) 本表总量指标中，邮电业务总量指标2000年及以前按1990年不变价格计算，2001年及以后按2000年不变价格计算，其余按当年价格计算。

3) 社会消费品零售总额1989年及以前为社会商品零售总额，即包括农业生产资料零售额在内。

4) 本表国内生产总值、农林牧渔业总产值、邮电业务总量和平均工资增长按可比价格计算，其他按当年价格计算。

5) 平均每年增长速度除固定资产投资按累计法计算外，其他均按水平法计算。

6) 2002年起卫生统计制度变更，2002年前为医生，2002年及以后为执业(助理)医师，与往年不可比。

Note: a) Figures in this table are from *China Statistical Summary—2004* . Some figures in 2003 are preliminary statistics. The official figures are seen in *China Statistical Yearbook—2004* .

b) Figures in value terms in this table are at current prices, except that on the business volume of postal and telecommunication services which is at 1990 constant prices before 2000 and at 2000 constant prices since 2000.

c) Retail sales of consumer goods before and in 1989 refer to commodity sales revenue, that include retail sales of agricnltural means of production.

d) The growth rate of the follow indicators are calculated at comparable prices: GDP,gross output value of farming,forestry,animal huabandry and fishery, business volume of postal and telecommunication services and average wages in value terms.

e) Average annual growth rates are calculated by level approach except that of investment in fixed assets is by accumulative approach.

f) Health care system has been changed since 2002. The statistical range of doctors is before 2002, whereas of certified (assistant) doctors since 2002. The figures are not comparable with previous years.

附录3：全国各省、市、自治区国民经济主要指标及排位（2003年）
APPENDIX III: MAIN INDICATORS AND ORDER OF NATIONAL ECONOMY BY PROVINCE, MUNICIPALITY AND AUTONOMOUS REGION (2003)

地 区	Region	土地面积（万平方公里） Land Area (10 000 sq.km)		年末总人口（万人） Year-end Population (10 000 persons)		就业人员数（万人） Employment (10 000 persons)		地方预算内一般性财政收入(亿元) General Budgetary Revenue of Local Government (100 million yuan)	
		绝对数 Value	位次 Order	绝对数 Value	位次 Order	绝对数 Value	位次 Order	绝对数 Value	位次 Order
东部地区	**Eastern Region**								
北 京	Beijing	1.7	29	1456	26	737	25	592.5	6
天 津	Tianjin	1.2	30	1011	27	420	27	204.5	17
河 北	Hebei	18.8	12	6769	6	3389	8	335.8	10
辽 宁	Liaoning	14.6	21	4210	14	1861	16	447.0	7
上 海	Shanghai	0.6	31	1711	25	772	24	886.2	2
江 苏	Jiangsu	10.3	24	7406	5	3610	5	798.1	3
浙 江	Zhejiang	10.2	25	4680	11	2962	9	706.6	5
福 建	Fujian	12.1	23	3488	18	1757	17	304.7	11
山 东	Shandong	15.7	19	9125	2	4851	2	713.8	4
广 东	Guangdong	17.8	15	7954	4	4120	4	1315.5	1
海 南	Hainan	3.4	28	811	28	354	28	51.3	28
中部地区	**Central Region**								
山 西	Shanxi	15.6	20	3314	19	1469	20	186.1	19
吉 林	Jilin	18.7	13	2704	21	1045	22	154.0	23
黑龙江	Heilongjiang	45.4	6	3815	16	1622	19	248.9	14
安 徽	Anhui	14.0	22	6410	8	3416	7	220.7	16
江 西	Jiangxi	16.7	18	4254	13	1972	14	168.2	21
河 南	Henan	16.7	17	9667	1	5536	1	338.1	8
湖 北	Hubei	18.6	14	6002	9	2537	11	259.8	13
湖 南	Hunan	21.2	10	6663	7	3516	6	268.6	12
西部地区	**Western Region**								
重 庆	Chongqing	8.2	26	3115	20	1726	18	161.6	22
四 川	Sichuan	48.5	5	8700	3	4450	3	336.6	9
贵 州	Guizhou	17.6	16	3870	15	2118	13	124.6	26
云 南	Yunnan	39.4	8	4376	12	2350	12	229.0	15
西 藏	Tibet	122.8	2	270	31	131	31	8.1	31
陕 西	Shaanxi	20.6	11	3690	17	1911	15	177.3	20
甘 肃	Gansu	45.4	7	2603	22	1304	21	87.7	27
青 海	Qinghai	72.1	4	534	30	254	30	24.0	30
宁 夏	Ningxia	5.2	27	580	29	291	29	30.0	29
新 疆	Xinjiang	165.0	1	1934	24	721	26	128.2	25
内蒙古	Inner Mongolia	18.3	3	2380	23	1005	23	138.7	24
广 西	Guangxi	23.6	9	4857	10	2601	10	203.7	18

注：本表资料来源于2004年《中国统计摘要》，全国及各省数据多为快报数，正式统计数据以《中国统计年鉴—2004》为准。

Note: Most of figures in this table are primary statistics from *China Statistical Summary—2004.* The official figures are seen in *China Statistical Yearbook—2004.*

附录3 续表1 CONTINUED-1

地 区	Region	地区生产总值(亿元) Gross Domestic Product (100 million yuan) 绝对数 Value	位次 Order	第一产业 Primary Industry	第二产业 Secondary Industry	第三产业 Tertiary Industry	地区生产总值指数(上年=100) Index of GDP (preceding year=100) 绝对数 Value	位次 Order	人均地区生产总值(元) Per Capita GDP (yuan) 绝对数 Value	位次 Order
东部地区	**Eastern Region**									
北 京	Beijing	3611.9	15	95.3	1298.5	2218.2	110.5	19	31613	2
天 津	Tianjin	2386.9	22	89.7	1212.3	1084.9	114.5	2	25874	3
河 北	Hebei	7095.4	5	1064.3	3675.4	2355.7	111.6	13	10508	11
辽 宁	Liaoning	6002.5	8	622.5	2852.6	2527.5	111.5	14	14258	8
上 海	Shanghai	6250.8	7	93.0	3130.7	3027.1	111.8	11	46718	1
江 苏	Jiangsu	12451.8	2	1106.8	6782.3	4562.7	113.5	6	16796	6
浙 江	Zhejiang	9200.0	4	722.0	4830.0	3648.0	114.0	3	19730	4
福 建	Fujian	5241.7	11	705.5	2495.6	2040.6	111.5	14	15006	7
山 东	Shandong	12430.0	3	1505.0	6650.0	4275.0	113.7	4	13654	9
广 东	Guangdong	13449.9	1	1051.6	7048.1	5350.3	113.6	5	16990	5
海 南	Hainan	677.5	28	257.1	150.9	269.5	110.5	19	8655	16
中部地区	**Central Region**									
山 西	Shanxi	2445.6	20	213.3	1400.1	832.2	113.2	7	7402	20
吉 林	Jilin	2521.8	18	488.8	1140.8	892.2	110.2	23	9334	13
黑龙江	Heilongjiang	4433.1	13	513.1	2532.5	1387.6	110.3	22	11623	10
安 徽	Anhui	3973.2	14	749.1	1780.6	1443.5	109.1	29	6889	22
江 西	Jiangxi	2830.0	16	560.0	1227.0	1043.0	113.0	8	6677	25
河 南	Henan	7025.9	6	1237.0	3550.5	2238.5	110.5	19	7530	19
湖 北	Hubei	5395.9	10	792.6	2580.6	2022.8	109.3	28	9001	14
湖 南	Hunan	4633.7	12	885.9	1793.7	1954.2	109.6	27	7546	18
西部地区	**Western Region**									
重 庆	Chongqing	2250.6	23	336.4	977.3	936.9	111.5	14	8077	17
四 川	Sichuan	5456.3	9	1128.6	2266.1	2061.7	111.8	11	6418	27
贵 州	Guizhou	1344.3	26	294.5	571.9	477.9	110.1	25	3601	31
云 南	Yunnan	2458.8	19	499.0	1067.8	892.1	108.6	30	5647	29
西 藏	Tibet	184.6	31						6874	23
陕 西	Shaanxi	2398.6	21	320.0	1133.6	945.0	110.9	17	6480	26
甘 肃	Gansu	1301.1	27	240.0	607.6	453.4	110.1	25	4984	30
青 海	Qinghai	390.2	29	47.0	184.3	158.9	112.1	10	7276	21
宁 夏	Ningxia	384.9	30	55.5	191.7	137.7	112.2	9	6685	24
新 疆	Xinjiang	1849.8	25	388.0	795.5	666.3	110.8	18	9686	12
内蒙古	Inner Mongolia	2092.9	24	421.9	947.9	723.1	116.3	1	8734	15
广 西	Guangxi	2733.2	17	628.2	1005.9	1099.1	110.2	23	5964	28

注：本表绝对数按当年价计算，指数按可比价格计算；人均地区生产总值，北京、天津、上海和四川按“户籍人口”计算，其他地区按“常住人口”计算。

Note: The absolute figures in this table are calculated at current prices while indicies are calculated at comparable prices. Per capita GDP of Beijing, Tianjin, Shanghai and Sichuan are in terms of registration population, whereas other provinces are in terms of resident population.

附录3 续表2 CONTINUED-2

地 区	Region	农林牧渔业总产值（亿元） Output Value of Farming, Forestry, Animal Husbandry and Fishery (100 million yuan) 绝对数 Value	位次 Order	#农业 Farming	#林业 Forestry	#牧业 Animal Husbandry	#渔业 Fishery	农林牧渔业总产值指数（上年=100） Index of Gross Output Value of Farming, Forestry, Animal Husbandry and Fishery (preceding year=100)
东部地区	**Eastern Region**							
北 京	Beijing	246.8	27	88.8	13.5	125.5	10.2	104.1
天 津	Tianjin	213.9	28	88.2	1.6	77.2	26.4	106.9
河 北	Hebei	1956.9	3	958.3	41.3	820.6	57.7	106.3
辽 宁	Liaoning	1215.0	10	497.3	38.4	422.0	224.0	107.1
上 海	Shanghai	247.3	26	98.2	13.1	81.1	49.2	101.1
江 苏	Jiangsu	1952.2	4	981.2	31.5	458.9	371.6	101.0
浙 江	Zhejiang	1184.0	11	529.4	65.7	233.0	337.1	104.2
福 建	Fujian	1151.2	12	466.8	79.3	237.3	351.9	103.7
山 东	Shandong	2902.5	1	1599.3	53.7	831.3	370.0	105.5
广 东	Guangdong	1908.7	5	851.7	55.7	482.8	432.7	103.8
海 南	Hainan	380.0	25	152.7	53.3	64.8	103.1	109.0
中部地区	**Central Region**							
山 西	Shanxi	403.6	23	249.5	20.4	111.9	2.0	104.7
吉 林	Jilin	792.1	17	438.3	33.8	298.4	13.6	106.3
黑龙江	Heilongjiang	903.3	14	502.9	59.1	294.2	23.1	103.0
安 徽	Anhui	1305.4	9	617.9	73.4	443.5	129.7	94.0
江 西	Jiangxi	841.6	15	383.7	70.5	254.0	118.5	102.7
河 南	Henan	2193.1	2	1137.7	69.1	835.9	23.3	98.0
湖 北	Hubei	1342.1	8	733.4	34.8	383.7	170.4	105.3
湖 南	Hunan	1453.0	7	671.7	81.7	575.1	97.0	103.7
西部地区	**Western Region**							
重 庆	Chongqing	488.6	21	270.1	14.6	177.6	18.3	104.6
四 川	Sichuan	1784.5	6	804.7	59.3	832.3	53.3	106.2
贵 州	Guizhou	466.7	22	275.5	25.9	139.5	6.1	105.4
云 南	Yunnan	799.3	16	433.9	73.2	242.5	16.6	106.6
西 藏	Tibet	58.6	31	25.3	5.3	27.1	0. 0	105.0
陕 西	Shaanxi	535.0	20	334.4	26.8	145.6	4.5	106.4
甘 肃	Gansu	400.8	24	275.8	19.8	93.9	1.0	105.9
青 海	Qinghai	76.9	30	29.7	2.6	40.7	0.1	103.0
宁 夏	Ningxia	103.4	29	54.1	7.5	36.4	2.6	106.0
新 疆	Xinjiang	688.3	18	482.8	13.7	162.0	3.2	106.3
内蒙古	Inner Mongolia	666.4	19	336.0	47.9	267.1	4.9	106.2
广 西	Guangxi	1030.9	13	500.8	53.8	342.8	115.5	104.3

注：本表绝对数按当年价计算，指数按可比价格计算。

Note:The absolute figures in this table are calculated at current prices while indicies are calculated at comparable prices.

附录3 续表3 CONTINUED-3

地　区	Region	全部国有及规模以上非国有工业企业（亿元）State-owned and Non-state-owned Industrial Enterprises above Designated Size (100 million yuan)					
		工业增加值 Industrial Value-added		产品销售收入 Sales Revenue	利润总额 Total After-tax Profits	资产合计 Total Assets	负债合计 Total Liabilities
		绝对数 Value	指数(上年=100) Index (preceding year=100)				
东部地区	**Eastern Region**						
北　京	Beijing	970.8	112.3	3732.8	219.6	5158.3	2764.5
天　津	Tianjin	1027.8	120.1	4115.2	231.9	4471.4	2597.5
河　北	Hebei	1810.3	120.1	5861.8	387.8	6867.6	4232.2
辽　宁	Liaoning	1764.3	118.5	6213.3	235.4	9169.9	5394.8
上　海	Shanghai	2767.1	122.0	10982.6	805.7	11601.5	5765.5
江　苏	Jiangsu	4620.6	122.7	17969.4	789.1	16558.7	10282.6
浙　江	Zhejiang	3194.0	123.7	12521.0	785.8	11731.6	6703.5
福　建	Fujian	1461.4	123.9	4712.8	281.4	4870.1	2600.5
山　东	Shandong	4695.2	122.7	14919.5	915.1	14536.2	8609.8
广　东	Guangdong	5606.3	121.9	20760.2	1033.7	18905.1	10561.5
海　南	Hainan	86.4	124.9	286.1	15.9	413.5	225.8
中部地区	**Central Region**						
山　西	Shanxi	882.2	124.2	2320.6	135.5	4315.2	2780.0
吉　林	Jilin	806.7	117.9	2598.6	157.2	3713.4	2380.9
黑龙江	Heilongjiang	1380.2	113.6	2866.1	592.6	4382.0	2517.5
安　徽	Anhui	834.7	119.8	2638.6	135.6	3851.1	2336.8
江　西	Jiangxi	440.3	121.0	1489.2	52.1	2223.5	1468.2
河　南	Henan	1754.1	119.9	5223.9	251.5	6541.5	4140.3
湖　北	Hubei	1356.2	112.5	4072.5	178.4	7095.3	4234.5
湖　南	Hunan	886.5	120.7	2580.3	100.1	3709.5	2377.4
西部地区	**Western Region**						
重　庆	Chongqing	477.9	120.2	1595.1	86.0	2377.7	1446.1
四　川	Sichuan	1156.0	121.0	3345.6	162.8	5821.0	3520.3
贵　州	Guizhou	331.9	113.5	923.2	32.0	1818.7	1210.5
云　南	Yunnan	719.7	109.1	1500.2	102.3	2946.4	1691.7
西　藏	Tibet	11.0	109.5				
陕　西	Shaanxi	664.7	116.8	1814.9	147.7	3522.5	2253.6
甘　肃	Gansu	389.8	113.0	1130.3	30.4	2195.3	1420.6
青　海	Qinghai	95.5	115.9	264.5	12.7	857.3	575.4
宁　夏	Ningxia	105.1	117.5	362.9	7.7	710.7	486.8
新　疆	Xinjiang	463.2	110.8	1069.0	138.0	2055.7	1177.3
内蒙古	Inner Mongolia	509.7	131.5	1351.7	65.0	2437.5	1443.3
广　西	Guangxi	436.9	117.6	1388.7	63.7	2215.9	1456.8

注：本表绝对数按当年价计算，指数按可比价格计算。
Note:The absolute figures in this table are calculated at current prices while indicies are calculated at comparable prices.

附录3 续表4 CONTINUED-4

地区	Region	全部国有及规模以上非国有工业企业 State-owned and Non-state-owned Industrial Enterprises above Designated Size					
		综合指数 Comprehensive Index of Economic Efficiency	总资产贡献率（%） Ratio of Total Assets to Industrial Oupput Value	资产负债率（%） Ratio of Liabilities to Assets	流动资产周转次数（次） Turnover Ratio of Annual Circulating Funds (time)	全员劳动生产率（元/人） Overall Labor Productivity (yuan/person)	产品销售率（%） Ratio of Sales to Products
东部地区	**Eastern Region**						
北京	Beijing	153.9	9.0	53.6	1.6	95268	98.2
天津	Tianjin	154.7	9.9	58.1	2.1	87780	98.9
河北	Hebei	144.6	12.3	61.6	2.2	54760	98.7
辽宁	Liaoning	118.9	7.3	58.8	1.7	56880	98.0
上海	Shanghai	195.8	12.9	49.7	2.0	134862	99.0
江苏	Jiangsu	143.9	10.8	62.1	2.3	72792	97.9
浙江	Zhejiang	159.3	14.5	57.1	2.2	71562	97.7
福建	Fujian	155.1	11.9	53.4	2.2	75488	97.6
山东	Shandong	151.3	13.4	59.2	2.5	57748	97.9
广东	Guangdong	152.1	10.4	55.9	2.2	84214	97.4
海南	Hainan	151.7	10.0	54.6	1.6	90737	96.2
中部地区	**Central Region**						
山西	Shanxi	115.5	9.4	64.4	1.5	33233	97.7
吉林	Jilin	143.0	10.2	64.1	1.7	72419	97.6
黑龙江	Heilongjiang	234.2	21.5	57.5	1.7	60211	97.9
安徽	Anhui	127.9	10.2	60.7	1.7	50680	98.7
江西	Jiangxi	108.2	9.2	66.0	1.7	36932	98.1
河南	Henan	120.7	10.5	63.3	1.9	38352	98.5
湖北	Hubei	125.6	8.2	59.7	1.6	58896	98.4
湖南	Hunan	121.6	11.1	64.1	1.8	46204	100.1
西部地区	**Western Region**						
重庆	Chongqing	129.7	9.9	60.8	1.5	55957	97.8
四川	Sichuan	126.4	8.4	60.5	1.4	60536	98.7
贵州	Guizhou	107.5	8.8	66.6	1.3	41991	96.8
云南	Yunnan	159.9	16.6	57.4	1.3	73112	99.1
西藏	Tibet						
陕西	Shaanxi	134.9	10.1	64.0	1.3	47526	97.7
甘肃	Gansu	94.4	7.2	64.7	1.4	30996	97.9
青海	Qinghai	102.5	5.3	67.1	1.0	40072	97.2
宁夏	Ningxia	90.7	6.4	68.5	1.4	33660	96.8
新疆	Xinjiang	172.4	12.5	57.3	1.7	53500	98.6
内蒙古	Inner Mongolia	125.6	8.6	59.2	1.7	53483	98.7
广西	Guangxi	121.9	9.5	65.7	1.7	50539	97.4

注：本表绝对数按当年价计算，指数按可比价格计算；全员劳动生产率按不变价工业增加值计算。

Note: The absolute figures in this table are calculated at current prices while indicies are at comparable prices. The overall labor productivity is on basis of industrial value-added at constant prices.

附录3 续表5 CONTINUED-5

地区	Region	农产品产量 Output of Farm Products			工业产品产量 Output of Industrial Products				
		粮食（万吨） Grain (10 000 tons)	油料（万吨） Oilbearing Crops (10 000 tons)	肉类总产量（万吨） Output of Pork, Beef, Mutton (10 000 tons)	原煤（万吨） Coal (10 000 tons)	发电量（亿千瓦小时） Electricity (100 million kwh)	钢（万吨） Steel (10 000 tons)	水泥（万吨） Cement (10 000 tons)	汽车（万辆） Motor Vehicles (10 000 vehicles)
东部地区	**Eastern Region**								
北 京	Beijing	58.0	3.3	70.3	822.6	192.2	816.4	996.0	34.9
天 津	Tianjin	119.3	3.1	53.4		320.1	566.0	451.0	17.3
河 北	Hebei	2387.8	163.1	502.4	6600.2	1088.3	4065.1	6811.4	11.2
辽 宁	Liaoning	1498.3	61.4	280.1	5870.7	837.1	2227.8	2439.7	13.0
上 海	Shanghai	98.8	6.4	50.8		687.6	1728.8	744.7	58.7
江 苏	Jiangsu	2471.9	199.5	354.8	2760.4	1366.3	1742.2	7825.1	21.3
浙 江	Zhejiang	793.4	43.8	153.9	69.4	1101.7	334.2	7168.0	8.2
福 建	Fujian	713.2	26.0	146.2	778.2	610.7	257.9	2400.2	8.7
山 东	Shandong	3435.5	361.8	662.1	14667.3	1397.0	1415.4	9935.0	7.5
广 东	Guangdong	1430.4	81.9	359.6	202.3	1882.7	599.8	7530.0	18.9
海 南	Hainan	204.6	9.6	47.0	2.0	58.6	0.2	397.8	5.5
中部地区	**Central Region**								
山 西	Shanxi	958.9	36.4	66.5	29508.7	965.0	1002.7	1949.0	0.1
吉 林	Jilin	2259.6	57.1	218.5	2037.6	311.1	381.6	1119.1	64.1
黑龙江	Heilongjiang	2512.3	44.7	151.5	6669.2	493.8	165.7	1169.4	20.0
安 徽	Anhui	2214.8	231.4	329.6	6726.4	557.2	692.7	3073.0	20.6
江 西	Jiangxi	1450.3	76.0	195.2	951.7	320.9	599.5	2524.2	18.5
河 南	Henan	3569.5	309.9	603.6	11871.0	1025.1	873.9	4722.6	2.8
湖 北	Hubei	1921.0	272.7	301.1	366.4	780.5	1254.3	3445.8	36.9
湖 南	Hunan	2442.7	125.7	503.8	2366.7	537.8	592.2	3135.0	4.4
西部地区	**Western Region**								
重 庆	Chongqing	1087.2	38.3	159.5	1484.2	188.6	219.7	1927.0	40.4
四 川	Sichuan	3054.1	217.1	581.8	3133.9	849.3	738.9	4059.9	4.8
贵 州	Guizhou	1104.3	72.3	152.5	7802.5	641.0	206.2	1591.0	0.1
云 南	Yunnan	1471.0	29.7	253.7	1399.4	474.8	294.8	2052.8	4.1
西 藏	Tibet	96.6	4.9	19.0	2.2			124.9	
陕 西	Shaanxi	968.4	41.3	92.1	7392.8	419.2	180.2	1828.0	4.3
甘 肃	Gansu	789.3	46.0	75.9	2603.3	404.9	223.9	1160.8	
青 海	Qinghai	86.8	26.2	23.7	310.6	130.5	47.7	307.0	
宁 夏	Ningxia	270.2	13.2	23.4	2047.9	206.1	13.3	494.1	
新 疆	Xinjiang	775.5	50.1	110.0	1845.7	233.5	204.1	1127.7	
内蒙古	Inner Mongolia	1360.7	102.3	162.7	11959.4	647.7	576.8	940.5	0.3
广 西	Guangxi	1465.1	55.7	227.1	417.1	362.9	206.2	2665.2	18.1

附录3 续表6 CONTINUED-6

地 区	Region	全社会客运量（万人）Passenger Traffic (10 000 persons)		#公路	#水运	全社会旅客周转量（亿人公里）Passenger-kilometers (100 million person-km)		#公路	#水运
		绝对数 Value	位次 Order	Highway	Waterway	绝对数 Value	位次 Order	Highway	Waterway
东部地区	**Eastern Region**								
北 京	Beijing	29300	21	24940		132	25	69	
天 津	Tianjin	3403	30	2109	3	92	27	22	…
河 北	Hebei	65209	8	60767		780	5	397	
辽 宁	Liaoning	50349	13	41076	542	481	12	164	7
上 海	Shanghai	6481	27	2052	1038	101	26	58	5
江 苏	Jiangsu	123297	4	118046	147	958	2	774	…
浙 江	Zhejiang	141148	1	133968	1983	718	6	532	6
福 建	Fujian	47766	15	45483	707	334	16	258	1
山 东	Shandong	77212	7	72754	1115	623	7	398	5
广 东	Guangdong	131199	3	122265	1697	1263	1	988	8
海 南	Hainan	24787	22	24037	737	78	28	76	2
中部地区	**Central Region**								
山 西	Shanxi	37225	17	34328	36	247	20	162	…
吉 林	Jilin	24505	23	20112	87	207	23	84	…
黑龙江	Heilongjiang	47842	14	39347	176	355	15	203	…
安 徽	Anhui	62727	9	59544	196	621	8	397	…
江 西	Jiangxi	36909	18	33196	388	482	11	181	1
河 南	Henan	81228	6	76301	63	812	4	350	…
湖 北	Hubei	61961	10	58371	573	545	10	309	4
湖 南	Hunan	96207	5	90353	793	818	3	385	2
西部地区	**Western Region**								
重 庆	Chongqing	59170	11	55673	1417	268	17	188	13
四 川	Sichuan	141148	1	133782	3133	548	9	400	2
贵 州	Guizhou	55074	12	52695	583	249	19	135	1
云 南	Yunnan	34785	19	33039	382	230	22	193	1
西 藏	Tibet	125	31	125		6	31	6	
陕 西	Shaanxi	30977	20	28159	321	383	14	174	1
甘 肃	Gansu	14961	26	13732	240	244	21	87	…
青 海	Qinghai	4265	29	3870		38	30	22	
宁 夏	Ningxia	5856	28	5605		51	29	34	
新 疆	Xinjiang	18103	25	17251		250	18	161	
内蒙古	Inner Mongolia	23599	24	20831		205	24	122	
广 西	Guangxi	42932	16	40524	785	463	13	367	2

附录3 续表7 CONTINUED-7

地　区	Region	全社会货运量（万吨） Frieight Traffic (10 000 tons) 绝对数 Value	位次 Order	#公路 Highway	#水运 Waterway	全社会货物周转量(亿吨公里) Freight ton-kilometers (100 million ton-km) 绝对数 Value	位次 Order	#公路 Highway	#水运 Waterway
东部地区	**Eastern Region**								
北　京	Beijing	30729	23	28361		462	26	79	
天　津	Tianjin	32014	20	20072	6278	6521	2	68	6133
河　北	Hebei	77089	7	61570	1172	3223	4	592	612
辽　宁	Liaoning	83515	6	65981	3649	2385	6	226	1131
上　海	Shanghai	58507	10	30678	26621	8492	1	69	8385
江　苏	Jiangsu	92845	5	64321	23320	1773	9	365	995
浙　江	Zhejiang	103833	3	70907	29598	2047	7	314	1481
福　建	Fujian	34415	18	23884	6324	1223	13	194	835
山　东	Shandong	117051	1	97977	5065	3909	3	528	2342
广　东	Guangdong	100565	4	73087	21087	3158	5	553	2318
海　南	Hainan	8008	28	5689	1951	251	28	46	203
中部地区	**Central Region**								
山　西	Shanxi	106720	2	67671	29	1259	12	336	…
吉　林	Jilin	31436	22	25211	72	531	25	91	…
黑龙江	Heilongjiang	54350	14	39031	1052	991	16	163	19
安　徽	Anhui	54643	13	39918	5981	1329	11	318	200
江　西	Jiangxi	27709	24	21047	1878	769	19	162	50
河　南	Henan	69688	8	56100	663	1892	8	405	23
湖　北	Hubei	41261	16	30348	6195	1213	14	224	377
湖　南	Hunan	60306	9	51136	3600	1351	10	455	122
西部地区	**Western Region**								
重　庆	Chongqing	34113	19	28406	2214	447	27	107	158
四　川	Sichuan	57527	12	47467	2782	768	20	220	15
贵　州	Guizhou	18224	27	12886	367	547	24	77	4
云　南	Yunnan	58170	11	53864	160	612	23	358	2
西　藏	Tibet	266	31	266		27	31	27	
陕　西	Shaanxi	34961	17	28165	110	849	18	181	…
甘　肃	Gansu	24539	26	20713	43	739	21	124	…
青　海	Qinghai	5653	30	4795		124	30	43	…
宁　夏	Ningxia	7344	29	5048		244	29	63	
新　疆	Xinjiang	27078	25	22662		637	22	254	
内蒙古	Inner Mongolia	50820	15	38532		1160	15	242	
广　西	Guangxi	31525	21	24164	2774	863	17	217	119

附录3 续表8 CONTINUED-8

地 区	Region	固定资产投资额(亿元) Investment in Fixed Assets (100 million yuan) 绝对数 Value	位次 Order	#基本建设投资 Capital Construction	#更新改造投资 Innovation	#房地产开发投资 Real Estate Development	商品房销售额（亿元） Sales Revenne of Commercial Buildings (100 million yuan)
东部地区	**Eastern Region**						
北 京	Beijing	1986.2	6	555.7	216.1	1202.5	898.0
天 津	Tianjin	923.6	21	501.4	210.9	211.4	202.3
河 北	Hebei	1619.3	9	843.0	509.5	252.0	128.2
辽 宁	Liaoning	1664.9	8	677.7	459.6	486.2	338.1
上 海	Shanghai	2213.2	5	874.1	381.6	901.2	1216.3
江 苏	Jiangsu	3664.8	2	1864.5	668.9	809.2	593.1
浙 江	Zhejiang	3057.1	4	1642.5	356.9	972.4	713.8
福 建	Fujian	1182.0	12	471.8	226.8	362.1	290.3
山 东	Shandong	3564.8	3	1789.0	916.4	579.6	346.1
广 东	Guangdong	3835.2	1	1798.7	618.9	1209.9	889.6
海 南	Hainan	237.8	29	182.9	12.4	35.9	23.0
中部地区	**Central Region**						
山 西	Shanxi	931.7	20	498.0	253.0	94.9	55.0
吉 林	Jilin	849.4	22	435.7	206.6	139.3	64.7
黑龙江	Heilongjiang	1014.6	16	573.1	225.6	163.1	144.9
安 徽	Anhui	1093.9	14	513.6	319.6	240.7	165.4
江 西	Jiangxi	975.4	18	566.1	194.0	173.8	92.9
河 南	Henan	1554.0	10	948.2	364.9	185.6	118.4
湖 北	Hubei	1460.8	11	805.0	368.4	239.0	161.6
湖 南	Hunan	1160.2	13	599.8	301.8	230.0	119.7
西部地区	**Western Region**						
重 庆	Chongqing	970.2	19	526.9	109.4	327.9	210.2
四 川	Sichuan	1788.6	7	949.5	370.7	449.3	330.8
贵 州	Guizhou	653.6	26	381.3	141.7	104.1	53.9
云 南	Yunnan	775.6	24	485.2	146.2	112.2	86.9
西 藏	Tibet	134.8	31	121.3	9.3	1.7	
陕 西	Shaanxi	1007.7	17	616.0	164.1	188.6	89.3
甘 肃	Gansu	536.2	27	307.3	161.8	50.8	27.8
青 海	Qinghai	225.0	30	159.1	37.5	22.3	11.9
宁 夏	Ningxia	245.9	28	156.1	37.2	50.9	43.4
新 疆	Xinjiang	833.2	23	604.1	113.8	98.5	93.7
内蒙古	Inner Mongolia	1052.4	15	750.4	173.6	90.9	70.3
广 西	Guangxi	717.5	25	441.4	142.6	120.3	91.7

注：本表不包括城乡集体和个体投资，各省数不包括跨区投资。

Note: Investment of urban and rural collective-owned units and individuals is not included in this table. Data of each province excludes investment of transregions.

附录3 续表9 CONTINUED-9

地区	Region	社会消费品零售总额(亿元) Total Retail Sales of Consumer Goods (100 million yuan) 绝对数 Value	位次 Order	市 City	县 County	县以下 Below County Level	社会消费品零售总额指数(上年=100) Index of Retail Sales of Consumer Goods (preceding year=100)
东部地区	**Eastern Region**						
北 京	Beijing	1916.7	11	1535.8	88.8	292.2	114.5
天 津	Tianjin	922.3	18	859.2	35.3	27.8	110.9
河 北	Hebei	2177.9	9	1064.4	421.1	692.4	110.6
辽 宁	Liaoning	2330.8	7	1963.7	112.0	255.2	112.3
上 海	Shanghai	2220.6	8	1905.9	17.6	297.1	109.1
江 苏	Jiangsu	3566.5	3	2516.3	217.8	832.3	113.7
浙 江	Zhejiang	3157.1	4	1999.9	329.5	827.7	110.9
福 建	Fujian	1740.4	13	1057.5	218.3	464.6	113.1
山 东	Shandong	3936.5	2	2525.6	396.4	1014.5	122.2
广 东	Guangdong	5606.0	1	3718.3	269.4	1618.3	111.8
海 南	Hainan	191.6	28	128.1	16.6	46.9	110.9
中部地区	**Central Region**						
山 西	Shanxi	729.3	23	471.3	135.2	122.8	113.7
吉 林	Jilin	1110.3	16	857.7	76.8	175.8	110.1
黑龙江	Heilongjiang	1376.5	14	1019.4	186.6	170.4	110.1
安 徽	Anhui	1331.2	15	666.6	285.6	379.0	109.8
江 西	Jiangxi	923.2	17	455.3	206.6	261.3	111.7
河 南	Henan	2426.4	5	1234.8	494.2	697.4	110.8
湖 北	Hubei	2358.7	6	1603.3	222.9	532.5	110.8
湖 南	Hunan	1816.3	12	997.1	332.5	486.7	110.8
西部地区	**Western Region**						
重 庆	Chongqing	835.5	21	482.3	112.7	240.5	109.5
四 川	Sichuan	2091.1	10	1004.2	357.3	729.6	113.0
贵 州	Guizhou	458.8	26	272.0	85.8	101.0	110.2
云 南	Yunnan	782.5	22	425.3	180.5	176.7	110.0
西 藏	Tibet	58.3	31	26.1	25.0	7.2	109.2
陕 西	Shaanxi	853.2	20	565.6	149.1	138.5	117.2
甘 肃	Gansu	474.6	25	308.0	76.2	90.4	109.5
青 海	Qinghai	102.7	30	66.1	24.7	11.8	111.5
宁 夏	Ningxia	120.8	29	81.5	20.8	18.5	115.1
新 疆	Xinjiang	421.2	27	311.3	49.2	60.6	111.1
内蒙古	Inner Mongolia	726.8	24	449.5	166.5	110.8	121.3
广 西	Guangxi	857.7	19	458.5	169.7	229.5	112.2

附录3 续表10 CONTINUED-10

地区	Region	海关进出口总额(按经营单位所在地分)(亿美元) Value of Imports and Exports (by location of foreign trade managing units) (USD 100 million) 绝对数 Value	位次 Order	#出口额 Exports	实际利用外商直接投资额(万美元) Foreign Direct Investment Actually Utilized (USD 10 000)	国际旅游人数(万人次) Number of International Tourists (10 000 person-times)	旅游创汇总额(亿美元) Foreign Exchange Earnings from Tourism (USD 100 million)
东部地区	**Eastern Region**						
北京	Beijing	684.6	4	168.5	219126	185.1	19.0
天津	Tianjin	293.6	8	143.7	153473	48.9	3.3
河北	Hebei	89.8	10	59.3	96405	28.0	0.8
辽宁	Liaoning	265.6	9	146.3	282410	77.9	4.5
上海	Shanghai	1123.5	3	484.6	546849	244.7	20.5
江苏	Jiangsu	1136.2	2	591.2	1056365	223.2	11.3
浙江	Zhejiang	614.2	5	416.0	498055	180.8	8.7
福建	Fujian	353.3	7	211.4	259903	149.7	9.1
山东	Shandong	446.4	6	265.6	601617	77.7	3.7
广东	Guangdong	2836.5	1	1529.4	782294	1197.0	42.7
海南	Hainan	22.8	26	8.7	42125	29.3	0.8
中部地区	**Central Region**						
山西	Shanxi	30.8	20	22.7	21361	11.6	0.4
吉林	Jilin	61.7	11	21.6	19059	21.2	0.7
黑龙江	Heilongjiang	53.3	14	28.7	32180	58.7	2.4
安徽	Anhui	59.4	12	30.6	36720	28.1	0.8
江西	Jiangxi	25.3	25	15.1	161202	16.6	0.5
河南	Henan	47.1	17	29.8	53903	18.9	0.6
湖北	Hubei	51.1	15	26.6	156886	40.5	1.4
湖南	Hunan	37.3	18	21.5	101835	15.4	0.5
西部地区	**Western Region**						
重庆	Chongqing	25.9	24	15.9	31112	23.5	1.1
四川	Sichuan	56.4	13	32.1	41231	45.2	1.5
贵州	Guizhou	9.8	28	5.9	4521	7.7	0.3
云南	Yunnan	26.7	23	16.8	8384	100.0	3.4
西藏	Tibet	1.6	31	1.2		5.1	0.2
陕西	Shaanxi	27.8	22	17.4	33190	46.6	2.0
甘肃	Gansu	13.3	27	8.8	2342	10.2	0.2
青海	Qinghai	3.4	30	2.7	2522	1.8	…
宁夏	Ningxia	6.5	29	5.1	1743	0.3	…
新疆	Xinjiang	47.7	16	25.4	1534	17.1	0.5
内蒙古	Inner Mongolia	28.3	21	11.6	8854	41.4	1.4
广西	Guangxi	31.9	19	19.7	41856	65.0	1.6

附录3 续表11 CONTINUED-11

地　区	Region	在岗职工年平均工资(元) Annual Average Wages of Staff and workers at Post (yuan)		城镇居民人均可支配收入(元) Per Capita Disposable Income of Urban Households (yuan)		农村居民人均纯收入(元) Per Capita Net Income of Rural Households (yuan)		恩格尔系数(%) Engle Coefficients	
		绝对数 Value	位次 Order	绝对数 Value	位次 Order	绝对数 Value	位次 Order	城市居民 Urban	农村居民 Rural
东部地区	Eastern Region								
北　京	Beijing	25312	3	13882.6	2	5601.6	2	31.7	32.1
天　津	Tianjin	18648	6	10312.9	5	4566.0	4	37.7	38.2
河　北	Hebei	11189	22	7239.1	17	2853.4	10	35.2	39.9
辽　宁	Liaoning	13008	11	7240.6	16	2934.4	9	39.4	43.2
上　海	Shanghai	27304	1	14867.5	1	6653.9	1	37.2	35.3
江　苏	Jiangsu	15712	7	9262.5	7	4239.3	5	38.3	41.4
浙　江	Zhejiang	21367	4	13179.5	3	5389.0	3	36.6	38.2
福　建	Fujian	14310	9	9999.5	6	3733.9	7	42.2	45.0
山　东	Shandong	12567	14	8399.9	9	3150.5	8	33.8	41.8
广　东	Guangdong	19986	5	12380.4	4	4054.6	6	37.2	47.9
海　南	Hainan	10397	31	7259.3	15	2588.1	11	44.8	57.6
中部地区	Central Region								
山　西	Shanxi	10729	27	7005.0	22	2299.2	17	33.5	43.3
吉　林	Jilin	11081	23	7005.2	21	2530.4	14	35.6	44.0
黑龙江	Heilongjiang	11038	24	6678.9	28	2508.9	15	35.6	40.7
安　徽	Anhui	10581	29	6778.0	26	2127.5	22	44.2	46.0
江　西	Jiangxi	10521	30	6901.4	24	2457.5	16	40.3	51.7
河　南	Henan	10749	26	6926.1	23	2235.7	19	33.6	45.9
湖　北	Hubei	10692	28	7322.0	14	2566.8	12	38.2	51.7
湖　南	Hunan	12221	18	7674.2	12	2532.9	13	35.8	51.9
西部地区	Western Region								
重　庆	Chongqing	12440	16	8093.7	10	2214.6	21	38.0	52.5
四　川	Sichuan	12441	15	7041.9	19	2229.9	20	38.9	53.9
贵　州	Guizhou	11037	25	6569.2	30	1564.7	31	39.8	56.9
云　南	Yunnan	12870	13	7643.6	13	1697.1	27	41.6	53.0
西　藏	Tibet	26931	2	8765.5	8	1691.0	28	44.0	65.0
陕　西	Shaanxi	11461	20	6806.4	25	1675.7	29	34.6	39.3
甘　肃	Gansu	12307	17	6657.2	29	1673.1	30	36.0	43.9
青　海	Qinghai	15356	8	6745.3	27	1794.1	26	36.8	49.6
宁　夏	Ningxia	12981	12	6530.5	31	2043.3	25	36.0	41.5
新　疆	Xinjiang	13255	10	7173.5	18	2106.2	23	35.9	45.5
内蒙古	Inner Mongolia	11279	21	7012.9	20	2267.7	18	31.5	41.3
广　西	Guangxi	11953	19	7785.0	11	2094.5	24	40.0	51.3

中国统计出版社最新资料书简目

如何浏览年鉴

两种浏览方式：为使用户能方便浏览和使用年鉴，我们提供了EXCEL表格（超文本模式）和PDF（电子阅读）两种浏览方式。默认为EXCEL格式，在此格式下能更加方便地查阅数据，而且可进行各类临时性计算，同时又为没有安装EXCEL的用户提供了PDF浏览。

本光盘中所有资料的浏览查阅和计算加工，未经许可均不得用于营业性用途，否则必追究其法律责任。

CHONGQING STATISTICAL YEARBOOK 2004

How to browse the yearbook:

Two modes to browse: In order to browse and use the yearbook easily for users, we offer two modes-EXCEL (HTML form) and PDF form to browse. EXCEL mode is acquiescent, which provides more convenient consultation and temporary calculation. PDF mode is for users without EXCEL software.

The consultation and calculation of data in this disk are not permitted for commercial purposes without written permission from the publisher. Otherwise we will prosecute the legal responsibilities.

重庆市统计局编
CHONGQING MUNICIPAL BUREAU OF STATISTICS